中级宏观经济学

Intermediate Macroeconomics

张　延　编著

图书在版编目(CIP)数据

中级宏观经济学/张延编著.—北京:北京大学出版社,2010.3
(北京大学经济学教材系列)
ISBN 978-7-301-10024-0

Ⅰ.中…　Ⅱ.张…　Ⅲ.宏观经济学-高等学校-教材　Ⅳ.F015

中国版本图书馆 CIP 数据核字(2010)第 038230 号

书　　名:中级宏观经济学
著作责任者:张　延　编著
责 任 编 辑:郝小楠
标 准 书 号:ISBN 978-7-301-10024-0/F·1289
出 版 发 行:北京大学出版社
地　　址:北京市海淀区成府路 205 号　100871
网　　址:http://www.pup.cn　电子邮箱:em@pup.pku.edu.cn
电　　话:邮购部 62752015　发行部 62750672　编辑部 62767312
出版部 62754962
印　刷　者:三河市北燕印装有限公司
经　销　者:新华书店
730 毫米×980 毫米　16 开本　27.25 印张　497 千字
2010 年 3 月第 1 版　2023 年 5 月第 11 次印刷
印　　数:24501—25500 册
定　　价:48.00 元

未经许可,不得以任何方式复制或抄袭本书之部分或全部内容。
版权所有,侵权必究
举报电话:010-62752024　电子邮箱:fd@pup.pku.edu.cn

总　　序

当今世界正经历百年未有之大变局，新一轮科技革命和产业变革深入发展，国际力量对比深刻调整，各种经济活动和经济现象不是趋于简单化，而是变得越来越复杂，越来越具有嬗变性和多样性。面对党的二十大擘画的新时代新征程宏伟蓝图使命，如何对更纷繁、更复杂、更多彩的经济现象在理论上进行更透彻的理解和把握，科学地解释、有效地解决经济活动过程中已经存在的和即将面对的一系列问题，不断回答中国之问、世界之问、人民之问、时代之问，是现在和未来的各类经济工作者需要高度关注的重要课题。

北京大学经济学院作为教育部确定的“国家经济学基础人才培养基地”“全国人才培养模式创新实验区”“基础学科拔尖学生培养计划 2.0 基地”以及北京大学经济学“教材研究与建设基地”，一直致力于不断全面提升教学和科研水平，不断吸引和培养世界一流的学生，不断地推出具有重大学术价值的科研成果，以创建世界一流的经济学院。而创建世界一流经济学院，一个必要条件就是培养世界一流的经济学人才。我们的目标是让学生能够得到系统的、科学的、严格的专业训练，深入地掌握经济学学习和研究的基本方法、基本原理和最新动态，为他们能够科学地解释和有效地解决他们即将面对的现实经济问题奠定基础。

基于这种认识，北京大学经济学院在近年来深入总结了人才培养各个方面的经验教训，在全面考察和深入研究国内外著名经济院系本科生、硕士研究生、博士研究生的培养方案以及学科建设和课程设置经验的基础上，对本院学生的培养方案和课程设置等进行了全方位改革，并组织编撰了“北京大学经济学教材系列”。

编撰本系列教材的基本宗旨是：

第一，学科发展的国际经验与中国实际的有机结合。在教学的实践中我们深刻地认识到，任何一本国际顶尖的教材，都存在一个与中国经济实践有机结合的问题。某些基本原理和方法可能具有国际普适性，但对原理和方法的把握则必须与本土的经济活动相联系，必须把抽象的原理与本土鲜活的、丰富多彩的经济现象相联系。我们力争在该系列教材中，充分吸收国际范围内同类教材所承载的理论体系和方法论体系，在此基础上，切实运用中国案例进行解读，使其成为能够解释和解决学生遇到的经济现象和经济问题的知识。

第二，“成熟”的理论、方法与最新研究成果的有机结合。教科书的内容必须是“成熟”或“相对成熟”的理论和方法，即具有一定“公认度”的理论和方法，不能是“一家之言”，否则就不是教材，而是“专著”。从一定意义上说，教材是“成熟”或“相对成熟”的理论和方法的“汇编”，所以，相对“滞后”于经济发展实际和理论研究的现状是教材的一个特点。然而，经济活动过程及其相关现象是不断变化的，经济理论的研究也在时刻发生着变化，我们要告诉学生的不仅是那些已经成熟的东西，而且要培养学生把握学术发展最新动态的能力。因此，在系统介绍已有的理论体系和方法论基础的同时，本系列教材还向学生介绍了相关理论及其方法的创新点。

第三，“国际规范”与“中国特点”在写作范式上的有机结合。经济学在中国发展的“规范化”“国际化”“现代化”与“本土化”关系的处理，是多年来学术界讨论学科发展的一个焦点问题。本系列教材不可能对这一问题做出确定性的回答，但是在写作范式上，却争取做好这种结合。基本理论和方法的阐述坚持“规范化”“国际化”“现代化”，而语言的表述则坚守“本土化”，以适应本土师生的阅读习惯和文本解读方式。

为深入贯彻落实习近平总书记关于教育的重要论述、全国教育大会精神以及中共中央办公厅、国务院办公厅《关于深化新时代学校思想政治理论课改革创新的若干意见》，发挥好教材育人工作，我们按照国家教材委员会《全国大中小学教材建设规划（2019—2022 年）》和教育部《普通高等学校教材管理办法》《高等学校课程思政建设指导纲要》等文件精神，将课程思政内容融入教材，以坚持正确导向，强化价值引领，落实立德树人根本任务。

本系列教材的作者均是我院主讲同门课程的教师，各教材也是他们在多年教案的基础上修订而成的。自 2004 年本系列教材推出以来至本次全面改版之前，共出版教材 24 本，其中有 6 本教材入选国家级规划教材（“九五”至“十二五”），9 本教材获选北京市精品教材及立项，多部教材成为该领域的经典，取得了良好的教学与学术影响，成为本科教材中的力作。

为了更好地适应新时期的教学需要以及教材发展要求，我们持续对本系列教材进行改版更新，并吸收近年来的优秀教材进入系列，以飨读者。当然，我们也深刻地认识到，教材建设是一个长期的动态过程，已出版教材总是会存在不够成熟的地方，总是会存在这样那样的缺陷。本系列教材出版以来，已有超过三分之一的教材至少改版一次。我们也真诚地期待能继续听到专家和读者的意见，以期使其不断地得到充实和完善。

十分感谢北京大学出版社的真诚合作和相关人员付出的艰辛劳动。感谢经济学院历届的学生们，你们为经济学院的教学工作做出了特有的贡献。

将本系列教材真诚地献给使用它们的老师和学生们！

北京大学经济学院教材编委会

前　言

1970年诺贝尔经济学奖得主,经济学家萨缪尔森在其著作《经济学》中"供给与需求的初步论述"一开始便引用"无名氏"的话说:"你甚至于可以使鹦鹉成为一个博学的经济学者——它所必须学的就是'供给'与'需求'这两个名词。"需求和供给的重要性由此可见一斑,那么对本课程的需求来自哪些方面呢?

一、对本课程的需求

第一种需求是出国的需求。

在留学材料的成绩单上,微观经济学、宏观经济学、计量经济学等课程的成绩是非常重要的。经济学家钱颖一教授在北京大学经济学院座谈的时候讲过,在国外一些课程的成绩是要单独挑出来看的,这些课程的成绩决定你出国是否有奖学金、是半奖还是全奖。那么,这些课程在国外处于一个什么样的重要地位呢?在国外要拿经济学的博士学位,宏微观要学几遍?答案是:三遍。第一遍是在刚上大学的时候,在没有任何高等数学基础的情况下,不借助任何高等数学工具,用语言对宏微观中的一些核心理念予以介绍,课程名称为《经济学原理》。第二遍是在已经学习了微积分、线性代数等课程,掌握了高等数学的基本工具之后,一般在大二,课程名称为中级微观经济学和中级宏观经济学,简称"中微"、"中宏"。第三遍是进入硕博连读的阶段,在五年的第一学年,这时完全用数学工具来研究微观、宏观经济问题,称为高级微观经济学和高级宏观经济学,简称"高微"、"高宏"。总之,在国外要拿经济学的博士学位,宏微观要反反复复学习,从中可看出这两门课程的重要性,是其他课程不可比的。本书要讲授的就是处于经济学原理和高级宏观经济学之间、起到承上启下作用的中级宏观经济学。

第二种需求是考研的需求。

对于立志要报考经济类专业研究生的同学来说,微观经济学和宏观经济学是重要的专业基础课。这两门课程的分数所占比重是非常大的,也是考研成绩拉开差距的重要力量。因此对于要考研的同学来讲,这两门课程也是必然要拿下的。

第三种需求是毕业和拿文凭的需求。

微观经济学和宏观经济学是北京大学经济学院本科生的主干基础课、必修课，还是北京大学全校本科生的通选课，在其他学校的经济类院系，宏微观经济学课程也都属于必修课。基于要毕业、拿文凭的基本需求，同学们也要学好这两门课程。

二、本课程的学时安排

正规经济学本科生每周 4 个课时（不包括习题课），所以一个学期按照 20 周计算，一共至少 80 个学时。从学时安排可以看出它的重要性，也说明中级宏观经济学涉及的内容很多。

三、本课程的参考书

第一本，美国经济学家鲁迪格·多恩布什等著的《宏观经济学》。这是世界范围非常流行的中级宏观经济学教材。据作者自己讲，世界上 63 个国家和地区都采用他这本教科书，北京大学经济学院从 1997 年起也是用这本书作为主要的参考书。这本书早已有了中译本，最新一版是中国人民大学出版社 2010 年出版的第 10 版，其英文版为东北财经大学出版社 2008 年引进的双语译注版。

第二本，美国经济学家戴维·罗默的《高级宏观经济学》。关于经济增长理论，这本书有很详细的介绍，商务印书馆在 1999 年就出版了这本教科书的中译本，上海财经大学出版社 2009 年出版了该书第 3 版的中译本。本书所讲授的课程就是处于经济学原理和高级宏观经济学之间，起到承上启下作用的中级宏观经济学，而关于经济增长理论部分，我主要以该书作为参考教材。

第三本，三位经济学家写的《现代宏观经济学指南——各个思想流派比较引论》，这本书对我们课程里提到的各个流派有详尽的介绍，为大家提供了感性的认识，比如，各个流派对各种问题的看法，对各个流派首领的采访。这本书非常适合作为宏观经济学课外泛读的资料。

第四本，杰弗里·萨克斯等著的《全球视角的宏观经济学》，这本书介绍的是开放经济条件下的宏观经济学。在经济一体化的今天，全球经济成为一个整体。对开放经济条件下的宏观经济分析，作者在这本书里作了非常详尽的研究。另外，萨克斯作为著名的“休克疗法”的创始人，该书在恶性通货膨胀的治理方面也有独到的阐述。这本书也有中译本，上海人民出版社 1997 年、2004 年两次出版。

如果同学们对宏观经济学有进一步求索的兴趣，可以找这四本书来看。特别强调，我们没有按照这四本中任何一本内容的顺序来讲，我们有自己的理论逻辑体系和框架。如果按照我们的思路走，大家对中级宏观经济学会有一个完整、清晰的认识和分析框架。

四、本课程涉及的内容

宏观经济学是一门理论性较强的课程,为什么要学习理论?因为我们在现实生活中会遇到各种各样的问题,必须知道该如何作出决策。比如,企业要不要投资?投向哪些行业以及领域?通货膨胀是如何形成的?这样一些问题在现实中困扰着我们。不排除有些同学,本能和直觉引导着他们向正确的方向走。一拍脑门,灵机一动,就作出了最优决策。凭本能和直觉作出最优决策,只是知其然,学习理论的目的是知其所以然,使大家明白遇到这样的情况,就应该这样做,因为这样做是对的,是最优的。

下面对本书所涉及的内容作一个总体的介绍。本书共分四篇:

第一篇是宏观经济学导论,目的是引导大家进入宏观经济学的大门中,包括:第一章和第二章。

第一章　宏观经济学概述　第一节讲宏观经济学的产生和发展。宏观经济学和微观经济学之间到底是一种什么样的关系,这两门课程为什么统冠在“经济学”的帽子下?研究宏观经济学的产生和发展,有利于大家把握宏观经济学的本质特征。第二、三节讲宏观经济学的研究对象和研究方法。宏观经济学和微观经济学在研究对象和研究方法上有本质的不同。

第二章　宏观经济指标的度量　这门课程一直要和一些总量指标打交道,比如说GDP、GNP、国民收入、总收入、总供给、总产量、价格指数、就业量、净出口,这些总量指标的内涵是什么,它们是如何度量的,度量的方法有哪些,指标的缺陷在哪里,这些将在第二章进行详尽的介绍,使大家对总量指标有一个感性的认识。

第二篇是宏观经济学的核心内容——总需求分析,包括:第三章、第四章和第五章。

第三章　产品市场均衡:收入—支出模型　本章通篇分析的逻辑思路是:从一个特殊模型过渡到一个普遍模型。我们先从一个市场——产品市场出发,从局部均衡分析过渡到一般均衡分析。我们在日常生活中涉及衣食住行方方面面,有成千上万种有形的物品以及无形的劳务,它们交易的市场就是产品市场。产品市场均衡的分析工具是收入—支出模型。

第一节从国民收入核算讲到宏观经济理论。从国民收入核算恒等式中,我们能够得到均衡条件,以及均衡的调节机制,用于后面的产品市场均衡分析。

第二节两部门产品市场均衡国民收入的决定,通篇分析的逻辑思路是:从一个特殊模型过渡到一个普遍模型。我们先从一个特例出发——两部门经济,即只有两个经济主体,一个是消费者,另一个是厂商,没有政府。凯恩斯经济学中有一个对我们现实生活产生重要影响的观点——“节俭的悖论”,就是对节俭的反论,越花钱结果就越有钱,即消费致富论。这个理论的具体模型是什么,几何图形又是什么,是怎么得到的结论,将在这一节介绍。

第三节三部门产品市场均衡国民收入的决定,就是把政府加进来。政府对经济生活带来了很大影响,如果政府花一元钱,均衡国民收入的增加将是大于一元、等于一元还是小于一元? 结论是大于一元钱。这个结果到底是怎么得到的,它中间的传导机制又是什么? 我们在这一节将要引入一个非常重要的概念——乘数,用来解释这个问题。研究乘数发生作用的过程,我们可以得到很多重要的启示,比如,经济增长过程中,政府到底起到什么样的作用,在乘数发生作用的过程中哪一个环节是非常重要的,经济生活中为什么会出现“牵一发而动全身”的多米诺骨牌效应,未来的经济增长点到底在哪里,国家应该集中全国的人力、物力、财力投资到哪一个行业,最终能够对经济生活起到事半功倍的效果? 这些都是我们要研究的问题。

第四节是四部门产品市场均衡国民收入的决定。四部门就是分析国外消费者的行为对我们经济生活带来什么样的影响,即在开放的宏观经济学视角下对诸多问题进行研究。

第四章　产品市场和货币市场的同等均衡:IS-LM 模型　货币市场是金融资产市场,交易的都是一些流动性很强的金融资产,像货币、债券等。凯恩斯发现如果货币市场实现不了均衡,产品市场的均衡也是不稳定的,所以他的研究从产品市场过渡到货币市场。第四章研究的是产品市场和货币市场的同时均衡,分析工具也发生变化,从收入—支出模型过渡到 IS-LM 模型。

第一节产品市场均衡:IS 曲线。我们发现产品市场的某一个因素——投资的变化受货币市场货币资产价格——利率的影响,投资可以表述为利率的函数,这是这一节所要做的工作,进而发现利率的决定在于货币市场,所以我们的研究不可避免地从产品市场推进到货币市场。

第二节货币市场均衡:LM 曲线。说明货币资产的价格——利率是如何由货币需求和货币供给两个因素共同决定的,货币市场均衡用 LM 曲线描述。LM 曲线有两种特殊的情况:垂直的情况被称为古典特例;水平的情况被称为凯恩斯特例,又叫“流动性陷阱”。现今生活中这些特例是否存在? 如果深陷其中,什么政策将会失效,什么政策会起作用? 两种特例的经济含义、几何图形及其政策结论,我们将作以详尽的研究。

第三节介绍两个市场同时均衡:IS-LM 模型。IS-LM 模型是宏观经济分析的经典范式,可以得到关于政策效力的六个命题。在国外和国内经济学教科书中,关于政策效力的这些命题出现了严重的错误，产生了深远的影响。对于这些错误，我们将一一纠正。

第五章　宏观经济政策　IS-LM 模型分析为第五章的讨论设定了一个框架。关于政策的研究，我们将因循政策工具、政策的传导机制、政策的效力以及政策的缺陷这样的思路展开。

第一节，首先介绍的是货币政策。我们在日常生活中有一些比喻。比如，货币政策的作用像刹车或者像马缰绳。在任何情况下，如果需要经济这辆大车停下来，一踩刹车就行，所以刹车的作用，是阻止前进。反之，如果希望经济这辆大车继续往前跑，光不踩刹车没有用。不踩刹车，经济可能非但不往前跑还会后退，所以在促进经济前进的时候，要踩一脚油门。货币政策阻止前进非常有效，而促进效果很不显著。为什么得到这样一个结论，这个结论在我国当今的经济生活中产生了什么样的影响，我们在运用货币政策调节宏观经济的时候应该汲取哪些经验和教训，在这一节我们将进行详尽的研究。

第二节，财政政策。关于财政政策的作用，大家会有一个切身感受：对经济的影响立竿见影，它的外部时滞比较短。为什么会这样？传导机制具有什么特点？另外，财政政策工具还有自身的特点——内在的稳定器或自动的稳定器功能。

第三节，产出的构成和政策组合。如果把政策组合在一起，同样是刺激总需求，有时可以采取财政政策，有时可以采取货币政策。采取不同的政策有不同的利益集团在受益，政策选择也体现了不同利益集团的经济利益之争。两种政策搭配不仅能够刺激总需求，起到稳定经济的作用，还可以改变产业结构，发挥产业政策的功能。

第四节，总需求曲线。在两个市场同时均衡的基础上，推导出宏观经济中的总需求曲线。第三章、第四章和第五章都涵盖在总需求的帽子下，第二篇就是总需求分析，涉及产品、货币两个市场。

第三篇是总供给分析，涉及经济生活中另一方面——总供给方面，包括：第六章、第七章和第八章。

第六章　对劳动力市场状况的度量　第一节，总供给与劳动力市场的关系。总供给涉及经济生活中的另一个方面，产品和劳务是如何生产出来的？生产要有投入——生产要素，包括土地、资本、劳动和企业家才能。生产要素中最容易发生变化的是劳动力，在其他要素不变的情况下，我们分析劳动要素投入数量的变化对一个国家总产出的影响。第二节，有关劳动力市场状况的几个概念。我们将介绍劳动力市场的一些重要概念，比如失业、就业、摩擦性失业、结构性失业、周期性失业、自然失业率，以及我国劳动力市场的现状和特点等。

总供给分析在西方经济学中处于较新的位置。20 世纪 80 年代以前总需求分析在西方经济学宏观教科书中具有"一统天下"的地位，形成了非常完整、成熟的理论。由于总供给分析产生较晚，因此导致的一个问题是：对这个理论大家还没有达成共识，存在严重的分歧。国外经济学教科书就出现一种奇特的现象，有什么样的经济哲学观，就介绍哪派的总供给曲线，信奉国家干预主义的介绍的是凯恩斯主义的总供给曲线，信奉经济自由主义的介绍的是新古典主义的总供给曲线。有的教科书里可能介绍六种总供给曲线。我们的介绍仿照多恩布什《宏观经济学》中的做法：先对争论的极左方——凯恩斯主义国家干预主义的总供给曲线作以介绍，再介绍极右方——经济自由主义的总供给曲线。有了这样一个参照系，左右两极都得到了定位，至于其他的总供给曲线到底属于哪一方——中偏左、中偏右，我们自己就可以有一个判断。

第七章　凯恩斯主义的总供给曲线　第一节，凯恩斯主义总供给曲线的基础——菲利普斯曲线。英国经济学家菲利普斯根据英国 100 年来货币工资的增长率和失业率的关系得到菲利普斯曲线，这是一个经验事实。凯恩斯主义的总供给曲线就是建立在经验事实的基础之上。

第二节，新凯恩斯主义对工资价格粘性的解释。这是新凯恩斯主义者对总供给曲线理论上的补充，给予总供给曲线微观基础上的解释。

第三节，有了凯恩斯主义的总供给曲线以后，联系总需求曲线，进行凯恩斯主义的总供给—总需求分析。我们虽然没有用单独的章节来分析通货膨胀问题，但是我们对一个需求拉动的通货膨胀怎么转化为成本推进的通货膨胀的详尽过程作了介绍。从中得到的结论是：政府过分雄心勃勃的政策可能将一场需求拉动的通货膨胀转化为成本推进的通货膨胀，从而对经济有害。

第四节讨论如果经济波动的根源来自供给方，又将带来什么样的影响。

第八章　新古典主义的总供给曲线　本章内容与上一章完全对立。

第一节，新古典主义的总供给曲线。新古典主义的总供给曲线实际上建立在两个基础之上，一个是经济学家弗里德曼和费尔普斯两人修正的菲利普斯曲线，另外一个是完全从纯理论推导出来的卢卡斯总供给曲线。两者的差别是总供给曲线中预期形式的不同。

第二节，预期形式的演变。凯恩斯早在《通论》中就已经提到预期的重要性。预期是主观心理上的活动，如何把它加入经济学的模型中，把它变成一种可操作、可观测、可计量的经济学模型，这在经济学发展中经历了一个漫长的过程。预期形式之间到底有什么样的差别，怎样加入到经济学模型中，这是这一节要讲的内容。

第三节，新古典主义的总供求分析。有了总供给曲线以后，结合总需求分析,新古典主义得到如下结论:系统的(被预期到的)宏观经济政策是无效的,随机的(未被预期到的)宏观经济政策有害,导致巨大的经济波动。

前三篇是以总供给—总需求分析为基础的经济波动理论。此外,很多经济学家都对经济增长问题情有独钟,经济增长理论更是宏观经济学研究的重要分支,1987 年诺贝尔经济学奖得主索洛便是这一领域的佼佼者。索洛的新古典经济增长理论已经成为教科书中的经典。因此,本书将从经济波动与经济增长两个大方面向读者系统地介绍宏观经济学的相关理论知识。在第三篇总供给分析中,假设不变的生产要素——土地、资本和企业家才能——如果发生变化,对一个国家的总产量造成何种程度的影响,所以第四篇的经济增长理论是第三篇总供给分析的长期化、动态化,包括:第九章。

第九章　索洛经济增长模型　第一节和第二节介绍经济增长的特征事实和索洛模型的假定。这部分着重讨论经济学家过去研究这些问题的传统模型,即索洛增长模型。索洛模型是几乎所有增长问题研究的出发点,以至于那些从根本上不同于索洛模型的理论,通常也需要在与索洛模型的比较中才能得到最好的理解。因此,要理解各种增长理论就得首先理解索洛模型。很多工业化国家经历了 100 年的经济增长,在这期间有哪些特征,有什么样的规律,索洛模型的基本前提假设是什么?以上内容将在这两节予以介绍。

第三节,索洛模型的动态学。索洛模型中唯一的内生变量——资本,如果投入数量发生变化对一个国家总产量会有哪些影响?本节讨论索洛模型中的均衡是否存在、是否稳定、是否唯一,与非稳定性均衡模型哈罗德-多马模型的差别在哪里。

第四节,储蓄率变化的影响。索洛模型得出很重要的一点是:对于资本在经济增长中的作用给予完全的否定。它否定了资本投入量增加对经济增长的作用,否定了资本对经济增长的贡献。如果希望把经济增长率从 8% 提升到 10%,那么资本投入量的增加,在短期对经济增长速度会有一个明显的提升作用,就长期来讲又将回到原先的水平。所以资本投入量的增加对经济增长的作用只有水平效应,使得上升的路径作一个水平的移动,而没有增长效应,不能改变增长的速率。

第五节,索洛模型与增长理论的中心问题——经济增长的源泉。经济增长的源泉到底是什么?是实物资本的增加还是人力资本或是自然资源的增加?关于这些问题的讨论,在当今经济生活中,具有非常重要的意义。

本书的四篇内容,在此先给大家作一个走马观花式的总体介绍,如果同学们对哪部分特别感兴趣,当介绍到这部分时,可以特别加以关注。

目　录

第一篇　宏观经济学导论

第二篇　总需求分析

第三篇 总供给分析

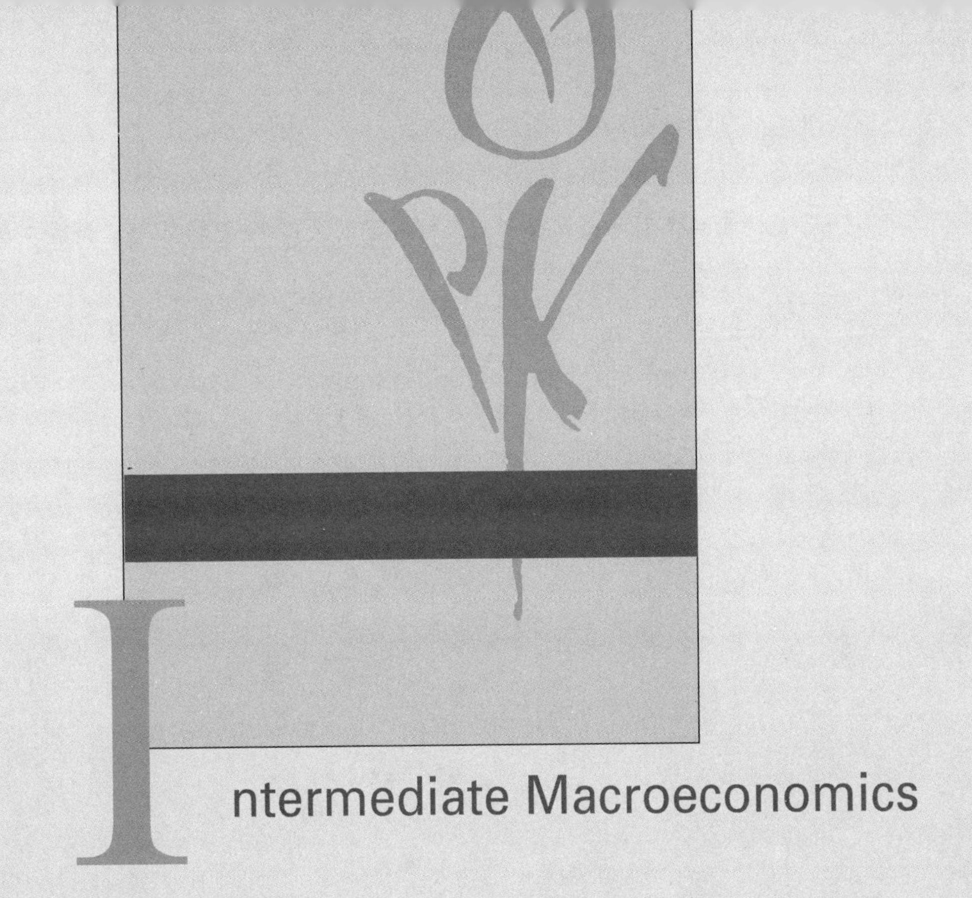

第一篇 宏观经济学导论

导论的目的是引导大家进入宏观经济学的大门中,包括第一章和第二章。

第一章 宏观经济学概述

本章概要

作为本书的第一章，本章的第一节首先将向读者系统地介绍一下宏观经济学的发展史，包括其渊源和具体的发展历程，从中我们可以梳理其发展的规律。然后，第二、三节将介绍宏观经济学的研究对象和研究方法，让读者能够掌握宏观经济学分析的基本研究方法和工具。

学习目标

学完本章，你将能够了解：

1. 西方经济学的含义。
2. 宏观经济学的发展历程，包括古典经济学、边际革命、新古典经济学、凯恩斯主义经济学、新古典综合的演进过程及主要观点。
3. 宏微观经济学在经济学课程中的地位以及和其他课程之间的关系。
4. 宏观经济学的研究对象——经济波动和经济增长；宏观经济学的度量指标——国民收入、物价水平、失业率和国际收支；宏观经济的特征事实。
5. 宏观经济学的研究方法——交易市场的分类、市场参与者的分类、总供给—总需求分析以及具体的分析方法。

在我国，宏观经济学和微观经济学统称为西方经济学。什么是西方经济学？我们从对西方经济学的“望文寻义”开始，将逐一介绍：首先什么是“西方”，其次什么是“经济”，最后什么是“经济学”这样三个问题。

1. 为什么在经济学前冠之以“西方”的定语

当你拿起国内的经济学书籍时，有时映入眼帘的书名却是“西方经济学”。据说发生过这样一件事情，有一个清华大学的同学申请出国留学，按照学校规定，要把成绩单严格按照课程名称翻译成英文。当时清华大学的经济学课程名称就是西方经济学，所以翻译过来就是“Western Economics”。这份成绩单拿到国外去，外国人的第一个问题就是：“什么是西方经济学，难道还有东方经济学吗?”这是一个很自然的问题。我国古代虽然有一些经济思想,但是距离一个完整的、成体系的学科,还有很大的差距,所以答案是没有东方经济学。

也许有人解释加“西方”的定语是为了表明来源,经济学来源于西方。但是大学里的很多学科也来自于西方,为什么这些学科之前不冠以“西方”这个定语,而唯独经济学如此呢?

这就涉及第三种解释,为了与另外一门也来自于西方,同属于经济学范畴的学科——政治经济学相区别。也就是说,为了与我们中学时就学习过的马克思主义政治经济学相区别。

所以笔者认为,西方经济学是为了区别而约定俗成的一个有中国特色的名称,我们所说的“西方经济学”和国外所说的“经济学”无论是内涵还是外延都是相同的。出国的同学要格外注意,在对外交流中,不要出现“西方经济学”的名称,以免产生混淆。

2. 什么是“经济”

“经济”(Economy)一词是从希腊文演变而来的,古希腊的色诺芬在其《经济论》中提到的“经济”一词本意是“家庭管理”,这个词刚进入我国时曾被翻译家严复译为“计学”。20 世纪二三十年代从日本传入我国的译法为“经济”。

“经济”一词在我国的古义是“经世济民”,经世即治理世事,济民是造福于民。所以从含义来看,经济学是学以致用之学。

3. 什么是“经济学”

提到经济学,我们会认为这个课程的内涵非常广泛,包括金融、贸易、财政、货币等所有和经济沾边的课程。实际上,作为一门成体系的学科,在国外经济学的内涵非常狭窄,仅仅包括微观经济学(Microeconomics)和宏观经济学(Macroeconomics)两门课程。

如果仅仅从词根分析,micro 的含义是“小”,macro 的含义是“大”,可能带来这样一个误解:微观经济学研究的是个体,宏观经济学研究的是总体;两者之间如同细胞和有机体、树木和森林、基础和上层建筑的关系。

这就带来了如下的问题:学完《微观经济学》再学《宏观经济学》,是否说明《微观经济学》是《宏观经济学》的基础?两者之间有无起、承、转、合的关系?还是仅仅是名称带来的错觉和误解?笔者认为,实际上两者代表了两个截然不同的、完全对立的的世界观和价值论。

第一节　宏观经济学的产生与发展

一、西方经济学的演化规律

要看清楚宏观经济学在西方经济学发展中所处的位置，我们必须高屋建瓴，站在西方经济学发展演化历史的高度，向下俯瞰（见图 1-1）。

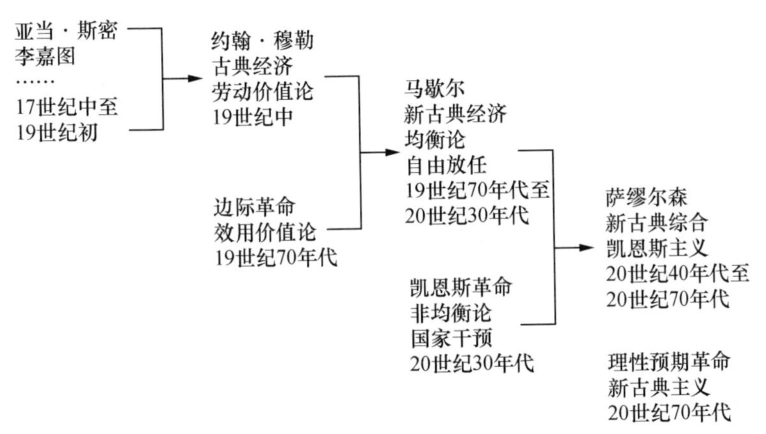

图 1-1　西方经济学的发展

如果研究一下西方经济学的发展史，可以毫不夸张地说，从 1776 年亚当·斯密发表《国富论》至今，西方经济学两百多年的发展历程是在“危机→革命→综合→新的危机→新的革命→新的综合……”的交替中向前发展的。古典经济学危机后，出现了对它的革命——边际革命，边际革命后经济学家马歇尔把这两种截然对立的思想综合为一体，称为新古典经济学。在 20 世纪 30 年代又出现了对新古典经济学的信任危机，导致其后的凯恩斯革命，凯恩斯革命后经济学家萨缪尔森又把这两种思想综合为一体。所以就西方经济学发展演化的思路来看，它的发展过程就是不断的分裂、融合、再分裂、再融合……正所谓“合久必分、分久必合”，因果循环式发展路径。以下按照这个规律来研究它的发展演化。

（一）古典经济学的危机和边际革命

1. 经济学史前——价值论的萌芽

早先人们出于什么样的动机来研究经济学？现代人一提经济就会联想到发财致富，认为经济学是一门研究发财致富的学问，古人研究经济学的出发点、动机和现代人是相同的。所以经济学是研究发财致富的学问，经济学起源于对价值来源问题的探讨。

古人认为财富即金银财宝、贵金属,财富每时每刻在市场上交易着和流通着,所以财富产生于商业、流通领域。要想致富,一个国家应大力发展商业,同时限制贵金属流出(也是一种国家干预)。这就是经济学的史前阶段对价值来源、财富产生的认识,称为重商主义。重商主义认为价值(财富)产生于流通领域。这是一种通过观察经济现象而产生的、合逻辑的、直接的思想。重商主义被认为是经济学发展的史前阶段。

2. 经济学的创世纪

古典经济学(Classical Economics)从17世纪中期开始,到19世纪70年代前为止。这里所说的古典经济学从英国经济学家威廉·配第开始,包括亚当·斯密、大卫·李嘉图、西尼尔、约翰·穆勒、马尔萨斯,法国经济学家让·巴蒂斯特·萨伊等人。

古典经济学最重要的代表人物是被称为"经济学之父"的亚当·斯密,其1776年发表的《国民财富的性质和原因的研究》被认为是经济自由主义的开山之作(经济学三部圣经之一)。

古典经济学的中心是研究国民财富如何增长,它强调了财富是物质产品,因此,增加财富的方法就是通过资本积累等途径来发展生产。亚当·斯密第一次宣称任何一个生产部门的劳动都是国民财富的源泉,他一方面批判了重商主义所主张的只有对外贸易才是财富来源的错误观点,另一方面又克服了重农主义者所持有的只有农业劳动才能创造财富的偏见,从而明确提出了劳动价值论。

古典经济学家把经济学的研究从流通领域扩展到生产领域,从而使经济学开始成为一门有独立体系的科学,真正意义的经济学是从古典经济学开始的。古典经济学最大的成就之一是劳动价值论的建立。

3. 约翰·穆勒的综合

古典经济学经历了二百多年的发展, 17世纪中期开始,经济学家约翰·穆勒对古典经济学的思想作了一个综合。现在认为经济史上的第一次综合是约翰·穆勒的综合。

约翰·穆勒在1848年出版的第一本有里程碑意义的经济学教科书《政治经济学原理》中把斯密的生产费用说、詹姆斯·穆勒等人的工资基金说、西尼尔的节欲说、李嘉图的地租论等进行了一次混合综合。他从生产的不同方面说明了生产要素价值的决定与价格的形成:劳动的报酬是工资(综合了詹姆斯·穆勒等人的工资基金说);资本的报酬是利润(综合了西尼尔的节欲说);土地的报酬是地租(综合了李嘉图的地租论)。由于他的经济理论全面系统地吸收和综合了前人成果,因此曾长期被看做是李嘉图之后古典经济学的最大权威。

4. 古典经济学的危机

经历了二百多年的发展和约翰·穆勒的综合,古典经济学为什么还会出现危机?在经济学发展史上对一种理论产生的信任危机,有时候是源于对一个很大的经济事件无法解释,有时候也许是源于对一个很小的经济问题不能解释。这如同导致大厦倾倒的可能是一场大地震或者龙卷风,也有可能是一窝蚂蚁。

古典经济学的危机源于对一个很小的经济问题不能解释——新老葡萄酒的价值问题。一瓶刚出厂的新葡萄酒的价格也就是十几块、几十块,而一瓶有百年历史的老葡萄酒的价格是几万甚至十几万,一瓶老酒的价格是一瓶新酒价格的一千倍甚至一万倍。原因何在?如果按照劳动价值论,那商品的价值取决于凝结在商品中的无差别的人类劳动。从葡萄酒的生产过程来看,从葡萄的采集、发酵、酿制、装瓶、出厂,这中间凝结在一瓶葡萄酒中的古人劳动和现代人劳动几乎是一样的。为什么价值就相差成千上万倍呢?

假定不存在保存成本,如果认为老酒比新酒贵的理由在于老酒少,物以稀为贵,显然是站在劳动价值论的对立面上——边际主义的立场上来解释这个问题。人们认识到有一种不为人所知的因素在影响价值。

在这样的背景下,"英国古典经济学从一种几乎独一无二的权威与统治地位上十分迅速地衰败下来,相对来说,对这种衰败的考察不够。这种长久以来一直作为权威而盛行的传统理论,它的十分重要的理论核心遭到了突然的抛弃,这在经济学史上几乎是空前未有的。"[①]

5. 边际革命

19 世纪 70 年代,奥地利经济学家门格尔(Menger,1840—1921)、英国经济学家杰文斯(Jevons,1835—1882)、瑞士洛桑派的法国经济学家瓦尔拉斯(Leon Walras,1834—1910),被称为"边际三杰"。

三个居住在不同地方的人几乎同时提出了边际效用价值论,开始了"边际革命"。这一理论反对劳动价值论,认为商品的价值不是取决于商品中所包含的客观的劳动量,而是取决于人们对商品效用的主观评价,这是一种与古典经济学家截然对立的主观价值论。

门格尔"革命"的矛头指向古典派是无可置疑的。对劳动价值的批判贯穿他著作的始终,从价值的本质和起源、价值尺度到生产资料的价值决定等,无一例外。在他看来,耗费劳动决定价值这一命题,是经济发展中一系列具有重大影响的基本谬误中"第一位的谬误","应断然加以排斥"。

在我国劳动价值论曾经很长时间都被认为是第一位的真理,而在西方经济

① 特伦斯·W. 哈奇森,《经济学中的革命与发展》,北京大学出版社 1992 年版,第 96 页。

学中,早在130年以前就对它进行了革命。

边际主义者强调产品和生产要素在市场上的定价与消费者主观的边际效用相关,由于存在边际效用递减,因此对各种产品效用的主观心理评价就会存在递减。主观、心理的评价决定商品的价值。这是在世界观上对古典经济学劳动价值论的革命。

按照边际效用理论,老酒比新酒贵是因为老酒的数量少,心理上的边际效用高,刺激强度大,所以我们买老酒愿意出很高的价钱;而新酒由于产量巨大,我们心理上的刺激强度低,出价就低。

在边际效用价值论的论述中产生了一种新的分析方法——边际分析法。边际分析是增量分析,即分析自变量的变动所引起因变量的变动情况。从数学上讲,边际量即总量函数的一阶导,这与当时数学中微积分理论的发展成熟密切相关。这种用数学分析方法进行经济研究的方法论上的革命,使经济学进入了一个新的时期。"边际效用概念不仅被看做经济'工具箱'的一种补充,并且还被看做是经济科学研究方法上的一项极重要的革新。"①

6. 对经济学中的革命的反思

如果革命的含义是革故换新,是破旧立新,是与"进化"相对的从旧质向新质的飞跃,就像在自然科学的发展中,与"日心说"取代"地心说"之后,我们今天就不再信奉"地心说"了,而只承认最后一次革命的成果,那么经济学家就该轻松多了,而事实是:"目前经济理论学者的学习任务很为艰巨,因为这个学科变化之快,使人们跟不上对它的学习!"②

从表象看:有革命就有反革命,有失灵就有显灵,有死亡就有复活。劳动价值论死亡了吗?劳动价值论被马克思所继承,成为马克思主义的三大来源(德国黑格尔哲学、英国古典政治经济学、法国科学社会主义)之一,是其1867年发表的《资本论》的基础。《资本论》的逻辑框架是:由于劳动创造价值,因此价值是工人创造的,利润来源于剩余价值。剩余价值是工人创造的、被资本家无偿占有的、超过劳动时间以上所创造的那部分价值。站在工人阶级的立场上,很显然剩余价值来源于对工人的剥削,剥削是一种不道德的事。随着资本家不断地剥削工人,资产阶级越来越富,无产阶级越来越穷,出现了无产阶级的相对贫困化和购买力不足,从而导致生产过剩的危机。而经济危机又会使贫富差距悬殊,社会矛盾激化,使无产阶级起来推翻资产阶级,最终导致制度的变迁、社会的更迭。马克思理论的逻辑基础就是劳动价值论,这个理论指导了20世纪世界上1/3的

---

① E. 罗尔,《经济思想史》,商务印书馆1981年版,第360页。

② 琼·罗宾逊,《经济论文集》第2卷,第88页。

人口进行社会主义实践,《资本论》被称为经济学三部圣经之二。

西方经济学中对革命的革命称为反革命,这种否定之否定的现象,根源于某些旧理论适用的现实条件具备时的“显灵”或称“复活”。例如,货币主义反革命对货币数量论的“复兴”,斯拉伐对李嘉图劳动价值论的“复兴”,新古典宏观经济学对新古典经济学的“复兴”,巴罗对“李嘉图等价”的“复兴”,供给学派对萨伊定律的“复兴”,这些都是以“革命”名义出现的“反革命”。

和自然科学中的革命不同,经济学中革命虽多,到头来发现被革命者仍好好地活着,原因何在?从最表象来看,这应归功于综合,稍带贬义的说法是折中主义。综合者在经济学发展史上具有崇高的地位,往往被称为集大成者,一代宗师。综合者面临着极大的困难,要找出一个合理的说法,使革命者和被革命者并存下来,找出沟通两种对立、互斥理论的桥梁和纽带,把它们从替代关系变为互补关系。更深层次的原因,留给大家思考。

（二）马歇尔的综合和新古典经济学的形成

马歇尔(Alfred Marshall,1842—1924)在1890年出版的第二本有里程碑意义的经济学教科书《经济学原理》中提出具有首创意义的均衡价值论,使他成为经济学说史上第一个真正的集大成者,“占有无可争辩的‘一代宗师’的地位”,“All in Marshall”。

均衡是物理学中的名词,当一物体同时受到方向相反的两个外力的作用,而这两种力量恰好相等时,该物体由于受力相等而处于静止的状态,这种状态就是均衡。马歇尔把这一概念引入经济学中,主要是指经济中各种对立的、变动着的变量处于一种力量相当、相对静止、不再变动的状态。需求与供给、消费与生产、买者与卖者是经济中对立的、变动着的力量。

马歇尔把主观的、心理的边际效用价值论归结为决定需求、消费、买方的力量。消费者在购买商品的时候会考虑一个问题,那就是这个东西值不值?这个“值不值”是一种主观心理评价,同样的东西有的人觉得值,有的人觉得不值。所以买者决定是否购买一个商品就是由主观、心理的边际效用价值决定的。商品越少,消费者的边际效用越高,愿意支付的价格越高。随着购买商品数量的增多,消费者的边际效用递减,愿意支付的价格也就降下来了。而决定生产、供给、卖方背后深层次的原因是生产者对成本的衡量,归结为客观存在的劳动价值论的力量。当两种力量完全相等时,就形成相对静止、不再变动的均衡状态,产生均衡价格。

马歇尔把主观的、心理的边际效用价值论和客观的劳动价值论综合为一体,形成均衡价值论。均衡价值论将原本完全对立的世界观、价值论综合为一体。在方法论上,马歇尔在坚持李嘉图演绎推理的同时,广泛运用边际分析。因此,马歇尔的综合是"世界观的综合、价值论的综合和研究方法的综合"，三重意义上的综合。

使革命者——边际主义和被革命者——古典经济学从对立、互斥变成互补，把经济理论重新团结在"看不见的手"的旗帜下。西方经济学又出新了，被称为"新古典经济学"(Neo-classical Economics)。

从19世纪70年代边际革命开始，到20世纪30年代结束，新古典经济学同样把自由放任作为最高准则，但已不像古典经济学那样只重视对生产的研究，而是转向了消费、需求，它把资源配置作为经济研究的中心，论述了价格如何使社会资源达到最优。从这种意义上说，新古典经济学又是古典经济学的延续，但它是以新的方法、从新的角度来论述自由放任思想。

(三) 新古典经济学的危机和凯恩斯革命

在马歇尔的综合之后，新古典经济学作为一种正统的经济学理论，一直在经济学中处于主流的地位，并且持续了60年的时间。

在20世纪30年代之前，在西方经济学界居于正统地位、起着支配影响的新古典经济学，一直坚信资本主义经济通过市场上的自由竞争总会自动调节达到充分就业的均衡状态，因此不可能发生普遍性生产过剩的经济危机。

琼·罗宾逊在1957年曾说过，30年前当她还是一个学生的时候，学习的是普遍接受和公认的完整经济理论体系(新古典经济学理论体系)。她是对这种情况信以为真的最后一代学生。因为时过不久，看起来十分巩固的理论基础就开始动摇变化了。

什么是新古典经济学？现在这个名称出现得并不多。把谜底打破，我们现在学习的微观经济学的前身就是新古典经济学。问题是，微观经济学这样一门课程告诉我们什么样的核心理念？为什么在20世纪30年代会对它产生信任危机？

微观经济学是建立在逻辑演绎基础之上的一种理论，其特征为从基本前提假设出发，通过数学演绎推理，得出结论。由于其理论的这种性质，使我们可以也应该对它的基本前提假设作更深入的研究，探讨微观经济学得以安身立命的基础是什么。

微观经济学的基本前提假设：

1. 理性人假设

理性人假设 = 经济人假设 = 利益最大化原则

"经济人"是经济生活中一般人的抽象，古典经济学家认为其本性是追求私利的，以利己为原则。早在二百余年以前，古典经济学的鼻祖亚当·斯密已经提出"经济人"的原始含义，他写过一段被广为引用的著名的话："每个人都在力图应用他的资本,来使其生产产品能得到最大的价值。一般地说,他并不企图增进公共之福利,也不知道他所增进的公共福利为多少。他所追求的仅仅是他个人的安乐、他个人的利益……”

显然,古典经济学家认为个人利益是唯一不变的、普遍的人类动机,所以“经济人”的“理性”体现在是否出于利己的动机,力图以最小的经济代价去追逐和获得最大的经济利益。经济学中的理性和现实生活中的理性,含义是不一样的。经济学中的理性以是否追求利益最大化为标准。追求利益最大化就是理性的,不追求利益最大化就是非理性的;追求利益最大化的是经济人,不追求利益最大化不是经济人。所以,理性人假设、经济人假设、利益最大化原则的内涵是完全一致的。

在数学中,建立在公理之上的有定理和定律。定理和定律都是需要经过证明的,而唯独公理不需要证明。最大化行为是从经济学角度,对人类天性的抽象和概括,天性即是公理,公理无须证明。所以最大化原则是微观经济学分析问题的最基本的出发点,这样的世界观需要和什么样的方法论相匹配呢?

数理经济学的发展,使古典经济学中的“经济人”假设具体化为一套以最大化为原则的经济理论体系,完全理性的经济人几乎成为标准的经济分析基础。贯穿于理性人行为的,永远是成本—收益分析。

经济学要想成为精密的分析科学,得出确定的结论和规律,就必须在复杂多样的具体现象中概括出普遍适用的原则来,理性经济人的最大化原则显然满足这一条件,因而它构成经济分析中逻辑推理的一般基础,有些西方经济学家甚至认为:“任何以非理性行为或次优行为为基础建立经济模型的尝试,都属欺骗行为。”

在市场经济中,光有追求利益最大化的主观动机是不够的,还需要其他的一些客观条件。

2. 信息完全假设

在大部分的微观经济学中都有信息完全假设,这一假设条件的主要含义是指市场上每一个从事经济活动的个体(买者和卖者)都对有关的经济情况具有完全的信息。对单个经济个体来讲,最重要的信息是对自己产品的供给和需求信息。而对社会来讲,需求与供给双方是通过两个方面对价格的作用而相互联系、相互适应的,市场价格在这里作为联系供给与需求的指标,起着中介的作用。

价格机制完美地体现了20世纪自然科学的重要成果——旧三论(信息论、控制论、系统论)的含义:

(1) 价格机制是传递供求信息的经济机制(信息论)

价格机制 = 市场机制

在市场中,决定一个消费者买不买商品的最重要的信息就是价格,所以价格机制向买者传递供求信息。另外,决定生产者、企业家生产什么、生产多少,很关键的一点也是价格,他们要选择卖得最火、走得最俏、最供不应求的产品进行生产,所以价格机制也向卖者传递供求信息。价格机制跟市场机制是完全等价的,市场机制说白了就是价格机制。

第二个基本假设——自由价格假设可以部分地从第一个基本假设——最大化原则推导出来。比如,如果现在供过于求,追求自己利益最大化的卖者要把所有商品卖掉,不可避免地就要降价,价格机制传递供求信息的作用和最大化原则密切地联系在一起。但最大化原则只是自由价格原则的必要而非充分条件,即最大化原则只是自由价格原则的成因之一。这种对价格机制来讲处于第一位的,或者说最重要的作用显然要受到各种各样的客观条件制约,例如,垄断、工会、国家的价格管制等。垄断的出现阻止价格自由地反映供求状况,妨碍了信息的精确传递。因为在这种情况下,价格所传递的信息,并不能反映供求的真实变动。

经济学为了保证价格这只"看不见的手"的作用的实现,又构造了完全竞争假设,可以说是建立在第二大基本前提假设之上的子命题:在完全竞争条件下,自由价格反映了全部的信息。

完全竞争假设包含了三个方面的含义:

第一,市场上有无数的买者和卖者。你不买他买,你不卖他卖,谁都不能操纵价格,谁都是现有价格的接受者(price taker)。

第二,产品同质。现实生活中有这样的现象,"买的不如卖的精",生产者对自己产品的缺陷了解得一清二楚,卖者有时通过观察买者对自己产品信息的了解程度,进行开价。卖者如果发现买者对产品的情况很了解,可能开价就低,反之开价就高,所以导致同一产品在市场上有不同的卖价。产品同质,买卖双方对产品同样了解,就杜绝了在同一市场同一产品存在几种价格的现象。

第三,要素自由流动。如果一个行业有暴利,有人就要进来分一杯羹;如果全行业亏损,有人就要退出这一行业。

因而在完全竞争假设下,市场价格包容了一切信息,一切对价格有影响的供求信息都会反映在价格的自由波动上,价格机制可以快速、准确、全面地传递供求信息。

完全竞争假设从提出的那一天起,即因为其苛刻的条件而遭致无数的批评,这些严峻的条件意味着在现实世界中没有摩擦、冲突,没有制度的、非制度的客观因素制约价格机制自由传递信息的功能。

自由价格代表的完全信息假设,集中体现了西方经济学的经济和谐观。新古典学派认为，经济体系的变动和发展是渐进的，而不是突变的，是和谐的，而不是冲突的，价格对经济刺激的反应是灵活的，而不是僵化的。马歇尔所引用的“自然界没有飞跃”的格言和灵活价格假设是对西方经济学经济和谐观最为概括的说明。

西方经济学认为个人的决策，就是在给定一个价格参数和收入的限制条件下，最大化他的效用。个人效用函数只依赖于他自己的选择，而不依赖于其他人的选择；个人的最优选择只是价格和收入的函数。经济中人与人之间的选择是相互作用的，但是对单个人来讲，所有其他人的行为都体现在自由波动的价格——一个信息参数里。供求双方的相互作用是通过价格来间接完成的。

价格机制是人类为达成合作和解决冲突所发明的最重要的制度之一，经济学就是以自由价格机制为研究对象，故其理论又称为价格理论。

（2）价格机制控制经济人、理性人、最大化的追求者（控制论）

价格机制 = 市场机制 = 看不见的手

弗里德曼认为价格除了起着传递信息的作用外，还具有刺激效应与收入效应，“这三个作用是密切关联的”。

价格机制控制我们成千上万人的行为，刺激追求利益最大化的消费者购买最物美价廉的商品，刺激追求利益最大化的生产者生产最供不应求的商品，并且按照最有效率、最能够实现利润最大化的方式进行生产，刺激追求利益最大化的劳动力阶层追求待遇高、福利好的职业。只要你追求利益最大化，你的行为就不可避免地要受到它的控制，价格机制体现了控制论的特点。

对于一个通过市场获得收入的人来说，他的收入取决于他出售物品和劳务的所得，同他在生产这些物品和劳务时所花费的成本之间的差额。而他出售物品和劳务之所得，又取决于市场为使用这些资源确定的价格。支付价格的同时，收入就从买者、需求方或消费者手中转移到卖者、供给方或生产者手中。

价格传递的信息被扭曲，则价格刺激效应和收入效应也会被扭曲；如果价格不具有刺激效应和收入效应，则价格传递信息的作用毫无意义。但是，我们可以明显看出价格的刺激效应和收入效应是与第一个基本原则性假设密切相关的。

（3）价格机制协调整个社会的系统（系统论）

价格机制还体现了系统论的特点。这一特点和微观经济学第三个前提假设密切地联系在一起，如果市场参与者的主观动机追求利益的最大化，客观上有健全的信息传递机制，最终市场经济的运行结果，就是市场出清。

3．市场出清假设

市场出清假设是建立在最大化原则与自由价格假设之上的假设，与前两个基本假设有明确的因果关系。

对于在最大化原则与自由价格假设的共同作用下，会产生怎样的结果，亚当·斯密描绘了理想的图景，他认为追求最大化的个人，“在这样做时，有一只看不见的手引导他去促进一种目标，而这种目标绝不是他所追求的东西。由于追逐他自己的利益，他经常促进了社会利益，其效果要比他真正想促进社会利益时所得到的效果更大”。

在这里，斯密的所谓“看不见的手”一般被认为是指价格机制，并且是自由灵活变动的价格机制。这段话的意思不外乎是：出于主观为自己动机的个人，在“看不见的手”的作用之下，产生了客观为他人的社会效果。以追求个人私利、利己为本心的行为，其结果是达到利他的社会公益。价格可以使个人理性和社会理性达到一致(系统论)。

经济学家将亚当·斯密的上述思想发展成为一个更加精致的“定理”：给定价格等限制条件，消费者和厂商的最大化行为，将导致市场均衡状态。

马歇尔首先论证了局部均衡，即单个市场均衡状态的存在。假设在产品市场上，需求大于供给，导致某个产品价格上升，对于消费者来讲，其目标是效用最大化，因而在既定的收入水平下，必然会减少对这种产品的购买，因而在价格上升的情况下需求减少；对于厂商来讲，其目标是利润最大化，因而在价格上升时，必然会增加对这种产品的生产，价格上升导致供给增加。结果是供求相等。这种结果包含两种含义：

第一，在市场均衡状态下，每个人或企业都实现了各自的利益最大化，这是市场均衡的最基本含义。

第二，市场均衡意味着所有经济人的行为都是相互协调、相互兼容的(系统论)；作为他们共同行为结果的交换比率即市场价格，使供给和需求达到相等，即市场“出清”。市场出清的含义是既没有供不应求，也没有供过于求，价格机制使供求刚好趋于相等。

我们周围涉及衣食住行方方面面，有成千上万个市场，其中某一个市场能够实现供求相等意义不大。成千上万个市场能否在价格机制的作用下全部实现供求相等？讨论这个问题更有意义。

工程师出身的瓦尔拉斯用数学把斯密的思想进一步精确化了，从局部均衡扩展到一般均衡。所谓“一般均衡”，是指在整个市场体系中所有行为主体的利益最大化使供求相等。一般均衡概念中的“一般”所强调的是市场体系作为一个整体，各个市场(产品、货币、劳动)、各种经济主体(居民户、厂商等)普遍的相互依存和相互协调。不仅是“一切决定于其他一切”，而且是任何一个角落的某种变动，一般都会波及最遥远的另一个角落，产生某种影响。一般均衡涉及成千上万个市场，这些市场能否同时实现供求相等，是一个非常复杂的问题。

一般均衡在理论上表现为包括各种行为方程和供求方程在内的联立方程组的解，所有的个人和厂商相互作用、相互依存，每个人的选择和行为的结果，都体现在市场相对价格中，通过自由价格机制间接对其他人产生影响，最终实现自己的利益最大化。

对于价格机制自由传递供求信息的作用，瓦尔拉斯形象地将其构想为“拍卖人”的“搜索过程”。他假设在市场上存在一个“拍卖人”，该拍卖人的任务是寻找并确定能使市场供求一致的均衡价格，寻找方法如下：首先，他报出一组价格，居民户和厂商根据该价格申报自己的需求和供给，如果所有市场供求均一致，他就将该组价格固定下来。

拍卖人改变价格的具体作法是：当某个市场的需求大于供给时，就提高该市场的价格，反之，则降低其价格。这显然是最大化原则在起作用，保证新的价格比原先的价格更加接近于均衡价格。如果新报出的价格仍然不是均衡价格，则重复上述过程，直到找到均衡价格为止。

瓦尔拉斯从前两个基本原则假设出发，对市场经济趋向均衡的动态过程进行模拟。但是，一般均衡理论对均衡的“存在性”、“稳定性”、“唯一性”等问题的研究并没有取得令人满意的结果。

现代西方经济学家用集合论、拓扑学等高深、复杂的数学工具，证明瓦尔拉斯一般均衡体系只有在极其严峻的假设条件下才可能存在均衡解。近几十年在这些问题上所取得的研究成果，被视为“纯理论”研究方面的重大进展。证明一般均衡体系唯一性的两个经济学家阿罗和德布鲁，分别在 1972 年和 1983 年被授予当年的诺贝尔经济学奖。

市场出清(一般均衡)的理论经过证明，成为西方经济学中分析问题的基本前提假设。这种所有市场都出清的假设虽然在理论证明上需满足一系列苛刻条件才能成立。但它自瓦尔拉斯提出起，在很长时间里被人们所接受，无人提出疑问。对于市场出清的这种信念，一位西方学者作了一个比喻，他说：“起初人们并不知道，苹果为什么会掉到地上而不是在空中飞，但是理论物理学家却可以通过假设存在引力，来解释很多观察到的现象。市场出清假设与此类似。”

从前两个基本前提假设出发，将会推导出第三个。如果主观上追求自己的利益最大化，客观上有健全的信息传递机制，最终市场经济运行的结果将达到一般均衡，市场出清。最后一个环节就是从福利经济学角度论证一般均衡、市场出清这样一种状态属于资源配置的帕累托最优。至此，“经济学家几乎用了两个世纪来证明亚当·斯密论断的核心真理……完全竞争、一般均衡的市场经济会显出资源配置的效率。"①

价格机制能把人类与生俱来的、追求私利的冲动,转化为社会公益。价格机制引导你主观为自己,客观为他人。利己是本心,利他是手段。在价格机制"看不见的手"的作用下,个人理性转化为社会理性,整个社会将变得更好。价格机制完美地体现了传递全部的供求信息、控制成千上万人的行为、协调我们的系统的三个作用。

市场万能论的思想,如果用图示表示出来的话,就是力学中的稳定性系统(见图1-2)。如果市场是小球的话,它的均衡位置是圆圈的底部,这是正常的位置。如果发生振动,比如说天灾人祸,可能出现供不应求或者供过于求,于是这个小球可能往左右偏离,偏离以后,重力使它回复到均衡的位置,这个重力就是市场内力,是价格机制这只看不见的手使它回复到供求相等的位置。市场万能论的观点是:均衡位置对市场来说是一个正常状态,非均衡(左右摆动)是一种偶然情形,价格机制(市场内力)使非均衡恢复到均衡。

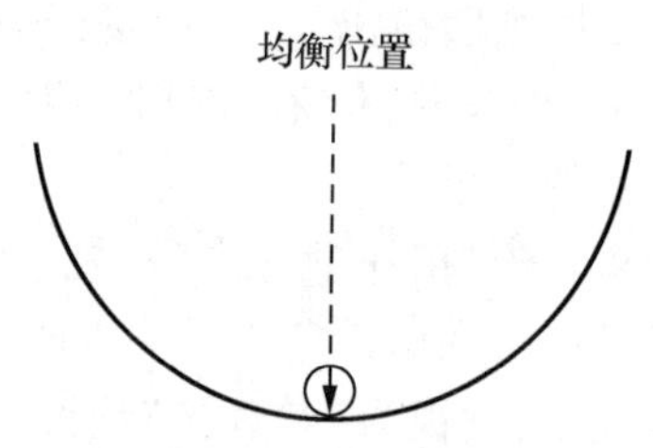

图 1-2 市场万能论的图示

瓦尔拉斯一般均衡理论证明:供求相等的均衡不但可以存在于单个的市场,而且还可以同时存在于所有的市场。因而劳动力是充分就业的,价格(在劳动力市场体现为工资)的变动使劳动力市场供求相抵,不存在非自愿失业,充分就业假设是市场出清假设的内涵之一。

250年前,当英国经济迅猛发展之时,亚当·斯密满怀热情地呼吁政府放弃一切阻碍人们发财致富的政策,采用顺应和放任人类天性、激发和利用人人都有的自利动机来增进个人财富和社会利益的制度和政策。由于市场是万能的,因此新古典经济学的逻辑推论是,就政府来讲,政策主张应该实行自由放任,也就是国家只起到"守夜人"、"看门犬"的作用。国家要信奉市场机制,相信它能起到出清市场、维持一般均衡的作用,而且要为市场机制的运作设定一个框架,为大市场、小政府的政策提供了理论上的支持。

具体来说,政府的作用是:第一,每个理性人都追求自己的利益最大化,但是

① 萨缪尔森,诺德豪斯,《经济学》(第14版),首都经贸大学出版社1996年版,第292页。

追求自己利益最大化的过程中有可能侵害他人的利益。所以政府应该健全法律,利己的同时不能损人,不能把自己变好建立在使其他人变坏的基础上,法律的准绳是保证帕累托改进的基础。第二,政府应该反垄断,垄断会阻碍信息快速、准确的传递,反垄断可以保证信息完全。按照经济自由主义的观点,政府只有这些事该做,而其他很多事,既管不了,也管不好。

精雕细琢的和谐均衡毕竟未能经受住20世纪30年代资本主义世界经济大萧条的考验,面对长期的萧条,面对近40%的社会生产力损失,新古典经济学家们既在理论上难以给予解释,又在政策上无法提出解决的措施。前文我们提到,古典经济学的危机是源于对一个很小的经济问题不能解释,而新古典经济学在强烈的、突发的经济危机背景下,面临大厦将倾的危险,这被公认为是经济学理论上真正意义的危机。

大萧条导致社会思潮的巨大变迁,1936年英国经济学家凯恩斯出版了《就业、利息和货币通论》,简称《通论》。它是国家干预主义的开山之作,是经济学发展史上三部圣经之三,标志着现代宏观经济学的产生。

凯恩斯的《通论》正是当时新古典经济理论危机的产物。一般来说,凯恩斯在理论、方法和政策三个方面都提出了不同于传统的观点和主张,因而被称为"凯恩斯革命"。

新古典经济学的基本前提假设,如果前两个的任何一个不成立,第三个就无法推导出来。凯恩斯的革命非常彻底,对这三个基本前提假设全部抛弃,并反其道而行之,他认为:第一,人不是趋利避害的完全的理性人。尤其在突发经济状况下,人会丧失理性,产生从众心理、羊群行为。第二,信息不完全。凯恩斯特别强调信息是不完全的,由于垄断的出现,导致价格机制不能快速、准确地传递全部的供求信息。在宏观经济理论分析中有一个很重要的前提假设,叫做价格刚性,排除了价格机制这只看不见的手自发调节供求的作用。

由于三大心理规律(消费边际倾向规律、资本边际效率规律和流动偏好规律)的作用导致有效需求不足,从而必然产生大规模失业、生产过剩的经济危机,凯恩斯从理论上说明了资本主义市场经济的不稳定因素和非均衡趋势。萨伊定律认为供给本身创造需求,需求是供给的函数。凯恩斯从理论上推翻了这种观点,认为供给是需求的函数,从而抛弃了"储蓄会自动地转化为投资"的传统观点。在方法论上,凯恩斯回到了重商主义研究的宏观经济问题,开创了宏观经济的分析方法,即总量分析,还将实物经济和货币经济密切结合为一体,从而克服了传统经济学在分析过程中运用"二分法"的不一致性。

仿照前面新古典市场万能论的图示,画出凯恩斯的政府干预万能论的图示,这是力学中的非稳定性系统(见图1-3)。假定市场经济是一个小球,如果顶部是均衡位置,它待在顶部是一个非常偶然的状态,一个微小的振动,就会导致供不应求或者供过于求,小球要么往左偏,要么往右偏。靠它自己很难回到顶部的均衡位置,这种情况下需要一只"看得见的手"——国家干预(市场外力)把它推回到顶部位置。

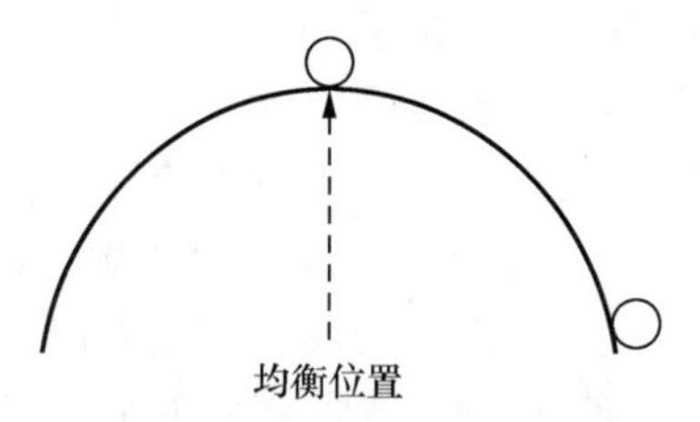

图1-3　政府干预万能论的图示

在政策上,凯恩斯反对新古典经济学的"自由放任",凯恩斯的反危机政策有三个特点:国家调节和干预经济生活是其前提;财政政策是其重心;举债支出是其手段。主张利用财政政策、货币政策手段恢复均衡,为国家干预经济提供了理论上的支撑。

《通论》中隐含了宏观经济学的结构,奠定了宏观经济学的基石。现代宏观经济学成功于对宏观经济波动可以作出合理的解释,并为消除波动提供政策建议。

(四) 萨缪尔森的综合和新古典综合——凯恩斯主义的形成

面对凯恩斯对新古典经济学的革命,萨缪尔森于1948年出版了《经济学》——第三本具有里程碑意义的经济学教科书,开始了经济学上的第三次综合。

1. 理论上的综合

萨缪尔森首先研究了两种理论的适用条件。他认为如果没有实现充分就业就应该用凯恩斯的理论,用国家干预财政、货币的手段来恢复均衡。在经济实现了充分就业以后就应该用新古典经济学来研究问题,用市场这只看不见的手来调剂供求,发挥作用。"如果现代经济学能够很好地完成任务使得自由社会大体上能够消除失业和通货膨胀,那么它的重要性将会减退,而传统经济学(它关心的是有效率地配置充分就业的资源)则将第一次真正获得成功。"

可见,在萨缪尔森的心目中,以凯恩斯理论体系为代表的现代经济学不过是恢复传统经济学充分就业假定前提的手段,一旦实现充分就业,两者的相对地位就要转化,凯恩斯理论将逐渐失去它的重要性,反而会被传统理论取而代之。"经典理论就恢复了原有地位,经济学家也就重新树立信心来陈述经典理论和社会经济原理。"

这样,凯恩斯理论不仅不是攻击新古典经济学理论,使其濒于毁灭的对手,反而是把它从死亡线上拯救过来的恩人。萨缪尔森阐明了新古典经济学理论和革其命者——凯恩斯理论的逻辑联系:这是适用于两种不同条件下的理论,因此,两者可以并存,整个凯恩斯的和新古典的理论可以结合在一起,并首创“新古典综合”(Neo-classical Synthesis)一词来概括这种理论体系上的结合。所以“新古典综合”是萨缪尔森的首创,代表了他“混合经济”的思想,即任何的经济都是政府干预与市场经济的混合。

2. 形式上的综合

从形式上看,“随着凯恩斯的理论命名为宏观经济学,新古典经济学则以微观经济学的新名称而出现”。“综合”体现在萨缪尔森在他的《经济学》教科书中,把宏观经济学和微观经济学顺次安排在一起的那种“结合”。并且一反常规,第一次以凯恩斯理论为主体,把新古典微观理论放在次要地位。

他在该书的序言中宣称:“国民收入是这本书贯彻始终的中心主题。”

萨缪尔森根据自己的观点,用浅显的文字,叙述和解释了凯恩斯《通论》的理论结构,使得凯恩斯主义得以广泛传播,从而最终确立了凯恩斯理论在西方经济学中的主流地位,并使它演变为当代宏观经济学。

对于政府干预的作用,萨缪尔森在他 1970 年第 8 版和以后几版的《经济学》一书第 18 章中,在分析了货币政策和财政政策的共同作用后写道:“在西方世界的每一个地方,政府和中央银行都已经证明:它们能够打胜一场反对持续的萧条的战争,如果人民愿意它们这样做的话。它们有财政政策的武器,也有货币政策的武器来移动决定 GNP 和就业量的各种曲线。正如我们不再消极地忍受疾病一样,我们也不再需要忍受大量失业。”

言外之意,政府干预是包治西方经济百病的良方。“长期存在于资本主义制度的经济波动的倾向仍将存在,但是,世界各国将不再容许它发展成为一次巨大的萧条或成为一次需求拉动的通货膨胀……”

萨缪尔森提出的新古典综合论,由于 20 世纪五六十年代在实践上的成功,广泛流行于西方经济学界。琼·罗宾逊将这种现象描述为“在美国成长发育,凭借着万能的美元的翅膀传播到世界各地,向那里的经济学界大举入侵”。这也是《经济学》成为有史以来最畅销的经济学书籍的原因(已经出了 18 版,全球发行几千万册)。

新古典综合论的出现在相当大的程度上平息了《通论》出版以来在西方经济学界产生的理论分歧,大多数西方经济学家对凯恩斯的认识似乎都统一到新古典综合的理论认识上,新古典综合论几乎就等同于凯恩斯主义,成为战后西方经济学的新正统,并且成为政府干预经济的理论基础。例如明斯基就曾指出:"在60年代早期和中期……当时虽然有各种持不赞成态度的人存在,但是绝大多数职业经济学家对于把凯恩斯的创新和传统分析工具和结论结合在一起的新古典综合,都同意它是指导理论研究和实际研究,进行经济政策分析和提出具体措施的恰当的理论结构。"

二、微观和宏观经济学在经济学课程中的地位

从宏观经济学在西方经济学演化中所处的地位,西方经济学演化的规律,我们解释了宏微观为什么在经济学的帽子下,是两种对立的世界观,是被革命者和革命者的关系。

有同学反映,经济学课程越学越多、越多越混乱。那么多的理论相互之间支离破碎,没有内在的联系,感觉学得越多越痛苦。如果把各门课程、各种理论之间的逻辑框架讲清楚,再来看这些理论就有了内在的条理以及统一的思路。我们用一个完整的框架把各种课程以及各种理论所处的位置进行合理的归类。奥地利籍美国经济学家和社会学家熊彼特(J. A. Schumpeter, 1883—1950)说,人们可以用三种方式去研究经济——通过历史,通过理论或通过统计数字。经济学类课程的设置也几乎完全按照这个思路。

1. 工具性课程

为掌握或者运用经济理论服务:高等数学、多元微积分以及线性代数、计量经济学、会计、统计、计算机应用等。

经济人的目标是实现自己的利益最大化。那么就厂商来讲,如何找到一个能实现利益最大化的产量,就要用到很多数学的工具。工具性课程相当于为经济学理论提供了一个工具箱,里面有各种各样的工具,可以供不同需要时使用。

2. 历史类课程

从历史学的角度:探讨学说产生的历史背景,社会条件,代表人物,历史意义,理论的产生、发展、演变。

经济学从"盘古开天地"一直到20世纪30年代的这段时间里,产生、发展和演变的理论,就在《经济学说史》这门课程里介绍。从这个时间跨度,我们也可以发现它所涉及的就是微观经济理论或者说新古典经济学理论的产生、发展和演变。从20世纪30年代一直到现在,相当于宏观经济理论的产生、发展和演变,在《当代西方经济学流派》这门课程里介绍。从时间序列来讲,两者以20世纪30年代凯恩斯革命为界线。凯恩斯革命以前统称为经济学说史,凯恩斯革命以后统称为当代西方经济学流派。

3．核心理论

核心理论是经济学全部的世界观和基础，是支持其他经济学课程的框架。经过介绍，大家知道核心理论包括两门课程：一个是微观经济学，前身是新古典经济学；另外一个是宏观经济学，包括凯恩斯经济学加其他流派。经济学全部的世界观都包含在这两门课程中。

4．技术性和实用性课程

建立在核心理论基础上的技术性和实用性的分支理论有很多，就国际金融课程来讲，除了一些金融实务的内容，比如说什么是国际收支平衡表，什么是汇率的直接标价法、间接标价法，理论部分要探讨的一个很重要的问题就是，汇率制度为什么要从固定汇率走向浮动汇率。以我国为例，为什么人民币的最终走向是可自由兑换？再如国际贸易这门课程，除了实务性内容——怎么做国际贸易？怎么开信用证？什么是离岸价？要回答的一个重要问题是，一个国家为什么要从贸易保护的状态中走出来，走向自由贸易？我国为什么一定要加入WTO？关于上述问题，答案就在微观经济学理论当中。

引用经济学家弗里德曼的话："汇率制度是一个国家的货币和另外一个国家货币之间的比价关系。"所以就其本质来说，汇率是一种价格机制。既然是价格机制，就自发起到系统论、控制论、信息论的作用，为了让它发挥它所具有的作用，自发调节国际收支，汇率制度就要从固定汇率制度走向浮动汇率制度。国际贸易为什么要从贸易保护走向自由贸易，原因也是一样。一个国家要达到一般均衡这样一个最理想的状态，一个前提条件就是要完全竞争。国家就像一个大的供给者，一个大的厂商，只有在要素自由流动、完全竞争的条件下，才能更有利于加速这个国家的市场实现供求相等，从而达到一般均衡这样一种状态。

建立在核心理论基础上的技术性和实用性的分支理论，还有货币银行学。货币银行学讨论的是货币政策的传导机制，很多内容和宏观经济学重合在一起，比如分析货币政策传导机制的时候，也要用到IS-LM模型以及总需求和总供给模型。有时候，货币银行学和宏观经济学要各自划分一个势力范围，但仍然有些内容的介绍会重复。

就财政学来讲，讨论的是政府的收入和支出行为。比如说，政府收钱应该怎么收？比率所得税和累计所得税到底哪一个更合理，效果更好？这就涉及微观经济学的理论。关于政府的支出对经济体系的影响，又是宏观经济学讨论的一项重要内容。

第二节　宏观经济学的研究对象

一、宏观经济学的研究对象

宏观经济学研究的是整个经济,因而涉及经济学中一些最重要的问题。从宏观经济学的产生来看,由于新古典经济学不能对持续的宏观经济大萧条作出合理的解释,导致对它的信任危机,从而宏观经济学才得以诞生。所以,宏观经济学的研究对象就是宏观经济波动和增长。

1. 宏观经济波动问题

经济为什么不会均衡稳定地向前发展?为什么会出现大萧条?为什么宏观经济存在繁荣、衰退、萧条、复苏的周期性波动?导致宏观经济波动的根源是什么?波动的传导机制是什么?如果可以找出导致波动的机制,怎么从政策上消除波动?具体来讲,如果一个国家经济出现失衡——极度萧条、过热或者恶性通胀,怎么从一种非均衡状态恢复到均衡的道路上来?所以宏观经济学研究的第一个问题就是宏观经济波动,主要解决怎么从失衡状态——供不应求或者供过于求,恢复到均衡状态——供求相等的问题。宏观经济波动问题,就时间跨度来讲,是 3 年、5 年,最多不超过 10 年。

2. 宏观经济增长问题

宏观经济增长问题是均衡的长期化和动态化问题,即已经实现均衡,在一个很长的时期内(30—50 年),怎么维持这种状态?以我国为例,经济增长是否能够持续在 30 年、50 年乃至 100 年的时间内保持每年 8% 的增长速度?这就涉及宏观经济学的经济增长问题。经济增长问题涉及的内容比较复杂,通常需要详细介绍经济增长的各种模型以及它们相互之间的关系等。宏观经济增长问题,就时间跨度来讲,是 30 年、50 年,甚至 100 年的时间范围。

总结一下宏观经济学的研究对象,宏观经济的波动和增长问题,也就是宏观经济的稳定和发展问题。

二、度量宏观经济的量化指标

既然宏观经济学以宏观经济波动和增长为研究的核心内容,那么首先就要有衡量宏观经济波动程度的指标,才能判断现在经济处在一个什么样的状态,是严重萧条,还是经济过热。我们要建立衡量宏观经济波动程度的指标体系,一个量化的指标体系包括:

1. 国民收入

国民收入用 GNP 表示,或者用 Y 代表,是度量宏观经济波动程度的第一个也是最重要的指标,运用这个指标可以进行纵向比较和横向比较。

纵向比较:反映同一个国家在不同时期经济发展的快慢。以美国的经济发展为例,20 世纪五六十年代经济是一个黄金时期,增长速度很快,体现为国民收入的不断增加;到了 70 年代就陷入一种滞胀状态,经济增长非但没有前进,反而倒退;90 年代以后,经济又进入了一个快速增长时期。

横向比较:反映在同一时期不同国家经济发展的快慢。在同一个时期,有的国家经济增长一直很强劲,有些国家经济增长却很缓慢。

2. 物价水平

在收入既定的情况下,如何衡量收入的购买力,取决于物价水平 P。名义收入是一种衡量,实际收入又是一种衡量。因为通货膨胀严重影响居民生活水平,引起居民资产的迅速贬值,相当于钱打折;而通货紧缩相当于钱生钱。物价水平同样可以进行纵向比较和横向比较。

纵向比较:比较同一国家在不同时期通货膨胀率的差异。我国自 1978 年以来通货膨胀率有两个较高的时期:1986—1988 年通货膨胀率达 23%—24%,1993—1994 年达到 20% 以上。

横向比较:比较不同国家在同一时期的通货膨胀水平。有些国家通胀率始终很低,例如德国和日本;而另外一些国家通胀率始终很高,比如拉美,有时候出现 300%、500% 的恶性通胀。

3. 就业率

就业率用 N 代表。

纵向比较:我国 1980 年以前无失业,而 90 年代以后失业率大幅度上升。

横向比较:有的国家失业率始终很低,有的国家则正好相反。

4. 国际收支状况

国际收支状况用净出口(NX)代表。

$$\text{净出口(NX)} = \text{出口}(X) - \text{进口}(M)$$

以上四个指标同时也是政府政策的四个最终目标:经济增长——针对 Y,物价稳定——针对 P,充分就业——针对 N,国际收支平衡——针对 NX。

当然四个目标有时不可兼得,要实现某些目标,就要牺牲另一些目标。在这四个目标里,最重要的是国民收入和物价水平,这两者构成了一个坐标系:P-Y 坐标系。

就业量并非不重要,而是可以从国民收入——总产量指标中推算出来。

$$\text{总产量} = f(\text{就业量},\text{资本量})$$

就业是一种投入——劳动要素的投入，产出就是这个国家 GNP 的水平。通过 GNP 指标，可以倒推出在某个水平之下可以吸收的就业。所以就业量和 GNP 水平之间有投入和产出的关系，从第一个指标可以推算出第三个指标。

三、宏观经济波动的根源

衡量宏观经济波动的四个指标体现了波动的结果，是因变量，而导致波动的根源需要我们进一步的讨论。宏观经济学的投入—产出图（见图 1-4）反映了波动根源和波动结果的关系。

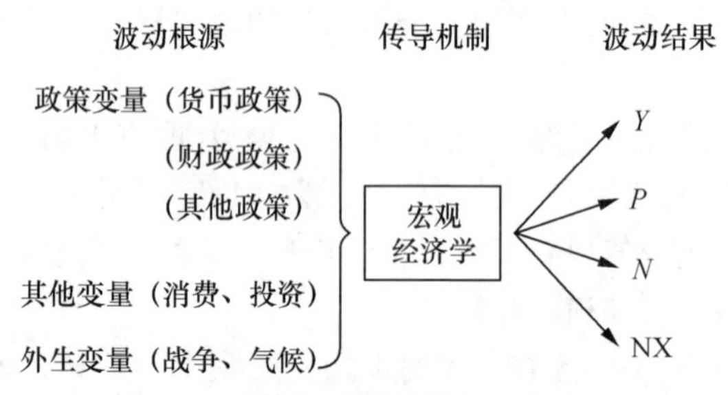

图 1-4　宏观经济学的投入—产出图 1

政策变量、外生变量、其他变量——三大变量进入宏观经济学中，其结果就导致国民收入、价格、就业率、净出口出现不同的数值，也就是我们能观察到的经济增长时快时慢、物价水平时高时低、就业率时好时坏的变化。宏观经济学研究的是导致这些结果的起因是什么，发生什么样的变化会导致这些结果的出现。所以在宏观经济学中，既要把根源找出，又要研究传导机制。宏观经济运行像一个黑箱，宏观经济学的研究就是要找到破译黑箱的方法。

四、宏观经济学的特征事实

判断宏观经济理论模型——收入—支出模型、IS-LM 模型、总需求—总供给模型——好坏的标准，主要看它们解释特征事实的能力。

特征事实（stylized facts）是指在宏观经济学中广泛存在的规律性，是经济学家根据时间序列的统计数据而得出的检验真理的试金石。两位美国经济学家阿贝尔（Abel）和勃南克（Bernanke）在 1992 年总结了美国经济波动的八个特征事实。

（1）在经济的各部门之间产量的变动是相关的。

经济体系之间有一种相互联系、依赖的关系，牵一发而动全局。增加政府购买支出的结果可能导致消费增加、利率上升、挤出私人投资等，所以在经济的各部门之间，产量的变动是相关的。

（2）工业生产、消费和投资是顺周期的，可以同时变动。其中政府购买也是顺周期的。

顺周期就是与 GNP 同方向变动。当 GNP 上升时，这些指标也上升；当 GNP 下降时，这些指标也下降。顺周期包括超前、同步和滞后三种情况。逆周期就是与 GNP 反方向变动。

（3）在经济周期的过程中，耐用消费品有强烈的顺周期性，而投资的变动性远远大于消费。投资比消费有更大的易变性。

消费和投资虽然都是顺周期的，但是有所差别。消费是强烈的顺周期，它的变化趋势跟 GNP 吻合得非常紧密，投资虽然也和 GNP 同方向变化，但在一个经济周期中它的易变性很大。图 1-5 中纵坐标代表消费和投资，横坐标代表时间。消费变化的顺周期性体现得非常明显。而投资在消费上升的一段过程中，体现为上升、下降、又上升、又下降这样几个变化来回，投资和消费相比易变性更大。

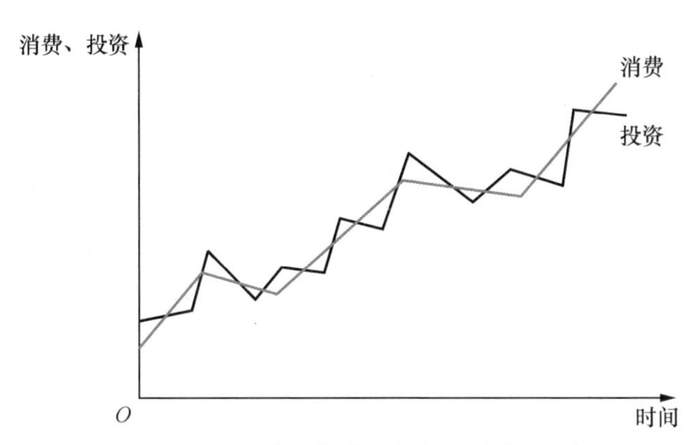

图 1-5　消费和投资周期性波动曲线

（4）就业是顺周期的，失业是逆周期的。

GNP 增加，就业率上升，失业率下降。

（5）实际工资和平均劳动生产率是顺周期的，尽管实际工资只是轻微的顺周期。

$$\text{实际工资} = \text{名义工资}/P$$

实际工资水平是用实物量来衡量的，在对收入进行纵向比较的时候，往往将其折合成一个可以购买到的实物量进行比较。平均劳动生产率是一个国家的总产量除以劳动力总数。所以两者都是顺周期，但实际工资的顺周期性并不是很强烈。

（6）货币供给和股票价格是顺周期的，而且是超前的。

我们常讲，股市是国民经济的晴雨表，究其原因就在于它的超前反应。在

GNP 没有上升的时候,它已经上升了;在 GNP 没有下降的时候,它先开始下降。全世界都很关注华尔街的股票指数,原因就在于它是全球经济的晴雨表。

另一个超前的指标是货币供应量,货币供应量增加一段时期以后,将会出现 GNP 增加的现象。

(7) 通货膨胀率和名义利率是顺周期的,而且是滞后的。

名义利率是一个国家银行里公布的利率。一个国家往往先出现经济过热,然后出现物价水平、名义利率的上升。

(8) 实际利率是非周期性的。

利率是货币的价格,实际利率衡量了货币资产的实际价值。

按照费雪效应:

$$实际利率 = 名义利率 - 通货膨胀率$$

以我国为例,在 20 世纪 90 年代初,名义利率很高,1993 年时名义利率高达 20%,而通货膨胀率高达 20% 以上,因而实际利率水平是一个负数,所以在 1993 年存钱相当于钱打折,年初的 100 元钱存到年末,只相当于年初 90 多元钱的购买力。

非周期性是与国民收入既不是同向,也不是反向的关系,而是一种很不规则、没有规律的关系。

我们的目的很明确——用特征事实来检验我们学过的理论,看看这些理论对经济现实能够作出全部的、部分的解释,还是完全不能解释。这决定了这些理论是完全有用、部分有用,还是完全没用。

第三节　宏观经济学的研究方法

一、宏观经济的交易市场

1. 产品市场

现实生活中,有涉及衣食住行方方面面的成千上万种产品的交易,这些有形的交易市场就是产品市场。有些部门出售的是无形的劳务,比如家政服务、教育、旅游、卫生、保健等部门。有形的物品和无形的劳务都在产品市场上交易,所以宏观经济学研究的第一个市场就是产品市场。

2. 货币市场

日常生活中,在你把产品从商店买回来的过程中,货币就从你的口袋里转移到了卖者、厂商的手中。产品流的背后对应的是货币流,涉及的是金融资产市场。例如,股票、债券、货币等也是我们财富的持有形式。

3. 劳动力市场

产品生产离不开生产要素。通常讲的生产四要素——土地、劳动、资本、企业家才能——被认为是狭义的要素,它们分别是广义的生产要素的一个典型代表(见表1-1)。

表1-1 生产要素的划分

广义	狭义
自然资源	土地、森林、矿山
人力资源	人的体力——劳动 人的智力——知识、企业家才能
人造资源	资本、厂房、机器、设备

土地是自然资源的一个典型代表;劳动是人力资源中人的体力的一个典型代表;企业家才能是人力资源中人的智力的一个典型代表;资本是人造资源的一个典型代表。

在宏观经济学里,对一个国家来讲,认为最重要的生产要素是劳动,我们着重研究的也是劳动,所以研究的生产要素市场主要是劳动力市场。

二、宏观经济的市场参与者

1. 消费者

消费者又称为公众、居民户,他们是产品市场的需求方。要在产品市场购买产品,就要有收入,收入从哪里来?他们同时在要素市场——劳动力市场提供自己的劳动,是要素市场的供给方。所以消费者既是产品市场的需求者,又是要素市场的供给者,在不同的市场要进行角色转化。

2. 厂商或企业

它们是产品市场的供给方,为了提供产品,就要进行生产。生产需要生产要素,所以厂商又是要素市场的需求方,在劳动力市场上购买劳动。厂商或企业在不同市场上也发生角色转变,在产品市场是卖者,在要素市场是买者。

3. 政府

政府对经济体系有举足轻重的作用,体现为

(1) 政府规模很大,整个经济中20%的产品和收入都归政府。

(2) 政府机构庞大,涉及经济体系方方面面的事情。

4. 外国

这里主要是指外国的消费者。四个经济主体又称为四部门,我们分析的思路是从两部门两个经济主体,扩展到三部门,再到四部门。

三、宏观经济学的总需求—总供给分析

我们把波动根源进行一次重新分类:财政政策、货币政策、消费支出等都是影响经济中总需求方的变量,用 AD 表示;另外,劳动、技术、成本等影响总供给方的一些因素,用 AS 表示。

需求方和供给方、买者和卖者、消费和生产紧密结合在一起,就是宏观经济中的总需求—总供给分析。物价水平 P 和总产量 Y 两个最重要的指标构成一个坐标空间,在这个坐标空间里由总需求和总供给的交点就得到了一个均衡产量和一个均衡的物价水平。我们将用总需求—总供给的分析框架重新审视波动根源和波动结果之间的关系,研究中间的传导机制(见图 1-6)。

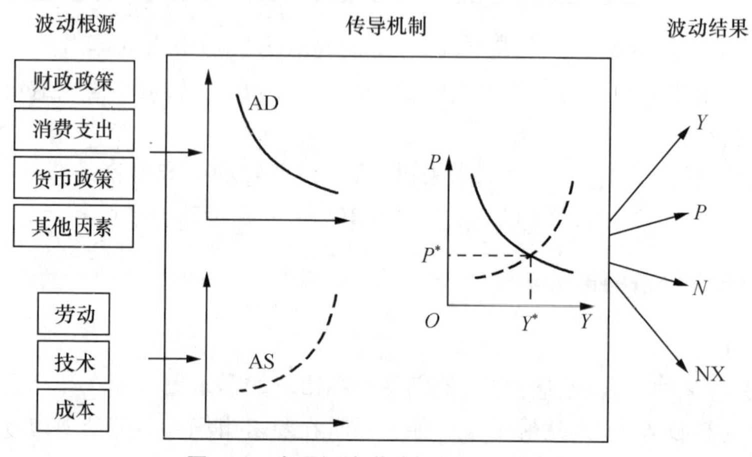

图 1-6　宏观经济学的投入—产出图 2

1. 总需求

总需求(aggregate demand)是指在价格、国民收入和其他经济变量既定的条件下,消费者、厂商、政府和外国愿意支出的数量。总需求分析只涉及产品市场和货币市场。在这里“愿意”我们要重点加以强调。有同学问,总需求只要愿意就可以实现吗?对一个国家总体经济来讲,只要有支出的愿意,就能够实现,愿意的支出构成了对一个经济的强劲需求。

2. 总供给

总供给(aggregate supply)是指一国的全体厂商在现行价格、生产能力和总成本既定的条件下,愿意而且能够生产和出售的产品数量。总供给分析只涉及劳动力市场。总供给强调的不仅是“愿意”而且是“能够”,因为生产还要受其他因素的制约。

四、具体分析方法

1. 文字表述法

文字表述法由定义、假设、假说、预测构成。

(1) 定义:对经济学研究的各种变量规定出明确的含义。

各种变量主要包括四类变量:

内生变量:可以在一个经济体系内得到说明的变量(可以看成未知数)。

外生变量:由体系以外的因素决定,影响内生变量,但无法在一个经济体系内得到说明(可以看成已知数)。外生变量是模型据以建立的外部条件。例如,今年夏天天气很热,导致空调在某些城市供不应求,空调的价格上涨。在这里,空调的价格是一个待说明的变量,所以是内生变量,它的变化可以用需求、供给的变化来说明。天气热,对空调的需求增加,在供给不变的情况下,均衡价格上涨。而今年夏天天气为什么变热,就是外生变量,在我们这个经济体系内是无法说明的,所以把它看成是模型据以建立的外部条件。在宏观经济学中,比如说政府的收支行为,就看成是外生变量。在某种情况下政府购买支出为什么增加,或者减少,这个决策过程是我们无法说明的,只是作为一个前提条件。

流量:流量分析相当于时期分析,t 代表时间,起点是 t_1 时点,终点是 t_2 时点,在这个时期内变量变动的数值就是流量(见图 1-7)。日常生活中也涉及很多流量的概念。比如说你的年薪就是一个流量,指在一年当中你的收入变动的数值。其他的流量还有 GNP、投资、消费等。

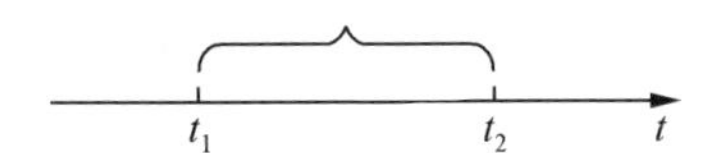

图 1-7　流量:在一定时期内变量变动的数值(时期分析)

存量:存量涉及时点分析,在 t_1 时点上存在的变量变动的数值就是存量(见图 1-8)。例如,某年某月某日某时某分某秒,在这一个时间点存在的人口的数量,就是一个存量。另外一个国家的总资本量也是一个存量。

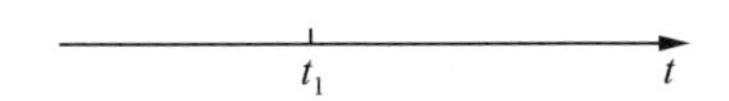

图 1-8　存量:在某一时点上存在的变量的数值(时点分析)

(2) 假设:一个理论形成的适用条件、前提。

例如,经济人假设、信息完全假设。假设是理论分析的前提和出发点。

(3) 假说:对两个或更多变量之间关系的阐述。

例如,需求法则,供给法则、凯恩斯定律等。需求法则说明一种商品的需求与它的价格成反向的变化关系,商品自身价格越高,需求量越低,价格越低,需求量越大。假说往往以法则、定律这样的形式出现,说明两个变量之间是同向还是反向变化的关系。

(4) 预测:根据假说对未来进行的预测。

预测也是检验一个理论的重要方法。

定义、假设、假说、预测这四部分的关系是:定义是基础,假设是分析问题的出发点,从这个出发点再看变量之间的关系,往往以假说、定理、定律的形式出现,描述变量之间是同向还是反向关系,由此形成预测,再放到实践中去检验。如果和实践不相符,有两种方法:第一是修改假设,修改分析问题的前提条件;第二是修改假说,原来是同方向变化,现在可能是反方向变化,再放到实践中进行检验,如此反复(见图 1-9)。

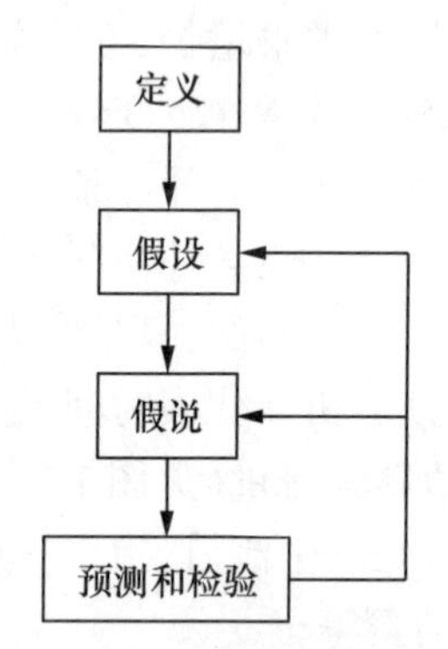

图 1-9　四个部分的关系图

2. 数学方程法

数学方程法是理论公式化的表现形式。存在三种方程式:

(1) 定义方程式:用方程式下定义。

例如,$AE = C + I + G + NX$。在宏观经济学中,总支出 AE 等于消费 C 加投资 I 加政府购买支出 G 再加净出口 NX。在微观经济学中,也有很多定义方程式,比如弹性、边际量都是用方程式来定义的。

(2) 行为方程式:基本上是函数形式。

在某一个变化的过程中,每个起因都有一个结果与之一一对应,这样一种关系就叫函数关系,称结果是起因的函数,两者之间是一种明确的因果关系。

宏观经济学中,例如,$C = f(Y_d)$,认为消费 C 取决于个人可支配收入 Y_d,消费是个人可支配收入的函数。再如,投资取决于利率水平,投资是利率水平的函数。

(3) 平衡方程式:表示经济均衡的前提条件。

在微观经济学中,如果需求等于供给,价格水平就不会变化,形成一个均衡的价格。在宏观经济学中,如果总需求等于总供给(AD = AS),储蓄转化为投资($S = I$),一个国家的国民收入就稳定下来,形成了一个均衡的国民收入。

3. 几何图形法

宏观经济学跟微观经济学一样,有大量的几何图形。在经济学的学习中,流传的一句话是“逢题先做图”。画出正确的几何图形,有利于对问题的理解和分析。

4. 局部均衡分析和一般均衡分析法

局部均衡分析涉及一个市场,一般均衡分析涉及两个以上的市场。从局部均衡到一般均衡,具体分析从一个市场的均衡向三个市场的均衡推进,是一个逐步放松假设过程。所以我们的分析方法,从一个市场——产品市场开始,过渡到三个市场——产品市场、货币市场、劳动力市场,在这个过程中,把外生变量内生化;在一个市场(产品市场)的分析中,先从两部门开始,然后把经济主体一个一个加进来,从两部门扩展到三部门、四部门,这就是宏观经济学分析的一个总体思路,从一个简化模型过渡到一个普遍模型:

$$\text{简化模型}\xrightarrow[\text{外生变量变为内生变量的过程}]{\text{逐步放松假设的过程}}\text{普遍模型}$$

5. 静态均衡分析和比较静态均衡分析法

静态均衡分析就是分析均衡的决定。无论是在产品市场还是货币市场,首先研究的就是均衡的决定——在已知外生变量的条件下,决定内生变量。比较静态均衡分析就是分析均衡的移动。如果外生变量发生变化,那么均衡就会发生变化。所以我们后面的分析,首先是均衡的决定,然后是均衡的移动,也就是从静态均衡分析到比较静态均衡分析。

本章小结

1. 古典经济学的中心是研究国民财富如何增长,它强调了财富是物质产品,因此,增加财富的方法就是通过资本积累等途径来发展生产。最重要的代表人物是被称为“经济学之父”的亚当·斯密,其1776年发表的《国民财富的性质和原因的研究》被认为是经济自由主义的开山之作。约翰·穆勒在1848年出版的第一本有里程碑意义的经济学教科书《政治经济学原理》中把古典经济的思想进行了综合。

2. 边际革命源于对新老葡萄酒价值问题的争论。边际主义者强调产品和生产要素在市场上的定价与消费者主观的边际效用相关,由于存在着边际效用递减,因此对各种产品效用的主观心理评价就会存在递减。主观、心理的评价决定商品的价值。边际革命的代表人物称为“边际三杰”,他们分别是奥地利经济学家门格尔、英国经济学家杰文斯和法国经济学家瓦尔拉斯。

3. 英国经济学家马歇尔在其1890年出版的第二本有里程碑意义的经济学教科书《经济学原理》中将古典经济学和边际分析结合起来，从而使主观心理的边际效用价值论和客观的劳动价值论综合为一体，形成均衡价值论。新古典经济学正式诞生，成为主流的经济学理论，其经济理论建立在三个基础的前提假设之上，即理性人假设、信息完全假设和市场出清假设。

4. 1929—1933年持续的全球性经济危机动摇了新古典经济学的基石，英国经济学家凯恩斯1936年发表的《通论》在理论、方法和政策三个方面都提出了不同于传统的观点和主张，因而被称为“凯恩斯革命”。

5. 面对凯恩斯革命，美国经济学家萨缪尔森于1948年出版了《经济学》，这是第三本具有里程碑意义的经济学教科书，开启了经济学上的第三次综合。

6. 革命出圣经，综合出教材。三部“圣经”被称做“三论”：1776年亚当·斯密的《国富论》是经济自由主义的开山之作；1936年凯恩斯的《通论》是国家干预主义的开山之作，1867年马克思的《资本论》是社会主义者的圣经。三次综合：古典经济学综合的产物是1848年穆勒的《政治经济学原理》；对古典经济学和边际主义综合的产物是1890年马歇尔的《经济学原理》；对新古典经济学和凯恩斯经济学综合的产物是1948年萨缪尔森的《经济学》。

7. 宏观经济学的研究对象是经济波动和经济增长。度量宏观经济的指标有国民收入、物价水平、就业率和国际收支状况。特征事实是指在宏观经济学中广泛存在的规律性，是经济学家根据时间序列的统计数据而得出的检验经济理论的试金石。两位美国经济学家阿贝尔和勃南克在1992年总结了美国经济波动的八个特征事实。

8. 宏观经济按照交易市场可以分为产品市场、货币市场、劳动力市场，按照参与者可以分为消费者、厂商、政府和外国。宏观经济分析的主要理论方法是总需求—总供给法，具体的分析方法包括文字表述法、数学方程法、几何图形法、局部均衡分析和一般均衡分析法、静态均衡分析和比较静态均衡分析法。

关键概念

经济学三部圣经　边际革命　凯恩斯革命　经济波动　经济增长　国民收入　物价水平　就业　国际收支　外生变量　内生变量　流量　存量　特征事实　产品市场　货币市场　劳动力市场　消费者　厂商　政府　外国　局部均衡分析和一般均衡分析　比较静态均衡分析

第二章 宏观经济指标的度量

本章概要

本章第一节首先介绍国民生产总值(GNP)和国内生产总值(GDP)的定义及缺陷,然后介绍国民收入核算的三种基本方法:收入法、支出法和生产法,从而引入国民收入核算恒等式。第二节主要介绍常见的价格指数,包括消费品价格指数(CPI)和GDP减缩指数,并引入通货膨胀率的概念。

学习目标

学完本章,你将能够了解:

1. 国民生产总值和国内生产总值的定义、异同点及缺陷。
2. 国民收入核算的三种方法:收入法、支出法、生产法的定义。
3. 国民收入核算恒等式的表达式和含义。
4. GDP减缩指数、消费品价格指数(CPI)的定义和特点。

第一章和第二章同为宏观经济学导论的内容,起到相同的作用,引导大家进入宏观经济学的大门。第一章介绍了宏观经济学的产生和发展,在第二章,对一些重要的宏观经济指标 Y、P——既是衡量宏观经济波动程度的量化指标,又是贯穿课程始终的指标——作以详尽的介绍,让大家对它们有感性的认识。

第一节 国民收入核算

衡量宏观经济波动程度最重要的一个指标就是国民收入,既可以用GNP和GDP表示,也可以用 Y 来表示。Y 是取"yield"(产出)的第一个字母。国民收入核算就是要对 Y 进行核算。

一、核算对象——国民生产总值

国民生产总值用GNP(Gross National Products)代表,国内生产总值用GDP

(Gross Domestic Products)代表。我们将介绍两者的相同之处和不同之处。

1. 两者的相同之处

两者的相同之处是:都是指一个国家在一定时期内所生产的最终产品市场价值的总和。这是一个非常精简的定义,我们可以从头到尾好好咀嚼一下。以下我们依次强调五点相同之处:“在一定时期内”、“最终产品”、“市场价值”、“总和”、“生产”。

(1)“在一定时期内”(一年内)——计算期

第一点强调的是计算期的问题。计算期是一年,包括两个方面的含义:

第一,反映计算期问题,说明国民收入是流量,而不是存量。前面讲过,流量是一定时期内发生的变量变动的数值,是一个时期分析,有一个起点和一个终点。GNP 和 GDP 都是在一定时期内核算出来的,是流量而不是存量。

第二,不包括已有的商品的交易。例如,古画、二手房、二手车的交易额不计入当年的 GNP 和 GDP。因为它们在生产出来的当年已经被计入当年的 GNP 和 GDP,重复交易的产值不再计入。但是,为了古画、二手房重新进行交易,经纪人撮合买卖双方会获得佣金,经纪人的劳务是在当期发生的,所以经纪人的佣金要计入 GNP 和 GDP。

(2)“最终产品”

最终产品是指最后供人们使用的产品。跟它相对应的是中间产品,指在以后生产阶段中作为投入品的产品。区分最终产品和中间产品的目的,主要是为了避免重复计算。

例如,两个国家 A 国和 B 国(见表 2-1):

表 2-1　两国经济核算　　(单位:万)

	A 国	B 国
农民生产小麦	1 000	1 000
面粉厂生产面粉	1 200	1 200
面包厂生产面包	1 500	1 800
零售商出售面包	1 800	
GDP 总计	1 800	1 800
工农业生产总值	5 500	4 000

对农业来说面粉是最终产品,对工业来说面粉是中间产品,每个环节之间具有投入、产出的关系。GDP 和 GNP 计算最终供人们使用的产品。A 国最终供人们使用的产品是零售商出售的面包,B 国最终供人们使用的产品是面包厂生产的面包。如果计算 GDP 的话,A 国是 1 800 万,B 国也是 1 800 万。

如果计算工农业生产总值,两国就会有所差别。工农业生产总值意味着把每个行业创造的价值都加总在一起,包括农业、工业还有商业,B 国是 4 000 万,A 国是 5 500 万。工农业生产总值的计算结果要比 GDP 的计算结果大好几倍。究其原因,在计算工农业生产总值时,把同一件事(农民生产小麦的产值)在每个环节都作了一次重复计算,所以计算的结果要远远大于 GDP。

我们总结一下计算最终产品的三个优点:

第一,可以避免重复计算。

第二,可以避免由于经济结构的不同带来的数据的不可比性。

表 2-1 中 A 国和 B 国的经济结构不同。A 国有零售商出售面包这个流通环节,说明 A 国商业比较发达,零售环节发达,并且创造了 300 万产值。同样是 1 200 万面粉,A 国生产了 1 500 万的面包,B 国却生产了 1 800 万的面包,说明 B 国的工业比 A 国发达,能够创造出更多的附加值。所以这两个国家的经济结构是不一样的,一个是商业发达,一个是工业发达。但是这两个国家通过 GDP 可以作横向比较,它们的综合国力还是一样的,都是 1 800 万。

世界上没有任何两个国家的经济结构是完全相同的,有的侧重于农业,有的侧重于工业,有的侧重于商业,还有的侧重发展高科技。通过 GDP 这个指标,可以把它们放在同一水平线上进行比较。

第三,最终产品不仅包括有形的产品,还包括无形的劳务。

农民生产小麦产值 1 000 万,其中既有有形的产品,也包括农民的劳务。A 国第三个环节面包厂生产面包产值是 1 500 万,零售商出售面包产值变成了 1 800 万,那增值的 300 万,是为了使 1 500 万的面包卖出去,销售人员、营销人员付出的劳务,所以这增值的 300 万体现为劳务的价值。

经济生活中很多部门出售的都是劳务,比如教育、卫生、旅游、家政服务等部门。

(3)“市场价值”

它表明最终产品要经过市场交换,优点:在流通环节,统计便利,操作、计量方便。一个概念要流行开来,它的可操作、可观测、可计量性是非常重要的。要核算一个国家的 GDP,只要把住流通环节,就可以计算出来,这是它的优点。

相应的,缺陷也有两点:

第一,有漏损,不经过交换的经济活动所创造的价值不被计入 GDP。

现实生活中经常有这样的事情,自己做饭自己吃,自己车坏了自己修,自己衣服自己洗,这些活动也创造了价值,但是被排除在 GDP 之外。这里漏损的是自给自足的经济活动所创造的价值,从这点看,漏损掉的还是比较多的。

第二,地下经济,指非公开的、秘密的市场交换。

世界上存在很多黑市交易,在这些市场中,很多产品在生产、交换,也创造了价值,但是被排除在每一个国家 GDP 的计算之外。比如,黑市交易中的毒品交易。在多恩布什《宏观经济学》(第 6 版)中有一个估计,美国地下经济产值占 GNP 的 1/3,所以,这个漏损掉的数额也是相当大的。

(4)"总和"

总和强调的是一个国家的 GDP = $\sum P_i \times Q_i, i = 1, \cdots, n$,即一个国家的 GDP 等于每种产品 i 的产量 Q_i 乘以价格 P_i 的加总。

(5)"生产"

强调所生产的,是对市场价值的拾遗补缺。从这样两点来分析:

第一,是所生产的而不是所销售的,即不完全经过交换的。

因为 GDP 和 GNP 指标衡量的是一个国家的综合国力,也就是一年的生产能力,只要生产出来就算数,不管价值是否实现。

例如某一工厂的产品,生产 100 万,当年销售 80 万,计入 GNP = 100 万。GNP 的计算是两个环节,先统计市场零售的环节,销售额 80 万,然后再看企业的非意愿存货变化,是 20 万,加在一起即 100 万。

其中,80 万是消费者买下,20 万视为企业自己买下,构成企业的非意愿存货(involuntary inventory),即企业不希望有的存货,用 Δinv 代表,Δinv = 20 万。如果 Δinv > 0,表示企业存货处于积压状态。

如果一个企业生产 100 万,销售额 120 万,计入 GNP = 100 万。当期只生产了 100 万,销售额为什么是 120 万呢?很显然,这多出的 20 万是上一期积压的存货,在这一期卖了出去,所以非意愿存货 Δinv 是 -20 万。Δinv < 0,表示企业处于脱销状态。

结论:只要是生产出来的,无论卖没卖出去,全部都计入 GDP。

第二,必须把与生产无关的、既不提供物品也不提供劳务的活动所带来的价值排除在 GNP 的计算之外。

例如出售股票、债券的收益,本质上既不提供物品,也不提供劳务,所以带来的价值要排除在 GNP 的计算之外。股票和债券的买卖本质上只是财富的再分配。确定能否计入 GNP,要把握住两点:一是看有没有提供物品,二是看有没有提供劳务。

2. 两者的不同之处

再来看定义,相同之处是指一个国家在一定时期内所生产的最终产品市场价值的总和。一个国家的什么呢?缺失的主语体现了这两个指标的不同之处。

(1)GDP:以领土作为统计指标,强调无论劳动力和其他生产要素是属于本国还是外国，只要是在本国领土上生产的产品和劳务的价值都计入 GDP。

GDP = 本国要素在国内的收入 + 外国要素在国内的收入

GDP 是指一个国家在本国领土上，在一定时期内，所生产的最终产品市场价值的总和。

（2）GNP：以人口为统计标准，无论劳动力和生产要素在国内还是在国外，只要是本国常住居民所生产的产品和劳务的价值都计入 GNP。

常住居民包括：常住本国的本国公民、暂住外国的本国公民、常住本国的外国公民。这三类人中，前两类是绝大多数，第三类是极小部分，如果我们忽略不计的话，

GNP = 本国要素在国内的收入 + 本国要素在国外的收入

GNP 是指一个国家的全体常住居民，在一定时期内，所生产的最终产品市场价值的总和。

世界上的国家，有的地广人稀，有的人多地少，如果用这两个指标来衡量的话，会出现差别。如果一个国家地广人稀，可能用 GDP 衡量出来的结果就要大一些。但如果人多地少，可能用 GNP 来衡量就要大一些。这两个指标之间的差距是多少？

GDP - GNP = 外国要素在国内的收入 - 本国要素在国外的收入

通俗地讲，就是：

GDP - GNP = 外国人在本国赚的钱 - 本国人在外国赚的钱

现在国际上更通用的指标是 GDP。GNP 要考虑人的因素，要界定一个人是不是本国常住居民，工作量是很大、很繁琐的。而统计所在地的指标则比较简便。

有的经济学家认为，由于跨国公司的发展，经济成分的多种组合，经济都是相互渗透、相互融合的，很难区分哪个是纯粹的“国货”。既然没有纯粹的国货，也就没有纯粹的民族工业。从这个意义讲，一个国家只有“境内工业”和“境外工业”的区别，GDP 指标的广泛使用也就反映了全球经济一体化的趋势，体现了“不求所有，但求所在”的思想——是不是我国的不要紧，只要在我国生产，就可以增加我国的就业和税收，带来比较先进的技术和管理经验。

最后要特别说明的是，只有在国民收入核算部分，具体研究这两个指标的时候，我们要界定两个指标的差别，是求异思维。在后面均衡的分析中，我们常常把这两个指标视为一个，是求同思维，把它们当成同一个指标来看待，用 Y 来表示，它们的差别忽略不计。

GDP 和 GNP 的核算方法将要介绍两种：支出法和收入法。

二、核算方法之一:支出法

支出法的内容是指一个国家的总支出(aggregate expenditure)就等于这个国家的GDP,即

$$GDP = AE$$

支出法的含义是:通过核算在一定时期内,整个社会购买最终产品的总支出来计算GDP。整个社会包括:消费者、厂商、政府、外国四个经济主体。

为什么一个国家的GDP就等于总支出呢?比如,在日常生活中你去蛋糕房买蛋糕,卖者会问你,要买多少钱的?如果你买50块钱的,他会给你做一个直径7寸的蛋糕;如果你买100块钱的,他会给你做一个直径10寸的蛋糕。最终这个蛋糕有多大,到底是直径7寸的还是10寸的,取决于你要花多少钱。所以核算方法之一——支出法就是把买蛋糕的钱——四个经济主体一年要花的钱加总到一起,估算出一个国家GDP蛋糕的规模究竟有多大。

以下我们依次考察消费者、厂商、政府和外国四个经济主体的总支出。

1. 个人消费支出 C(consume)

消费者的个人消费支出包括:耐用消费品(使用期限在一年以上)支出、非耐用消费品(使用期限在一年以内)支出和劳务支出。消费者的个人消费支出既包括有形的物品,也包括无形的劳务。

个人消费支出这一项占GDP的份额有多大呢?以美国为例,消费支出占GDP的比重高达70%,处于举足轻重的地位。

2. 私人国内总投资 I(investment)

厂商的支出是私人国内总投资。消费和投资都是流量,都是时期分析。

- 总投资
  - 重置投资(折旧)
  - 净投资
    - 固定资产投资
    - 存货投资
      - 意愿存货
      - 非意愿存货

重置投资是指用于维护原有资本存量完整的投资支出,也就是用来补偿资本存量中已耗费部分的投资。重置投资的多少决定于原有资本存量的数量、构成与寿命等情况,它不会导致原有资本存量的增加。所以国民生产总值GNP减去重置投资就是国民生产净值NNP。

$$GNP - 重置投资 = NNP$$

固定资产投资主要包括厂房、机器、设备。在这里特别要强调的是住宅建设。住宅建设是计入到个人消费支出中的耐用消费品支出一项,还是计入到投资一项?在支出法中特别强调,住宅建设是计入到投资这一项的,而且是记在固

定资产投资这一项下。这是因为住宅像固定资产投资一样,是分批分期地折旧,不是一次性消耗掉。比如,住宅的使用期限是70年,每年都要计算折旧。

意愿存货是指厂商的适度存货,厂商不是把所有生产出来的产品都放到流通环节(商店)里,而是总会保留一些适度的存货,我们把这个存货叫做意愿存货。

非意愿存货是指厂商不愿意保留的一种存货,由于厂商错误地估计了经济形势,导致供过于求,造成积压,所以非意愿存货视为厂商自己买下的,构成了另一部分存货投资。非意愿存货用 inv 表示。

厂商私人国内总投资占 GDP 的比重,以美国为例,大约是16%,这个水平和消费相比要小得多,是构成买蛋糕钱的第二块。

3. 政府购买支出 G(government purchase)

政府支出包括的范围要比政府购买支出的范围广泛。政府支出的第一项就是政府购买支出。政府购买支出主要指政府兴办公共工程的开支,比如架桥、修路、建机场、修水坝等。另外,政府机构的建立、维持和运营的费用也进入这一项。所以政府支出的大头就是政府购买支出。那么,为什么只有政府购买支出计入 GDP? 究其原因在于,政府购买支出中兴办公共工程的开支是直接购买了有形的物品,而政府机构的建立、维持和运营的支出(比如,公务员的工资)是直接购买了劳务。根据我们前面讲的 GDP 和 GNP 的相同之处,它既买了有形的物品,又购买了无形的劳务,所以完全应该计入 GDP。政府支出的第二项是转移支付 TR(transfer payment),转移支付中的一个项目是政府救济金,不需要提供任何劳务,就可以得到,因而就要被排除在 GDP 的计算之外。被排除在外的还有政府支出的其他项目,比如公债利息等。

政府购买支出在构成 GDP 的总支出中所占的份额,以美国为例,大约为18%的水平。在美国,GDP 中最大的是消费,其次是政府购买支出,然后是投资,另外还有微不足道的最后一项。

4. 净出口 NX(net export)

外国消费者对本国产品的需求(消费支出)就体现为本国的出口,用 X 来表示。计入 GDP 的是净出口 NX:

$$净出口\ NX = 出口\ X - 进口\ M$$

这一项的数量非常小,以美国为例,仅占 -4%,在图2-1中,为了容易表示净出口所以假设其为正。

总结一下,从支出的来源看,四个经济主体一年所花的钱加总在一起,可以衡量一个国家的 GDP,包括:消费者的消费支出、厂商的投资支出、政府的购买支出和净出口。这四部分决定了一个国家 GDP 的规模。

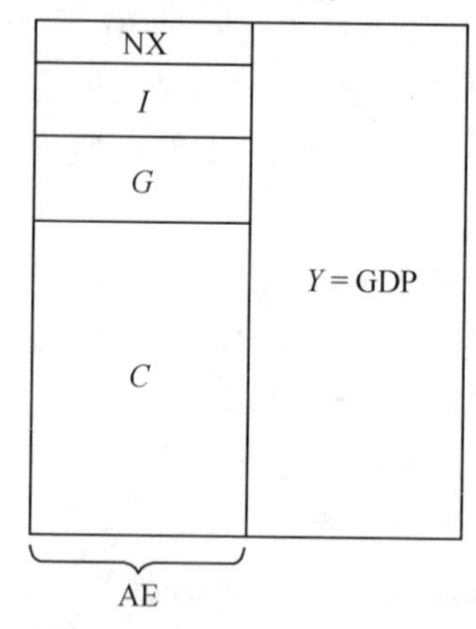

图 2-1　国民收入核算框图 1

$$\mathrm{AE} \equiv C + I + G + \mathrm{NX} \equiv Y(\mathrm{GDP})$$

以美国 2009 年的 GDP 为例，GDP 的总值是 129 880 亿美元。私人消费支出是 9.236 万亿美元，占 71.11%；国内总投资 1.542 万亿美元，占 11.87%；政府购买支出 2.565 万亿美元，占 19.75%；净出口 -0.355 万亿美元，占 -2.73%。

这里会有这样的疑问，这四项加在一起，会不会把对外国产品的支出也包括进来了？C 里是不是包含了对外国消费品的支出？I 里是不是也包括了对外国产品的投资支出，比如进口的外国设备？政府购买支出可能也有对外国产品的购买。

我们来看一下，消费支出 C 是由两块加总在一起，一块是对本国产品的消费 C_d，另一块是对外国产品的消费 C_f，所以消费者的个人消费支出等于对本国产品的消费支出加上对外国产品的消费支出。厂商的投资支出 I 也等于对本国产品的投资 I_d 加上对外国产品的投资 I_f。政府购买支出 G 也包括对本国产品的政府购买 G_d 和对国外产品的购买 G_f。外国消费者对本国产品的需求（消费支出）体现为本国的出口，所以只用 X 来表示。

	总值		本国产品		外国产品
消费者	C	=	C_d	+	C_f
厂商	I	=	I_d	+	I_f
政府	G	=	G_d	+	G_f
外国	X（外国消费者对本国产品的需求）				

在这种情况下，对本国产品的总支出，应该等于 $C_d + I_d + G_d + X$，也就是一个国家一年内的总支出 AE。

$$
\begin{aligned}
\mathrm{AE} &= C_d + I_d + G_d + X \\
&= (C - C_f) + (I - I_f) + (G - G_f) + X \\
&= C + I + G + X - \underbrace{(C_f + I_f + G_f)}_{M(\text{进口})} \\
&= C + I + G + \mathrm{NX}
\end{aligned}
$$

对外国产品的总支出 $C_f + I_f + G_f$ 就是一个国家的进口 M,所以最后的核算公式中没有包括对外国产品的支出。

支出法表明一个国家的 GDP 来源于一个国家的总支出——即四个经济主体一年所花的钱。对于 GDP 这么大的总量指标,如果单纯从一个角度计算显然会出现偏差,而且出现偏差后没法校正。所以计算这个总量指标必须从不同的方面进行,这样得到的数据就可以相互比较,后文我们将详尽地介绍另一种核算方法——收入法。

三、核算方法之二——收入法

我们考虑一个国家 GDP 蛋糕做出来以后将会怎么样。蛋糕做出来以后,将被分掉、吃掉。现在的问题是这个蛋糕怎么分。按照为这个蛋糕的生产作出贡献的大小来分:工人贡献了自己的劳动,得到了工资;资本家贡献了资本,得到了利息;土地所有者贡献了土地,得到了地租。

所以收入法的计算方法就是,把每个经济主体分到的蛋糕加总在一起,来估计初始国民生产总值规模的大小。

整个社会主体可分为两类:

第一类——公共部门(政府),收入体现为政府收入,即税收(用 TA 代表)。

第二类——私人部门(消费者、厂商),收入体现为个人可支配收入(用 Y_d 代表)。

有同学认为,私人部门的收入,未必体现为个人可支配收入,还可以转化为公司的利润。问题是,公司的利润最终还是被公司的股东还有其他员工一起瓜分掉了,所以最终也转化为个人的可支配收入。

个人可支配收入的去向为两部分:消费和储蓄(用 S 代表):

$$Y_d = C + S$$

消费和储蓄在不同的国家占 Y_d 的比例是不一样的。例如,我国消费占 70% 而储蓄占 30%;在美国消费可以占到 95%,而储蓄占 5%。

那么,是不是私人部门的收入和公共部门的收入加总在一起就是这个国家的 Y 呢?从收入角度计量,在统计私人部门和政府部门分到的蛋糕的时候,有可能会出现这样一种情况，政府部门把自己分到的蛋糕又给私人部门切了一块。所以在统计私人部门分到的蛋糕有多大的时候，可能把政府部门分给它的那一块又计算了一次。这部分重复计算就是转移支付(用 TR 代表)，它来源于税收，转化为个人可支配收入。

综上所述，我们用收入法得到一个收入核算恒等式：

$$Y(\mathrm{GDP}) = Y_d + \mathrm{TA} - \mathrm{TR} = C + S + \mathrm{TA} - \mathrm{TR}$$

或者：

$$Y(\mathrm{GDP}) + \mathrm{TR} = Y_d + \mathrm{TA}$$

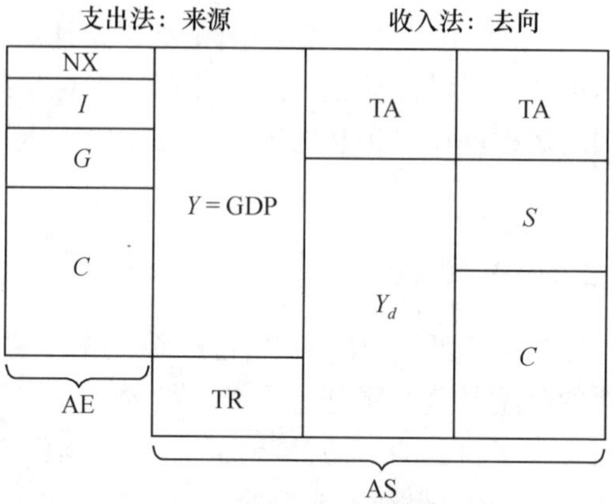

支出法：来源　　收入法：去向

NX　I　G　C　AE　Y = GDP　TR　TA　Y_d　TA　S　C　AS

图 2-2　国民收入核算框图 2

在这里把国民收入核算框图的全貌进行描述：图 2-2 的右面三列表明了经济的总供给方 AS，用收入法加以计算，收入法表明的是去向，一个国家 GDP 最终转化为成千上万为 GDP 作出贡献的要素所有者的收入，最后在消费、储蓄、转移支付和税收四个方面被耗费殆尽。

四、国民收入核算恒等式

下面把国民收入核算框图中反映出来的总量之间的关系，表示成国民收入核算恒等式。

1. 国民收入核算恒等式

$$\begin{aligned} C + I + G + \mathrm{NX} &\equiv Y(\mathrm{GDP}) \\ &\equiv Y_d + \mathrm{TA} - \mathrm{TR} \\ &\equiv C + S + \mathrm{TA} - \mathrm{TR} \end{aligned}$$

恒等的含义是永远相等。对一件事情从不同的角度计算，应该全等。从支出法(来源)的角度看，$C + I + G + \mathrm{NX} \equiv Y$ (GDP)；从收入法(去向)的角度看，

$Y(\mathrm{GDP}) \equiv Y_d + \mathrm{TA} - \mathrm{TR} \equiv C + S + \mathrm{TA} - \mathrm{TR}$。

2. 计算 GDP 的不同方法

除了支出法和收入法,我们还可以用生产法来计算生产各环节的增值总和。回到表 2-1 中 A 国的例子,可以发现:第一个环节,农民生产小麦,是从无到有,增值 1 000 万;第二个环节,面粉厂生产面粉,增值 200 万;第三个环节,面包厂生产面包,增值 300 万;第四个环节,零售商出售面包,增值 300 万。各生产环节的增值总和加在一起,仍然等于 1 800 万。所以我们用生产法来衡量 A 国的 GDP 也可以得出和支出法相同的结论,都是 1 800 万。

3. GDP 的各种等量指标

在均衡分析中,GDP 等价于很多指标:总产量 Y、GNP、总供给 AS、总收入、国民收入。这里简单梳理一下这些指标与 GDP 之间的关系:

$$\mathrm{GNP} = \mathrm{GDP} = \mathrm{AS} = Y$$

GDP 为什么等于总供给、总产量?一个国家在一定时期内所生产的最终产品市场价值的总和既是一个国家一年内的总供给量,也是一个国家一年内的总产量。所以这四个概念内涵完全一致、等价,是比较容易理解的。

$$Y = \text{总收入} = \text{国民收入}$$

GDP 为什么又等于总收入、国民收入?总产量在销售掉之后,转化为为总产量作出贡献的要素所有者的收入,即总收入。为生产出这些总产量,公共部门和私人部门都贡献了自己的劳动、资本、企业家才能、土地。总收入有时又被称为国民收入。

所以本书后面的标题,比如均衡国民收入的决定,实际上就是指 Y 的决定,也等于 GDP、GNP、总供给等的决定。图上的横坐标有时候是总供给,有时候是总产量,这也没有错误,因为这些概念的内涵都是完全等价的。

五、国民收入核算中的其他总量

在均衡分析中认为国民生产总值、国民收入等都是相同的概念,而在核算中要求对这些总量区别对待。

国民生产总值(GNP):通过支出法或者收入法得到

国民生产净值(NNP) = GNP − 资本消耗(即折旧)

国民收入(NI) = 国民生产净值 − 企业间接税 − 其他

个人收入(PI) = 国民收入 − 公司利润 − 社会保险税

+ 政府和企业给个人的转移支付 + 利息 + 红利

个人可支配收入(PDI) = 个人收入 − 个人所得税及非税支付

加减的原则是,把重复计算的部分去掉,把漏损的部分补上。五个总量之间的关系涉及实际具体操作中细节性的、规定性的内容,不要求大家强记,了解一下就可以。

六、GDP(或 GNP)指标的缺陷

1. 存在低估

由于 GDP 强调的是“市场价值的总和”。无市场价格的物品就被排除在外。在市场不健全的情况下,有些该计入的未计入,自给自足的那一块也漏损掉了。

为什么衡量一个国家经济发达程度的一个指标是第三产业占 GDP 的比重?关于这个问题的解释是,第三产业衡量的是一个国家提供的劳务的价值。在农业社会中,一切都自给自足,农民自己种粮食自己吃,自己织布自己穿,自己盖房子自己住,种粮食、织布、盖房子这些经济活动都创造了价值,但由于是自给自足,全部都漏损掉了。如果家务劳动社会化,进入市场交换中,就有了市场价值。比如去餐馆吃饭,去洗衣房洗衣服,相当于别人为你服务,所有这些劳务全都是社会化的,所以就有了市场价值。经济越发达,市场化程度越高,第三产业占 GDP 的比重越高,劳务的价值(人的价值)就越多地被承认、被计入。

2. 反映的只是产品数量,无法反映产品质量的改进

这是 GDP 指标一个很重要的缺陷,衡量的是产值。产值可能一样,但是提供的服务质量是有差别的。例如,两个产业,邮政业和 IT 业,假定这两个产业占 GDP 的比重是一样的,哪个产业提供的服务质量高、信息完全呢?我们很快就有了答案,以准备出国留学的学生为例,往美国一所大学寄的申请信,重量 15 克以内要 6.4 元,而且是最轻的平信,能够反映多少信息量呢?反之发申请信也可以采取电子邮件的形式,把一个包含你所有的个人资料、学习成绩、论文的电子邮件发到美国的同样一所大学,可能成本仅仅是几分钱。即使这两个产业占 GDP 的比重是一样的,很显然 IT 业提供的服务质量更高。

如果用一个产业的产值占 GDP 的比重来衡量一个产业的重要性,就会发现,有一些传统产业由于交易方式比较落后,产品价值高,所以占 GDP 的比重比较大。但这并不说明这个产业更重要,有可能是由于历史原因,造成这个产业的产品价格居高不下。

3. 只计算最终产品的市场价值,而没有考虑生产该产品造成的社会成本

这涉及前面提到的一个概念,经济人都是理性人,是利益最大化的追求者,所以成本—收益分析贯穿于他行为的始终,而 GDP 或者 GNP 是一个典型的只计算收益而忽略成本的核算体系。它只计算生产出来了多少,而为了生产出来这些付出了多大代价却被忽略了。

忽略成本会产生什么问题呢?萨缪尔森说过,GNP 是 Gross National Pollution(全民总污染)的缩写。如果 GNP 上升等价于全民总污染的增长,那么经济增长也未必是好事。例如,河两岸的人都富了,但是河臭了;山脚下的人都富了,但是山秃了,这里体现为 GNP 的增加建立在使环境恶化、污染增加的前提条件上。环境为什么重要呢?这是因为,从另一个角度看,追求 GNP 的增长,可视为短期利益,对环境的保护,则可视为长期利益——给子孙后代留下生存、繁衍的空间。

人类存在着在短期利益和长期利益之间的权衡。这种权衡有时要求人们为长期利益而牺牲短期利益。为了长期利益而牺牲短期利益,有时候说起来容易,做起来难,所以在我国才有“先污染,后治理”、“发展才是硬道理”的说法。

补救的方法是建立绿色 GDP 指标。所谓绿色 GDP 指标是把对环境造成的破坏、损失从当年 GDP 增长的数值中减去。例如,某年 GDP 的增长率是 10%,环境污染造成的损失是 1.5%,那么当年 GDP 的增长率就只是 8.5%。

4. 没有考虑闲暇对人们福利的影响,也是一种低估

在微观经济学里,闲暇和收入都构成消费者的效用函数。闲暇就是休息时间、业余时间的多少,闲暇和收入可以相互替代。例如,如果两个国家收入一样,一个国家一周有 5 天工作日,另一个国家一周有 6 天工作日。一周 5 天工作日国家的人,如果只想休息一天,另外一天可以选择去兼职,用闲暇来交换收入,实际收入就会高于一周 6 天工作日国家的人,所以福利水平更高。但是通过 GDP 指标,这种差别很难显示出来。

闲暇本身是福利的体现,GDP 是衡量综合国力的指标,要想成为体现人们福利的指标,就必须把闲暇因素考虑在内。怎样把福利水平高、生活轻松这样一种状态完整地反映出来,就是进一步的问题。

由于 GDP 指标的缺陷,出现了种种替代 GDP 指标的呼声。比如有人提议用就业率来替代 GDP,很多报纸也在讨论这个问题。很多国家 GDP 在不断增加,但是有人讲 GDP 的增加对我有什么好处呢?GDP 虽然增加了,但是我失业了,生活水平下降了。我国有这样一种说法,宏观看好,微观看坏。从这个意义上讲,不能用 GDP 指标来衡量一个国家总体经济状况,更应该关注就业率。关于就业率的变化如何衡量的讨论,我们将在第六章第一节进行。

普林斯顿大学心理学教授、2002 年诺贝尔经济学奖得主之一丹尼尔·卡内曼和普林斯顿大学经济学教授艾伦·克鲁格一直致力于提出“国民幸福指数”,旨在比标准的满意程度调查问卷更准确地反映人们的幸福程度。2006 年,一个由卡内曼领导的小组,计划设立一个指标来衡量人的幸福感,使它与国内生产总值(GDP)一样成为一个国家发展水平的衡量标准。

“幸福经济”现在还没有纳入经济学教科书,但是随着收入上升与幸福感之

间的联系不复存在,它已逐渐得到重视。准确衡量幸福感的标准可能在企业和政府中得到广泛应用。近十几年来,以国内生产总值来衡量的发达国家的经济产出显著增长,但人们却没觉得比以往幸福多少。如果国内生产总值和幸福感之间不再有联系的话,为什么政府政策还要致力于让国内生产总值处于上升轨道?这也是经济学家们越来越多地把注意力放在幸福问题上的部分原因。幸福问题曾是心理学的独有领地,但现在却有很多经济学家一道涉足。目前要解决的一个问题是建立全面的生活质量指标。

克鲁格教授在美国经济学会的2006年年度会议上说:"如果一切进展顺利的话,我们有可能在一年以后采用这种方法。我希望多年以后,这个指标能与国内生产总值一样重要。"幸福感的指标可能成为衡量一个国家发展水平的标准。

第二节 价格指数

一、名义GDP和实际GDP

(1) 名义GDP:以当年价格计算的GDP。

(2) 实际GDP:选定一个基期,以基期的、不变的价格来计算的GDP。

来看下面这个例子,假定一个国家在两个时期,1987年和2002年,只生产两种产品,大米和鸡蛋。1987年大米的产量是15,价格是2;鸡蛋的产量是50,价格是2.2。2002年大米的产量是20,价格是2.5;鸡蛋的产量是40,价格是4。我们计算一下1987年和2002年的名义GDP,等于各种产品的价格乘以产量后的加总,1987年的名义GDP为140,2002年为210。从这个例子里,你能够看出名义GDP在上升,这是第一种算法的结论。

但我们发现,2002年比1987年名义GDP明显上升的原因就是2002年的物价水平有了大幅度提升。如果以1987年作为基期,都以1987年这两种产品的价格水平作为标准计算实际GDP,1987年还是140,而2002年用1987年的价格乘以2002年的产量得到的是128,所以实际GDP在下降。这样我们就得到了两个截然相反的结论:名义GDP在上升,而实际GDP却在下降。

现在的问题是用哪一个标准衡量得更准确?如果要考察一个变量的变化,就要选定一个参照系,所以在这里实际GDP更准确。

区分名义GDP和实际GDP的目的是:把GDP计算中,价格水平的上升带来的导致GDP计算结果变化的不确定因素剔除出去,从而就剔除了价格水平的波动对GDP的数值造成的影响。由此引出第三个概念——GDP减缩指数。

(3) GDP减缩指数(GDP deflator,又称GDP折算指数):等于名义GDP除以实际GDP再乘以100。

在我们前面的例子中,就是(210/128)×100,得到 GDP 减缩指数是 164,也是名义 GDP 和实际 GDP 相比的变化幅度。

$$\text{GDP 自减缩指数} = (\text{名义 GDP}/\text{实际 GDP}) \times 100$$
$$= \frac{\sum P_t^i \times Q_t^i}{\sum P_b^i \times Q_t^i} \times 100, \quad i = 1, \cdots, n$$

其中,i——第 i 种商品;t——第 t 期,或者当期;b——基期;Q_t^i——当期第 i 种商品的数量;P_t^i——当期第 i 种商品的价格;P_b^i——基期第 i 种商品的价格。

GDP 减缩指数虽然考虑了物价水平波动造成的影响,但是在我们现实生活中并不常用。

二、消费品价格指数 CPI

衡量价格指数的指标,除了 GDP 减缩指数以外,还有消费品价格指数 CPI(consumer price index)。日常生活中,最常听到的价格指数就是消费品价格指数,它衡量一个国家消费者生活成本的变动情况,通过设定一个消费品系列或者"消费品篮子",然后比较两个时期消费品价格的变化所带来的影响。

$$\text{CPI} = \frac{\sum P_t^i \times Q_b^i}{\sum P_b^i \times Q_b^i} \times 100, \quad i = 1, \cdots, n$$

其中,i——第 i 种商品;t——第 t 期,或者当期;b——基期;Q_b^i——基期第 i 种商品的数量;P_t^i——当期第 i 种商品的价格;P_b^i——基期第 i 种商品的价格。

在这个表达式里,分子分母乘以的数量和 GDP 减缩指数不一样,CPI 分子分母都乘以 Q_b^i,而 GDP 减缩指数分子分母都乘以 Q_t^i。下面我们把这两者之间的区别和联系作一个比较。

就范围来讲,GDP 减缩指数强调的是当期的数量 Q_t^i,而 CPI 强调的是基期的数量 Q_b^i。同样是 i 等于 1 到 n,GDP 减缩指数的 n 是无限的,一年生产出多少产品和劳务就计入多少,每年都有新的产品组合;而 CPI 的 n 是有限的,产品组合是固定的,涉及跟消费相关的方方面面,可能选 200 或者 300 种产品的组合,每种产品的数量是既定的。CPI 涉及对一个国家生活成本的衡量。

另外就国别来讲,GDP 减缩指数涉及领土的概念,仅仅包括在本国领土内生产出来的产品。而 CPI 包括所有的消费品,也会有进口品。比如,一个国家不生产大米,但是大米价格是衡量生活成本变化的重要指标,所以虽然是进口品,但大米也可能进入这个国家 CPI 的一揽子组合系列中来。

三、通货膨胀率 π

我们在现实生活中还听到衡量价格指数的第三个指标,通货膨胀率(用 π 来代表)。π 在微观经济学里代表利润,在宏观经济学里代表通货膨胀率。

$$\pi = \frac{P_t - P_{t-1}}{P_{t-1}}$$

其中,P_t——第 t 年(当年)价格指数;P_{t-1}——第 $t-1$ 年(上年)价格指数。

通货膨胀率的计算至少有两种选择:第一种选择 GDP 减缩指数,另外一种选择 CPI。所以要根据具体情况看一下,通货膨胀率的计算用哪一个价格指数,以哪一个价格指数的上涨率作为计算标准更为适宜。

综上所述,Y 和 P 是我们所关注的衡量经济波动程度的两个最重要的量化指标,也是我们宏观经济总需求分析中的两个最重要的指标。这两个指标构成了宏观经济分析中最重要的坐标空间,即 P-Y 坐标系(见图 2-3)。即使我们开始在其他的坐标空间中讨论问题,但最终还是要转换到这个坐标空间中来。这是政府政策的最终目标。

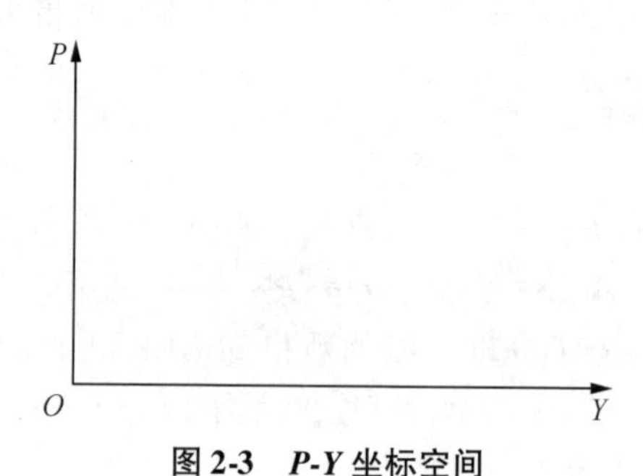

图 2-3　P-Y 坐标空间

本章小结

1. 国内生产总值和国民生产总值的相同之处是两者都是指一个国家在一定时期内所生产的最终产品市场价值的总和,所不同的是国内生产总值强调的是地域的概念,而国民生产总值强调的是居民的概念。

2. 国民收入核算的方法主要有收入法、支出法和生产法三种,前两种更为重要。根据支出可以将 GDP 划分为消费、投资、政府购买以及净出口,根据收入可以将 GDP 划分为个人收入和政府收入。综合收入法和支出法可以推导出国民收入核算恒等式:$Y \equiv C + I + G + \mathrm{NX} \equiv Y_d + \mathrm{TA} - \mathrm{TR} \equiv C + S + \mathrm{TA} - \mathrm{TR}$。需要注意的是,该恒等式是简化形式,没有考虑折旧、间接税、企业间的转移支出以及居民和公司间的区别。

3. 实际 GDP 是以某个基年价格来衡量的经济中产出的价值,和名义 GDP 相比,实际 GDP 可以剔除由于价格变化导致的产出变化,从而更好地衡量经济中物质产出的变化,而且可以反映出通货膨胀。

4. 消费品价格指数(CPI)衡量消费者生活成本的变化情况,测度消费者所消费的固定一篮子商品的价格变动,而且消费品篮子中不但包括本国产品,还包括外国产品。

关键概念

国内生产总值　国民生产总值　国内生产净值　最终产品　消费　市场价值　转移支付　个人可支配收入　政府购买　税收　投资　折旧　净出口　耐用消费品　幸福指数　GDP 减缩指数　消费品价格指数

本章习题

1. 假设某农业国只生产两种产品:橘子和香蕉。利用下表的资料,计算 2002 年和 2009 年该国实际 GDP 的变化,但要以 2002 年的价格来计算。根据本题的结果证明:被用来计算实际 GDP 的价格的确影响所计算的增长率,但一般来说这种影响不是很大。

	2002 年		2009 年	
	Q(数量)	P(价格)	Q(数量)	P(价格)
橘子	50	0.22	60	0.25
香蕉	15	0.2	20	0.3

2. 根据国民收入核算恒等式说明:

(a) 税收的增加(同时转移支付保持不变)一定意味着在净出口、政府购买或储蓄—投资差额上的变化。

(b) 个人可支配收入的增加一定意味着消费的增加或投资的增加。

(c) 消费和储蓄的同时增加一定意味着可支配收入的增加。

(在(b)和(c)中都假定不存在居民的利息支付或向外国人的转移支付。)

3. 下表是来自于一个假设的国家的国民收入账户中的资料:

（单位：亿元）

GDP	7 000
总投资	800
净投资	200
消费	4 000
政府购买支出	1 100
政府的预算盈余(政府收入 - 政府支出)	30

什么是：(a) NDP；(b) 净出口；(c) 政府税收减转移支付；(d) 可支配的个人收入；(e) 个人储蓄？

4. 假设政府雇用部分失业工人但不要求其工作，只是按照其原先获得的转移支付数量发工资，那么和原来的情况相比，GDP 会有什么变化？

5. 分析在国民收入账户中，以下不同情况的区别是什么？

(a) 学校为教师统一购买某电脑和学校为教师额外支付收入并要求其用于购买同样的电脑。

(b) 雇用配偶打扫房屋并给其支付工资，而不是像过去那样让其无偿做这些事情。

(c) 决定购买一辆国产汽车，而不是一辆德国产的汽车，假设两种汽车的价格完全相同。

6. 名词解释：

(a) 最终产品；(b) 存货投资；(c) GDP 减缩指数；(d) GNP。

7. 下面是关于 GNP、GDP、NDP 的讨论：

(a) 根据《当前商业综览》(*Survey of Current Business*)公布的数据，在 2007 年，美国的 GDP 是 14 077.6 亿美元，GNP 是 14 196.6 亿美元。为什么两者之间存在着一个差额，这部分差额表示的是什么？

(b) 在 2007 年，美国的 GDP 是 14 077.6 亿美元，NDP 是 11 981.1 亿美元。解释这个差额。作为 GDP 的一部分的 2007 年的差额具有什么特征？

8. 本题是关于价格指数的问题。考虑一个只有三种商品进入 CPI 的简单的经济，这三种商品是食品、教育和娱乐。假定居民户在基年 2005 年以当时的价格消费以下的数量：

	数量(单位)	价格(元/单位)	支出额(元)
食品	5	14	70
教育	3	10	30
娱乐	4	5	20
总计			120

(a) 定义消费品价格指数。

(b) 假设定义 CPI 的商品篮子如上表所给定。如果 2009 年的价格为:食品每单位 30 元;教育每单位 20 元;娱乐每单位 6 元。计算 2009 年的 CPI。

(c) 证明相对于基年的 CPI 变化是所有单个价格变化的加权平均数,这些权数是由基年中各种商品的支出份额所给定的。

9. 根据《当前商业综览》,以下为 2007 年美国的宏观经济数据(单位:10 亿美元):

GDP = 14 077.6　　　　间接税 = 1 028.7

GNP = 14 196.6　　　　其他(净值) = -1

NDP = 11 981.1

(a) 什么是折旧和国民收入?

(b) 为什么从 NDP 中扣除间接税可得国民收入?

10. 假定 GDP 是 6 000 元,个人可支配收入是 5 100 元,政府收入 - 政府支出是 200 元,消费是 4 000 元,对外贸易赤字是 100 元,回答以下问题:

(a) 储蓄 S 有多大?

(b) 投资 I 有多大?

(c) 政府购买支出 G 有多大?

11. 用语言说明为何一个支出大于其收入的国家必然会有对外收支赤字。

12. 假定一个经济仅生产和消费两种产品:汽车和面包。在 2000 年和 2009 年,两种产品的价格水平和产量如下表所示:

	2000 年		2009 年	
	P(价格)	Q(数量)	P(价格)	Q(数量)
汽车	5 万元/辆	100 辆	6 万元/辆	120 辆
面包	10 元/块	50 万块	20 元/块	40 万块

(a) 以 2000 年为基期计算每年的名义 GDP 和实际 GDP 以及 GDP 减缩指数、消费品价格指数。

(b) 从 2000 年到 2009 年价格水平上升多少,分别用 GDP 减缩指数和消费品价格指数计算,并且解释两个答案为什么不同。

(c) 假定你是一个全国人大代表,你在人民代表大会召开前写了一个提案,希望把养老金和通货膨胀指数挂钩,即按照生活费用自动调节养老金的发放额,使其指数化。你倾向于用哪一个价格指数的上涨率进行计算,为什么?

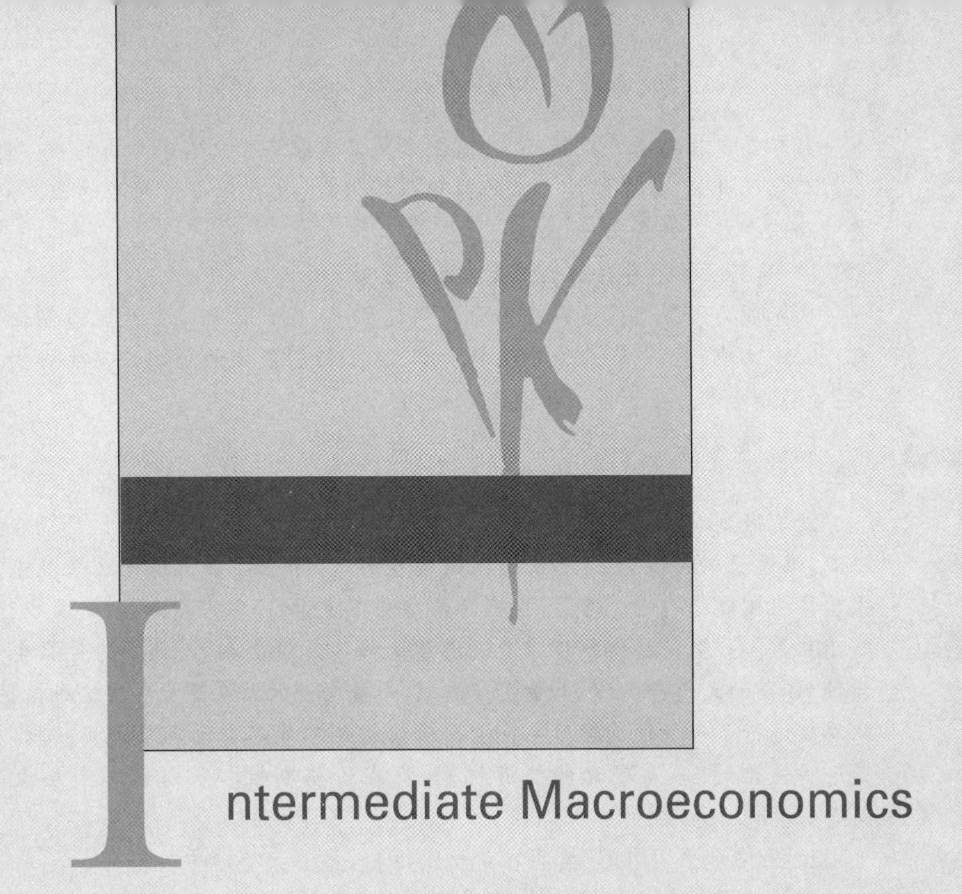

第二篇 总需求分析

第二篇包括第三章至第五章，这三章是宏观经济学总需求分析的核心部分。在第二篇的开始，先介绍这三章的通用前提假设，也就是分析问题的出发点，主要涉及四个层次的含义。

1. 假定经济中存在着生产能力的闲置

生产能力闲置意味着经济中存在供过于求、生产过剩。生产能力指生产要素，包括：土地、劳动、企业家才能和资本，这里特别强调两个比较重要的生产要素：劳动和资本。生产能力闲置就表现为：

(1) 劳动力资源没有充分利用——存在着失业。

(2) 厂房、机器等资本品没有充分利用——存在着开工率不足。

没有做到人尽其才、物尽其用，这是生产能力闲置的两层含义。那么在生产过剩、供过于求的情况下，如果沿用微观经济学的思路，会出现什么情况呢？如果价格机制能起自动调节作用，产品价格会下跌，从而需求增加，供给减少，供求趋于相等。如果价格机制可以迅速调整价格导致供求相等，那么为什么会存在持续10年的大萧条，出现大量生产过剩、严重失业的社会现象？在这种情况下，凯恩斯进行了一种逆反思维——也许价格机制不能起自动调节作用，价格机制是一种僵化的、不易变动的经济机制，存在价格刚性。所以第二个层次的含义是：

2. 价格水平固定不变(存在价格刚性)

刚性一词的含义是僵化的、不易变动的，英文是“downward rigidity”，直译为“向下的刚性”，意思是价格能上不能下，较好的译法就是“拒下刚性”。价格机制是一种僵化的不易变动的经济机制，而且上涨容易下跌难。

价格刚性有两种表现：

(1) 在劳动力市场，即便存在失业，工资也不会降低，工资有拒下刚性。

比如在我国，这种经济现象很明显，一方面失业严重，下岗待业，隐蔽失业多；另一方面，有些行业有很高的工资水平。高工资和高失业两者是并存的。既然厂商可以降低工资多雇几个人，为什么在存在大量失业，即劳动力市场明显供过于求的情况下，厂商还会给少数人那么高的工资？

关于这个问题，从凯恩斯给出解释的那一天起，就受到了新古典经济学家的质疑。新凯恩斯主义理论对这个问题作了很详尽的研究。第七章将要涉及的新凯恩斯主义的效率工资理论，对这个问题作出了完美的解释。

(2) 在产品市场，即便存在生产过剩，物价也不会降低，物价有拒下刚性。

凯恩斯的这一结论受到新古典经济学家更大的质疑。明明生产过剩，厂商却不降价，厂商是不是理性人？这与经济学最基本的前提假设相矛盾。

凯恩斯在初始的理论中仅仅假定是这样，没有详细地解释。20世纪80年代以后的新凯恩斯主义把这个问题从理论上加以说明，证明即便生产过剩、厂商也不降价的现象恰恰是厂商追求利润最大化的理性行为，这些理论我们将在第七章第二节介绍。

由此可见，在凯恩斯的分析中，把强大的、强有力的调节机制——价格机制的作用排除在外，微观经济学的惯性思维在这里不适用了。问题是：在没有价格机制的情况下，供过于求又不能降价，市场用什么调节供求，使之趋于相等呢？这就是我们第三章第一节将要介绍的，平抑供求的波动除了价格机制外，还有其他的机制——产量调节机制。

3. 在既定的价格水平上，总供给是无限的

既供过于求，又不能降价。这意味着在一个既定的价格水平上，产品市场的产品供给量是无限的；而在一个既定的工资水平上，劳动力市场的劳动力供给也是无限的，总供给曲线平行于横轴。平行的总供给曲线说明：由于存在着资源闲置，在固定的价格水平 P_0 下，供给方没有约束，没有供给瓶颈。在总产量曲线上的每一点，都有实现均衡的可能。

4. 由于总供给无限，因此均衡的国民收入由总需求单方面决定——称为总需求分析

由于在总产量曲线上的每一点都有实现均衡的可能，因此最终均衡的实现由总需求的大小决定，故而第二篇叫做总需求分析，强调的就是需求方的决定性作用。最终，总需求曲线和总产量线交在哪一点，总产量水平就在这一点稳定下来。

这个通用假设所描述的情况，是不是任何一种经济条件下都存在呢？答案是只有在经济大萧条时才能够出现，所以凯恩斯经济学有时被称为萧条经济学。

通用前提假设集中体现了凯恩斯定律的含义。凯恩斯定律与古典经济学的萨伊定律完全对立。1803 年，法国经济学家让·巴蒂斯特·萨伊(1767—1832)出版了《政治经济学概论》一书，在书中提出了萨伊定律，对萨伊定律的争论一直持续到今天。

萨伊定律：供给自己创造自己的需求。其含义为，在任何时候，经济中重要的是供给方，你想卖什么，就会有人买什么；你想卖多少，就会有人买多少。萨伊定律强调供给方在经济生活中的决定性地位。萨伊定律提出的年代在古典经济学时期。古典经济学体现了对供给方的重视和强调。这和当时生产力水平的低下密切相关。东西能够生产出来是最重要的，生产出来后，不用担心没有人买。

凯恩斯于 1936 年出版的《就业、利息和货币通论》(简称《通论》)标志着现代宏观经济学的产生。后人根据他在书中的思想，总结出了凯恩斯定律，这是对萨伊定律的革命。

凯恩斯定律:需求自己创造自己的供给。其含义为,在任何时候,经济中重要的是需求方,你想买什么,就会有人卖什么;你想买多少,就会有人卖多少。凯恩斯定律强调了需求方在经济生活中的决定性地位。凯恩斯定律提出的年代在20世纪30年代。西方国家在19世纪末进行了工业革命。机械化大生产使生产力水平大幅度提高。东西能够生产出来完全不成问题,生产出来之后,出现了生产过剩,由此提出了对需求方重视的问题。

萨伊定律之所以比凯恩斯定律早提出130年,和人类生产力的发展程度密切相关,人类对经济规律的认识往往滞后于实践。

我们通篇分析的逻辑思路是:从一个特殊模型过渡到一个普遍模型,从局部均衡分析过渡到一般均衡分析。我们先从一个市场——产品市场出发。在日常生活中涉及衣食住行方方面面,有成千上万种有形的物品以及无形的劳务,它们交易的市场就是产品市场。产品市场均衡的分析工具是收入—支出模型。

第三章

产品市场均衡:收入—支出模型

本章概要

本章主要研究产品市场的均衡,采用收入—支出模型,从两部门(只有消费者和厂商)的情况开始,逐渐扩展到三部门(引入政府)和四部门(引入外国消费者)的更为复杂的情况。同时向读者介绍常见的乘数的概念及求法,以及政府预算赤字和预算平衡乘数的问题。

学习目标

学完本章,你将能够了解:

1. 两部门、三部门以及四部门情况下产品市场的均衡问题。
2. 收入—支出模型、存货调节机制以及萨缪尔森45°交叉线的使用。
3. 消费及储蓄函数的形式,以及什么是节俭的悖论。
4. 乘数的定义以及乘数的三种求法:等比数列求和法、几何图形法和求偏导法;掌握在固定税制和变动税制下乘数的不同结果。
5. 政府预算盈余(赤字)的定义以及在不同税制条件下平衡预算乘数的求法。

在本章里,有一个出现频率很高的词就是均衡。均衡是经济中对立着的各种变量,处于一种力量相当、相对静止、不再变动的境界,我们研究的是一个国家的国民收入(即GDP)水平在什么条件下能够达到一种不再变动的境界,即均衡国民收入的决定问题。本章分析的工具是收入—支出模型。

第一节　从国民收入核算到宏观经济理论

国民收入核算是事后分析,从事后分析能够得出有利于我们事前分析的一些规律。本节先把均衡实现的条件和偏离均衡后回复均衡的调节机制研究清楚,然后在后面三节中就用这个均衡条件和均衡的调节机制来研究均衡国民收入决定的问题。

一、收入核算(事后分析)

一个国家的 GDP 已经生产出来,从事后分析的角度,可以看到,一个国家的总产量恒等于一个国家四个经济主体的总支出,即核算恒等式:

$$\mathrm{AE} \equiv Y$$

经济含义:任何时候的总支出都能购买到所需要的总产量。

收入核算是事后分析,从事后分析的角度得出:总支出等于总产量也等于总供给。

二、均衡条件(事前分析)

一个国家的总产量要不再变化,经济生活中对立着的两方面的力量:买者和卖者、消费和生产、需求和供给,应该完全相等。均衡条件就是总需求等于总供给:

$$\mathrm{AD} = \mathrm{AS}$$

总供给也可以用 Y 表示,那么按照核算恒等式,关于总供给我们就可以得到:

$$\mathrm{AS} = Y \equiv \mathrm{AE}$$

综合以上两式,要实现一个均衡,总需求应该等于总供给,而 Y 又恒等于总支出,所以也就意味着一个国家要实现均衡,必须有总需求等于总支出:

$$\mathrm{AD} = \mathrm{AS} = Y \equiv \mathrm{AE}$$

AE 是联系 AD 和 Y 的桥梁和纽带。

总支出是四个经济主体实际花出的钱,跟总需求到底有没有重合的地方?这两个概念区别在哪里?

三、总支出 AE 与总需求 AD

要看总支出 AE 和总需求 AD 两者的差别,只能从定义出发:

总需求 AD:在价格、国民收入和其他经济变量既定的条件下,消费者、厂商、政府和外国愿意支出的数量。总需求分析只涉及产品市场和货币市场。

四个经济主体“愿意”支出就构成对一个国家强劲的总需求。所以总需求是一种意愿的支出,而总支出是一种实际的支出。

总支出 $\mathrm{AE} = C + I + G + \mathrm{NX}$

总支出是一个国家的四个经济主体实际花出的钱,把 AE 中“不愿意”的成分剔除,其余的可以计入 AD。AE 分成四个部分:

1. 消费者的消费支出 C

C 是购买耐用消费品、非耐用消费品以及劳务的支出。消费者的货币选票"愿意"才会投在商品上,所以 C 全部是愿意的,可以计入总需求 AD。

2. 国内总投资 I

总投资的构成成分为净投资和重置投资。

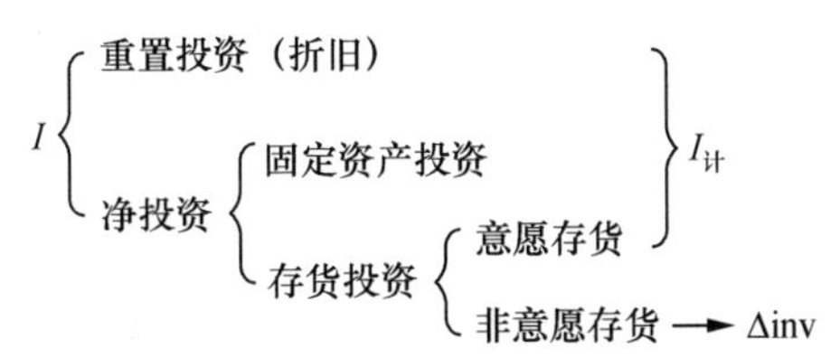

意愿存货是厂商的适度库存。非意愿存货是存货的一种意外波动,由于厂商事先没有计划好,供过于求,导致积压或者脱销,是厂商不愿意的一种存货。重置支出就是折旧,很显然是不可避免的。重置投资、固定资产投资、意愿存货统称为计划投资,记为 $I_{计}$ 或者 $I_{自}$,总投资 $I = I_{计} + \Delta\text{inv}$。计划投资 $I_{计}$ 可以计入总需求 AD,而非意愿存货 Δinv 是不能计入总需求 AD 的。

3. 政府购买支出 G

这是政府兴办公共工程的开支,政府架桥、铺路、修机场、建水坝,以及政府机构的建立、维持和运营的支出,很显然是政府愿意的支出,也可以计入总需求 AD。

4. 外国消费者的消费支出

净出口 NX 等于出口减去进口。国外消费者愿意才会掏钱出来,也可以计入总需求 AD。

总结一下,总支出中愿意的部分都可以计入总需求,所以总需求等于四个经济主体愿意的支出:

$$\text{AD} = C + I_{计} + G + \text{NX}$$

$$\text{AE} = C + (I_{计} + \Delta\text{inv}) + G + \text{NX}$$

总支出和总需求的差距就在于厂商的非意愿存货:$\text{AE} - \text{AD} = \Delta\text{inv}$。一个国家的经济要实现均衡,总支出应该等于总需求,即 $\Delta\text{inv} = 0$。

进一步发现,这两者之间的差距,既是总支出和总需求之差,也是总供给和总需求之差,即 $Y - \text{AD} = \Delta\text{inv}$。当 $\Delta\text{inv} = 0$ 时,$Y = \text{AD}$。

这说明,如果非意愿存货等于零,或者总需求等于总供给时,一个国家的经济将在这样一个产量水平上稳定下来,实现均衡。

四、均衡的调节机制

不是每时每刻总供给都等于总需求。Y 是变量,每时每刻围绕 AD 上下波动,如果供不应求或者供过于求,有什么力量调节 Y,使之等于 AD?价格机制不起作用,这是我们第三章分析的基本前提假设——价格刚性。价格是一种僵化的、不易变化的经济机制。如果供过于求或者供不应求,又不能降价,供求怎样趋于相等?

既然总供给和总需求之间就差一个非意愿存货 Δinv,那么在非意愿存货的调节下,能否使总需求和总供给两者趋于相等呢?我们来看 Δinv 的几种情况:

(1) 当$(AE \equiv)Y > AD$ 时,此时供过于求,总产量 Y 大于总需求 AD,$\Delta inv > 0$,存在积压。厂商减少存货投资,导致总投资水平 I 下降,引起实际总产量 Y 减少,从而 Y 靠近 AD,供求趋向于相等,直到非意愿存货等于 0 的时候,厂商就不再减少总投资,即:

$$C + I\downarrow + G + NX \equiv Y\downarrow$$

直至$(AE \equiv)Y = AD$,$\Delta inv = 0$。

当供过于求的时候,产量机制具有自发调节总供求的作用。

(2) 当$(AE \equiv)Y < AD$ 时,此时供不应求,总产量 Y 小于总需求 AD,$\Delta inv < 0$,存在脱销。厂商增加存货投资,导致总投资水平 I 上升,引起实际总产量 Y 增加,从而 Y 趋近于总需求。直到非意愿存货等于 0 的时候,厂商就不再改变它的产量水平,即:

$$C + I\uparrow + G + NX \equiv Y\uparrow$$

直至$(AE \equiv)Y = AD$,$\Delta inv = 0$。

当供不应求的时候,非意愿存货也能调节总产量使之趋向于总需求水平。

(3) 当$(AE \equiv)Y = AD$ 时,此时供求刚好相等,$\Delta inv = 0$,既不存在脱销,也不存在积压,厂商既不增加投资,也不减少投资,保持投资不变。如果实际投资水平不变,总产量 Y 就不再变化,实现了均衡,即:

$$C + I_{不变} + G + NX \equiv Y_{不变}$$

以上我们说明了一个国家的非意愿存货怎样调节总供给,使之趋向等于总需求。非意愿存货也就构成了经济中的一种调整机制,它调整供求相等,跟微观经济学中价格机制的作用是相似的。关于非意愿存货调节机制总结如下:

在宏观经济学中,非意愿存货量也构成一种调节机制,$\Delta inv = AE - AD = Y - AD = I - I_{计}$,是实际值与计划值的差额,是平衡项。这说明价格并非唯一的调节机制,产量也构成一种调节机制。

下面,我们将运用均衡的条件和均衡的调节机制进行分析。

第二节　两部门产品市场均衡国民收入的决定

首先我们分析两部门的情况,两部门是指在市场中只有两个参与者:一个是消费者,有消费者就有消费支出,这是第一项 C。另一个是厂商,有厂商就有厂商的计划投资支出 $I_{计}$,也就是厂商愿意花的钱,用 $I_{计}$ 或 $I_{自}$ 来代表。$I_{计}$ 在这里是一个既定的外生变量,由谁决定暂时不研究,把 $I_{计}$ 当成一个已知数,写成 $I_{计}=I_0$。因为 $I_{计}$ 是外生变量,所以在 $I_{计}$-Y 坐标系中,$I_{计}$ 都是一个不变的常数,是平行于横轴的一条直线(见图 3-1)。

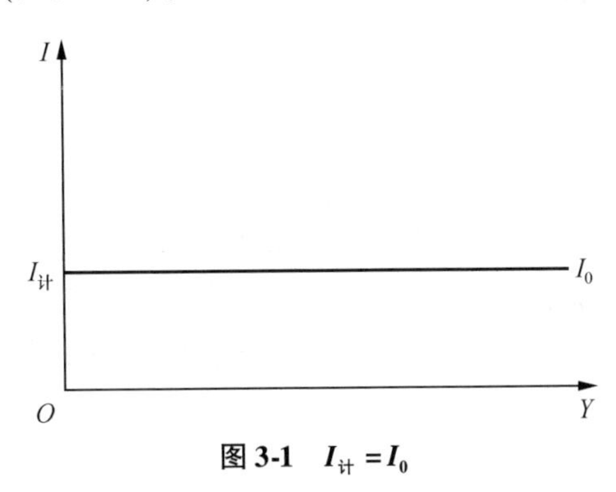

图 3-1　$I_{计}=I_0$

由于只有两个经济主体,没有政府,因此没有政府的收入 TA 与支出 G、TR,那么一个国家的 Y 就等于这个国家的居民可支配收入,即 $Y=Y_d=C+S$。

进一步考虑两部门的均衡条件:总需求等于总供给。

总需求可以表示为:$AD=C+I_{计}=C+I_0$

总供给可以表示为:$AS=Y=Y_d=C+S$

所以两部门的均衡条件:

$$\overbrace{C+I_0}^{AD}=\underbrace{Y=Y_d=C+S}_{AS}$$

在这个地方代入均衡条件,可以使最左边的第一列分别和右边的三列相等。或许有的读者问:为什么不用右边的这三列之间的相等关系,即 Y 等于 Y_d 等于 $C+S$? 因为这三列都代表总供给一方的力量,而我们现在要研究的是一种均衡状态,也就是一种不再变动的状态。均衡分析找对立的变动量才有意义,找同方向的力量是没有意义的,所以不能用右边这三列之间的相等关系。

(1) 均衡条件之一:$C+I_0=Y$→待说明的变量 C

在这个式子里,I_0是一个既定的变量,是一个已知数,如果要研究一个国家均衡收入 Y 的决定,在这里还有一个变量——个人的消费支出 C,它是一个待决的变量,一个需要决定的、需要说明的变量。

(2) 均衡条件之二:$C+I_0=C+S$→待说明的变量 S

也就是储蓄等于投资。根据均衡条件,我们首先要研究的就是消费函数和储蓄函数。

一、消费函数和储蓄函数

1. 消费函数

关于消费 C 的决定,大家回忆一下,在微观经济学中,消费的数量取决于商品自身的价格 P、消费者的收入、相关商品的价格、消费者的偏好、消费者对未来价格水平的预期以及人口因素等六个主要因素。消费最主要地取决于商品自身价格水平,所以消费数量主要是商品自身价格水平的函数。而在宏观经济学里,本章的通用前提假设是价格水平不变,价格水平不构成影响消费水平的因素,所以消费主要是收入水平的函数,并且是 Y_d(税后的收入)的函数,而不是 Y(税前的收入)的函数。消费函数写成:

$$C=C_0+cY_d$$

在两部门经济中,因为没有政府,Y 等于 Y_d,所以我们既可以说消费是 Y_d 的函数,也可以说消费是 Y 的函数。但是到了三部门,很显然这是不正确的。所以在消费函数第一次出现的地方,我们要特别强调,消费是个人可支配收入的函数,而不是国民收入 Y 的函数。虽然在这里 Y 刚好等于 Y_d,但是到了三部门、四部门,Y 就和 Y_d 不相等了。

消费 C 由两部分构成:一是自发消费 C_0,二是引致消费 cY_d。

(1) 自发消费 C_0是当个人可支配收入为 0 的时候存在的消费,即当 $Y_d=0$ 时,$C=C_0$。

在没有收入的情况下,为了活着,也得消费,所以这种情况下的消费就是自发消费。自发消费 C_0是一个外生变量。C_0又分为两种情况:

第一,从短期(一生中的某个时期)来看,没有收入,但是要维持生存,也要消费(通过借贷消费)。例如,做学生时的消费,钱要么是管父母要的,要么是借的,比如说助学贷款等。当 $Y_d=0$ 时,$C=C_0>0$,所以,就短期来看,自发消费一定大于零。

第二,从长期(人的一生)来看,没有收入还要花钱,这种状况是否能够持续下去?

人的一生应该分成若干个时期,有的时候支出大于收入,有的时候收入大于支出,但是从总体来看收支是平衡的。如果你在20岁参加工作一直到60岁退休,这40年有了收入,就要不断地还年轻时欠下的债。短期内你管父母要钱,也可以看做是对父母的一种欠债,以后你还给他们,这也是一种借贷平衡。另外,你还要为60岁以后的收入下降阶段作储蓄。从长期来看,没有收入就没有消费,所以当 $Y_d=0$ 时,$C=C_0=0$。如果当个人可支配收入为零的时候,自发消费也为零,就认为这是一个长期的消费函数。

所以,根据 C_0 究竟是大于零还是等于零,可以判断消费函数是长期还是短期的。在消费和个人可支配收入坐标空间中,当 Y_d 等于零时,短期消费函数在纵轴有一个大于零的截距而长期消费函数是从原点出发的。

消费不仅有自发消费,还有引致消费,引致消费是由谁来引致的?

(2) 引致消费是由于个人可支配收入增加所导致的消费的增加量。这里是两项之积,即 $c \cdot Y_d$。

其中,c 是边际消费倾向MPC(marginal propensity to consume)。边际消费倾向是一个边际量,什么是边际量?在某一个变化的过程中,如果每一个起因对应着一个结果,我们就说这个结果就是这个起因的函数,所以函数关系是一种因果关系。对应于起因的一个变动量,结果也在一个范围内有一个变动量。这两个变动量之比就是边际量。起因的变动量数学中又称为自变量,导致的结果的变动量称为因变量,因此边际量又可写做:

$$边际量=\Delta 因变量/\Delta 自变量$$

在我们的这个变化过程中,起因是个人可支配收入的变动量,导致的结果是消费的变动量,两个变动量之比就是边际消费倾向 c:

$$c=\Delta C/\Delta Y_d$$

边际消费倾向 c 的定义是:收入每增加一个单位,导致的消费的增加量。现在收入增加 Y_d 个单位,这两个乘在一起就是由个人可支配收入增加所导致的消费的变动量。引致消费中引致的含义从下面这个式子可以很清楚地看到。引致消费 cY_d 是 Y_d 的变动所导致的 C 的变动量,是由 Y_d 引致的消费。

$$cY_d=(\Delta C/\Delta Y_d)Y_d$$

c 的取值范围:

A. c 的下限:

$c=\Delta C/\Delta Y_d$,随着 Y_d 增加,C 或多或少地会增加,C 与 Y_d 同方向变动,$c>0$。当然也有另外一种情况,随着收入的增加,消费在下降,我们在微观经济学中称这种商品为劣等品。比如,在现实生活当中随着人们收入水平越来越高,粮食——大米和面粉吃得越来越少,更多地吃菜和肉。所以收入和粮食这种商品之间是一种反向变动的关系，粮食就是一种劣等品。

在宏观经济学中，对一个国家来讲，不排除有劣等品的存在，但还是正常品居多。随着收入的增加，总的消费或多或少都在增加。所以就下限来讲，c 在多数情况下是大于零的。

$$c=\lim_{\Delta Y_d \to 0}\Delta C/\Delta Y_d=\mathrm{d}C/\mathrm{d}Y_d$$

从数学角度看，c 是 C 曲线的斜率，决定 C 曲线的单调性。$c>0$ 将导致 C 曲线单调上升。消费和个人可支配收入两者之间应该同方向变化。消费函数单调上升有三种方式（见图 3-2）：第一种是抛物线式的上升（如图中虚线所示），越上升加速度越慢，最终达到一个极大值，然后可能下降；第二种是火箭式上升（如图中点划线所示），越上升加速度越快，很显然没有极大值，只有极小值；第三种是匀速（如图中实线所示）上升，始终保持一个既定的速率。那么到底是哪一种呢？

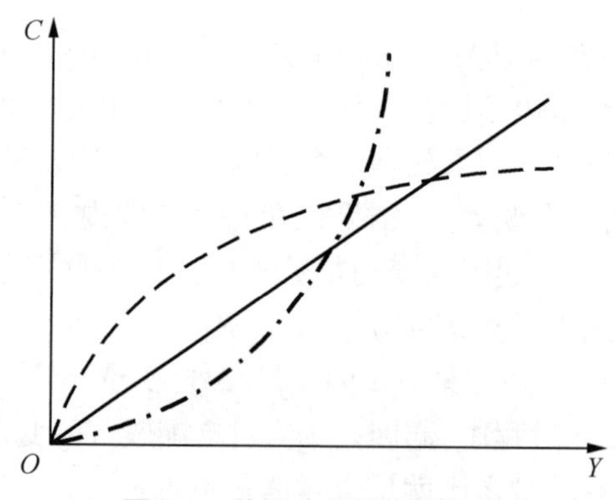

图 3-2　单调上升的三种方式

函数的形状和性质由它的一阶导和二阶导决定。

一阶导决定函数的单调性。决定函数单调上升、下降。一阶导本质上说明了自变量和因变量之间变化的方向。一阶导大于零（增函数）说明自变量和因变量之间同方向变化；一阶导小于零（减函数）说明自变量和因变量之间反方向变化。

二阶导决定函数的凹凸性。决定函数单调上升、下降的速率。二阶导本质上说明了自变量和因变量之间同方向、反方向变化的速率。二阶导小于零（凹函数）说明自变量和因变量之间以递减的速率变化。二阶导大于零（凸函数）说明自变量和因变量之间以递增的速率变化。二阶导等于零（线性）说明自变量和因变量之间以固定的速率变化。

消费函数可能有三种变化：

第一种可能是 c 单调下降，边际消费倾向递减，也就是开始挣一块花 8 毛，然后是挣一块花 7 毛，接着是挣一块花 6 毛，依次递减。这就意味着边际消费倾向的一阶导小于零（$c' < 0$），所以总消费函数的二阶导 $C'' < 0$，说明虽然消费在上升，但是 C 曲线是以递减的速率单调上升，从数学的角度来说，C 曲线凹向原点。

第二种可能是 c 单调上升，边际消费倾向是递增的，也就是开始挣一块花 5 毛，然后是挣一块花 6 毛，挣一块花 7 毛，等等。$c' > 0$ 即 $C'' > 0$，说明 C 曲线以递增的速率单调上升，C 曲线凸向原点。

第三种可能是 c 固定。例如，如果 $c = 0.8$，意味着永远都是挣一块花 8 毛，不论你的收入是增多还是减少，消费倾向不变。所以在这种情况下，c 就是固定的，$c' = 0$，即 $C'' = 0$，C 曲线以固定的速率单调上升，C 曲线是一条单调上升的直线。

为了简化问题，我们假定消费函数是第三种情况。

B. c 的上限：

从长期来看，消费的增加量必然要小于个人可支配收入的增加量（$\Delta C < \Delta Y_d$），所以边际消费倾向的上限应该是 1，即 $c < 1$，也就是说消费曲线每一点切线的角度都会小于 45 度。从短期来看，消费的增加量也有可能大于个人可支配收入的增加量，即 $\Delta C > \Delta Y_d$。比如，贷款、按揭消费，就有可能出现这种情形。但是，我们通常假定 $c < 1$。

由此我们知道，c 的下限大于零，上限小于 1，即 $0 < c < 1$。在以 C 为纵轴、以 Y_d 为横轴的坐标空间中，我们可以把对消费函数的研究总结一下。

在图 3-3 中，我们可以看到：

第一，是否从原点出发可以区分短期和长期消费函数。在短期内，自发消费是一个大于零的常数，所以消费曲线在纵轴的上方有一个截距 C_0；如果消费曲线从原点出发，说明没有收入就没有消费，自发消费等于零，这种情况只有在长期存在。

第二，这条曲线的斜率是边际消费倾向 c。在这里假定边际消费倾向是在 0 和 1 之间的常数，所以消费曲线是以一条以既定的速率变化、单调上升的直线，它的斜率的角度小于 45 度，比 45 度线更加平坦。

2. 储蓄函数

储蓄函数是从消费函数派生出来的。由 $Y_d = C + S$，可得：

$$S = Y_d - C = Y_d - (C_0 + cY_d)$$
$$= -C_0 + (1 - c)Y_d$$

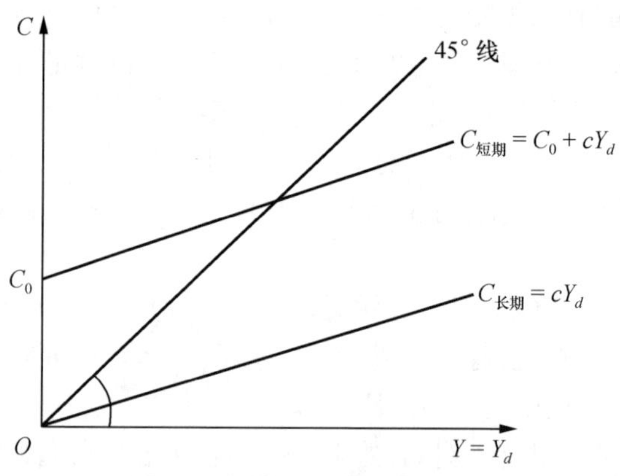

图 3-3　短期和长期消费函数

所以储蓄也是由两部分构成的:一是自发储蓄 $-C_0$,二是引致储蓄 $(1-c)Y_d$。

(1) 自发储蓄 $-C_0$ 是当个人可支配收入为 0 的时候存在的储蓄。刚好和自发消费相反,自发消费的上升就等于自发储蓄的下降,即当 $Y_d=0$ 时,$S=-C_0$。

自发储蓄 $-C_0$ 的研究和自发消费的研究一样也是分成两个时期。

第一,短期(一生的某个时期)没有收入,但是要维持生存,也要消费(通过借贷消费),存在负储蓄,不是积累的财富而是落下的负债,是一种亏空。短期储蓄函数:当 $Y_d=0$ 时,$S=-C_0<0$。

第二,在长期(人的一生),排除了继承遗产的情况,没有收入,就没有储蓄。长期储蓄函数:当 $Y_d=0$ 时,$S=-C_0=0$。

自发储蓄到底是小于零还是等于零决定了储蓄函数是长期还是短期的。如果纵轴代表储蓄 S,横轴代表个人可支配收入 Y_d,那么自发储蓄短期和长期的差别在于:短期储蓄函数从纵轴的下半轴出发,有一个负截距;而长期储蓄函数是从原点出发的。

(2) 引致储蓄 $(1-c)Y_d$ 是由于收入的增加所导致的储蓄的增加量。引致储蓄是个人可支配收入的函数。

$(1-c)$ 是边际储蓄倾向 MPS(marginal propensity to save)

$$(1-c)=1-\Delta C/\Delta Y_d=(\Delta Y_d-\Delta C)/\Delta Y_d=\Delta S/\Delta Y_d$$

$(1-c)$ 是收入每增加一个单位,导致储蓄的增加量。

$$(1-c)Y_d=(\Delta S/\Delta Y_d)Y_d$$

$(1-c)Y_d$ 是 Y_d 的变动所导致的 S 的变动量,是由 Y_d 引致的储蓄。

$(1-c)$ 的取值范围:

A. 下限:$(1-c)>0$。由于边际消费倾向是在 0 和 1 之间,因此边际储蓄倾向肯定也是大于零的,所以储蓄曲线也是一条单调上升的直线。

B. 上限：$(1-c)<1$。由于斜率小于1，说明收入每增加一块钱，储蓄的增加是小于一块钱的。所以储蓄函数每一点的切线的角度也小于45°。

由此我们总结一下，在图3-4中，纵轴表示储蓄，横轴表示国民收入，也可以是个人可支配收入，储蓄函数单调上升而斜率小于45°。自发储蓄决定储蓄函数的截距，有两种情形：短期储蓄函数在储蓄负半轴有一个截距，表达式是 $S=-C_0+(1-c)Y_d$；长期储蓄函数是从原点出发的、单调上升的、斜率小于45°线的一条直线，所以表达式为 $S=(1-c)Y_d$。

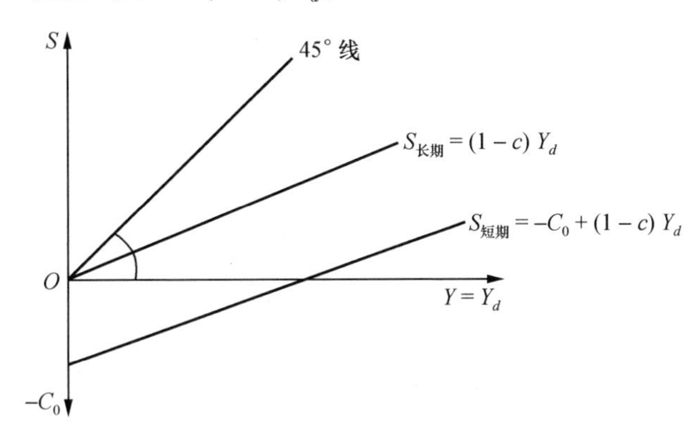

图3-4　短期和长期储蓄函数

以上对消费函数和储蓄函数作了一个详尽的研究，再往下我们研究的一个目的就是要决定均衡国民收入的大小。无论用到哪一个均衡条件——均衡条件之一、之二，都不可避免地要涉及消费函数或者储蓄函数。所以我们第一部分研究消费函数和储蓄函数的目的，是为了对均衡国民收入决定的研究作一个铺垫，下面我们先用两种不同的方法研究均衡的决定，然后再比较一下这两种方法的异同。

二、决定均衡国民收入的方法之一：总需求—总供给法（AD-AS法）

第一种是总需求—总供给法，又称AD-AS法，是由消费函数决定国民收入，也就是我们前面提到的两个均衡条件之一，这两个均衡条件全部属于收入—支出模型。

1. 模型

$$Y=\mathrm{AD} \quad ①$$

$$\mathrm{AD}=C+I_{计} \quad ②$$

$$C=C_0+cY_d \quad (Y=Y_d) \quad ③$$

$$I_{计}=I_0 \quad ④$$

① 通常在数学中把因变量放在等号的左边，自变量放在等号的右边。所以

第一个式子体现了凯恩斯定律的内容:均衡的国民收入 Y 由总需求 AD 单方面决定。

② 一个国家的总需求 AD 等于两个经济主体意愿的支出,所以等于消费者的消费支出 C 加上厂商的意愿投资 $I_{计}$。

③ 消费 C 由自发消费 C_0 加上引致消费 cY_d 得到。因为没有政府,所以 $Y=Y_d$。

④ 计划投资 $I_{计}$ 是一个既定的外生变量 I_0。

把②至④代入①,得到:

$$Y = AD = C_0 + cY_d + I_0 = \underbrace{C_0 + I_0}_{\text{AD截距}} + \underset{\text{AD斜率}}{\underset{\downarrow}{cY_d}}$$

C_0+I_0 是总需求曲线在纵轴上的截距,不随收入的变化而变化。与消费函数的截距相比多了一个 I_0。c 是边际消费倾向,总需求曲线对个人可支配收入的一阶导也是 c,所以 c 既是消费函数的斜率,又是总需求曲线的斜率。总需求等于 C_0+I_0 和 cY_d 两部分之和,从而可以看出总需求曲线的形状。

在这个式子里待决的变量是 Y(等价于 Y_d),求解 Y,可得:

$$Y^* = (C_0 + I_0)/(1-c)$$

由此得到一个国家均衡产量水平 Y^* 的表达式。在只有两个经济主体的情况下,一个国家均衡的国民收入(或者 GDP)取决于自发消费、自发投资以及边际消费倾向三个外生变量。GDP 从一个无法解释的变量,变为三个外生变量的函数。这三个外生变量的变化都将导致 GDP 的变化。

2. 图形

以纵轴代表总需求(AD),横轴代表总供给($Y=Y_d$),画出一个坐标空间(见图 3-5)。$I_{计}$ 等于 I_0,I_0 是一个常数,不随 Y 的变化而变化,因此 $I_{计}$ 是一条平行于横轴的直线。消费 C 是一条斜率小于 45°线、截距在纵轴上半轴的单调上升的直线。总需求曲线的表达式是 $AD=C_0+I_0+cY_d$,所以总需求曲线的截距是 C_0+I_0,斜率和消费函数的斜率是完全一样的。所以在图中我们把消费函数向上平移,平移的幅度是 I_0,就得到了总需求曲线。在这个坐标系里,均衡的国民收入在什么地方呢?均衡国民收入必在 45°线上。这是宏观经济学特有的 45°线法。

(1) 45°线法

如图 3-6 所示,45°线上的任何一点到横轴的距离就是这点所对应的总需求 AD,45°线上的任何一点到纵轴的距离就是这点所对应的总供给 Y。这两个距离相等,即 $AD=Y$。在 45°线上总需求等于总供给,45°线起"="的作用。45°线以左,存在 $AD>Y$,45°线以右,存在 $AD<Y$。

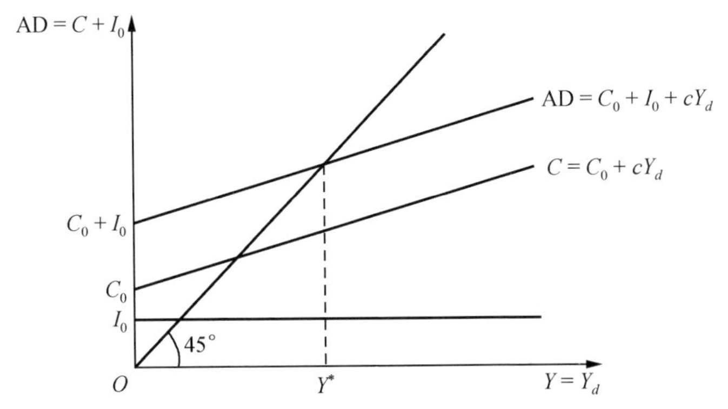

图 3-5　总需求—总供给法中均衡国民收入的决定

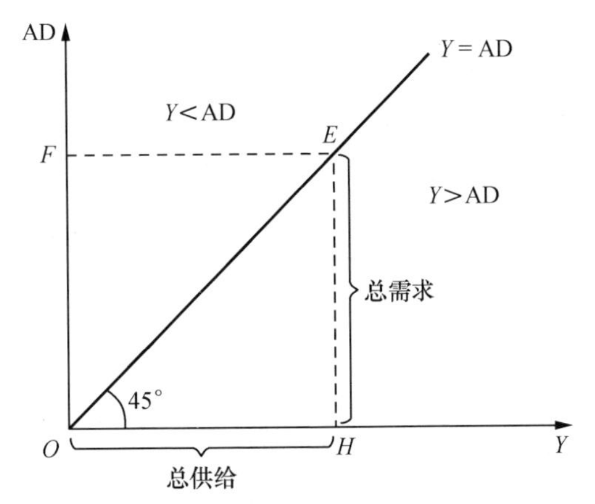

图 3-6　均衡国民收入必在 45°线上

最终均衡的国民收入必在 45°线上，总需求曲线是一条意愿的曲线，它与 45°线的交点 E 代表经济中意愿的支出和实际的总产量相等，满足了均衡条件。E 点到纵轴的距离就是均衡的国民收入 Y^*。总需求曲线和 45°线构成了一个类似十字的图形，命名为萨缪尔森十字图（Samuelson cross），也称为萨缪尔森交叉图（见图 3-7）。

（2）Y^* 是稳定性均衡

稳定性均衡表明一旦偏离均衡位置，有一种自发的机制使其回复。稳定性均衡代表了一种规律性的、可以重复出现的现象。一个国家初始的总产量水平可能大，也可能小，但是最终都要趋向于 Y^*。所以在我们的研究中对稳定性均衡感兴趣。非稳定性均衡表明在一个特殊的位置上也可以偶然呆住，但是稍微有一个微小的偏离就很难再恢复。所以非稳定性均衡代表一种可遇不可求的现象。

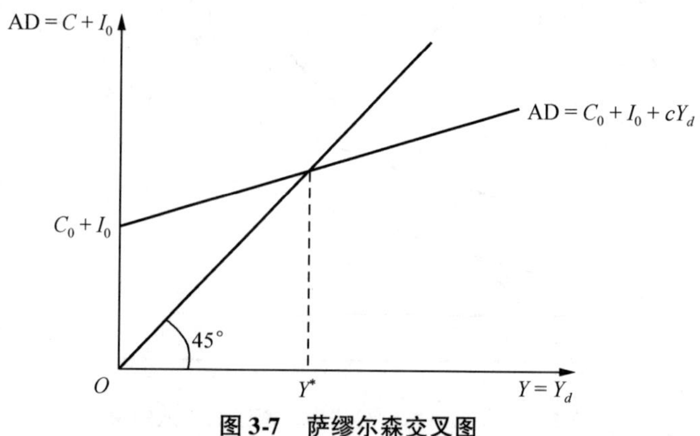

图 3-7　萨缪尔森交叉图

如图 3-8 所示,如果实际产量水平比总需求要小,在 Y_1 这个位置,将会发生什么?在 Y_1 这个产量水平向上延伸到总需求线上去,发现它所对应的总需求大于总供给。总供给等于 OY_1,和总需求作一个比较,中间有一个供不应求的差额 Δinv。非意愿存货小于 0,供不应求导致过去的存底都已经出清,厂商就应该增加投资、扩大产量,所以在 Y_1 这点,产量水平将有一个向右、向 Y^* 扩张的动力。也就是说,在 Y^* 以左的点将自发地回复均衡,是产量调节机制使它回复均衡。

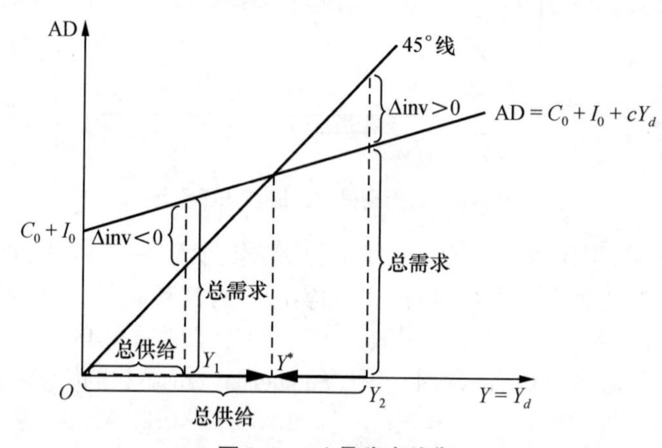

图 3-8　Y^* 是稳定均衡

Y^* 以左点的经济含义:在 Y^* 以左,存在 $AD > Y$,即 $\Delta inv < 0$,说明存在脱销,厂商会增加投资,导致投资水平 I 上升,引起实际总产量增加,即:

$$C + I\uparrow \equiv Y\uparrow$$

Y^* 以右点的经济含义:在 Y^* 以右,存在 $AD < Y$,即 $\Delta inv > 0$,说明存在积压,厂商会减少投资,导致投资水平 I 下降,引起实际总产量减少,即:

$$C+I\downarrow\equiv Y\downarrow$$

在 Y^* 上，存在 $AD=Y$，即 $\Delta inv=0$，说明既不存在积压，也不存在脱销。厂商维持投资不变，导致实际总产量不变，即：

$$C+I_{不变}\equiv Y_{不变}$$

Y 不变的境界即均衡的境界。Y^* 是稳定性均衡。无论初始产量在 Y^* 以左，还是在 Y^* 以右，它都将趋向于 Y^*，这种存货调节机制，是产量调节机制。稳定性均衡代表了一种规律性的、可以重复出现的现象，一个国家初始的总产量水平可能大，也可能小，但是最终都要趋向于 Y^*。

3. 均衡点移动的比较静态均衡分析

（1）Y^* 与能够实现充分就业的国民收入 Y_f 之间的距离

有同学会问，既然一个国家的总产量最终会趋向一个均衡的产量水平，就说明一个国家可以自发实现均衡，如何体现凯恩斯所讲的经济体系是非均衡的、需要国家干预的思想？

答案是，Y^* 是一个国家均衡的总产量水平，这样一种均衡状态表示的只是产品市场的均衡、产品市场供求相等的状态，不代表劳动力市场的均衡状态，与能够实现劳动力市场充分就业的国民收入 Y_f 未必重合在一起。例如，我国现在 GNP 可能在一年 10 万亿元的水平上稳定下来，但是能够实现充分就业的 GNP 可能在 15 万亿元或者 20 万亿元。均衡的、不再变动的 GNP 水平和能够实现充分就业的 GNP 水平明显存在一定差距。所以在这里我们引入两个概念：膨胀缺口和紧缩缺口（见图 3-9）。

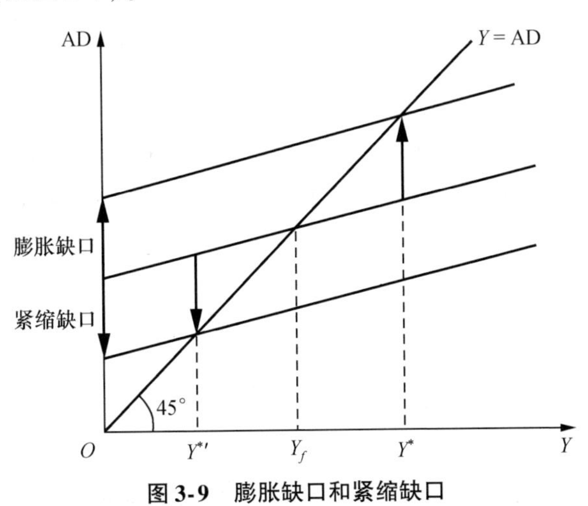

图 3-9　膨胀缺口和紧缩缺口

首先我们看什么叫做膨胀缺口。如果均衡的 Y^* 要比能够实现充分就业的

国民收入 Y_f 还要大,例如,能够实现充分就业的 GNP 水平是 20 万亿元,而现在均衡的国民收入在 25 万亿元,Y^* 在 Y_f以右。均衡的 Y^* 决定一个均衡的总需求水平,能够实现充分就业的国民收入又决定一个能够实现充分就业的总需求水平,这两条总需求曲线在纵轴有一段截距的差额,这个差额就是一个膨胀缺口。膨胀缺口表示实际总需求比能够实现充分就业的总需求大,最终的产量水平将高于能够实现充分就业的总产量水平,通常是在经济过热的情况下出现,这是第一种情形。

反之另一种情形就是紧缩缺口,正如我们经常看到的,均衡的 Y^* 小于充分就业的产量水平 Y_f,它们对应的总需求水平在纵轴上也有一个差距,我们称之为紧缩缺口。站在能够实现充分就业的总需求水平来说,紧缩性缺口说明经济中总需求不足。比如说能够实现充分就业的 GNP 水平是 20 万亿元,而现在只有 10 万亿元或者 15 万亿元,在经济生活中体现为经济萧条、总需求不足这样一种状况。经济中更常见的是紧缩缺口。

现在的问题是,Y^* 是稳定性均衡,也就是无论实际收入水平比它大还是比它小,都会自发地向它趋近。如果要使 Y^* 变化,使 Y^* 趋近于 Y_f,需要具备什么样的条件?

$$Y^* = (C_0 + I_0)/(1 - c)$$

在 Y^* 的表达式中,Y^* 取决于外生变量:自发消费 C_0、计划投资 I_0和边际消费倾向 c。要使 Y^* 变化,必须改变外生变量,这就是均衡点的移动。在图形上,一些曲线将要发生变化。如果实际的总需求曲线比能够实现充分就业的总需求曲线位置要低,遇到紧缩缺口,如何使它移动?从均衡 Y^* 的表达式看,我们可以做两方面的工作:改变投资和改变消费。

(2) $I_{计}$的变化

如果厂商增加计划支出 $I_{计}$,$I_{计}$决定总需求曲线的截距,截距变大,总需求曲线发生向上的平移,并与45°线交于更右的地方,最终导致均衡的产量水平 Y^* 上升到 Y_f(见图 3-10)。

(3) C 的变化

消费的构成有两部分:自发消费和引致消费。

A. 自发消费 C_0增加。自发消费是构成总需求曲线截距的一部分,所以总需求曲线将会发生一个向上的平移,最终均衡的国民收入也从 Y^* 上升到 Y_f,在图形上和自发投资变化时完全一样。

在经济含义上自发消费是没有收入的时候存在的消费,$C_0 > 0$ 显然是短期的情形。政策含义是当你没有收入的时候,要多去借钱,结果是为国家作了贡献,增加了国民收入。

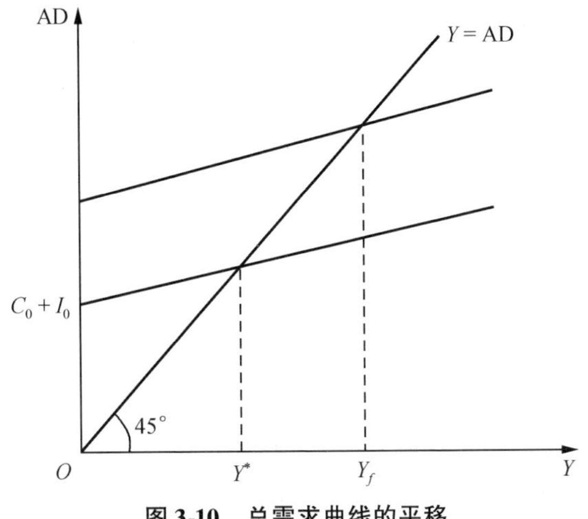

图 3-10　总需求曲线的平移

B. 引致消费这一块可以增加边际消费倾向 c。边际消费倾向决定总需求曲线的斜率，如果边际消费倾向提升，总需求曲线将会变得更加陡峭，和 45°线交在更右的位置，最终均衡的国民收入仍从 Y^* 上升到 Y_f（见图 3-11）。

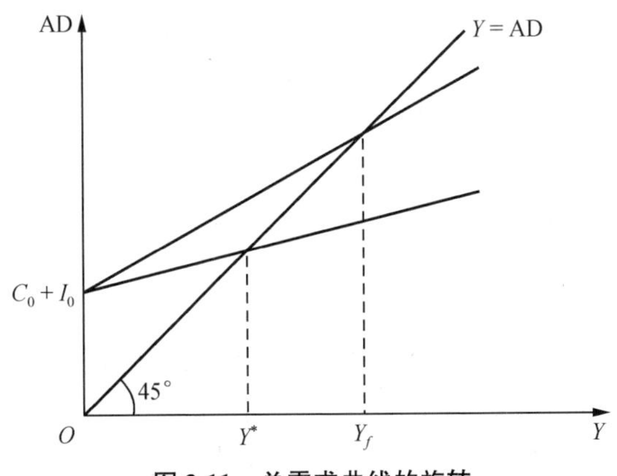

图 3-11　总需求曲线的旋转

这种情况的经济含义是：有了收入的时候，要能挣会花，增加边际消费倾向，结果是为国家作了贡献，增加了均衡的国民收入。

由此我们就得到了一个结论：无论是增加自发消费，还是提升边际消费倾向，结果都是通过增加消费进而增加总需求乃至总产量，这是典型的消费致富论，越花钱结果就会越有钱。同时也是节俭的悖论。悖论就是反论，就是不要节俭，要多花钱。下面我们会详细介绍。

总结一下，弥补紧缩缺口既可以增加消费，也可以增加投资。增加投资和增加自发消费在图形上都导致总需求曲线发生一个向上的平移。增加边际消费倾向导致总需求曲线的斜率更加陡峭,总需求曲线围绕着 $C_0 + I_0$ 这点进行转动。

三、节俭的悖论

在微观经济学里,储蓄上升的结果是增加个人财富,所以在微观经济学里得到的结论是:节俭是美德。在宏观经济学,尤其是两部门产品市场均衡国民收入的决定中,刚好得到一个节俭的悖论。在这个模型里,你增加消费、减少储蓄的结果就是均衡国民收入的增加,所以是消费致富论。“节俭是美德”和“节俭的悖论”到底哪一个正确呢?

1. “节俭的悖论”的提出

18 世纪初,英国医生孟迪维尔在他写的讽喻诗《蜜蜂的寓言,或个人劣行即公共利益》(题目就发人深省,“个人劣行即公共利益”,大手大脚、铺张浪费肯定是个人的一种劣行,却能够转化为公共利益。)里就主张:“增加经济繁荣的,是消费而不是储蓄。”

该诗的内容是说有一个社会,人们贪婪自私,追求浮华虚荣,所以无不奢侈浪费,以此炫耀自豪,但是整个社会反而兴盛繁荣。忽然有一天,其中的公民决定放弃奢侈生活,国家也削减军备,大家都致力于储蓄,因此奢侈品无人问津,货弃于地,使奢侈品供给者无法谋生,结果弄得一团糟。

因此孟迪维尔认为,“仅仅是美德,不能使国家兴盛”,“私人从事储蓄的确是致富之道”,但是他认为,“实行这个方法,国家也可以致富则是错误的”。

凯恩斯继承了孟迪维尔的观点,也认为“私人致富之道,应用于国家行为之上,失业乃成为不可避免的结果”(《通论》第 359—361 页)。他说:“节约的目的是使工人解除工作……不论什么时候你节约了 5 先令,你就要使一个人失去一天的工作……假定我们竟处于这样的极端情况,把自己的收入全部储蓄了起来,那就没有一个人再能找到工作。”

2. 争论体现了合成谬误和分解谬误的存在

合成谬误:对局部是正确的,对整体未必正确,或者对个体是正确的,对总体未必正确。所谓的合成谬误,就是认为观点不能合成,一合成就要出错。

现实生活中有很多例子,比如说,单个农民种的玉米今年获得了大丰收,他今年的收入将会增加,对个体来讲是正确的,但是对整体来讲是否一定正确呢?如果这个村子、这个县,乃至整个地区玉米都获得了大丰收,结果有可能短期造成供过于求,粮食价格跌得很惨,出现谷贱伤农这种现象。再比如说,单个厂商把自己产品的价格提高了 10%,如果对这种产品的需求是缺乏弹性的,提高价格能够提高销售收入,那么单个厂商涨价其总收益将会增加。如果一个国家的全体厂商把自己产品的价格都提升10%，在经济中就会出现通货膨胀。所以对局部来讲是正确的，对整体来讲未必正确。

分解谬误：对整体是正确的，对局部未必正确，或者对总体是正确的，对个体未必正确。所谓的分解谬误，就是认为观点不能分解，一分解就要出错。

比如说，整个国家消费兴旺，经济会繁荣，我们发现这很显然是正确的。国家为了推动经济发展，想尽各种措施促进人们消费，比如政府涨工资，是希望工资水平提高以后增加消费，另外还有各种耐用消费品的按揭消费。消费兴旺，经济一定会繁荣；反之对于个体来讲，个人消费兴旺，也就是铺张浪费，现在明明力所不能及，但要和人家攀比去按揭，结果增加了个人的负债。再比如，整个国家厉行节约，该花的钱没有花，消费不旺，经济必然萧条；而个人厉行节约，将会增加个人财富，银行存款的数字必然有所上升。说明对整体来讲是正确的，对局部来讲未必正确。

合成谬误、分解谬误是现实生活中客观存在的现象，但是如果从理论推导出完全相反的结论，则体现了宏观经济学和微观经济学之间的矛盾、互斥。按照我们第一章所讲宏观经济学的产生，宏观经济学是以微观经济学革命者的姿态出现的，是对新古典经济学从理论方法到政策主张的一场革命。经济现象有可能有互相矛盾的地方，但是两种理论推导出完全矛盾的两种结果，就深刻地体现了这两种理论的冲突。

3. 根源于宏微观经济学假设的不同

消费致富论的适用条件：深度萧条的背景下，生产能力闲置，价格刚性，总需求决定总供给，总供给不会成为约束总需求的条件。在这种情况下，你要什么就有什么，要多少就有多少，也就是这个国家的最终总产量有多大，取决于总需求。

而到了经济繁荣时期，一个国家的生产能力、资源充分利用，总供给开始约束总需求。在这种情况下，扩张需求就会出现过多的货币去追逐有限的商品，当商品的数量已经达到极限，再扩张需求就会出现通货膨胀。

宏观经济学总需求分析的前提假设就是供给方面没有任何约束，在生产过剩、资源闲置的背景条件下，扩张总需求是有效的。消费致富论、节俭的悖论，就根源于这种情形。

宏观经济学中总需求决定均衡的国民收入，或者说总支出决定总产量。总需求的构成是消费者的消费支出，加上厂商的投资支出，加上政府的购买支出，加上净出口。在这里自变量是消费，因变量是国民收入，只要消费增加，最终国民收入将会无限扩展，无限推进。所以在宏观经济学里，消费的变化是起因，国民收入的变化是结果。

在微观经济学里,一个消费者的收入等于它购买各种产品的数量乘以各个产品价格的加总。收入的变化决定每种产品消费数量的变化。如果收入增加,预算线推进,将会使得每种产品的消费数量增加。在微观经济学里,收入是自变量,是起因,消费数量的变化是因变量,是结果。因果关系刚好跟宏观经济学是倒置的。另外,收入在微观经济学里是外生变量,而各种产品消费数量是内生变量,能够实现消费的效用最大化的两种产品的消费数量的决定取决于收入水平。所以在这里收入对商品消费数量的约束是一种硬约束,如果收入不增加,那么消费数量就不可能增加。

所以我们也可以通过比较发现,宏观经济学是只要消费增加,最终均衡的国民收入必然会扩张;而微观经济学是收入增加,才会增加各种产品的消费数量。宏观经济学和微观经济学的自变量和因变量、内生变量和外生变量是完全相反的。"节俭的悖论"和"节俭是美德"的冲突,本质上体现了宏观经济学和微观经济学前提假设的不同。

四、决定均衡国民收入的方法之二:投资—储蓄法(*I-S* 法)

决定均衡国民收入的方法之二,是投资—储蓄法,又叫储蓄函数决定均衡的国民收入。

1. 模型

$$Y = \mathrm{AD} \quad ①$$

$$\mathrm{AD} = C + I_{计} \quad ②$$

$$Y = Y_d = C + S \quad ③$$

① 表明均衡的国民收入由总需求单方面决定。

② 总需求又等于两个经济主体的支出:消费者的消费支出加上厂商的计划投资。

③ 关于总供给的决定,总供给 Y 等于个人可支配收入 Y_d,又等于消费加上储蓄。

和总需求—总供给法不同的地方在于,投资—储蓄法不是把总需求一方不断地拆分,而是分别研究了总需求和总供给两个方面,把②③代入①,得到:

$$C + I_{计} = C + S$$

$$I_{计} = S$$

$$I_0 = -C_0 + (1 - c)Y_d$$

已知 I_0、C_0 以及边际消费倾向 c,那么未知的就是个人可支配收入 Y_d,等价于国民收入 Y,所以最终得到:

$$Y^* = (C_0 + I_0)/(1 - c)$$

这个结果和前面总需求—总供给法得到的结果是完全一样的。由此证明这两种方法殊途同归。

2. 图形

(1) S 曲线、I 曲线的图形

现在图形发生了变化,纵轴既代表储蓄,也代表投资,横轴代表国民收入 Y。我们先把投资曲线画出来,它是一条平行于横轴的直线,再把储蓄曲线画出来,它是单调上升、斜率小于45°线的直线。由于这是短期储蓄函数,因此自发储蓄是小于0的,所以它在纵轴的负半轴上有一个截距,就是 $-C_0$(见图3-12)。

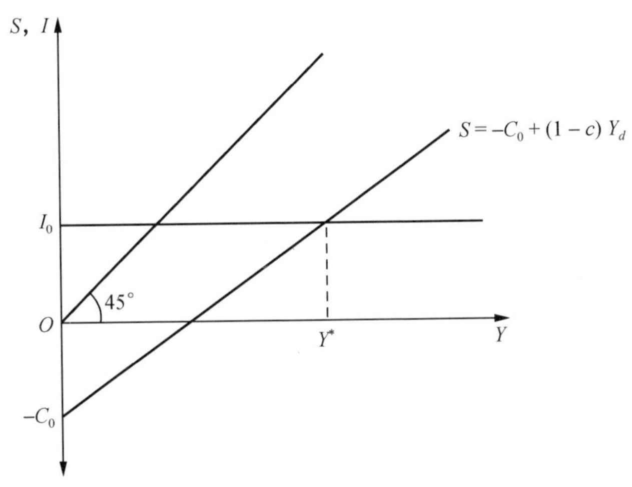

图3-12　投资—储蓄法中均衡国民收入的决定

储蓄是总供给方面的力量,投资是总需求方面的力量,纵轴已经分别代表了对立的两方面的力量,所以均衡国民收入 Y^* 必定对应于投资曲线和储蓄曲线的交点之上。当储蓄转化为投资的时候,一个国家的国民收入就达到了一种不再变动的境界。注意这里不再是投资线和45°线的交点,和前面模型的图形是不一样的。

(2) Y^* 是稳定性均衡

在 Y^* 以左存在:计划投资 $I_{计}$ 大于储蓄 S,储蓄将会转化为实际的投资 I,所以计划投资 $I_{计}$ 大于实际投资 I 将会使得非意愿存货 Δinv 小于0。这种情况下,存在脱销,厂商将会增加投资,导致投资水平 I 上升,投资增加等于总支出的增加,进而导致总产量水平的增加。即:

$$C + I\uparrow \equiv Y\uparrow$$

在 Y^* 以右又存在:计划投资 $I_{计}$ 小于这一点所对应的储蓄 S,储蓄将会转化为实际的投资 I,所以实际投资大于计划投资。在这种情况下非意愿存货大于

0,存在积压,厂商将会减少投资,导致投资水平 I 下降,进而引起实际总产量水平的下降。即:

$$C+I\downarrow \ \equiv Y\downarrow$$

只有在均衡的 Y^* 上,计划投资等于储蓄,储蓄又等于实际投资,非意愿存货等于0,既不存在积压,也不存在脱销,所以厂商将会维持投资不变,导致实际总产量水平不变。即:

$$C+I_{\text{不变}}\equiv Y_{\text{不变}}$$

总产量水平稳定不变的境界,就是均衡的境界。

3. 均衡点移动的比较静态均衡分析

(1) Y^* 与能够实现充分就业的国民收入 Y_f 之间的距离

Y^* 仅仅代表能够实现产品市场均衡的、供求相等的国民收入水平,而 Y_f 是劳动力市场能够实现充分就业的国民收入水平。Y^* 和 Y_f 可能有三种情况,第一,Y^* 刚好等于 Y_f,是两个市场同时均衡的理想状态。第二,Y^* 大于 Y_f,产品市场供求相等的总产量大于能够实现充分就业的总产量,这实际上是一种特殊情况。第三,Y^* 小于 Y_f,产品市场供求相等的总产量小于能够实现充分就业的总产量,这是现实经济生活中经常出现的一种情况。如何填补 Y^* 到 Y_f 之间的紧缩缺口?

$$Y^*=(C_0+I_0)/(1-c)$$

从 Y^* 的表达式来看,决定 Y^* 的有三个因素:C_0、I_0 和 c,我们可以做两方面的工作。

(2) $I_{\text{计}}$ 的变化

计划投资增加,将使得计划投资曲线发生一个向上的平移,和一条既定的储蓄曲线交在一个更右的地方,使得均衡产量水平上升到能够实现充分就业的产量水平(见图 3-13)。这是实现充分就业、填补 Y^* 到 Y_f 之间的紧缩缺口的方法之一——增加计划投资。

(3) S 的变化

除了增加计划投资以外,还可以改变储蓄。储蓄的构成有两个部分:自发储蓄 $-C_0$ 和引致储蓄 $(1-c)Y_d$。

$$S=-C_0+(1-c)Y_d$$

A. 首先,可以增加自发消费。自发消费决定储蓄曲线纵轴负半轴的截距,所以 C_0 增加,储蓄函数将会发生一个向右的平移,和投资曲线交在更右的地方,均衡国民收入从 Y^* 上升到 Y_f(见图 3-14)。增加自发消费等于减少了自发储蓄。这是通过减少储蓄来增加均衡国民收入的方法之一。其经济含义是没有收入的时候,多借钱,结果是增加了国民收入。

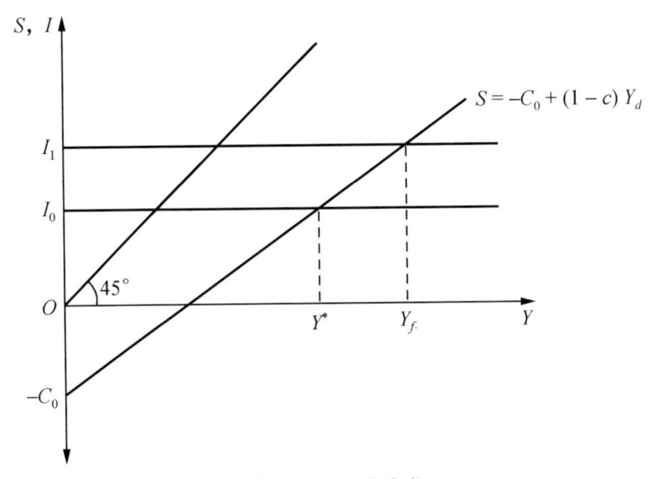

图 3-13 $I_{计}$的变化

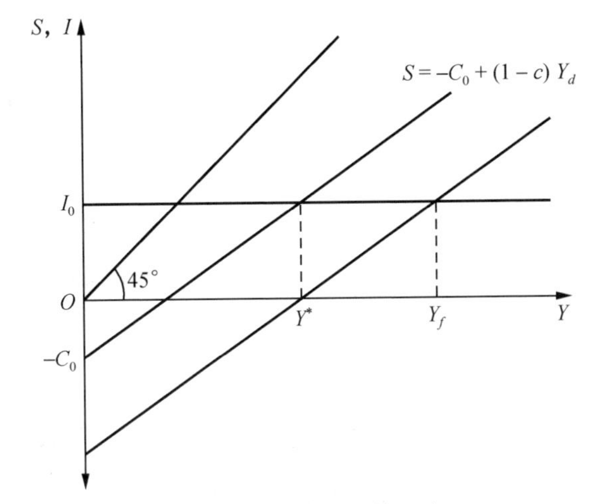

图 3-14 储蓄曲线的平移

B. 另一种方法我们可以考虑提升边际消费倾向 c,边际消费倾向增加相当于边际储蓄倾向$(1-c)$下降,所以在纵轴的截据不变的条件下,储蓄曲线将会变得更加平坦,跟投资线交点决定的均衡国民收入 Y^* 上升到 Y_f(见图 3-15)。其经济含义是有了收入的时候,要能挣会花,降低边际储蓄倾向,结果是增加了国民收入。

五、总需求—总供给法与投资—储蓄法的异同

无论是总需求—总供给法还是投资—储蓄法都属于收入—支出模型,两者殊途同归。

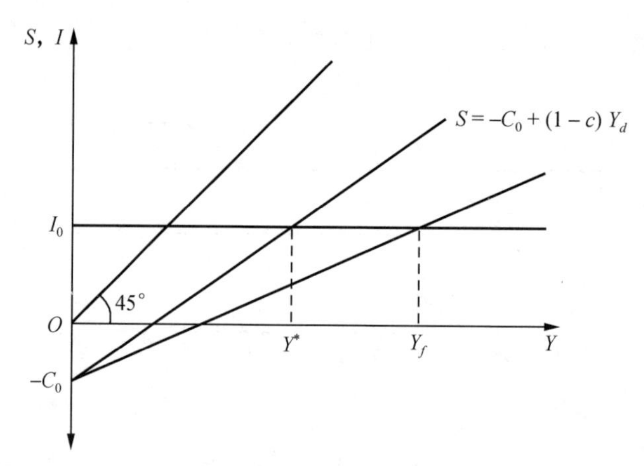

图 3-15 储蓄曲线的旋转

1. 不同之处

最关键的是纵轴代表的力量是不一样的。AD-AS 法中横、纵两轴分别代表对立的两方面力量:纵轴代表总需求一方的变量之和 $AD = C + I$,横轴代表总产量 Y。在这种情况下,才可以用 45°线法。45°线法在微观经济学中从来没有出现过,只在宏观经济学中才有。I-S 法中纵轴同时代表对立的两方面力量:代表总需求方的 I 和代表总供给方的 S,所以可以用两线的交点表示均衡。这和微观经济学中的均衡分析方法是完全吻合的。微观经济学中纵轴代表价格,横轴既代表需求量,也代表供给量,最终均衡一定在两条线的交点上。

2. 相同之处

(1) 在通用前提假设之下

本篇开始介绍的通用前提假设四个层次的含义对这两种方法都适用。第一,经济中存在着过剩的生产能力,存在着供过于求;第二,即便供过于求,但是价格水平固定不变,价格存在拒下刚性;第三,在供过于求又不能降价的情况下,供给是无限的,不会约束需求;第四,均衡的国民收入最终在哪里稳定下来,取决于总需求的大小,由总需求单方面决定。

(2) 同在产品市场

产品市场的分析能够用收入—支出模型,如果分析产品和货币市场的同时均衡,这个模型就不再适用了。

(3) 都由消费函数决定

虽然投资—储蓄法是由储蓄函数来决定均衡国民收入大小的,但是储蓄函数也是由消费函数派生出来的,起本质作用的还是消费函数。

(4) $I_{计}$为既定的外生变量

只有两个部门,消费决定以后看投资,投资是厂商要花的钱,厂商的计划投资在我们的研究中都视为一个既定的外生变量。后面即使把厂商的计划投资表述为利率的函数,利率也是外生变量,所以在产品市场,投资都是由外生变量决定的。

(5) 都是存货调节机制

这两种方法中,从非均衡回复均衡的调节机制都是非意愿存货调节机制,即产量调节机制。虽然宏观经济学的前提假设就排除了价格机制自发调节供求的作用,但是回复均衡仍有产量调节机制的作用。

第三节　三部门产品市场均衡国民收入的决定

下面我们放松一步假设,来看在三部门、三个经济主体的条件下,均衡国民收入的决定。首先,有消费者,所以有消费者的消费支出 C 这一项。其次,有厂商,所以有厂商的投资支出 $I_{计}$,$I_{计}$在这里被认为是一个既定的外生变量,写成 $I_{计}=I_0$。再次,有政府,所以政府的收入 TA 与支出 G、TR 都对经济产生影响。两部门情况下有等式 $Y=Y_d$,而在三部门这个等式很显然不再存在,由于加进了政府,政府的行为就会对经济造成影响。下面我们就来讨论一下政府行为,看它到底带来何种程度的影响。

一、政府的收入与支出行为

1. 政府的支出行为

政府的支出分为两部分:

(1) 政府的购买支出 G

G 是政府兴办公共工程的开支以及政府机构的建立、维持和运营的费用,直接购买有形的物品和无形的劳务,所以直接记入国民收入 Y,对 Y 有直接的影响。

G 的大小由谁决定在这里我们不作研究,而把它当成是一个既定的外生变量,$G=G_0$。在政府购买支出 G 和 Y 的坐标空间中,G 的图形是平行于横轴的一条直线(见图 3-16),体现政府购买支出是一个既定的常数,不随收入的变化而变化。

(2) 转移支付 TR

政府支出还包括转移支付以及公债利息,在这里忽略公债利息不计,我们来看转移支付。按照支出法,转移支付不直接计入国民收入,因为它不满足计入的条件,既没有购买有形的物品,也没有购买无形的劳务。转移支付对 Y 有间接

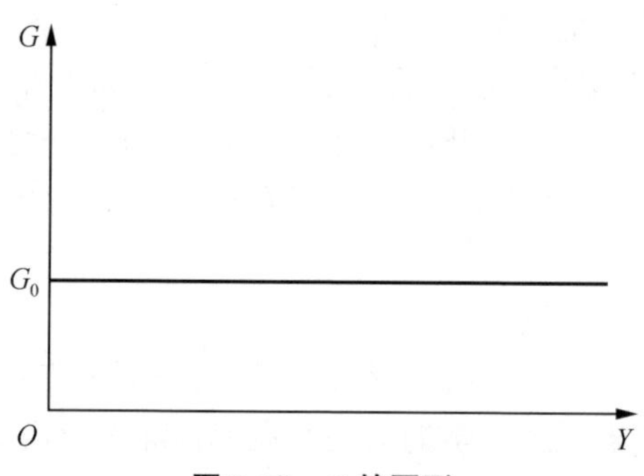

图 3-16　*G* 的图形

影响。转移支付(以失业救济金为例)构成我们的个人可支配收入,个人可支配收入影响消费,消费是总需求的一个组成部分,总需求决定总产量,所以转移支付虽然不直接计入 Y,但是它对均衡的国民收入有间接的影响。

TR 是外生变量,它高低起伏的变化,在我们这个体系内无法得到说明,所以当做已知数处理,由谁决定不研究,写成:$TR = TR_0$。

2. 政府的收入行为

关于政府的收入行为,实际上讨论的就是政府税收的形式。政府税收的形式有两种:固定税制和变动税制。

(1) 固定税制

固定税制:税收水平是一个一次性支付的固定数量,与收入水平无关。

T 是外生变量,由谁决定不作研究,当做一个已知数来处理,写成:$T = T_0$。

固定税制在我们现实生活中有人头税、汽车牌照税、自行车牌照税、过桥过路费等。

(2) 变动税制

变动税制:税收水平随收入的变化而变化,是收入水平的函数,而且是收入的一个比例,写成: $T = tY$。

其中,T 是 Y(税前的收入)的函数,而不是 Y_d(税后的收入)的函数。

t 是税率,它是一个边际量,但较少叫边际税率,而是约定俗成地叫税率。边际量等于自变量的变动量与其所引起的因变量的变动量之比。在这个过程中,变化的是国民收入,它的变动量导致税收的变动量 ΔT,这两个变动量之比 $t = \Delta T/\Delta Y$。t 的文字定义:收入每增加一个单位,导致税收的增加量。

t 的取值范围:$0 < t < 1$。随着收入的增加,税收或多或少都会增加,所以 t 大于零。t 小于 1 就是收入增加一块钱,税收的增加将会小于一块钱。另外,在 0—1 间 t 可能有递增、递减或者不变三种情况。在这里假定 t 是一个固定的数值,是比例所得税,而不是累进所得税。累进所得税给我们研究问题带来了很大

的不便，要把收入分区间讨论，因为不同的收入段适用于不同的税率。

假定 t 为比例所得税，进一步我们发现税收的构成有两部分：一部分是自发的 T_0，和收入无关，取决于政府的意愿，是一个既定的外生变量；另一部分是和收入相关的 tY，即收入所得税或者比例所得税。所以，

$$T = T_0 + tY$$

按照支出法，税收对 Y 没有直接的影响，不直接计入 Y，但是有间接的影响。税收的高低将会影响个人可支配收入，个人可支配收入的大小又会影响消费，消费将会影响总需求，进而决定总产量，所以税收和转移支付对均衡国民收入的影响都是间接的，它们的传导战线都很长。传导战线越长，能量损失越厉害。

由于固定税制下，税收与收入水平无关；而变动税制下，税收是收入水平的函数，与收入水平相关。所以我们就分两种情形，一种是固定税制，另一种是变动税制，分别讨论三部门产品市场均衡国民收入的决定。

二、固定税制条件下，三部门产品市场均衡国民收入的决定

1. 模型

$$Y = AD \quad ①$$

$$AD = C + I_{计} + G \quad ②$$

$$C = C_0 + cY_d, \quad 0 < c < 1 \quad ③$$

$$Y_d = Y + TR_0 - T \quad ④$$

$$T = T_0 \quad ⑤$$

$$I_{计} = I_0 \quad ⑥$$

$$G = G_0 \quad ⑦$$

对上面七个式子，分别作如下说明：

① 均衡的国民收入由总需求单方面决定，$Y = AD$。

② 三个经济主体一年要花的钱加总在一起，消费者的消费支出，加上厂商的计划投资，加上政府的购买支出，构成了对经济的总需求。政府购买支出对均衡的国民收入有直接的影响。

③ 消费的决定等于自发消费 C_0 加上引致消费 cY_d，c 是边际消费倾向，它在 0 和 1 之间。

④ 在三部门经济中 Y_d 不再等于 Y，它等于国民收入加上转移支付再减掉税收，转移支付是一个既定的外生变量，当做已知数处理。无论是转移支付还是税收，它们的影响都是通过影响个人可支配收入，进而影响消费，影响总需求乃至总产量这样一个路径实现的。

⑤ 由于固定税制和收入无关,因此税收水平是一个跟收入无关的固定数额,所以写成:$T = T_0$。

⑥ $I_{计} = I_0$,是一个既定的外生变量。

⑦ 政府购买支出的决定 $G = G_0$,等于一个既定的外生变量。

把②至⑦代入①,得到:

$$Y = AD = \underbrace{C_0 + I_0 + G_0 + c\mathrm{TR}_0 - cT_0}_{\text{AD截距(用}A_0\text{表示)}} + \underset{\substack{\downarrow \\ \text{AD斜率}}}{cY}$$

均衡的国民收入等于总需求。在总需求的表达式中,我们发现前面五项的代数和 $C_0 + I_0 + G_0 + c\mathrm{TR}_0 - cT_0$ 与收入无关。如果收入为 0,那么总需求就等于这五项的代数和。在总需求—总供给坐标空间,前面五项的代数和是总需求曲线 AD 的截距,所以我们有时候用 A_0 来表示。总需求曲线对国民收入求一阶导,等于边际消费倾向 c(外生变量),所以总需求曲线的斜率和消费函数的斜率是完全一样的,因此待决变量就是 Y。

$$Y^* = (C_0 + I_0 + G_0 + c\mathrm{TR}_0 - cT_0)/(1 - c) = A_0/(1 - c)$$

在三部门固定税制条件下,均衡的国民收入 Y^* 取决于六个外生变量:C_0、I_0、G_0、TR_0、T_0、c。均衡国民收入是六个外生变量的函数,这六个外生变量的变化都将导致一国 GDP 的变化。

2. 45°线法——萨缪尔森交叉图

在图形中,纵轴代表总需求,横轴代表总产量,首先画一条 45°线,也就是均衡的国民收入必在 45°线之上。根据总需求曲线的表达式,$AD = A_0 + cY$,总需求截距为 A_0,$A_0 = C_0 + I_0 + G_0 + c\mathrm{TR}_0 - cT_0$,总需求斜率是 c。45°线跟总需求曲线的交点所对应的总需求,代表了经济生活中能够达到的总需求,所以均衡的国民收入 Y^* 在总需求曲线和 45°线的交点 E 上实现(见图 3-17)。

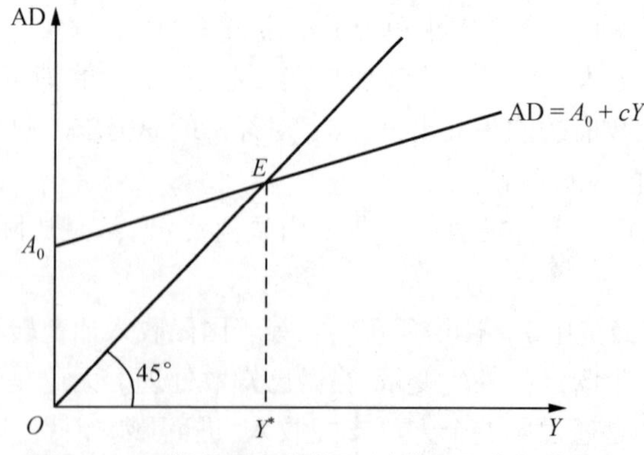

图 3-17 三部门固定税制下,均衡国民收入的决定

三、固定税制条件下的乘数

乘数在宏观经济学中是一个重要的概念。

1. 乘数的定义

虽然名字叫乘数(multiplier),但是其本质是一个边际量,所以

$$乘数 = 边际量 = \Delta 因变量/\Delta 自变量$$

乘数用 k 代表。乘数最早由英国经济学家卡恩在 1931 年提出。

在这个变化过程中,起因(自变量)有六个:自发消费、计划投资、政府购买支出、转移支付、自发税收以及边际消费倾向,导致的结果就一个 Y,我们分别讨论这六个起因,作为六个自变量对国民收入这个因变量的影响,要考虑六个乘数。

自变量(起因):	C_0、	I_0、	G_0、	TR_0、	T_0、	c
	↓	↓	↓	↓	↓	↓
因变量(结果):	Y	Y	Y	Y	Y	Y
乘数:	k_{C_0}	k_i	k_g	k_{tr}	k_{T_0}	k_c

k 等于两个变动量之比,六个起因都写到 k 的右下角,如果这个因素只出现一次,就小写;如果出现两次,原来大写的还大写,原来小写的还小写。

2. 乘数的各种求法

在乘数求法里主要介绍三种求法,有利于大家从不同的角度来加深理解这个宏观经济学中非常重要的概念。

(1) 乘数的第一种求法——等比数列求和法

已知:$\Delta G=100$(政府购买支出等于 100 万,用于公共工程,例如,用于铺设道路),$c=0.8$(适用于各行各业)。

求:ΔY(国民收入的增加量是大于、小于还是等于 100 万?是如何得到的)。

	ΔC	ΔI	ΔG	ΔAD	ΔY	
第一轮			100	100	100	→ 地砖厂
第二轮	80			80	80	→ 食用油厂
第三轮	64			64	64	→ 电视机厂
第四轮	51.2			51.2	51.2	→ 服装厂
⋮	⋮			⋮	⋮	⋮
第 n 轮					?	

对以上数字作如下说明:三个经济主体支出的增加量等于总需求的增加量,

总需求的增加量又等于总产量的增加量，这是第一行各个变量之间的关系。政府购买支出增加100万，经济中总需求增加了100万，总需求决定总供给，所以这100万花出去就能够买到它所需要的产量，经济生活中地砖的产量增加了100万，受益的是地砖厂，地砖厂的收入增加了100万，这是第一轮的变化。

如果地砖厂把收入的100万放进兜里，放到小金库里去，一点儿不花，就没有下文了。假定地砖厂的收入增加100万以后，由于没有收入所得税，地砖厂可支配收入的增加量也是100万，前面假定各行各业的边际消费倾向都是0.8，这100万它要花出80%，所以地砖厂的消费支出将会增加80万，进而在经济生活中，总需求增加80万。假定地砖厂用这80万来购买食用油，受益的就是食用油厂，食用油的产量增加80万，食用油厂的收入也增加80万，它是第二轮受益的企业。

食用油厂收入增加80万以后，由于没有收入所得税，可支配收入也增加80万，就要把80万中的80%——64万花出去。假定是购买电视机，所以在第三轮食用油厂的消费支出增加64万以后，经济生活中总需求增加64万，进而导致电视机的产量增加64万，受益的是电视机厂。电视机厂继续把收入64万中的80%——51.2万花掉，经济生活中总需求增加51.2万。假定51.2万用于购买服装，服装的产量增加51.2万，进而受益的就是服装厂。

这个过程可以无限循环下去，从第一轮到第 n 轮。乘数效应中这个“鸡生蛋、蛋生鸡”的过程，体现了经济中的多米诺骨牌效应。只要推倒第一张，就会一个推一个地引发连锁反应，印证了凯恩斯定律：需求自己创造自己的供给。那么，初始的100万对这个经济体系造成的影响是多少？我们要计算的是最右边这一列。政府购买支出增加100万的行为，受益的是各行各业：地砖厂、食用油厂、电视机厂、服装厂，把各行各业总产量的增加量加总在一起：

$$
\begin{aligned}
\Delta Y &= 100 + 80 + 64 + 51.2 + \cdots \\
&= \Delta G + c\Delta G + c^2\Delta G + c^3\Delta G + \cdots \\
&= \Delta G(1 + c + c^2 + c^3 + \cdots) \\
&= \Delta G(1 - c^n)/(1 - c) \\
&= \Delta G/(1 - c) \\
&= 100/(1 - 0.8) = 500
\end{aligned}
$$

最终均衡国民收入的增加量就是500万。ΔY 包含了从第一轮到第 n 轮所有收入的增加量。把 ΔG 除到左边去，$\Delta Y/\Delta G$ 等于 $1/(1-c)$，这是我们得到的政府购买支出乘数，它的大小是5，这是一个5倍效果的乘数，由此我们得到政府购买支出乘数 k_g。

$$k_g = \Delta Y/\Delta G = 1/(1-c) = 5$$

这中间因为都是最终产品的购买,没有投入和产出以及上游企业和下游企业的关系,不存在重复计算。

1 块钱最后变成 5 块钱,这是理论上能够求出的最大乘数,在以下两个环节上保证漏出量尽可能地少:

①（ΔC → ΔY）

	ΔC	ΔI	ΔG	ΔAD	ΔY	
第一轮			100	100	100	→地砖厂
第二轮	80			80	80	→食用油厂
第三轮	64			64	64	→电视机厂
第四轮	51.2			51.2	51.2	→服装厂
⋮	⋮			⋮	⋮	
第 n 轮					500	

②（ΔY → ΔC）

A. 第一个环节是:

消费的增加量将会等于收入的增加量,有一个从左向右的环节,一个企业的消费支出将会转化为另一个企业的收入。①的含义:一个部门的消费支出 = 另一个部门的收入,体现了总支出决定总收入的含义。

B. 第二个环节是:

每一个部门或者每一个企业收入增加以后,都要部分地转化为本部门的消费支出,在这中间不是 1∶1 的转化,当然还要乘以一个边际消费倾向。②的含义:本部门的收入部分地(大小取决于 c)转化为本部门的消费支出,体现了总收入决定总支出的含义。

所以在收入—支出模型中,既有总支出决定总收入,总收入又进一步决定总支出,两者之间是一种相互依存、相互决定的关系,所以本章研究的总需求—总供给法、投资—储蓄法又都叫做收入—支出模型。

(2) 乘数的第二种求法——图形法

应用图形里所蕴涵的关系,把乘数求出来,还要回到萨缪尔森交叉图。初始有一条较低水平的总需求曲线,政府购买增加以后发生了一个向上的平移,平移的垂直距离就是 ΔG,那么 ΔY 体现为初始的总需求曲线和 45°线的交点与向上平移的总需求曲线和 45°线的交点之间的水平距离,也就是 Y^* 与 Y_f 的距离。进一步把 ΔG 和 ΔY 浓缩到一个图里,就组成了一个等腰直角三角形,这样的一个三角形的两个腰都是 ΔY,$\Delta Y - \Delta G$ 是下面一个更小的三角形里的一个直角边。

$\Delta Y-\Delta G/\Delta Y$ 就等于总需求曲线和横轴夹角的正切值，也就是总需求曲线的斜率。于是我们发现：$(\Delta Y-\Delta G)/\Delta Y=c$。

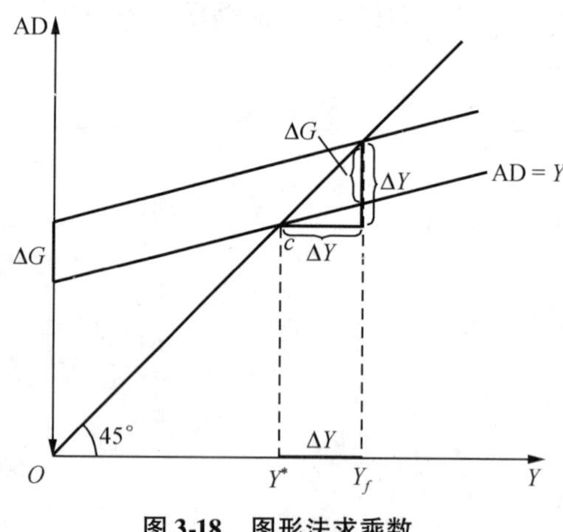

图 3-18　图形法求乘数

把这个式子作一个变化，就得到：$\Delta Y/\Delta G=1/(1-c)=k_g$。与第一种求法得到的结果相同。

(3) 乘数的第三种求法——求偏导法

考虑均衡国民收入的表达式：

$$Y^*=(C_0+I_0+G_0+c\text{TR}_0-cT_0)/(1-c)$$

表达式体现了作为自变量(可能是外生变量)的六个因素的变化和因变量之间的关系，进一步考虑政府购买支出乘数也就是其中一个因素的变动导致的收入的变化，所以：

$$k_g=\Delta Y/\Delta G=\lim_{\Delta G\to 0}\Delta Y/\Delta G$$

$$=\partial Y^*/\partial G=1/(1-c)$$

等比数列求和法也可以达到求解的目的，但是这个过程很慢。就像去一个地方，你可以坐飞机去，一下子就飞到了，相当于求偏导法；还可以坐火车、坐汽车去，实在不行还可以骑自行车甚至走着去，无论哪种方法，最终都可以达到目标，不过有的快些，有的慢些。等比数列求和法就相当于走着去，在这中间走过的万水千山都可以看得很清楚，这是它的优点，只是费时太多了。

以下我们用求偏导法，把固定税制条件下的各种乘数求出来。

3. 固定税制条件下的各种乘数

(1) 政府购买支出乘数：$k_g=\partial Y^*/\partial G=1/(1-c)$

(2) 自发消费乘数：$k_{C_0}=\partial Y^*/\partial C_0=1/(1-c)$

	ΔC	ΔI	ΔG	ΔAD	ΔY
第一轮	100			100	100
第二轮	80			80	80
第三轮	64			64	64
第四轮	51.2			51.2	51.2
⋮	⋮			⋮	⋮
第 n 轮					500

为什么自发消费乘数和政府购买支出乘数的大小是一样的？自发消费的变化在这个体系里的影响也是非常直接的，没有打任何折扣。如果地砖厂增加它的自发消费，没有收入的时候也要花钱，买了 100 万的食用油，经济生活中的总需求也会增加 100 万，进而导致总产量增加 100 万，这也引发了一个连锁反应，将会导致均衡国民收入增加 500 万。在这个体系中造成的影响和政府购买支出造成的影响是一样大的。

通过自发消费支出乘数也印证了前面所讲的消费致富论，自发消费增加 100 万，相应的国民收入增加 500 万。反之，也可以看到节俭的悖论，如果自发消费减少 100 万，经济中消费不足，均衡国民收入的减少将会是 500 万，从而印证了贫困的恶性陷阱，低消费就导致低收入，低收入又会导致更进一步的低消费，形成一个恶性循环。

(3) 投资乘数：$k_i = \partial Y^* / \partial I = 1/(1-c)$

	ΔC	ΔI	ΔG	ΔAD	ΔY
第一轮		100		100	100
第二轮	80			80	80
第三轮	64			64	64
第四轮	51.2			51.2	51.2
⋮	⋮			⋮	⋮
第 n 轮					500

投资乘数也是均衡的国民收入对计划投资的一阶偏导。如果地砖厂初始的投资增加 100 万，总需求增加 100 万，进而导致总产量也增加了 100 万，所以也引发了同样的连锁反应。

在这里我们总结一下，三个乘数一样大的原因在于：自发消费 C_0、投资 I、政府购买支出 C 对 Y 都有影响，其传导机制是一样的，对总需求进而对总产量的影响都是非常直接的。这三个一样大的乘数用 α 来代表。α 叫做自发支出乘数。

$$\alpha = k_{C_0} = k_i = k_g = 1/(1 - c)$$

另外关于乘数在这里还要强调的一点是,对这个体系的影响既有正方向的影响,也有反方向的影响。我们前面的例子是政府购买支出增加100万,导致均衡国民收入增加500万,反方向的影响也可以分析一下。政府的购买支出如果减少100万的话,将会导致经济生活中总需求减少100万,进而导致总产量减少100万,所以地砖的产量有可能减少100万,导致地砖厂的收入减少100万,从而消费支出减少80万,进而经济生活中总需求减少80万,原先地砖厂用这80万来购买食用油,现在食用油的产量也减少80万,进而导致食用油厂的收入减少80万。以此类推,反方向的影响也一样存在。如果初始减少100万,导致这个体系的一个下降量也是500万,表明乘数既能使国民收入成倍地增加,也能使其成倍地减少, 也就是有正反两方面的影响。

(4) 转移支付乘数:$k_{tr} = \partial Y^* / \partial TR = c/(1 - c)$

	ΔC	ΔI	ΔG	ΔAD	ΔY
第一轮	80			80	80
第二轮	64			64	64
第三轮	51.2			51.2	51.2
⋮	⋮			⋮	⋮
第 n 轮					400

为什么 k_{tr} 比 α 小? TR 不直接计入 Y,但是对 Y 有间接的影响。传导机制为:转移支付影响个人可支配收入,个人可支配收入影响消费,消费进而影响总需求乃至总产量。仍使用上文中的例子,假定政府增加对地砖厂的转移支付,比如说提高它的失业救济金100万,地砖厂的可支配收入将会增加100万。边际消费倾向是80%,地砖厂要花出其中的80万,用来购买食用油,所以经济中总需求的增加也是80万,进而食用油的产量增加80万,食用油厂的收入增加80万,这是第一轮。食用油厂的收入增加80万以后,又要花掉其中的80%——64万来购买电视机,导致经济生活中总需求增加64万,进而电视机的产量增加64万。电视机厂的收入增加64万,再往下这个循环和我们前面介绍的一样,右边这一列最终加总在一起,得到:

$$\begin{aligned}
\Delta Y &= 80 + 64 + 51.2 + \cdots \\
&= c\Delta TR + c^2\Delta TR + c^3\Delta TR + \cdots \\
&= c\Delta TR(1 + c + c^2 + c^3 + \cdots) \\
&= c\Delta TR/(1 - c) \\
&= 0.8 \times 100/(1 - 0.8) = 400
\end{aligned}$$

$$k_{tr} = \Delta Y/\Delta TR = c/(1-c) = 4$$

用等比数列求和法,得到转移支付乘数是4,和以前的5相比刚好差了一倍。这一倍差在哪呢?自发消费、投资和政府购买支出的变化都是第一轮直接进入总需求,进而决定总产量。转移支付第一轮上来就被 c 削弱了,只有80万,初始效应变小,最后导致效果比原先刚好差一倍。

(5)政府的固定税收乘数:$k_{T_0} = \partial Y^*/\partial T_0 = -c/(1-c) < 0$

出现了第一个负的乘数,表明 T_0 与 Y 反方向变动。固定税收乘数跟转移支付乘数大小相等,方向相反。大小相等说明自发税收乘数跟转移支付乘数一样,对 Y 的影响都是间接的;而方向相反则说明自发税收增加,均衡的国民收入将会成倍地下降。自发税收虽然不直接计入 Y,但是对 Y 有反方向的影响,间接性的影响就是:自发税收影响到个人可支配收入,个人可支配收入影响消费,消费影响总需求,进而影响总产量。

	ΔC	ΔI	ΔG	ΔAD	ΔY
第一轮	-80			-80	-80
第二轮	-64			-64	-64
第三轮	-51.2			-51.2	-51.2
⋮	⋮			⋮	⋮
第 n 轮					

假定地砖厂的地砖出现了严重的质量问题,政府对犯了错误的企业予以罚款,如果政府对地砖厂罚款100万的话,将会导致地砖厂的可支配收入减少100万,按照边际消费倾向,地砖厂的消费减少80万。地砖厂原先要购买食用油的钱没有花,经济中的总需求就减少80万,由此导致食用油的产量减少80万,进而食用油厂的收入减少了80万。食用油厂的消费继续减少64万,进而经济中的总需求减少64万。食用油厂的64万原先要购买电视机,所以电视机的产量又减少64万,产生了一个连锁反应。最后收入的变动量等于:

$$\begin{aligned}\Delta Y &= -80-64-51.2-\cdots \\ &= -c\Delta T_0 - c^2\Delta T_0 - c^3\Delta T_0 - \cdots \\ &= -c\Delta T_0(1+c+c^2+c^3+\cdots) \\ &= -c\Delta T_0/(1-c) \\ &= -0.8\times 100/(1-0.8) = -400\end{aligned}$$

$$k_{T_0} = \Delta Y/\Delta T_0 = -c/(1-c) = -4$$

最后得到-400万,也就是初始的自发税收增加100万的话,将导致均衡国民收入下降400万。

(6) 边际消费倾向乘数：$k_c = \partial Y^* / \partial c = Y_d/(1-c)$

均衡的 Y^* 对边际消费倾向 c 求一阶偏导，c 在 Y^* 的表达式里既出现在分子上，也出现在分母上，所以在这里我们就要用到微积分中的定式：如果 u 和 v 都是这个变量的函数，那么(u/v)对这个变量的偏导等于：

$$(u/v)' = (u'v - uv')/v^2$$

$$\begin{aligned}
k_c &= \partial Y^* / \partial c \\
&= [(\mathrm{TR}_0 - T_0)(1-c) - (C_0 + I_0 + G_0 + c\mathrm{TR}_0 - cT_0)(-1)]/(1-c)^2 \\
&= (\mathrm{TR}_0 - T_0)/(1-c) + (C_0 + I_0 + G_0 + c\mathrm{TR}_0 - cT_0)/(1-c)^2 \\
&= (\mathrm{TR}_0 - T_0)/(1-c) + [A_0/(1-c)]/(1-c) \\
&= (\mathrm{TR}_0 - T_0)/(1-c) + Y/(1-c) \\
&= (\mathrm{TR}_0 - T_0 + Y)/(1-c) \\
&= Y_d/(1-c)
\end{aligned}$$

如果我们作一个估计的话，边际消费倾向乘数跟 α 自发支出乘数相比：分母一样都是 $1-c$，但是分子是 Y_d，而 α 分子是 1，所以在这里很显然边际消费倾向乘数是一个十分巨大的乘数。究其原因在于：边际消费倾向乘数的量纲，或者说它的单位和自发支出乘数是不一样的。自发支出乘数增加量都是货币的单位，而边际消费倾向乘数的起因是：边际消费倾向百分比的一个变化，导致收入的变动量。边际消费倾向如果有一个微小的提升，那么对一个国家均衡国民收入的影响是非常巨大的。

我们总结一下，以上六个乘数共同的特点是一个自变量对一个因变量的影响。自变量六个因素：C_0、I_0、G_0、TR_0、T_0、c，因变量是均衡的国民收入 Y，又称为 GNP 或 GDP。这六个乘数的目标都是很单一地针对 Y，说明政府的目标只有一个：要么扩张 Y，要么收缩 Y。由此导致的问题是：如果政府不断地通过增加 G 和 TR 来刺激 Y，即不断增支减收、多花少收，将会出现收不抵支，最终带来巨额的预算赤字。所以正是从这样一个意义上看，政府的目标应该有两个：既要干预经济（干预 Y），又要兼顾自身的收支平衡。

(7) 平衡预算乘数

首先我们介绍一下什么叫预算盈余（budget surplus），用 BS 来表示。

$$\mathrm{BS} = 政府的收入 - 政府的支出 = T - (G + \mathrm{TR})$$

A. 平衡预算的含义之一：BS = 0

这是一个完美的状态，即政府的收入完全等于政府的支出，政府完全实现了收支相等，既没有预算盈余，也没有预算赤字。

B. 平衡预算的含义之二：$\Delta BS=0$

另外一种含义是 $\Delta BS=0$，即政府收支的变动量等于0。现在政府的预算存在赤字或者盈余，但只要保持政府的赤字不再增加或者盈余不再减少即可，收入的增加量应该等于支出的增加量，所以最终预算盈余的变动量等于0。

平衡预算的含义等价于预算赤字或者盈余零增长，是一个动态的零增长。政府现在可能有赤字，但是这个赤字不再增长就可以维持下去，增加量为零，所以收入的增加量和支出的增加量完全相抵。

$$BS=T-(G+TR)$$

对上式两边全微分，得到：

$$\Delta BS=\Delta T-(\Delta G+\Delta TR)=0$$

假定：$\Delta TR=0$（如果转移支付的变动量不等于0，很难求出这种情况下的平衡预算乘数）

$\Delta T-\Delta G=0$

$\Delta T=\Delta T_0$　（固定税制条件下）

$\therefore\ \Delta T_0=\Delta G$

政府增加收入的同时又增加了政府购买支出，边收边花，这样就可以实现平衡预算。我们发现平衡预算乘数跟前六个乘数不同的地方在于有两个自变量 ΔT_0 和 ΔG。如果增加政府购买支出 ΔG，均衡的国民收入将会成倍地增加；如果增加自发税收 T_0，均衡的国民收入将会成倍地减少，所以这里就要考虑：两个自变量对一个因变量的影响。政府将要兼顾两个目标，既要干预经济，又要保持自身的预算赤字不增加，在这种情况下均衡的国民收入的变动到底会怎么样呢？

或许读者认为两个起因大小相等、方向相反，结果会不变。现在我们就考虑这样的说法对不对。起因对结果的影响是不完全一样的。可能一个方向的起因对结果的影响更大，另一个方向的起因对结果的影响比较小，这样结果将向起因影响较大的变动的方向变化。

ΔG 是正方向的力量，对 Y 有扩张的作用，其影响为：

$$\Delta Y_G=\Delta G+c\Delta G+c^2\Delta G+c^3\Delta G+\cdots$$

ΔT_0 是反方向的力量，对 Y 有收缩的作用，其影响为：

$$\Delta Y_{T_0}=-c\Delta T_0-c^2\Delta T_0-c^3\Delta T_0-\cdots$$

合力对 Y 的影响为：

$$\Delta Y=\Delta Y_G+\Delta Y_{T_0}$$

$$= \Delta G + c\Delta G + c^2\Delta G + c^3\Delta G + \cdots - c\Delta T_0 - c^2\Delta T_0 - c^3\Delta T_0 - \cdots$$

$$= \Delta G = \Delta T_0$$

虽然起因是大小相等、方向相反,但是结果不是不变。正方向和反方向的影响相抵之后,还剩 ΔG。把 ΔG 或者 ΔT_0除到左边去,得到:

$$k_{平} = \Delta Y/\Delta G = \Delta Y/\Delta T_0 = 1$$

前面我们得到的乘数都是大于 1 的,现在得到一个等于 1 的乘数,也就是说没有翻倍的效应。

$k_{平}$的经济含义:政府在考虑预算平衡的条件下,即把增加的政府收入(固定税收)全部用于政府购买支出,由此导致国民收入的增加量完全等于政府购买支出的增加量,也完全等于政府税收的增加量。

换句话讲,政府一边收上来,一边又返还给你,收上来的只有自发税收这一块,没有收入税。如果收上来的和返还给你的大小相等、方向相反,结果是国民收入仍然增加,只不过增加的幅度等于政府收上来的,也等于返还给你的。实际上,平衡预算乘数意味着政府有两个目标:既要兼顾自身的预算平衡(这个平衡预算是一个零增长的含义,不是绝对的收支相抵),同时又要考虑对 Y 的影响。

由此我们讨论了固定税制下七个乘数,前六个乘数都是一个起因对一个结果的影响,而第七个乘数——平衡预算乘数是两个起因、两个自变量对一个因变量造成的影响,而且大小相等、方向相反。

四、变动税制条件下,三部门产品市场均衡国民收入的决定

1. 模型

$$Y = \mathrm{AD} \quad ①$$

$$\mathrm{AD} = C + I_{计} + G \quad ②$$

$$C = C_0 + cY_d, \quad 0 < c < 1 \quad ③$$

$$Y_d = Y + \mathrm{TR}_0 - T \quad ④$$

$$T = T_0 + tY, \quad 0 < t < 1 \quad ⑤$$

$$I_{计} = I_0 \quad ⑥$$

$$G = G_0 \quad ⑦$$

此式和固定税制是不同的。说明税收 T 的构成等于自发税收 T_0加上引致税收 tY(比例所得税)。

把②至⑦代入①,得到:

$$Y = \text{AD} = \underbrace{C_0 + I_0 + G_0 + c\text{TR}_0 - cT_0}_{\text{AD截距(用}A_0\text{表示)}} + \underbrace{c(1-t)Y}_{\text{AD斜率}}$$

$$Y^* = (C_0 + I_0 + G_0 + c\text{TR}_0 - cT_0)/[1 - c(1-t)] = A_0/[1 - c(1-t)]$$

最终我们得到的是变动税制下三部门产品市场均衡国民收入 Y^* 的表达式，说明均衡的国民收入 Y^* 取决于七个外生变量：C_0、I_0、G_0、TR_0、T_0、c、t。这七个外生变量的变化都将导致一国 GDP 的变化。

2. 45°线法

以纵轴代表总需求，横轴代表总供给，最终均衡必在45°线上。固定税制条件下，总需求曲线的表达式是 $\text{AD}_{固定} = A_0 + cY$。变动税制条件下的表达式变成 $\text{AD}_{变动} = A_0 + c(1-t)Y$，截距都是 A_0，斜率初始是 c 现在变成 $c(1-t)$，总需求曲线将会变得更加平坦，总需求曲线和45°线交在更左的地方，决定的均衡国民收入从 $Y_{固定}$ 下降到 $Y_{变动}$（见图3-19）。

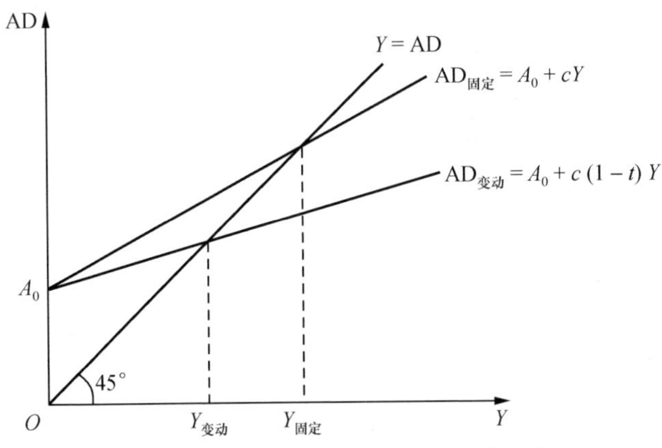

图 3-19　三部门变动税制下，均衡国民收入的决定

五、变动税制条件下的乘数

(1) 政府购买支出乘数：$k_g = \partial Y^*/\partial G = 1/[1 - c(1-t)]$

政府购买支出如果增加100万用于兴办公共工程，用来给道路铺设地砖，另外各行各业边际消费倾向都等于80%，政府对各行各业的比例所得税税率等于0.25，在这种情况下，均衡国民收入的增加量是多少呢？

已知：$\Delta G = 100$（用于公共工程），$c = 0.8$，$t = 0.25$（适用于各行各业）。

求：ΔY。

	ΔC	ΔI	ΔG	ΔAD	ΔY	
第一轮			100	100	100	→地砖厂
第二轮	60			60	60	→食用油厂
第三轮	36			36	36	→电视机厂
第四轮	21.6			21.6	21.6	→服装厂
⋮	⋮			⋮	⋮	⋮
第 n 轮					?	

第一轮和前面是一样的,政府购买支出增加100万,进而导致总需求乃至总产量增加100万,地砖的产量增加100万,导致地砖厂的收入增加100万。比例所得税税率是25%,其中25%要作为收入所得税上缴给政府,等于$(1-t)Y$,所以它的可支配收入仅仅增加75万,这75万要花掉其中的80%,就是60万。地砖厂花出60万,经济生活中总需求增加60万,用来购买食用油,食用油的产量增加60万,食用油厂的收入增加60万,这是第二轮。食用油厂的收入增加60万,其中的25%用于纳税,所以税收增加15万,食用油厂的可支配收入仅仅增加45万,把其中的80%花掉,进而经济生活中总需求增加36万,总产量增加也是36万,用这36万用来购买电视机,一轮一轮下去,传导机制和前面固定税制下是一样的。在这个体系中漏出量比固定税制下多,漏出一个比例所得税。我们要计算的是政府行为在变动税制的条件下导致各行各业最终收入增加多少,把地砖厂、食用油厂、电视机厂、服装厂等的收入加总在一起:

$$\begin{aligned}\Delta Y &= 100+60+36+21.6+\cdots \\ &= \Delta G + c(1-t)\Delta G + c^2(1-t)^2\Delta G+\cdots \\ &= \Delta G[1+c(1-t)+c^2(1-t)^2+c^3(1-t)^3+\cdots] \\ &= \Delta G/[1-c(1-t)] \\ &= 100/[1-0.8(1-0.25)] \\ &= 250\end{aligned}$$

$$k_g = \Delta Y/\Delta G = 1/[1-c(1-t)] = 2.5$$

我们发现初始的100万在变动税制条件下,导致均衡国民收入的增加量跟固定税制相比减少了一半,得到一个比固定税制小一半的乘数。原因是在这个体系漏出量多,每一轮都要漏出一个收入比例所得税。

(2) 自发消费乘数:$k_{C_0}=\partial Y^*/\partial C_0=1/[1-c(1-t)]$

(3) 投资乘数:$k_i=\partial Y^*/\partial I=1/[1-c(1-t)]$

这三个乘数是一样大的,因为自发消费、投资、政府购买支出对均衡的国民收入都有直接影响,它们的传导路径都是直接导致总需求的变化,没有打任何折扣,进而决定总产量。三个一样大的乘数用符号 α 加以表示,α 称为自发支出乘数。

$$\alpha = k_{C_0} = k_i = k_g = 1/[1-c(1-t)]$$

(4) 转移支付乘数:$k_{tr} = \partial Y^*/\partial TR = c/[1-c(1-t)]$

TR 不直接计入 Y,但是对 Y 有间接的影响。其传导的路径是:转移支付先影响个人可支配收入,个人可支配收入影响消费,消费决定总需求,进而决定总产量。差距就体现在 k_{tr} 没有第一轮的直接效应,一上来就被 c 削弱了,被 c 打了个折扣。

(5) 政府的固定税收乘数:$k_{T_0} = \partial Y^*/\partial T_0 = -c/[1-c(1-t)] < 0$

出现了一个负的乘数,表明 T_0 与 Y 反方向变动。T_0 不直接计入 Y,但是对 Y 有反方向的间接影响。其传导的路径是:自发税收先影响个人可支配收入,个人可支配收入影响消费,消费决定总需求,进而决定总产量。

k_{tr} 与 k_{T_0} 大小相等,方向相反。

(6) 边际消费倾向乘数:$k_c = \partial Y^*/\partial c = Y_d/[1-c(1-t)]$

应用定式:$(u/v)' = (u'v - uv')/v^2$

$$\begin{aligned}
k_c &= \partial Y^*/\partial c \\
&= \{(TR_0 - T_0)[1-c(1-t)] + A_0(1-t)\}/[1-c(1-t)]^2 \\
&= (TR_0 - T_0)/[1-c(1-t)] + \\
&\quad \{A_0(1-t)/[1-c(1-t)]\}/[1-c(1-t)] \\
&= (TR_0 - T_0)/[1-c(1-t)] + (1-t)Y/[1-c(1-t)] \\
&= [TR_0 - T_0 + Y(1-t)]/[1-c(1-t)] \\
&= Y_d/[1-c(1-t)]
\end{aligned}$$

(7) 税率乘数:$k_t = \partial Y^*/\partial t = -cY/[1-c(1-t)]$

税率隐含在分母上,所以这里既可以用隐函数求导法,也可以用定式:$(u/v)' = (u'v - v'u)/v^2$。

$$\begin{aligned}
k_t &= \partial Y^*/\partial t \\
&= -A_0 c/[1-c(1-t)]^2 \\
&= -cY/[1-c(1-t)]
\end{aligned}$$

边际消费倾向乘数以及税率乘数都很巨大,它们的分母跟自发支出乘数一样,但是分子显著较大,原因在于它们的量纲跟自发消费、投资以及政府购买支出的量纲或者单位是不一样的。

我们得到了变动税制条件下的七个乘数。这七个乘数有一个共同的特点:都体现了一个起因对一个结果的影响。平衡预算乘数和这七个乘数不一样的地方在于:它体现了两个自变量对一个因变量带来的影响。它表明政府同时身兼两任,考虑两个目标:既要干预经济,同时又要保持自身的预算赤字不增加,不光要不断地多花少收,与此同时自身还得维持住。正是在这个意义上,我们来考虑第八个乘数——变动税制条件下的平衡预算乘数。

(8)平衡预算乘数

$$BS = \text{政府的收入} - \text{政府的支出} = T - (G + TR)$$

平衡预算的含义:$\Delta BS = 0$。即政府收支的变动量等于0,现在政府的预算存在赤字或者盈余,只要保持政府的赤字不再增加或者盈余不再减少即可,而不是绝对的无赤字。平衡预算等价于预算赤字或者盈余零增长。

$$\Delta BS = \Delta T - (\Delta G + \Delta TR) = 0$$

假定:$\Delta TR = 0$(如果转移支付的变动量不等于0,很难求出这种情况下的平衡预算乘数)

$\therefore \quad \Delta T = \Delta G$

$\because \quad T = T_0 + tY$

对上式两边全微分,最终税收的变动量等于四项的代数和:

$$\Delta T = \Delta T_0 + \Delta tY + t\Delta Y + \Delta t\Delta Y$$

第四项由于非常小可以忽略不计。

$$\Delta T = \Delta T_0 + \Delta tY + t\Delta Y$$

A. 如果 $\Delta T_0 = \Delta G$

税收的变动量是三项加总在一起,自发税收的变动量仅仅是税收三个组成部分之一。如果 $\Delta T_0 = \Delta G$,就意味着政府收上来的是三项,只把其中的一项——自发税收返还给你。也就是政府边收边返还给你,但是收上来的多返还给你的少。

读者可能认为这种情况违反了平衡预算的条件,确实如此,这时连 $\Delta BS = 0$ 也不能保证。另外所谓的变动税制就是增加了收入的比例所得税,如果仍然讨论和固定税制相同的条件 $\Delta T_0 = \Delta G$,变动税制的变动又体现在哪里呢?我们把这种情况作为讨论问题的出发点,看看如果规定的前提就是这样的话,我们能求出什么结果。

这种情况下,政府购买支出对国民收入是一种正效果,自发税收的增加对国民收入是一种反效果,所以正力反力不是刚好大小相等。正力比反力要小,正力仅仅相当于反力的一个部分。

ΔG 是正方向的力量,对 Y 有扩张的作用,其影响为:

$$\Delta Y_G = \Delta G \times k_g = \Delta G / [1 - c(1 - t)]$$

ΔT_0是反方向的力量，对 Y 有收缩的作用，其影响为：

$$\Delta Y_{T_0} = \Delta T_0 \times k_{T_0} = -\Delta T_0 c/[1-c(1-t)]$$

合力对 Y 的影响为：

$$\begin{aligned}\Delta Y &= \Delta Y_G + \Delta Y_{T_0} \\ &= \Delta G/[1-c(1-t)] - c\Delta T_0/[1-c(1-t)] \\ &= \Delta G(1-c)/[1-c(1-t)] = \Delta T_0(1-c)/[1-c(1-t)] \\ k_{平} &= \Delta Y/\Delta G = \Delta Y/\Delta T_0 = (1-c)/[1-c(1-t)] < 1\end{aligned}$$

我们得到一个小于 1 的乘数，没有翻倍的效应。如果用 $c=0.8$ 代入的话，$k_{平}=0.5$。政府如果一边收上来，又一边返还给你，但是收上来的多，返还给你的少，返还给你的仅仅相当于它收上来的自发税收那一块。最终，均衡国民收入仅仅增加相当于政府购买支出和自发税收的 1/2。

均衡国民收入还会增加，究其原因在于正力 ΔG 对 ΔY 的影响比反力要大，也就是说虽然起因是反力大、正力小，但是正力 ΔG 对结果的影响较大，所以最终的合力还是要往对这个影响大的起因变动的方向走。

$k_{平}$的经济含义：政府在考虑“预算平衡”的条件下，即把增加的政府收入中的部分（固定税收部分）用于政府购买支出，由此导致国民收入的增加量小于政府购买支出的增加量，也小于政府固定税收的增加量。

B. 如果 $\Delta T=\Delta G$

前面讨论了跟固定税制条件下一样的平衡预算乘数，前提条件都是：$\Delta T_0=\Delta G$。变动税制变动的含义体现在哪里呢？就在于增加了收入所得税，即收入比例所得税。所以在这种情况下，我们必须要考虑如果 $\Delta T=\Delta G$ 结果将会怎么样，以及在这种情况下，均衡的国民收入的变化到底是多少。

过程由读者自己推导。合力对 Y 的影响为：

$$\Delta Y=\Delta T=\Delta G$$

正方向和反方向的影响相抵之后，还剩 ΔG。

$$k_{平}=\Delta Y/\Delta G=\Delta Y/\Delta T=1$$

得到一个等于 1 的乘数，没有翻倍的效应。政府如果一边收上来，又一边返还给你，但是收上来的全部都返还给你，最终均衡国民收入还会增加，增加量相当于政府收上来的，也相当于政府返还给你的数量。

$k_{平}$的经济含义：政府在考虑预算平衡的条件下，即把增加的政府收入中的全部用于政府购买支出，由此导致国民收入的增加量等于政府购买支出的增加量，也等于政府全部税收的增加量。

六、不同财政政策工具对预算盈余的影响

1. 财政政策工具

财政政策工具有支出政策,包括政府购买支出 G 和转移支付 TR。财政政策工具还有收入政策,包括自发税收 T_0 以及税率 t。

G、TR、T_0 都决定总需求曲线的截距,是 A_0 的一个组成部分。而 t 决定总需求曲线的斜率,是 $c(1-t)$ 的一个组成部分。

2. 政府的预算盈余

$$
\begin{aligned}
\text{BS} &= \text{政府的收入} - \text{政府的支出} \\
&= T - (G + \text{TR}) = T_0 + tY - (G + \text{TR})
\end{aligned}
$$

现在我们要转换思路,讨论的不是财政政策工具对均衡国民收入的影响,而是财政政策工具对政府预算盈余的影响,相当于讨论预算盈余乘数,而不再是均衡国民收入的乘数。

$$\text{BS} = T_0 - G - \text{TR} + tY$$

从上式我们可以看到:外生变量 T_0、G、TR 与 BS 无关,BS 是 Y 的函数,随 Y 的变化而变化。如果 Y 是一个实际产量水平,那么它对应一个实际的预算盈余。另外我们考虑 Y 理论上还有一个达到充分就业的 Y_f,所以它将对应于一个充分就业的预算盈余 BS^*。

$$
\begin{aligned}
\text{BS}^* &= T_0 - G - \text{TR} + tY_f \\
\Delta\text{BS} &= \Delta T - (\Delta G + \Delta\text{TR}) \\
&= \Delta T_0 + \Delta tY + t\Delta Y - \Delta G - \Delta\text{TR} \\
&= \underbrace{\Delta T_0 + \Delta tY - \Delta G - \Delta\text{TR}}_{\text{直接影响}} + \underbrace{t\Delta Y}_{\text{间接影响}}
\end{aligned}
$$

直接影响:体现为财政政策工具的变动,立刻导致预算盈余总量的变动。这四个政策工具对预算盈余的影响非常直接,不需要任何的中间环节。

间接影响:体现为财政政策工具的变动,首先导致均衡国民收入的变动,四个财政政策工具对均衡国民收入都有一个乘数效应,进而均衡国民收入的变动又导致预算盈余总量的变动。这个影响是间接的,有一个产生乘数效应的中间环节。

这里分析问题有一个前提假设:在其他条件不变的情况下,政府运用某一财政政策工具对预算盈余的变动量产生影响。

3. ΔG 对 $\Delta \mathrm{BS}$ 的影响

$$\begin{aligned}\Delta \mathrm{BS} &= \Delta T - (\Delta G + \Delta \mathrm{TR}) \\ &= \Delta T - \Delta G = \Delta T_0 + \Delta t\ Y + t\Delta Y - \Delta G \\ &= t\Delta Y - \Delta G = t \times \Delta G \times k_g - \Delta G \\ &= \Delta G(t \times k_g - 1) = \Delta G\{t/[1 - c(1 - t)] - 1\} \\ &= -\Delta G(1 - c)(1 - t)/[1 - c(1 - t)]\end{aligned}$$

$$\Delta \mathrm{BS}/\Delta G = -(1 - c)(1 - t)/[1 - c(1 - t)] < 0$$

说明政府购买支出增加将会导致预算盈余下降,两者之间是一种反方向变动的关系。

4. $\Delta \mathrm{TR}$ 对 $\Delta \mathrm{BS}$ 的影响

$$\begin{aligned}\Delta \mathrm{BS} &= \Delta T - (\Delta G + \Delta \mathrm{TR}) \\ &= \Delta T - \Delta \mathrm{TR} = \Delta T_0 + \Delta t\ Y + t\Delta Y - \Delta \mathrm{TR} \\ &= t\Delta Y - \Delta \mathrm{TR} = t \times \Delta \mathrm{TR} \times k_{\mathrm{tr}} - \Delta \mathrm{TR} \\ &= \Delta \mathrm{TR}(t \times k_{\mathrm{tr}} - 1) = \Delta \mathrm{TR}\{tc/[1 - c(1 - t)] - 1\} \\ &= -\Delta \mathrm{TR}(1 - c)/[1 - c(1 - t)]\end{aligned}$$

$$\Delta \mathrm{BS}/\Delta \mathrm{TR} = -(1 - c)/[1 - c(1 - t)] < 0$$

说明预算盈余与转移支付两者之间也是反方向变化,转移支付增加导致预算盈余下降。

例如:$c = 0.8, t = 0.25$

$$\Delta \mathrm{BS}/\Delta G = -(1 - c)(1 - t)/[1 - c(1 - t)] = -0.375$$

$$\Delta \mathrm{BS}/\Delta \mathrm{TR} = -(1 - c)/[1 - c(1 - t)] = -0.5$$

上例说明如果政府购买支出增加 100 万,预算盈余将会下降 37.5 万;如果转移支付增加 100 万,政府的预算盈余将下降 50 万。两个综合比较,显然政府更喜欢选择政府购买支出作为干预经济的工具,因为一方面它能使均衡国民收入成倍地增加,增加的幅度比转移支付要大,另一方面导致自身的亏空也要比转移支付要小。

5. ΔT_0 对 $\Delta \mathrm{BS}$ 的影响

$$\begin{aligned}\Delta \mathrm{BS} &= \Delta T - (\Delta G + \Delta \mathrm{TR}) \\ &= \Delta T = \Delta T_0 + \Delta tY + t\Delta Y \\ &= \Delta T_0 + t\Delta Y = \Delta T_0 + t \times \Delta T_0 \times k_{T_0} \\ &= \Delta T_0(1 + t \times k_{T_0}) = \Delta T_0(1 - c)/[1 - c(1 - t)]\end{aligned}$$

$$\Delta \mathrm{BS}/\Delta T_0 = (1 - c)/[1 - c(1 - t)] > 0$$

说明如果自发税收增加100万，那么政府的预算盈余将会上升50万，自发税收与预算盈余同方向变动。

6. Δt 对 ΔBS 的影响

$$\begin{aligned}\Delta BS &= \Delta T - (\Delta G + \Delta TR)\\ &= \Delta T = \Delta T_0 + \Delta t Y + t\Delta Y\\ &= \Delta t\ Y + t\Delta Y = \Delta t Y + t \times \Delta t \times k_t\\ &= \Delta t(Y + t \times k_t) = \Delta t(1-c)Y/[1-c(1-t)]\end{aligned}$$

$$\Delta BS/\Delta t = (1-c)Y/[1-c(1-t)] > 0$$

预算盈余和税率两者同方向变化，如果税率有一个微小的增加，将会导致预算盈余有一个巨大的增加。

第四节　四部门产品市场均衡国民收入的决定

一、四部门

四部门实际上有四个经济主体，或者四个市场参与者：第一是消费者，有消费者就有消费者的消费支出 C；第二是厂商，有厂商的计划投资 $I_{计}$，$I_{计}=I_0$；第三是政府，政府的收入自发税收 T_0 和税率 t 与政府的购买支出 G 和转移支付 TR 都对经济产生影响；第四是外国消费者，外国消费者花的钱就是净出口 NX，净出口等于出口 X 减去进口 M。出口 X 是外国消费者对本国产品的需求，取决于外国消费者的收入、偏好，本国产品的价格，汇率等因素，所以出口 X 在我们研究的体系内视为一个既定的外生变量，$X=X_0$。而进口 M 是本国消费者对外国产品的需求，取决于本国消费者的行为。我们进一步研究进口函数。

二、进口函数

进口函数：$M=M_0+mY$

M_0是自发进口，进口函数的组成和消费函数是一样的，消费函数是自发消费 C_0加上引致消费 cY_d，而进口函数等于自发进口 M_0再加上引致进口 mY。

第一项自发进口 M_0，跟收入没有关系。例如，一个国家没有收入，但是由于今年出现了天灾人祸，在这种情况下为了生存下去而存在的进口。

第二项 mY，很显然是引致进口。引致进口是国民收入的函数，不是个人可支配收入的函数。因为消费是个人可支配收入的函数，而进口是国民收入的函数。税收也是国民收入的函数。国民收入也包括政府的行为，所以引致进口不光是私人经济主体消费者,也包括政府。引致进口是 Y 的函数,不是 Y_d 的函数。

m 是边际进口倾向,很显然是一个边际量。m 等于起因的变动量——均衡国民收入的变化,所导致的结果的变动量——进口的变化之比,$m = \Delta M/\Delta Y$。

如果收入增加,那么进口或多或少会增加,所以 m 大于 0。如果收入增加 1 单位,进口的增加量将会小于 1 单位,所以 m 小于 1。m 在 0 和 1 之间变动。在确定了进口函数以后,我们研究四部门产品市场均衡国民收入的决定。

三、四部门产品市场均衡国民收入的决定

1. 模型

$$Y = \text{AD} \quad ①$$

$$\text{AD} = C + I_0 + G_0 + \text{NX} \quad ②$$

$$C = C_0 + cY_d, \quad 0 < c < 1 \quad ③$$

$$Y_d = Y + \text{TR}_0 - T \quad ④$$

$$T = T_0 + tY, \quad 0 < t < 1 \quad ⑤$$

$$\text{NX} = X_0 - M = X_0 - (M_0 + mY) \quad ⑥$$

把②至⑥代入①,得到:

$$Y = \text{AD} = \underbrace{C_0 + I_0 + G_0 + c\text{TR}_0 - cT_0 + X_0 - M_0}_{\text{AD截距(用}A_0\text{表示)}} + \underbrace{[c(1-t) - m]}_{\text{AD斜率}}Y$$

最终我们得到一个关于 AD 的表达式,AD 前面是七项的代数和,与收入无关,是总需求曲线的截距,我们可以用 A_0 来表示。后面一项跟收入相关,$c(1-t)-m$ 实际上是总需求曲线的斜率,这里待说明的就是 Y,所以 Y 的表达式:

$$Y^* = (C_0 + I_0 + G_0 + c\text{TR}_0 - cT_0 + X_0 - M_0)/[1 - c(1-t) + m]$$

$$= A_0/[1 - c(1-t) + m]$$

四部均衡的国民收入 Y^* 取决于 C_0、I_0、G_0、TR_0、T_0、X_0、M_0、c、t、M 十个外生变量,这十个外生变量的变化都将导致一国 GDP 的变化。

2. 45°线法

以纵轴代表总需求,横轴代表总供给,总需求曲线截距是 A_0,斜率是 $c(1-t)-m$,所以在总需求曲线和 45°线的交点得到均衡的产量 Y_1(见图 3-20)。

四、开放经济条件下的各种乘数

对于开放经济条件下的各种乘数,我们立足于 Y^* 的表达式,用 Y^* 对各种变量求一阶偏导。

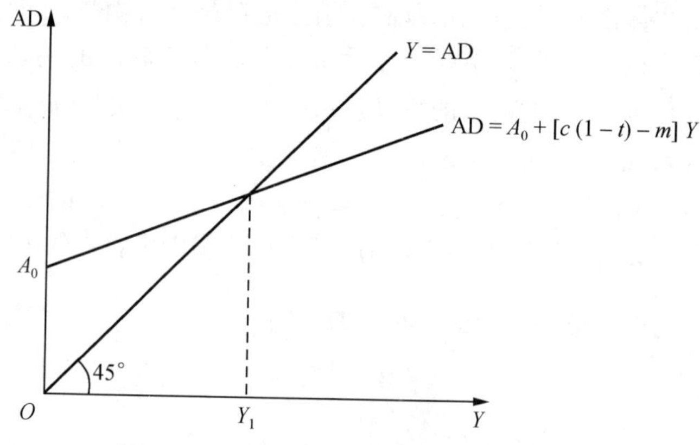

图 3-20　四部门产品市场国民收入的决定

1. $k_{C_0}=k_i=k_g=k_{X_0}=1/[1-c(1-t)+m]$

开放经济下，自发消费乘数、投资乘数、政府购买支出乘数以及出口乘数 k_{X_0} 都等于 $1/[1-c(1-t)+m]$，所以这四个乘数相同。

2. 自发进口乘数 $k_{M_0}=-1/[1-c(1-t)+m]$

3. 转移支付乘数 $k_{tr}=c/[1-c(1-t)+m]$

4. 自发税收乘数 $k_{T_0}=-c/[1-c(1-t)+m]$

5. 边际消费倾向乘数 $k_c=Y_d/[1-c(1-t)+m]$

6. 税率乘数 $k_t=-cY/[1-c(1-t)+m]$

7. 边际进口倾向乘数 $k_m=-Y/[1-c(1-t)+m]$

8. 平衡预算乘数

（1）如果 $\Delta T_0=\Delta G$，政府边收边花，收上来的多返还给你的少，花出去的只相当于收上来的某一部分——自发税收部分，过程由读者自己推导，最终均衡国民收入的增加将小于政府购买支出的增加量，很显然这是一个小于 1 的乘数，也就没有翻倍的效应。

$$k_{平}=\Delta Y/\Delta G=\Delta Y/\Delta T_0=(1-c)/[1-c(1-t)+m]<1$$

（2）如果 $\Delta T=\Delta G$，政府一边收上来，一边返还给你，把收上来的全部都返还给你，这种情况下均衡国民收入的增加量也小于政府购买支出的增加量。

$$k_{平}=\Delta Y/\Delta G=\Delta Y/\Delta T=(1-c)/[1-c+m]<1$$

五、乘数小结

1. 列表

表 3-1 乘数小结

		与 Y 同方向变动			与 Y 反方向变动				
		k_{C_0}、k_i、k_g、k_{X_0} 直接影响	k_c	k_{tr} 间接影响	k_{T_0}	k_t	k_m	K_{M_0}	$k_{平}$
两部门		$a=k_{C_0}=k_i=\frac{1}{1-c}$	$\frac{Y}{1-c}$	—	—	—	—	—	—
三部门	固定税制	$a=k_{C_0}=k_i=k_g=\frac{1}{1-c}$	$\frac{Y_d}{1-c}$	$\frac{c}{1-c}$	$-\frac{c}{1-c}$	—	—	—	1
	变动税制	$a=k_{C_0}=k_i=k_g=\frac{1}{1-c(1-t)}$	$\frac{Y_d}{1-c(1-t)}$	$\frac{c}{1-c(1-t)}$	$-\frac{c}{1-c(1-t)}$	$-\frac{cY}{1-c(1-t)}$	—	—	① $\frac{1-c}{1-c(1-t)}$ ② 1
四部门		$a=k_{C_0}=k_i=k_g=k_{X_0}=\frac{1}{1-c(1-t)+m}$	$\frac{Y_d}{1-c(1-t)+m}$	$\frac{c}{1-c(1-t)+m}$	$\frac{-c}{1-c(1-t)+m}$	$\frac{-cY}{1-c(1-t)+m}$	$\frac{-Y}{1-c(1-t)+m}$	$\frac{-1}{1-c(1-t)+m}$	① $\frac{1-c}{1-c(1-t)+m}$ ② $\frac{1-c}{1-c+m}$

注：① 当 $\Delta T_0=\Delta G$ 时；② 当 $\Delta T=\Delta G$ 时。

如表3-1所示,我们首先考虑与 Y 同方向变化的系列,这个系列包括自发消费乘数、投资乘数、政府购买支出乘数以及出口乘数,也包括边际消费倾向乘数和转移支付乘数。与均衡国民收入反方向变化的四个乘数包括自发税收乘数、税率乘数、边际进口倾向乘数以及自发进口乘数。

另外,平衡预算乘数跟前面这些没有内在的联系,前面都是一个起因对一个结果,它是两个起因对一个结果。

乘数里前面四个都是对 Y 直接影响,所以得到的都是最大乘数,间接影响包括转移支付乘数和自发税收乘数,它们的影响大小相等、方向相反。

两部门只有消费者和厂商,所以自发消费支出乘数和投资乘数都等于 $1/(1-c)$,所以边际消费倾向乘数等于 $Y/(1-c)$,这里 $Y=Y_d$,也可以是 $Y_d/(1-c)$,没有政府转移支付、自发税收、税率等,也没有净出口。

三部门固定税制条件下,α 等于自发消费乘数、投资乘数以及政府购买支出乘数,都等于 $1/(1-c)$,这是三部门中最大的乘数。边际消费倾向乘数等于 $Y_d/(1-c)$,这里 Y_d 不再等于 Y。转移支付乘数等于 $c/(1-c)$,自发税收乘数等于 $-c/(1-c)$,没有税率、外国消费者、边际进口倾向乘数以及自发进口乘数。平衡预算乘数等于1。

三部门变动税制下,α 等于自发消费乘数、投资乘数以及政府购买支出乘数,都等于 $1/[1-c(1-t)]$,边际消费倾向乘数等于 $Y_d/[1-c(1-t)]$,转移支付乘数等于 $c/[1-c(1-t)]$,自发税收乘数等于 $-c/[1-c(1-t)]$,税率乘数等于 $-cY/[1-c(1-t)]$,没有外国消费者和后两个乘数。它的平衡预算乘数分两种情况:① 当 $\Delta T_0=\Delta G$ 时,$k_{平}=(1-c)/[1-c(1-t)]$;② 当 $\Delta T=\Delta G$ 时,$k_{平}=1$。

四部门第一列 α 等于自发消费乘数、投资乘数、政府购买支出乘数以及出口乘数,都等于 $1/[1-c(1-t)+m]$,边际消费倾向乘数等于 $Y_d/[1-c(1-t)+m]$,转移支付乘数等于 $c/[1-c(1-t)+m]$,自发税收乘数等于 $-c/[1-c(1-t)+m]$,税率乘数等于 $-cY/[1-c(1-t)+m]$,边际进口倾向乘数等于 $-Y/[1-c(1-t)+m]$,自发进口乘数等于 $-1/[1-c(1-t)+m]$,另外平衡预算乘数也分两种情况:① 当 $\Delta T_0=\Delta G$ 时,$k_{平}=(1-c)/[1-c(1-t)+m]$;② 当 $\Delta T=\Delta G$ 时,$k_{平}=(1-c)/(1-c+m)$。

2. 乘数发生作用的前提条件

在萧条的背景下,有一定数量的闲置的可利用资源,所以凯恩斯经济学又称为萧条经济学。不是在任何情况下,政府购买支出增加100万,均衡国民收入就会增加500万,而是只有在萧条的情况下,供给没有任何的约束,国民收入关键取决于需求,才会有5倍的效应。

3. 乘数的特点

乘数不仅可以使均衡国民收入成倍增加，也可以使均衡国民收入成倍减少，比如说政府购买支出增加100万，使得均衡国民收入增加500万，反之如果政府购买支出减少100万，均衡国民收入也减少500万。这种作用被称为“双刃刀”(double-edge sword)。

4. 财政政策初步

(1) 财政政策工具

我们在第三章实际上已经涉及了财政政策工具：支出政策工具——政府购买支出 G、转移支付TR；收入政策工具——自发税收 T_0、税率 t。不同的财政政策工具对总需求造成的影响是不一样的。政府购买支出 G、转移支付TR以及自发税收 T_0 都决定总需求曲线的截距，而税率 t 决定的是总需求曲线的斜率，最终它们带来的影响是不一样的。

(2) 固定税制比变动税制条件下的各种乘数都大

变动税制和固定税制的差别在于引入了收入比例所得税，这个制度的引入导致乘数变小了。乘数变小，收入波动的程度也变小，原先政府购买支出增加100万，均衡国民收入增加500万，现在政府购买支出增加100万，均衡国民收入仅增加250万。反之，均衡国民收入下降的幅度也变小了。

所以收入比例所得税的作用被我们称为自动的稳定器，或者内在的稳定器。只要它存在一天，就会自动地起到削减收入波动幅度的作用。关于自动的稳定器或者内在的稳定器问题，我们将在第五章第二节财政政策的特点里作一个详细的介绍。

第五节 总　结

一、宏观经济学流程图

图3-21对宏观经济学的全貌作了一个清晰的勾勒。

按照从右到左顺序，均衡的国民收入由总需求单方面决定是第一步均衡条件。如果在封闭经济条件下，第二步总需求由三个经济主体(我们称之为三部门)一年要花出来的钱决定，包括政府购买支出 G_0、消费者的消费支出 C 以及厂商的投资支出 I_0，投资、政府购买支出都是外生变量。第三步消费的决定，等于自发消费 C_0 加上引致消费 cY_d。第四步个人可支配收入等于国民收入 Y 加上转移支付 TR_0 再减掉税收 T，转移支付当做外生变量处理。第五步税收等于自发税收 T_0 加上引致税收 tY。

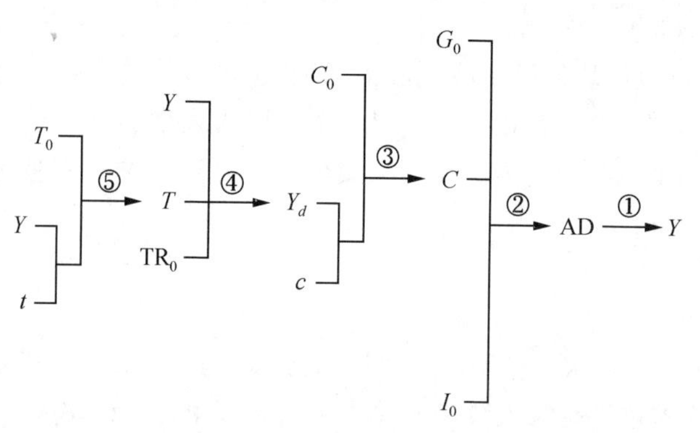

图 3-21　宏观经济学流程图

宏观经济学流程图有方向性和不可逆性,位于宏观经济学流程图左边的因素决定右边的因素。具体举一个例子,个人可支配收入的增加将会通过第三步导致消费增加,消费增加总需求,进而增加总产量,所以只能按照从左向右这样一个顺序进行推进。如果反向看,收入增加是总需求的增加似乎没有什么问题,因为起因、结果都是一个,但是总需求增加就有三种可能:政府购买支出、消费、投资。所以很难说总需求的增加就是消费的增加,而消费的增加又有两种可能,有自发消费还有引致消费。因此,倒推回来是不成立的,只能从左向右,这个流程图具有方向性和不可逆性。这个流程图有时候又称做"凯恩斯主义水流图",称为水流就必然有方向,是不可逆的。

这五个环节中每一个环节之间的数量关系,都有一个方程式与之对应:

$$Y = AD \quad ①$$

$$AD = C + I_0 + G_0, \quad C、I、G \rightarrow Y \quad ②$$

$$C = C_0 + cY_d, \quad 0 < c < 1 \quad ③$$

$$Y_d = Y + TR_0 - T \quad ④$$

$$T = T_0 + tY, \quad 0 < t < 1 \quad ⑤$$

二、收入—支出模型的含义

收入—支出模型说明了总支出和总收入两者相互依存、相互决定的关系。如图 3-21 所示,首先从右边数第三列这一列是三个经济主体要花的钱加总在一起,三个经济主体的总支出决定了经济生活中的总需求,总需求又决定了总产量,说明了总支出决定总产量。

总产量实现以后又转化为总产量作出贡献的要素所有者的收入,导致总收入的变化。最右边的 Y 变动以后,最左边出现 Y 的地方也将跟着发生变化。总收入增加以后分成两路分别对这个体系产生进一步的影响：一是通过第四个环节直接导致个人可支配收入的增加；二是通过第五个环节导致税收增加，进而导致个人可支配收入的下降。虽然在第四个环节合力会抵补，最终个人可支配收入还是增加，但是跟没有这个反力的情况相比，增加的幅度要变小。个人可支配收入的增加又通过第三个环节导致消费支出的增加，说明了总收入进一步又决定总支出。

所以总支出决定总产量，总产量转化为总收入，总收入又通过第四乃至第五个环节进一步决定总支出。收入—支出模型本质上体现了总收入和总支出这两者之间相互依存、相互决定的联系。这种影响不是一次性发生的，而是在这个体系内不断循环反复。

三、波动的根源

波动根源划分为两类，一类是政策变量，是政府的行为对体系带来的影响。政策变量有：政府的支出政策工具——政府的购买支出 G_0 和转移支付 TR_0；政府的收入政策工具——自发税收 T_0 和税率 t，都将导致均衡国民收入发生变化。

还有一些非政策变量——自发消费 C_0、边际消费倾向 c 和自发投资 I_0。两类变量微小的变动，都会导致国民收入成倍的变动。

四、乘数是收入—支出模型的关键

各种因素——政策变量和非政策变量都将导致国民收入成倍的变化，但是这种影响不是一次性完成的，前面举过例子：政府购买支出增加 100 万，用于道路建设，第一轮导致总需求增加 100 万，地砖的产量增加 100 万导致地砖厂的收入增加 100 万，地砖厂收入增加后，一部分将会转化为税收，如果税率为 25%，税收将增加 25 万，去掉这 25 万，第二轮个人可支配收入的增加是 75 万，边际消费倾向是 80%，第二轮消费的增加是 60 万。经济生活中总需求增加 60 万，进而导致食用油的产量增加 60 万，食用油厂收入增加以后，继续在这个体系内传递。我们发现影响在体系内不断循环，循环一次衰减一次，最终加总的 250 万，是经济中各行各业由于初始政府购买支出增加所导致的总产量的增加量。乘数是收入—支出模型的关键，本质上体现了波动根源对波动结果的影响不是一次性就完成的，而是在体系内不断循环，100 万变出 500 万，是一个力在体系内不断循环带来的结果。

五、循环影响中的直接影响和间接影响

循环影响中有直接影响和间接影响。

三个比较大的乘数——自发消费乘数 k_{C_0}、投资乘数 k_i 和政府购买支出乘数 k_g，在循环体系中都处于比较靠前的位置。政府购买支出 G_0 的增加，在第一轮立刻导致总需求乃至总产量 Y 的增加。自发消费 C_0 和投资 I_0 的影响也一样。最大的三个乘数对体系带来的影响都是直接影响。

转移支付乘数 k_{tr}、自发税收乘数 k_{T_0} 在体系内处在比较靠后的位置，都要通过第四个环节影响个人可支配收入，在第三个环节被边际消费倾向打个折扣，再影响消费。它们在这个传导链中位置靠后，传导战线长，能力损失得就厉害。最小的乘数对体系带来的影响都是间接影响。

六、所有影响几乎全部从 C 传导过来，受 c 的影响

第一轮政府购买支出增加 100 万，导致总需求乃至总产量增加 100 万，所以除了初始效应以外，引致效应第二轮直至第 n 轮在这个体系内带来的影响全部通过消费来传导，都被边际消费倾向削弱和影响。从这个意义上来讲，在所有影响因素的乘数中，边际消费倾向都起到一个举足轻重的作用，所以边际消费倾向的变化将会影响到所有乘数的变化。

七、固定税制和变动税制条件下乘数发生变化的原因

变动税制和固定税制相比，为什么乘数会变小呢？因为传导机制发生了变化，具体来看，在固定税制下考虑，初始政府购买支出增加 100 万，导致总需求增加 100 万，进而地砖的产量增加 100 万，地砖厂的收入增加 100 万，如果没有收入所得税的话，100 万都将转化为地砖厂的可支配收入，进而导致第二轮它的消费乃至总需求和总产量的增加。这里我们发现固定税制条件下的传导路径——第一轮收入的增加将导致个人可支配收入的增加，进而导致消费、总需求乃至第二轮总产出的增加。所以第一轮收入的增加导致第二轮收入的进一步增加，是一种正影响。但中间不是 1∶1 的传递，因为被边际消费倾向削弱了。

固定税制条件下的传导路径：

$$\underbrace{\text{第一轮 } Y\uparrow \rightarrow Y_d\uparrow \rightarrow C\uparrow \rightarrow AD\uparrow \rightarrow \text{第二轮 } Y\uparrow}_{\text{第一轮收入的增加，导致第二轮收入的进一步增加：正影响}}$$

变动税制条件下，传导路径分成两路，一路跟固定税制完全一样，第一轮收入的增加导致第二轮收入的进一步增加，这个正影响仍然存在。

变动税制条件下的传导路径，第一路的影响：

$$\underbrace{\text{第一轮 } Y\uparrow \rightarrow Y_d\uparrow \rightarrow C\uparrow \rightarrow AD\uparrow \rightarrow \text{第二轮 } Y\uparrow}_{\text{第一轮收入的增加，导致第二轮收入的进一步增加：正影响（正力）}}$$

与此同时还有第二路。在变动税制条件下，增加了第五个环节，收入的增加通过第五个环节导致税收的增加，税收的增加导致个人可支配收入的下降，进而导致消费支出、总需求乃至总产量的下降，所以第一轮的正力通过第五个环节乃至第四个、第三个、第二个、第一个环节的传导，在第二路带来的是一种负影响，第一轮收入的增加导致第二轮收入的下降，产生了正力变反力的效果。

变动税制条件下的第二路的影响：

$$\underbrace{\text{第一轮 } Y\uparrow \to T\uparrow \to Y_d\downarrow \to C\downarrow \to \text{AD}\downarrow \to \text{第二轮 } Y\downarrow}_{\text{第一轮收入的增加，导致第二轮收入的下降：负影响（负力）}}$$

在第四个环节正力、反力就合成在一起，虽然还是正影响大于负影响，但是正影响已经被削弱了。所以均衡国民收入的增加小于固定税制条件下均衡国民收入的增加。个人可支配收入虽然还是增加，但是不是 1:1 而是 $1:(1-t)$，和原先相比幅度变小了。原因在于每一轮都有负力的抵补，最终合力就要小得多。

本章小结

1. 根据国民收入核算的原理，对商品的需求等于总支出，当其与总产出水平相等时，产品市场上的产出处于均衡水平。

2. 总需求的构成由四个部分组成，包括居民在消费上的计划支出、厂商在投资品上的计划支出、政府对商品和劳务的计划购买支出以及净出口。

3. 和传统的价格调节机制不同，在深度萧条的前提下价格机制不起作用，此时存货调节机制可以起到调整产品市场均衡的作用，当非意愿存货发生变化的时候，厂商会调整库存量，使经济回复均衡。

4. 消费函数表明消费水平是可支配收入的函数，而储蓄函数可以由消费函数推导得出。节俭的悖论表明越消费、越花钱，国家就越富裕，国民收入越高。这和勤俭致富的观点形成了对比，体现了分解谬误和合成谬误的问题。

5. 乘数是一个边际量，它衡量当一个或多个自变量变化的时候，导致的因变量的变化程度。常见的求乘数的方法包括等比数列求和法、图形法、求偏导法。

6. 在固定税制条件和变动税制条件下，乘数的大小会发生不同程度的变化。因为在变动税制（比例税制）条件下税收和收入 Y 相关，因此传导的路径又增加了一条。

7. 预算盈余（赤字）是政府收入（支出）超出支出（收入）的部分。平衡预算包括两种含义：第一种是指收入和支出的绝对量相等；第二种是当期的增量为 0。在求平衡预算乘数的时候我们采用的是第二种含义。

关键概念

总需求　均衡产出　充分就业的产出　非意愿存货　消费函数　储蓄函数　节俭的悖论　萨缪尔森交叉图　45°线法　边际消费倾向　乘数　固定税制和变动税制　预算赤字　预算盈余　平衡预算乘数

本章习题

1. 本题分析两部门条件下的产品市场均衡。假定消费函数为 $C=100+0.8Y$，同时，投资 $I=60$。

(a) 均衡的收入水平是多少？

(b) 均衡的储蓄水平是多少？

(c) 如果由于某种原因产出水平是1 000，那么，什么是非意愿存货水平？

(d) 如果 I 增加100，那么，这对均衡收入会产生什么作用？

(e) 什么是这里的乘数 a 值？

(f) 画图表明在(a)和(d)中的均衡。

2. 假定在习题1中的消费者的行为发生了变化，由于社会变迁导致该国的消费者提高了其边际消费倾向，新的消费函数为 $C=100+0.9Y$，而 I 仍保持不变为60。

(a) 与1(a)相比较，从直观角度你预期均衡收入水平是增加了，还是减少了？计算新的均衡水平 Y'，以证实你自己的判断。

(b) 和在1(d)中一样，现在假定投资增加为 $\Delta I=100$。什么是新的均衡收入？

(c) 与习题1中的情况相比较，投资的这个变化对 Y 的作用是更大还是更小？为什么？

(d) 画图表明在本题中均衡收入的变化情况。

3. 在四部门以及固定税制条件下，由 $S=I$ 和储蓄函数的形式出发，推导均衡收入水平的表达式。

4. (a) 在没有政府的两部门前提下，分析边际消费倾向 c 和边际储蓄倾向 s 相互之间的关系，将各个乘数等式以 s 的形式而不是 c 的形式写出。

(b) 当政府加入之后，乘数发生什么变化？你在4(a)中推导出的公式是否仍然适用？给出你的解释。

5. 本题讨论“节俭的悖论”的问题，为简化问题假设只有消费者和厂商两个部门。假定：$C=C_0+cY_d(Y=Y_d)$，并且 $I_{计}=I_0$。

(a) 画图，横轴表示收入，纵轴表示投资和储蓄。

(b) 储蓄函数的表达式是什么？

(c) 画出投资函数并解释为什么储蓄和投资函数的交点给出均衡的产出水平。

(d) 假定在每一个收入水平，个人要进行更多的储蓄。画图说明储蓄函数是如何移动的。

(e) 这种增加了的储蓄意愿对新的均衡储蓄水平具有什么作用？并据此解释节俭的悖论。

6. 假设一个三部门经济，消费函数形式为 $C=100+0.8Y_d$，且 $I=50$；同时，财政政策被概括为 $G=200$，$TR=62.5$，$t=0.25$。

(a) 在这个比较完全的模型中，什么是均衡收入水平？

(b) 什么是新的乘数值？为什么它小于在习题1(e)中的乘数？

7. 假设条件和习题6相同，求解以下的问题：

(a) 当 $I=50$ 时，预算盈余 BS 的值是多少？

(b) 当 I 增加到 100 时，BS 是多少？

(c) 导致7(b)和7(a)之间 BS 变化的原因是什么？

(d) 假定充分就业的收入水平 Y^* 是 1 200，当 $I=50$ 时，什么是充分就业的预算盈余 BS^*？当 $I=100$ 时呢？

(e) 假如 $I=50$ 和 $G=250$，Y^* 仍然等于 1 200，什么是 BS^*？

(f) 解释为什么我们宁愿使用 BS^* 而不是简单地使用 BS 去测量财政政策的方向。

8. 本题考虑转移支付 TR 取决于收入水平这一事实，对模型进行扩展。在高收入时，转移支付如失业救济金将会下降。相反，在低收入时，失业增多，于是失业救济金提高。因此可以把转移支付写成 $TR=TR_0-bY(b>0)$。推导均衡收入的条件是：$Y=C+I+G=C_0+cY_d+I+G$，其中，$Y_d=Y+TR-TA$ 是可支配收入。

(a) 推导均衡收入 Y^* 的表达式。

(b) 新的乘数是多少？

(c) 分析为什么新的乘数小于标准的乘数 a。

(d) 自动的稳定器这一概念的含义是什么，转移支付是自动的稳定器吗？

9. 现在我们看一下在均衡收入决定中税收所起的作用。假定我们有一种经济，并用以下的函数加以描述：

$$C=40+0.8Y_d,\quad I_0=160,\quad G_0=200$$

$$TR_0=100,\quad t=0.20$$

(a) 计算在这个模型中的均衡收入水平和乘数。

(b) 再计算预算盈余 BS。

(c) 假定 t 增加到 0.25,什么是新的均衡收入和新的乘数?

(d) 计算预算盈余的变化。如果边际消费倾向 $c=0.9$,而不是 0.8,那么,你预计预算盈余的变化是更多一些,还是更少一些?

(e) 你能解释为什么当 $t=1$ 时乘数是 1 吗?

10. 假定经济当前正运行在均衡水平上,且均衡水平的收入为 $Y=1\,000$。如果此时政府实施一项财政政策,使税率 t 增加 0.05,政府支出增加 50,那么,预算盈余将是增加还是减少?

11. 假定政府决定削减转移支付(如福利)的同时增加一个等量的政府物品和劳务的购买。即实施的财政政策的变动使 $\Delta G=-\Delta TR$。

(a) 作为这种变动的结果,你预期均衡收入是增加还是减少?为什么?利用以下的例子验证你的答案:假定开始时 $c=0.8$, $t=0.25$ 和 $Y=800$。现在 $\Delta G=10, \Delta TR=-10$。

(b) 找出均衡收入的变化 ΔY。

(c) 预算盈余的变化 ΔBS 是多少?为什么 BS 发生了变化?

12. 平衡预算乘数表示:把增加政府支出和增加税收结合在一起以保持预算盈余不变的做法,将使得产出的增加量刚好等于政府支出的增加量。(或者等价地说,在政府支出改变时的平衡预算乘数是 1。)请你证明这个结论。

13. 下图的总需求曲线的斜率大于 1。(如果 $c>1$,就会出现这一情况,此时每增加一块钱的收入消费增加就会超过一块钱。)按照下图,在这个例子中发生了什么?和我们课程中的图形有什么重大的区别?这种情况($c>1$)能永远维持下去吗?

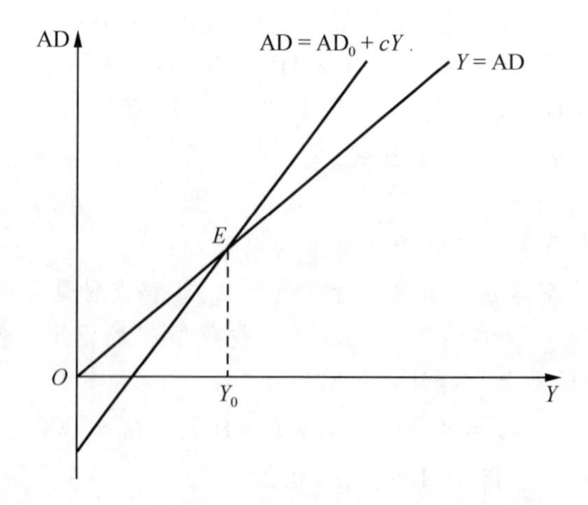

14. 本题分析在开放的宏观经济条件下的一些结论，为了简化，这里并没有涉及汇率变量（当然，有兴趣的读者可以将汇率变量引入方程中）。首先，我们假定外国对我们产品的需求是给定的，为 X。本国对外国产品的需求或进口用 Q 表示，它是一个关于本国收入的线性函数：

$$出口 = X, \quad 进口 = Q = Q_0 + mY$$

其中 m 是边际进口倾向。

(a) 贸易差额或净出口 NX 被定义为出口超过进口的部分。写出一个贸易差额的代数表达式，并且，画图表示净出口是本国收入水平的函数（用横轴表示 Y）。

(b) 利用你的图，表示收入变化对贸易差额所产生的作用。此外，在给定收入的条件下，表示出口变化对贸易差额所产生的作用。

(c) 商品市场的均衡条件是对本国商品的需求等于供给。对本国商品的总需求包括出口，但不包括进口，于是我们有：

$$Y = C + I_0 + \mathrm{NX}$$

在此，我们把净出口（出口减进口）加到投资和消费上去。利用 14(a) 所得到的净出口的表达式和消费函数 $C = C_0 + cY$，推导均衡收入水平。

(d) 根据你在 14(c) 中的均衡收入水平的表达式，出口 X 的变化对均衡收入所起的作用是什么？解释你的结论，并说明开放经济下的乘数。

(e) 利用你在 14(a) 和 14(d) 中的结论，说明增加出口对贸易差额所起的作用。

第四章

产品市场和货币市场的同时均衡：IS-LM 模型

本章概要

本章将从产品市场的均衡过渡到产品市场和货币市场的同时均衡。通过将利率内生化，我们引入了 IS 曲线和 LM 曲线，并详细解释其数学推导和图形四象限法的推导原理。在分析过程中，我们为读者介绍了凯恩斯对于有效需求不足的解释，也介绍了“两个剑桥”对于 IS-LM 模型的争论。本章的最后部分讨论了财政和货币政策的效力，并给出了六个命题。

学习目标

学完本章，你将能够了解：

1. 描述产品市场均衡的 IS 曲线的定义、公式和推导过程。
2. 描述货币市场均衡的 LM 曲线的定义、公式和推导过程。
3. 货币的定义，货币需求的三大动机：交易动机、预防动机和投机动机。
4. IS-LM 曲线均衡点的求解，以及趋向该均衡点的调整过程。
5. 关于财政政策和货币政策效力的六个命题。

如果把第三章和第四章作一个比较：就范围来讲第三章只涉及一个市场——产品市场，所以它是一个局部均衡分析，而第四章涉及两个市场，产品市场和货币市场，所以第四章是一个一般均衡分析，从第三章到第四章是局部均衡到一般均衡分析的变化。就使用的分析工具来看，第三章使用的是收入—支出模型，第四章使用的是 IS-LM 模型，IS-LM 模型是宏观经济学中分析问题的经典范式。就传导机制而言，第三章是一种产量调节机制——即非意愿存货调节机制，而第四章是利率和收入调节机制。

第一节　产品市场均衡:IS 曲线

在宏观经济学流程图里,对消费的研究在第三章已经非常详尽了。对于政府购买支出——政府行为的研究,在我们模型中始终作为一个既定的外生变量,具体导致它变化的原因,在我们体系里无法作出解释,只当成一个已知数处理。接下来,很自然的突破口就是投资的决定。

一、投资的决定

在投资的决定里,总投资等于自发投资 I_0 加上引致投资 $-bR$。

$$I = I_0 - bR$$

1. 自发投资 I_0

自发投资是为了获得最大收益而进行的投资,是一种追求利润最大化的自发行为,所谓的"自发"就体现在这个地方。自发投资大小取决于资本的边际效率。资本的边际效率是一个边际量,指每增加 1 单位投资所带来的总收益的增加量。

资本的边际效率相当于日常生活中所讲的投资收益率或者资本收益率,它的高低取决于宏观经济形势的变化,如果宏观经济形势看好,投资收益率会比较高;如果经济形势陷入了衰退,投资收益率就可能较低。从这个意义上讲,投资收益率将受宏观经济影响,它的变化在我们体系内视为一个既定的外生变量。

2. 引致投资 $-bR$

投资的成本分为两种:第一,如果投资的钱是贷款来的,很显然借债要还钱,不仅还本还要付息,利率 R 是一种显成本;第二,如果投资的钱是自有资金,一样有成本,只不过是一种隐成本。自有要素所具有的成本往往容易被忽略,因为既可以选择投资办厂,也可以选择存在银行生利息,存银行一年生的利息就是投资办厂一年的隐成本。投资的显成本和隐成本都取决于利率 R。

从机会成本的角度来看,投资的选择可能有两个:一个是暴利行业;一个是微利行业。很显然投资到暴利行业的收益就是投资到微利行业的机会成本,那么投资的机会成本用利率来衡量是否合适呢? 一个国家如果经济过热,对资金需求旺盛,将会导致资金的价格——利率上升;反之如果经济萧条,对资金需求减少,将会导致利率下降。从这个意义上讲,从一个国家整体来看,用利率来衡量投资的机会成本是合适的。引致投资考虑的是投资的成本,显然也取决于利率 R。

b 是用来衡量投资对利率变动的敏感程度的指标,叫做投资的利率弹性。

在微观经济中,弹性是自变量变动的百分比与之所引起的因变量变动的百分比两者之比;边际量 = Δ 因变量/Δ 自变量。在微观经济学中,弹性和边际量两者有本质的差别。虽然 b 叫投资的利率弹性,本质上还是一个边际量。这个过程中起因是利率的变动量,结果是投资的变动量,所以两个变动量之比就是投资的利率弹性 b 的定义,$b = \Delta I/\Delta R$。如果把利率的变化单位化为 1,b 的含义就是利率每增加 1 单位所导致的投资的变动量。

$-bR = (\Delta I/\Delta R)R$,是利率的变动量导致的投资的变动量,是利率变动所引致的投资。利率 R 如果上升,投资的成本 $|-bR|$ 将会上升,总投资 I 将会下降。从这个意义讲,由利率上升所引致的投资的下降,是利率引致的负投资。

随着利率的上升,投资机会成本增加,与其投资还不如存到银行里生利息,于是投资或多或少地会下降,投资和利率这两者之间是一种反向变动的关系,所以 $\Delta I/\Delta R < 0$。如果定义:$b > 0$ (b 决定了 IS 曲线在纵轴的截距,小于 0 会给讨论问题带来不必要的麻烦),则:$-b = \Delta I/\Delta R < 0$

$$-b = \lim_{\Delta R \to 0} \Delta I/\Delta R = \mathrm{d}I/\mathrm{d}R$$

从数学角度看,b 是 I 曲线的斜率,决定 I 曲线的单调性。$-b < 0$,说明投资曲线是单调下降的。如果 $-b$ 等于一个固定的常数,那么投资曲线就是一条单调下降的直线(见图 4-1)。

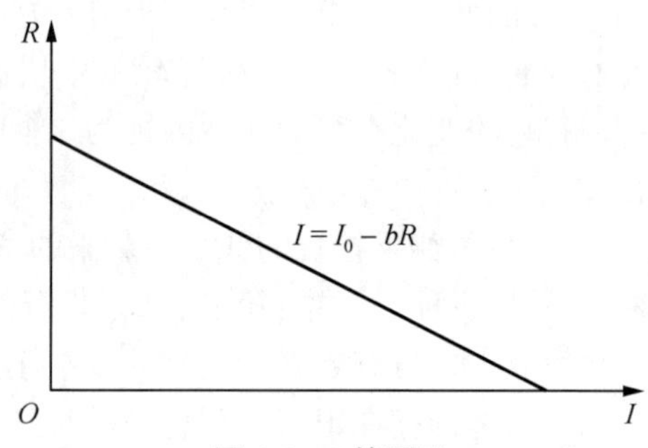

图 4-1 I 的图形

投资由一个无法解释的外生变量变成了一个内生变量。投资被表述成三个变量 I_0、b、R 的函数,这三个变量的变化都将导致投资的变化。

二、引入投资函数条件下,三部门产品市场均衡国民收入的决定

1. 模型

$$Y = \mathrm{AD} \quad ①$$

$$\mathrm{AD} = C + I_{计} + G_0 \quad ②$$

$$C = C_0 + cY_d, \quad 0 < c < 1 \quad ③$$

$$Y_d = Y + TR_0 - T \qquad ④$$

$$T = T_0 + tY, \quad 0 < t < 1 \qquad ⑤$$

$$I_{计} = I_0 - bR, \quad -b < 0 \qquad ⑥$$

把②至⑥代入①，得到：$Y = AD$，AD 等于六项的代数和，前五项 C_0、I_0、G_0、cTR_0、$-cT_0$的和刚好跟三部门变动税制条件下的 A_0 是完全等价的，再加上 $-bR$。前面六项和收入水平无关，当 Y 等于 0，总需求就等于前面六项之和，很显然是总需求曲线的截距，用 A_0表示。后面一项跟收入相关，$c(1-t)$是总需求曲线的斜率。

$$Y = AD = \underbrace{\overbrace{C_0 + I_0 + G_0 + cTR_0 - cT_0}^{用A_0表示} - bR}_{AD截距} + \underbrace{c(1-t)}_{AD斜率}Y$$

$$Y^* = (C_0 + I_0 + G_0 + cTR_0 - cT_0 - bR)/[1 - c(1-t)]$$
$$= (A_0 - bR)/[1 - c(1-t)]$$

一个方程一个未知数，得到均衡的国民收入 Y^* 的表达式。取决于 9 个外生变量：C_0、I_0、G_0、TR_0、T_0、b、R、c、t。这 9 个外生变量的变化都将导致一国 GDP 的变化。这是引入投资函数后，三部门变动税制条件下均衡国民收入的表达式。和变动税制相比，分子变成 $A_0 - bR$，比 A_0 小，所以均衡国民收入变小。

2. 45°线法

如果用 45°线法，纵轴代表总需求，横轴代表总产量。初始在三部门变动税制条件下，总需求曲线的截距是 A_0，它跟 45°线交点决定的均衡国民收入是 Y_1。现在截距是 $A_0 - bR$，所以总需求曲线发生一个向下的平移，跟 45°线交点决定的均衡国民收入从 Y_1 下降至 Y_2（见图 4-2）。

3. 均衡点的移动

（1）波动根源和传导机制

C_0、I_0、G_0、TR_0、T_0、b、R、c、t——这 9 个外生变量的变化都将导致一国 GDP 的变化。我们特别关注利率 R，R 是联系两个市场——产品市场和货币市场的桥梁和纽带，在收入—支出模型中是一个外生变量。把投资表述为利率的函数后，进一步讨论利率变化对投资带来的影响，所以波动根源关注的就是利率的变化。

如果利率下降，投资的机会成本下降，与其把钱存银行生利息还不如拿去投资，这会导致总投资的增加，进而总需求和总产量增加。起因是利率的下降，结果是投资的增加，这两者之间有反方向的变动关系。

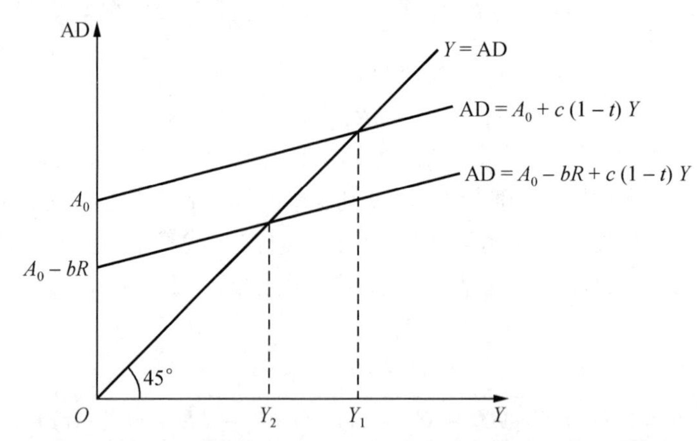

图 4-2　引入投资函数条件下，三部门市场均衡国民收入的决定

（2）坐标转换：从 AD-Y 坐标系到 R-Y 坐标系

初始的波动发生在总需求—总供给坐标系，总需求—总供给坐标系只讨论产品市场均衡，而在利率—总产量坐标系能够讨论产品和货币市场的同时均衡。这两个坐标系有同一特点：横坐标是一样的，都是 Y。所以这两个坐标可以垂直放置（见图 4-3）。

初始波动发生在下面的坐标系内。R_1 的水平决定总需求曲线的截距 $A_0 - bR_1$，它跟 45°线交点决定的均衡国民收入是 Y_1。现在利率由 R_1 下降到 R_2，所以总需求曲线的截距变大了，是 $A_0 - bR_2$，总需求曲线发生了一个向上的平移，它和 45°线交点决定的收入是 Y_2。

下幅图中利率从 R_1 下降到 R_2，导致收入从 Y_1 上升到 Y_2，这个图里蕴涵了收入和利率反方向变动的关系，但在图中我们发现没有利率在横纵两个坐标轴出现。我们要把图中所蕴涵的因果关系，分离到上幅图中，上幅图的横纵两轴刚好代表起因和结果。

两个收入水平向上引垂线，收入 Y_1 对应的是一个较高水平的利率 R_1，得到一个 Y_1 和 R_1 的组合点。收入 Y_2 对应的利率是 R_2，也得到一个组合点，这两个组合点都是能够实现产品市场均衡的收入和利率的组合点。如果把这两个点用直线连起来，得到一条曲线，称为 IS 曲线。

IS 曲线的含义：要实现产品市场的均衡，利率和国民收入必须相互配合、一一对应。这种相互配合、一一对应的、反方向变动的点的轨迹就是 IS 曲线，它描述了产品市场实现均衡的道路。线上每一点都是能够实现产品市场均衡的利率与国民收入的组合点。

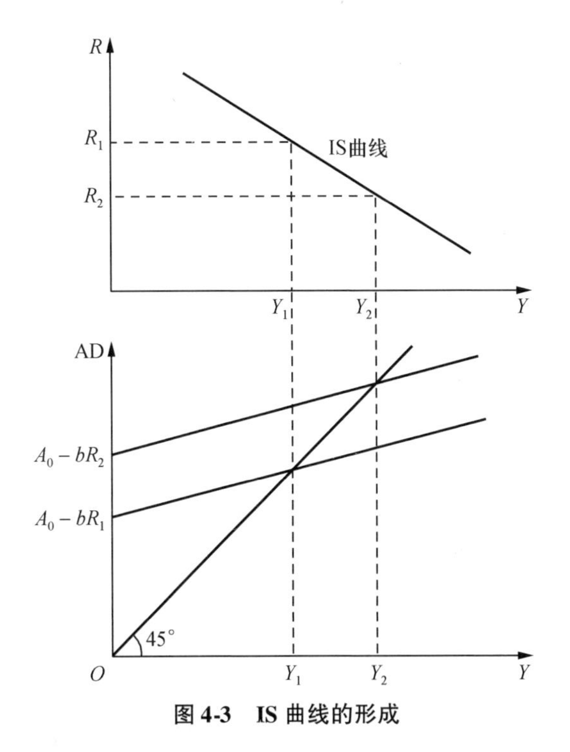

图 4-3 IS 曲线的形成

4. IS 曲线的表达式

把均衡收入水平的表达式 $Y^*=(A_0-bR)/[1-c(1-t)]$变形：

令：$\alpha=1/[1-c(1-t)]$

$$Y^*=(A_0-bR)\alpha=\alpha A_0-\alpha bR$$

这个式子描述了要实现产品市场均衡，两个变量利率 R 和收入 Y 必须遵循的关系。这是实现产品市场均衡的条件。

三、决定 IS 曲线位置（左右平移）的因素

当 $Y=0$ 时，$R=A_0/b$——IS 曲线在纵轴的截距；当 $R=0$ 时，$Y=\alpha A_0$——IS 曲线在横轴的截距。把这两个点连接成线，得到一条 IS 曲线（见图 4-4），表达式是 $Y=\alpha A_0-\alpha bR$。

进一步讨论什么因素导致曲线发生一个左右的平移。决定纵轴截距和横轴截距的都有一个 A_0，所以如果 A_0增加，那么 IS 曲线将发生一个向右的平移。A_0是五项的代数和，导致 A_0增加的因素包括：C_0、I_0、G_0和 TR_0的上升，或者 T_0的下降。IS 曲线右移的幅度是 $\alpha\Delta A_0$（见图 4-5）。反之，当 C_0、I_0、G_0、TR_0下降，或者 T_0上升，A_0将减少，导致 IS 曲线发生一个向左的平移，左移的幅度也是 $\alpha\Delta A_0$。IS

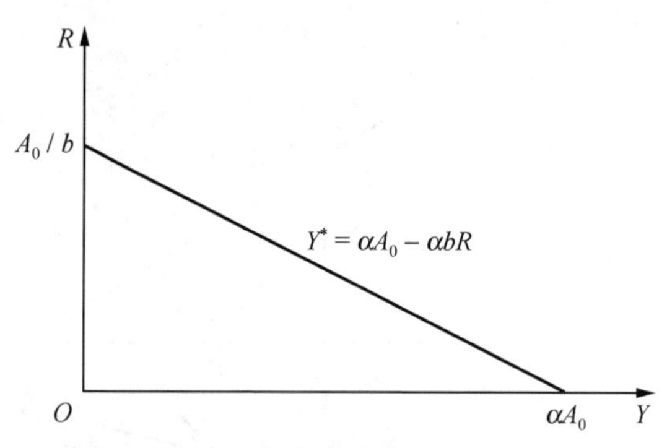

图 4-4　IS 曲线的截距和斜率

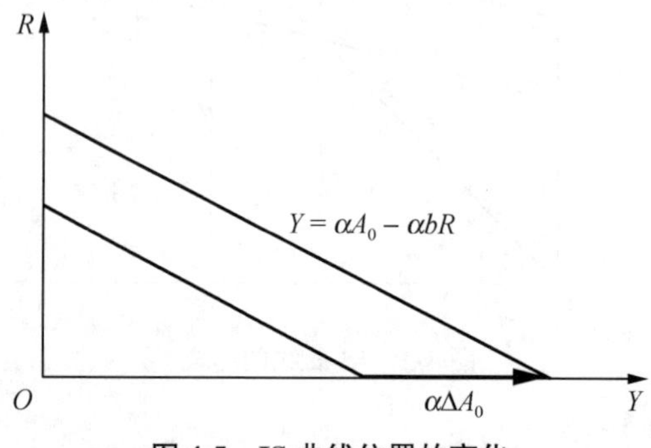

图 4-5　IS 曲线位置的变化

曲线左右平移有两种情形,导致 IS 曲线左右平移的有五种可能。

四、决定 IS 曲线斜率的因素

IS 曲线的斜率表示为 $-\alpha b$,我们分成两种情况来讨论。

1. b

b 上升将会导致 IS 曲线在纵轴的截距 A_0/b 下降,在横轴截距 αA_0 不变的条件下,IS 曲线将变得更加平坦(见图 4-6)。反之,如果 b 下降,IS 曲线在纵轴的截距将会增加,在横轴截距不变的条件下,IS 曲线将变得更加陡峭。

2. t

再考虑纵轴截距不变,横轴截距发生变化。要进一步分析 α,决定 α 的因素又有两个:一个是边际消费倾向 c(当成一个固定的常数),一个是税率 t。我们分析 t 的变化。

t 上升导致 α 下降,所以 αA_0 下降,IS 曲线的横轴截距下降,在纵轴截距不变的条件下,IS 曲线将会变得更加陡峭。t 下降将会导致 α 上升,进而 αA_0 上升,IS

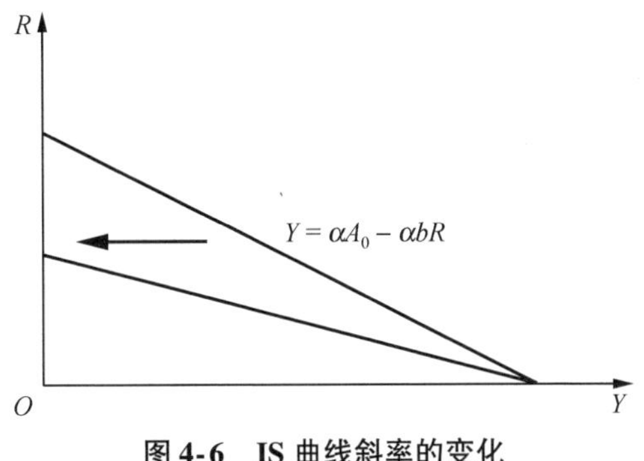

图 4-6　IS 曲线斜率的变化

曲线在横轴的截距增加,在纵轴截距不变的条件下,IS 曲线将会变得更加平坦(见图 4-7)。

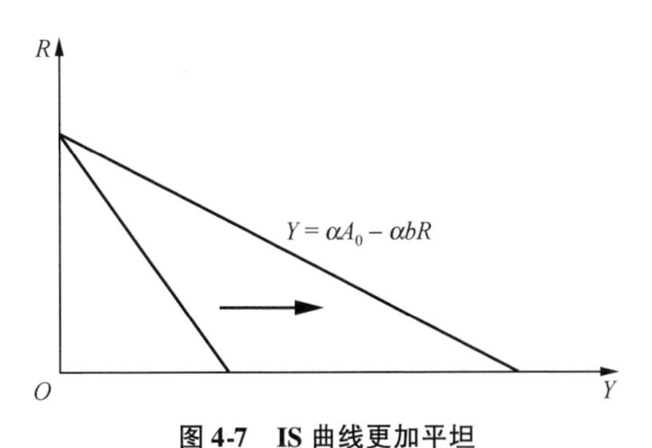

图 4-7　IS 曲线更加平坦

b 上升导致 IS 曲线更加平坦,t 下降也使 IS 曲线变得更加平坦,同样是平坦,但是方法不一样,一个是纵轴截距不变,一个是横轴截距不变。所以这两种平坦不是一回事,在宏观经济学中,混淆这两种情形将会带来很严重的后果,会导致关于政策效力的命题发生错误,我们在后面的章节将特别指出。

五、IS 曲线的特殊情况

导致 IS 曲线移动的因素 A_0 是五项的代数和,涉及政策工具;b 是投资需求的利率弹性;另外,决定 α 的是 c 和 t。涉及政府的政策变量的因素,比如说收入政策、支出政策,我们这里不讨论。

投资需求的利率弹性 b 取决于厂商投资需求对利率变动的敏感程度,涉及心理因素。心理因素往往容易变化,所以在 IS 曲线特殊情况里我们特别讨论 b 变化的两种情形。

1. 第一种情形：$b \rightarrow 0$

就 b 的表达式来看：$-b = \Delta I/\Delta R = 0$，所以推出 $\Delta I = 0$。

经济含义：这个变化过程中起因是利率的变化，结果是投资的变化。任凭利率如何变化，投资需求都不变，投资对利率的变动非常不敏感。

如果现在把利率由 R_1 极大幅度地下降到 R_2，由于投资对利率的变动不敏感，利率下降幅度很大，但是 $\Delta I = 0$，进而 $\Delta \mathrm{AD} = 0$（AD 曲线不变），乃至 $\Delta Y = 0$（Y 不变）。

如图 4-8 所示，在两个对应的坐标系中，初始波动发生在 AD-Y 中，R_1 对应的总需求曲线的截距是 $A_0 - bR_1$，和 45°线交点决定的收入是 Y_1。现在由于利率 R_1 极大幅度地下降到 R_2，理论上总需求曲线的截距有一个大幅度的增加，总需求曲线应该有一个大幅度的上移，但是由于投资需求对利率变动非常不敏感，总需求曲线的截距仍然是 A_0（b 等于 0，所以截距始终等于 A_0），这条跟初始曲线重合的总需求曲线与 45°线的交点决定的收入是 Y_2，我们发现两个不同的起因对应同一个结果。

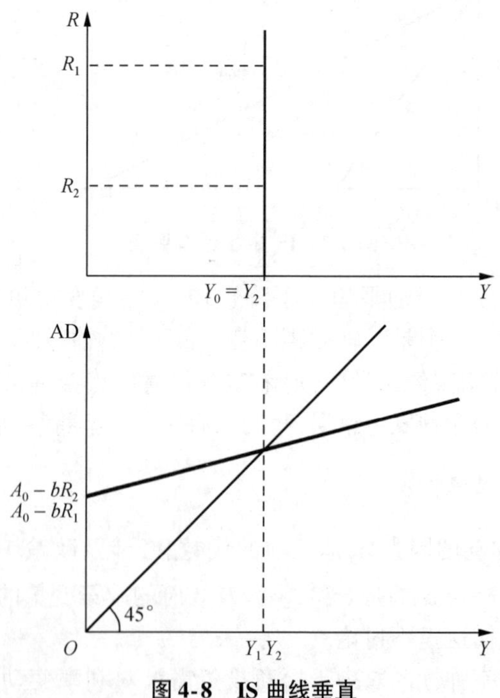

图 4-8　IS 曲线垂直

这种因果关系分离到上幅图中，两个收入水平 Y_1 和 Y_2 是一样的，但是导致它们变化的起因却差别很大，Y_1 对应一个较高的利率 R_1，而 Y_2 对应一个较低的

利率 R_2，把这两个组合点连接成线，就得到一条垂直的 IS 曲线。

2. 第二种情形：$b \to \infty$

b 的表达式是：$-b = \Delta I / \Delta R = \infty$，进一步推出，要么分母的变动量 ΔR 等于 0，要么分子的变动量 ΔI 趋向于正无穷。分母变动量趋向于 0 说明利率不变，而分子变动量趋向于正无穷，说明投资变化对利率变动的反应非常敏感。利率微小的变动都会导致投资需求极大的变动。

现在利率从 R_1 极小幅度地下降到 R_2，也就是调息的幅度非常小，由于投资需求对利率变动非常敏感，利率一个微小的下调，导致投资需求一个巨大的增加，也就是变动趋向于正无穷（$\Delta I = \infty$），导致总需求大幅度增加（$\Delta AD = \infty$），进而导致总需求曲线有一个大幅度的向上平移，最终总产量水平从 Y_1 极大幅度地升至 Y_2，也就是总产量的变动趋向于正无穷（$\Delta Y = \infty$）。

如图 4-9 所示，初始 R_1 决定的总需求曲线的截距是 $A_0 - bR_1$，跟 45°线交点决定的收入水平是 Y_1。由于 b 趋向于正无穷，投资需求对利率的变动非常敏感，所以现在利率只有一个微小的下调，从 R_1 下降到 R_2，就导致总需求有一个大幅度的攀升，新的总需求曲线的截距是 $A_0 - bR_2$，和 45°线的交点决定的收入水平是 Y_2，一个微小的起因导致了巨大的变动。

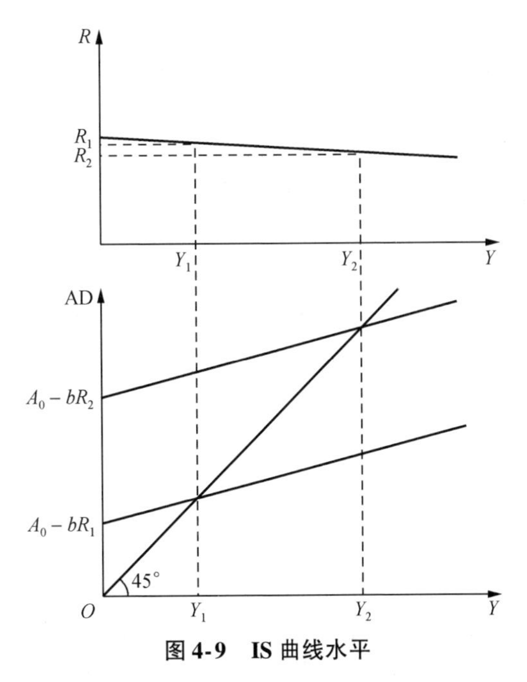

图 4-9 IS 曲线水平

把因果关系分离到上幅图中，低收入 Y_1 对应一个高利率 R_1，高收入 Y_2 对应一个微小地低于R_1的利率R_2，所以由Y_1和R_1、Y_2和R_2，我们得到两个组合点，两个点连接成线，得到一条水平的IS曲线。

六、IS曲线以外点的经济含义

IS曲线上的点都是能够实现产品市场均衡的国民收入和利率的组合点，现在考虑位于IS曲线以外的点的经济含义。

1. IS曲线以左点的经济含义

如图4-10的上幅图所示，在利率和国民收入这个坐标空间里，IS曲线以左的B点很显然是一个非均衡点。要讨论清楚B点到底存在什么，可以过B点做一条平行于纵轴的直线，与IS曲线交于C点，再过B点做一条平行于横轴的直线，交IS曲线于D点，B点和C点对应的收入水平都是Y_B，C点对应的利率水平是R_1，B点和D点对应的利率水平都是R_2，D点对应的收入水平是Y_D。

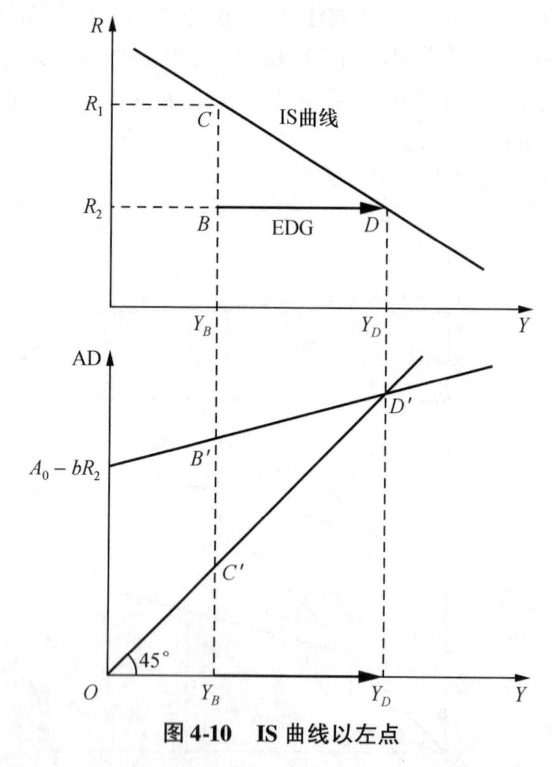

图4-10　IS曲线以左点

B点到底存在什么，我们必须从R-Y坐标系回到波动初始发生的市场中，回到收入—支出模型（AD-Y坐标系）中，才能把问题看清楚。

如图4-10的下幅图所示，在AD-Y坐标系中，R是外生变量，外生变量决定总需求曲线的截距和斜率。如果外生变量一样,则 AD 曲线的截距一样,应该在同一条 AD 曲线之上。B 点和 D 点对应同一个利率水平,利率决定了总需求曲线的截距,很显然,B 点和 D 点在 AD-Y 坐标空间中应该位于同一条总需求曲线上。同样,在 AD-Y 坐标系中,Y 是内生变量。如果内生变量一样,还有可能是在不同的 AD 曲线之上。B 点和 C 点对应同一个收入水平,但是对应的利率不一样。利率决定总需求曲线在纵轴的截距,很显然,B 点和 C 点在 AD-Y 坐标空间中位于两条不同的总需求曲线之上。

D 点是 IS 曲线之上的点,是一个能够实现产品市场均衡的利率与收入的组合点。这意味着在 D 点所对应的收入水平 Y_D 上,在 AD-Y 坐标系中,对应着一条 AD 曲线和 45°线的交点 D'。D' 点所在的总需求曲线的截距等于 $A_0 - bR_2$。如果把 B 点垂直拉下来,那么它所对应的收入水平是 Y_B,在收入水平 Y_B 上,我们发现 AD 曲线上对应的点是 B'。过 B'点一条平行于纵轴的直线和 45°线的交点是 C'。所以在上下两幅图中,各点是一一对应的,C 对应的是 C', B 对应的是 B',D 对应的是 D'。

在 AD-Y 坐标系中,B'点上存在 AD > Y,即过度的产品需求 EDG (excess demand of goods),Δinv < 0,存在脱销,厂商将要扩大投资,扩大 AD,进而扩大 Y。Y_B将向 Y_D扩张。在 R-Y 坐标系中,B 点同样存在过度的产品需求 EDG,存在一个水平向右拉动的力量,这是厂商扩张产量的力量。

2. IS 曲线以右点的经济含义

同样,我们必须从 R-Y 坐标系回到波动初始发生的市场中,回到收入—支出模型(AD-Y 坐标系)中,才能把问题看清楚。

如图 4-11 所示,A 点是 IS 曲线以右的点,A 点的利率水平 = C 点的利率水平,A 点的收入水平 = D 点的收入水平。现在的问题是,A 点到底是和 C 点还是和 D 点在同一条总需求曲线之上。

在 AD-Y 坐标系中,R 是外生变量,外生变量决定总需求曲线的截距和斜率。如果外生变量一样,则 AD 曲线的截距一样,应该在同一条 AD 曲线之上。所以在 AD-Y 坐标系中,A 点应该是同利率水平一样的 C 点在同一条总需求曲线之上。C 点是 IS 曲线之上的点,是一个能够实现产品市场均衡的利率与收入的组合点。这意味着 C 点所对应的收入水平 Y_C在 AD-Y 坐标系中,对应着一条 AD 曲线和 45°线的交点 C'点。

将 A 点所对应的收入水平 Y_A垂直下拉到 AD-Y 坐标系中,可见 Y_A对应着 AD 曲线上的 A'点。在 A'点上,存在 AD < Y,即过度的产品供给 ESG(excess supply of goods),Δinv > 0,存在积压,厂商将要减少投资,减少 AD,进而减少 Y。Y_A将向 Y_C收缩。

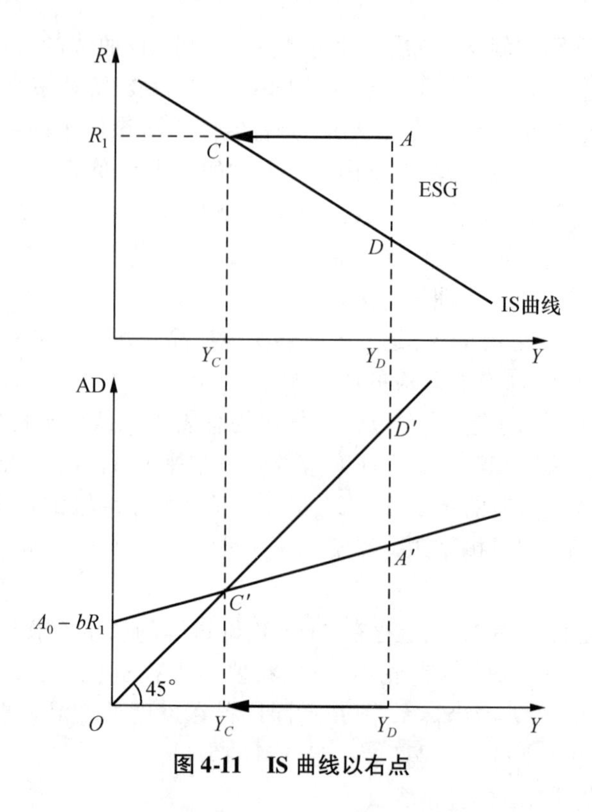

图 4-11　IS 曲线以右点

七、推导 IS 曲线的另一种方法——四象限法

IS 曲线为什么叫 IS 曲线？显然，I 代表投资，S 代表储蓄，所以 IS 的含义就是储蓄转化为投资，或者投资等于储蓄，$I=S$。这是收入—支出模型中 I-S 法的均衡条件，意味着从产品市场的均衡条件 $I=S$ 也能推出利率 R 与国民收入 Y 之间的关系，因而叫 IS 曲线。均衡条件要求储蓄转化为投资，第一步用投资—储蓄法推导三部门变动税制条件下的储蓄函数。

1. 用 I-S 法推导三部门变动税制条件下的储蓄函数

$$Y = \mathrm{AD} \quad ①$$

$$\mathrm{AD} = C + I + G_0 \quad ②$$

$$Y = Y_d + T - \mathrm{TR}_0 = C + S + T - \mathrm{TR}_0 \quad ③$$

第三个条件和我们前面讲的有所差别，前面是进一步研究消费的决定乃至个人可支配收入、税收的决定，而现在是打开总供给一方。把②③代入①，得到：

$$C + I + G_0 = C + S + T - \mathrm{TR}_0$$

$$I + G_0 = S + T - \mathrm{TR}_0$$

有人根据上式得出一个结论：产品市场三部门变动税制的条件下，储蓄转化为投资或者投资等于储蓄的均衡条件不再适用。上式左边不是投资，而是投资加上政府购买支出，等于右边储蓄加上税收减掉转移支付。这个结论对不对呢？我们稍微作一个变换，把 G_0 挪到右边来，

$$I = \overbrace{\underset{\underset{S_{个人}}{\downarrow}}{S} + \underbrace{T - \mathrm{TR}_0 - G_0}_{S_{政府}(\mathrm{BS})}}^{S_{总}}$$

仔细观察上式，你会发现右边是一个总储蓄的表达式，我们用 $S_{总}$ 来代表。前面的 S 是个人储蓄，用 $S_{个人}$ 来代表，后面的 $T - \mathrm{TR}_0 - G_0$ 很显然是政府储蓄，即前面我们讲的预算盈余的表达式，用 BS 来代表。然后我们依次看：个人储蓄等于什么呢？储蓄函数等于个人可支配收入减掉消费。

$$\begin{aligned} S_{个人} &= Y_d - C \\ &= Y_d - (C_0 + cY_d) \\ &= -C_0 + (1-c)Y_d \\ &= -C_0 + (1-c)[Y + \mathrm{TR}_0 - (T_0 + tY)] \\ &= -C_0 + (1-c)(\mathrm{TR}_0 - T_0) + (1-c)(1-t)Y \end{aligned}$$

$$\begin{aligned} S_{总} &= S_{个人} + S_{政府} \\ &= -C_0 + (1-c)(\mathrm{TR}_0 - T_0) + (1-c)(1-t)Y \\ &\quad + [(T_0 + tY) - \mathrm{TR}_0 - G_0] \end{aligned}$$

$$S_{总} = \underbrace{-C_0 - c\mathrm{TR}_0 + cT_0 - G_0}_{S_{总}截距} + \underbrace{[1 - c(1-t)]Y}_{S_{总}斜率}$$

总储蓄函数前面四项的代数和是储蓄函数的截距，等于 $-C_0 - c\mathrm{TR}_0 + cT_0 - G_0 < 0$。而储蓄函数的斜率等于 $1 - c(1-t) < 1$。

均衡条件：总储蓄转化为总投资，总投资用 $I_0 - bR$ 来表示，也就是自发投资加上引致投资。

$$I = S_{总}$$

$$I_0 - bR = -C_0 - c\mathrm{TR}_0 + cT_0 - G_0 + [1 - c(1-t)]Y$$

$$Y^* = (A_0 - bR)/[1 - c(1-t)]$$

这个表达式和用总需求—总供给法得到的表达式是完全相同的，两种方法殊途同归。用纵轴既代表储蓄又代表投资，储蓄函数有一个负截距，且单调上升，斜率小于45°线。投资函数 $I_0 - bR$ 仍然是一条平行于横轴的直线。最终，投资和储蓄线的交点决定一个均衡的 Y^*（见图4-12）。

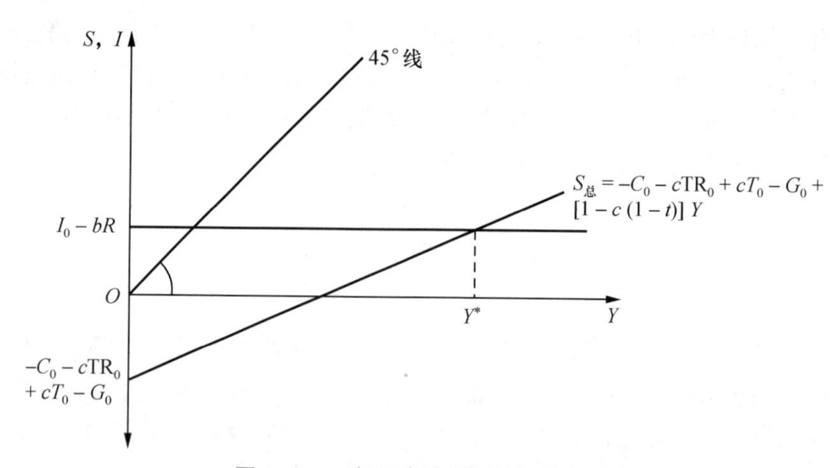

图 4-12　三部门变动税制的储蓄函数

2. 四个第一象限法

四象限法有两种：一种是四个第一象限，要有四个坐标系，均衡条件是投资等于储蓄（见图 4-13）：① 表示投资函数需要一个坐标系；② 表示总储蓄函数需要另一个坐标系；③ 表示均衡条件——投资等于储蓄需要一个象限；④ 另外将前面三个图中蕴涵的关系分离形成 IS 曲线还需要一个象限。

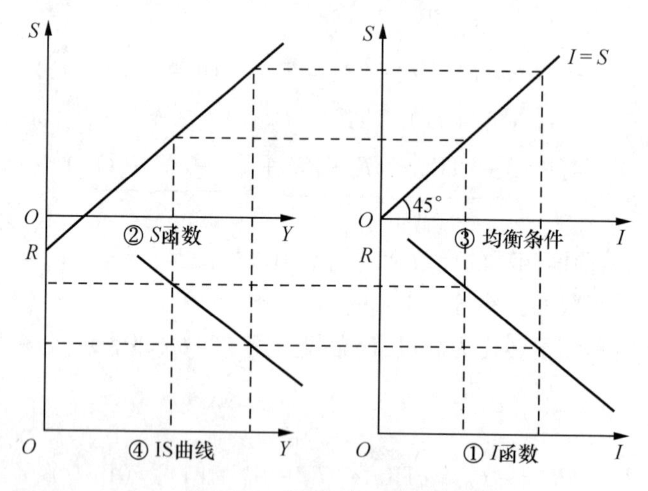

图 4-13　四个第一象限法

首先在 R-I 坐标系中，把投资函数表述出来，然后在 S-Y 坐标空间中，储蓄函数单调上升，有一个负截距，且斜率小于 45°线。现在考虑在右上图中的均衡条件，怎么表示储蓄等于投资，或者储蓄转化为投资呢？在这里用一条 45°线，因为 45°线起到等号的作用，45°线上任一点到横纵两轴的距离分别代表这一点所对应的储蓄和投资,二者是相等的。

我们还需要把这三个图中具有的关系分离出来,形成第四个图。考虑初始一个高利率,一个低利率。高利率对应一个较低的投资,而低利率对应一个较高的投资,将得到的两个投资水平进行一个逆时针旋转,低投资对应一个低储蓄,高投资对应一个较高的储蓄,就是右上图利用均衡条件得到的关系式。再进行一个逆时针旋转,在左上图中低储蓄对应一个较低的收入,而高储蓄对应一个较高的收入。在左下图中,最后我们发现,初始较高的利率对应一个较低的收入,而较低的利率对应一个较高的收入,把这两个组合点连接成线,得到了一条 IS 曲线。

3. 真正的四象限法

真正的四象限法与四个第一象限法并没有本质的差别,只要把四个图作某种程度的旋转拼接很容易得到(见图 4-14)。

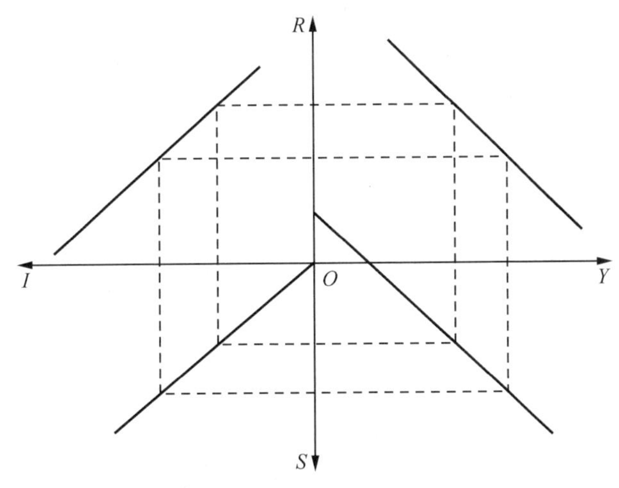

图 4-14　真正的四象限法

从第二象限开始,以利率的降低作为出发点,进行一个顺时针的旋转,得到两个收入水平,最终把三个象限蕴涵的关系分离到第一象限中,高利率对应的是低收入,反之低利率对应的是高收入,把这两个组合点连接成线,得到一条单调下降的 IS 曲线。

八、IS 曲线中蕴涵的因果关系

从 IS 曲线的表达式:$Y=\alpha A_0-\alpha bR$,Y、R 互为因果关系,无所谓谁为起因,谁为结果。从图形看,IS 曲线单调下降,存在反函数,Y、R 一一对应,不存在明显的因果关系,或者互为因果关系。从图形和方程式都很难看出两者之间谁为起因,谁为结果,只能得出互为因果关系的结论。

但是如果按照宏观经济学流程图来推导,利率下降导致投资的机会成本下降,进而刺激投资,增加总需求乃至总产量,我们会发现以利率为起因,推导国民收入的变化很顺利,反过来如果以收入变化为起因推导利率的变化就很困难。这是否意味着,IS 曲线中实际上蕴涵着以利率变化为起因,解释收入变化的因果关系?如何在不扩展模型的条件下解释收入的变化导致利率的变化?这个问题留给读者思考。

第二节　货币市场均衡:LM 曲线

在第一节,我们已经把投资表述为利率的函数,关于利率的决定就是需要进一步加以研究的。

利率是货币资产的价格,关于利率的决定就要涉及货币市场,本节所要探讨的就是关于货币市场的均衡:LM 曲线。货币市场的均衡要分别从货币需求和货币供给两个方面加以研究。

一、资产的种类和选择

资产实际上就是财产,资产按照流动性从大到小进行划分,流动性就是变现性或称变现的难易程度,流动性最强的资产就是货币。

1. 货币

货币的形态从最早的贝壳、斧子、羊皮,发展到现在的纸币,从外表上看差别非常显著,但究竟应该如何下定义呢?对货币的定义取决于它的功能,凡是货币都有交换媒介、价值尺度、贮藏手段这三种功能。无差别的人类劳动相互之间要进行交换,就要有一个媒介,这个媒介就是货币。在支付商品价格的同时,你的劳动和另外一个人的劳动这两者之间进行了一个交换,货币充当了价值尺度的作用,用来衡量各种商品的价值。如果想要延期消费,货币还起到了贮藏手段的作用。有这三种功能的东西我们就把它称做货币。按照这样的标准,正如马克思所言:“金银天然不是货币,而货币天然是金银。”

我们在宏观经济学里的货币主要作为一种交易媒介出现。$M = C + D$,这里的 C(currency)是指通货,在银行储蓄之外流通的货币就叫通货,包括纸币和辅币。D(deposit)是指在商业银行的活期存款,活期存款可以随时支取,也可以开支票,支票在市面上也可以流通,所以活期存款也可以起到货币的作用。因此,宏观经济学里的货币定义非常狭窄,仅仅包括两项:一个是通货,另外一个是在商业银行的活期存款。

这两类金融资产的特点是具有完全的流动性,可以随意地用来支付,另外就收益来讲,它们的收益是比较低的。美国在 20 世纪 70 年代以后活期存款才有利息,以这种形式来持有资产的时候很少考虑到它的收益。

2. 金融资产

另外,生活中还有其他的金融资产。在宏观经济学中,把除了货币以外的其他流动性金融资产统称为债券。债券包括定期存款、股票、国库券以及现实生活中各种各样的债券。这里债券的内涵和我们现实生活中相比有极大的扩展,不仅包括股票和国库券,还包括定期存款等。债券的特点是流动性较差,但是收益较高。

3. 实物资产

我们在现实生活中持有财产的形式还有耐用消费品、非耐用消费品等,在我们研究中,这些实物资产和利率没有关系,故可以舍去。

4. 重要假定

本章分析问题有一个重要前提假定:假定人们只在货币、债券这两种流动性强的资产形式中进行选择。债券成为货币的唯一替代物。资产组合要么是持有货币,要么是持有债券,或者是一部分货币加一部分债券。

凯恩斯认为对货币的需求分成三种动机。

二、货币需求

1. 交易动机

由于收入与支出有时滞,因此人们需要保留一部分货币在手中,以应付日常交易的需要。这是交易动机(transaction motive)的货币需求。

2. 预防动机

未来的收入和支出具有不确定性,所以人们需要保留一部分货币在手中,以对付不能预料的收入延期和支出增加。这种预防动机(又称谨慎动机,precautionary motive)的货币需求就是针对未来的不确定性而产生的。有一种观点认为,我国现阶段由于制度变迁(例如住房、养老、医疗、教育、就业等制度改革),导致的不确定性增加,预防动机的货币需求增大。

前两种动机——交易动机、预防动机可以归为一类,统称为交易动机的货币需求,用 L_t 来表示,L(liquidity)的含义是流动性,货币需求用 L 表示,体现了人们对货币资产流动性强优点的偏好。这两类动机的货币需求的共性是:与收入同方向变动,但与利率无明显相关关系。它们的表达式可以写成:

$$L_t = kY$$

交易动机货币需求 L_t 是 Y 的函数。它为什么是 Y 的函数,不是个人可支配收入的函数呢?因为税前收入 Y 包括政府这个经济主体,税后收入 Y_d 只包括个人可支配收入。这种交易动机的货币需求不仅包括私人经济主体也包括政府,所以是 Y 的函数而不是 Y_d 的函数。

k 叫做货币需求的收入弹性,虽然名为弹性,本质上是一个边际量。弹性 = 边际量 = Δ 因变量/Δ 自变量 = $\Delta L_t/\Delta Y$。这个过程中起因是收入的变化,结果是交易动机的货币需求的变动。分母如果单位化为 1,k 就等于 ΔL_t,即收入每增加 1 单位导致的交易动机的货币需求的变动量。

$$k = \lim_{\Delta Y \to 0} \Delta L_t/\Delta Y = \mathrm{d}L_t/\mathrm{d}Y$$

从数学角度看,k 是 L_t 曲线的斜率,决定 L_t 曲线的单调性。$k > 0$,说明随着收入的增加,交易动机的货币需求或多或少都会增加,L_t 与 Y 之间同方向变化,L_t 曲线单调上升。另外收入每增加一块钱,交易动机货币需求的增加量应该小于一块钱,$k < 1$,说明货币需求曲线上的每一点切线的斜率小于 45°线。$0 < k < 1$,L_t 曲线单调上升至少有三种可能:抛物线式上升、火箭式上升和匀速上升。这里假定 k 等于一个固定的常数,那么交易动机的货币需求曲线就是一条单调上升、角度小于 45°的直线(见图 4-15)。

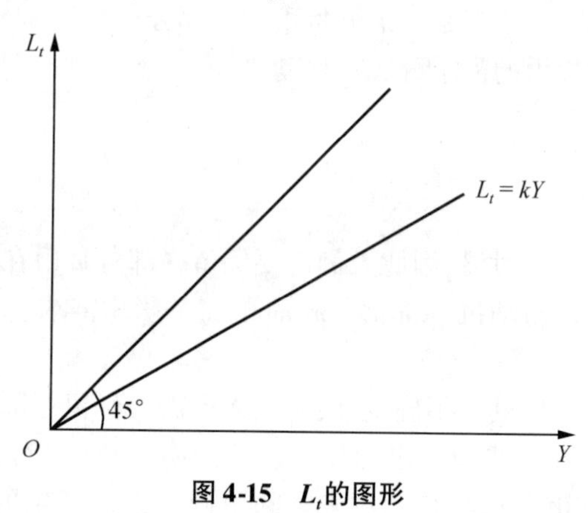

图 4-15　L_t的图形

3. 投机动机

投机动机(speculation motive)的货币需求涉及人们转换资产组合的动机:改变持有两种资产的组合比例,以获得最大的收益(牟利)。如果要转换资产组合以牟利,涉及另一种资产——债券资产的价格(用 P_b 来表示)如何确定。

(1) 债券的价格与利率

债券价格的计算涉及两种情况:

A. 债券期值(未来值)的计算

现在,时间 t 被假定为连续的,利息率 R 也被假定为按复利连续计算。债券的未来价格如何确定?

如果利息每年按复利计算一次,最初数量1,到第1年年末将增加到$(1+R)$;如果利息每年按复利计算两次,则每六个月应计算年利息率的一半,最初数量1,到第1年年末将增加到$(1+R/2)^2$;如果利息每年按复利计算n次,最初数量1,到第1年年末将增加到$(1+R/n)^n$。

我们可能持有债券t年期,那么:

如果利息每年按复利计算一次,最初数量P_b,到第t年年末将增加到$P_b(1+R)^t$;如果利息每年按复利计算两次,最初数量P_b,到第t年年末将增加到$P_b(1+R/2)^{2t}$;如果利息每年按复利计算n次,最初数量P_b,到第t年末将增加到$P_b(1+R/n)^{nt}(=P_b e^{Rt})$。

B. 债券现值的计算

现值计算提供了一种把未来流量转化为现值的方法。假设时间t为连续的,利息率R也按复利连续计算。$A_1, A_2, A_3, \cdots$为未来每年年末能够得到的收益。

利息每年按复利计算一次,如果第t年年末将增加到1,那么现在需要的数量(现值)是$1/(1+R)^t$;利息每年按复利计算两次,则每六个月应计算年利息率的一半,如果到第t年年末将增加到1,那么现在需要的数量是$1/(1+R/2)^{2t}$;利息每年按复利计算n次,如果到第t年末将增加到1,那么现在需要的数量是$1/(1+R/n)^{nt}$。

利息每年按复利计算一次,$A_1, A_2, A_3, \cdots$为持有该债券未来每年年末能够得到的收益。那么这张债券的现值是:

$$P_b = A_1/(1+R) + A_2/(1+R)^2 + A_3/(1+R)^3 + \cdots$$

这是我们得到的一个非常重要的结论:在已知债券未来收益的条件下,债券的现值P_b与市场利率R两者之间是一种反方向变动的关系。

(2) 投机动机的货币需求与R

投机动机的货币需求实际上是从人们改变两种资产组合以获得最大收益的角度来进行分析,是指人们需要保留在手中,以便在有利可图的时候进行投资或者投机,用L_s来表示。

分析这样一种情况:如果现在的利率水平很低,会有什么后果呢?第一,现在持有货币的机会成本低,你不介意现在把钱拿在手里。第二,你预期未来的利率将会上升,利率和债券价格反方向变化,所以你预期未来债券价格下降。如果未来债券价格下跌,未来持有债券将蒙受损失。持有债券不仅有固定的收益,还有买卖它的收益。所以在这种情况下,你就抛售债券,持有货币。你手里持有了大量的货币,投机动机的货币需求L_s就高。

起因是低利率，结果是较高的投机动机货币需求，由此得到的结论是：投机动机的货币需求和利率两者之间反方向变动。我们用一个指标 h 来衡量投机动机货币需求对利率变动的敏感程度，h 叫做货币需求的利率弹性。

总结一下宏观经济学中出现过的三类边际量：第一，以弹性名称出现的边际量，投资需求的利率弹性 b，货币需求的收入弹性 k，货币需求的利率弹性 h。第二，以乘数名称出现的边际量，乘数非常多，我们在这里只列举几个，如 k_{C_0}、k_i、k_g、k_{tr}、k_{T_0}、k_c。第三，不以边际名称出现的边际量，比如税率。边际消费倾向也是边际量，这是一个比较规范的地方，不规范的地方有上述三种情形，虽然是边际量但是都不以边际命名。宏观经济学中的这个特点，希望引起大家的注意。

$h = \Delta L_s/\Delta R$，起因是利率的变动量，结果是投机动机货币需求的变动量。投机动机的货币需求和利率两者之间是反方向的变动关系，低利率对应一个较高的投机动机的货币需求，所以 $h = \Delta L_s/\Delta R < 0$。如果定义 h 大于 0，h 是 LM 曲线在纵轴的截距。左边加一个负号以保证左右两边等价，即 $-h = \Delta L_s/\Delta R < 0$。

从数学角度看，h 是 L_s 曲线的斜率，决定 L_s 曲线的单调性。$-h<0$，说明 L_s 曲线是一条单调下降的直线（见图 4-16），写成：$L_s = W_0 - hR$。W_0 是经济中流动性资产的实际值，是一个金融资产的总约束。

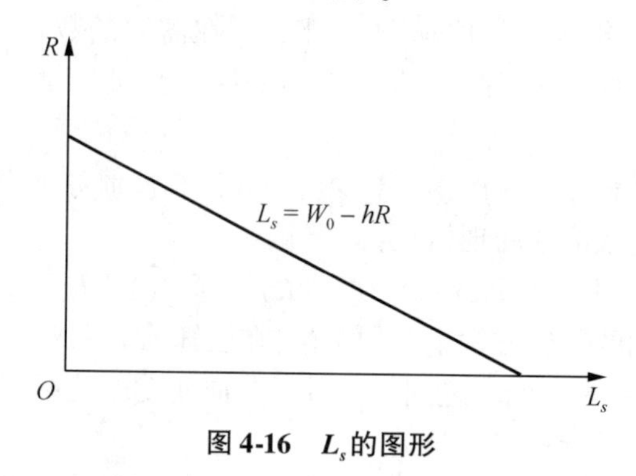

图 4-16　L_s 的图形

4. 总的货币需求函数

总的货币需求函数等于三种动机的货币需求加总在一起：

$$L = L_t + L_s = kY + W_0 - hR$$

在货币需求和利率的坐标空间中，我们发现：当 $R=0$ 时，$L = kY + W_0$ 是 L 曲线在横轴的截距；当 $L=0$ 时，$R = (kY + W_0)/h$ 是 L 曲线在纵轴的截距。横纵两轴决定货币需求曲线平移的都有一个 W_0，W_0 只影响货币需求曲线在横纵两轴的截距，对货币需求曲线没有实质性的影响，另外 W_0 是经济中流动性资产的实际值，其部分又和交易动机的货币需求重合，所以这里我们认为 W_0 可以舍掉。在利率—货币需求的坐标空间中，有一条单调下降的货币需求曲线 $L = kY - hR$，

纵轴的截距是 kY/h,横轴的截距是 kY,斜率是 h(见图 4-17)。

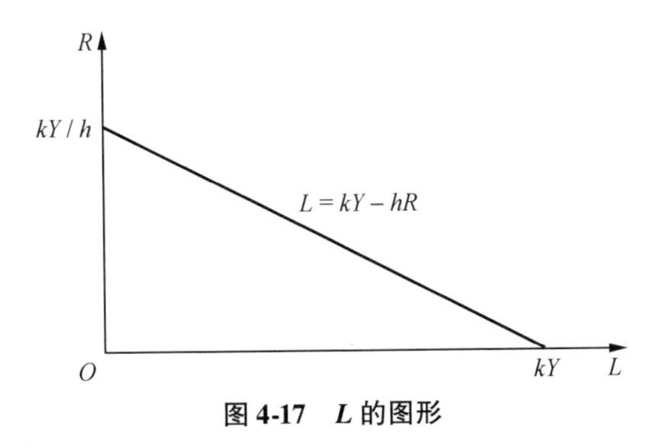

图 4-17　L 的图形

(1) 决定 L 曲线位置(左右平移)的因素

如果 k 上升或者 Y 上升,将导致货币需求曲线发生向右的平移(见图 4-18)。如果 k 下降或者 Y 下降,将导致 L 曲线发生向左的平移。决定货币需求曲线左右平移的因素是 k 和 Y。

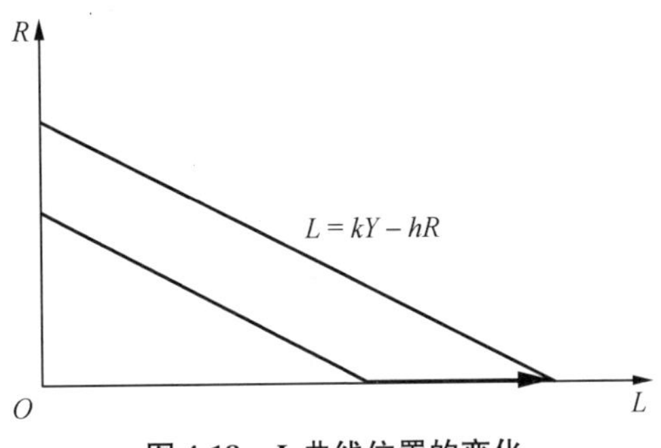

图 4-18　L 曲线位置的变化

(2) 决定 L 曲线斜率的因素

如果 h 上升,kY/h 将会下降,货币需求曲线在纵轴的截距下降,在横轴截距不变的条件下,货币需求曲线将变得更加平坦(见图 4-19)。如果 h 下降,kY/h 将会上升,货币需求曲线在纵轴的截距上升,在横轴截距不变的条件下,货币需求曲线将变得更加陡峭。

三、货币供给

货币供给写成:$M/P = M_0/P$。M 是名义的货币供给量,$M = M_0$,说明名义货币供应量是一个由中央银行决定的既定的外生变量。在货币银行学中,M_0代表通货。物价水平 P 按照前面的通用前提假设,是固定不变的。所以 $M/P = M_0/P$ 的含义是:实际货币供给量是一个由中央银行决定的外生变量。央行货币政策

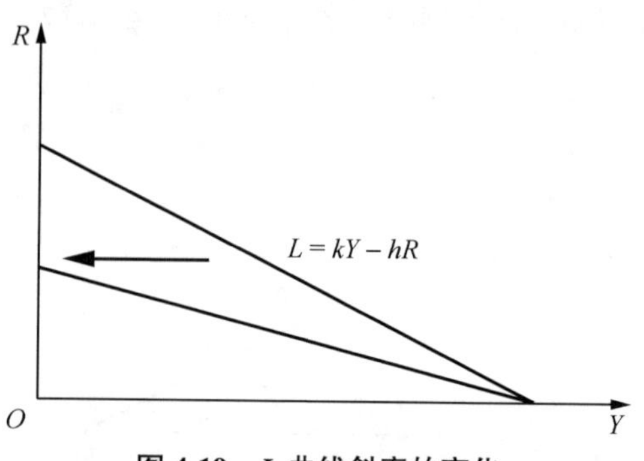

图 4-19　L 曲线斜率的变化

工具决定名义货币供给量 M_0 的详细过程在第五章宏观经济政策部分介绍。

货币供给的图形中,纵轴代表利率 R,横轴代表货币供给 M/P。由于货币供给是一个由中央银行决定的、既定的外生变量 M_0/P,因此它是一条不随利率水平变化的、垂直于横轴的直线(见图 4-20)。

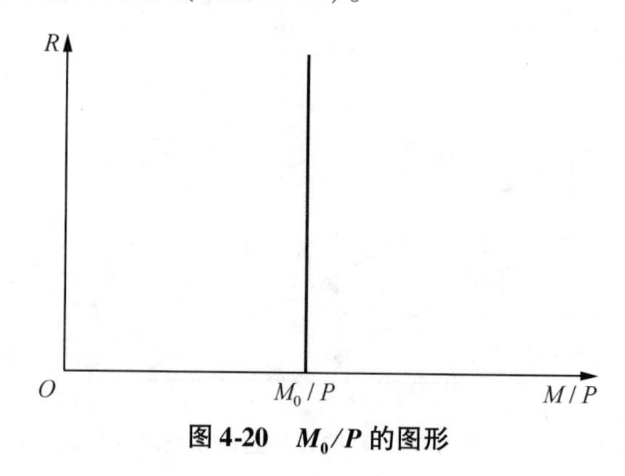

图 4-20　M_0/P 的图形

四、货币市场的均衡

1. 均衡条件

(1) 模型

$$L = M/P \quad ①$$

$$L = kY - hR \quad ②$$

$$M/P = M_0/P \quad ③$$

其中,① 货币市场均衡条件:货币需求等于货币供给;② 货币需求等于三种动机的货币需求加总在一起,交易动机和谨慎动机归结为交易动机 kY,再加上投机动机 $-hR$;③ 实际货币供给是一个由中央银行决定的、既定的外生变量。

把②③代入①,得到:

$$kY - hR = M_0/P$$

$$R^* = -M_0/(hP) + (k/h)Y$$

最终得到一个关于利率的表达式。利率从一个无法解释的外生变量变成了一个内生变量,均衡利率水平 R^* 取决于外生变量 k、h、M_0、P、Y。

(2) 图形

如果纵轴代表利率,横轴既代表货币需求,又代表货币供给,则货币需求是一条单调下降的直线,它的表达式是 $L = kY - hR$,货币供给是一个固定的常数,是由中央银行决定的外生变量,所以通过货币需求和货币供给两者的交点,得到均衡的利率水平 R^*(见图 4-21)。

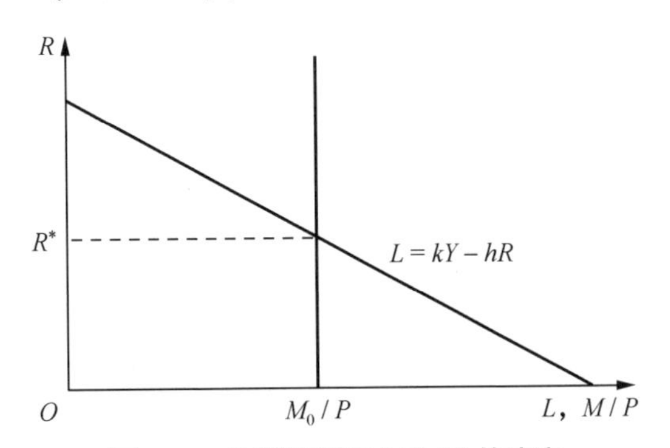

图 4-21 均衡的利率水平 R^* 的决定

2. 均衡点的移动

(1) 波动根源和传导机制

k、h、M_0、P、Y——五个外生变量中,我们关注收入 Y 的变化。Y 在收入—支出模型中是内生变量,对货币市场而言,收入 Y 是波动的根源,因为 Y 体现了产品市场对货币市场的反作用。

波动的传导机制是:初始收入上升,比如从 Y_1 上升到 Y_2,将会导致交易动机的货币需求增加,也就是 L_t 上升,进而导致总的货币需求 L 上升,在货币供给不变的条件下,货币资产的价格利率 R 上升。所以起因是收入的增加,结果是利率的上升。两者之间是一种同方向变动的关系。

(2) 坐标转换:从 R-L,M/P 坐标系到 R-Y 坐标系

如图 4-22 所示,纵轴都是利率,所以两个图可以水平放置,现在我们考虑初始一个比较低的收入水平 Y_1,它决定了一个比较低的货币需求。由于收入从 Y_1 上升到 Y_2,收入增加导致交易动机的货币需求增加,进而导致总货币需求增加,货币需求曲线发生了一个向右的平移。货币供给不变,所以均衡的利率水平从 R_1 上升到 R_2,左幅图里包含了国民收入和货币资产价格利率这两者之间同方向

变动的关系。

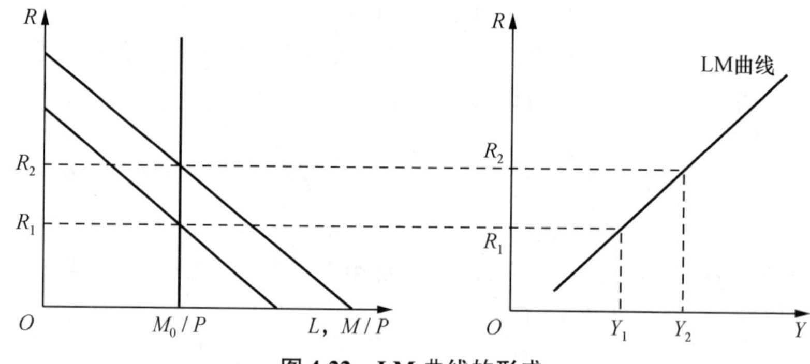

图 4-22　LM 曲线的形成

把左幅图里利率和国民收入的关系分离到右幅图中,好处是可以把因果关系分别表示在横纵两轴上。把得到的两个利率水平拉伸过去,初始的低利率 R_1 对应的是一个低收入 Y_1,高利率 R_2 对应的是一个较高的收入 Y_2,得到两个组合点 R_1 和 Y_1 以及 R_2 和 Y_2,把这样两个点连接成线,最终得到一条曲线,称为 LM 曲线。

LM 曲线的含义:要实现货币市场的均衡,R 与 Y 必须相互配合、一一对应,这种相互配合、一一对应的同方向变动的轨迹,就是 LM 曲线。它描述了货币市场实现均衡的道路。

3. LM 曲线的表达式

$$R = -M_0/(hP) + (k/h)Y$$

LM 曲线表达式描述了要实现货币市场的均衡,利率和国民收入需要满足的关系。

五、决定 LM 曲线位置(左右平移)的因素

在 R-Y 坐标空间中,根据均衡利率的表达式 $R^* = -M_0/(hP) + (k/h)Y$,当 $Y = 0$ 时,$R^* = -M_0/(hP)$ 是 LM 曲线在纵轴的截距;当 $R = 0$ 时,$Y = M_0/(kP)$ 是 LM 曲线在横轴的截距。把这两个组合点连接成线,得到一个单调上升的 LM 曲线(见图 4-23)。第四象限利率水平是负的,所以第四象限的情形通常是非常少见的,但是把第四象限的图画出来有利于我们后面研究 LM 曲线左右平移的因素,以及斜率的变化。

决定纵轴截距和横轴截距的都有一个 M_0/P,如果 M_0/P 发生变化,这个曲线将发生一个左右的移动。如果 M_0/P 上升,那么 LM 曲线将发生向右的平移,右移的幅度为 $\Delta(M_0/P)/k$(见图 4-24)。反之,如果 M_0/P 下降,LM 曲线将发生向左的平移,左移的幅度也为 $\Delta(M_0/P)/k$。

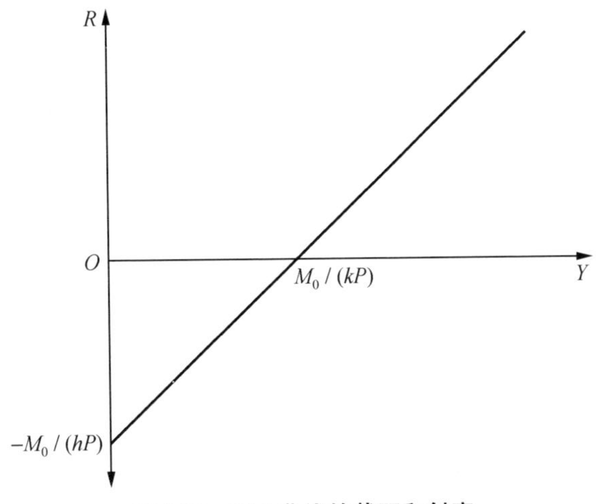

图 4-23　LM 曲线的截距和斜率

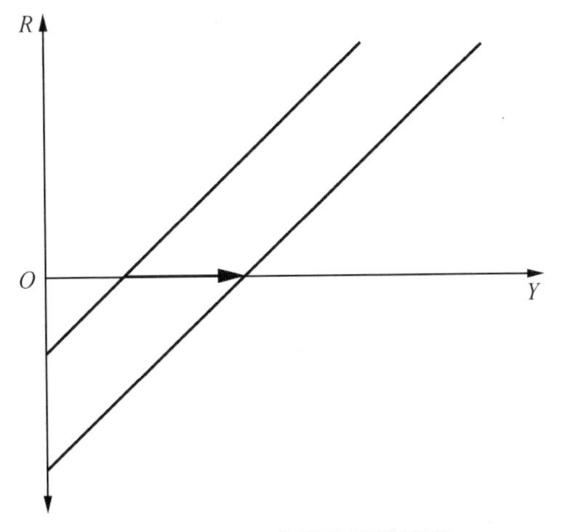

图 4-24　LM 曲线位置的变化

六、决定 LM 曲线斜率的因素

LM 曲线的斜率取决于参数 k 和 h。

1. k

当 k 上升时，$M_0/(kP)$ 下降，LM 曲线在横轴的截距下降，在纵轴截距不变的条件下，LM 曲线将会变得更加陡峭（见图 4-25）。当 k 下降时，$M_0/(kP)$ 上升，LM 曲线在横轴的截距上升，在纵轴截距不变的条件下，LM 曲线将会变得更加平坦。

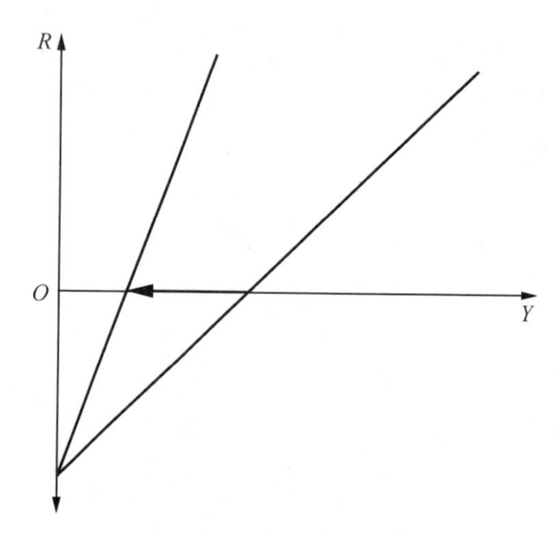

图 4-25　LM 曲线斜率的变化 1

2. h

如果 h 上升,那么 $M_0/(hP)$ 将会下降,LM 曲线在纵轴的截距下降,在横轴截距不变的条件下,LM 曲线将会变得更加平坦(见图 4-26)。另一种情形,如果 h 下降,那么 $M_0/(hP)$ 将会上升,LM 曲线在纵轴的截距上升,在横轴截距不变的条件下,LM 曲线将会变得更加陡峭。

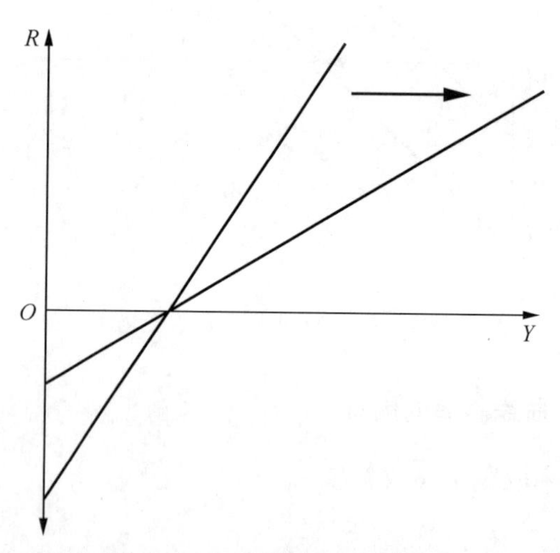

图 4-26　LM 曲线斜率的变化 2

考虑当 M_0/P、k、h 上升时,首先导致 R-L, M/P 坐标系发生什么样的变动,进而导致 R-Y 坐标系发生什么样的变动,两者在几何图形上存在什么样的一一对应的关系?关于这些问题留给读者思考,在这里就不再介绍。

七、LM 曲线以外点的经济含义

LM 曲线上的点都是能够实现货币市场均衡的国民收入与利率的组合点。我们现在讨论 LM 曲线以外点的经济含义。

1. LM 曲线以左点的经济含义

如图 4-27 的右幅图所示,LM 曲线以左的 B 点的经济含义是什么?从 B 这一点做一条平行于纵轴的直线,交 LM 曲线于 C 点,B 点和 C 点对应的收入水平都是 Y_1。再过 C 点做一条平行于横轴的直线交纵轴于 R_C,这是 C 点对应的利率水平。另外过 B 点做平行于横轴的直线,交 LM 曲线于 D,B 和 D 这两点对应的利率水平都是 R_B。

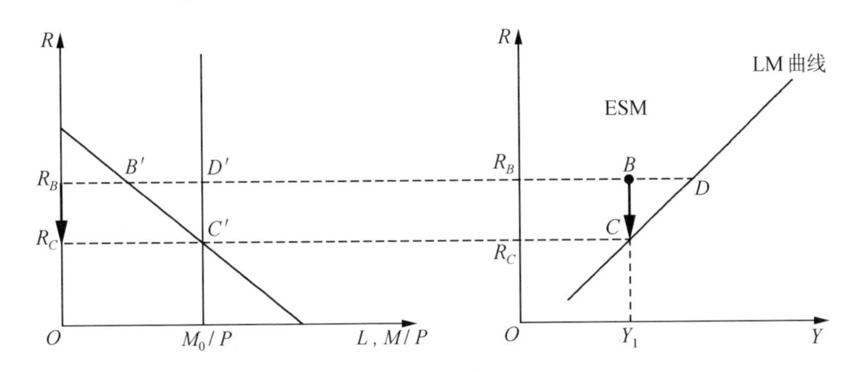

图 4-27 LM 曲线以左点的经济含义

我们必须从 R-Y 坐标系回到波动初始发生的货币市场中,回到 R-L,M/P 坐标系中,才能把问题看清楚。现在的问题是:B 点到底是和 C 点还是和 D 点在同一条货币需求曲线之上?在 R-L,M/P 坐标系中,Y 是外生变量,外生变量决定货币需求曲线的截距。如果外生变量一样,则 L 曲线的截距一样,应该在同一条 L 曲线之上。所以在 R-L,M/P 坐标系中,B 点应该是同收入水平一样的 C 点在同一条 L 曲线之上。在 R-L,M/P 坐标系中,R 是内生变量。如果内生变量一样,还有可能是在不同的 L 曲线之上。B 点和 D 点对应同一个利率水平,有可能是在两条货币需求曲线之上。

C 点是 LM 曲线之上的点,是一个能够实现货币市场均衡的利率与收入的组合点,这意味着在 C 点所对应的利率水平 R_C 上,在 R-L,M/P 坐标系中,对应着一条 L 曲线和 M/P 曲线的交点 C' 点。进而把 B 点对应的利率水平平拉到左幅图去,B 点对应的利率水平是 R_B,在左幅图中对应 B' 点。D 点也是在 LM 曲线上的点,同样,D 点必然对应着左幅图中的 D' 点。

在 B' 点上，实际的货币供给数量是 R_BD，等于 M_0/P，B' 点所对应的货币需求是 R_BB'，所以存在着 $B'D'$ 大小的过度的货币供给 ESM(excess supply of money)，所以 B' 受到一个垂直下拉的力量，这是货币供过于求导致货币资产价格下跌的力量，R_B 将向 R_C 下降。

2. LM 曲线以右点的经济含义

如图 4-28 的右幅图所示，C 点和 D 点对应同一收入 Y_2，C 点和 A 点对应同一利率 R_C，回到 R-L，M/P 坐标系中。现在的问题是：A 点到底是和 C 点还是和 D 点在同一条货币需求曲线之上？

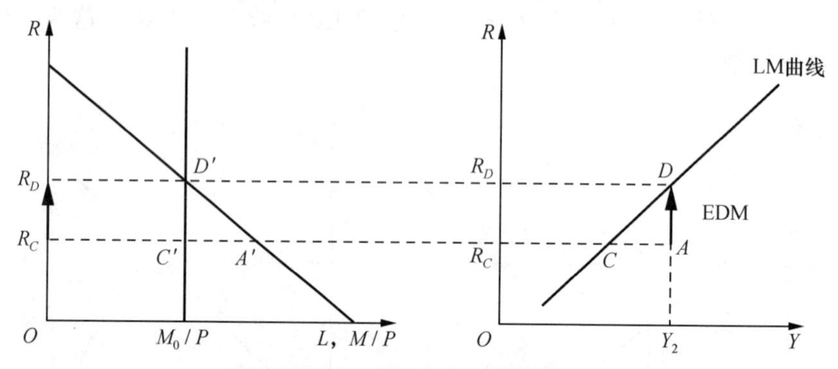

图 4-28　LM 曲线以右点的经济含义

在 R-L，M/P 坐标系中，Y 是外生变量，外生变量决定货币需求曲线的截距。如果外生变量一样，则 L 曲线的截距一样，应该在同一条 L 曲线之上。所以在 R-L，M/P 坐标系中，A 点应该与收入水平一样的 D 点在同一条 L 曲线之上。D 点是 LM 曲线之上的点，是一个能够实现货币市场均衡的利率与收入的组合点。这意味着在 D 点所对应的利率水平 R_D 上，在 R-L，M/P 坐标系中，对应着一条 L 曲线和 M/P 曲线的交点 D' 点。

将 A 点所对应的利率水平 R_C 水平横拉到 R-L，M/P 坐标系中，可见 R_C 对应着 L 曲线上的 A' 点。在 A' 点上，存在 $M/P < L$，即过度的货币需求 EDM(excess demand of money)，R_C 将向 R_D 上升。

八、推导 LM 曲线的另一种方法——四象限法

LM 的含义是货币需求等于货币供给，我们已经在利率和货币需求、货币供给坐标空间中推导出了 LM 曲线，为什么还要用四象限法？原因在于用四象限法可以比较清楚地研究关于 LM 曲线的两种特例。

如图 4-29 所示，四个象限中，第一个表示交易动机货币需求函数 L_t；第二个表示投机动机货币需求函数 L_s；第三个表示均衡条件——货币供给等于货币需

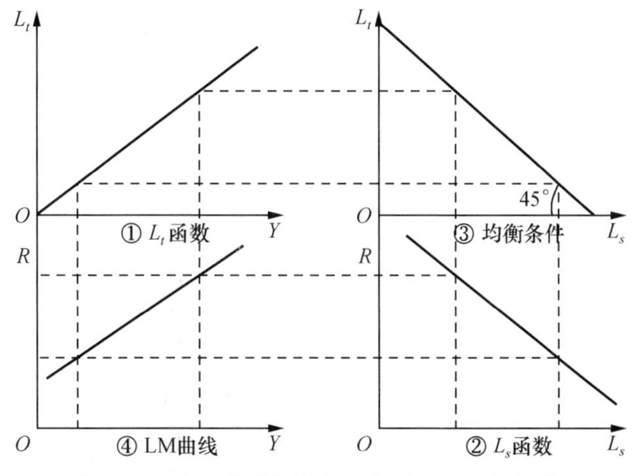

图 4-29　用一个等腰直角三角形表示均衡条件

求，货币需求是三种动机的货币需求加总在一起；第四个象限将前面三个图形中蕴涵的关系分离出来，形成 LM 曲线。很显然在 L_t-Y 坐标空间内，交易动机货币需求是一条单调上升、从原点出发、斜率小于 45 度的直线，表达式是 $L_t = kY$。在 R-L_s 坐标空间内，投机动机的货币需求和利率两者之间是反方向变动的关系，表达式为 $L_s = W_0 - hR$。现在的问题是，均衡条件 $M/P = L_t + L_s$ 应该如何表示？答案就是做一个等腰直角三角形。

如图 4-30 所示，在等腰直角三角形中，两个腰分别代表交易动机的货币需求和投机动机的货币需求，这个等腰直角三角形斜边上任取一点 A，过 A 点分别向横纵两轴做垂线，跟横轴交于 L_{s1}，跟纵轴交于 L_{t1}，从 A 点到横纵两轴的距离分别代表 A 点对应的两种动机的货币需求。OL_{t1} 代表 A 点所对应的交易动机的货币需求，OL_{s1} 代表 A 点所对应的投机动机的货币需求，$OL_{s1} = L_{t1}A$，还等于一条直角边的长度，也等于 $1/\sqrt{2}$ 倍的斜边的长度，刚好等于 A 点到横纵两轴的距离之和。

在这个图里，代表货币供给的是斜边，所以斜边的长度等于 M/P。为什么用斜边来表示货币供给 M/P？第一，体现了受斜边约束。无论从水平还是垂直方向来的影响，碰到斜边就转向。如果货币供给 M/P 增加，体现为斜边推进，发生一个向右的平移。第二，直角边和斜边还差 $\sqrt{2}$ 倍，这一差距如何处理？

$$1\ \sqrt{2}M/P = L_t + L_s$$

$$M/P = \sqrt{2}(L_t + L_s) = \sqrt{2}(kY - hR) = (\sqrt{2}k)Y - (\sqrt{2}h)R$$

将两个参数 k、h 扩大 $\sqrt{2}$——一个固定的倍数，对结果没有影响。

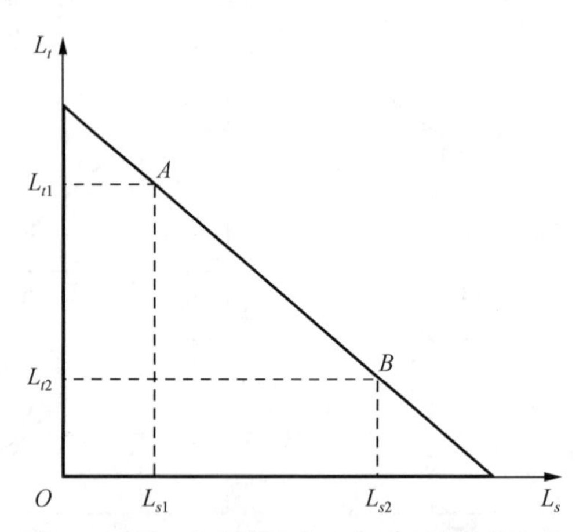

图 4-30　用一个等腰直角三角形表示均衡条件

再来看左下图。初始两个收入水平，低收入 Y_1 对应一个较低的 L_t，较高的收入 Y_2 对应一个较高的 L_t。较低的 L_t 对应一个较高的 L_s，较高的 L_t 对应一个较低的 L_s。再往下，较高的 L_s 对应一个较低的利率水平，反之较低的 L_s 对应一个较高的利率水平。进而在左下图中，我们把起因——一个较低的收入，结果——一个较低的利率分离出来，得到第一个组合点；较高的收入和较高的利率水平是第二个组合点，把这两个点连接成线，就得到了一条单调上升的 LM 曲线。

九、LM 曲线的特殊情况

决定 LM 曲线左右平移的因素是 M_0/P，决定其斜率的是 k 和 h。M_0 是由中央银行决定的，k 是我们放在兜里的零花钱的比例，取决于经济生活中一些制度因素，h 是货币需求的利率弹性，涉及我们心理因素的变化。心理因素很容易变化，我们讨论 LM 曲线的两种特例，实际上是针对 h 的两种变化，就如同我们讨论 IS 曲线的两种特例分析的是 b 的两种变化。

1. 古典特例：$h \to 0$

首先，我们前面定义 $-h = \Delta L_s / \Delta R$，如果 $-h = 0$，很显然意味着 $\Delta L_s = 0$。它的经济含义就是：任凭起因利率 R 如何变动，结果投机动机的货币需求 L_s 都不变。L_s 对 R 变动的反应不敏感。这意味着投机动机的货币需求是一个固定的常数，在 R-L_s 坐标空间里，L_s 是一条垂直于横轴的直线。

如图 4-31 所示，右下图中，如果利率从 R_1 极大幅度地下降至 R_2，由于投机动机的货币需求对利率的变动是不敏感的，变动量等于 0，说明投机动机货币需求是一条垂线。作一个逆时针旋转（因为是特例，无论逆时针还是顺时针，都是为了能够方便地得到几何图形），初始两个利率水平，无论高低，都对应同一个投机动机的货币需求,同一个交易动机的货币需求,又对应同一个收入水平。两个起因对应同一个结果,因果关系平拉到左下图中,得到两个组合点,两点连接成线,得到一条垂直的 LM 曲线。

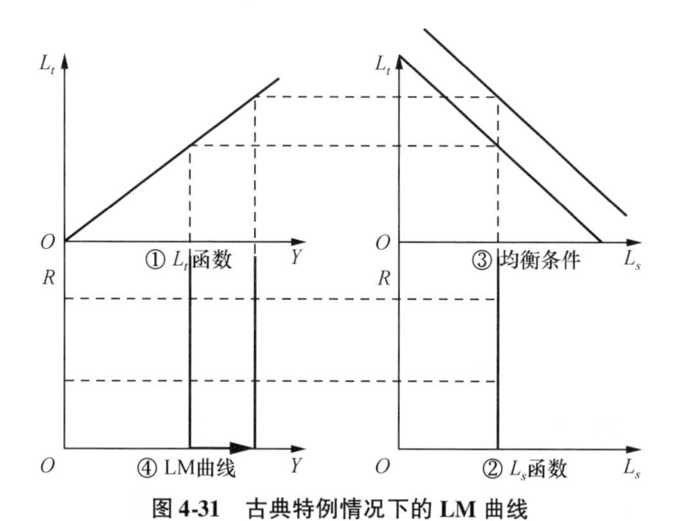

图 4-31　古典特例情况下的 LM 曲线

由于 LM 曲线是垂直的,它的位置取决于 k、M_0/P。这种情况下,LM 曲线的表达式就是 $Y=M_0/(kP)$。如果增加货币供应量,也就是改变 M_0/P,可以改变 Y 的大小。改变 M_0/P 是运用货币政策,在这种情况下,货币政策是最有效的。

2. 凯恩斯特例:$h\to\infty$

再分析凯恩斯特例,如果要 $-h=\Delta L_s/\Delta R=\infty$,无外乎两种可能,要么 $\Delta R=0$,利率不变;要么 $\Delta L_s=\infty$,如果利率有一个微小的变化,将会导致投机动机的货币需求 L_s 有一个极大的变动量,L_s 对 R 变动的反应是非常敏感的,在 R-L_s 坐标空间中,L_s 变成一条水平线。

现在利率从 R_1 极小幅度地下降至 R_2,由于投机动机的货币需求对于利率的变动是非常敏感的,在一个很低的利率水平上,变动量趋向于正无穷。

为什么前提是已经在一个很低的利率水平上呢? 现在利率很低,持有货币的机会成本就低,人们倾向于有多少货币就持有多少货币。只有在一个很低的利率水平上,人们对后市的预期才趋向于一致,认为利率唯一的可能是上升,如果利率上升,债券的价格将要下跌,持有债券将蒙受损失,所以要抛售债券持有货币,这实际上就是投机动机的货币需求。在这种情况下,投机动机的货币需求是很高的。在一个较低的利率水平上,投机动机的货币需求趋向于正无穷,投机动机的货币需求曲线就变成一条水平线。

如图 4-32 所示,从左上图开始,初始一个较低收入对应一个较低的交易动机

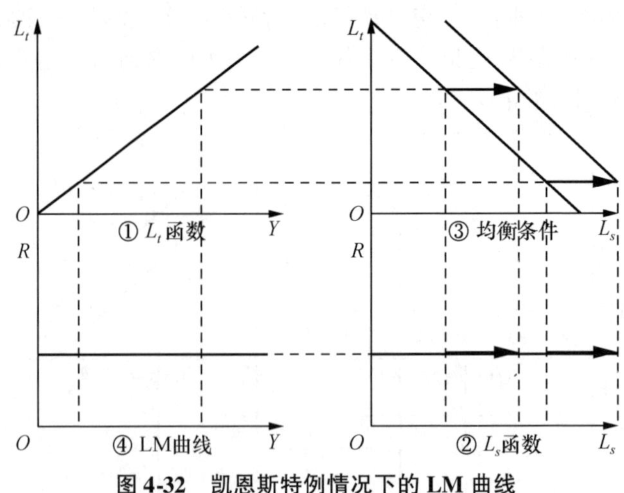

图 4-32　凯恩斯特例情况下的 LM 曲线

的货币需求,一个较高收入对应一个较高的交易动机的货币需求,我们用四象限法作一个顺时针旋转,较低的交易动机的货币需求对应一个较高的投机动机的货币需求,较高的交易动机的货币需求对应一个较低的投机动机的货币需求。一高一低两个投机动机的货币需求都对应同一个利率水平,尽管起因差距很大,但是结果相同,低收入和高收入都对应同一个利率水平。我们把因果关系平拉到左下图中,得到两个组合点,两点连接成线,就得到了一条水平的 LM 曲线。

如果增加货币供应量,右上图发生变化,斜边推进,因为斜边代表货币供应量。初始两个交易动机的货币需求在斜边推进的情况下,对应着两个更大的投机动机的货币需求。货币供给量的增加体现为两条平行的斜边之间的水平距离,很显然这个距离是处处相等的。所以增加的货币供应量 $\Delta M_0/P$ 全部转换为人们手中持有的投机动机的货币需求 ΔL_s。在这种情况下,增发多少货币,人们就持有多少货币,货币需求和货币供给同步增加,想通过增发货币来降低利率没有可行性,最终均衡利率水平不变,一条水平的 LM 曲线的位置也不变。

在这种情况下,货币政策是失效的。这种情形就称为凯恩斯陷阱,又称为流动性陷阱。人们表现出对货币资产流动性强特点的偏好,这说明货币资产的价格利率 R 也具有拒下刚性。到了一个很低的水平,你想让它下降是很困难的。在凯恩斯的体系里有刚性的东西很多,过去提到过物价有拒下刚性,现在发现流动性陷阱里货币资产价格利率也有拒下刚性,后面我们会发现名义工资也有拒下刚性。以上这些都要否定价格机制这只看不见的手、这种自然秩序对我们经济生活的自发调节作用。

克鲁格曼分析了 20 世纪 90 年代以后的日本经济,利率水平低达 0. 25%,

因此,认为日本经济进入了流动性陷阱,在这种情况下,增加货币供应量的货币政策失效。

我们分析这两种特例为什么要从四象限图出发?如果单纯从斜率分析,当 h 趋向于0,得到一条垂直的LM曲线,进而如果 h 变大,LM曲线按照顺时针方向旋转,变成一条单调上升的直线。如果 h 趋向于正无穷,LM曲线实际上和横轴重合,意味着利率水平等于0。在现实生活中,利率即便再低通常也很少等于0,所以把它作一个稍微向上的平移,也就是在一个很低的利率水平上。这是单纯从斜率看LM曲线的两种特例(见图4-33)。

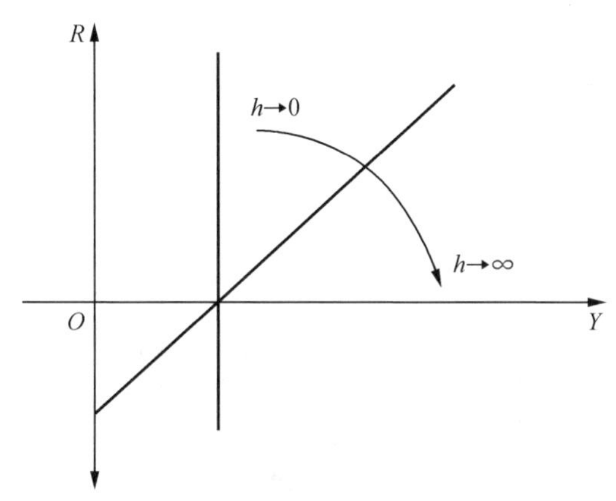

图4-33　单纯从斜率看LM曲线的两种特例

我们从四象限图出发分析这两种特例,可以对到底是哪个图的变化导致了两种特例的LM曲线、引申出什么政策含义这些问题,有更深刻的认识。

将两种特例结合在一起,LM曲线分成三个区域:凯恩斯区域、古典区域、中间区域。初始是一条在极低利率水平上的水平线,称为凯恩斯区域,或者流动性陷阱。然后LM曲线开始单调上升,这个区域我们称为中间区域,位于两个极端特例之间。利率高到一个水平,LM曲线变成一条垂线,这就是古典区域。在古典区域内货币政策是有效的,财政政策是无效的。把三种特例合成在一起,得到一条合成的LM曲线(见图4-34)。

下面把两种特例情况下的LM曲线所揭示的政策含义,和IS曲线结合在一起分析一下。首先在凯恩斯区域,如果我们运用财政政策,增加政府购买支出,增加的数量都是 ΔG,假定都是100万,IS曲线就发生了一个向右的平移,从IS右移至IS′,导致均衡国民收入增加的幅度就是IS曲线水平移动的距离。如果在中间区域政府购买支出仍然增加100万,IS曲线跟一条单调上升的LM曲线相交,所以最终收入水平的增加量显然变小。如果在古典区域,政府购买支出仍

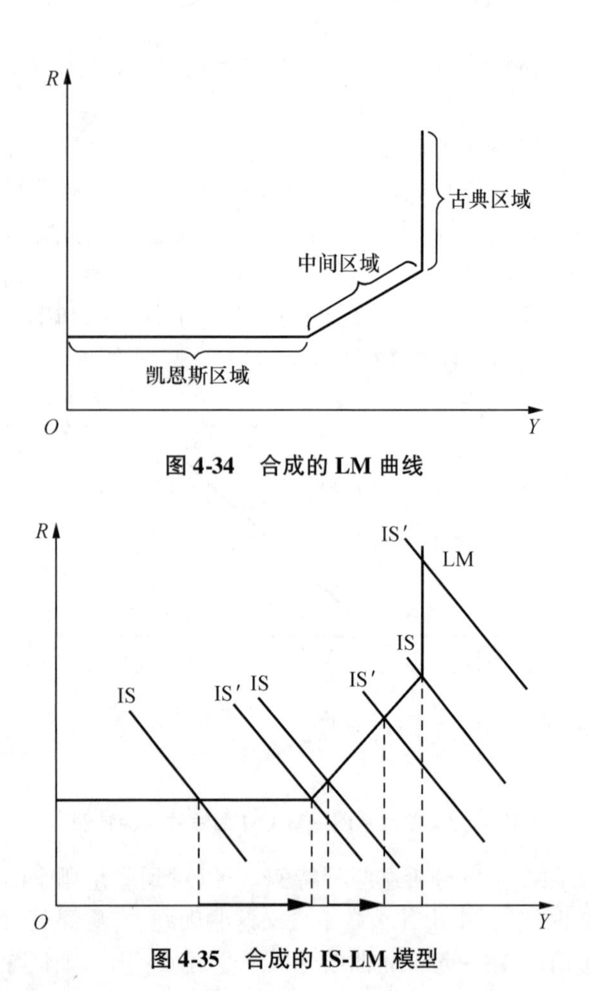

图 4-34　合成的 LM 曲线

图 4-35　合成的 IS-LM 模型

然增加 100 万,均衡的国民收入就维持在一个既定的水平不变(见图 4-35)。结论是,LM 曲线越陡峭(如果 h 下降,从正无穷下降到 0),财政政策的效力就越小。

十、LM 曲线中蕴涵的因果关系

如果单纯从 LM 曲线的表达式看,$R = -M_0/(hP) + (k/h)Y$,利率和收入具有对应的关系,互为因果。从图形看,LM 曲线单调上升,图形只要具有单调性就存在反函数,起因和结果两者之间互为因果、一一对应。所以,无论从表达式还是图形,我们都很难看出谁是起因,谁是结果。

但是如果按照宏观经济流程图,我们发现,以收入变化为起因,收入上升,将会导致交易动机的货币需求增加,进而导致总货币需求上升,在货币供给不变的情况下，会导致货币资产价格利率的上升。以收入变化为起因，推导利率变化这个过程是非常顺利的，反之以利率变化为起因，推导收入的变化是很困难的。

所以在这里请读者思考：LM 曲线中是否蕴涵了以收入变化为起因推导利率变化的因果关系呢？如何在不扩展模型的条件下，解释利率变化所导致的收入变化？前提是在不扩展模型的条件下。这个问题只是用于思考，并不一定要有一个明确的结论。

十一、小结

下面对第一节、第二节的内容作一个小结，通过列表把收入—支出模型和 IS-LM 模型之间的关系作一个比较。

首先从产品市场出发，这是第一节的内容（见表 4-1）。产品市场均衡介绍的是收入—支出模型，然后把投资表述为利率的函数，在引入投资函数的条件下，得到 IS 曲线。

表 4-1　产品市场小结

<table>
<tr><th rowspan="2" colspan="2"></th><th colspan="2">外生变量</th><th rowspan="2">内生变量</th></tr>
<tr><th>截距（平移）</th><th>斜率</th></tr>
<tr><td rowspan="2">产品市场</td><td>收入—支出模型</td><td>$A_0 - bR$
$A_0 = C_0 + I_0 + G_0 + c\mathrm{TR}_0 - cT_0$

$R\downarrow \to I\uparrow \to \mathrm{AD}\uparrow - Y\uparrow$</td><td>$c(1-t)$</td><td>一个内生变量：$Y$
AD, $A_0 - bR$, $\mathrm{AD} = A_0 - bR + c(1-t)Y$, 45°, O, Y^*, Y 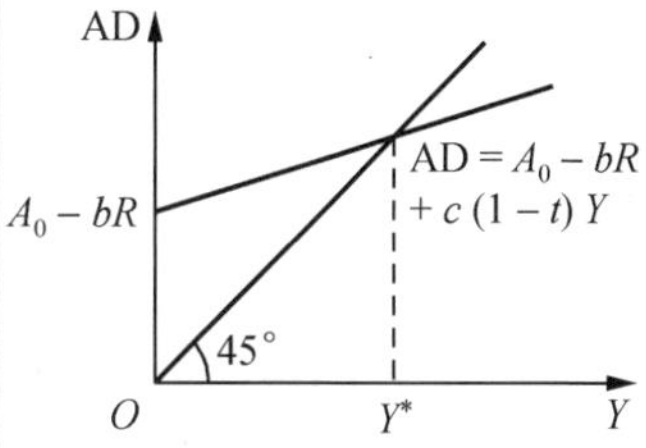</td></tr>
<tr><td>IS 曲线</td><td>货币市场→产品市场
A_0</td><td>$\frac{1}{\alpha b}$
$\alpha = \frac{1}{1-c(1-t)}$</td><td>两个内生变量：$R$、$Y$
R, A_0/b, $Y = \alpha A_0 - \alpha bR$, O, αA_0, Y 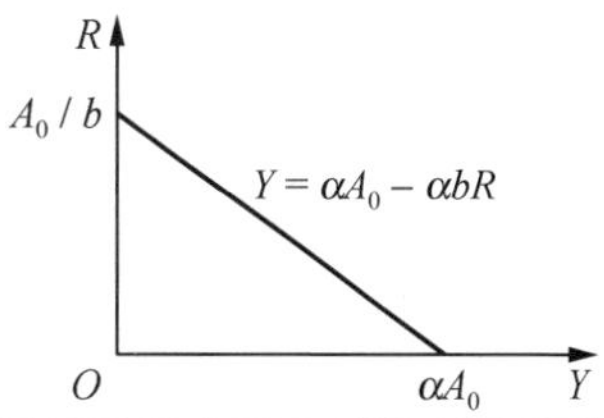</td></tr>
</table>

在收入—支出模型中，坐标系是总需求—总供给坐标空间，总需求曲线的截距是 $A_0 - bR$，$A_0 = C_0 + I_0 + G_0 + c\mathrm{TR}_0 - cT_0$，斜率是 $c(1-t)$，因此总需求曲线是一条单调上升的直线，表达式是 $\mathrm{AD} = A_0 - bR + c(1-t)Y$。在这里我们发现只有

一个内生变量 Y,收入—支出模型要讨论均衡的国民收入到底由哪些因素决定,哪些变量的变化将影响 Y 的变化。总需求曲线和45°线的交点决定均衡的国民收入 Y^*,它是9个外生变量的函数。

IS 曲线是在利率 R 和国民收入 Y 的坐标空间内讨论问题,IS 曲线在纵轴和横轴的截距分别为 A_0/b 和 αA_0,所以 A_0 是影响 IS 曲线左右平移的因素,A_0 是5项的代数和。决定 IS 曲线斜率的因素既有 b,又有 α,那么分别讨论 b 和 α。$\alpha = 1/[1-c(1-t)]$,我们认为边际消费倾向基本不发生变化,是稳定的,因此 α 中重点讨论 t 的变化。IS 曲线的表达式是 $Y=\alpha A_0-\alpha bR$,IS 曲线描述了产品市场实现均衡的道路。

如何从收入—支出模型过渡到 IS 曲线呢?这个过程的传导机制是:利率下降导致投资上升,进而导致总需求乃至总产量增加。我们分析问题的起因是利率的变化,结果是收入的变化,体现了货币市场货币资产价格利率对产品市场的作用。

货币市场均衡是第二节讨论的内容(见表4-2)。

表4-2　货币市场小结

		外生变量		内生变量
		截距(平移)	斜率	
货币市场	货币需求	kY	$1/h$	一个内生变量:R 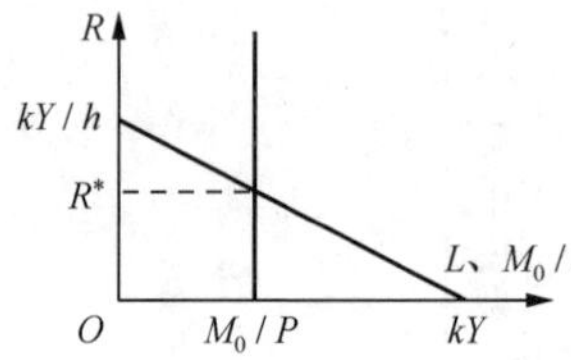 R, kY/h, R^*, L、M_0/P, O, M_0/P, kY
	货币供给	M_0/P $Y\uparrow \to kY\uparrow \to L\uparrow \to R\uparrow$	—	
	LM曲线	产品市场→货币市场 M_0/P	$\frac{k}{h}$	两个内生变量:R、Y 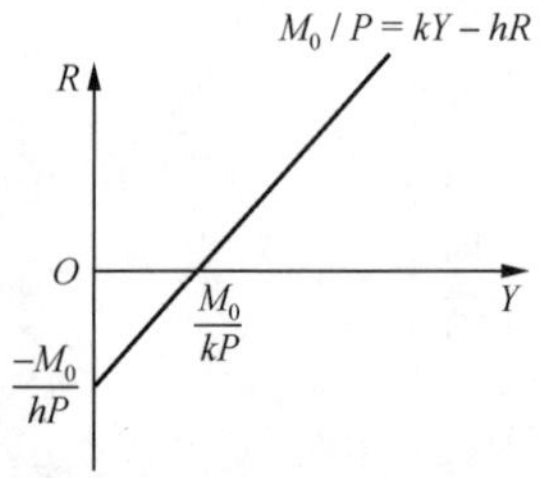 $M_0/P=kY-hR$, R, O, Y, $\frac{M_0}{kP}$, $\frac{-M_0}{hP}$

在货币市场,波动初始发生在利率—货币需求、货币供给这个坐标系,决定货币需求曲线截距的是 kY,决定斜率的是 h,货币需求曲线是一条单调下降的直线。货币供给显然是一个外生变量,取决于中央银行的名义货币供应量,实际货

币供给曲线是在 M_0/P 水平上的垂线。最终货币需求、货币供给曲线交点决定的是一个均衡的利率水平 R^*,货币资产价格利率由货币需求和货币供给两方面的因素共同决定,所以内生变量只有一个,就是利率,它是五个外生变量的函数。

进一步在 R-Y 坐标空间中,LM 曲线的位置取决于 M_0/P,它的斜率是 k/h,我们把 k 和 h 分开来讨论。LM 曲线是一条单调上升的曲线,它的表达式是货币供给等于货币需求:$M_0/P = kY - hR$。从表达式可以看出,内生变量从一个变成了两个,利率和收入。LM 曲线描述了货币市场均衡的道路。

如何从利率—货币需求、货币供给坐标空间转移到利率—国民收入坐标空间呢?传导机制是:收入上升导致交易动机的货币需求增加,进而导致总的货币需求增加,在货币供给不变的情况下,导致货币资产价格利率上升。我们分析的起因是收入的上升,结果是利率的上升,体现了产品市场的国民收入对货币市场的一个反作用。

第三节　产品和货币市场的同时均衡:IS-LM 模型

一、对 IS-LM 模型的分歧

IS-LM 模型是我们分析两个市场同时均衡的得力工具,也是凯恩斯主义宏观经济分析的经典范式。对于 IS-LM 模型能不能代表凯恩斯的思想这个问题,经济学发展史上曾经出现过分歧。

1. 分歧的原因

在凯恩斯的《通论》里,并没有 IS-LM 模型,是其他经济学家根据他在《通论》中的思想,表述成为 IS-LM 模型。这是问题的关键所在。凯恩斯的《通论》存在表述上的缺陷。萨缪尔森曾经说:"《通论》是一部天才的著作,但是写得很坏,组织得很糟。"

英国经济学家希克斯(John Richard Hicks)于 1937 年在"凯恩斯先生与古典学派"一文中,根据凯恩斯的如下思想,总结出 IS-LM 模型:货币市场利率的变化会影响投资,投资的变化又会影响产品市场的总需求,进而改变收入,收入的变化又会影响到货币需求……因此,在产品市场和货币市场中,只要有一个市场没有实现均衡,国民收入就不会稳定。只有产品市场和货币市场同时实现均衡时的国民收入才是均衡的国民收入。

IS-LM 模型提出之后受到了许多批评,希克斯自己也承认:"这是一个匆忙作出的、相当粗糙的图式。"凯恩斯对这个模型写信给希克斯表示:"我感到这很有趣,而且几乎无可挑剔。"由此奠定了 IS-LM 模型在西方宏观经济理论中的地位,IS-LM 模型成为西方宏观经济学教科书中的经典范式、现代宏观经济分析的核心工具之一,流行半个世纪之久。在 20 世纪 80 年代以前,总需求分析一统天下,作为一个成熟的分析理论、分析工具、分析范式,最典型的代表就是 IS-LM 模型。

由于希克斯在宏观经济理论所作出的贡献,他在 1972 年和另外一位在微观经济学一般均衡理论中作出贡献的经济学家阿罗,一起被授予当年的诺贝尔经济学奖。

2. “两个剑桥”之争

对于 IS-LM 模型的分歧涉及“两个剑桥”之争,双方争论的问题之一就是,什么是凯恩斯主义的灵魂?以萨缪尔森为代表的新古典综合派赞成用 IS-LM 模型表述凯恩斯的思想。而对这种思想提出抨击的是英国经济学家琼·罗宾逊(Joan Robinson)。她是凯恩斯在英国剑桥大学任教时的同事,熟悉《通论》写作的整个过程,因此她的批评具有重大意义。她在 1953 年发表的“生产函数和资本理论”中,开始了对新古典综合学派的批评。

双方对这个问题争论了十几年,到 60 年代达到高潮,因为论战双方大学所在地都叫剑桥,萨缪尔森所在的 MIT 在美国的剑桥,而罗宾逊在英国的剑桥大学,所以史称“两个剑桥”之争。

罗宾逊反对新古典综合派把凯恩斯的理论体系归纳为宏观一般均衡模型。认为在凯恩斯的理论体系中不是所有因素相互依存、相互决定的关系,而是有明确的因果关系。罗宾逊认为凯恩斯在《通论》中特别强调了 I 的变动是宏观经济波动的根源。I_0的不确定性正是凯恩斯所强调的。I_0的变化取决于资本的边际效率,资本的边际效率又取决于资本家对未来的预期,取决于资本家的“动物精神”(又译为“血气冲动”),“这种预期缺乏实际的坚固基础,而是从他人的信心中得到暗示。希望支撑着它,恐惧摧残了它,而‘新闻’则不断地打击它”,“如果动物精神消失,乐观主义也随之失去,我们只能依赖于数学期望,企业就会衰退死亡——尽管对于损失的担心并不比先前获得赢利的希望更具合理基础”。由于这些因素影响着经济,因此用均衡的概念来描述个人经济选择的和谐一致是不恰当的。

由于对未来的预期是不确定的,所以资本的边际效率或者投资收益率是不确定的,进而导致自发投资是不确定的,自发投资不确定导致总投资不确定,进而导致总需求、总产量高低起伏的变化,于是资本主义经济出现了繁荣、衰退、萧条、复苏的周期性波动。按照罗宾逊的观点,凯恩斯特别强调在这个体系中的不确定性,强调了投资的不确定性是导致资本主义经济波动的根源。

以上介绍分歧的目的是想说明,并不是所有的经济学家都认同用 IS-LM 模型来表述凯恩斯的思想。

二、凯恩斯的基本理论框架

凯恩斯理论体系的基础是价格刚性,这是他理论体系中不容置疑的公理,他排除了价格机制自发调节经济的作用。至于价格为什么有刚性,凯恩斯并没有作出解释,只是假定价格机制不易变化,这只看不见的手、这种自然秩序不能自发地调节经济,这是他分析问题的前提假设。

从这个前提假设出发,也很难得出最终结果一定是非均衡的,需要国家干预的结论。凯恩斯又提出三大心理规律,作为在公理基础上的各种各样的定理。

按照宏观经济学流程图,在一个封闭经济条件下,要增加总需求进而增加总产量,路径实际上有三条:第一条刺激消费,第二条刺激投资,第三条增加政府购买支出(见图 4-36)。

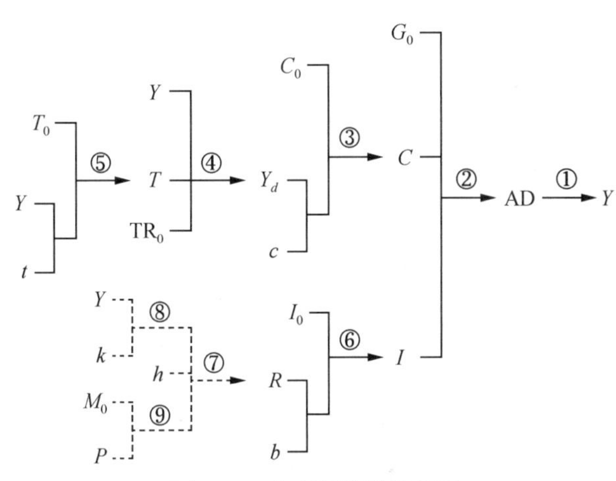

图 4-36　宏观经济学流程图

首先是增加消费。要增加消费,政府的政策可以是减税,也可以是增加转移支付,进而增加个人可支配收入,起到刺激消费的作用。但是消费的增加有没有上限呢?凯恩斯的第一大心理规律认为边际消费倾向是递减的。

1. 三大心理规律之一——边际消费倾向递减规律

边际消费倾向递减意味着,你收入少的时候挣 1 块花 9 毛,随着收入的增加,每增加 1 块钱的个人可支配收入,你消费的钱将逐渐下降,将出现挣 1 块花 8 毛、挣 1 块花 7 毛的现象,这就是边际消费倾向递减。边际消费倾向递减将带来什么后果呢?个人可支配收入在第三个环节要受到递减的边际消费倾向的削弱,导致对消费的增加存在一个上限。

关于这个问题我们可以从数学的角度加以考虑,边际消费倾向递减意味着边际消费倾向对个人可支配收入的一阶导是小于0的,边际消费倾向是总消费函数对个人可支配收入的一阶导,所以总消费函数对个人可支配收入的二阶导小于0,消费函数凹向原点(见图4-37)。

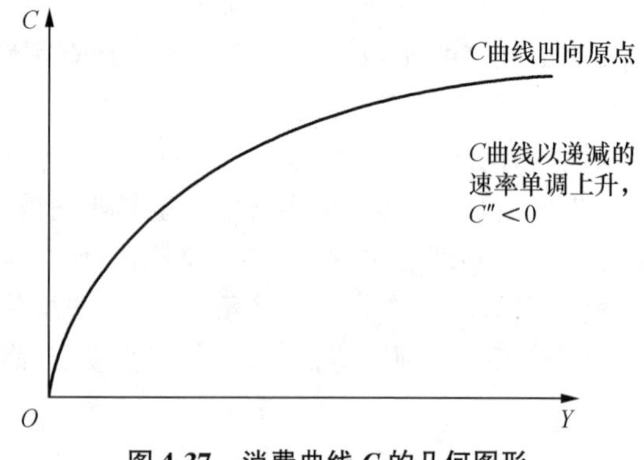

图4-37　消费曲线 *C* 的几何图形

纵轴代表消费,横轴代表国民收入(等于个人可支配收入),两者同方向变化,但是消费是以一种递减的速率单调上升,消费的增加存在一个上限,达到这个极大值以后,任凭你如何增加国民收入或者个人可支配收入,消费都不会进一步增加。如果 C 达到极大值时的消费不能实现充分就业,说明 C 是不足的(不可能无限增大)。

由此说明一个问题:消费是不足的,它不可能无限制地扩大,这里凯恩斯通过三大心理规律之一——边际消费倾向递减规律,否定了消费对增加总需求进而增加总产量实现充分就业的作用。

2. 三大心理规律之二——资本的边际效率递减规律

资本边际效率递减的原因是:在经济萧条的背景下,资本的边际效率就是投资收益率,由于人们预期的投资收益率低,预期的资本边际效率低,所以有钱也不投资。不投资导致总需求乃至总产量下降,从而导致经济更加萧条。经济越萧条,预期经济形势越不看好,预期未来的投资收益率将会更低。很显然在经济萧条的情况下,这两者之间形成了一种恶性循环。

资本边际效率递减将会带来什么样的后果呢?资本的边际效率决定了资本自发投资曲线的斜率和单调性,如果它递减,效果和消费递减的效果是一样的。自发投资曲线虽然单调上升,但是它将导致以一种递减的速率单调上升,自发投资的增加存在一个上限,不可能无限制地增加。凯恩斯三大心理规律之二——资本的边际效率递减规律,否定了自发投资无限增大的可能性。

3. 三大心理规律之三—— 流动性陷阱

投资的组成是自发投资加上引致投资，自发投资不能无限增大，那么有没有可能通过不断降低利率，降低投资的机会成本来刺激投资呢？

关于流动性陷阱的定义，前面已经介绍过 h 趋向于正无穷这种状况。对于一条水平的 LM 曲线，增发多少货币，人们就持有多少货币，货币需求和货币供给同步增加，不可能通过增发货币来降低利率。这说明货币资产价格利率也存在拒下刚性，它的下降不可能是无限制的，所以在这种情况下，货币政策没有效果，尤其是增加货币供应量来降低利率的货币政策是失效的。所以最终得到的结论是投资不可能无限制地增加，把三大心理规律二和三结合在一起，得到的结论是：投资是不足的，政府影响投资政策的作用也是有限的。

最后，把三大心理规律结合在一起，我们得出：由于消费和投资的不足，都不可能无限制地增加，所以通过这个两个路径影响的总需求也不可能无限制地增加，通过这两个路径影响总需求的作用是有限的，总需求是不足的，导致两个市场同时均衡条件下的总产量水平 Y^* 必然会小于充分就业下的总产量水平 Y_f。所以在这里要增加总需求，只剩下第三条道路：增加政府购买支出。政府干预必不可少，政府购买支出是财政政策工具的一种，所以早期的凯恩斯主义又被称为财政主义。

三、IS-LM 模型中的均衡收入和均衡利率

如图 4-36 所示，①—⑥综合得到 IS 曲线：$Y = \alpha A_0 - \alpha bR$；⑦—⑨综合得到 LM 曲线：$kY - hR = M_0/P$。

两个方程联立求解，得到能够实现两个市场同时均衡的 R 与 Y。

$$Y^* = \frac{A_0 + (b/h)(M_0/P)}{1 - c(1 - t) + bk/h}$$

$$R^* = \frac{kA_0 - [1 - c(1 - t)](M_0/P)}{h[1 - c(1 - t)] + bk}$$

从表达式看：均衡国民收入 Y^* 和 R^* 都是 12 个外生变量的函数，这 12 个外生变量的变化都将导致收入和利率水平的变化。

在利率和国民收入的坐标空间中，IS 曲线代表了产品市场均衡的道路，LM 曲线代表了货币市场均衡的道路，所以在这两个线的交点 E 上，是能够实现两个市场同时均衡的利率和收入的组合点 Y^* 和 R^*（见图 4-38）。

初始经济未必开始在 E 点，第一象限被 IS 曲线和 LM 曲线分成四个区域，四个区域中的任何一点，有没有可能趋近于 E 点呢？实现均衡的路径是怎样的？

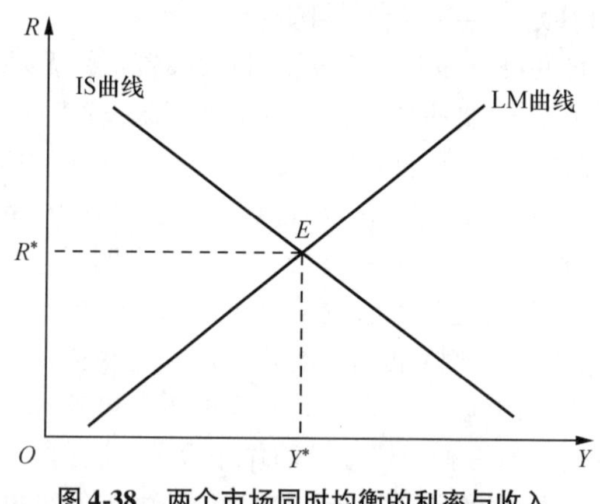

图 4-38 两个市场同时均衡的利率与收入

(1) 四个失衡区域的含义

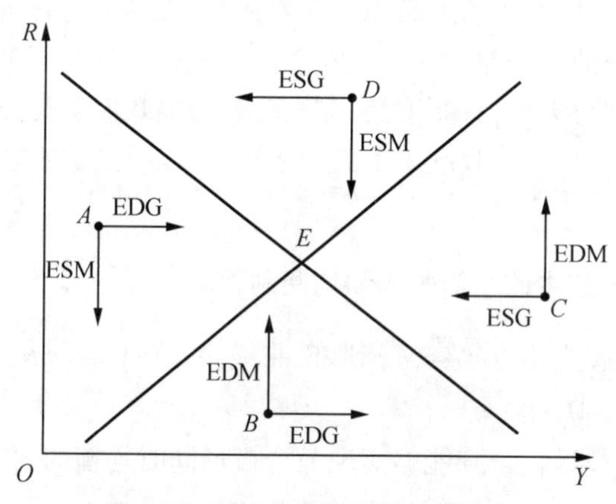

图 4-39 四个失衡区域的经济含义

我们在四个区域中各找一点,分别为 A 点、B 点、C 点、D 点,这四点中的任何一点会不会一定向 E 点移动,在这里我们必须分析四点的受力状况。

首先从水平方向看,A 点是 IS 曲线以左的点,受到一个水平向右拉动的力量,因为非意愿存货小于 0,这是过度的产品需求 EDG 导致厂商扩张产量的力量,B 点和 A 点同样位于 IS 曲线以左,也受到一个水平向右拉动的力量。C 点和 D 点都是 IS 曲线以右的点,受到一个水平向左拉动的力量,这是过度的产品供给 ESG 导致厂商收缩产量的力量。

然后从垂直方向看,A 点和 D 点是位于 LM 曲线以左的点,受到一个垂直向下拉动的力量,这是过度的货币供给 ESM 导致货币资产价格利率下降的力量。反之 B 点和 C 点是位于 LM 曲线以右的点,受到一个垂直上拉的力量,这是过度的货币需求 EDM 导致资产价格利率上涨的力量。

这四点都受到既有水平方向、又有垂直方向的力量，所以 A 点的合力可能往右下方走，B 点的合力可能往右上方走，C 点的合力可能往左上方走，D 点的合力可能往左下方走，在四个区域中任何一个区域，要么有水平方向的力量，要么有垂直方向的力量，哪一点都不是稳定的，只有在 E 点，既没有垂直方向的力，也没有水平方向的力，才会原地不动。处于一种不再变动的境界，就是均衡的境界。通过对这个体系的动态学分析，得到的结论是：合力一定趋向均衡，没有发散的可能。

（2）对调整速度的假设

货币市场是金融资产交易的市场，它实现供求相等的速度，即出清的速度比产品市场要快，产品市场涉及衣食住行方方面面、成千上万种有形的产品以及无形的劳务，所以它要实现供求相等涉及有形产品的搬运，而实物流调整的速度很显然比货币流要慢，因此我们就假设货币市场的调整快于产品市场，也就意味着垂直方向力的作用比水平方向力的作用要大。

如果垂直方向力的作用大于水平方向力的作用，趋向均衡的路径将会发生什么样的变化呢？我们先看 A 点，先按照垂直力的作用，A 点移动到 LM 曲线上，然后垂直方向没有力，水平方向的力向右拉，将 A 点拉离 LM 曲线，垂直方向的力向上拉回去，水平方向的力再向右拉出来，垂直方向的力再向上拉回去……如果不追求详尽过程的话，A 点到 LM 曲线上后将会沿着 LM 曲线向 E 点逼近。

再看 D 点，它先受到垂直方向力的作用，移动到 LM 曲线上，然后按照水平向左拉动的力量回复到 E 点，回复的详尽过程我们先不考虑。然后看 C 点，受垂直方向的力，先就近到 LM 曲线上，然后沿着 LM 曲线向 E 点逼近。B 点按照垂直方向力的作用，将首先垂直下落到 LM 曲线上，从 IS 曲线以左的点，变成 IS 曲线以右的点，所以不再受水平向右拉动的力量，而是水平向左拉动的力量，所以还是会回复到均衡的 E 点，没有发散的可能（见图 4-40）。

货币市场的调节速度快于产品市场的调节速度，垂直方向力的作用大于水平方向力的作用，这两点在我们后面的宏观经济政策分析中将有重要的意义。

四、财政政策乘数 k_g 和货币政策乘数 k_m

均衡表达式中的 12 个外生变量的变化都将导致收入和利率水平的变化。每个自变量对因变量影响的定量分析就是乘数。我们特别关注政策变量的变化对 GDP 的影响。下面分析两个市场同时均衡条件下的财政政策和货币政策乘数。

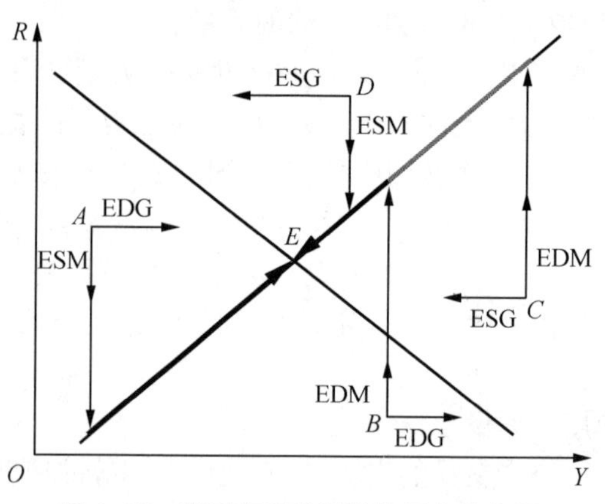

图 4-40　货币市场的调整快于产品市场

(1) $k_g = \partial Y / \partial G$

$$= \frac{1}{1 - c(1 - t) + bk/h}$$

这是两个市场同时均衡条件下的财政政策乘数,跟产品市场三部门变动税制条件下的财政政策乘数相比,分母多了 bk/h 这一项。这一项是正的,分母变大乘数反而变小,所以两个市场同时均衡的财政政策乘数比产品市场三部门变动税制条件下的财政政策乘数要小。

(2) $k_m = \partial Y / (\partial M_0 / P)$

$$= \frac{b/h}{1 - c(1 - t) + bk/h}$$

$$= \frac{1}{(h/b)[1 - c(1 - t)] + k}$$

考虑货币政策乘数,均衡国民收入对实际货币供应量 M_0/P 求一阶偏导,得到两个市场同时均衡条件下的货币政策乘数。

(3) $\partial R / \partial G = \frac{k}{h[1 - c(1 - t)] + bk}$

$$= \frac{1}{(h/k)[1 - c(1 - t)] + b}$$

财政、货币政策乘数是考虑财政政策和货币政策的运用对均衡国民收入带来的影响,同时也应该考虑财政政策和货币政策的运用对均衡利率带来的影响。立足于 R^* 的表达式,对政府购买支出乘数求一阶偏导,得到上式。这个式子大于0,说明政府购买支出增加,均衡的利率水平也将会增加,两者同方向变化。如果政府购买支出增加将会导致利率上升,利率上升导致投资下降,这种效应被称为财政政策的挤出效应,所以这个表达式恰好证明了财政政策“挤出效应”的存在。

(4) $\partial R/\partial(M_0/P)=\dfrac{-[1-c(1-t)]}{h[1-c(1-t)]+bk}$

$$=\frac{-1}{h+bk/[1-c(1-t)]}$$

考虑货币供应量对均衡利率水平的影响,用均衡利率的表达式对实际货币供应量求一阶偏导,得到上式。分母大于0,但是分子是负的,所以最终这个式子小于0,其含义是:如果货币供应量增加,均衡的利率水平将会下降,这两者之间是反方向变动的关系,体现了货币政策运用对利率的影响。

五、影响财政政策和货币政策乘数的因素

影响财政、货币政策的因素有五个:c、t、b、k、h。就边际消费倾向 c 来讲,根据各国的统计数据的实证分析,发现各个国家的边际消费倾向都基本稳定,实证分析推翻了凯恩斯的三大心理规律之一——边际消费倾向递减规律,所以边际消费倾向的变化,我们基本上不讨论。

税率 t 和货币需求的收入弹性 k 涉及经济生活中的制度因素,我们认为基本稳定。税率的高低取决于政府,放在兜里的零花钱的比例取决于经济生活中得到货币的难易程度,涉及经济生活中的制度因素,也基本稳定。

而投资需求的利率弹性 b 和货币需求的利率弹性 h 涉及心理因素,心理变动的波动比较大,讨论 IS 曲线特例的时候有 b 趋向于 0 和 b 趋向于正无穷两种情况,得到 IS 曲线的两个特例:垂直的和水平的。

关于 LM 曲线特例的讨论也有两种情况:h 趋向于 0,h 趋向于正无穷。h 趋向于 0 是古典特例,得到一条垂直的 LM 曲线,而 h 趋向于正无穷是凯恩斯特例,又称为流动性陷阱,得到一条水平的 LM 曲线

所以下面我们讨论财政政策和货币政策乘数的变化,只密切关注 t、b、k、h 这四个因素,边际消费倾向当做一个常数来处理,不考虑它的变化。

	$t\downarrow\rightarrow\alpha\uparrow$	$b\uparrow$	$k\downarrow$	$h\uparrow$
对 IS 和 LM 曲线斜率的影响	IS 平坦	IS 平坦	LM 平坦	LM 平坦
$k_g=\dfrac{1}{1-c(1-t)+bk/h}$	↑	↓	↑	↑
$\partial R/\partial G=\dfrac{1}{h[1-c(1-t)]/k+b}$	↑	↓	↓	↓
$k_m=\dfrac{1}{h[1-c(1-t)]/b+k}$	↑	↑	↑	↓
$\lvert\partial R/\partial(M_0/P)\rvert=\dfrac{1}{h+bk/[1-c(1-t)]}$	↓	↓	↑	↓

首先讨论四种情况:第一种情况,t 下降,将导致 α 上升;第二种情况,b 上升;第三种情况,k 下降;第四种情况,h 上升。每种情况下,第一看对 IS、LM 曲线斜率的影响,第二看对财政政策乘数的影响,第三看财政政策对利率的效应,第四看对货币政策乘数的影响,第五看货币政策运用对利率的效应。具体分析如下:

(1) t 下降,将会导致 α 上升,α 决定 IS 曲线在横轴的截距,在纵轴截距不变的情况下,IS 曲线变得更加平坦。LM 曲线不变,IS 曲线变得更加平坦,这是 t 下降带来的后果。在 t 下降的情况下,财政政策乘数将会变大。在财政政策对利率影响的表达式里,t 也处于相同的位置,导致政府购买支出对利率的效应也变大。t 下降对货币政策的影响是,由于 t 相同地出现在分母上,因此货币政策乘数也变大。在货币政策对利率影响幅度的表达式里,t 处于分母的分母的位置,所以刚好和前面颠倒,是变小。我们根据 t 在乘数中的位置,得到这四个影响变化的方向。

(2) b 上升,影响 IS 曲线在纵轴的截距 A_0/b 下降,在横轴截距不变的情况下,IS 曲线将变得更加平坦。b 在财政政策乘数表达式分母的位置,b 上升分母变大,所以财政政策乘数变小。b 在财政政策对利率的效应表达式里,仍然在分母上,所以结果一样也是变小。b 在货币政策乘数表达式中位于分母的分母的位置,所以最终结果和前面刚好相反,是变大。b 在货币政策对利率影响幅度的表达式中仍然在分母的位置,所以最终结果是下降。

(3) k 下降很显然不影响 IS 曲线的斜率,它决定了 LM 曲线在横轴的截距 M_0/kP,如果 k 下降,M_0/kP 变得更大,在纵轴截距不变的情况下,LM 曲线将变得更加平坦。k 在财政政策乘数分母的位置,分母变小,导致财政政策乘数变大。k 在财政政策对利率的影响表达式中分母的分母位置,所以结果刚好跟前面相反,是变小。在货币政策乘数表达式中,k 仍然在分母的位置,所以影响是变大。k 在货币政策对利率影响的效果中,仍然处于分母的位置,所以作用和前面一样,也是变大。

(4) h 影响 LM 曲线在纵轴的截距 $-M_0/hP$,h 上升导致纵轴截距减小,在横轴截距不变的情况下,LM 曲线会变得更加平坦。h 位于财政政策乘数分母的分母,财政政策乘数变大。在财政政策对利率的效应中,h 在分母上,所以影响跟前面相反,是变小。h 在货币政策乘数中仍然位于分母的位置,所以影响跟前面相同,是变小。在货币政策对利率的效应里,h 仍然处于分母的位置,仍然是变小。

六、关于财政政策效力的命题

乘数越大说明相同的政府购买支出的增加导致收入的增加越大,说明政策的效力就越大,这两者之间是等价的。

无论 t 下降还是 b 上升,导致的现象是一样的,都是 IS 曲线更加平坦,但是最终对财政政策乘数的影响,一个是变大,一个是变小。所以,笼统地讲 IS 曲线越平坦,财政政策的效力变得越大或是越小都是错误的,必须区分不同的起因。导致 IS 曲线变得平坦的因素有两个:t 下降和 b 上升。两个起因分别导致两种截然相反的结果:k_g 变大和 k_g 变小。起因不同,虽然导致 IS 曲线变得平坦的中间现象一样,但是最终对财政政策效力的影响完全相反。

导致 LM 曲线变得平坦的因素也有两个:k 下降和 h 上升。两个起因都导致同一种结果:k_g 变大。所以,笼统地讲 LM 曲线越平坦,财政政策的效力就越大是正确的。不同的起因都导致 LM 曲线变得平坦的中间现象一样,最终对财政政策效力的影响也都一样。

在多恩布什的《宏观经济学》(第 6 版)第 109 页,有如下的表述:

- LM 曲线越平坦,收入增加就越多而利率上升就越少。
- IS 曲线越平坦,收入增加就越少而利率上升也越少。
- 乘数 α 越大从而 IS 曲线的水平移动幅度越大,收入和利率就都有较大幅度的增加。

第二个命题 IS 曲线越平坦,收入增加就越少。很显然分析的是 b 上升的情况,如果是 t 下降,应该是收入增加就越多,因此很显然第二个命题是错误的。这种错误表述产生了深远的影响。在《货币银行学》中,关于财政政策效力的分析中,类似的表述还会出现。

关于财政政策效力的正确表述是:

命题 1 在 LM 曲线斜率不变的条件下,由税率下降(t 下降)导致的 IS 曲线越平坦,财政政策的效力就越大。

命题 2 在 LM 曲线斜率不变的条件下,由投资需求的利率弹性上升(b 上升)导致的 IS 曲线越平坦,财政政策的效力就越小。

命题 3 在 IS 曲线斜率不变的条件下,LM 曲线越平坦(综合了 k 下降和 h 上升两种情况),财政政策的效力就越大。

七、关于货币政策效力的命题

乘数越大等价于政策效力越大。导致 LM 曲线变得平坦的因素有两个:k 下降和 h 上升。两个起因分别导致两种截然相反的结果:k_m 变大和 k_m 变小。所以,笼统地讲 LM 曲线越平坦,货币政策的效力变得越大或是越小都是错误的,必须区分不同的起因。起因不同,虽然导致 LM 曲线变得平坦的中间现象一样,但是最终对货币政策效力的影响截然相反。

这种错误表述产生了深远的影响。在《货币银行学》中,关于货币政策效力的分析中还会出现。读者应该认清导致 LM 曲线变得平坦的原因,从而区分不同原因导致的不同的货币政策效力结果。

导致 IS 曲线变得平坦的因素有两个:t 下降和 b 上升。两个起因都导致同一种结果:k_m变大。所以,笼统地讲 IS 曲线越平坦,货币政策的效力就越大是正确的。不同的起因都导致 IS 曲线变得平坦的中间现象,最终对货币政策效力的影响也都一样。

关于货币政策效力的正确表述是:

命题 4 在 LM 曲线斜率不变的条件下,IS 曲线越平坦(综合了 t 下降和 b 上升两种情况),货币政策效力就越大。

命题 5 在 IS 曲线斜率不变的条件下,由货币需求的收入弹性下降(k 下降)导致的 LM 曲线越平坦,货币政策的效力就越大。

命题 6 在 IS 曲线斜率不变的条件下,由货币需求的利率弹性上升(h 上升)导致的 LM 曲线越平坦,货币政策的效力就越小。

如何解释这六个命题?在传导机制和图形中发生了什么样的变化,导致了不同的结果?我们现在仅仅是知其然,而不知其所以然。我们通过乘数,直接看到了结果,至于这中间是怎么传导的,传导机制在哪个环节发生了什么样的变化,需要我们进一步加以研究。以这六个命题为基础,第五章会进行宏观经济政策效力的分析。

本章小结

1. 投资函数取决于两方面:一方面是自发投资,由资本的边际效率决定;另一方面是引致投资,由利率和利率的投资弹性决定。

2. 要实现产品市场的均衡,利率和国民收入必须相互配合、一一对应,这种相互配合、一一对应的反方向变动的点的轨迹就是 IS 曲线,它描述了产品市场实现均衡的道路。IS 曲线以外点的经济含义必须回到 AD-Y 坐标系中讨论,结论是 IS 曲线以左的点存在过度的产品需求(EDG),以右的点存在过度的产品供给(ESG)。

3. 货币都有交换媒介、价值尺度、贮藏手段三种功能。货币需求包括交易动机、预防动机和投机动机,前两者可以统称为交易动机。货币供给为 M_0/P,其

中 M_0 由中央银行决定。

4. 要实现货币市场的均衡，R 与 Y 必须相互配合、一一对应，这种相互配合、一一对应的同方向变动的轨迹，就是 LM 曲线，它描述了货币市场实现均衡的道路。LM 曲线以外点的经济含义必须回到 $R\text{-}L$，M/P 坐标系中讨论，结论是 LM 曲线以左的点存在过度的货币供给(ESM)，以右的点存在过度的货币需求(EDM)。LM 曲线有两种特例，垂直的 LM 曲线称为古典特例，水平的 LM 曲线称为凯恩斯特例或者流动性陷阱。

5. 推导 IS 和 LM 曲线的另一种方法是四象限法或者四个第一象限法。

6. 历史上曾经对 IS-LM 曲线出现过争议，史称“两个剑桥”之争。凯恩斯总结了三大心理定律：边际消费倾向递减规律、资本的边际效率递减规律和流动性陷阱，三者共同决定了有效需求不足，所以只能依靠政府支出增加总需求，因此政府干预不可避免。

7. 关于财政政策效力的正确表述是：

命题 1　在 LM 曲线斜率不变的条件下，由税率下降(t 下降)导致的 IS 曲线越平坦，财政政策的效力就越大。

命题 2　在 LM 曲线斜率不变的条件下，由投资需求的利率弹性上升(b 上升)导致的 IS 曲线越平坦，财政政策的效力就越小。

命题 3　在 IS 曲线斜率不变的条件下，LM 曲线越平坦(综合了 k 下降和 h 上升两种情况)，财政政策的效力就越大。

8. 关于货币政策效力的正确表述是：

命题 4　在 LM 曲线斜率不变的条件下，IS 曲线越平坦(综合了 t 下降和 b 上升两种情况)，货币政策效力就越大。

命题 5　在 IS 曲线斜率不变的条件下，由货币需求的收入弹性下降(k 下降)导致的 LM 曲线越平坦，货币政策的效力就越大。

命题 6　在 IS 曲线斜率不变的条件下，由货币需求的利率弹性上升(h 上升)导致的 LM 曲线越平坦，货币政策的效力就越小。

关键概念

自发投资　引致投资　IS 曲线　四象限法　货币　货币需求　交易动机　预防动机　投机动机　货币供给　LM 曲线　古典特例　流动性陷阱　边际消费递减规律　资本的边际效率递减规律　政策效力

本章习题

1. 下述方程是对某一经济的描述(可以假定C、I、G等均以十亿美元度量,而R以百分比度量,利率5%意味着$R=5$)。

$$C=0.8(1-t)Y$$
$$T=0.25Y$$
$$I=1\,000-50R$$
$$G_0=700$$
$$L=0.25Y-62.5R$$
$$M/P=500$$

(a) IS曲线的定义是什么?哪一个方程描述了IS曲线?

(b) LM曲线的定义是什么?哪一个方程描述了LM曲线?

(c) 收入和利率的均衡水平是什么?

(d) 用文字描述IS曲线与LM曲线的交点所满足的条件,并且解释为什么该点是均衡位置。

2. 继续讨论上题所描述的经济。

(a) 如果不考虑货币市场,自发支出乘数α的值是多少?

(b) 在包括货币市场的模型中,政府支出增加将导致收入水平上升多少?

(c) 政府支出增加将对均衡利率产生多大的影响?

(d) 解释问题(a)与(b)中的乘数为什么有差异。

3. (a) 用文字解释自发支出乘数和投资需求的利率弹性的定义,并且指出二者影响IS曲线的斜率的原因。

(b) 解释为什么IS曲线的斜率是决定货币政策效力的一个因素。

4. 用文字解释货币需求的收入和利率弹性的定义,并且指出二者为什么影响LM曲线的斜率。

5. (a) 为什么水平的LM曲线意味着财政政策具有与第三章中相同的效应?

(b) 说明财政和货币政策效力在这种情形下会发生什么变化。

(c) 解释为何当货币需求不取决于收入,或者货币需求对利率极为敏感时,LM曲线是水平的。

6. 利率有可能影响消费支出。在收入水平给定的条件下,利率上升原则上可能导致储蓄增加,从而减少消费。假设消费确实因利率上升而减少,即消费同样取决于利率,和原来相比,此时IS曲线将受到什么影响?财政政策和货币政策的效力会受到什么影响?

7. 央行的货币供给同样可能会受到利率的影响,假设货币供给会随着利率上升(轻微地)增加,而不再是一个不变的常数。

(a) 在其他因素不变的情况下,此变化将如何影响 LM 曲线的表达式? 如何影响财政政策和货币政策的效力?

(b) 中央银行会随利率上升而增加货币供应量吗? 给出你的解释。

8. (a) 税率上升是如何影响 IS 曲线的?

(b) 税率上升是如何影响均衡收入水平的?

(c) 税率上升是如何影响均衡利率水平的?

(d) 税率上升如何影响财政政策和货币政策的效力?

9. 画图说明 R 和 Y 对货币供应的增加是如何进行动态反应的(也就是以时间为横轴,以 R 或者 Y 为纵轴,在 R-时间和 Y-时间两个坐标系中,画出变化)。假设货币市场的调整与产品市场相比是非常迅速的。

10. (a) 证明货币需求的利率弹性越弱,货币存量的变化对产出影响就越大。

(b) 利率对货币存量变化的反应是如何依赖于货币需求的利率弹性的?

11. 在 2008 年美国深陷次贷危机的泥淖,货币市场利率从 1 月份的 3.7% 下降到 12 月份的 2.4%,其间伴随着经济陷入衰退中(即 Y 下降,从第 1 季度的 13.367 万亿美元下降到第 4 季度的 13.142 万亿美元)。你能否利用 IS-LM 模型来解释这一产出和利率都下降的格局? 列举出导致 IS 曲线或 LM 曲线按你的回答所预示的方式移动的所有变化情况。(注:数据来源为 EIU,GDP 为按照 2005 年价格为基期计算的实际 GDP。)

12. 假设实际货币余额需求取决于可支配收入而不是收入,即假设货币需求函数的表达式为 $M^d = k(Y - T) - hR$。讨论该变化对财政政策效力的影响,以政府购买支出和税率变化为例。

第五章

宏观经济政策

本章概要

货币政策和财政政策是当今世界各国政府进行宏观调控的主要手段,因而受到广泛的关注,在宏观经济学研究中占有非常重要的地位。本章将向读者系统地介绍货币政策和财政政策的政策工具、传导机制、效力及特点等内容,以及两种政策混合搭配使用的效果。在本章的最后部分,我们将正式引入总需求曲线。

学习目标

学完本章,你将能够了解:

1. 货币政策的工具、传导机制、货币政策效力的三个命题,以及货币政策的种种缺陷。
2. 财政政策的工具、传导机制、财政政策效力的三个命题,以及财政政策的种种缺陷。
3. 货币政策和财政政策搭配使用的各种情况及各自的特点。
4. 总需求曲线的定义、表达式,以及货币政策和财政政策对总需求曲线的影响。

本章的分析立足于第四章关于政策效力六个命题的基础之上,将对这六个命题的图形、传导机制等作一个详尽的分析。

在利率和收入的坐标空间内,假定初始的 IS 曲线和 LM 曲线决定的均衡国民收入是 Y^*,Y^* 是能够实现产品和货币两个市场同时均衡的收入水平,这个收入水平能不能使劳动力市场实现充分就业,是个未知数。劳动力市场的均衡状况用 Y_f(能够实现充分就业的国民收入)体现,可能有三种情形:第一,产品和货币市场实现均衡的 Y^* 要高于充分就业的 Y_f,这是经济生活中非常罕见的情形;第二,两者相等,也较少发生;更多的是第三种情形,Y^* 比能够实现劳动力市场充分就业的 Y_f 小,存在一个紧缩缺口,要实现劳动力市场的充分就业、人尽其才，就要把现有的国民收入从 Y^* 扩张到 Y_f。

实现充分就业的方法有三种：第一种，在 LM 曲线不变的情况下，使 IS 曲线发生一个向右的平移，从 IS 右移至 IS′，均衡的国民收入将从 Y^* 上升到 Y_f，这是运用财政政策；第二种，在 IS 曲线不变的条件下，使 LM 曲线从 LM 右移至 LM′，均衡的国民收入也能从 Y^* 增加到 Y_f，这是运用货币政策；第三种，同时运用财政政策和货币政策，IS 和 LM 曲线同时发生向右的平移，最终使 Y^* 增加到 Y_f，这是两种政策的组合（见图 5-1）。

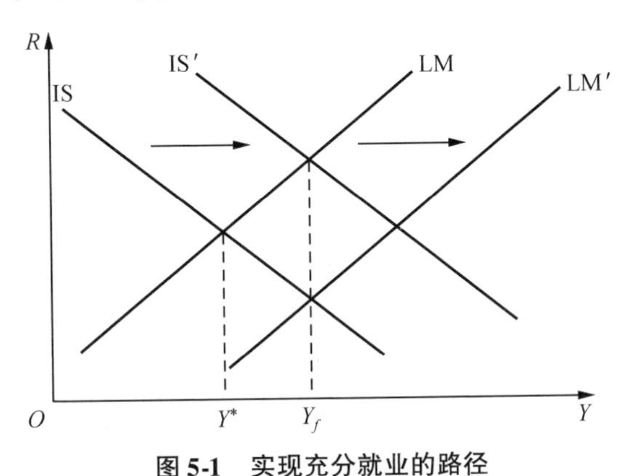

图 5-1　实现充分就业的路径

本章按照这三个思路展开：先介绍货币政策，再介绍财政政策，然后介绍两种政策的组合。

第一节　货币政策

一、影响货币供应量的货币政策工具

中央银行运用货币政策工具来影响货币供应量，要研究货币供应量的变化，不可避免地涉及货币流通的体系，所以第一个问题是关于银行的几个概念。

1. 关于银行的几个概念

（1）准备金

准备金是商业银行持有的为应付储户的提款所需要的货币。

完全的准备金等于储户的全部存款。

（2）法定准备金 R

法定准备金是中央银行规定商业银行必须持有的最低数量的准备金，用 R 来代表。

法定准备金比率用 rd 来代表。法定准备金比率 rd = 法定准备金/储户的全

部存款。如果 rd = 0.1,中央银行规定商业银行吸收储蓄的 10%,必须放在银行里,不能贷放出去。

(3) 超额准备金

超额准备金是指超出法定准备金的那部分。

$$准备金 = 法定准备金 + 超额准备金$$

(4) 高能货币 H

高能货币用 H(high-power money)代表,又称“基础货币”或者“强力货币”。

$H = C + R$,其中 C(currency)是流通中的货币,R 是法定准备金,高能货币就等于流通中的货币加上所有商业银行的法定准备金。进一步的问题是:这两部分加总在一起,所谓的“高能”、“强力”、“基础”体现在哪里?

2. 银行体系创造货币的过程

银行体系自身具有创造货币的功能,这个过程中的参与者分成四类:(1) 存款人;(2) 商业银行;(3) 借款人;(4) 中央银行。

为简化问题,此处有两个假定:第一,商业银行不得持有超额准备金,吸收的存款除了法定的那部分之外其他的必须贷放出去;第二,非银行公众不持有现金,假定公众用支票和各种各样的卡——饭卡、银行卡、电话卡等刷卡消费,因此可以不持有现金。

看这样一个例子,某储户到商业银行支票存款 100 万,也就是初始的活期存款数量 $\Delta X = 100$ 万,存入银行甲。假设所有银行的法定准备金比率是 20%,所以 rd = 0.2。那么储户的这个行为对整个银行体系带来何种影响?在整个银行体系内创造出多少货币呢?

这个过程涉及存款人、商业银行、借款人。商业银行资产负债表的变化写成三列:活期存款、法定准备金、贷款(见表 5-1)。

表 5-1 货币创造过程 1

存款人		商业银行	活期存款	R	贷款		借款人
100	→	银行甲	100	20	80	→	企业 A
企业 A	→	银行乙	80	16	64	→	企业 B
企业 B	→	银行丙	64	12.8	51.2	→	企业 C
⋮		⋮	⋮	⋮	⋮		⋮

存款人的 100 万存入银行甲,银行甲的活期存款数量增加 100 万,提 20 万做法定准备金,活期存款到贷款只允许漏出法定准备金部分,其余 80 万贷放出去,贷给借款人企业 A,这是第一轮。企业 A 是非银行公众,不能持有现金,80 万不可能放到企业的小金库里去,还要存入银行,所以第二轮企业 A 作为存款人,

存入它的开户行银行乙。银行乙活期存款增加 80 万，提出法定存款准备金 16 万，剩余的 64 万贷出去，贷给企业 B。企业 B 把 64 万存入银行丙，银行丙的活期存款增加 64 万，法定准备金是 12.8 万，贷款 51.2 万，贷给借款人企业 C。跟前面乘数效应一样，这个鸡生蛋、蛋生鸡的过程，体现了银行体系创造货币的过程。

初始的 100 万，在这个体系内最终创造出多少货币？现在的问题是计算哪一列。在这里要计算的是第三列，因为这个行为导致所有银行活期存款的增加量。考虑前面对货币的定义，货币 M 的定义是通货 C 加上所有商业银行的活期存款 D。

最后的活期存款数量用 ΔD 来代表：

$$\begin{aligned}\Delta D &= 100 + 80 + 64 + 51.2 + \cdots \\ &= 100 + 100(1 - \mathrm{rd}) + 100(1 - \mathrm{rd})^2 + 100(1 - \mathrm{rd})^3 + \cdots \\ &= 100/[1 - (1 - \mathrm{rd})] = 100/\mathrm{rd} = 500\end{aligned}$$

$$\Delta D = \Delta X/\mathrm{rd} = \text{初始活期存款的数量}/\mathrm{rd}$$

初始在银行甲存入的 100 万，导致这个银行体系创造出的货币的最终数量是 500 万，这里如果把 ΔX 除到左边，得到：

$$\Delta D/\Delta X = \Delta\text{最终的活期存款}/\Delta\text{初始的活期存款} = 1/\mathrm{rd} = 5$$

$$1/\mathrm{rd} = \text{货币创造乘数}$$

$$\because \quad 0 < \mathrm{rd} < 1$$

$$\therefore \quad 1/\mathrm{rd} > 1$$

货币创造乘数 1/rd 是一把双刃剑。双刃剑的含义是正反都能用，不仅能够成倍地增加，也能够成倍地减少(见表 5-2)。

表 5-2　货币创造过程 2

存款人		商业银行	活期存款	R	贷款		借款人
-100	→	银行甲	-100	-20	-80	→	企业 A
企业 A	→	银行乙	-80	-16	-64	→	企业 B
企业 B	→	银行丙	-64	-12.8	-51.2	→	企业 C
⋮		⋮	⋮	⋮	⋮		⋮

如果初始的存款人从银行甲提出活期存款 100 万，导致银行甲初始的活期存款减少 100 万，存入时提出法定准备金 20 万，所以还差 80 万，还得收缩 80 万的贷款。80 万向企业 A 要，企业 A 赶快去自己的开户行提活期存款 80 万，所以将导致银行乙的活期存款数量减少 80 万，80 万存入的时候提了 16 万的法定准备金，还差 64 万，还得收缩 64 万的贷款。再向企业 B 要……如果初始提走 100

万，将导致银行体系内最终活期存款数量的减少量也是500万。

这是理论上求出的最大乘数，在以下两个环节上保证漏出量尽可能的小：

第一个环节：商业银行不持有超额准备金，在初始的活期存款转换为贷款的过程中，只允许漏出法定准备金，存款人的活期存款扣除法定准备金之后，全都转化为贷款。

第二个环节：贷款要转化为活期存款，非银行公众不持有现金，要求贷款重新回到银行，又转化为新一轮的活期存款。其含义是借款人的贷款转化为借款人的活期存款。

存款人		商业银行	活期存款	R	贷款	借款人
100	→	银行甲	100	20	80	→ 企业 A
企业 A	→	银行乙	80	16	64	→ 企业 B
企业 B	→	银行丙	64	12.8	51.2	→ 企业 C
⋮		⋮	⋮	⋮	⋮	⋮

①（活期存款 → 贷款） ②（贷款 → 活期存款）

就实际来讲，这两点显然是不成立的，任何银行都会提一部分超额准备金，另外非银行公众都会持有一部分现金。

3. 高能货币 H 和货币供应量 M 的关系

从功能看，初始的 $\Delta X=100$ 万在银行体系中增长到5倍，具有成倍创造货币的功能，很像高能货币。但到底是不是呢？要按照定义：高能货币 $H=C+R$。

∵ $C=0$

∴ $H=R$

$\Delta H=\Delta R$，ΔR 是所有银行体系中的法定准备金。把表5-1中的第四列加总在一起：

$$\begin{aligned}\Delta R &= 20+16+12.8+\cdots \\ &= 100\text{rd}+80\text{rd}+64\text{rd}+\cdots \\ &= \text{rd}\,\underbrace{(100+80+64+\cdots)} \\ &= \text{rd}\times \quad 100/\text{rd} \\ &= 100=\Delta X \\ &= \text{初始的活期存款的变动量}\end{aligned}$$

结论：在银行体系内初始的活期存款就是高能货币，初始的活期存款将转化为所有商业银行的法定准备金。

$$\Delta H = \Delta R = \Delta \text{初始的活期存款} = 100$$

从定义看：$M = C + D$

$\because \quad C = 0$

$\therefore \quad M = D$

$$\Delta M = \Delta D = \Delta \text{最终的活期存款} = 500$$

$\because \quad \Delta D / \Delta X = 1/\mathrm{rd}$

$\therefore \quad \Delta M / \Delta H = 1/\mathrm{rd}$

不光高能货币和货币供应量之间有货币创造乘数 1/rd 这样一种倍数关系，最终的活期存款和初始的活期存款之间也有这样一个倍数关系。

如图 5-2 所示，基础货币的数量是 H，如果画成梯形的话，是梯形的下底边，它由 C 和 R 构成，假定通货 C 不等于 0，对我们分析问题的结论也没有任何影响，C 是装在我们成千上万人兜里的货币，初始有多少，最终仍然有多少，它没有翻倍的功能。如果存进银行的初始存款在这个体系内流通，导致这个体系内成千上万个银行的资产负债表发生变化，最终的货币存款数量和初始相比，增加到 5 倍。初始的活期存款转化为所有银行体系内的法定准备金，最终它创造了等于它 5 倍的梯形上底边。C 和 D 加总在一起就是货币供应量 M。

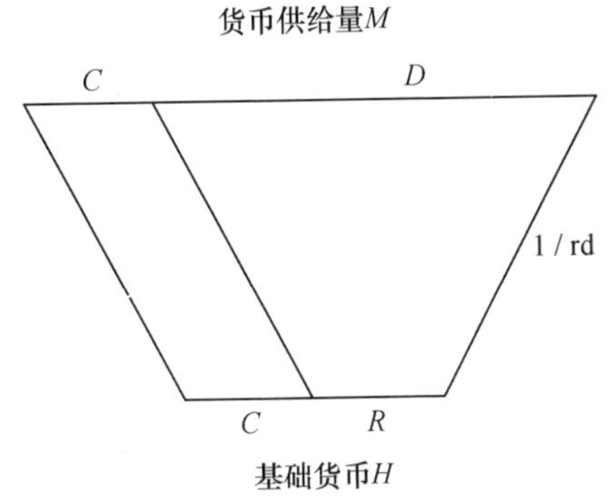

图 5-2　基础货币与货币供给关系的图形

我们通过图 5-2 可以认识到基础货币的特点。在这个体系内，实际有的钱就是 $C + R$，但是钱一流动，你最后看到的钱——货币供应量就远不止这个数量。银行体系自身会产生货币，有一种创造货币的功能。梯形的下底边支撑了一个庞大的上底边，所以称它为基础货币。另外从它翻倍的本事来看又像高能货币，或者叫强力货币。

中央银行干预这个体系的方法，至少有两种：第一，通过法定准备金比率来改变货币创造乘数，改变梯形上底边和下底边的倍数关系；第二，通过一些政策工具改变初始的活期存款的数量，改变梯形下底边的长度，因为初始的活期存款将转化为银行体系内的法定准备金，具有翻倍的效应。下面我们要研究中央银行如何运用货币政策工具来改变高能货币的数量，进而控制货币供应量的过程。

4. 货币政策工具的内容

（1）法定准备金比率 rd

如果中央银行提高法定准备金比率，相同数量的基础货币（高能货币），在 rd 上升、1/rd 下降的情况下，会导致货币供应量的下降。如果中央银行降低法定准备金比率，相同数量的基础货币（高能货币）在 rd 下降、1/rd 上升的情况下，导致货币供应量的增加。

（2）公开市场业务

债券的发行在一级市场。债券的交易、流通在二级市场，又称为公开市场。公开市场业务是指中央银行在债券的二级市场上买卖债券的行为。

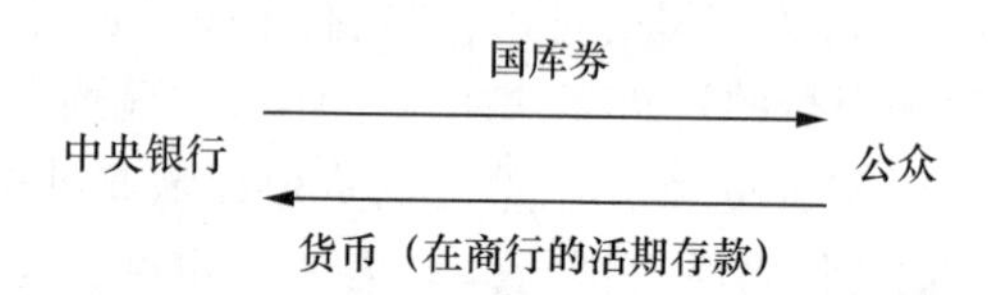

如果中央银行卖出债券，将有一个国债流从中央银行流向公众，公众对国库券要进行支付，将会有一个反方向的货币流从公众流向中央银行。公众用在商业银行的活期存款进行支付，将会导致初始的商业银行活期存款下降，实际上就是高能货币的数量下降。在货币创造乘数 1/rd 不变的条件下，将会导致货币供应量下降。

中央银行如果买进债券，将有一个债券流从公众流向中央银行，中央银行将向公众支付货币。公众在商业银行的活期存款增加，等价于高能货币数量的增加，在货币创造乘数不变的条件下，最终货币供应量增加。

（3）再贴现率

要讲清楚再贴现，我们首先介绍什么是贴现。

例如：你手里有一张面值 1 000 元、再有两个月就要到期的国债，到期它将按照面值进行支付。假定你现在购买一台彩电需要支付 1 000 元，又没有钱，只有这张面值 1 000 元的国债，你会怎么做呢？你可以把国债拿到商业银行的贴现窗口，商业银行返还给你现金，这就是贴现。商业银行给你的贴现额是多少呢？

到期面值是 1 000 元，商业银行首先把面值返还给你，国债初始发行的时候可能是折价发行，价格是 900 多元，中间的差价就是支付给你的利息。商业银行按照 1 000 元面值先返还给你，你的 1 000 元两个月后才能拿到手，所以相当于商业银行把 1 000 元借给你使用了两个月,你要向它支付利息。贴现率如果是年率的话要除以 12 然后再乘以 2,利息等于 1 000 元乘以贴现率再乘以 2 除以 12,所以你拿到手的钱肯定少于 1 000 元。公式如下:

$$\text{贴现额} = 1\,000 - 1\,000 \times [\text{贴现率(年率)}/12] \times 2$$
$$= 1\,000 \times [1 - \text{贴现率(年率)} \times 2/12]$$

贴现的过程实际上是公众把各种商业票据(比如说国债、其他的各种债券)给商业银行,商业银行向公众返还现金的过程。

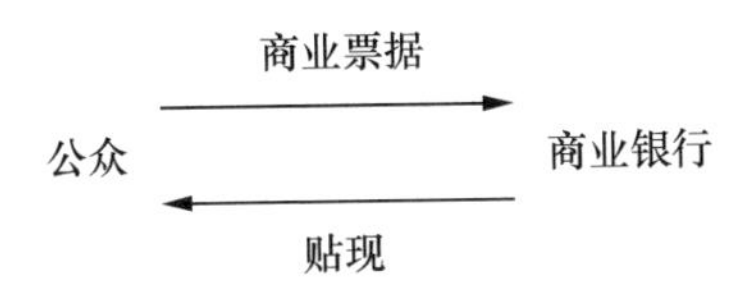

如果公众急需用钱,可以考虑进行贴现;如果商业银行急需用钱,它又该怎么办呢?商业银行去找中央银行——最后的贷款人,把它从公众手里收集到的商业票据交给中央银行,中央银行向商业银行返还现金。这个过程称为再贴现。

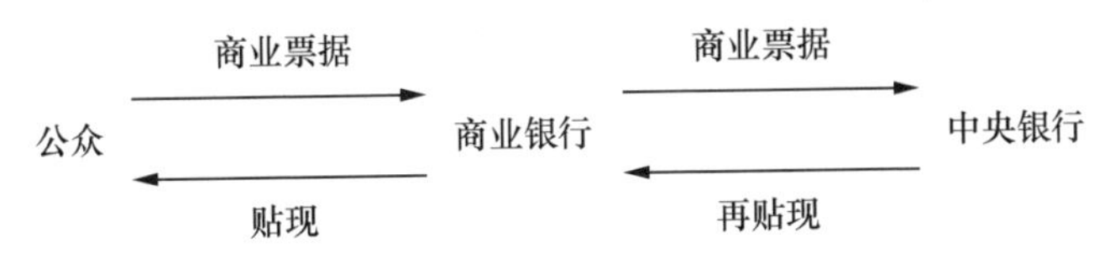

商业银行和中央银行再贴现数额的计算,实际上跟公众和商业银行贴现的计算是完全一样的,这里的利息是中央银行的再贴现率:

$$\text{再贴现额} = 1\,000 \times [1 - \text{再贴现率(年率)} \times 2/12]$$

商业银行作出是否向中央银行再贴现的决定的时候,要考虑两方面的问题:第一,再贴现的收益,取决于宏观经济形势。商业银行再贴现的目的是要把这笔钱拿到手再贷放出去,赚取贷款的利率,所以再贴现的收益取决于商业银行把钱贷给企业的贷款利率的高低。贷款利率的高低取决于宏观经济形势。宏观经济形势看好的时候,对资金需求旺盛,企业贷款愿意出很高的利息,反之如果经济形势看坏,没有什么投资的机会,对资金的需求下降,贷款的利率不可避免的降低。第二,再贴现的成本,取决于再贴现率的高低。商业银行是利益最大化的追求者,贯穿于它行为的是成本—收益分析。商业银行从再贴现的收益和再贴现的成本这两个方面来考虑问题。

中央银行降低再贴现率,商业银行如果仅仅从成本角度考虑,将会增加向中央银行的再贴现。假定再贴现到手的钱是 100 万,这相当于中央银行向银行体系内注入货币,进而导致初始的活期存款增加,也等价于所有商业银行法定准备金的数量增加,在货币创造乘数 1/rd 不变的条件下,最终将导致货币供应量的增加。反之,中央银行提高再贴现率,商业银行如果仅仅从成本的角度考虑,将会减少向中央银行的再贴现。原先可能再贴现 100 万,现在因为成本太高不进行了,中央银行相当于从银行体系内抽出货币,将导致活期存款数量下降,所以基础货币的数量下降,在货币创造乘数不变的情况下,最终导致货币供应量的下降。

这种机制发生作用的前提条件是:商业银行仅仅从成本角度考虑问题。问题是商业银行作出是否向中央银行再贴现的决定时,不仅考虑再贴现的成本,还要考虑再贴现的收益。在经济形势看好的时候,贷款的利率不断升高,在这种情况下即便中央银行提高再贴现率,商业银行认为这笔钱再贴现到手,贷出的利率会更高,所以也照样增加再贴现。在经济萧条的时候,贷款的利率很低,中央银行即便降低再贴现率,如果贷款的利率更低,商业银行也不会向中央银行再贴现。

所以,再贴现率是一个相当不确定的机制。它发挥作用的一个很重要的前提是:商业银行仅仅从成本角度考虑问题,但现实中商业银行考虑问题必然要兼顾成本和收益分析。

5. 三大政策工具的比较

三大政策工具俗称"三大法宝"。

(1) 调节对象不同

公开市场业务和再贴现率的调节对象都是基础货币数量的大小,调节的是货币创造过程梯形的下底边的长度。法定准备金比例的调节对象是货币创造乘数,调节的是货币创造过程梯形下底边和上底边的倍数关系。

(2) 调节的精确性不同

就调节精确性而言,精确性最差的是再贴现率。它发挥作用的前提条件是:商业银行仅仅从成本角度考虑问题,而实际上每个商业银行都要进行成本和收益分析。

公开市场业务和法定准备金比率哪个更精确呢?法定准备金比率决定货币创造乘数,而这个货币创造乘数是我们从理论上得到的一个最大的乘数,它在两个前提之下:一是商业银行不持有超额准备金,二是非银行公众不持有现金。而实际上这两个环节都有漏出量,几乎所有商业银行都持有超额准备金,另外非银行公众都持有一部分现金。如果不加上这两个前提假设,计算一个比较复杂的货币创造乘数,还要规定所有商业银行和公众的行为是一致的,很显然这一点跟现实是不相符的。比如说,所有的商业银行都提一个固定比例的超额准备金,所有非银行公众把贷款拿到手后,都按照一定的比例转换成通货,另外一定比例作为活期存款存入商业银行。所以法定准备金比率调节的精确性也是比较差的。实际上货币创造乘数是不断地在变化。

公开市场业务为什么准确呢?因为中央银行经常在债券的二级市场上买卖债券,经过一段时间的积累,买进卖出多少债券能够把高能货币的数量进而把货币供应量控制在什么范围内,中央银行是清楚的。

所以就调节的精确性来讲最不精确的是再贴现率,其次是法定准备金比例,较精确的是公开市场业务。

(3) 调节的灵活性不同

灵活性涉及政策工具的可逆性。中央银行在错误地判断形势,作出错误的决策时,政策工具的可逆性相当重要,为改正错误提供一个可能。

法定准备金比率是最不灵活的,可能一年动一次,或者一年仅仅动几次。再贴现率是几周或者几个月就动一次,所以灵活性比法定准备金比率要好。公开市场业务是中央银行每天在债券的二级市场买卖债券的行为,所以最灵活。

(4) 调节的公开性不同

公开性涉及货币市场的信息传递机制——向公众反馈某种信息,比如说政府和中央银行现在对经济形势的看法,起到货币市场风向标的作用。从这个意义上讲,再贴现率和法定准备金比率都是非常公开的,公众都可以看到。而公开市场业务,虽然名为“公开”,但是公开性反而最差。因为中央银行虽然每天在二级市场买卖债券,但是没有向公众公告。

6. 货币政策工具运用的原则

货币政策工具运用的原则,在英文书里有一个出现频率很高的词汇“discretionary”,翻译成“相机抉择”。相机抉择政策的目标是使得一个上升趋势的偏差,而不是一个不变均值的偏差最小化。

如图5-3所示,纵轴代表国民收入,横轴代表时间,随着时间的推移,一个国家的国民收入将会呈现出一种繁荣、衰退、萧条、复苏的周期性波动,所以使上升趋势的偏差最小化的方法就是把经济波动的高峰削平,谷底填满。所谓削峰平谷、熨平经济周期、稳定性政策、相机抉择、逆经济风向行事——这五种说法的内涵都是完全相同的。

既然相机抉择是逆经济风向行事,那么就政策的使用来讲,萧条时期应该采取扩张性的政策,反之繁荣时期应该采取紧缩性的政策。扩张性的政策就公开市场业务而言,萧条时期应该买进大于卖出,这样将会有货币流从中央银行流向公众,从而导致商业银行的活期存款数量增加,基础货币增加,即便货币创造乘

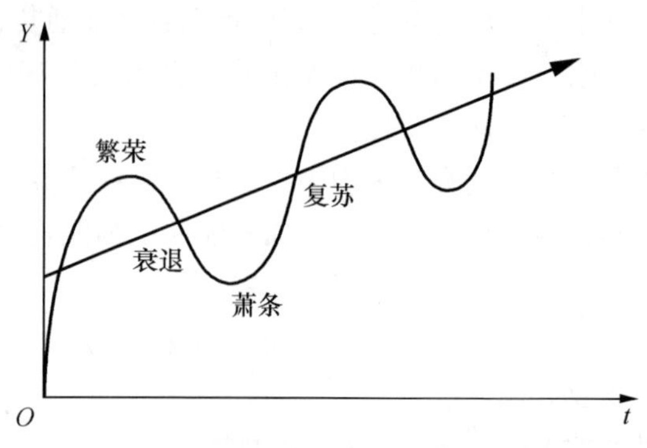

图 5-3　使上升趋势的偏差最小化

数不变,最终也能使货币供应量增加。反之在经济繁荣时期应该采取紧缩性政策,所以买进应该小于卖出。在经济萧条时期,中央银行应该不断地降低再贴现率,在繁荣时期不断地上调再贴现率。就法定准备金比率来讲,经济萧条时期应不断下调,繁荣时期则不断上调。

	萧条时期:扩张性政策	繁荣时期:紧缩性政策
公开市场业务	买进 > 卖出	买进 < 卖出
再贴现率	↓	↑
法定准备金比率	↓	↑

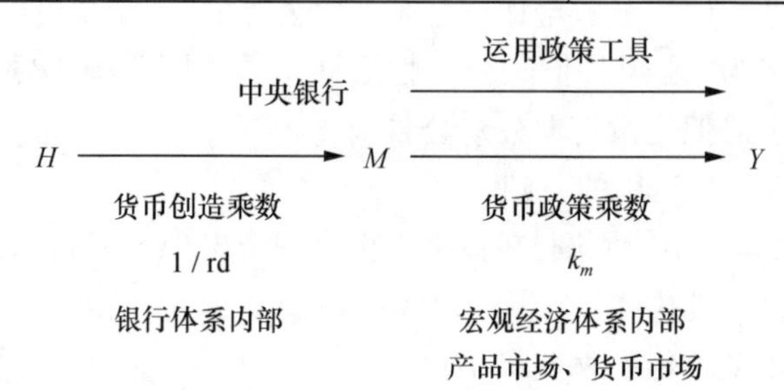

综上所述,中央银行运用货币政策工具,干预高能货币的数量,高能货币数量的变化影响货币供应量,这之间的关系被称做货币创造乘数。货币创造乘数的大小是 1/rd,是法定准备金比率的倒数,而货币创造乘数发生作用是在银行体系内部,银行体系本身具有成倍创造货币的功能。中央银行运用货币政策工具,既可以改变这之间的倍数关系,也可以改变高能货币的数量。

货币供应量的增加在宏观经济学流程图里仅仅作为一个起因,在左下角出现,也就是说,它的变化在我们分析中仅仅作为一个起点,它将导致均衡国民收入成倍的变化。货币供应量的增加和总产量的增加之间又有一个倍数关系,这种倍数关系称为货币政策乘数,这两个乘数不能混淆在一起。货币政策乘数是在宏观经济内部发生作用,涉及两个市场——产品市场和货币市场。下面研究的问题就是:货币供应量的变化导致均衡国民收入变化的过程,货币政策乘数发生作用的传导路径。

二、货币政策的传导机制

在利率和国民收入这个坐标系内,初始 IS 和 LM 曲线的交点决定的均衡是 E,收入水平是 Y^*,这是能够实现两个市场同时均衡的收入水平。现在能够实现充分就业的收入是 Y_f,两者之间有一个差距,为了弥补这样一个紧缩缺口,我们采取货币政策。IS 曲线保持不变,我们通过增发货币使 LM 曲线右移至 LM′,结果是均衡的国民收入从 Y^* 增加到 Y_f。均衡点从 E 点变化到 F 点(见图 5-4)。

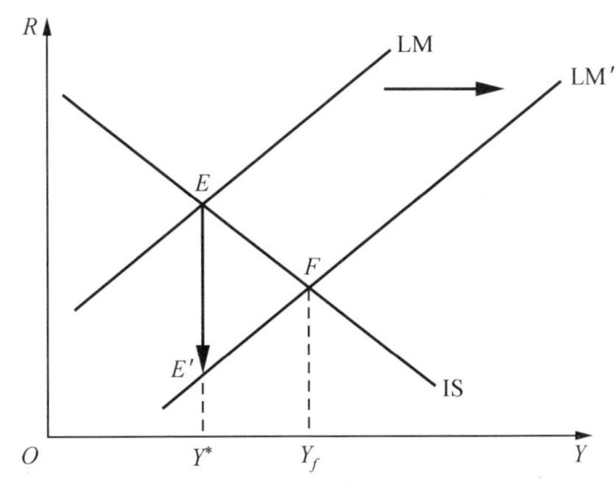

图 5-4　LM 曲线的移动

具体从 E 点到 F 点变化的过程,涉及对系统的动态学分析。站在新的均衡点 F 看 E 点,E 点是位于 LM′曲线以左的点,它受到一个垂直向下力的作用,这是货币供过于求导致货币资产价格利率下跌的力量,把 E 点直接垂直下拉到 E' 点,EE' 代表过度的货币供给 ESM。

我们把这个局部放大,看 E' 点是怎么移动到 F 点的。E' 点是位于新的 LM 曲线上的点,所以垂直方向没有受力,但是它已经变成了 IS 曲线以左的点,所以水平方向受到一个向右拉动的力量,这是过度的产品需求 EDG 导致厂商扩张产量的力量。所以 E' 点被拉离 LM′,又变成了 LM′以右的点,受到一个垂直向上拉动的力量,这是过度的货币需求 EDM 导致货币资产价格上升的力量,并且垂直方向力的作用大于水平方向力的作用,又被拉回到 LM′上。垂直方向不受力,但始终是 IS 曲线以左的点,所以水平方向仍然受到一个向右拉动的力量。离开 LM′以后,又受到一个垂直上拉的力量,再次回到 LM′……按照系统的动态学分析，E'点到 F 点这个趋向均衡的过程好像在爬一个高度递减的楼梯，最终一个国家均衡的国民收入从 Y^* 增加到 Y_f（见图 5-5）。

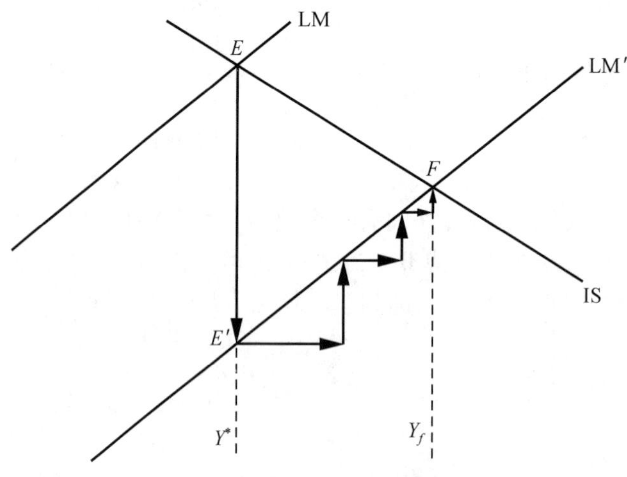

图 5-5 趋向均衡的道路

这个过程是一个利率先大幅度下降，再小幅度回升的过程，也是一个收入不断增加的过程，按照宏观经济学流程图，导致这种变化的传导机制是什么？

我们对货币政策传导机制的研究分成两种效应：初始效应和引致效应。在微观经济学中，价格下跌，需求量将会增加。按照微观经济学，价格下跌导致需求量增加的过程，有两种心理活动。首先，价格下跌，你会用便宜的东西来替代贵的，所以增加对便宜的东西的需求量，这种心理变化被称为价格变化的替代效应。与此同时，价格下跌，你的实际收入水平增加，你会感觉比原先更富了，所以会增加对正常品的需求量，这是价格下跌的收入效应。这两种心理变化合成在一起，最终体现为价格下跌，需求量增加。

宏观经济学在这里则要分析，货币供应量的增加为什么使 Y^* 增加到 Y_f，也就是具体从传导机制来讲这中间发生了什么变化。

1. 初始效应

$$M_0/P \xrightarrow{⑦} R \xrightarrow{⑥} I \xrightarrow{②} \text{AD} \xrightarrow{①} Y$$

在宏观经济学流程图中，货币供应量增加在左下角，这里可以很清楚地看到货币供应量增加导致产量增加的传导过程，我们把这个过程，叫做初始效应。

每一环节的经济含义是：

⑦ 货币市场发生变动：货币供给变动导致利率变动。

⑥ 利率变动导致产品市场上企业的投资决策发生变动。

② 投资是构成总需求的一部分，产品市场的总需求发生变动。

① 总需求决定总产量,均衡的国民收入发生变动。

我们要对每一步精确的数量关系,进行定量分析。

$$M_0/P \xrightarrow{⑦} R$$

首先,货币供应量的增加通过第七个环节改变利率水平,这中间因循方程式⑦:$M_0/P = kY - hR$。实际的货币供给等于货币需求,货币需求是三种动机的货币需求加总在一起,对这个式子进行全微分,得到:

$$\Delta M_0/P = k\Delta Y - h\Delta R$$

初始从 E 点垂直下降到 E'点的这个过程中,我们假设货币市场的变动快于产品市场,所以垂直方向力的作用大于水平方向力的作用。在货币供应量增加的初始时点也就是 Y^* 时点,收入没有变化,E 点和 E'点都对应一个均衡的 Y^*,$\Delta Y = 0$。

$$\Delta M_0/P = -h\Delta R$$

$$\Delta R = -(1/h)\Delta M_0/P$$

所以货币供给量的增加量将全部转化为利率的变动量,两者之间是一种反方向变动的关系,货币供给增加,利率必然会下降,货币供给增加 1 单位,利率将会下降 $1/h$ 单位。

$$R \xrightarrow{⑥} I$$

利率的变动又将会导致企业投资决策的变化,这是第六个环节方程式⑥:$I = I_0 - bR$。总投资等于自发投资 I_0减去 bR,对上式两边全微分,得到:

$$\Delta I = \Delta I_0 - b\Delta R$$

自发投资没有变化,$\Delta I_0 = 0$,最终投资的变动量和利率的变动量两者满足:

$$\Delta I = -b\Delta R$$

我们可以看到,利率下降,投资必然会增加,两者之间是一种反方向变化的关系。

$$\Delta I = (b/h)\Delta M_0/P$$

由上式,初始货币供应量增加 1 单位,利率下降 $1/h$ 单位,投资将会增加 b/h 单位。

$$I \xrightarrow{②} \mathrm{AD} \xrightarrow{①} Y$$

再往下,投资的变化将影响总需求,总需求将导致总产量的变化。

$$\mathrm{AD} = C + I + G$$

$$\Delta\mathrm{AD} = \Delta C + \Delta I + \Delta G$$

总需求等于三个经济主体要花的钱加总在一起,总需求的变动量等于消费的变动量加投资的变动量再加政府购买支出的变动量。消费和政府购买支出都没有发生变化,所以总需求的变化等于投资的变化。

$$\Delta AD = \Delta I$$

$$\Delta Y_1 = \Delta AD = \Delta I = -b\Delta R = (b/h)\Delta M_0/P$$

总产量的变动量为 ΔY_1,下角标 1 表示第一轮。第一轮初始的总产量的变化量等于总需求的变动量,又等于投资的变动量,还等于 $-b$ 乘以利率的变动量。初始货币供应量增加 1 单位将会导致投资增加 b/h 单位,也会导致总需求,进而导致总产量增加 b/h 单位。影响初始效应的有两个参数:投资需求的利率弹性 b 和货币需求的利率弹性 h。两个参数的变化都将影响初始效应的大小。

在图形中,初始效应的变化体现在哪里呢?如果货币供应量增加,首先利率下降,E 点到 E' 点下降的幅度为 $\Delta R = -(1/h)\Delta M_0/P$,然后导致收入增加,增加的幅度是 $\Delta Y_1 = (b/h)\Delta M_0/P$,收入增加的幅度在图 5-5 中体现为第一个从左向右箭头的长度。货币供应量增加,导致利率下降,随后投资支出、总需求乃至总产量增加,这就是初始效应。初始效应是一个外生性变化。

2. 引致效应

按照系统的动态学的分析,还有一个爬楼梯的过程,体现利率断断续续地上升,伴随收入断断续续地增加。

区分初始效应和引致效应,关键看是外生变量还是内生变量导致的变化。初始货币供应量的变化是由中央银行决定的,这是体系以外的因素。从第二轮到第 n 轮,都是随着收入的变化而变化,是一种内生性的变化。我们把内生变量带来的影响称为引致效应,外生变量带来的影响称为初始效应。

在初始效应第一轮,货币供应量增加,通过降低利率,导致投资增加,进而增加总需求、总产量。现在的问题是,收入增加了以后,最右边的 Y 变化,左边出现 Y 的还有三个地方,意味着 Y 变化在这个体系内部产生了引致效应。消费是 Y 的函数,投资是利率的函数,而利率是 Y 的函数,最终投资也是 Y 的函数,Y 变化对这个体系产生了持续的影响。Y 的变化通过两个路径影响消费,第三个 Y 通过影响利率进而影响投资,下面我们把第一轮 Y 的变化对这个体系持续的影响,分成走消费路径和走投资路径两种情况进行分析。

(1) 走消费路径的影响

$$Y \xrightarrow{⑤} T \xrightarrow[④]{Y \searrow ④} Y_d \xrightarrow{③} C \xrightarrow{②} AD \xrightarrow{①} Y$$

先看走消费路径,一个 Y 是从第四个环节直接影响个人可支配收入,另外一个 Y 是从第五个环节进来,首先导致税收的增加,然后导致个人可支配收入的下降。所以合力通过第四个环节一个增加一个减少,最后导致个人可支配收入的增加。个人可支配收入的增加通过第三个环节导致消费的增加,再通过第二个环节增加总需求,进而通过第一个环节增加总产量。其中每一步精确的数量关系我们分析如下:

$$Y \xrightarrow[⑤]{} T$$

$$T = T_0 + tY$$

在第五个环节,收入变化将会影响税收的变化。总税收等于自发税收加上引致税收,对这个式子进行全微分,得到:

$$\Delta T = \Delta T_0 + t\Delta Y$$

如果自发税收没有变化,$\Delta T_0 = 0$,收入的变化导致收入所得税发生变化,进而导致税收的变化。

$$\Delta T = t\Delta Y_1$$

税收总量的变化取决于第一轮初始收入的变化 ΔY_1,初始收入增加 1 单位,导致总税收增加 t 单位。

$$Y, T \xrightarrow[④]{} Y_d$$

$$Y_d = Y + \mathrm{TR}_0 - T$$

在第四个环节,国民收入和税收共同决定个人可支配收入,对这个式子进行全微分,得到:

$$\Delta Y_d = \Delta Y + \Delta \mathrm{TR}_0 - \Delta T$$

个人可支配收入的增加量,等于国民收入的增加量,加上转移支付的增加量,减掉税收的增加量。转移支付没有变化,所以最终:

$$\Delta Y_d = \Delta Y - \Delta T = \Delta Y - t\Delta Y = (1 - t)\Delta Y_1$$

如果初始收入增加 1 单位,个人可支配收入增加$(1 - t)$单位。

$$Y_d \xrightarrow[③]{} C$$

$$C = C_0 + cY_d$$

再往下个人可支配收入的增加将影响消费,总的消费等于自发消费加上引致消费,对这个式子进行全微分,得到:

$$\Delta C = \Delta C_0 + c\Delta Y_d$$

自发消费没有变化,最终消费的变动量就等于:

$$\Delta C = c\Delta Y_d = c(1 - t)\Delta Y_1$$

$$C \xrightarrow[②]{} \mathrm{AD} \xrightarrow[①]{} Y$$

再往下消费增加量导致总需求进而总产量 1∶1 地增加,第二个、第一个环节都是等式关系,所以很容易看到:

$$\Delta AD = \Delta C + \Delta I + \Delta G$$

$$\Delta AD = \Delta C$$

总需求的增加量等于消费的增加量，进而又转化为总产量的增加量，所以把走消费路径导致的总产量的增加量用 ΔY_C来表示。

$$\Delta Y_C = \Delta AD = \Delta C = c\Delta Y_d = c(1 - t)\Delta Y_1$$

第一轮收入的增加 ΔY_1将导致第二轮走消费路径的收入 ΔY_C的进一步增加，这个影响是一个正的影响。由此我们把走消费路径的正影响作了定量的分析。

（2）走投资路径的影响：

$$Y \xrightarrow{⑧} kY \xrightarrow{⑧} L \xrightarrow{⑦} R \xrightarrow{⑥} I \xrightarrow{②} AD \xrightarrow{①} Y$$

第一轮国民收入 Y 增加了之后，通过第八个环节增加交易动机的货币需求，进而增加总货币需求；通过第七个环节，在货币供给不变的条件下，导致利率水平上升；通过第六个环节影响投资，导致投资的机会成本增加，从而投资需求下降；通过第二个环节，导致总需求水平下降；进而通过第一个环节，导致总产量水平下降。每一步精确的数量关系如下：

$$Y \xrightarrow{⑧} kY \xrightarrow{⑧} L \xrightarrow{⑦} R$$

首先，第八个和第七个环节由于都发生在货币市场，收入增加导致交易动机的货币需求增加，进而导致总的货币需求增加，在货币供给不变的条件下，将会对利率水平产生一种影响。这里用的是货币市场实现均衡的表达式，方程式⑦：$M_0/P = kY - hR$。对这个式子两边进行全微分，得到：

$$\Delta M_0/P = k\Delta Y - h\Delta R$$

货币供应量初始效应第一轮增加，引致效应第二轮保持不变：$\Delta M_0/P = 0$

$$k\Delta Y - h\Delta R = 0$$

$$k\Delta Y = h\Delta R$$

$$\Delta R = (k/h)\Delta Y_1$$

第一轮收入 ΔY_1如果增加 1 单位，在引致效应第二轮走投资路径，将会导致利率上升 k/h 单位。

$$R \xrightarrow{⑥} I$$

利率的变化通过第六个环节将会影响投资，方程式⑥：$I = I_0 - bR$。对这个式子进行全微分，得到：

$$\Delta I = \Delta I_0 - b\Delta R$$

自发投资没有变化，$\Delta I_0=0$，所以：

$$\Delta I = -b\Delta R = -(kb/h)\Delta Y_1$$

如果第一轮收入增加 1 单位，第二轮走投资路径导致投资下降 bk/h 单位。

$$I \xrightarrow{②} \text{AD} \xrightarrow{①} Y$$

投资的变化通过第二个环节影响总需求，总需求的变化又通过第一个环节导致总产量的变化。

$$\text{AD} = C + I + G$$

$$\Delta\text{AD} = \Delta C + \Delta I + \Delta G$$

$$\Delta\text{AD} = \Delta I$$

总需求的变动量等于消费的变动量加投资的变动量再加政府购买支出的变动量，先不考虑消费和政府购买支出的变动，总需求的变动量就等于投资的变动量。引致效应第二轮走投资路径，对收入的影响我们用 ΔY_I来表示。

$$\Delta Y_I = \Delta\text{AD} = \Delta I = -b\Delta R = -(kb/h)\Delta Y_1$$

第一轮如果收入 ΔY_1增加 1 单位，在引致效应第二轮走投资路径，导致收入的下降 ΔY_I是 bk/h 单位。第一轮收入的增加走投资路径将导致第二轮收入的下降，这两者之间是一种反方向变动的关系。导致投资路径负影响的参数 k、h、b 的变化，都将导致投资路径的负影响变化。

以上两种影响，正影响走消费路径，负影响走投资路径，它们在传导机制的第二个环节合成在一起。假定走消费路径的正影响和走投资路径的负影响是同步的，合力是这两种变化加总在一起，引致效应第二轮收入的变动量我们用 ΔY_2来表示，等于走消费路径的正影响加上走投资路径的负影响，所以：

$$\begin{aligned}\Delta Y_2 &= \Delta Y_C(\text{正影响}) + \Delta Y_I(\text{负影响}) \\ &= c(1-t)\Delta Y_1 - (kb/h)\Delta Y_1 \\ &= [c(1-t) - (kb/h)]\Delta Y_1\end{aligned}$$

第三轮至第 n 轮，以此类推。第三轮走消费路径的正影响应该等于 $c(1-t)\Delta Y_2$，走投资路径的负影响应该等于 $-bk\Delta Y_2/h$，提出一个 ΔY_2，结果又是 $c(1-t)-bk/h$，如果将 ΔY_1代入，相当于 $c(1-t)-bk/h$ 的平方再乘以 ΔY_1，得出第三轮的变化 ΔY_3。

在图 5-5 中，第一轮收入的增加导致第二轮走投资路径利率水平的上升，上升的幅度是 k/h 单位，进而消费路径的正影响和投资路径的负影响合成在一起，又有一个收入的增加。收入的增加再次导致第三轮利率的上升，进而合力又导致一个收入的增加。所以引致效应体现为利率断断续续地上升、收入断断续续地增加这样一个过程，并且增加的幅度越来越小，类似于在爬一个高度递减的楼梯。

3. 总效应

如图5-5所示,初始效应先垂直下降,然后用第一个向右的箭头表示,引致了一个利率断断续续回升、收入断断续续增加的过程,Y^* 到 Y_f 实际上是把增加的收入(无数个从左向右的、长度越来越短的箭头)加总在一起。所以总效应等于初始效应第一轮加上引致效应第二轮一直加到第 n 轮,是一个等比因子为 $c(1-t)-bk/h$ 的等比数列的和。如果等比因子的绝对值小于1,等比数列总和就会收敛。用等比数列求和法,可以求出两个市场同时均衡条件下的货币政策乘数。

总效应 = 初始效应(第一轮) + 引致效应(第二轮 + … + 第 n 轮)

$$
\begin{aligned}
Y^*Y_f &= \Delta Y_1 + [c(1-t)-(kb/h)]\Delta Y_1 + [c(1-t)-(kb/h)]^2\Delta Y_1 + \cdots \\
&= \Delta Y_1\{1 + [c(1-t)-(kb/h)] + [c(1-t)-(kb/h)]^2 + \cdots\} \\
&= \Delta Y_1 \frac{1}{1-c(1-t)+bk/h} \\
&= \frac{(b/h)\Delta M_0/P}{1-c(1-t)+bk/h} \\
&= \frac{\Delta M_0/P}{(h/b)[1-c(1-t)]+k}
\end{aligned}
$$

$$\frac{\Delta Y}{\Delta M_0/P} = \frac{1}{(h/b)[1-c(1-t)]+k} = k_m$$

前面我们用求偏导的方法,直接把乘数的大小求出来,而现在我们遵循货币政策的传导机制,依照每一步发生的变化,求出货币政策乘数。

这里还要考虑一个问题,上述等比数列收敛的条件是:等比因子的绝对值应该小于1,意味着这个等比因子在 -1 和 1 之间。等比因子小于1很容易证明:

$$|c(1-t)-(kb/h)| < 1$$

$$-1 < c(1-t)-(kb/h) < 1$$

$c(1-t)-(kb/h)<1$ 的证明:

$$c(1-t) < 1 + kb/h$$

$\because \quad 0<c(1-t)<1, \quad b,k,h>0$

$\therefore \quad c(1-t)<1+kb/h$

等比因子小于1很容易证明,而大于 -1 的证明则比较困难。读者如果有兴趣可以思考一下。

从上述等比数列可以看出:传导路径越长,能量损失、衰减得越厉害,以等比因子 $c(1-t)-(kb/h)$ 的速率递减。第一步是 ΔY_1,第二步是等比因子乘以

ΔY_1,第三步是等比因子的平方乘以 ΔY_1……从左向右的箭头一个比一个短。这里得到一个结论,总效应受离它最近的效应变化的方向影响最明显。离总效应最近的效应的变化方向,决定总效应的变化方向。

4. 重要推论(用于效力分析)

(1) 如果初始效应变大(减小),那么总效应变大(减小)

如果初始效应有了变化的方向,总效应很显然也有了一个变化的方向,由于传导路径越长,能量损失得越厉害,引致效应对总效应的影响可以忽略不计。因为引致效应是按照一个等比数列在递减,即使等比因子也可能发生变化,最终也无法逆转初始效应变化的方向。如果初始效应有了变化的方向,以后的分析全都省略。

(2) 如果初始效应相同,引致效应第二轮变大(减小),那么总效应变大(减小)

如果初始效应是相同的,引致效应第二轮如果发生了某种变化,相对于引致效应第三轮来讲,第二轮离总效应最近,那么总效应也有了变化的方向,再往后第三轮到第 n 轮就不用分析。

这两个推论有利于我们分析政策效力的变化。关于货币政策的效果,将会有三个命题(命题4、命题5、命题6)有待证明。这三个命题说明了货币政策效力大小的变化受到哪些因素的影响,如果用这两个推论,证明将会简化很多。

三、货币政策效力分析之一

在IS曲线斜率不变条件下,分析LM曲线斜率变化对货币政策效力的影响。影响LM斜率有两个因素,我们依次来看:

1. k 下降($k_1 \downarrow k_2$)

在下面的分析中,重点强调三点:第一,把两种情况下的图形综合在一个图形中研究;第二,讨论的是两种情况下各种变量的增加量的变化;第三,关注传导机制的哪个环节、发生何种变化导致政策效力的变化。

(1) 图形

如图5-6所示,k 下降,LM曲线在横轴截距等于 M_0/kP,在纵轴截距不变的条件下,LM曲线更加平坦,从LM(k_1)变动到LM(k_2),LM(k_1)交IS曲线所决定的收入水平为 Y_1,LM(k_2)交IS曲线所决定的收入水平为 Y_2。

中央银行运用货币政策工具,导致实际货币供给量增加 $\Delta M_0/P$,两种不同斜率的LM曲线都发生向右的平移。LM(k_1)右移至LM′(k_1),LM′(k_1)交IS曲线于 Y_1',LM(k_2)右移至LM′(k_2),LM′(k_2)交IS曲线于 Y_2'。我们研究的是两种

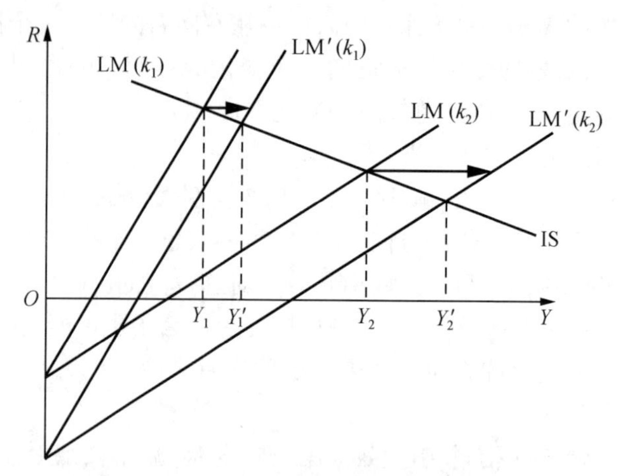

图 5-6　$k\downarrow$ 时货币政策效力的图形

情况下,运用货币政策导致收入的增加量 Y_1 到 Y_1'、Y_2 到 Y_2' 哪个更大。

在图 5-6 中,

∵　$k_1 > k_2$

∴　LM(k_1)至 LM′(k_1)的水平距离($\Delta M_0/P$)$/k_1$ < LM(k_2)至 LM′(k_2)的水平距离($\Delta M_0/P$)$/k_2$

∵　h 不变

∴　LM(k_1)至 LM′(k_1)的垂直距离($\Delta M_0/P$)$/h$ = LM(k_2)至 LM′(k_2)的垂直距离($\Delta M_0/P$)$/h$

在 k 下降导致 LM 曲线更加平坦的条件下运用货币政策,相同的 $\Delta M_0/P$ 导致的 Y 的增加量更大。k 是货币需求的收入弹性,相当于大家放在兜里零花钱的比例,如果我们在兜里少放点零花钱,将导致货币政策效力变大。在图 5-6 中我们只看到 k 下降和收入的增加量变大这一对起因和结果。至于中间的传导过程如何,还需要进一步分析。

(2) 政策效力分析

A. 初始效应

$$\Delta M_0/P \text{ 相同} \rightarrow -\Delta R \text{ 相同} \rightarrow \Delta I \text{ 相同} \rightarrow \Delta Y_1 \text{ 相同}$$

影响初始效应的两个参数 b、h 都没有变化,所以初始效应相同。我们回到宏观经济学流程图中,初始在左下角货币供应量增加 $\Delta M_0/P$,增加幅度相同,通过第七个环节,受到货币需求利率弹性 h 的影响,导致利率下降 ΔR。如果货币供应量增加 1 单位,利率下降 $1/h$ 单位,利率下降的幅度也是相同的。利率下降 1 单位将会导致投资增加 b 单位,利率下降的幅度相同,进而投资增加的幅度相同。投资进入到总需求中去,总需求决定总产量,进而初始效应第一轮导致收入

的增加量 ΔY_1 都是相同的。

B. 引致效应

按照前面得到的两个推论，如果初始效应相同必须要研究引致效应。第一轮货币供应量增加导致了收入的相同增加，在这个体系内 Y 出现在左边的三个地方，前两路影响消费，第三路影响投资。

走消费路径的正影响：

$$\Delta Y_1 \text{相同} \rightarrow \Delta Y_d \text{相同} \rightarrow \Delta C \text{相同} \rightarrow \Delta Y_C \text{相同}$$

影响消费路径的参数 t 没有变化，所以走消费路径的正影响没有变化。一个 ΔY_1 通过第四个环节直接导致个人可支配收入的相同增加量，另一个 ΔY_1 通过第五个环节，受到税率的影响，导致税收总量的相同增加 ΔY_d，两个合力通过第四个环节导致个人可支配收入增加 $(1-t)\Delta Y_1$。如果第一轮收入增加 1 单位，将导致第二轮个人可支配收入增加 $1-t$ 单位，又将导致消费增加 $c(1-t)$ 单位，然后导致总需求乃至总产量的增加。走消费路径导致产量的增加量我们用 ΔY_C 来表示，引致效应第二轮走消费路径的影响结果还是没有任何变化。

走投资路径的负影响：

$$\Delta Y_1 \text{相同} \rightarrow \Delta R \text{变小} \rightarrow |-\Delta I| \text{变小} \rightarrow |\Delta Y_I| \text{变小}$$

影响投资路径的三个参数 k、h、b 中，k 变化，导致这一路径负影响的绝对值变小。第三路是走影响投资的路径，从第八个环节进来，收入的增加导致交易动机的货币需求增加，如果收入增加 1 单位，利率将会上升 k/h 单位，h 没有发生变化，而 k 从 k_1 下降至 k_2，跟原先 k_1 对应的货币需求相比，k_2 对应的货币需求的增加量变小，在第七个环节如果货币供给量不变，将会导致利率的增加量变小，进而导致投资下降的幅度变小，投资是构成总需求的一个部分，因此总需求乃至总产量下降的幅度也变小。走投资路径的是一个反力，有一种负影响，由于 k 下降削弱了这种负影响，最终把三路影响合并在一起，假定走消费路径的影响和走投资路径的影响同步，则合力对 Y 的影响为：

$$\underset{\text{变大}}{\Delta Y_2} = \underset{\text{相同}}{\Delta Y_C} - \underset{\text{变小}}{|\Delta Y_I|}$$

$$[c(1-t) - (k_2 b/h)]\Delta Y_1 > [c(1-t) - (k_1 b/h)]\Delta Y_1$$

合力是 $\Delta Y_C + \Delta Y_I$，正影响 ΔY_C 相同，而负影响 ΔY_I 的幅度变小。一个相同的正力减去一个变小的反力，最终的合力将会导致第二轮收入的增加量变大。

C. 总效应

$$\underset{\text{变大}}{\text{总效应}} = \underset{\text{相同}}{\text{初始效应}} + \underset{\text{变大}}{\text{引致效应}}(\text{第二轮} + \cdots)$$

总效应等于初始效应第一轮加引致效应第二轮乃至第 n 轮，按照前面的推论二：初始效应相同，引致效应第二轮收入的增加量变大，很显然总效应会变大。第三轮、第四轮乃至第 n 轮就不再讨论，再往下只不过按照一个等比递减，但是它变大或者变小的趋势是无法逆转的，传导路线越长能量损失得越厉害，后面的影响越可以忽略不计。只要第二轮有了变化的方向，最终总效应也有了变化的方向。

由此我们证明了命题5：在IS曲线斜率不变的条件下，由货币需求的收入弹性下降（k 下降）导致的LM曲线越平坦，货币政策的效力就越大。

2. h 上升（$h_1 \uparrow h_2$）

（1）图形

如图5-7所示，初始在 R-Y 坐标空间中有一条IS曲线，由 h_1 决定的一条LM曲线写成LM（h_1），LM曲线在纵轴的截距等于 M_0/hP，h 上升，在横轴截距不变的条件下，LM曲线更加平坦，从LM（h_1）变动到LM（h_2）。LM（h_1）交IS曲线所决定的收入水平为 Y_1，LM（h_2）交IS曲线所决定的收入水平为 Y_2。

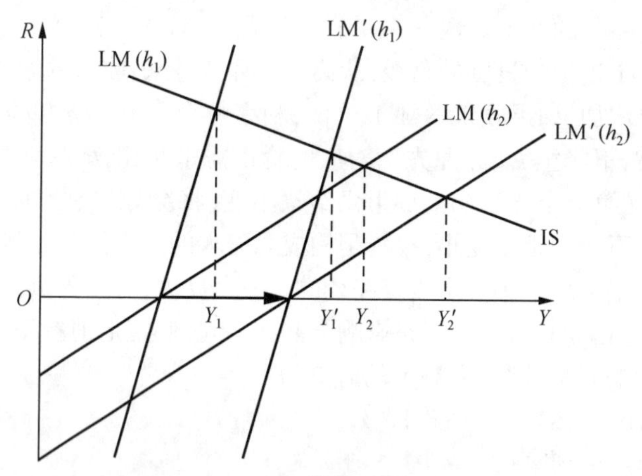

图5-7　$h\uparrow$ 时货币政策效力的图形

中央银行运用货币政策工具，实际货币供给量增加 $\Delta M_0/P$，两种情况下的LM曲线一个陡峭、一个平坦，都发生向右的平移。LM（h_1）右移至LM′（h_1），交IS曲线于 Y_1'，LM（h_2）右移至LM′（h_2），交IS曲线于 Y_2'。

图中有一些应该注意的地方：

$\because \quad h_1 < h_2$

∴　$LM(h_1)$至$LM'(h_1)$的垂直距离$(\Delta M_0/P)/h_1 > LM(h_2)$至$LM'(h_2)$的垂直距离$(\Delta M_0/P)/h_2$

∵　k不变

∴　$LM(h_1)$至$LM'(h_1)$的水平距离$(\Delta M_0/P)/k = LM(h_2)$至$LM'(h_2)$的垂直距离$(\Delta M_0/P)/k$

在h上升导致LM曲线更加平坦的条件下,相同的$\Delta M_0/P$导致的Y的变动量变小。从图5-7中很容易看出起因和结果,至于这个起因为什么带来这个结果,则需要我们研究它的传导机制。

(2) 政策效力分析

A. 初始效应

$$\Delta M_0/P\text{相同}\rightarrow|-\Delta R|\text{变小}\rightarrow\Delta I\text{变小}\rightarrow\Delta Y_1\text{变小}$$

初始货币供应量的增加量从第九个环节进来,在第七个环节受到h的影响,货币供应量增加1单位,将会导致利率下降$1/h$单位。利率下降通过第六个环节将会影响到投资支出,利率下降的幅度变小导致投资支出的增加量也变小,投资的增加通过第二个环节增加总需求,进而通过第一个环节导致总产量的增加量也变小。初始货币供应量增加1单位,将会导致收入增加b/h单位。h上升,h_2所对应的收入的增加量要小于h_1所对应的收入增加量:

$$(b/h_2)(\Delta M_0/P) < (b/h_1)(\Delta M_0/P)$$

影响初始效应的两个参数h和b中,b没有变化,h上升,所以初始效应变小。

根据前面第二个推论:如果初始效应已经有了变化的方向,初始效应变小,总效应也变小。这个过程按照一个等比因子在递减,后面的一概不讨论。在传导机制中,越靠前的效应,越具有决定性的影响,后面的效应并不能逆转变小的趋势。

B. 总效应

$$\underset{\text{变小}}{\text{总效应}} = \underset{\text{变小}}{\text{初始效应(第一轮)}} + \text{引致效应}$$

由此我们证明了命题6:在IS曲线斜率不变的条件下,由货币需求的利率弹性上升(h上升)导致的LM曲线越平坦,货币政策的效力就越小。

3. 流动性陷阱($h\rightarrow\infty$)

按照命题6,h上升将会导致货币政策的效果变小,如果h上升至正无穷,就是流动性陷阱的情况,也称为凯恩斯陷阱。在这种情况下,货币政策效力变小,有可能是0。

(1) 图形

IS曲线不变,如果h趋向于正无穷,LM曲线是一条水平线,和IS曲线的交

点决定的收入是 Y_1。现在增加货币供应量,增加的幅度仍然是 $\Delta M_0/P$,如果 LM 曲线水平,则位置不发生任何变化,增加货币供应量以后的 LM 曲线 LM′(h)和之前的 LM(h)重合,LM′(h)对应的收入 Y_2 等于 Y_1(见图 5-8)。结论:在流动性陷阱中,货币政策是无效的。

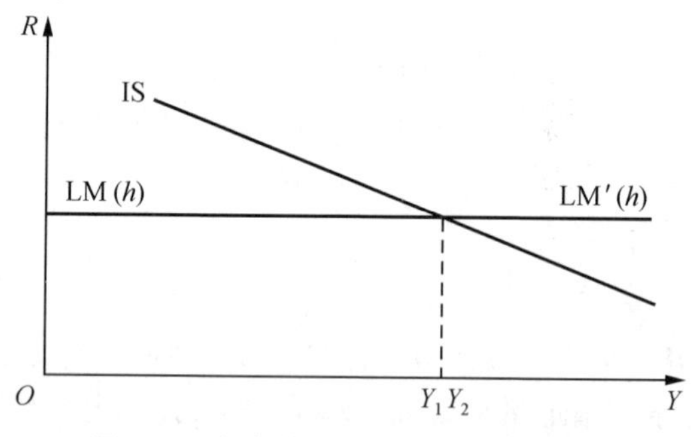

图 5-8 流动性陷阱中的货币政策效力

(2) 政策效力分析

A. 初始效应

$$\Delta M_0/P\text{相同}\rightarrow|-\Delta R|=0\rightarrow\Delta I=0\rightarrow\Delta Y_1=0$$

实际货币供应量的增加量 $\Delta M_0/P$ 是相同的,通过第七个环节,导致利率下降,中间受到 h 的影响,货币供应量增加 1 单位,利率下降 $1/h$ 单位。在 h 趋向于正无穷的时候,$1/h$ 就等于 0,任凭货币供应量如何增加,利率下降的幅度始终是 0,所以利率没有动。通过第六个环节,利率下降 1 单位,将会导致投资增加 b 单位,但是由于利率没有变化,投资也不发生变化,进而总需求乃至总产量都不发生变化。初始效应第一轮,影响初始效应的两个参数 h 和 b 中,h 趋向于正无穷,所以初始效应没有任何变化。

引致效应分为两路:一个影响消费,一个影响投资,由于初始效应为 0,因此引致效应走消费和投资路径的变化都是 0。

B. 总效应

$$\underset{\text{不变}(=0)}{\text{总效应}}=\underset{\text{不变}(=0)}{\text{初始效应(第一轮)}}+\text{引致效应}$$

第一轮的增加量是 0,很显然后面也都不变,总效应的增加量也是 0。

4. 古典特例($h\rightarrow 0$)

(1) 图形

h 趋向于 0, LM 曲线是一条垂线,LM(h)和 IS 曲线决定的收入是 Y_1,货币供应量的增加将会使 LM 曲线右移至 LM′(h),和 IS 曲线交点决定的收入是 Y_2(见图 5-9)。古典特例的情况下,货币政策最有效。

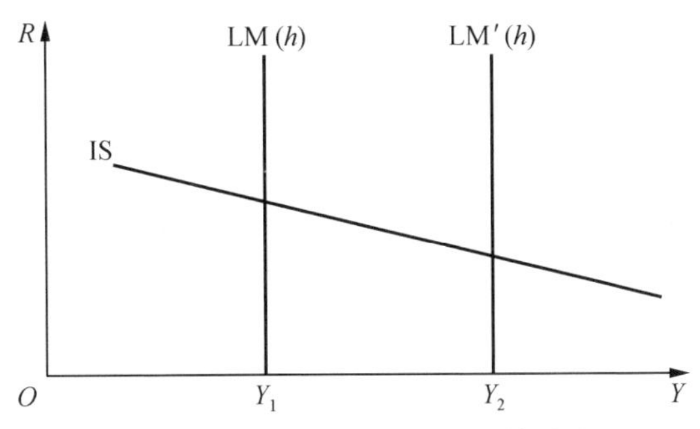

图 5-9　古典特例中的货币政策效力

（2）政策效力分析

A. 初始效应

$$\Delta M_0/P\text{相同}\rightarrow|-\Delta R|\text{极大}\rightarrow\Delta I\text{ 极大}\rightarrow\Delta Y_1\text{极大}$$

从传导机制看，初始货币供应量增加的幅度相同，货币供应量增加 1 单位，利率下降 $1/h$ 单位。由于 h 趋向于 0，利率将会有一个极大的下跌，利率下降的幅度越大，刺激投资增加的幅度就越大，进而导致总需求乃至总产量增加的幅度就越大。在影响初始效应的两个参数 h、b 中，由于 h 趋向于 0，因此初始效应有一个极大的增加。

B. 总效应

$$\underset{\text{极大}}{\text{总效应}}=\underset{\text{极大}}{\text{初始效应(第一轮)}}+\text{引致效应}$$

初始效应有极大的增加，导致总效应有极大的增加，所以货币政策效力极大，货币政策最有效。

把命题 6 扩展开来，可以解释前面介绍的两个特例：h 上升到正无穷，货币政策的效果递减到 0；反之，如果 h 很小，趋近于 0，货币政策效果将会极大。

四、货币政策效力分析之二

在 LM 曲线斜率不变的条件下，分析 IS 曲线斜率变化对货币政策效力的影响。

1. t 下降（$t_1\downarrow t_2$）

（1）图形

初始 IS 曲线由 t_1 所决定，用 IS（t_1）来表示。政府减税降低的是收入所得税税率，t 下降不影响 LM 曲线的斜率，导致 α 上升，在纵轴截距不变的条件下，IS 曲线更加平坦，从 IS（t_1）变动到 IS（t_2）。IS（t_1）交 LM 曲线所决定的收入水平为 Y_1，IS（t_2）交 LM 曲线所决定的收入水平为 Y_2（见图 5-10）。

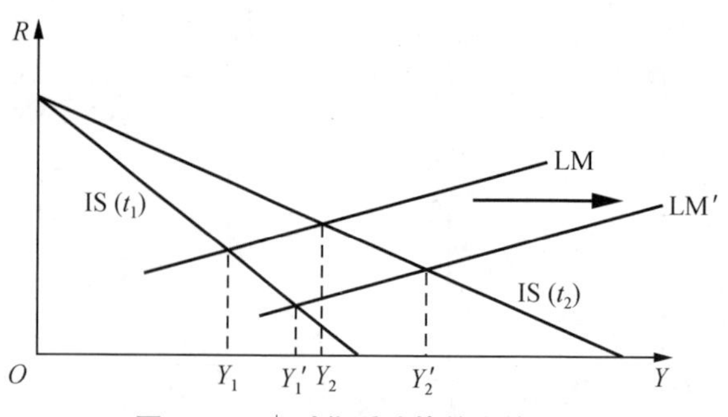

图 5-10　$t\downarrow$ 时货币政策效力的图形

中央银行运用货币政策工具,导致实际货币供给量增加 $\Delta M_0/P$,LM 曲线发生向右的平移。LM 右移至 LM′,LM′交 IS(t_1)于 Y_1',交 IS(t_2)于 Y_2'。图中有如下特点:

∵　k、h 都不变

∴　LM 至 LM′的水平距离($\Delta M_0/P$)$/k$ = LM 至 LM′的水平距离($\Delta M_0/P$)$/k$

LM 至 LM′的垂直距离($\Delta M_0/P$)$/h$ = LM 至 LM′的垂直距离($\Delta M_0/P$)$/h$

在图 5-10 中明显可以看出,在 t 下降导致 IS 曲线更加平坦的条件下,相同的 $\Delta M_0/P$ 导致的 Y 的变动量更大,即 Y_1Y_1' 小于 Y_2Y_2'。为什么会出现这个结果呢? 下面要研究它的传导机制。

(2) 政策效力分析

传导过程区分初始效应和引致效应。

A. 初始效应

$$\Delta M_0/P \text{ 相同} \rightarrow |-\Delta R| \text{相同} \rightarrow \Delta I \text{ 相同} \rightarrow \Delta Y_1 \text{相同}$$

初始的货币增加量相同,导致的利率下降的幅度是 $1/h$ 单位,因为 h 没有变化,所以利率下跌的幅度相同。利率下降 1 单位,投资增加 b 单位,投资的增加量相同,进而导致总需求和总产量的增加量也都相同。影响初始效应的两个参数 b、h 都没有变化,所以初始效应相同。

B. 引致效应

走消费路径的正影响:

$$\Delta Y_1 \text{相同} \rightarrow \Delta Y_d \text{ 变大} \rightarrow \Delta C \text{ 变大} \rightarrow \Delta Y_C \text{变大}$$

首先看引致效应走消费路径的正影响。在 t 下降以后,个人可支配收入的增加量将会变大。收入增加 1 单位,个人可支配收入增加 $1-t$ 单位。由于 t 下降,因此 $1-t$ 变大,导致个人可支配收入的增加量变大,进而通过第三个环节导致消费的增加量也变大,从而总需求乃至总产量的增加量变大。影响消费路径的参数 t 变大,所以走消费路径的正影响变大。

走投资路径的负影响：

$$\Delta Y_1 相同 \rightarrow \Delta R 相同 \rightarrow |-\Delta I| 相同 \rightarrow |-\Delta Y_I| 相同$$

第一轮收入增加的幅度相同，导致交易动机的货币需求增加量相同，在货币供给不变的条件下，进而导致货币需求的增加量相同。通过第七个环节，收入每增加 1 单位，利率上升 k/h 单位，进而导致利率的增加量也相同。利率增加 1 单位，投资下降 b 单位，利率的增加量相同将会导致投资下降的幅度相同，进而导致总需求乃至总产量下降的幅度相同。影响投资路径的三个参数 k、h、b 都不变，导致这一路径的影响不变。

假定走消费路径的影响和走投资路径的影响同步，则合力对 Y 的影响为：

$$\underset{变大}{\Delta Y_2} = \underset{变大}{\Delta Y_C} - \underset{相同}{|\Delta Y_I|}$$

$$[c(1-t_2)-(kb/h)]\Delta Y_1 > [c(1-t_1)-(kb/h)]\Delta Y_1$$

第二轮收入的增加量我们用 ΔY_2 加以表示，等于走消费路径的正影响 ΔY_C 加上走投资路径的负影响 ΔY_I。在负力相同的情况下，第二轮走消费路径的正影响是变大的，所以引致效应第二轮收入的增加量变大。

C. 总效应

$$\underset{变大}{总效应} = \underset{相同}{初始效应} + \underset{变大}{引致效应(第二轮+\cdots)}$$

最终总效应等于初始效应加上引致效应第二轮到第 n 轮，初始效应相同，引致效应第二轮变大，总效应变大。

2. b 上升($b_1 \uparrow b_2$)

(1) 图形

在 R-Y 坐标空间，初始有一条 b_1 所决定的 IS 曲线，现在由于 b 上升，b 不影响 IS 曲线在横轴的截距，而影响 IS 曲线在纵轴的截距 A_0/b，导致 A_0/b 减少，在横轴截距不变的条件下，IS 曲线更加平坦，从 IS(b_1)变动到 IS(b_2)。IS(b_1)交 LM 曲线所决定的收入水平为 Y_1，IS(b_2)交 LM 曲线所决定的收入水平为 Y_2（见图 5-11）。

中央银行运用货币政策工具，导致实际货币供给量增加 $\Delta M_0/P$，LM 曲线右移至 LM′，LM′交 IS(b_1)于 Y_1'，交 IS(b_2)于 Y_2'。图 5-11 的特点是：

∵ k、h 都不变

∴ LM 至 LM′的水平距离 $(\Delta M_0/P)/k$ = LM 至 LM′的水平距离 $(\Delta M_0/P)/k$

LM 至 LM′的垂直距离 $(\Delta M_0/P)/h$ = LM 至 LM′的垂直距离 $(\Delta M_0/P)/h$

从图 5-11 中可以明显看出，在 b 上升导致 IS 曲线更加平坦的条件下，相同的 $\Delta M_0/P$ 导致的 Y 的变动量更大，即 Y_1Y_1' 小于 Y_2Y_2'。我们分析一下它的传导机制。

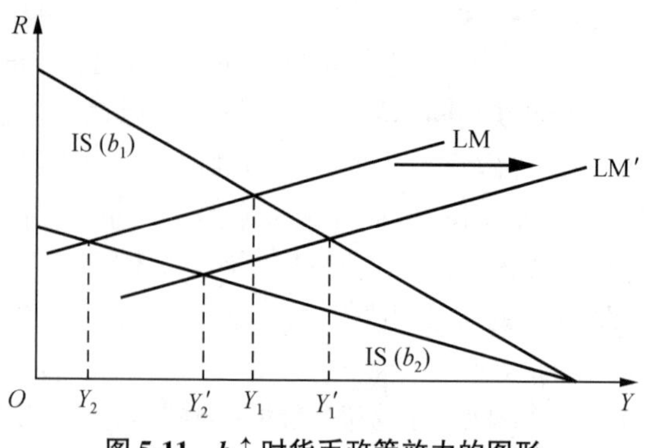

图 5-11　b↑时货币政策效力的图形

(2) 政策效力分析

A. 初始效应

$$\Delta M_0/P\text{ 相同}\rightarrow|-\Delta R|\text{ 相同}\rightarrow\Delta I\text{ 变大}\rightarrow\Delta Y_1\text{ 变大}$$

$$(b_2/h)(\Delta M_0/P) > (b_1/h)(\Delta M_0/P)$$

货币供应量增加相同的 $\Delta M_0/P$,导致利率下降的幅度都是 $1/h$ 单位。利率下跌将会刺激投资增加,利率下降 1 单位,投资增加 b 单位。在这个环节中,由于 b 从 b_1 上升至 b_2,导致投资的增加量变得更大,进而通过第二个环节乃至第一个环节传导下去,总需求乃至总产量的增加量也越大。在初始效应的表达式中,影响初始效应的两个参数中 b 变大,所以初始效应变大。

B. 总效应

$$\underset{\text{变大}}{\text{总效应}} = \underset{\text{变大}}{\text{初始效应}} + \text{引致效应(第二轮} + \cdots)$$

由于初始效应变大,传导机制越前面的环节,对结果越有决定性的影响,以后按照等比递减。b 上升导致 IS 曲线变得更加平坦,最终货币政策的效果也会变得更大。

把 t 下降和 b 上升这两种情况总结成命题 4:在 LM 曲线斜率不变的条件下,IS 曲线越平坦(综合了 t 下降和 b 上升),货币政策效力就越大。两种情况的起因不同,使 IS 曲线变得更加平坦的中间现象相似,最终结果也相同。

不同之处是:第一,图形不同,一个是 IS 曲线在纵轴截距不变的条件下,横轴截距变大,变得更加平坦;另一个是在横轴截距不变的条件下,纵轴截距变小,变得更加平坦。第二,传导机制不同,t 下降的分析涉及引致效应,而 b 上升仅仅涉及初始效应。

五、货币政策的缺陷

1. 传导机制中的不确定性

(1) 如果货币供应量和利率之间的关系是确定的,货币供应量的增加会导致利率的下降,那么应该直接控制货币供应量。

为什么不直接控制利率呢? 利率 R 是货币市场的价格机制,是货币市场的信息传导机制,有自发平抑供求波动的作用。价格机制自发具有三种作用:第一,传递每时每刻的供求信息;第二,控制成千上万的利益最大化的追求者、经济人;第三,协调整个系统,平抑供求波动。价格机制具有的这三种作用被称为信息论、控制论和系统论。直接控制 R,相当于产品市场中政府直接操纵价格,扰乱了价格机制的自发调节作用。无论是最高限价还是最低限价,都存在很大的弊端。

发展中国家金融改革的目标是利率市场化,即所谓的"金融深化",取消"金融抑制",取消金融市场的最高限价。利率市场化是我国银行体系改革的重点。从直接控制 R 到通过控制 M_0/P 间接控制 R,体现了对货币市场的价格机制自发调节作用的重视。

调整货币供应量是市场化的、间接调控的方法。其目的是通过货币供求的变化来影响利率,进而控制投资。间接的货币政策工具包括:公开市场业务、法定准备金比率、再贴现率。

(2) 如果货币供应量和利率之间的关系不确定,就直接控制利率。

在流动性陷阱里,任凭货币供应量如何增加,利率都不再下降,两者之间无相关关系。在这种情况下,中央银行可以直接调整利率。较为直接的货币政策工具是利率,调整利率是非市场化的、直接调控的方法,其目的是影响投资。

凯恩斯主义对利率的重视,提高到了一个前所未有的高度。

(3) 货币政策中间目标的选择:选 M 还是 R,取决于谁导致产量 Y 波动的幅度较小。

在传导机制中利率很显然处于一个中间的位置,最终目标包括总需求、总产量、GNP、GDP。M_0/P 在一个初始的位置,为什么也称为中间目标呢? 因为决定 M_0 的因素很多,高能货币与法定准备金比率等都会决定货币供应量,所以货币供应量也是一个中间目标。现在的问题是:到底选择哪一个中间目标? 这要结合财政政策工具的运用和货币需求函数的稳定性等方面综合考虑。

以 M 为中间目标时的 LM 曲线为单调上升的曲线,用 LM(M)表示。这是正常斜率的 LM 曲线。保持货币供应量不变,例如,中央银行宣布每年货币供应量的增加量是 1 000 亿元,就得到了一条单调上升的 LM 曲线。以 R 为中间目标时的 LM 曲线为平行于横轴的曲线,用 LM(R)表示。保持利率不变,例如,中央银行把利率水平固定在 5% 这样一个水平上,导致一条水平的 LM 曲线(见图 5-12)。

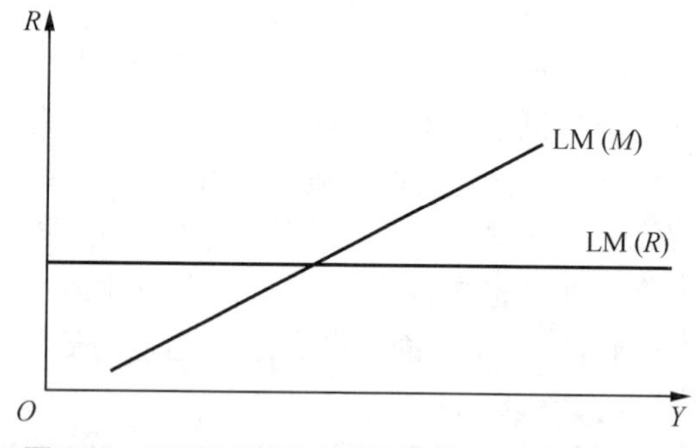

图 5-12　两种不同的中间目标情况下的 LM 曲线

第一,在货币需求函数稳定,即 LM(M)曲线的位置稳定的条件下,如果财政政策频繁地使用,那么应该以 M 作为货币政策的中间目标。

如图 5-13 所示,如果一个国家的货币需求函数稳定,LM(M)的位置稳定,波动的根源是政府频繁地运用财政政策,IS 曲线的位置是不断变化的。当 IS 曲线移动时,与 LM(M)决定的产量水平将为 Y_2,与 LM(R)决定的产量水平为 Y_1。如果盯住货币供应量,收入波动的幅度是 $Y^* Y_2$;如果盯住利率,收入波动的幅度是 $Y^* Y_1$,这样,货币存量目标使产量波动的幅度更小。

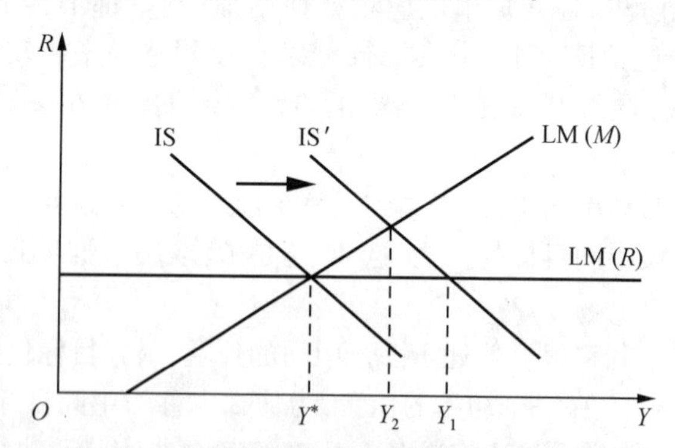

图 5-13　M 作为中间目标时政策调节的准确性

因此,我们得出第一个结论:在货币需求函数稳定,即 LM(M)曲线的位置不变的条件下,如果产量偏离其均衡水平的主要原因是 IS 曲线的移动,那么产量水平可以通过保持货币存量不变而得到稳定。因此,央行应该选择货币存量目标。

第二，在 IS 曲线稳定的条件下，如果货币需求函数不稳定，即 k、h 的变动导致 LM(M)曲线的移动，那么应该以利率作为货币政策的中间目标。

如图 5-14 所示，在 IS 曲线稳定时，政策目标是达到 Y^* 的产量水平。如果央行以货币存量为目标，由于货币需求函数不稳定，k、h 的变动导致 LM 曲线从 LM(M)移动至 $LM_2(M)$，产量水平将为 Y_2，离合意的产量水平 Y^* 更远。LM(R)是利率保持不变时的 LM 曲线，可以准确地达到 Y^* 的产量水平。这样，利率目标就导致更稳定的产量水平。

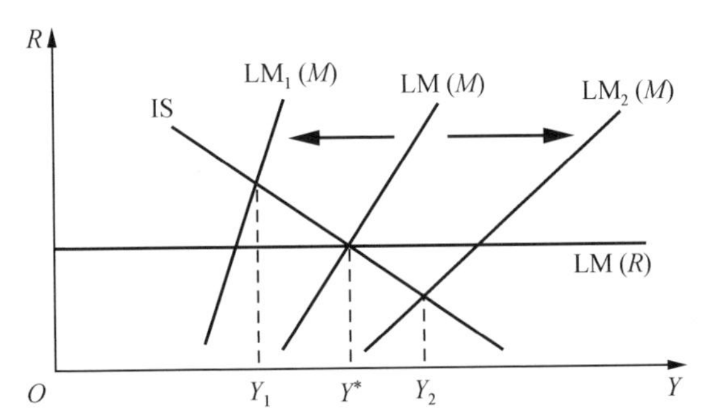

图 5-14　以 *R* 为中间目标时政策调节的准确性

因此，我们得出第二个结论：在 IS 曲线稳定的条件下，如果产量偏离其均衡水平的主要原因是 LM 曲线的移动，那么产量水平可以通过保持利率不变而得到稳定。因此，央行应该选择利率目标，盯住一个既定的利率水平不变。

(4) 在货币政策的传导机制中，如果利率和投资的关系确定，就通过控制利率来控制投资。如果两者之间的关系不确定，任凭利率如何下降，投资都不增加，就直接控制投资。

这实际上涉及传导机制的第六个环节，很多国家都实行信贷额度控制，或者信贷配给，国家每年公布发放给各行各业的贷款的额度，通过控制贷款的数量来控制投资的规模，进而控制 GDP 和国民收入的增长。

(5) 货币政策效力分析的前提条件是

$$M_0/P \xrightarrow{⑦} R \xrightarrow{⑥} I \xrightarrow{②} \mathrm{AD} \xrightarrow{①} Y$$

第七个环节货币供应量的增加将会降低利率，第六个环节利率下降将会影响投资，第二个环节投资的增加将会影响总需求乃至第一个环节影响总产量，我们分析的前提条件是各个环节的数量关系都是确定的，而且满足方程式所描述的精确的数量关系，在此特别强调。

(6) 对货币政策的颠覆性研究——内生货币。

在凯恩斯主义的分析中,起因是货币供应量的增加,结果是 GNP 发生变化。这一因果关系以货币供应量为起因,货币供应量决定一个国家的 GDP。货币供应量在分析中是由中央银行决定的、既定的外生变量,这样的货币被称为外部货币(outside money),是由经济体系以外的因素所决定的。

有的研究则完全相反,倒果为因,认为货币供应量的变化不会影响总产量,而恰恰是总产量的变化影响货币供应量。总产量的变化是起因,货币供应量是受总产量影响的内生变量,这种情况下的货币被称为内部货币(inside money),或者内生货币。

Robert King 和 Charles Plosser 在 1984 年发表的经典文章"实际经济周期中的货币、信贷、物价"("Money, Credit, and Prices in a Real Business Cycles", *American Economic Review* 64(June):363—380)中指出,总产量 Y 对货币供应量有同期的正相关关系。

2. 货币政策效果的不对称性

影响货币政策效果的变量有 t、b、k、h。

税率 t 和货币需求的收入弹性 k 涉及经济生活中的制度因素,我们认为基本稳定。税率的高低取决于政府,放在兜里的零花钱的比例取决于经济生活中得到货币的难易程度,涉及经济生活中的制度因素,也基本稳定。

投资需求的利率弹性 b 和货币需求的利率弹性 h 涉及心理因素,心理变动的波动比较大,讨论 IS 曲线两种特例的时候有 b 趋向于 0 和 b 趋向于正无穷。得到 IS 曲线的两个特例:垂直的和水平的。

关于 LM 曲线特例的讨论也有两种情况:h 趋向于 0 和 h 趋向于正无穷。h 趋向于 0 是古典特例,得到一条垂直的 LM 曲线,而 h 趋向于正无穷是凯恩斯特例,又称为流动性陷阱,得到一条水平的 LM 曲线。

在货币政策效果中特别关注的就是 h,主观心理因素是非常容易波动的,在萧条时期变大,在极度萧条的情况下,它可能趋向于正无穷,反之在经济繁荣时期就可能变小。h 的变化将会对货币政策效果带来显著的影响。如果 h 变大,货币政策乘数将会变小,货币政策的效力将会减弱;反之如果 h 变小,货币政策乘数将会变大,货币政策的效果将会加强。在萧条时期和繁荣时期,采取相同幅度的货币政策,对收入的影响是不同的。在萧条时期政策效果小,而在繁荣时期政策效果大。

h 随经济形势变化	萧条时期变大（流动性陷阱 $h \to \infty$）	繁荣时期变小
扩张性政策的正效果：$\Delta Y/\Delta(M_0/P)$	变小 $k_m \downarrow$	变大 $k_m \uparrow$
紧缩性政策的负效果：$\lvert -\Delta Y/-\Delta(M_0/P)\rvert$	变小 $k_m \downarrow$	变大 $k_m \uparrow$

如果增加货币供应量，在萧条时期，货币政策乘数变小，货币政策扩张经济的正效果也小；反之在繁荣时期，因为货币政策乘数在变大，所以扩张性货币政策的正效果也大。如果减少货币供应量，采取紧缩性货币政策，收缩经济的效果同样是萧条时期小，繁荣时期大。在繁荣时期，无论是扩张性货币政策的正效果，还是紧缩性货币政策的负效果都变大；在萧条时期，正效果和负效果都变小，体现了货币政策效果的不对称性。

政策运用的原则是相机抉择、逆经济风向行事，所以萧条时期，会采取扩张性的政策，扩张性政策的效果小；而繁荣时期将会采取紧缩性的政策，紧缩性的政策效果大。基于这一点，有人讲货币政策像刹车和马缰绳，货币政策的作用是阻止前进非常有效，而促进效果就比较差。

3. 货币政策的时滞

时滞主要是指时间上的滞后，政策时滞分为内部时滞和外部时滞。

内部时滞就是制定政策所花费的时间，内部时滞又依次分为认识时滞、决策时滞、行动时滞。认识时滞说明中央银行对经济形势的认识滞后于经济形势的发展。认识到经济形势的发展之后，才进行决策。政策目的是要稳定经济，要相机抉择、逆经济风向行事，萧条时期应该采取扩张的政策，繁荣时期应该采取紧缩的政策。决策之后还要行动，例如，在公开市场上买进、卖出国库券，调整法定准备金比率和再贴现率。行动也需要时间，所以行动也有一个时滞。总而言之，制定政策所花费的时间，是这三个时滞加总在一起，滞后于经济形势的发展，这就是内部时滞。

外部时滞是指政策行为对经济产生影响的时间。例如，增加货币供应量政策，会导致总产出成倍的增加，这个过程也需要时间，这就是外部时滞。

与财政政策相比，货币政策的内部时滞短（主要体现在行动时滞短），外部时滞长（传导的环节长）。

假定中央银行和财政部对经济形势的认识时滞和决策时滞是相同的，但是就行动时滞看，货币政策行动的速度要远比财政政策快得多。如果中央银行决定要增加货币供应量，立刻就会降低准备金比率和再贴现率，在公开市场上大量买进国债。而财政政策如果涉及一些敏感的问题，比如说增税或者减少政府购买支出、转移支付,则需要长时间的酝酿讨论。所以就内部时滞来讲,货币政策的内部时滞短,财政政策的内部时滞长。

就外部时滞来讲,在宏观经济学流程图中,货币供应量的变化在左下方,先影响利率,再影响投资,然后影响总需求,进而影响总产量,所以它的传导战线长。传导战线越长,能量损失越厉害,导致货币政策的外部时滞越长。而对于财政政策,政府购买支出的增加通过第二个环节立刻增加总需求进而增加总产量,传导战线短,有一种立竿见影的效果,所以外部时滞短。所以就外部时滞看,货币政策的外部时滞长,财政政策的外部时滞短。

第二节 财政政策

一、财政政策工具

政府运用财政政策工具干预经济,控制一个国家的 GDP。

1. 财政政策工具的内容

G ——支出政策

$C \leftarrow Y_d \leftarrow \begin{cases} TR_0 & \text{——支出政策} \\ T_0 & \text{——收入政策} \\ t & \text{——收入政策} \end{cases}$

$I \leftarrow I_0$ ——投资津贴政策

在宏观经济学流程图里,政府购买支出是最重要的财政政策工具,属于支出政策工具,转移支付也是支出政策工具的一种,所以支出政策工具有两个。收入政策工具有自发税收以及税率。

政府购买支出直接影响总需求,决定总产量。自发税收、转移支付和税率通过个人可支配收入影响消费,进而影响总需求,决定总产量。

货币政策通过影响利率进而控制投资,而财政政策工具可以通过投资津贴的政策影响自发投资,进而影响总投资,决定总需求乃至总产量。

总结一下,财政政策工具可以影响经济生活的方方面面,既可以有政府购买支出直接作用,另外也可以影响消费和投资,财政政策工具的共性是:第一,都在产品市场发挥作用,不涉及货币市场;第二,通过移动 IS 曲线,产生影响。

2. 财政政策工具运用的原则

财政政策工具运用的原则与货币政策工具是相同的,就是要熨平经济周期、削峰平谷、稳定经济、相机抉择、逆经济风向行事。总之,财政政策要使上升趋势的偏差最小化,使经济平稳地增长。繁荣时期要采取紧缩性的政策,萧条时期要采取扩张性的政策。

	萧条时期:扩张性政策	繁荣时期:紧缩性政策
收入政策	减收(减税) T_0↓或者 t↓	增收(增税) T_0↑或者 t↑
支出政策	增支 TR_0↑或者 G↑	减支 TR_0↓或者 G↓

以收入政策为例,在经济萧条时期要采取减收,也称为减税,自发税收要下降,税率要调低;反之,在繁荣时期应该采取增收,也称为增税,自发税收要增加,税率要提升。以支出政策为例,在经济萧条时期要增支,增加转移支付,增加政府购买支出;在经济繁荣时期,应该减支,减少转移支付,减少政府购买支出。

二、财政政策的传导机制

$$G \xrightarrow[k_g]{} Y$$

起因是政府购买支出的增加,然后均衡国民收入成倍地上升,这中间有一个乘数效应,用政府购买支出乘数 k_g 来表示,乘数发生变化,导致政策效力发生变化。下面我们研究这中间的传导机制。

初始 IS 和 LM 曲线交点是 E 点,决定的收入水平是 Y^*,和能够实现充分就业的国民收入 Y_f之间有一个差距,存在一个紧缩缺口。政府购买支出的增加,使 IS 曲线从 IS 右移至 IS′,使收入从 Y^* 上升到 Y_f,均衡点从 E 移动到新的均衡点 F(见图 5-15)。

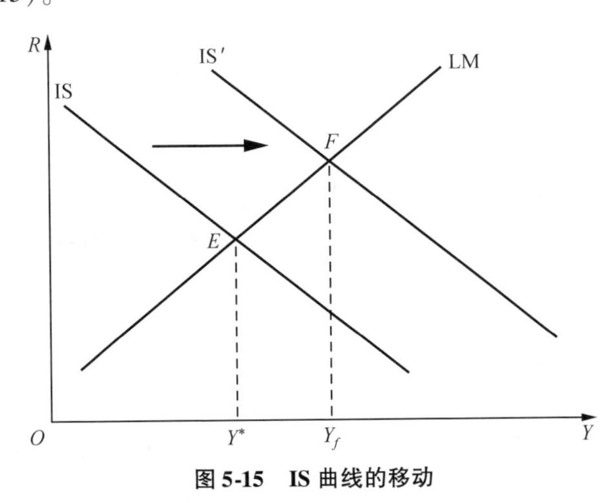

图 5-15　IS 曲线的移动

我们进行系统的动力学分析,把从 E 点到 F 点这一过程放大。站在新的均衡点 F 看 E,它是位于 LM 曲线上的点,没有受到垂直方向的力的作用。它同时又是位于 IS′以左的点,将受到水平向右拉动的力量,这是产品市场非意愿存货小于 0、供不应求、厂商存在扩张产量的力量。一旦 E 被拉离了 LM 曲线,就变成了 LM 曲线以右的点,受到一个垂直上拉的力量,而且这个垂直方向的力量比水平方向的力量要大。E 点被拉上去以后,是位于 LM 曲线之上的点,不受垂直方向力的作用。但因为是 IS′以左的点,又受到一个向右拉动的力量,拉出来以后垂直方向有一个作用将它拉出去,然后又有一个水平向右的力将它再拉出来……从 E 点到 F 点、从旧的均衡向新的均衡过渡的过程,相当于在爬一个高度递减的楼梯(见图 5-16)。

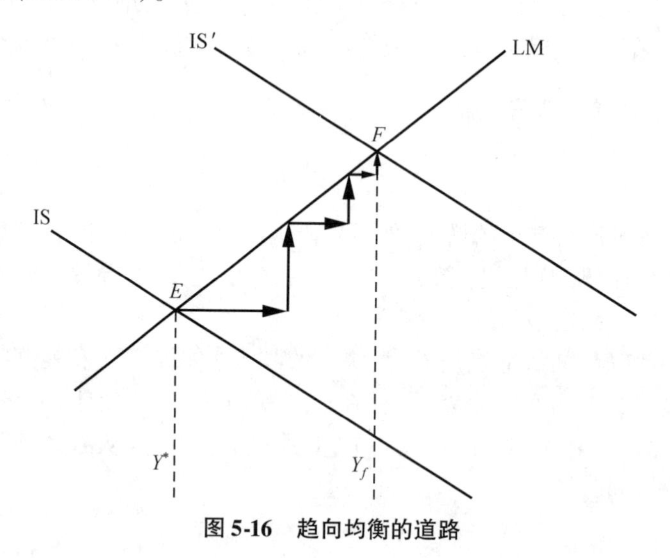

图 5-16 趋向均衡的道路

1. 初始效应

$$G \xrightarrow{②} \mathrm{AD} \xrightarrow{①} Y$$

把这个过程分成两种效应,第一,初始效应,政府购买支出的增加通过第二个环节导致总需求的增加,再通过第一个环节导致总产出的增加。

初始效应是外生性增加,所以每一步精确的数量关系如以下两个方程式所示:

$$\Delta \mathrm{AD} = \Delta C + \Delta I + \Delta G$$

$$\Delta Y_1 = \Delta \mathrm{AD} = \Delta G$$

总需求等于消费者的消费支出加上厂商的投资支出再加上政府的购买支出,总需求的增加量等于消费的增加量加投资的增加量再加政府购买支出的增加量。消费和投资都没有增加,所以总需求的增加量就等于政府购买支出的增加量,总需求决定总产量,所以总需求的增加量等于总产量的增加量。这是第一轮发生的外生性变化，导致的产量增加量我们用 ΔY_1 来代表，它就等于初始政府购买支出的变动量。

初始效应在图中有多大呢？它相当于从图 5-16 中的 E 点出发，第一个向右的箭头的长度，也就是 ΔG。这个过程中，都是 1∶1 的传递，初始效应不受任何外生变量的影响，对财政政策效力变化的分析，无一例外地要涉及引致效应。第一轮初始的外生性变化相当于推倒了多米诺骨牌的第一张，以后一张推一张，引发了连锁反应。第一轮政府购买支出的增加导致总需求乃至总产量的增加，将对这个体系产生持续的影响。消费和投资都是收入水平的函数，所以收入变化以后，进而将会引发消费以及投资发生变化。

2. 引致效应

按照系统的动态学的分析，还有一个爬楼梯的过程，体现为一个利率断断续续地上升，伴随收入断断续续地增加的过程。

区分初始效应和引致效应，关键看是外生变量还是内生变量导致的变化。初始政府购买支出的增加量，是体系以外的因素所决定的。从第二轮到第 n 轮都是随着收入的变化而变化，是收入水平的函数，我们认为是内生性增加。内生变量带来的影响称为引致效应，外生变量的影响称为初始效应。

初始效应第一轮，政府购买支出增加，进而增加总需求、总产量。现在的问题是，收入增加了以后，最右边的 Y 变化，左边出现 Y 的还有三个地方，意味着 Y 变化在这个体系内部带来了引致效应。消费是 Y 的函数，投资是利率的函数，而利率是 Y 的函数，最终投资也是 Y 的函数，Y 变化对这个体系产生了持续的影响。最左边出现 Y 的三个地方，前两个影响消费，这是走消费路径的影响，第三个通过影响利率进而影响投资，所以这是走投资路径的影响。具体传导过程前面讲货币政策的时候已经介绍过，简单总结如下。

(1) 走消费路径的影响：

$$Y \xrightarrow[\text{⑤}]{} T \xrightarrow[\text{④}]{Y \searrow \text{④}} Y_d \xrightarrow[\text{③}]{} C \xrightarrow[\text{②}]{} \mathrm{AD} \xrightarrow[\text{①}]{} Y$$

走消费路径导致的总产量的增加量用 ΔY_C 来表示：

$$\Delta Y_C = \Delta \mathrm{AD} = \Delta C = c\Delta Y_d = c(1-t)\Delta Y_1$$

(2) 走投资路径的影响：

$$Y \xrightarrow{\text{⑧}} kY \longrightarrow L \xrightarrow{\text{⑦}} R \xrightarrow{\text{⑥}} I \xrightarrow{\text{②}} \mathrm{AD} \xrightarrow{\text{①}} Y$$

走投资路径对收入的影响用 ΔY_I 来表示：

$$\Delta Y_I = \Delta \mathrm{AD} = \Delta I = -b\Delta R = -(kb/h)\Delta Y_1$$

两种变化加总在一起，引致效应第二轮收入的变动量我们用 ΔY_2 来表示，等于走消费路径的正影响加上走投资路径的负影响：

$$\begin{aligned}\Delta Y_2 &= \Delta Y_C(\text{正影响}) + \Delta Y_I(\text{负影响}) \\ &= c(1-t)\Delta Y_1 - (kb/h)\Delta Y_1 \\ &= [c(1-t) - (kb/h)]\Delta Y_1\end{aligned}$$

3. 总效应

如图5-16所示，初始效应是第一个向右的箭头，引致了一个利率断断续续上升、收入断断续续增加的过程，Y^* 到 Y_f 实际上是把增加的收入（无数个从左向右的、长度越来越短的箭头）加总在一起。所以总效应等于初始效应第一轮加上引致效应第二轮一直加到第 n 轮，是一个等比因子为 $c(1-t)-bk/h$ 的等比数列的和。因为等比因子的绝对值小于1，所以等比数列总和收敛。用等比数列求和法求两个市场同时均衡条件下的财政政策乘数。

总效应 = 初始效应（第一轮）+ 引致效应（第二轮 + … + 第 n 轮）

$$\begin{aligned}Y^*Y_f &= \Delta Y_1 + [c(1-t) - (kb/h)]\Delta Y_1 + [c(1-t) - (kb/h)]^2\Delta Y_1 + \cdots \\ &= \Delta Y_1\{1 + [c(1-t) - (kb/h)] + [c(1-t) - (kb/h)]^2 + \cdots\} \\ &= \Delta Y_1 \frac{1}{1 - c(1-t) + bk/h} \\ &= \frac{\Delta G}{1 - c(1-t) + bk/h}\end{aligned}$$

$$\frac{\Delta Y}{\Delta G} = \frac{1}{1 - c(1-t) + bk/h} = k_g$$

第一步是 ΔY_1，第二步是等比因子乘以 ΔY_1，第三步是等比因子的平方乘以 ΔY_1……从左向右的箭头一个比一个要短。这里也得到一个结论：总效应受离它最近的效应变化的方向影响。离总效应最近的效应的变化方向，决定总效应的变化方向。

4. 重要推论（用于效力分析）：如果初始效应相同，引致效应第二轮变大（减小），那么总效应变大（减小）

如果初始效应是相同的，引致效应第二轮如果发生了某种变化，相对于引致效应第三轮来讲，第二轮离总效应最近，那么总效应也有了变化的方向，再往后第三轮到第 n 轮就不用分析。

这个推论有利于我们分析政策效力的变化。关于财政政策的效果，将会有三个命题（命题1、命题2、命题3）有待证明。这三个命题说明了财政政策效力大小的变化受到哪些因素的影响，如果用这个推论，证明将会简化很多。

三、财政政策效力分析之一

在LM曲线斜率不变的条件下，分析IS曲线斜率变化对财政政策效力的影响。IS 曲线斜率发生变化有两种可能:一种是 t 下降,另外一种是 b 上升。

1. t 下降($t_1 \downarrow t_2$)

(1) 图形

如图 5-17 所示,在 R-Y 坐标空间中,初始有一条 IS 曲线,由税率 t_1 决定,称为 IS(t_1),它和 LM 曲线交点决定的收入是 Y_1,t 下降导致 α 上升,在纵轴截距不变的条件下,IS 曲线更加平坦,从 IS(t_1)变动到 IS(t_2),IS(t_2)交 LM 曲线所决定的收入水平为 Y_2。

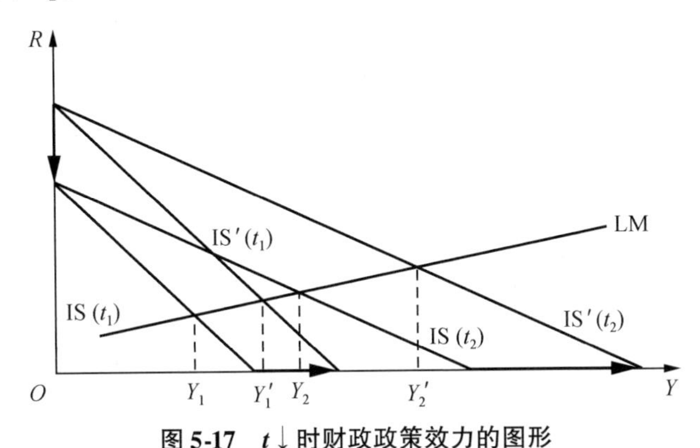

图 5-17 $t\downarrow$ 时财政政策效力的图形

运用财政政策工具——ΔG 增加,IS 曲线发生向右的平移。IS(t_1)右移至 IS′(t_1),交 LM 曲线于 Y_1',IS(t_2)右移至 IS′(t_2),交 LM 曲线于 Y_2'。

图中的对应关系,t 下降 α 上升,$t\downarrow \to \alpha\uparrow$:

IS(t_1)至 IS′(t_1)的水平距离 $\alpha_1\Delta G <$ IS(t_2)至 IS′(t_2)的水平距离 $\alpha_2\Delta G$。

因为 b 不变,所以,

IS(t_1)至 IS′(t_1)的垂直距离 $\Delta G/b =$ IS(t_2)至 IS′(t_2)的垂直距离 $\Delta G/b$。

因此,在收入所得税 t 下降导致 IS 曲线更加平坦的条件下,相同的 ΔG 导致的 Y 的变动量 Y_2Y_2' 比 Y_1Y_1' 更大。

(2) 政策效力分析

A. 初始效应

$$\Delta G\text{ 相同}\to\Delta \text{AD 相同}\to\Delta Y_1\text{ 相同}$$

政府购买支出的增加量是相同的,导致总需求的增加量进而第一轮总产量的增加量是相同的,初始效应相同,这中间不受任何参数的影响。

B. 引致效应

走消费路径的影响:

$$\Delta Y_1\text{ 相同}\to\Delta Y_d\text{ 变大}\to\Delta C\text{ 变大}\to\Delta Y_C\text{变大}$$

引致效应第二轮到第 n 轮都是一种内生性增加，由于收入所得税的税率 t 从 t_1 下降到 t_2，导致个人可支配收入的增加量变大，通过第三个环节导致消费的增加量变大，进而导致总需求乃至总产量的增加量变大。所以影响消费路径的外生变量 t 发生变化，走消费路径的正影响变大。

走投资路径的负影响：

$$\Delta Y_1\text{相同}\rightarrow\Delta R\text{相同}\rightarrow|-\Delta I|\text{相同}\rightarrow|-\Delta Y_I|\text{相同}$$

第一轮收入的增加量相同，通过第七个环节导致利率上升的幅度相同，导致投资下降的幅度也相同，进而导致总需求乃至总产量下降的幅度都是相同的。影响投资路径的三个外生变量 k、h、b 都不变，导致这一路径的负影响不变。

假定走消费路径的影响和走投资路径的影响同步，则合力对 Y 的影响为：

$$\underset{\text{变大}}{\Delta Y_2} = \underset{\text{变大}}{\Delta Y_C} - \underset{\text{相同}}{|\Delta Y_I|}$$

$$[c(1-t_2)-(kb/h)]\Delta Y_1 > [c(1-t_1)-(kb/h)]\Delta Y_1$$

引致效应第二轮有了变化的方向，收入的增加量变大。

C. 总效应

$$\underset{\text{变大}}{\text{总效应}} = \underset{\text{相同}}{\text{初始效应}} + \text{引致效应}(\underset{\text{变大}}{\text{第二轮}} + \cdots)$$

总效应等于初始效应加引致效应第二轮到第 n 轮，初始效应相同，引致效应第二轮收入的增加量变大，所以总效应变大。

由此我们证明了命题 1，在 LM 曲线斜率不变的条件下，由税率下降（t 下降）导致的 IS 曲线越平坦，财政政策的效力就越大。

2. b 上升（$b_1\uparrow b_2$）

(1) 图形

如图 5-18 所示，初始投资需求的利率弹性 b_1 决定了一条 IS 曲线，用 IS(b_1) 来表示，它和 LM 曲线交点决定的收入是 Y_1。现在 b 上升，导致 A_0/b 下降，IS 曲线在纵轴的截距下降，在横轴截距不变的条件下，IS 曲线更加平坦，从 IS(b_1) 变动到 IS(b_2)，IS(b_2) 交 LM 曲线所决定的收入水平为 Y_2。

两种情况下我们都运用财政政策工具——ΔG 增加，IS 曲线发生向右的平移。IS(b_1) 右移至 IS′(b_1)，交 LM 曲线于 Y_1'，IS(b_2) 右移至 IS′(b_2)，交 LM 曲线于 Y_2'。

图中的对应关系：因为 α 不变，所以，

IS(b_1) 至 IS′(b_1) 的水平距离 $\alpha\Delta G$ = IS(b_2) 至 IS′(b_2) 的水平距离 $\alpha\Delta G$。

因为 $b_1<b_2$，所以 $1/b_1>1/b_2$，

IS(b_1) 至 IS′(b_1) 的垂直距离 $\Delta G/b_1$ > IS(b_2) 至 IS′(b_2) 的垂直距离 $\Delta G/b_2$。

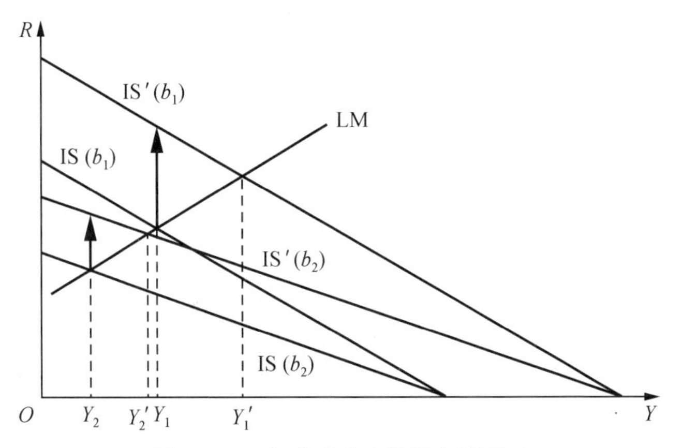

图 5-18　$b\uparrow$ 时财政政策效力的图形

在 b 上升导致 IS 曲线更加平坦的条件下,相同的 ΔG 导致的 Y 的变动量 Y_2Y_2' 比 Y_1Y_1' 更小,财政政策的效力被削弱了。

(2) 政策效力分析

A. 初始效应

$$\Delta G\text{ 相同}\rightarrow\Delta AD\text{ 相同}\rightarrow\Delta Y_1\text{ 相同}$$

初始相同的政府购买支出增加,导致总需求进而总产量的增加量都是相同的。初始效应相同,因为初始效应不受任何参数的影响。

B. 引致效应

走消费路径的影响:

$$\Delta Y_1\text{ 相同}\rightarrow\Delta Y_d\text{ 相同}\rightarrow\Delta C\text{ 相同}\rightarrow\Delta Y_C\text{ 相同}$$

引致效应第二轮到第 n 轮都是一种内生性增加,首先看走消费路径的正影响,第一轮相同的收入的增加 $\Delta Y_1=\Delta G$,在第四个环节导致个人可支配收入的增加量是相同的,从而消费的增加量也是相同的,进而总需求乃至总产量的增加量 ΔY_C 是相同的。影响消费路径的参数 t 没有发生变化,所以走消费路径的正影响没有发生变化。

走投资路径的影响:

$$\Delta Y_1\text{ 相同}\rightarrow\Delta R\text{ 相同}\rightarrow|-\Delta I|\text{ 变大}\rightarrow|-\Delta Y_I|\text{ 变大}$$

走投资路径的影响,第一轮收入增加量相同,这中间 h 和 k 都没有发生变化,导致利率的增加量是相同的,通过第六个环节,利率的上升将会导致投资的下降。由于 b_1 上升至 b_2,和 b_1 相比,b_2 所对应的投资的下降幅度变大,进而导致总需求乃至总产量下降的幅度都变大。影响投资路径的三个参数中,b 发生了变化,导致这一路径的影响发生变化,负效果是变大的。

假定走消费路径的影响和走投资路径的影响同步,则合力对 Y 的影响为:

$$\Delta Y_2 = \Delta Y_C - |\Delta Y_I|$$

变小　相同　变大

$$[c(1-t)-(kb_2/h)]\Delta Y < [c(1-t)-(kb_1/h)]\Delta Y$$

第二轮消费路径的正影响是相同的,都是 $c(1-t)\Delta Y_1$。走投资路径的负影响的幅度变大,kb_2/h 大于 kb_1/h,最终的合力——收入的增加量变小。

C. 总效应

$$总效应 = 初始效应 + 引致效应(第二轮 + \cdots)$$

变小　相同　变小

总效应等于初始效应加上引致效应第二轮到第 n 轮,第二轮的效果变小,总效应就要变小。

由此印证了我们前面的命题 2,在 LM 曲线斜率不变的条件下,由投资需求的利率弹性上升(b 上升)导致的 IS 曲线越平坦,财政政策的效力就越小。

四、财政政策效力分析之二

在 IS 曲线斜率不变的条件下,分析 LM 曲线斜率变化对财政政策效力的影响。

1. k 下降($k_1 \downarrow k_2$)

(1) 图形

在 R-Y 坐标空间里,IS 曲线斜率不变,初始 k_1 决定了一条 LM 曲线,我们用 LM(k_1)来代表,它和 IS 曲线交点决定收入 Y_1。现在 k 从 k_1 下降到 k_2,显然不影响 IS 曲线的斜率,而影响的是 LM 曲线在横轴的截距 M_0/kP,在纵轴截距不变的条件下,LM 曲线更加平坦,从 LM(k_1)变动到 LM(k_2),LM(k_2)交 IS 曲线所决定的收入水平为 Y_2(见图 5-19)。

我们运用财政政策增加政府购买支出 ΔG,IS 曲线发生向右的平移,IS 右移至 IS′,LM′(k_1)交 IS 曲线于 Y_1',LM′(k_2)交 IS 曲线于 Y_2'。

图中,由于 α、b 都不变,所以:

IS 至 IS′的水平距离 $\alpha\Delta G$ = IS 至 IS′的水平距离 $\alpha\Delta G$。

IS 至 IS′的垂直距离 $\Delta G/b$ = IS 至 IS′的垂直距离 $\Delta G/b$。

在 k 下降导致 LM 曲线更加平坦的条件下,相同的 ΔG 导致的 Y 的变动量 Y_2Y_2' 比 Y_1Y_1' 更大。起因是 k 下降,k 是货币需求的收入弹性,也是放在兜里零花钱的比例,兜里零花钱的比例变小,将会导致财政政策效果增加。下面我们来看它的传导机制。

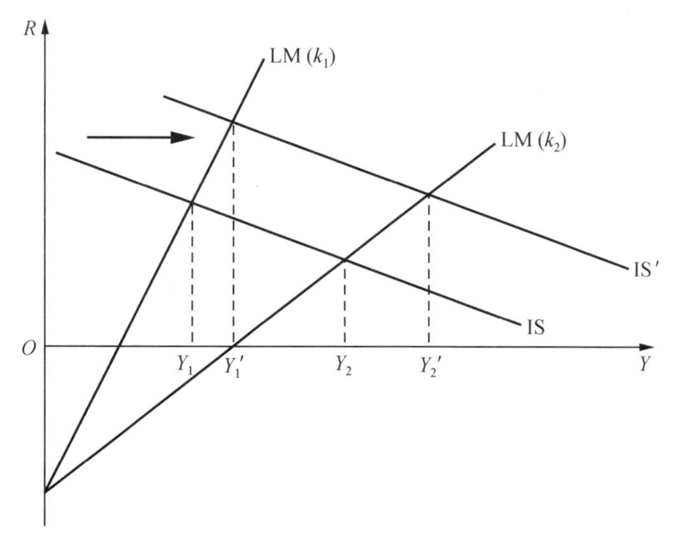

图 5-19　$k\downarrow$ 时财政政策效力的图形

（2）政策效力分析

A. 初始效应

$$\Delta G \text{ 相同} \to \Delta AD \text{ 相同} \to \Delta Y_1 \text{ 相同}$$

政府购买支出的增加量相同,导致总需求的增加进而总产量的增加量是相同的。所以初始效应肯定相同,因为它不受任何参数的影响。

B. 引致效应

走消费路径的影响:

$$\Delta Y_1 \text{ 相同} \to \Delta Y_d \text{ 相同} \to \Delta C \text{ 相同} \to \Delta Y_C \text{ 相同}$$

我们分析引致效应第二轮到第 n 轮的内生性变化。走消费路径的影响,初始效应收入增加量相同,导致个人可支配收入的增加量相同。个人可支配收入的增加又导致消费的增加量进而总需求乃至总产量的增加量都是相同的。消费路径的参数 t 不发生变化,所以走消费路径的正影响是相同的。

走投资路径的影响:

$$\Delta Y_1 \text{ 相同} \to \Delta R \text{ 变小} \to |-\Delta I| \text{ 变小} \to |-\Delta Y_I| \text{ 变小}$$

走投资路径的负影响,实际上是挤出效应的传导机制。初始相同的收入增加,在第八个环节将会导致交易动机的货币需求增加。由于 k_1 下降到 k_2,导致总货币需求的增加量变小,在货币供给不变的情况下,导致利率的增加量变小,从而挤出的私人投资也较小,进而导致总需求乃至总产量下降的幅度都变小。影响投资路径的三个外生变量中的 k 变化,导致这一路径的负影响的幅度变小。

假定走消费路径的正影响和走投资路径的负影响同步,则合力对 Y 的影响为：

$$\Delta Y_2 = \Delta Y_C - |\Delta Y_I|$$

变大　　相同　　变小

$$[c(1-t)-(k_2 b/h)]\Delta Y > [c(1-t)-(k_1 b/h)]\Delta Y$$

相同的正效果加上一个变小的负效果，合力变大。

C. 总效应

总效应 = 初始效应 + 引致效应（第二轮 + …）

变大　　相同　　变大

引致效应第二轮收入的增加量变大，最终总的收入的增加量变大。无数个从左向右的小箭头加总在一起，总的收入增加量也是变大。

2. h 上升（$h_1 \uparrow h_2$）

（1）图形

在 R-Y 坐标空间中，不变的是 IS 曲线的斜率，初始 h_1 决定的一条 LM 曲线，我们用 LM（h_1）来表示，它和 IS 曲线的交点决定的收入是 Y_1。现在 h_1 上升至 h_2，导致纵轴的截距变小，在横轴截距不变的条件下，LM 曲线更加平坦，从 LM（h_1）变动到 LM（h_2），LM（h_2）交 IS 曲线所决定的收入水平为 Y_2（见图 5-20）。

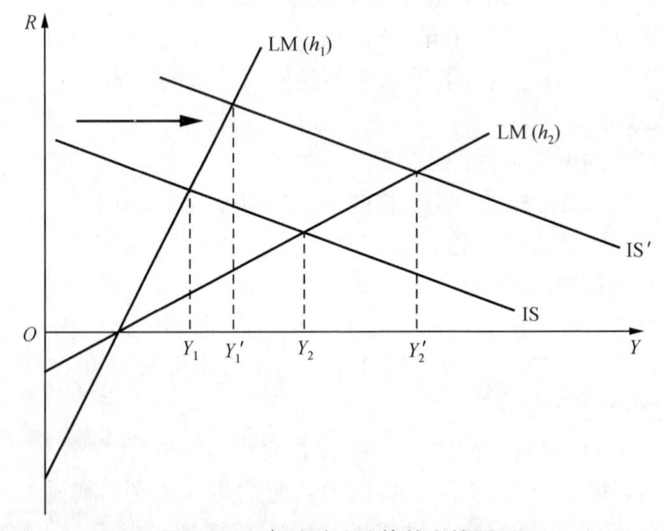

图 5-20　$h\uparrow$ 时财政政策效力的图形

在两种情况下，我们都运用财政政策，增加政府购买支出 ΔG，IS 曲线发生向右的平移，IS 右移至 IS′，LM′（h_1）交 IS 曲线于 Y_1'，LM′（h_2）交 IS 曲线于 Y_2'。

图中，因为 α、b 都不变，所以：

IS 至 IS′的水平距离 $\alpha\Delta G$ = IS 至 IS′的水平距离 $\alpha\Delta G$。

IS 至 IS′的垂直距离 $\Delta G/b$ = IS 至 IS′的垂直距离 $\Delta G/b$。

在 h 上升导致 LM 曲线更加平坦的条件下,相同的 ΔG 导致的 Y 的变动量 Y_2Y_2' 比 Y_1Y_1' 更大。

(2) 政策效力分析

A. 初始效应

$$\Delta G \text{ 相同} \rightarrow \Delta AD \text{ 相同} \rightarrow \Delta Y_1 \text{ 相同}$$

初始效应政府购买支出增加量相同,导致总需求乃至总产量增加量相同,所以初始效应增加相同。

B. 引致效应

走消费路径的影响:

$$\Delta Y_1 \text{ 相同} \rightarrow \Delta Y_d \text{ 相同} \rightarrow \Delta C \text{ 相同} \rightarrow \Delta Y_C \text{ 相同}$$

引致效应第二轮到第 n 轮是一种内生性变化,走消费路径的影响,第一轮收入增加量相同,导致个人可支配收入增加量相同,进而导致消费的增加量相同,从而总需求乃至总产量的增加量相同。影响消费路径的外生变量 t 不发生变化,所以走消费路径的正影响相同。

走投资路径的影响:

$$\Delta Y_1 \text{ 相同} \rightarrow \Delta R \text{ 变小} \rightarrow |-\Delta I| \text{ 变小} \rightarrow |-\Delta Y_I| \text{ 变小}$$

走投资路径的负效果,即挤出效应的传导过程。第一轮收入增加量相同,在第七个环节,这中间 h 变大,对应的利率的增加量变小,挤出的私人投资也较少,进而导致总需求乃至总产量的减少量都变小。影响投资路径的三个外生变量中 h 变化,导致这一路径的负影响变小。

假定走消费路径的影响和走投资路径的影响同步,则合力对 Y 的影响为:

$$\underset{\text{变大}}{\Delta Y_2} = \underset{\text{相同}}{\Delta Y_C} - \underset{\text{变小}}{|\Delta Y_I|}$$

$$[c(1-t)-(kb/h_2)]\Delta Y > [c(1-t)-(kb/h_1)]\Delta Y$$

正效果相同,都是 $c(1-t)$,而负效果变小,kb/h_2 要小于 kb/h_1,挤出效应变小,最终合力是变大的。

C. 总效应

$$\underset{\text{变大}}{\text{总效应}} = \underset{\text{相同}}{\text{初始效应}} + \underset{\text{变大}}{\text{引致效应(第二轮}+\cdots)}$$

初始效应相同,引致效应第二轮变大,所以最终总的收入的增加量也变大。

我们把 k 下降和 h 上升两种情况总结成同一个命题,命题 3:在 IS 曲线斜率不变的条件下,LM 曲线越平坦(综合了 k 下降和 h 上升两种情况),财政政策的效力就越大。两种情况结果相同,传导机制的变化也非常相近。

由此关于财政政策的命题 1 到命题 3,我们从传导机制的角度全部作了证明。再往下我们讨论两种特例:h 趋向于正无穷和 h 趋向于 0。h 是货币需求的利率弹性,涉及的是一种主观心理变化,主观心理的因素容易变化,所以对这种变化带来的影响,我们特别加以关注。

3. 流动性陷阱($h\to\infty$)

(1) 图形

流动性陷阱里存在一条水平的 LM 曲线,初始的 IS 曲线和一条水平 LM 曲线交点决定的收入是 Y_1。增加政府购买支出,IS 曲线右移至 IS′,和水平的 LM 曲线交点决定的收入从 Y_1 增加到 Y_2,等于两条平行的 IS 曲线之间的水平距离(见图 5-21)。

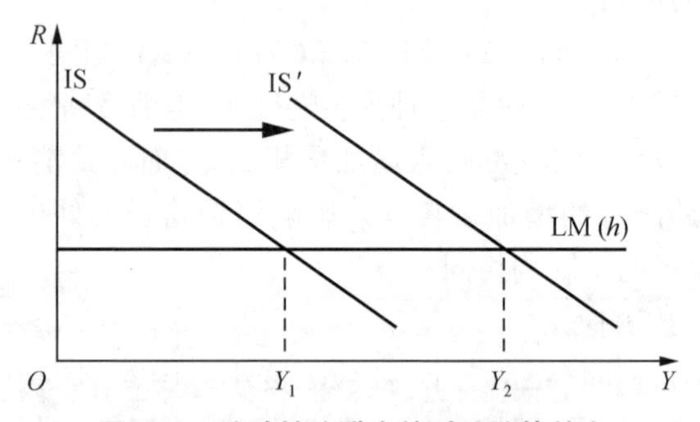

图 5-21 流动性陷阱中的财政政策效力

在只考虑产品市场均衡条件下,财政政策的效果等于 IS 曲线的水平距离。现在兼顾了货币市场的均衡,收入的增加量和只考虑一个市场时一样。货币市场在这种情况下对产品市场没有任何反作用,没有任何挤出效应。

(2) 政策效力分析

A. 初始效应

$$\Delta G\text{ 相同}\to\Delta AD\text{ 相同}\to\Delta Y_1\text{ 相同}$$

从政策效力角度分析,初始效应相同。政府购买支出的增加,导致总需求乃至总产量的增加量是相同的。

B. 引致效应

走消费路径的影响:

$$\Delta Y_1\text{ 相同}\to\Delta Y_d\text{ 相同}\to\Delta C\text{ 相同}\to\Delta Y_C\text{ 相同}$$

引致效应第二轮到第 n 轮,走消费路径的影响是一样的。第一轮收入的增加导致相同的个人可支配收入的增加,导致相同的个人消费的增加,进而总需求和总产量的增加量都相同。影响消费路径的外生变量 t 不发生变化,所以走消费路径的增加量相同。

走投资路径的影响：

$$\Delta Y_1 \text{相同} \rightarrow \Delta R = 0 \rightarrow |-\Delta I| = 0 \rightarrow |-\Delta Y_I| = 0$$

第一轮收入的增加将会导致利率的上升，收入增加1单位，利率上升 k/h 单位。在 h 趋向于正无穷的时候，k/h 等于0，利率的增加量是0。在这种情况下，有多少货币就在手里拿多少货币，对货币资产的价格利率没有任何影响。利率的增加量为0，导致投资的减少量也为0，进而总需求和总产量的减少量也为0，挤出效应为0。影响投资路径的三个外生变量中的 $h \rightarrow \infty$，导致这一路径的负影响等于0，挤出效应等于0。

假定走消费路径的影响和走投资路径的影响同步，则合力对 Y 的影响为：

$$\Delta Y_2 = \Delta Y_C + \Delta Y_I = c(1-t)\Delta Y_1$$

投资路径的负影响为0，所以合力对 Y 只剩下一个消费路径的正影响 $c(1-t)\Delta Y_1$。

C. 总效应

总效应 = 初始效应（第一轮）+ 引致效应（第二轮 + … + 第 n 轮）

$$\frac{\Delta Y}{\Delta G} = \frac{1}{1 - c(1-t) + bk/h} = k_g$$

当 $h \rightarrow \infty$ 时，走投资路径的负力 = 0，IS-LM 模型中的财政政策乘数 = 收入—支出模型中的财政政策乘数，两个市场同时均衡条件下的财政政策效力 = 产品市场均衡条件下的财政政策效力。

在收入—支出模型中，引致效应有一个正力和一个反力，从宏观经济流程图中可见，在第四个环节，收入的增加将导致个人可支配收入的增加，进而导致消费、总需求乃至总产量的增加，第一轮收入的增加导致第二轮收入进一步的增加，称为一个正力。与此同时，在第五个环节，收入的增加导致税收的增加，将导致个人可支配收入下降，进而导致消费、总需求乃至总产量的下降，第一轮收入的增加导致第二轮收入的下降，称为一个反力。

在 IS-LM 模型中，引致效应有一个正力和两个反力，除了上述走消费路径的一个正力和一个反力之外，产品市场对货币市场有反作用。收入的增加在货币市场第八个环节，导致交易动机的货币需求增加，进而增加货币需求，在货币供给不变的情况下，导致货币资产价格利率上升，利率上升将会通过第六个环节挤出私人投资，从而导致总需求乃至总产量的下降。第一轮收入的增加导致第二轮收入的下降，称为一个反力，走投资路径的负影响，又叫挤出效应。

当走投资路径的负力为0的时候，一正两负的效果和一正一负的效果是完全相同的。最终的结论是：当 h 趋向于正无穷，两个市场同时均衡条件下财政政策的效果，和单纯考虑一个市场（产品市场）时财政政策的效果是一样大的。

4. 古典特例($h \to 0$)

(1) 图形

前面得到一个结论:h 上升将会导致财政政策的效果变大。按照这个命题,h 下降将会导致财政政策的效果减弱。在 R-Y 坐标空间中,如果 h 趋向于0, LM曲线垂直。初始 IS 和 LM 曲线的交点决定的收入是 Y_1。在这种情况下运用财政政策,增加政府购买支出,IS 曲线将会发生一个向右的平移,从 IS 右移至 IS′,与垂直的 LM 曲线的交点决定的收入 Y_2和 Y_1重合在一起(见图 5-22),在古典特例中,财政政策是完全失效的。

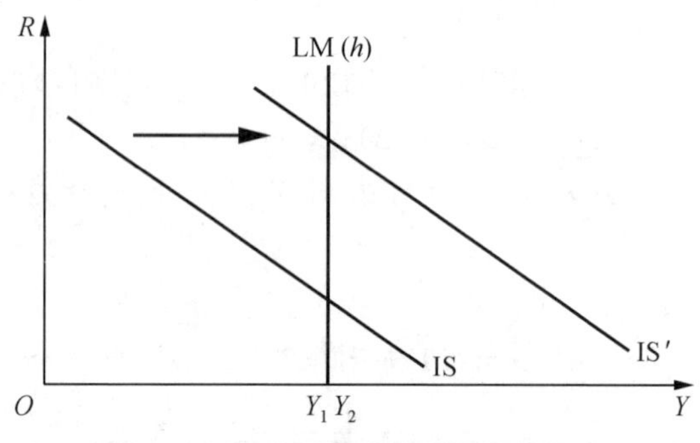

图 5-22　古典特例中的财政政策效力

(2) 政策效力分析

A. 初始效应

$$\Delta G \text{ 相同} \rightarrow \Delta \text{AD 相同} \rightarrow \Delta Y_1 \text{ 相同}$$

相同的政府购买支出增加将导致总需求、总产量的增加量相同,初始效应相同。

B. 引致效应

走消费路径的影响:

$$\Delta Y_1 \text{ 相同} \rightarrow \Delta Y_d \text{ 相同} \rightarrow \Delta C \text{ 相同} \rightarrow \Delta Y_C \text{ 相同}$$

引致效应第二轮到第 n 轮走消费路径的正影响,收入增加量相同将导致个人可支配收入、消费、总需求乃至总产量的增加量都是相同的。影响消费路径的参数中,t 没有发生变化,所以走消费路径的正影响也是相同的。

走投资路径的影响:

$$\Delta Y_1 \text{ 相同} \rightarrow \Delta R \text{ 极大} \rightarrow |-\Delta I| \text{ 极大} \rightarrow |-\Delta Y_I| \text{ 极大}$$

由于收入的增加量相同,在 h 趋向于 0 的情况下,利率的增加量是极大的。利率的增加量极大,导致私人投资下降的幅度也很大,进而导致总需求乃至总产量下降的幅度都非常大。影响投资路径的三个参数中,由于 $h \to 0$,导致这个路径的影响是一个极大的挤出效应。

假定走消费路径的影响和走投资路径的影响同步，则合力对 Y 的影响为：

$$\Delta Y_2 = \Delta Y_C + \Delta Y_I$$

负影响非常大，如果和正影响同步的话，有可能把正效果抵消掉，所以第二轮导致收入的增加量可能为负。

C. 总效应

总效应 = 初始效应（第一轮）+ 引致效应（第二轮 + … + 第 n 轮）

作一个预测的话，等比因子 $c(1-t)-kb/h$ 小于0，这个振荡一期正、一期负，次数为偶次的时候就为正，次数为奇次的时候就为负。这种情况下不能完全按照前面的分析思路，因为前面有一个等比因子的绝对值小于1的假设。现在这个等比因子趋向于负无穷，振荡的过程就比较复杂。

我们得到的一个结论是：当挤出效应极大时，初始效应被完全抵消掉，具体的收敛过程研究起来比较复杂，我们只能从图形中看到结论。当 h 趋向于0时，财政政策完全失效，也就是完全的挤出效应。第三个 Y 出现的地方也是一个正力变反力的过程，h 趋向于0将使这个反力变得非常大，最终有可能把消费的正力抵消掉，进而把初始效应完全抵消掉，财政政策完全失效。

五、财政政策自身的特点——自动的稳定器

分析"自动的稳定器"（automatic stabilizer）这一概念：

"自动的"是指设立之后，无须改变，自动地发挥作用。相机抉择是根据经济形势，时时刻刻主动地运用政策工具。而自动的含义就是这种制度只要存在一天，就自发地发挥某种作用。

"稳定器"是指减少收入波动的幅度。

1. 税收制度（收入税制度）

这里主要指收入比例所得税制度。

(1) 繁荣时期

在经济繁荣时期，总体的形势是收入上升，存在一个收入的增加量 ΔY，如果不存在收入比例所得税，走消费路径的影响是：收入的增加将导致个人可支配收入的增加，进而导致消费、总需求乃至总产量的增加。这中间，收入的增加导致个人可支配收入的增加1:1地传递下去，第一轮收入的增加导致第二轮收入的进一步增加，是一种正影响。

$$\Delta Y \to \Delta Y_d \to \Delta C \to \Delta Y_C$$

如果存在收入比例所得税，走消费路径的影响存在两路：一路如上述1:1传递的正影响，另外还有一路从第五个环节走进来，收入的增加会使符合纳税标准的人增加，从而税收总量增加。税收总量的增加量等于个人可支配收入的减

少量。收入比例所得税对收入不断上升的势头起到了遏制的作用。

两路合力对 Y 的影响,与没有收入比例所得税制度时相比:

$$\Delta Y_d \text{ 变小} \rightarrow \Delta C \text{ 变小} \rightarrow \Delta Y_C \text{ 变小}$$

一个正力和一个反力抵补,即便正力还是增加,但是这个增加量会变小。所以个人可支配收入的增加量变小,进而消费、总需求乃至总产量的增加量都变小。一个反力和一个正力抵补以后,正影响在变小,与此同时,走投资路径的负影响相同,和没有收入比例所得税相比,收入的增加量是变小的。

(2) 萧条时期

萧条时期,总体形势是收入的下降,存在一个收入的减少量 ΔY,在不存在收入比例所得税的情况下,走消费路径的影响是:收入的下降将会导致个人可支配收入的下降,并且 1:1 地传递下去,个人可支配收入的下降又会导致消费的下降,进而导致总需求乃至总产量的下降。

$$-\Delta Y \rightarrow -\Delta Y_d \rightarrow -\Delta C \rightarrow -\Delta Y_C$$

存在收入比例所得税的情况下,走消费路径的影响分成两路:一路和上述一样都是 1:1 的传递,另一路走第五个环节,由于收入下降,因此符合纳税标准的人数在下降,收入比例所得税减少,从而总税收减少。总税收的减少相当于个人可支配收入的增加。

个人可支配收入的增加量和减少量一抵补,虽然无法遏制下降的趋势,但是下降的幅度没有原先那么大。个人可支配收入下降幅度变小,进而导致消费、总需求乃至总产量下降的幅度都变小。收入比例所得税在萧条时期可以遏制收入下降的势头。

在存在收入税的情况下,两路合力对 Y 的影响,与没有收入税时相比:

$$|-\Delta Y_d| \rightarrow |-\Delta C| \text{ 变小} \rightarrow |-\Delta Y_C| \text{ 变小}$$

在第三章第四节对乘数的列表中可以看到,固定税制下的各种乘数比变动税制下的各种乘数都要大,变动税制就是多了一个收入比例所得税,乘数表达式中分母多了一个 t。乘数变小了,说明收入比例所得税的税率起到了自动稳定器的作用,其发生作用的机理上文已经作了详尽的介绍。

如图 5-23 所示,纵轴代表收入,横轴代表时间,如果没有收入所得税,收入就会大起大落,这是在固定税制条件下;有了收入比例所得税,收入变动的幅度起没有原先高,落没有原先低,所以税收制度是一个自动的稳定器,能够起到减少经济波动幅度的作用。

2. 转移支付制度

前面假定转移支付 TR_0 是一个既定的外生变量,和收入水平的变化无关,显然无法起到自动稳定器的作用。要起到自动稳定器的作用,转移支付必须是收入 Y 的函数,而且是负相关函数。它的表达式如下:

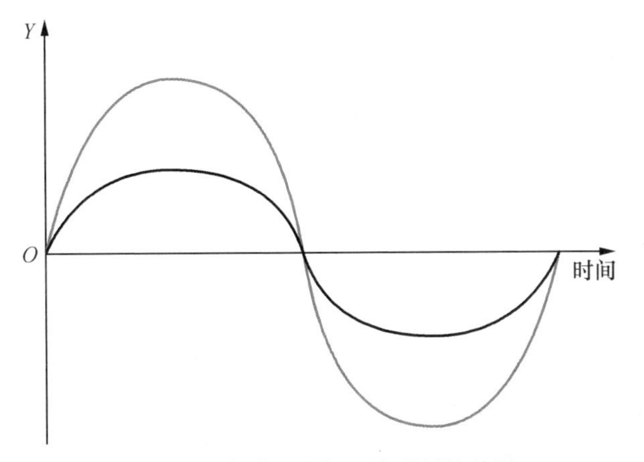

图 5-23　变动税制与固定税制的效果

$$\mathrm{TR} = \mathrm{TR}_0 - dY \quad ⑤'$$

$$-d = \Delta \mathrm{TR}/\Delta Y,\quad 0 < d < 1$$

转移支付等于自发转移支付 TR_0 减掉 dY，在第五个环节又增加了一个关系式⑤′。d 是收入的变动量与之所导致的转移支付的变动量之比。$\Delta \mathrm{TR}/\Delta Y$ 很显然是负的，收入增加，领取的失业救济金应该下降，两者之间是一种反向变动的关系。所以 d 在 0 和 1 之间，收入增加 1 单位，转移支付的增加应该小于 1 单位。

具体看第五个环节在流程图中的延伸⑤′（见图 5-24），它体现为转移支付的构成，和收入有一个反向的变动的关系，它的大小取决于边际量 d。

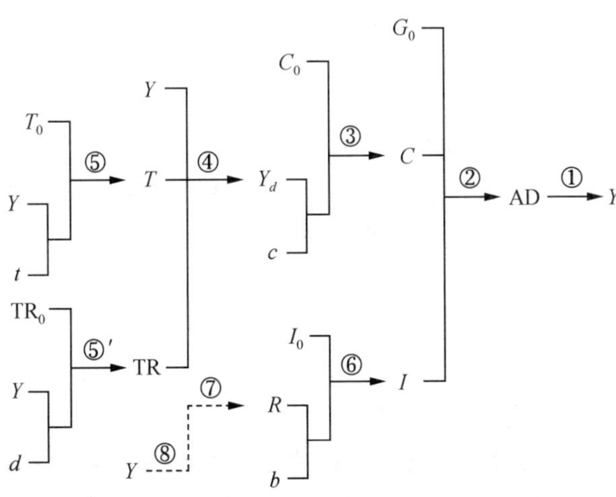

图 5-24　第五个环节在宏观经济学流程图中的延伸

不仅税收是收入水平的函数,转移支付也是收入水平的函数,二者共同通过第四个环节影响个人可支配收入。⑤′的变化是:收入的增加将导致转移支付的下降,通过第四个环节导致个人可支配收入水平的下降,通过第三个环节导致消费水平的下降,进而通过第二个环节乃至第一个环节导致总需求、总产量水平的下降。第一轮收入的增加,经过⑤′最终导致第二轮收入的下降,又是一个正力变反力的过程,相当于又增加了一个反力和这个过程的正力进行抵补。

(1) 繁荣时期

在经济繁荣时期,收入增加,增加量为 ΔY。在不存在转移支付制度的情况下,走消费路径,收入的增加导致个人可支配收入的增加,进而增加消费、总需求乃至总产量,这个过程 1∶1 地传递,第一轮收入的增加导致第二轮收入的进一步增加,是一种正影响,起到了火上浇油的作用。

$$\Delta Y \rightarrow \Delta Y_d \rightarrow \Delta C \rightarrow \Delta Y_C$$

如果存在转移支付制度,走消费路径的影响分成两路:一路是上述第四个环节 1∶1 的传递,另一路通过⑤′,由于收入增加,符合领取失业救济金标准的人数下降,所以和收入相关的转移支付下降。转移支付的下降实际上相当于个人可支配收入的下降,一个正的增加量和一个负的增加量相抵补,虽然个人可支配收入还是增加,但是增加的势头被遏制。两路合力对 Y 的影响与没有转移支付制度的相比,转移支付的增加量变小,导致消费进而导致总需求乃至总产量的增加量变小。加入转移支付制度以后相当于增加了一个反力的环节,和正力进行抵补,原先是一正两负,现在是一正三负,收入增加的势头被遏制,所以最终收入的增加量变小。在经济繁荣时期,转移支付制度能够起到遏制经济上涨的作用。

两路合力对 Y 的影响,与没有转移支付制度时相比:

$$\Delta Y_d \text{变小} \rightarrow \Delta C \text{变小} \rightarrow \Delta Y_C \text{变小}$$

(2) 萧条时期

在经济萧条时期,收入减少,减少量为 ΔY。在不存在转移支付制度的情况下,走消费路径的影响是:收入的下降将会 1∶1 地导致个人可支配收入的下降,进而导致消费、总需求乃至总产量的下降。

$$-\Delta Y \rightarrow -\Delta Y_d \rightarrow -\Delta C \rightarrow -\Delta Y_C$$

在存在转移支付的情况下,走消费路径的影响分成两路:一路和上述一样都是 1∶1 的传递,另一路将通过⑤′带来影响,收入的下降使符合领取失业救济金标准的人数增加,转移支付增加,其增加量实际上等价于个人可支配收入的增加量,进而导致消费、总需求乃至总产量的增加。在收入下降的大背景下,有一个正的增加量遏制了整体下跌的势头,虽然整体还是下跌,但是与没有转移支付制度时相比,下跌的幅度减缓,进而导致消费、总需求乃至总产量减少的幅度都变小。

两路合力对 Y 的影响，与没有转移支付制度时相比：

$$|-\Delta Y_d| 变小 \rightarrow |-\Delta C| 变小 \rightarrow |-\Delta Y_C| 变小$$

转移支付制度实际上也是自动稳定器，只要这种制度存在，不用每时每刻调节它，它就会自动地起到削减收入波动幅度的作用。

在有转移支付制度的情况下，从乘数看：

$$\underset{一正}{\frac{1}{1-c}} > \underset{一正一负}{\frac{1}{1-c(1-t)}} > \underset{一正一负}{\frac{1}{1-c(1-t-d)}}$$

$1/(1-c)$ 是固定税制条件下的政府购买支出乘数，$1/[1-c(1-t)]$ 是变动税制条件下的政府购买支出乘数，而 $1/[1-c(1-t-d)]$ 是变动税制加上转移支付情况下的政府购买支出乘数，一个比一个小，说明在有了收入比例所得税和转移支付的条件下，收入波动的幅度会越来越小，收入比例所得税制度和转移支付制度都起到了自动稳定器的作用。这是财政政策自身的特点。

六、财政政策的缺陷

1. 财政政策的时滞

前面讲到过政策时滞分为内部时滞和外部时滞。与货币政策相比，财政政策的内部时滞长（主要体现在行动时滞长），外部时滞短（传导的环节短）。税收和转移支付制度的自动稳定器作用，可以部分地克服财政政策内部时滞长的缺陷。

如图 5-25 所示，纵轴代表收入，横轴代表时间，客观存在的时滞对经济带来一种什么影响呢？在初始时点经济已经开始出现了衰退，而财政部和中央银行对衰退有一个认识上的时滞，到 t_1 时点才发现经济已经衰退了，于是采取扩张性的政策，这个政策又存在认识时滞、决策时滞、行动时滞，还有外部时滞，不可能在 t_1 时点立刻把经济拉回到原点，而是在一段时期以后可能才发挥作用。在一段时期以后，比如说在 t_2 时点，经济自身可能已经开始复苏，而在 t_1 时点实行的政策在 t_2 时点才发挥出来扩张性的效果，将使经济复苏加剧，经济上涨势头变大。在 t_3 时点，政府发现经济过热，应该泼泼冷水，于是采取紧缩性的政策，但是紧缩性的政策不能立竿见影地发挥效果，立刻把经济拉回原点，它的作用过了一段时间以后，比如说在 t_4 时点，才反映出来。在 t_3 时点以后经济可能陷入了一种衰退，而紧缩性的政策将使经济衰退的势头加剧，也就是落得更低。

政策运用的目的是为了熨平经济周期，稳定经济，而现在由于客观存在的时滞，使政策的效果完全背离初衷，非但没有稳定经济，反而使经济起落的幅度变

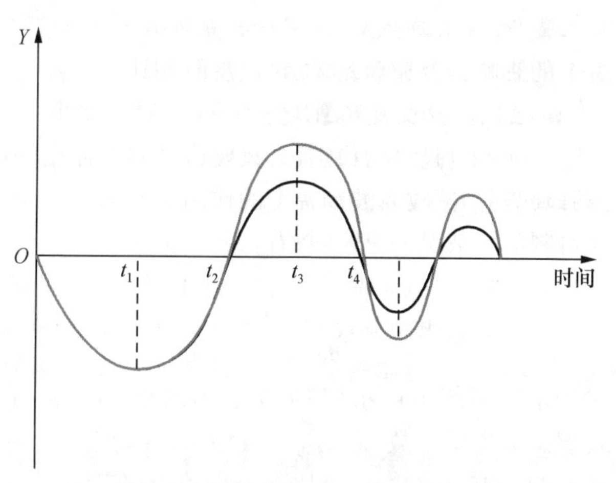

图 5-25　政策时滞对经济影响的图形

得更大。政策时滞对经济的影响,使政策的作用从稳定器变成搅拌机,相机抉择的经济政策反而成为经济波动的根源,使政策完全背离稳定经济的初衷。

2. 传导机制中的不确定性

决定财政政策的乘数 k、b、h、t 的变化都会导致政策效力发生变化。我们前面分析了主观心理因素 b、h 的变化将对政策效果发生影响,这就是传导机制中的不确定性,这些因素都会导致政策效果发生忽大忽小的变化,

3. 财政政策的挤出效应

财政政策的挤出效应是财政政策的一个经常被提到的缺陷。从财政政策的传导机制看,初始政府购买支出的增加挤出了私人投资,导致私人投资的下降,这种作用被认为是财政政策的挤出效应。

(1) 初始效应:$\Delta G \rightarrow \Delta \mathrm{AD} \rightarrow \Delta Y$;

(2) 引致效应:$\Delta Y \rightarrow \Delta R \rightarrow -\Delta I \rightarrow -\Delta Y_I$。

初始效应第一轮政府购买支出增加,导致总需求、总产量增加。引致效应第二轮内生性的增加走投资路径的影响里,第一轮增加的收入将会导致利率的上升,利率的上升将会导致私人投资的下降,进而导致总需求乃至总产量的下降。

现在的问题是:货币政策在引致效应第二轮,也存在走投资路径的负影响,为什么只强调财政政策的挤出效应,而不强调货币政策的挤出效应?

挤出效应的大小应联系初始效应来看。如图 5-26 所示,货币政策的传导路径:初始效应是货币供应量的增加导致利率的下降,体现为从 E 到 E' 的垂直下跌。在引致效应第二轮到第 n 轮内生性的增加,走投资路径的影响,也就是挤出效应的传导机制,体现为随着收入增加,利率断断续续地上升,引致效应利率总体上升的幅度为 $E'F$。但是回升无法逆转下降的势头,所以最终利率还是下降

的幅度大，等于 EF。

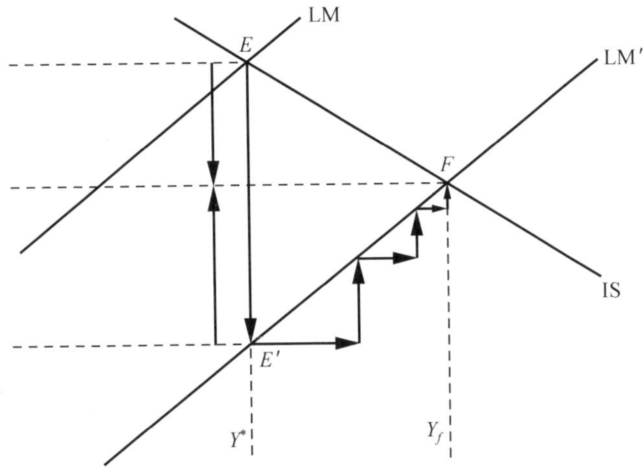

图 5-26　货币政策的挤出效应

把起因和结果联系在一起，EF 是最终合成的影响，货币政策还是通过利率的下降导致投资的增加，进而对增加总需求乃至总产量发挥作用。或者说，初始效应利率下跌，导致投资增加巨大，引致效应利率上升导致投资下降的幅度加总在一起也无法逆转初始效应投资增加的影响。最终货币政策仍然通过利率的下降刺激了投资，进而增加总需求乃至总产量。

在第四章第三节，用利率对货币供应量求一阶偏导，得到一个负的乘数，说明货币供应量的增加导致利率的下跌，两者之间是一种反方向变动的关系。这是货币政策对利率影响的一种定量分析。

$$\partial R/\partial(M_0/P) = \frac{-[1-c(1-t)]}{h[1-c(1-t)]+bk} = \frac{-1}{h+bk/[1-c(1-t)]}$$

从财政政策的传导机制看，如图 5-27 所示，初始效应政府购买支出的增加，导致收入的增加，对利率没有影响。在引致效应第二轮到第 n 轮走投资路径的影响中，收入增加导致利率的上升，引致效应导致利率上升的幅度为 EF，利率上升挤出了私人投资。

把起因和结果结合在一起看，政府购买支出增加的后果是私人投资的下降。在图形中，把无数的利率上升的幅度加总在一起，最终得到 EF，只要利率不断回升就会不断挤出私人投资。

综上我们发现，起因增加政府购买支出，将会导致私人投资的不断下降。而货币政策由于初始利率下降，刺激的私人投资的增加幅度是巨大的，随后即使私人投资不断减少，也无法逆转初始投资增加的趋势。

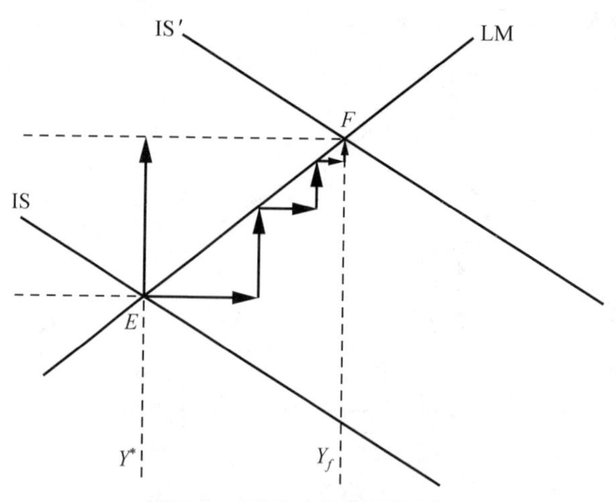

图 5-27　财政政策的挤出效应

在第四章第三节,用利率对政府购买支出求一阶偏导,偏导数大于0,说明政府购买支出的增加必将导致利率的上升,两者是一种同方向变动的关系。这是财政政策挤出效应定量分析的表达式。

$$\partial R/\partial G=\frac{k}{h[1-c(1-t)]+bk}=\frac{1}{(h/k)[1-c(1-t)]+b}$$

第三节　产出的构成和政策组合

一、产出的构成

政府如何运用政策工具改变一个国家GDP的构成?在封闭经济条件下,可以影响 Y 的有政府购买支出、消费和投资三大项目,我们依次来看:

1. 政府购买支出

政府购买支出的增加可以增加总需求,进而增加总产量,所以政府购买支出的增加可以改变产出的构成。政府购买支出的构成分为两部分:一部分是兴办公共工程的开支,比如政府架桥、铺路、修机场、建水坝;一部分是政府机构的建立、维持和运营。政府购买支出投向的,都是生产公共物品的产业,所以这里我们考虑的也是生产公共物品的产业。

公共物品具有如下两个特征:

第一,公共物品具有消费的非排他性。消费的非排他性指公共物品是不能分割消费的,而私人物品可以分割消费。比如,在现实生活中,像桥梁、道路、机场、国防、环保、社区安全、供暖等,在你享受公共物品带来的好处的同时,其他人也在享受。

第二,公共物品具有提供的非竞争性。比如说兴办公共工程,架桥、修路、建机场、建水坝,你可以为它出力,但是你出力的同时不排除别人也可以为它出力。私人物品是一种竞争性提供,一个物品某个厂商生产了,其他的厂商就可以不用生产。

上述两点特征导致"搭便车"(free rider)现象,搭便车是指未付费的人也不能被阻止享受该物品带来的好处,所以公共物品的供给中存在着效率的损失。

过去的理论认为公共物品不能由私人提供,必须由政府来提供。现在的观点认为,技术进步和产权明晰能够克服公共物品消费的非排他性,使公共物品可以转化为私人物品。公共物品转化为私人物品能够极大地提高效率,避免公共物品供给中存在的效率损失。

政府购买支出增加,使生产公共物品的产业得到发展,最终在 Y 的构成中,公共物品所占的比重将会大幅度上升。

2. 税收和转移支付

要改变 Y 的构成中消费所占的比重,方法都有哪些呢?财政政策中,税收下降和转移支付增加,都会增加个人可支配收入,进而增加消费,刺激生产消费品的产业,在一个国家 GDP 的构成中,消费品的比重会上升。

3. 投资津贴政策

影响投资的方法包括:一是增加货币供应量,货币供应量的增加将会导致利率的下跌,进而刺激投资,这是货币政策;二是政府的投资津贴政策,投资津贴的上升,将会导致自发投资的增加,这是财政政策。这两种政策将会共同刺激生产投资品的产业,导致在 GDP 的构成中,投资品所占的比重上升。

结论:政府要调节总需求,要改变一个国家国民收入的构成,可以选择的方法至少有以上三种。具体选择哪一种,关系到各个利益集团的利益。有时政府采取这样的政策而不采取其他的政策,可能是受到某个利益集团的影响,在政策的选择上存在着利益集团的利益之争。

二、财政政策的选择

怎么由政策措施来判断经济主张或者经济哲学观呢?

经济自由主义和国家干预主义对政策的主张是不一样的,在萧条时期作为扩张性的政策,经济自由主义倡导减收和减税——减少自发税收和税率下调。而国家干预主义则强调增支——增加转移支付或者增加政府购买性支出。美国有一个倡导减税的供给学派,影响着政府的政策,他们的主张被认为是经济自由主义。在繁荣时期作为紧缩性的政策,经济自由主义者强调减支——减少转移支付,减少政府购买支出。而国家干预主义强调的是增收——增加自发税收或者提升税率。

减收和增支都是扩张性的政策,减支和增收都是紧缩性的政策,为什么减收加减支被认为经济哲学观是倾向于经济自由主义?而增支加增收被认为是国家干预主义呢?

	经济自由主义	国家干预主义
萧条时期 扩张性政策	减收(减税) $T_0\downarrow$ 或者 $t\downarrow$	增支 $\mathrm{TR}_0\uparrow$ 或者 $G\uparrow$
繁荣时期 紧缩性政策	减支 $TR_0\downarrow$ 或者 $G_\downarrow$	增收(增税) $T_0\uparrow$ 或者 $t\uparrow$
政府规模	下降	上升

减收的直接效果是扩张总需求,而减支的政策会紧缩总需求,所以直接影响是针对总需求。但是经济自由主义一萧条就减收——减少税收的种类,减少税率,不断地减下去,政府的税收机构将会不断萎缩;一繁荣就减支——减少转移支付,减少政府购买支出,不断地减下去,一些公共部门的政府机构将不断萎缩。所以萧条就减收,繁荣就减支,间接的后果就是政府的规模不断下降。

国家干预主义一萧条就增支,这样不断增下去,会使兴办公共工程的政府部门不断扩张;一繁华就增收,税收的种类不断增加,税率提升,将会使税收机构不断膨胀,间接的后果将会使政府规模上升。政策主张的直接效果是针对总需求,而间接效果将会导致政府规模发生变化。

经济自由主义的本质是分权制衡。相信市场中的大多数人是理性人,无数的消费者和厂商把他们选择的结果,通过需求、供给两方面的作用,体现在价格机制上。价格机制最终出清市场,平抑供求波动,实现供求相等,达到帕累托最优境界。

国家干预主义的本质是集权制衡。相信政府是理性人,政府集所有权力于一身,会考虑成千上万人的利益,代表成千上万人作出选择。他们会相机抉择地运用经济政策,熨平经济周期,实现经济的稳定运行和增长。

三、财政—货币政策组合的效果

适应性政策是指,在采取一个政策的同时,考虑与之相适应的另一个政策。就政策选择来看,无外乎两种:松——扩张性政策和紧——紧缩性政策。所以最终政策组合在一起将会有四个结果,具体我们来看下面的四个表格。

这四个表格中,第一列代表政策搭配的组合形式,第二列代表直接影响,第三列代表间接影响。直接影响和间接影响主要是针对两个变量——国民收入和利率,先影响到哪个,就称为直接影响;随后影响到哪个,就称为间接影响。合成影响指两个政策组合的效果,不再区分直接影响和间接影响。

政策搭配	直接影响	间接影响
松财政	$Y\uparrow$	$R\uparrow$(挤出效应)
松货币	$R\downarrow$(克服挤出)	$Y\uparrow$
合成影响	$Y\uparrow$,R不确定	

第一种政策组合:双松的政策。松财政是指政府购买支出增加,或者减税,或者增加转移支付,这些都属于扩张性的财政政策。它的直接影响将导致国民收入水平的上升,国民收入上升以后将增加交易动机的货币需求,进而导致货币需求的增加,在货币供给不变的条件下,间接影响会导致货币资产的价格利率上升,将会挤出私人投资,产生一种挤出效应。松货币政策是增加货币供应量,增加货币供给导致货币资产价格利率下跌——这是直接影响。利率下跌刺激投资,投资增加,总需求乃至总产量也增加——这是间接影响。

松财政的直接影响是收入水平上升,松货币的间接影响也是收入增加,两种政策搭配在一起的合力就是Y上升。松财政的间接影响是利率的上升,有挤出效应,松货币的直接影响是利率的下降,克服挤出效应,这样两种政策搭配在一起的合力就是对利率的影响不确定。如果上升的力和下降的力一样大,最终利率将会不变。

如图5-28所示,纵轴代表利率,横轴代表Y,初始IS和LM曲线的交点决定的均衡收入是Y^*,是能够实现两个市场同时均衡的收入水平,但是它和充分就业的收入水平Y_f之间可能会有一个紧缩缺口。为了弥补这个缺口,政府采取松财政政策,导致IS曲线发生一个向右的平移至IS′。与此同时,通过增发货币使得LM曲线发生一个向右的平移至LM′,总收入将会从Y^*增加到Y_f。合成影响是收入肯定上升,而利率不确定。

政策搭配	直接影响	间接影响
紧财政	$Y\downarrow$	$R\downarrow$(挤入效应)
紧货币	$R\uparrow$(克服挤入)	$Y\downarrow$
合成影响	$Y\downarrow$,R不确定	

第二种政策组合:双紧的政策。紧财政是指政府购买支出减少,或者增税,或者转移支付减少,这些都属于紧缩性的财政政策。它的直接影响将导致国民收入水平的下降,国民收入下降以后将减少交易动机的货币需求,进而导致总货

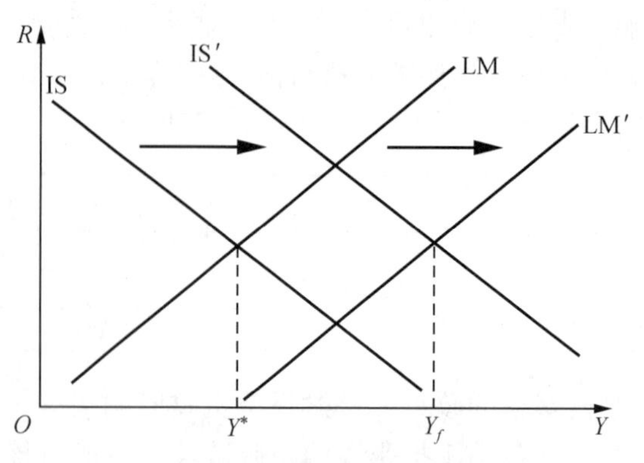

图 5-28　双松政策效果的图形

币需求的下降,在货币供给不变的条件下,间接影响会导致货币资产的价格利率下降,将会刺激私人投资,产生一种挤入效应。紧货币政策是减少货币供应量,减少货币供给导致货币资产价格利率上升——这是直接影响。利率上升减少投资,投资减少,总需求乃至总产量也减少——这是间接影响。

紧财政的直接影响是收入下降,松货币的间接影响也是收入下降,两种政策搭配在一起的合力就是 Y 下降。松财政的间接影响是利率的下降,有挤入效应,紧货币的直接影响是利率的上升,克服挤入效应,这样两种政策搭配在一起的合力就是对利率的影响不确定。如果上升的力和下降的力一样大,最终利率将会不变。

如图 5-29 所示,纵轴代表利率,横轴代表 Y,初始 IS 和 LM 曲线的交点决定的均衡收入是 Y^*,是能够实现两个市场同时均衡的收入水平,但是它和充分就业的收入水平之间可能会有一个膨胀缺口。为了紧缩这个缺口,政府采取紧财政政策,导致 IS 曲线发生一个向左的平移至 IS′。与此同时,通过增发货币使 LM 曲线发生一个向左的平移至 LM′,总收入将会从 Y^* 下降到 Y_f。合成影响是收入肯定下降,而利率不确定。

双松和双紧的政策一个是扩张 Y,一个是紧缩 Y,所以无论是双松还是双紧的政策,对一个国家的 GDP 都有确定性的影响。

政策搭配	直接影响	间接影响
松财政	$Y\uparrow$	$R\uparrow$(挤出效应)
紧货币	$R\uparrow$(强化挤出)	$Y\downarrow$
合成影响	$R\uparrow$,Y 不确定;如果 Y 不变,Y 中投资品所占比重$\downarrow$	

第三种政策组合:松财政和紧货币的政策。松财政的直接影响将导致国民

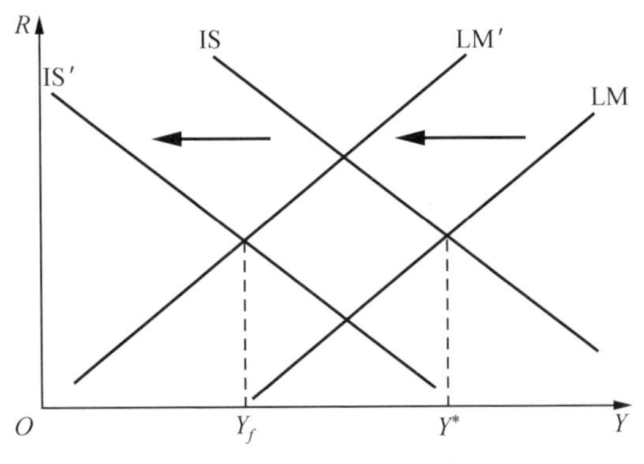

图 5-29　双紧政策效果的图形

收入的上升,间接影响会导致货币资产的价格利率上升,从而减少私人投资,产生一种挤出效应。在松财政政策执行的同时,如果辅之以紧货币政策,将导致货币资产价格利率上升,强化了挤出效应,这是直接影响,间接影响将导致总产量水平的下降。

松财政的间接影响是利率的上升,有挤出效应,紧货币的直接影响是利率的上升,强化了挤出效应。这样两种政策搭配在一起的合力是利率上升。松财政的直接影响是收入上升,紧货币的间接影响是收入下降,两种政策搭配在一起的合力是收入不确定。如果上升的力和下降的力一样大,最终收入将会不变。与此同时,利率上升得越大,挤出的私人投资就越多,投资下降。如果 Y 没有发生变化,此时它的构成却发生了变化,投资所占的比重显著下降。

如图 5-30 所示,纵轴代表利率,横轴代表 Y,初始 IS 和 LM 曲线的交点决定的均衡收入是 Y^*,是能够实现两个市场同时均衡的收入水平,达到的利率水平是 R_1。政府采取松财政政策,导致 IS 曲线发生一个向右的平移至 IS′。与此同时,辅之以紧货币政策,导致 LM 曲线发生一个向左的平移至 LM′。如果收入水平 Y^* 没有变化的话,这里变化的就是利率,利率从 R_1 大幅度攀升到 R_2,而产量保持不变。松财政辅之以紧货币的政策对产量没有直接的影响,但是改变了 Y 的构成,由于利率上升,投资所占的比重显著下降。

政策搭配	直接影响	间接影响
紧财政	$Y\downarrow$	$R\downarrow$(挤入效应)
松货币	$R\downarrow$(强化挤入)	$Y\uparrow$
合成影响	Y 不确定,$R\downarrow$;如果 Y 不变,Y 中投资品所占比重↑	

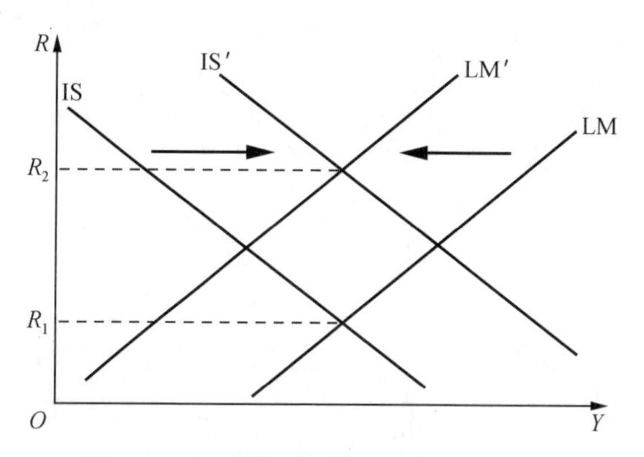

图 5-30　松财政和紧货币政策效果的图形

第四种政策组合:紧财政和松货币的政策。紧财政的直接影响将导致国民收入的下降,间接影响会导致货币资产的价格利率下降,从而刺激私人投资,产生一种挤入效应。在紧财政政策执行的同时,如果辅之以松货币政策,将导致货币资产价格利率下降,强化了挤入效应,这是直接影响,间接影响将导致总产量水平的增加。

紧财政的间接影响是利率的下降,有挤入效应,松货币的直接影响是利率的下降,强化了挤入效应。这样两种政策搭配在一起的合力是利率下降。紧财政的直接影响是收入下降,松货币的间接影响是收入上升,两种政策搭配在一起的合力是收入不确定。如果上升的力和下降的力一样大,最终收入将会不变。与此同时,利率下降得越大,私人投资的增加就越多,投资增加。如果 Y 没有发生变化,此时它的构成却发生了变化,投资所占的比重显著上升。

如图 5-31 所示,纵轴代表利率,横轴代表 Y,初始 IS 和 LM 曲线的交点决定的均衡收入是 Y^*,是能够实现两个市场同时均衡的收入水平,达到的利率水平是 R_1。政府采取紧财政政策,导致 IS 曲线发生一个向左的平移至 IS′。与此同时,辅之以松货币政策,导致 LM 曲线发生一个向右的平移至 LM′。如果收入水平 Y^* 没有变化的话,这里变化的就是利率,利率从 R_1 大幅度下降到 R_2,而产量保持不变。紧财政辅之以松货币的政策对产量没有直接的影响,但是改变了 Y 的构成,由于利率下降,投资所占的比重显著增加。

综上所述:

(1) 双松双紧的政策组合对 Y 的增减有确定性影响。双松的政策扩张 Y,双紧的政策紧缩 Y。

(2) 一松一紧的政策组合对 Y 的增减无确定性影响,但是可以改变 Y 的构成。

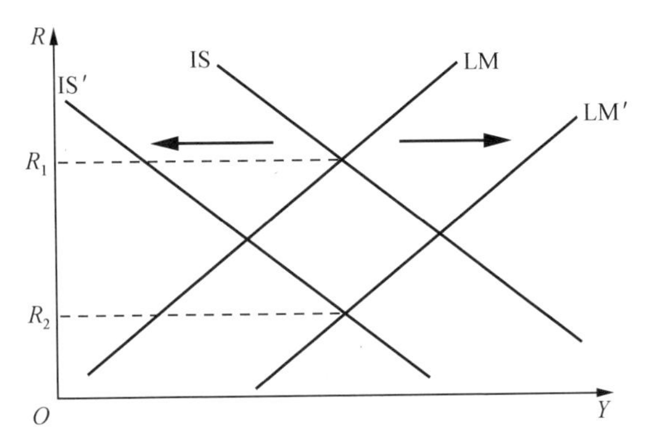

图 5-31　紧财政和松货币政策效果的图形

财政和货币政策不仅可以调节总需求，也可以用来调整产业结构，作为产业政策来使用。

四、中国宏观经济政策小结

1. 财政政策主要作用于消费支出 C 和政策购买支出 G

财政政策具有自动的稳定器的作用。

财政政策具有不确定性、时滞和挤出效应。

2. 货币政策主要影响投资 I

上游（间接）的货币政策工具是：公开市场业务、法定准备金比率、再贴现率；中游（较为直接）的货币政策工具是利率；下游（直接）的货币政策工具是信贷额度（规模）控制。

货币政策具有不对称性、不确定性和时滞。

第四节　总需求曲线

在第二部分总需求分析中，我们有一个通用的前提假设——价格水平保持不变。如果价格发生变化，将带来何种程度的影响？

一、总需求与总需求曲线

1. 总需求

总需求 AD 是指在价格、国民收入和其他经济变量既定的条件下，消费者、厂商、政府和外国愿意支出的数量。总需求水平受价格水平、公众收入水平、政策变量等因素的影响。这些因素导致总需求曲线的移动。总需求分析只涉及产品市场和货币市场。一个既定价格水平对应一个总需求乃至总产量水平,两者之间有一种一一对应的关系。

2. 总需求曲线

总需求曲线是指在各种价格水平上,在产品市场和货币市场同时均衡的条件下,国民收入水平的轨迹。

一个价格对应了一个总需求和总产量,无数个价格对应无数个总需求和总产量,说明总需求、总产量是价格水平的函数,随价格水平的变化而变化,这种一一对应关系的轨迹,就是总需求曲线。

二、总需求曲线的推导

1. 传导机制

$$\underbrace{P\downarrow \to M_0}_{\text{移动}M_0/P\text{曲线}} \quad / \quad \underbrace{P\uparrow \to R\downarrow}_{\text{移动LM曲线}} \quad \to I\uparrow \to \mathrm{AD}\uparrow \to Y\uparrow$$

总需求曲线的传导机制是:如果价格下跌,从宏观经济学流程图左下角开始,将会导致实际货币供应量 M_0/P 的上升。这个变化发生在初始的利率—货币需求、货币供给坐标空间中,实际的货币供给曲线发生右移。在货币需求不变的情况下,实际货币供给的增加导致利率的下降。这个变化发生在利率-Y 坐标空间内,移动的就是 LM 曲线。进一步利率的下降将会刺激投资的增加,进而会增加总需求乃至总产量。起因是价格水平的下跌,带来的结果是总需求乃至总产量水平的增加。价格与总产量两者之间有一种反方向变动的关系。

2. 图形

进一步看图形,从 R-Y 坐标空间转换到 P-Y 坐标空间。如图 5-32 所示,把三个图放在一起,左边是原始的利率—货币需求、货币供给坐标系,右上是利率-Y 坐标空间,右下是价格-Y 坐标空间,我们要把前两个图中所蕴涵的关系分离到下面的图中。

在利率—货币需求、货币供给坐标系内,有两条货币需求曲线对应了两个收入水平。初始价格水平在 P_1 的时候,决定了一个实际货币供应量,用 M_0/P_1 来表示,它与高收入决定的较高的货币需求曲线交于 R_2,与低收入决定的较低的货币需求曲线交于 R_1。

在利率-Y 坐标空间里,初始 IS 曲线位置既定,较高的利率 R_1 对应着一个较高的收入水平 Y_2,较低的利率 R_1 对应一个较低的收入水平 Y_1,得到两个组合点,把这两个点连接成线就是一条初始的 LM 曲线(可以回忆第四章第二节关于 LM 曲线的形成),初始的 LM 曲线跟 IS 曲线的交点 Y_1 是能够实现两个市场同时均

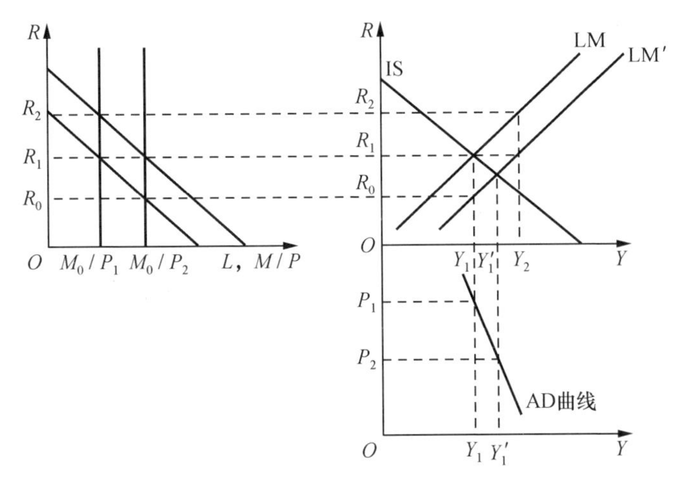

图 5-32　AD 曲线的形成

衡的收入水平。

现在价格水平从 P_1 下降到 P_2，价格下跌将会导致实际货币供应量增加，在左边这个图中，代表实际货币供应量的垂线发生一个向右的平移，从 M_0/P_1 右移至 M_0/P_2。货币供给曲线 M_0/P_2 跟两种不同的货币需求曲线相交，与代表高收入 Y_2 的货币需求曲线交点决定的利率水平是 R_1，与代表低收入 Y_1 的货币需求曲线交点决定的利率水平是 R_0。这里为了少画一条线，把 R_1 和前面的 R_1 重合在一起。

实际货币增加以后，原先的 LM 曲线的轨迹将发生变化，把两个新的组合点连接成线，得到一条新的向右移动的 LM 曲线，称为 LM′。P_2 价格水平对应的 LM 曲线是 LM′，它和 IS 曲线交点决定的收入是 Y_1'，所以 Y_1 和 Y_1' 都是能够实现两个市场同时均衡的收入水平。

Y_1 对应一个初始较高的价格 P_1，而 Y_1' 对应一个较低的价格 P_2，上面两个图里已经蕴涵了价格和收入水平之间的一种反方向变动的关系。把这个关系分离到右下图中，我们把两个点连接成线，最终得到一条总需求曲线。

右下图蕴涵的关系是：能够实现两个市场同时均衡的收入和价格的组合点的轨迹——Y_1 对应 P_1，Y_1' 对应 P_2，两个组合点连接成线，得到一条单调下降的总需求曲线。

3. 代数式

$$\text{IS 曲线}: Y = \alpha A_0 - \alpha b R \quad ①$$

$$\text{LM 曲线}: kY - hR = M_0/P \quad ②$$

②代入①,消去 R,得到:

$$Y = \frac{\alpha}{1 + \alpha bk/h}[A_0 + (b/h)(M_0/P)]$$

$$\beta = \frac{\alpha}{1 + \alpha bk/h} = \frac{1}{1/\alpha + bk/h} = k_g$$

$$\gamma = \frac{\alpha b/h}{1 + \alpha bk/h} = \frac{1}{h/b\alpha + k} = k_m$$

β 是两个市场同时均衡下的财政政策乘数 k_g。同样是政府购买支出乘数,α 代表产品市场均衡,β 代表两个市场同时均衡。γ 是两个市场同时均衡条件下的货币政策乘数 k_m,进一步,我们把总需求曲线写成:

$$Y = k_g A_0 + k_m M_0/P$$
$$= \beta A_0 + \gamma M_0/P$$
$$P = k_m M_0/(Y - k_g A_0)$$

AD 曲线数学上的斜率为:

$$\mathrm{d}P/\mathrm{d}Y = -k_m M_0/(Y - k_g A_0)^2$$
$$= -[k_m M_0/(Y - k_g A_0)]^2/(k_m M_0)$$
$$= -P^2/(k_m M_0) < 0$$

一阶导小于0说明总需求曲线是单调下降的,另外由于 P 进入斜率,P 在每一点都不同,将会使斜率在每一点也不同。如果对总需求曲线再次求导,AD 曲线的二阶导为:

$$\mathrm{d}^2P/\mathrm{d}Y^2 = 2k_m M_0/(Y - k_g A_0)^3$$
$$= 2[k_m M_0/(Y - k_g A_0)]^3/(k_m M_0)^2$$
$$= 2P^3/(k_m M_0)^2 > 0$$

二阶导大于0,说明 AD 曲线以递增的速率单调下降,AD 曲线凸向横轴。

如果 P 趋向于正无穷,在 Y 等于 $k_g A_0$ 处,总需求曲线将会有一条渐进线,

$$\lim_{P \to \infty} Y = k_g A_0$$

第二篇第三至第五章都是在价格水平固定不变的这个通用前提假设下,在第五章快要结束的时候,这个前提假设发生了变化。如果价格水平下跌,将会导致国民收入水平上升,和各个价格水平相对应的、能够实现两个市场同时均衡的收入水平的轨迹,被描述成一条单调下降、凸向横轴、有一条渐进线的总需求曲线。从表达式看,很显然这是一条双曲线(见图5-33)。

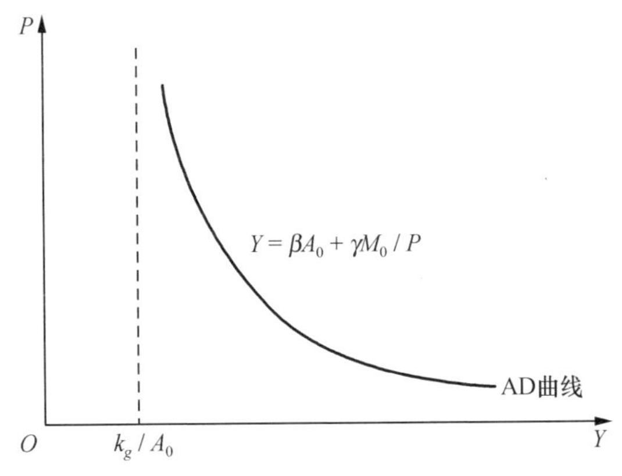

图 5-33　AD 曲线的图形

外生变量		内生变量
影响截距	影响斜率	P 和 Y
k_g 和 A_0	k_m 和 M_0	

关于双曲线的运动将分成外生变量和内生变量两个方面来讨论。

内生变量实际上就是曲线所描述的两个变量之间的关系，一个是自变量价格，一个是因变量收入，两者之间呈反方向变动的关系。

外生变量主要影响截距和斜率，截距和斜率发生变化，这个曲线必然要发生变化。具体来看，第一个是决定总需求曲线位置的左右平移的因素，也就是渐进线。渐进线右移导致总需求曲线右移，反之渐进线左移导致总需求曲线左移，决定总需求曲线位置的因素很显然有 k_g（或者 β）和 A_0。k_g 是两个市场同时均衡条件下的财政政策乘数，A_0 是五项的代数和。

影响斜率的有两个市场同时均衡条件下的货币政策乘数 k_m 和货币供应量 M_0。k_g 和 k_m 两个乘数都各自受到这样五个因素 c、t、b、k、h 的影响，它们对总需求曲线的影响，在改变截距的同时也会改变斜率。

我们首先讨论只影响截距的 A_0 和只影响斜率的 M_0 的变化带来的影响。A_0 中我们以财政政策为例，如果增加政府购买支出将会使 A_0 发生变化，进而导致总需求曲线发生一个向右的平移。M_0 是货币政策——名义货币供应量的变化，是由中央银行决定的外生变量，它的变化很显然将会改变总需求曲线的斜率，使总需求曲线变得更加平坦或者更加陡峭。我们首先讨论财政和货币政策的运用对总需求曲线斜率和截距各自带来的影响，然后讨论既能影响财政政策乘数，又能影响货币政策乘数，同时影响总需求曲线斜率和截距的四个因素 t、b、k、h 的变化给总需求曲线带来的影响。

三、财政政策对总需求曲线位置的影响

变化的起因之一：价格从 P_1 下降到 P_2，形成一条初始的总需求曲线。如图 5-34 所示，两个坐标空间横坐标都是 Y，上图纵坐标是利率 R，下图纵坐标是价格 P。初始在上图中，有一条既定的 IS 曲线，初始价格 P_1 对应的一条 LM 曲线用 LM(P_1) 来表示，它和 IS 曲线交点决定的收入是 Y_1。然后由于价格水平从 P_1 下降到 P_2，LM 曲线发生了一个向右的平移，从 LM(P_1) 右移至 LM(P_2)，和 IS 曲线的交点决定的收入从 Y_1 增加到 Y_2。较低的收入水平 Y_1 对应较高的价格水平 P_1，较高的收入水平 Y_2 对应较低的价格水平 P_2，我们得到了两个组合点，把这两个点连接成线，得到了一条初始的总需求曲线 AD。

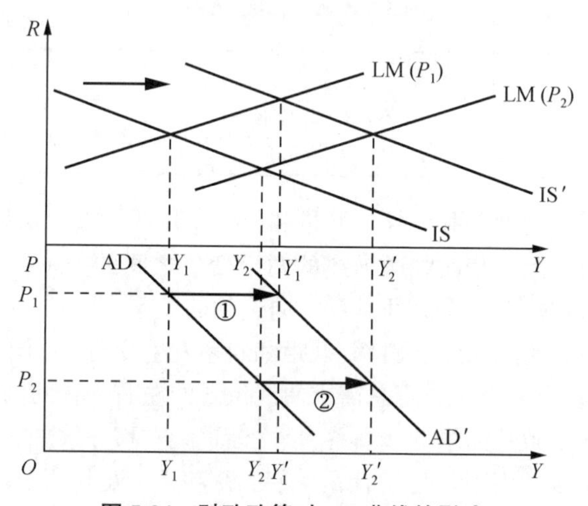

图 5-34 财政政策对 AD 曲线的影响

变化的起因之二：在这种情况下采取扩张性的财政政策，政府购买支出从 G_1 上升至 G_2，由此给总需求曲线带来影响。G_1 对应 A_1，G_2 对应 A_2，政府购买支出的变化不会影响 LM 曲线的位置，而是会使 IS 曲线发生一个向右的平移，从 IS 右移至 IS′。IS′和 LM(P_1) 相交决定的收入水平是 Y_1'，和 LM(P_2) 相交决定的收入水平是 Y_2'，Y_1' 对应较高的 P_1，而 Y_2' 对应较低的 P_2，连接 Y_1' 和 P_1 以及 Y_2' 和 P_2 两点得到一条向右平移的总需求曲线 AD′。政府购买支出增加，使 IS 曲线发生一个向右的平移，由此导致总需求曲线从 AD 右移至 AD′。

总需求曲线从 AD 右移至 AD′，我们要证明 Y_1' 到 Y_1 和 Y_2' 到 Y_2 这两个距离（图里标为①和②）是相等的。其中，LM(P_1) 曲线：$kY - hR = M_0/P_1$；LM(P_2) 曲线：$kY - hR = M_0/P_2$；IS 曲线：$Y = \alpha A_1 - \alpha bR$；IS′曲线：$Y = \alpha A_2 - \alpha bR$。

两个方程可以求解一个未知数，进而得到：

LM(P_1)曲线与 IS 曲线决定 Y_1,$Y_1 = k_g A_1 + k_m M_0/P_1$

LM(P_2)曲线与 IS 曲线决定 Y_2,$Y_2 = k_g A_1 + k_m M_0/P_2$

LM(P_1)曲线与 IS′曲线决定 Y_1',$Y_1' = k_g A_2 + k_m M_0/P_1$

LM(P_2)曲线与 IS′曲线决定 Y_2',$Y_2' = k_g A_2 + k_m M_0/P_2$

$$① = Y_1' - Y_1 = k_g(A_2 - A_1) = \beta\Delta G = Y_2' - Y_2 = ②$$

由此得到一个很重要的结论:财政政策工具政府购买支出 G 的上升,将使 A_0增加,进而使 IS 曲线发生一个向右的平移,右移的幅度是 $\alpha\Delta A_0$,进而导致总需求曲线发生一个向右的平移,右移的幅度是 $\beta\Delta A_0$或者 $\beta\Delta G$。

政策效果在不同的市场有什么样的变化呢?如图 5-35 所示初始在收入—支出模型中,政府购买支出的变化体现为总需求曲线发生一个向上的平移,幅度是 ΔG。导致收入的增加量 ΔY 是初始的 AD 和 45°线的交点与 AD′和 45°线的交点之间的水平距离。ΔY 的长度等于 $\alpha\Delta G$,α 等于 $1/[1 - c(1 - t)]$,这是三部门产品市场变动税制条件下的政府购买支出乘数。

初始政府购买支出增加 ΔG,将导致均衡国民收入增加 $\alpha\Delta G$,又等于 IS 曲线向右平移的幅度。R-Y 坐标空间中,有货币市场的反作用。政府购买支出增加将会导致总需求、总产量的增加,进而增加交易动机的货币需求,在货币供给不变的条件下,将会导致货币资产价格利率上升,利率上升将会挤出私人投资,进而导致总需求乃至总产量水平的下降。考虑到货币市场对产品市场的反作用,最终收入的增加量不是两条平行 IS 曲线的水平距离,而是两条 IS 曲线和 LM 曲线交点之间的水平距离,两个市场同时均衡的收入的增加是 $\beta\Delta G$,β 是两个市场同时均衡下的财政政策乘数。

现在我们已经证明了 $\beta\Delta G$ 的长度又等于两条平行的总需求曲线之间的水平距离,在 P-Y 坐标空间中,总需求曲线右移的幅度等于 $\beta\Delta G$,等于两个市场同时均衡条件下的收入增加的幅度。现在仅仅考虑的是总需求一方,如果结合总供给曲线,最终收入增加的幅度到底有多大,取决于总供给曲线的位置。如果总供给曲线是水平线,最终收入增加的幅度就是 $\beta\Delta G$;如果总供给曲线单调上升,最终收入增加的幅度将小于 $\beta\Delta G$;如果总供给曲线是一条垂线,那么收入没有任何增加。

最终我们得到的结论是:从产品市场的局部均衡到三个市场的一般均衡,乘数将越变越小,相同的政府购买支出乘数增加导致总需求的增加越来越小。初始在产品市场是一个正力和一个反力,到了产品和货币市场的同时均衡是一个正力和两个反力,而到了产品、货币和劳动力三个市场的同时均衡则是一个正力和三个反力。正方向的影响没有变化,而负方向的影响越来越多,所以最终收入

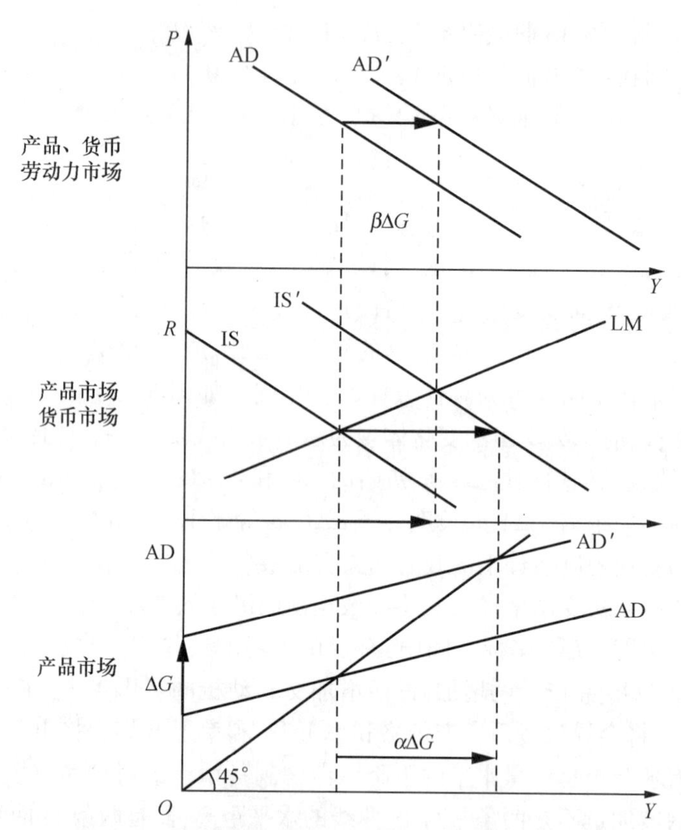

图 5-35 从局部均衡到一般均衡财政政策效力的变化

增加的幅度越来越小。

产品市场		产品和货币市场		劳动力市场
$\dfrac{1}{1-c(1-t)}$	$>$	$\dfrac{1}{1-c(1-t)+kb/h}$	$>$	$\dfrac{1}{1-c(1-t)+kb/h+\cdots}$
一正一负		一正两负		一正三负

四、货币政策对总需求曲线斜率的影响

为了简化问题，消除价格对总需求曲线斜率的影响，这里我们可以把价格看成一个既定的常数，所以总需求曲线简化为一条直线。

如图 5-36 所示，初始在 R-Y 坐标空间中，价格 P_1 和货币供应量 M_1 所决定的 LM 曲线用 LM(P_1, M_1)来表示，它和 IS 曲线交点决定的收入是 Y_1。由于价格水平从 P_1 下降至 P_2，LM 曲线发生一个向右的平移至 LM(P_2, M_1)，和 IS 曲线交点决定的收入是 Y_2。在 P-Y 坐标空间中，Y_1 对应着较高的价格 P_1，Y_2 对应着

较低的价格 P_2，这里我们得到了 Y_1 和 P_1 与 Y_2 和 P_2 两个组合点，将两点连接成线，就是初始的总需求曲线。

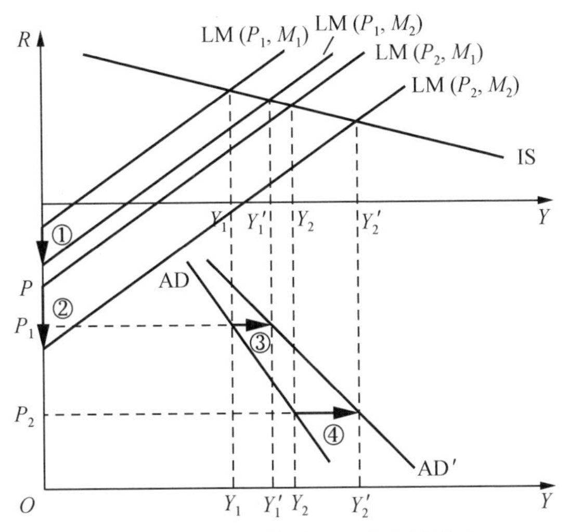

图 5-36　货币政策对 AD 曲线的影响

由于货币供应量的变化，使两条 LM 曲线都发生向右的平移，LM(P_1,M_1)右移至 LM(P_1,M_2)，LM(P_2,M_1)右移至 LM(P_2,M_2)，LM(P_1,M_2)和 IS 曲线交点决定的收入是 Y_1'，LM(P_2,M_2)和 IS 曲线交点决定的收入是 Y_2'，Y_1'对应较高的价格 P_1，而 Y_2'对应较低的价格 P_2，进一步把 P_1 和 Y_1' 与 P_2 和 Y_2' 连接成线，得到一条变得更加平坦的总需求曲线 AD′。我们发现总需求曲线的变化和前面财政政策是不一样的，前面是总需求曲线发生一个向右的平移，现在是总需求曲线变得更加平坦。

我们把 P_1 对应的两条 LM 曲线的垂直距离用①来代表，P_2 对应的两条 LM 曲线的垂直距离用②来代表；在下图中，$Y_1'Y_1$ 的距离记为③，$Y_2'Y_2$ 的距离记为④，④大于③。②大于①，决定了④大于③，为什么是这样？

如果 $M_2/M_1 < P_1/P_2$，则 $M_2/P_1 < M_1/P_2$，说明 LM(P_1,M_2)曲线在 LM(P_2,M_1)曲线的左侧。反之，则相反。图中各种曲线的表达式，LM(P_1,M_1)曲线：$kY - hR = M_1/P_1$；LM(P_1,M_2)曲线：$kY - hR = M_2/P_1$；LM(P_2,M_1)曲线：$kY - hR = M_1/P_2$；LM(P_2,M_2)曲线：$kY - hR = M_2/P_2$

$$① = M_2/hP_1 - M_1/hP_1 = (M_2 - M_1)/hP_1$$

$$② = M_2/hP_2 - M_1/hP_2 = (M_2 - M_1)/hP_2$$

因为 $P_1 > P_2$，所以② > ①。

LM(P_1,M_1)曲线与 IS 曲线决定 Y_1，$Y_1 = k_g A + k_m M_1/P_1$

$LM(P_1, M_2)$曲线与 IS 曲线决定 Y_1', $Y_1' = k_g A + k_m M_2 / P_1$

$LM(P_2, M_1)$曲线与 IS 曲线决定 Y_2, $Y_2 = k_g A + k_m M_1 / P_2$

$LM(P_2, M_2)$曲线与 IS 曲线决定 Y_2', $Y_2' = k_g A + k_m M_2 / P_2$

$$③ = Y_1' - Y_1 = k_m (M_2 - M_1) / P_1$$

$$④ = Y_2' - Y_2 = k_m (M_2 - M_1) / P_2$$

因为 $P_1 > P_2$,所以④ > ③。

结论是,货币扩张,货币供应量 M_0上升,将使总需求曲线变得更加平坦。

影响总需求曲线斜率的还有 c、t、b、k、h 这五个变量,除去边际消费倾向 c 不讨论,另外还应该讨论税率 t、投资的利率弹性 b、货币需求的收入弹性 k 以及货币需求的利率弹性 h 这四个因素的变化对总需求曲线斜率的影响。它们既影响截距 k_g,又影响斜率 k_m。

从斜率的表达式可以作一个简单的分析,相应的图形留给读者自己来画。h 上升,导致 k_m下降,导致 $P^2/(k_m M_0)$上升,使 AD 曲线更加陡峭。k 上升,导致 k_m下降,导致 $P^2/(k_m M_0)$上升,使 AD 曲线更加陡峭。b 上升,导致 k_m上升,导致 $P^2/(k_m M_0)$下降,使 AD 曲线更加平坦。α 上升,导致 k_m上升,导致 $P^2/(k_m M_0)$下降,使 AD 曲线更加平坦。

由此我们分析了 t、b、k、h 四个参数的变化对总需求曲线斜率的影响。作图需要首先在 R-Y 坐标系讨论 IS 或者 LM 曲线发生什么样的变化,进而在 P-Y 坐标系讨论 AD 曲线发生什么样的变化。

五、小结

1. 宏观经济流程图的方向性和不可逆性

在 IS 曲线中,以利率变化为起因分析对收入的影响,这两者之间反方向变动的关系体现为:利率下降对导致投资进而总需求乃至总产量的增加,方程式①—⑥总结为 IS 曲线。

在 LM 曲线中,以收入变化为起因分析对利率带来的影响,这两者之间同方向变动的关系体现为:收入增加以后通过第八个环节进来,增加交易动机的货币需求,进而增加总货币需求,在货币供给不变的条件下,导致货币资产价格利率上升。

在总需求曲线分析中,以价格的变化为起因分析对一个国家总需求乃至总产量的影响,这两者之间反方向变动的关系体现为:价格下跌导致实际的货币供给发生变化,进而导致货币资产价格利率下降,进而导致投资以及总需求和总产量增加。

方向性就是位于传导机制图形左边的变量决定右边的变量，是不可逆的。

2. 需求管理政策

无论是 IS 曲线的移动还是 LM 曲线的移动，都将导致总需求曲线发生移动，能够影响总需求曲线的政策称为需求管理政策。需求管理政策在 20 世纪 80 年代以前，一直是非常重要的宏观经济政策。

萨缪尔森认为财政政策和货币政策的运用，可以通过调节总需求进而决定总产量。所以凯恩斯主义处方——相机抉择的经济政策，包治西方经济百病。萧条时期可以采取扩张性的政策，繁荣时期可以采取紧缩性的政策。

3. 对 IS-LM 模型的质疑

对 IS 曲线和 LM 曲线的质疑在经济学家中达成了共识。在 IS 曲线中是一种流量分析，比如说投资、消费、政府购买支出、GNP、GDP 是一种流量，流量分析是一种时期分析。在 LM 曲线中是一种存量分析，即时点分析，在某一个时点存在着变量变动的数值。IS、LM 曲线中，一个是存量，一个是流量，能否联立求解？

关于这个问题我们特别介绍一位华人经济学家蒋硕杰的思想。1956 年，蒋硕杰在《美国经济评论》(*American Economic Review*, *AER*)上发表的"流动偏好理论与可贷资金理论，乘数分析与速度分析的一个综合"中指出：所有应用流动偏好理论的经济学家，都犯了忽视货币供求中的流量因素这个共同错误。

文章认为，假如：(1) 交易性货币需求(即凯恩斯的筹资的流动性需求)得到充分的重视；(2) 针对利率和其他参数的变动而调整持有货币的存量需求可以假定为能在瞬间完成，那么流动偏好理论就将等同于可贷资金理论。而实际上，交易性货币需求的流量性质一贯为应用流动偏好理论的经济学家们所忽视；同时，在一个迅速变化的世界中，考虑到事实上的时滞问题，在决定需求的诸变量和存量供给再次变动之前，为适应货币存量需求和现行利率而对货币存量需求进行充分的调整是不可能在瞬间完成的。

1957 年，蒋硕杰在 *AER* 上又发表"流动偏好理论与可贷资金理论：回答"回应奥克莱(G. Ackley)对上一篇文章的质疑，更加明确地指出正是因为这种非瞬时性的调整，可贷资金理论及流量分析要比流动偏好理论及存量分析更为正确可行。这是蒋硕杰对凯恩斯流动偏好理论的初次批评。

美国战后主流货币利率学派是以耶鲁大学托宾教授为中心的凯恩斯学派和芝加哥大学弗里德曼教授为中心的货币学派。蒋硕杰的学术见解往往与当时这两个学派的许多国际权威学者的立场大相径庭。他在利率理论及存量、流量分析方面有着独特的见解。

本章小结

1. 货币政策的三大工具也称为央行的三大法宝,分别是法定准备金率、再贴现率和公开市场业务。这三大法宝在调节对象,调节的精确性、灵活性、公开性方面都有各自的特点。

2. 货币政策的传导机制是,以扩张性货币政策为例,首先初始效应是货币市场迅速调整达到均衡,产出不变而利率迅速下跌,然后从第二轮到第 n 轮的引致效应从消费和投资两个路径影响总产出,从图形上看是在爬一个高度递减的楼梯。

3. 货币政策的效力包括三个命题:

命题4 在 LM 曲线斜率不变的条件下,IS 曲线越平坦(综合了 t 下降和 b 上升),货币政策效力就越大。

命题5 在 IS 曲线斜率不变的条件下,由货币需求的收入弹性下降(k 下降)导致的 LM 曲线越平坦,货币政策的效力就越大。

命题6 在 IS 曲线斜率不变的条件下,由货币需求的利率弹性上升(h 上升)导致的 LM 曲线越平坦,货币政策的效力就越小。

4. 货币政策的缺陷包括以下几个方面:货币政策面临传导机制不确定性的问题,因此,当冲击来自产品市场时,应该以 M 作为中间目标进行控制;当冲击来自货币需求函数的不稳定时,应该选择利率 R 作为中间目标加以控制。货币政策具有不对称性,阻止前进非常有效,而促进效果就比较差。货币政策的外部时滞比较长(传导环节长),内部时滞(主要体现为行动时滞)比较短。

5. 财政政策工具包括支出政策和收入政策两类,支出政策工具包括政府购买支出和转移支付,收入政策工具包括自发税收 T_0 以及税率 t。

6. 财政政策的传导机制是,以政府购买支出增加为例,首先初始效应是产品市场上政府购买支出增加导致的产出扩张,然后从第二轮到第 n 轮的引致效应从消费和投资两个路径影响总产出,从图形上看是在爬一个高度递减的楼梯。

7. 财政政策的效力包括三个命题:

命题1 在 LM 曲线斜率不变的条件下,由税率下降(t 下降)导致的 IS 曲线越平坦,财政政策的效力就越大。

命题2 在 LM 曲线斜率不变的条件下,由投资需求的利率弹性上升(b 上升)导致的 IS 曲线越平坦,财政政策的效力就越小。

命题3 在 IS 曲线斜率不变的条件下,LM 曲线越平坦(综合了 k 下降和 h 上升两种情况),财政政策的效力就越大。

8. 在流动性陷阱的情况下,货币政策失效,此时财政政策最有效;在古典特例的情况下,财政政策失效,此时货币政策最有效。

9. 所谓自动稳定器是指设立之后无须改变就可以自动发挥作用,调节收入波动的幅度,税收制度以及转移支付制度都具有自动稳定器的作用。

10. 财政政策的缺陷包括以下几个方面:财政政策面临传导机制不确定性的问题。财政政策的内部时滞比较长,外部时滞比较短,但税收和转移支付制度的自动稳定器作用可以部分克服这一问题。政府购买支出增加的财政政策具有挤出效应。

11. 货币政策和财政政策可以搭配使用以实现政府宏观调控的目标。双松双紧的政策组合对 Y 的增减有确定性影响:双松的政策扩张 Y,双紧的政策紧缩 Y。一松一紧的政策组合对 Y 的增减无确定性影响,但是可以改变 Y 的构成。财政和货币政策不仅可以调节总需求,也可以用来调整产业结构,作为产业政策来使用。

12. 总需求曲线的定义是:在价格、国民收入和其他经济变量既定的条件下,消费者、厂商、政府和外国愿意支出的数量。总需求水平受价格水平、公众收入水平、政策变量等因素的影响。这些因素导致总需求曲线的移动。总需求分析只涉及产品市场和货币市场。货币政策和财政政策会导致总需求曲线的移动,所不同的是在财政政策下总需求曲线为平移,而货币政策会导致总需求曲线移动的同时其斜率也发生变化。

关键概念

准备金　法定准备金　超额准备金　高能货币　再贴现率　公开市场业务　外部时滞　内部时滞　支出政策　收入政策　流动性陷阱　古典特例　自动的稳定器　产业政策　总需求曲线

本章习题

第一节

1. 已知基础货币的条件下,以下两种情况怎样影响货币存量:流通现金—存款比率增加,准备金—存款比率增加。

2. 当流动性泛滥的时候,如果有人建议采用100%的准备金—存款比率,以加强对货币供给的控制。

(a) 这个方案是否有助于控制货币供给?

(b) 在这个方案下,银行资产负债表将会怎样,此时银行业怎样保持盈利?

(c) 这种方式对经济是否同时会造成负面影响?

3. 中央银行贴现率的增加对以下几个因素的影响是什么?

(a) 均衡的货币供给;(b) 均衡的利率;(c) 均衡的产量水平。

4. 分别说明在什么条件下,美联储可以通过以下各项为中间目标实施货币政策?

(a) 利率;(b) 货币存量。

5. 在第二次世界大战期间,德国和英国都有纸币武器的计划:两国都策划大量印制另一国的货币,然后用飞机空投到对方国家。请问这种计划会产生效果吗?如果会,其效果会怎样?

6. (a) 美联储为何不更紧密地坚持货币存量目标路径?

(b) 以名义利率为目标的危险是什么?

7. 将以下各项按最终目标、中间目标、货币政策工具进行分类:

名义 GDP;贴现率;基础货币;M_1;国库券利率;失业率。

8. 芒德尔—托宾效应。假设消费取决于实际货币余额水平,如果实际货币余额按照书中的表达式取决于名义利率,请论述货币增长率的提高会影响消费、投资和实际利率。名义利率对预期通货膨胀的调整是大于、等于还是小于1∶1?

第二节

1. 讨论参数 a、h、b、k 在政府购买支出增加和最终的均衡收入变化的传导机制中的作用,在进行分析时请利用宏观经济流程图。

2. 假设政府削减收入税。运用 IS-LM 模型,在以下两个假设条件下,说明减税的影响:第一,政府通过适应性货币政策保持利率水平不变;第二,货币存量保持不变。解释上述结果的差别。

3. 假设 GDP 低于潜在水平 200 亿元,预期下一期的 GDP 将低于潜在的水平 100 亿元,且从现在起两个时期的 GDP 将回到它的潜在水平。已知政府支出乘数是 2,且增加政府支出的影响是立刻发生的。在每一时期,政府采取什么样的政策行为可以使 GDP 回到目标水平?

4. 关于 GDP 的基本情况如上所述。但是现在政府支出的效果有一期的外部时滞。今天的支出决策转化成明天的实际支出。在支出发生的时期,政府支出乘数仍然是 2。

(a) 采取什么措施来保持 GDP 在每一期尽可能接近目标水平?

(b) 将此题中的 GDP 运行与习题 3 中政策行为发生后的 GDP 运行作

比较。

5. 政府支出作用的时滞更为复杂了，不是简单的一期时滞，而是有分布时滞。现在支出10亿元，当期GDP增加10亿元，而下一期GDP增加15亿元。

(a) 如果政府支出的当期增加足以使GDP当期回到潜在水平，GDP将发生什么变化？

(b) 假设采取的财政政策行为使GDP当期回到潜在水平，为使GDP下一期回到目标水平，需要什么样的财政政策？

(c) 解释此题中，为什么政府要如此积极地将GDP保持在目标水平。

6. 假设你通过历史观测认为政府支出乘数的分布为均匀分布，在1—2.5之间，但是它的作用在支出增加的那一时期结束。如果GDP的运行在没有政策行为的情况下与习题3中一样，你将怎样运用财政政策？

7. 解释为何货币政策的作用如下图所示的那样存在分布时滞。

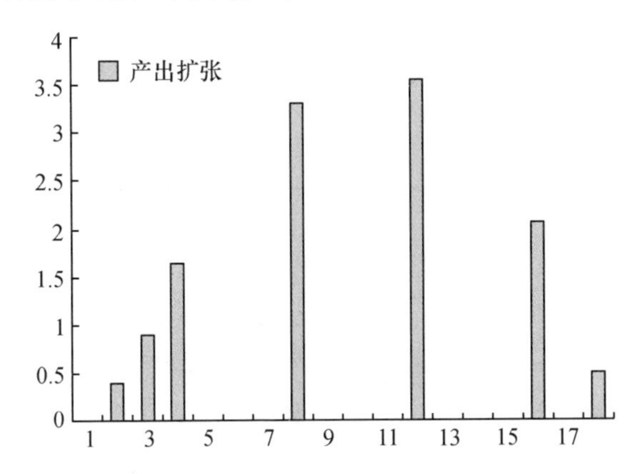

图中显示了名义存量M_1一次性增加3%的动态乘数。对于每一季度来说，实际产量水平相对于经济原本可能遵循的途径增长。以第8季度为例，货币增加3%意味着实际GDP上升3.2%，到第18季度，产量近似于回到它的正常途径。

第三节和第四节

1. 假设当前经济处于充分就业状态。现在政府想要改变总需求的构成，增加投资比重，同时减少消费比重，但是不希望总需求超过充分就业水平。那么，政府应该采取什么样的政策组合？试用IS-LM图解说明你的政策建议。

2. 讨论使货币政策乘数和财政政策乘数依次等于0的条件。用文字解释为什么这有可能发生以及你认为这种可能性有多大。

3. 考虑扩张经济的两种备选方案:一种是增加投资补贴,另一种是降低收入税税率。运用 IS-LM 模型和投资曲线来讨论这些备选政策对收入、利率以及投资的影响。

4. 下图中的经济正在向充分就业运动,既可以通过货币扩张又可以通过增加充分就业的预算赤字来实现。哪种政策将使经济移动至 E_1 点,哪种政策将使经济移动至 E_2 点?你希望作出怎样的选择?作出移动至 E_1 点这样的选择的最坚定的支持者会是谁?什么政策符合“平衡增长”的要求?

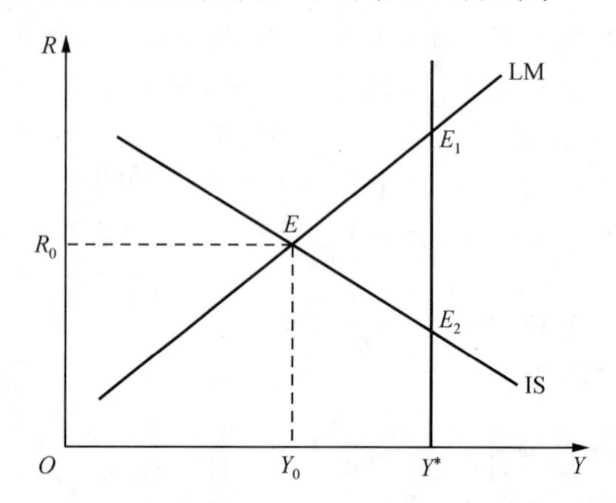

5. “我们可以通过在相当宽的范围内选择使用紧财政政策和松货币政策(或者相反)来达到我们合理要求的 GNP 途径,这种选择的真正基础存在于除实际 GNP 和通货膨胀以外的许多辅助目标,这些目标的实现受到货币和财政政策的不同影响。”上面引文提到的辅助目标包括什么?它们是如何受到各种备选政策组合的影响?

6. 运用 IS-LM 模型讨论当价格沿既定的 AD 曲线变化时,对利率的影响。

7. 货币需求对利率的反应程度越大,则 AD 曲线越陡峭。这种说法是否正确?画图证明你的判断。

8. 假定政府将个人所得税税率由 t 增加到 t'。

(a) 对 AD 线有何影响?

(b) 对均衡利率有何影响?

(c) 对投资有何影响?

附 录

货币政策的传导机制

一、货币政策对投资影响分析的扩展之一——信贷可得性效应

所谓信贷的可得性(credit availability),是指企业或个人能够通过信贷市场获得的信贷量。由于大量的私人投资都要通过贷款来进行,而信贷的可得性显然对投资需求有着重要的影响。

早在20世纪50年代末期,罗萨(R. V. Rosa)、卡普肯(G. H. Kaveken)和林德伯克(A. Lindbeck)等经济学家就对货币的信贷可得性效应进行了研究。80年代以来,斯蒂格利茨(J. E. Stiglitz)和维斯(A. Weiss)等新凯恩斯主义经济学家则进一步对它进行了论证。

斯蒂格利茨在1976年和罗斯柴尔德(M. Rothschild)合作的“竞争保险市场的均衡,论非完美信息经济学”一文,成为在“逆向选择”方面的经典之作。

1984年夏皮罗(C. Shapiro)和斯蒂格利茨创立了被称为效率工资的劳动市场模型,成为现代劳动力及宏观经济的重要组成部分。他的研究成果——非对称信息条件下的经济激励,不仅仅是学术上的抽象,而且有很高的实用性。

1. 信贷配给的现象

在信贷市场上,一个普遍存在的现象是信贷配给(credit rationing),也就是说,并非只要借款人支付一个足够高的利率,便可以获得它所需要的贷款,而是在一个特定的利率水平上,有些企业和个人可以得到贷款,而一些企业和个人即使愿意支付更高的利率,银行也不愿给予贷款。换言之,信贷市场上的利率并不是一个使信贷的供求相等的均衡利率,而是一个比均衡利率更低的利率。

斯蒂格里茨和维斯(1981)认为,信贷配给实际上是银行在信息不对称的情况下采取的一种理性选择。银行的收益不仅取决于利率,还取决于贷款归还的可能性。由于在存在着信息成本的情况下,银行既不可能在贷款之前对借款人有充分的了解,也不可能在贷款之后对借款人进行完全的监督。

假定银行采取提高利率的方法,则可能产生两个方面的消极影响:

第一,逆向选择(adverse selection)。利率提高之后,那些愿意出高利率的人往往是高风险的。他们之所以愿意出高利率,本来就是因为他们知道归还贷款的可能性比较小。

第二，逆向激励(adverse incentive)。由于有限责任的缘故，高利率会促使贷款人选择那些高风险、高收益的项目。

因此，对于银行来说，并不是利率越高越好，而是有一个限度，越过这一限度之后，由于贷款风险的上升，银行的预期收益反而减少。这一点可以用图5-A来表示。

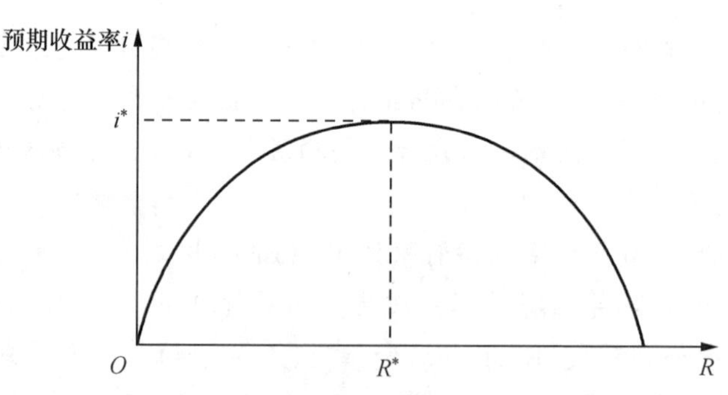

图5-A　利率与银行预期收益率的关系

在图5-A中横轴代表利率R，纵轴代表银行的预期收益i。银行将选择利率水平R^*，虽然这一利率往往不能使贷款需求等于供给，但它却是使银行预期收益最大的利率。所以它实际上是另一种意义上的均衡利率。

斯蒂格里茨和维斯认为，用这种理论可以很好地解释为什么从历史上看，贷款规模有很大的波动，而实际利率的变动却相对要小得多。

2. 货币供给对信贷配给的影响

如果说信贷配给是信贷市场上的普遍现象，那么货币量的大小究竟对银行的信贷额度有何影响呢？

货币供给的增加，可以使信贷的可得性增加，从而使投资增加，这就是货币的信贷可得性效应，可以表述如下(A代表信贷可得性)：

$$M_0/P\uparrow\rightarrow A\uparrow\rightarrow I\uparrow\rightarrow \mathrm{AD}\uparrow\rightarrow Y\uparrow$$

对信贷可得性的研究标志着对货币传导机制认识的进一步深入。以往的研究仅考察了货币供给(通过利率等机制)对借款方的影响，而未考察对贷款方(银行)的影响，因而是不完全的。信贷可得性理论则考察了货币供给是如何通过影响银行的资产和负债状况来影响银行的贷款供应，因而是理论上的巨大突破。

二、货币政策对投资影响分析的扩展之二——托宾的*q*理论

托宾的q理论揭示了货币经由股票市场而作用于投资的一种可能。

詹姆士·托宾(James Tobin)是1981年诺贝尔经济学奖得主。他在20世纪

50年代提出了一种建立在利润的现值和投资之间关系基础上的投资理论。同时,他还提出了新的货币需求理论——建立在流动性、回报率和风险不同基础上的资产选择理论。

所谓的q,是指一个比值,它等于企业的市场价值除以企业的资本重置成本。即:

$$q = V/(P_K K)$$

V为企业的市场价值,即企业的股票总市值,P_K为每单位实物资本的价格,K为企业的实物资本总数,二者相乘即为企业的资本重置成本。

托宾认为,企业的投资决策取决于q值是否大于1。当q值大于1时,企业将增加资本品的购买,因为股票市场对这些资本品的评价高于它们的成本;反之,若q值小于1,则企业将不购买资本品。

为了更好地理解这一点,我们可以作如下推导:

首先,我们知道,企业的市场价值V等于企业预期收益的贴现值,且贴现率为股东所要求的资本回报率(即企业的资本成本)。假定C_{t+i}为企业在$t+i$期的预期收益,r_k为股东所要求的资本回报率,则有:

$$V_t = C_{t+1}/(1+r_k) + C_{t+2}/(1+r_k)^2 + \cdots$$

为简单起见,假定各期预期收益均为C_0,则根据无穷递缩等比数列的求和公式有:

$$\begin{aligned} V_t &= C_0/(1+r_k) + C_0/(1+r_k)^2 + \cdots \\ &= C_0[1/(1+r_k) + 1/(1+r_k)^2 + \cdots] \\ &= C_0/r_k \end{aligned}$$

在给定$t+i$期的预期收益为C_0,以及资本重置成本为$P_K K$的情况下,资本的预期收益率(或称资本边际效率)ρ_k可由下式给出:

$$\begin{aligned} P_K K &= C_0/(1+\rho_k) + C_0/(1+\rho_k)^2 + \cdots \\ &= C_0/\rho_k \end{aligned}$$

$$q = V/(P_K K) = (C_0/r_k)/(C_0/\rho_k) = \rho_k/r_k$$

显然,只有当资本的预期收益率ρ_k大于资本成本r_k时,即$q>1$时,企业才会进行投资。

那么,货币供给的变动又会对q产生什么影响呢?很简单,当货币供给增加时,人们为了将手中多余的货币花出去,会去购买股票,从而使股票价格上涨,企业的市场价值V上升,q值增大。

因此,托宾的货币传导机制可以简述如下:

$$M_0/P\uparrow \rightarrow V\uparrow \rightarrow q\uparrow \rightarrow I\uparrow \rightarrow \mathrm{AD}\uparrow \rightarrow Y\uparrow$$

三、货币政策对消费的影响

1. 影响消费需求的各种因素

消费者的需求量:C

商品的自身价格:P

消费者的收入:Y

相关商品的价格:$P_1, P_2, \cdots, P_n$

消费者的偏好:α

消费者对未来价格水平的预期:P^e

人口因素:β

多元需求函数:

$$C = f(P, Y, P_1, P_2, \cdots, P_n, \alpha, P^e, \beta)$$

货币政策的传导机制:

$$M_0/P \to (Y, P_1, P_2, \cdots, P_n, \alpha, P^e, \beta) \to C$$

2. 庇古效应(或财富效应)

庇古较早地注意到了净财富实际价值对消费的影响,即庇古效应(或财富效应)。下面我们就来看一看货币供给是如何通过庇古效应来影响消费的。

货币供给的增加可能从两个方面增加消费者的净财富:首先,在价格不变的前提下,货币供给的增加就意味着实际货币余额的增加,而实际货币余额又是消费者实际净财富的一部分。因而实际货币余额的增加会使消费者感到比以前更加富有,从而增加消费支出,这一效应有一个专门的名称,叫做实际余额效应。它可以表述如下:

$$M_0/P\uparrow \to W/P\uparrow \to C\uparrow \to \text{AD}\uparrow \to Y\uparrow$$

货币供给还可以通过影响股票、债券等金融资产的价格来影响消费者的实际净财富。如前所述,当货币供给增加时,人们会增加对股票、债券等金融资产的需求,从而引起股票、债券的升值。而股票、债券又是消费者财富的一个组成部分,因而它们的升值会使消费者增加需求。其作用过程为:

$$M_0/P\uparrow \to P_s、P_b\uparrow \to W/P\uparrow \to C\uparrow \to \text{AD}\uparrow \to Y\uparrow$$

其中,P_s、P_b 分别代表股票、债券的价格,W/P 代表实际净财富。

金融资产的贬值可以较好地解释 20 世纪 30 年代大危机期间的消费萎缩。

由于 1929 年的股票市场崩溃,许多家庭的财富在一夜之间化为泡影,因而随之而来的便是消费的急剧减少。据估计,在 1929—1933 年间,由于股市的暴跌,美国消费者的财富按 1982 年美元计算减少了 3 310 亿美元,而消费的减少则超过了 700 亿美元。

3. 利率对消费的影响

除了通过影响消费者的财富来影响其消费需求之外，货币供给还可能通过影响消费者的借款成本来影响其消费支出。由于某些耐用消费品的购买往往是通过消费信贷进行的，因而它们也会在一定程度上受到利率的影响。

当货币供给增加引起利率下降时，消费者通过贷款或延期支付等方式来购买汽车等耐用消费品的利息支出便会下降，因而对耐用消费品的购买将更为踊跃。这一过程可以表示为，

$$M_0/P\uparrow\ \rightarrow R\downarrow\ \rightarrow C\uparrow\ \rightarrow \mathrm{AD}\uparrow\ \rightarrow Y\uparrow$$

4. 预期对消费的影响：买涨不买跌

特别值得一提的是，对未来价格水平的预期 P^e 在货币传导机制中的作用。实际上，有时它的影响是十分强大的。当货币供给增加使人们预期物价将上涨时，人们对实物资产的需求将有可能急剧上升。我国 1988 年的"抢购风"便是生动的一例，当时中央决定改革物价和工资制度的消息导致人们对通货膨胀产生了强烈的预期，从而引发了人们疯狂抢购各种实物商品的抢购风。

当货币供给增加引起消费者对未来价格水平上升的预期，因而对耐用消费品的购买将更为踊跃这一过程可以表示为：

$$M_0/P\uparrow\ \rightarrow P^e\uparrow\ \rightarrow C\uparrow\ \rightarrow \mathrm{AD}\uparrow\ \rightarrow Y\uparrow$$

四、货币政策对净出口的影响

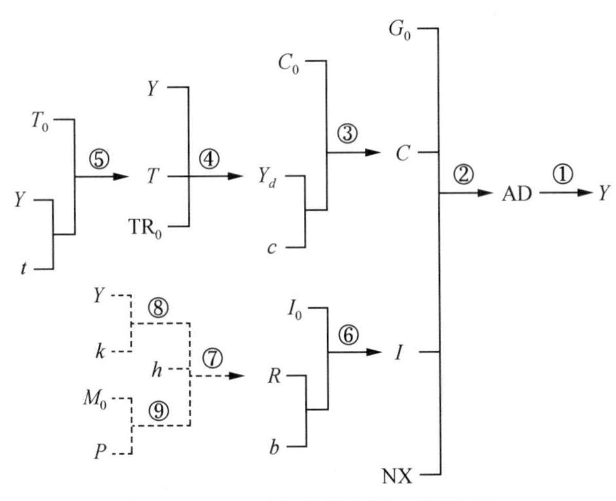

图 5-B　开放经济条件下的宏观流程图

开放经济条件下的传导机制是：假定本国的货币供给增加，从而使本国的利率下降，那么投资者持有本国银行存款的利息收益就下降，因而他们将渴望将本国的货币兑换成外国的货币，以获得外国较高的利息收入。

当许多投资者都在外汇市场抛出本国货币,买进外国货币时,本币的汇率就将下跌,外币的汇率则上扬,也就是说,本币将贬值,而外币则将升值。本币的贬值有利于扩大本国的出口,减少本国的进口。这是因为,当本币贬值时,本国商品用外币表示的价格将下降,因而外国人买起来就更便宜,从而将扩大对本国商品的需求;而外国商品用本币表示的价格则上升,从而本国对外国商品的需求将减少。而这两方面的作用都将使本国的净出口增加。因此,货币供给的增加还可以通过净出口的增加而使总需求增加。这一传导机制可以描述如下:

$M_0P\uparrow\rightarrow R\downarrow$

→引发套利行为(开放经济条件下)

→抛售本币换外币

→本币贬值 $E\downarrow$

→刺激出口,减少进口

$\rightarrow \mathrm{NX}\uparrow\rightarrow \mathrm{AD}\uparrow\rightarrow Y\uparrow$

货币对总需求中除政府购买之外的三个组成部分都有影响,这表明,货币传导机制远比早期凯恩斯主义者所想象的要复杂得多。

我们上述讨论的全部的传导机制,都是走影响总需求的传导路径。更为复杂的是,对价格上涨的预期不仅会影响总需求,而且会影响总供给。

米尔顿·弗里德曼(Milton Friedman)由于创立了货币主义理论,提出了永久性收入假说,而获得1976年诺贝尔经济学奖。正如弗里德曼所说的那样,货币的传导机制是如此之多,以致任何想要穷尽它的努力都可能只是徒劳的,永远是挂一漏万。

因此,我们没有理由相信,上述货币传导机制便是货币影响总需求的全部途径。

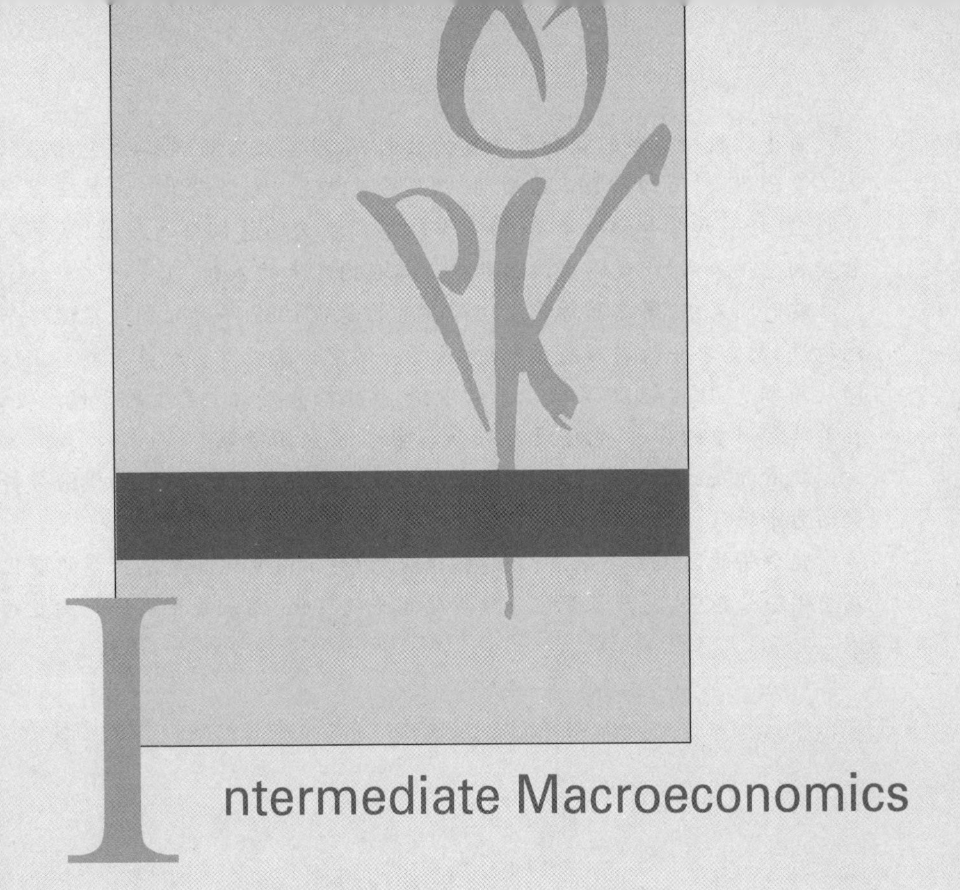

第三篇 总供给分析

首先比较一下第二篇和第三篇的区别:从内容上来讲,第二篇包括第三章收入—支出模型、第四章 IS-LM 模型,以及第五章宏观经济政策。而第三篇总供给分析,包括第六章劳动力市场、第七章凯恩斯主义的总供给曲线,以及第八章新古典的总供给曲线,这是第二篇和第三篇在内容上的差别。

就时间来讲,第二篇总需求理论涉及的是从 1937 年开始到现在这样一个时间跨度,总需求分析内容高度一致,在经济学中一统天下。而第三篇总供给分析涉及的都是 20 世纪 80 年代以来的理论,总供给分析由于产生的年代比较近,存在着非常严重的分歧,它还没有一个完整的、成熟的框架。

就所涉及的市场而言,总需求分析涉及产品和货币市场,而总供给分析涉及劳动力市场。

就分析的因果关系来看,在总需求分析中,价格变化导致总产量的变化。而在总供给分析中,总产量变化导致价格水平的变化,因果关系刚好是倒置的。

第六章

对劳动力市场状况的度量

本章概要

从本章开始,我们进入对总供给曲线的分析。本章主要介绍劳动力市场度量方面的基本概念以及劳动力市场的一些特征。

学习目标

学完本章,你将能够了解:

1. 总供给和总产量的定义。
2. 失业的定义及种类。
3. 自然失业率、充分就业的概念。

第一节　总供给与劳动力市场的关系

一、总供给和总产量

按照我们前面的定义,总供给就等价于总产量,总供给的内涵既包括 GNP 也包括 GDP,是一个国家在一定时期所生产的最终产品的市场价值的总和,又转化为一个国家的国民收入,这里我们进一步看一下,总供给和总产量之间有什么样的区别。

1. 总供给

指一国的全体厂商在现行价格、生产能力和总成本既定的条件下,愿意而且能够生产和出售的产品数量。这个定义中特别强调的是愿意并且能够,这个产量不仅是厂商愿意的而且是能够生产的产品数量。总供给分析只涉及劳动力市场。

2. 总产量

涉及总量生产函数。总量生产函数是指,在一定时期内,在技术水平不变的条件下,生产中所使用的各种生产要素的数量与能生产的最大产量间的关系。

总产量涉及生产函数以及生产中投入和产出之间的关系。

假定一个国家只生产一种产品。它的生产函数就写成：$Q=f(L,K)$，总产量 Q 取决于两种要素的投入，一个是劳动 L，另外一个是资本 K。这是微观经济学中的生产函数。而宏观经济学中总产量用 Y 来代表，$Y=f(N,K)$，所以 Y 取决于劳动要素 N 和资本要素 K。这里 N 是就业量，也是劳动要素投入的数量。

二、总产量和总投入量

宏观经济学把时期划分为以下三种：

短期：短期等价于微观经济学中的短期，即至少有一种投入要素不变。劳动和资本相比更易变，所以微观经济学的短期就是在资本要素数量既定的情况下，分析总产量 Y 与就业量 N 之间的关系，如图 6-1 所示。在微观经济学中，总产量生产函数在 Y-N 的坐标空间被画成一个钟形，这种形式说明总产量随着要素投入的变化而变化。一开始随着要素投入的增加，总产量增加的速度非常快，以递增的速度增加，经过拐点以后改以递减的速度增加，最终将达到一个极值，这个极值对应总产出最大化的要素投入数量。此后随着要素数量的增加，总产量将会下降。

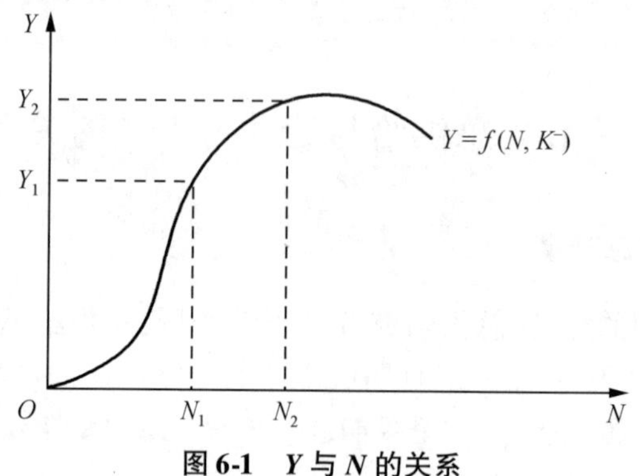

图 6-1　Y 与 N 的关系

在宏观经济学中，假定价格水平 P 和资本量 K 不变，能够变化的就是劳动要素的数量，所以生产函数写成：$Y=f(N,\bar{K})$。宏观经济学的短期只考虑工人的就业量和总产出之间的关系。

长期：宏观经济学的长期仍然等价于微观经济学中的短期，指至少有一种投入要素——资本量 K 不变的情况下，价格水平变化和总产量之间的关系。在宏观经济学中，无论短期还是长期资本量 K 都是稳定的，这也是我们在第三篇总供给分析中重点要讨论的内容。

超长期：宏观经济学的超长期等价于微观经济学中的长期——全部投入要

素可变,在价格、就业量以及资本存量都可变的条件下,讨论资本存量变化对 Y 的影响,我们在第四篇经济增长理论部分将讨论这个问题。

第二节 有关劳动力市场状况的几个概念

一、失业

1. 定义

以美国为例,失业是指在某一时期,通常超过四周,一直没有工作,但是一直在积极地寻找工作。

这说明了两点:第一,状态持续一段时间,超过四周。排除了某些可能,比如,第一周被公司解雇了,第二周就在另外一个公司找到了工作。第二,没有工作但是在积极地寻找工作,说明有工作意愿。如果没有工作的意愿,在宏观经济学里属于自愿失业,不在研究范围内。这里的失业是指非自愿性失业,非自愿性失业包括三种情况:周期性失业、摩擦性失业和结构性失业。

2. 周期性失业

周期性失业是指由于总需求不足而引起的失业。这种失业在经济萧条时期上升,在经济繁荣时期下降,由于和经济的周期波动密切相关,所以被叫做周期性失业。政府旨在稳定经济的需求管理政策就是要减少周期性失业,实现充分就业目标,如图 6-2 所示。比如,萧条时期采取扩张性的政策以减少周期性失业;而繁荣时期就业过分增加,可能使自愿失业的人也加入就业大军中,在这种情况下就采取紧缩性的政策。

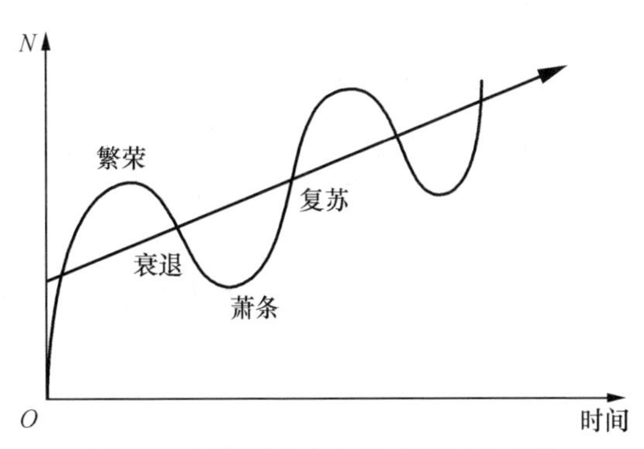

图 6-2 周期性失业与需求管理的政策

横轴是时间,纵轴是就业量,就业量跟经济周期一样也呈现出波动性,比如繁荣时期就业数量空前,衰退时期就业人数下降,萧条时期就业人数落到一个极低的水平,然后又出现复苏。

就业量的波动和一个国家的总产量 Y 之间有相同的规律,政府的需求管理政策就是要平抑它,削峰平谷、熨平经济周期,始终保持一个平稳的增长。

3. 摩擦性失业

摩擦性失业是指由于劳动力市场供求信息的不完善以及劳动力在异地之间流动的成本引起的失业。例如,A 地有一个厂商需要一个工人,同时 B 地正好有一个能够胜任这一工作,而且处于非自愿失业状态的工人。但是,由于劳动力市场上供求信息传递不畅,或者劳动力流动成本的障碍,这个工人仍然处于失业状态。经济中大量存在的职业介绍所等就业服务机构、人才交易市场以及招聘和求职广告等都是减少摩擦性失业的重要措施。

4. 结构性失业

结构性失业最早是在 20 世纪 60 年代,美国的约翰逊政府为了解决阿巴拉迁地区人民由于普遍缺乏技术和训练而导致的大量失业问题而提出的一个失业概念。后来,宏观经济学就把在经济结构变动中,由于现有劳动力技能与新兴产业需要不适应而引起的失业,叫做结构性失业。各种学校、职业培训机构以及医疗保健部门等都是减少结构性失业的重要途径。一般来说,结构性失业要比摩擦性失业存在的时间长,解决起来也困难,花费的时间和资金都比较多。因此,宏观经济学也经常把结构性失业看做是失业中的“硬核”。

5. 自然失业率

现代宏观经济学中经常使用的自然失业率概念中的失业是指摩擦性失业和结构性失业之和。在一个富有活力的经济中,产出的构成在不断变化,各个厂商对劳动力数量和技能的需要也在不断变化,同时,劳动力市场上供求信息的传递不可能十分完备。

因此,摩擦性失业和结构性失业是不可避免的,也就是“自然”的,可以说,摩擦性失业和结构性失业是一个充满活力的动态经济的必要副产品。

以美国为例,第二次世界大战以来的自然失业率在 4%—7% 间摆动。当失业率等于自然失业率时,经济就实现了充分就业;当失业率大于自然失业率时,经济就出现了需求不足失业;当失业率小于自然失业率时,经济就出现了过度就业。在经济的过度就业时期,往往伴随着工资水平的上升。

二、就业

1. 工作年龄人口

工作年龄人口是指年龄大于等于 16 岁,除去退休、上学、生病、失去劳动能力等情况的人口总数。

2. 劳动力

劳动力(labor force, LF)是指在工作年龄人口中有工作意愿的人口总数。

3. 充分就业

达到自然失业率 u^*,就是充分就业。充分就业量用 N^* 来代表,实际就业量用 N 来代表,自然失业率用 u^* 来代表,实际失业率用 u 来代表。劳动力这个集合等于充分就业量加上自然失业量:

$$\begin{aligned} \text{LF} &= \text{充分就业量} + \text{自然失业量} = N^* + \text{LF} \times u^* \\ &= \text{实际就业量} + \text{实际失业量} = N + \text{LF} \times u \end{aligned}$$

$$u^* = (\text{LF} - N^*)/\text{LF}, \quad u = (\text{LF} - N)/\text{LF}$$

$$\text{充分就业率} = 1 - u^*, \quad \text{充分就业量}\ N^* = \text{LF}(1 - u^*)$$

工作年龄人口、劳动力、充分就业和实际就业量的关系如图 6-3 所示。

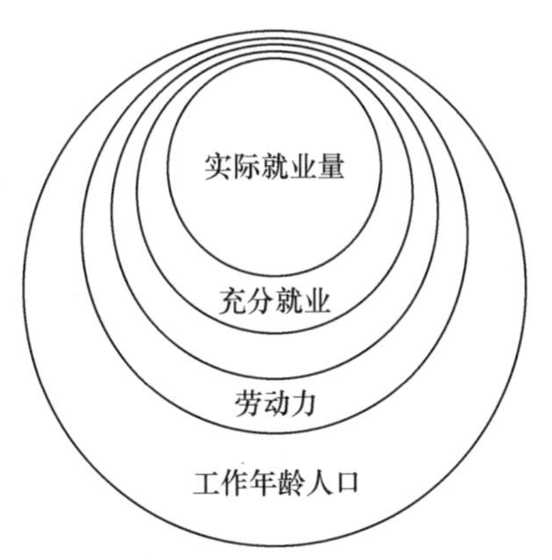

图 6-3 四个变量之间的关系

图 6-3 中最大的集合也就是金字塔的底座是工作年龄人口。工作年龄人口去掉自愿失业的那一部分,才是劳动力。劳动力中都是愿意就业的,但是有三种失业——周期性、摩擦性和结构性失业,所以实际就业量是最小的一个集合。

有一位经济学家讲过:“所谓经济学思想史,就是一个在两极摆动的钟摆。”经济学中的两极:极左方——国家干预主义,极右方——经济自由主义。极左方信奉政府这只看得见的手,极右方信奉市场这只看不见的手。1776 年亚当 · 斯密出版的《国富论》是市场万能论者的圣经,1936 年凯恩斯的《通论》是国家干预者的圣经。到了 20 世纪 70 年代,经济自由主义在世界范围内全面地卷土重来;80 年代以后,新凯恩斯主义国家干预思想又重新抬头。

我们介绍总供给问题的思路是:先介绍极左方国家干预主义——凯恩斯主义的总供给曲线及其由来,然后介绍极右方经济自由主义——新古典主义的总供给曲线。有了这样一个参照系统,其他的自己就可以定位,比如说中偏左,或者中偏右。

第七章介绍凯恩斯主义的总供给曲线,它建立在经验事实的基础之上。而第八章新古典主义的总供给曲线是建立在微观经济理论基础之上。前者是从经验事实中推导出来的,后者是从纯理论中推导出来的,这是两条不同的总供给曲线之间的差别。

试图综合这两种观点的人,从预期的角度出发,说明这两条总供给曲线最大的不同在于预期的方式不同,以此作为沟通两种观点——国家干预主义和经济自由主义的桥梁和纽带。

本章小结

1. 总供给是指一国的全体厂商在现行价格、生产能力和总成本既定的条件下,愿意而且能够生产和出售的产品数量。这个定义中特别强调的是愿意并且能够,这个产量不仅是厂商愿意的而且是能够生产的产品数量。总供给分析只涉及劳动力市场。

2. 失业指在某一时期,通常超过四周,一直没有工作,但是一直在积极地寻找工作。失业包括周期性失业、摩擦性失业、结构性失业三种,其中后两者之和称为自然失业率,因为在现实中摩擦性失业和结构性失业是不可避免的,而周期性失业可以通过宏观经济政策进行调节。

3. 劳动力是指在工作年龄人口中有工作意愿的人口总数。

关键概念

总供给　总产量　失业　失业率　周期性失业　摩擦性失业　结构性失业　自然失业率　劳动力

第七章

凯恩斯主义的总供给曲线

本章概要

本章将介绍凯恩斯主义的总供给曲线。凯恩斯主义总供给曲线是由英国经济学家菲利普斯通过研究英国的失业率和工资变动得到的菲利普斯曲线推导出来的,由于缺乏微观经济基础因而受到质疑,新凯恩斯主义者通过不同的角度和方式力图为凯恩斯主义建立微观基础,解释工资和价格为何会出现粘性,在第二节我们会介绍这方面的几个经典模型。另外,本章的第三节将在总供求模型的框架下分析需求冲击和供给冲击对于经济的影响。

学习目标

学完本章,你将能够了解:

1. 菲利普斯曲线的形式以及如何由此推导出凯恩斯主义的短期和长期总供给曲线。

2. 原凯恩斯主义的主要缺陷,以及新凯恩斯主义对工资和价格粘性的解释,包括对工资和价格的名义粘性和实际粘性进行解释的诸多模型,例如长期劳动合同论、效率工资理论、局内人—局外人理论。

3. 需求冲击的类型以及各自的传导机制、几何图形,短期、中期和长期效应;供给冲击的传导机制、几何图形,短期、中期和长期效应,以及是否应该对不利的供给冲击进行需求管理的适应性政策。

第一节　凯恩斯主义总供给曲线的基础:菲利普斯曲线

一、菲利普斯曲线(Phillips curve)

1958年,英国经济学家菲利普斯(A. W. Phillips)在“英国1861—1957年失业与货币工资变动的关系”一文中,通过近一百年的经验事实,揭示了这样一种现象,如图7-1所示。根据货币(名义)工资的增长率gw(growth rate of wage)和

实际失业率 u 两者之间的关系可以画出这样一条曲线。

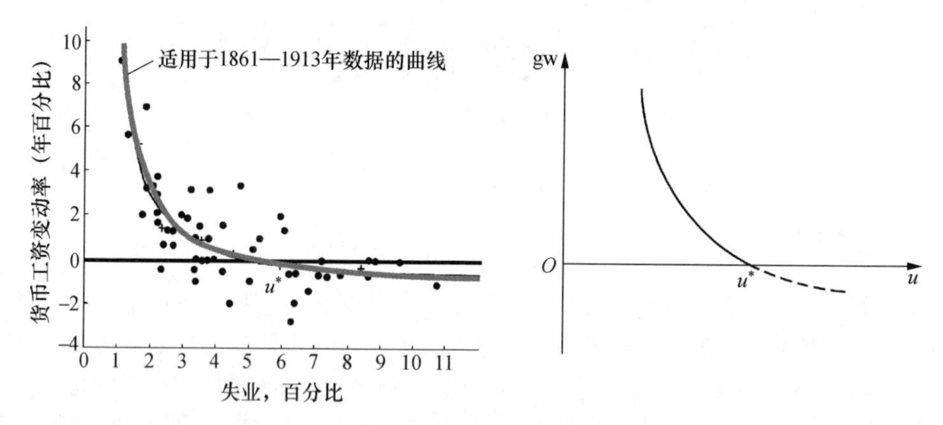

图 7-1　菲利普斯曲线

资料来源：左图参考 A. W. Phillips，"The Relation between Unemployment and the Rate of Change of Money Wages in the United Kindom，1861—1957"，*Economica*，November 1958。

纵轴 gw 代表名义工资的增长率，横轴 u 代表失业率，有一条单调下降的曲线，和横轴有一个交点，对应自然失业率水平 u^*。这条曲线横跨了第一象限和第四象限。用数学方程式来描述这样一条曲线可以表示如下：

$$gw = -\varepsilon(u - u^*) = (W - W_{-1})/W_{-1}$$

其中，W 为本期名义工资，W_{-1} 为上期名义工资，ε 为反映名义工资增长率对失业率变动的敏感程度。

第一象限描述的是如果 u 小于 u^*，存在过度就业，导致任意水平 u 对应的名义工资的增长率 $gw>0$，推出 $W>W_{-1}$，本期名义工资大于上期名义工资，说明名义工资有正的增长。在横轴上存在 $u^*=u$，$gw=0$，名义工资增长率为 0，得到 $W=W_{-1}$，表明名义工资保持不变。在第四象限存在 $u^*<u$，$gw<0$，进而推出 $W<W_{-1}$，说明名义工资水平不断下降。

对左边的式子取微分，可得：

$$dgw/du = -\varepsilon < 0$$

因此 gw 与 u 反方向变动。

当 $\varepsilon=0$ 时，$dgw/du=0$，说明不管失业率如何变化，名义工资增长率对失业率的变动都完全没有反应，名义工资将保持不变。在这种情况下，我们得到了一条水平的菲利普斯曲线，如图 7-2 左幅所示。水平的菲利普斯曲线说明名义工资存在刚性，这是凯恩斯主义所强调的短期情形，不管失业率如何变化，本期名义工资等于上期，gw 都等于 0。此时菲利普斯曲线与横轴重合。

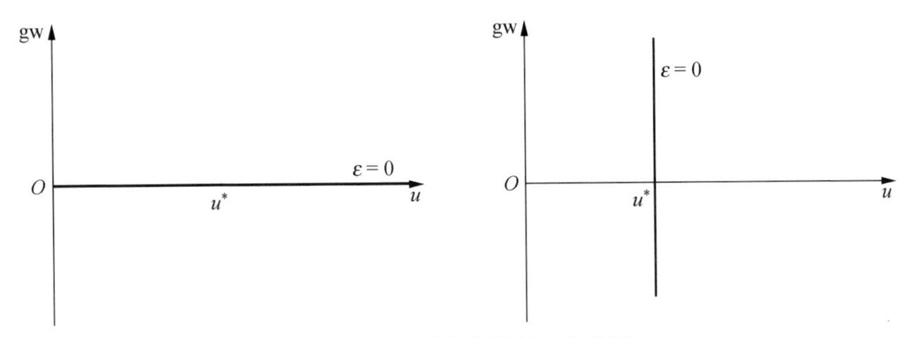

图 7-2　菲利普斯曲线的两个特例

当 $\varepsilon = \infty$ 时，$\mathrm{dgw}/\mathrm{d}u = \infty$，说明名义工资增长率的变动量 $\Delta \mathrm{gw}$ 趋向于正无穷，名义工资增长率对失业率变动非常敏感，这种情况下菲利普斯曲线是一条垂直的线，如图 7-2 右幅所示。垂直的菲利普斯曲线说明名义工资完全灵活，这是新古典主义强调的长期情形。对应一个不变的失业率水平 u^*，名义工资可以非常迅速地变动。

正常的情况下，菲利普斯曲线应该在这两种特例——水平线和垂直线之间。如果把菲利普斯曲线简化为线性，在 u 小于 u^* 的第一象限，菲利普斯曲线近似于一条比较陡峭的直线。在 u 大于 u^* 的第四象限，菲利普斯曲线近似于一条比较平坦的直线(见图 7-3)。正常情况下，失业率将会大于充分就业的失业率，菲利普斯曲线都在第四象限。菲利普斯曲线越平坦，说明名义工资越具有刚性，反之菲利普斯曲线越陡峭，说明名义工资越灵活易变。

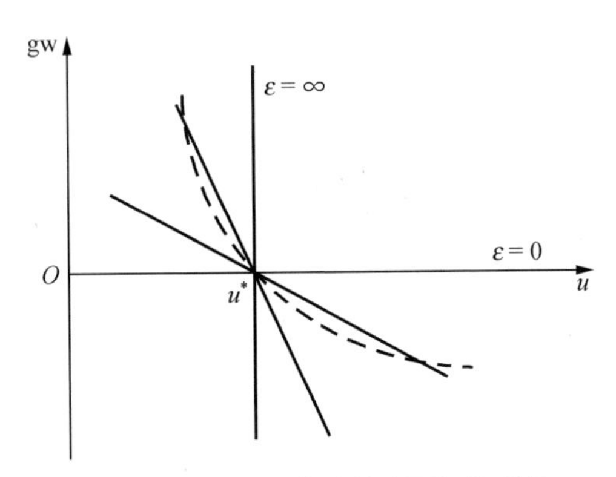

图 7-3　菲利普斯曲线较为平坦的现象

名义工资增长率等价于通货膨胀率，菲利普斯曲线揭示了通货膨胀和失业之间的反方向变动的替代关系，高失业将导致低通胀，低失业将导致高通胀，为政府宏观经济政策的运用，提供了一个可以选择的范围：政府可以考虑通过提高通货膨胀率来降低失业。

菲利普斯本身并不是凯恩斯主义经济学家,但是菲利普斯曲线一经提出,立刻被纳入凯恩斯主义的理论体系,成为凯恩斯主义理论的基础。菲利普斯曲线所暗含的这种关系,尤为凯恩斯主义经济学家所需要。

推导凯恩斯主义总供给曲线的过程分成四步:

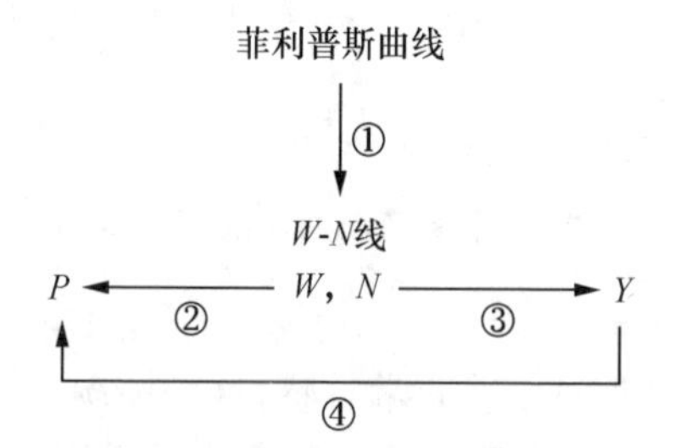

第一步,以菲利普斯曲线为基础推导出 $W\text{-}N$ 线。菲利普斯曲线蕴涵了名义工资增长率和失业率的关系,很容易变成名义工资和就业量之间的关系,即 $W\text{-}N$ 线所体现的。

第二步,得到 $W\text{-}N$ 线以后,进一步向左右延伸。左方是名义工资和产品定价之间的关系,名义工资转化到产品定价中去,成为产品定价的一个组成部分。实际上,这是厂商定价的原则,在名义工资成本的基础上加成,得到产品的最终定价。

第三步,是就业量和总产量水平之间的关系,这涉及总量生产函数,是投入和产出之间的关系。

第四步,把价格和总产量的关系揭示出来,得到总产量和价格的一个表达式,这就是总供给曲线。

二、W-N 线:名义工资和就业量的关系

$$\mathrm{gw} = -\varepsilon(u - u^*)$$

$$(W - W_{-1})/W_{-1} = -\varepsilon(u - u^*)$$

$\because \quad u^* = (\mathrm{LF} - N^*)/\mathrm{LF}$

$\quad\quad u = (\mathrm{LF} - N)/\mathrm{LF}$

把 u 和 u^* 的表达式代入上式,得到:

$\therefore \quad (W - W_{-1})/W_{-1} = -\varepsilon[(\mathrm{LF} - N)/\mathrm{LF} - (\mathrm{LF} - N^*)/\mathrm{LF}]$

$$= -\varepsilon(N^* - N)/\mathrm{LF}$$

令:$\lambda = \varepsilon/\mathrm{LF} > 0$

ε 体现了货币工资增长率对失业率变动的敏感程度,如果再除以劳动力的

数量,λ 就体现了人均(平均到每个劳动力)货币工资增长率对失业率变动的敏感程度。

$\therefore \quad (W - W_{-1})/W_{-1} = \lambda(N - N^*)$

$W = W_{-1}[1 + \lambda(N - N^*)] \qquad (W\text{-}N\text{ 线})$

最终就把菲利普斯曲线变成 W-N 线。由此名义工资水平 W 从一个无法解释的外生变量,变成了一个可以解释的内生变量。当期的名义工资水平 W 是当期就业水平 N 的函数。自变量是 N,因变量是当期名义工资水平 W 和前期名义工资水平 W_{-1}。我们发现 W-N 线涉及两期的名义工资水平,一个是 t 期,另外一个是 $t-1$ 期。对 W-N 线变动的技术细节的讨论,分成两个时期——短期和长期。对 W-N 线变动的经济含义的讨论,见本章第二节新凯恩斯主义对工资、价格粘性的解释。

(一) 在短期内,W 具有粘性

粘性的含义是有可能变化但是变化得非常缓慢,不易变动。短期内假定价格和名义工资都是不变的,所以名义工资的变化可以分期,分成 $W_1, W_2, \cdots, W_{t-1}, W_t, W_{t+1}, \cdots$。

如果名义工资变化分期,在 t 期内,它将基本稳定在一个水平上,并在这个基础之上进行变化,变化幅度大致维持在一定范围内。

具体考虑,如果在每一期(t 期)内,上期($t-1$ 期)的名义工资 W_{t-1} 为已知。在外生变量 W_{-1}、λ、N^* 已知的情况下,W-N 线中存在的因果关系是:自变量是就业量 N 的变化,因变量是名义工资 W 的变化,这两者之间的关系都满足这个方程:

$$W = W_{-1}[1 + \lambda(N - N^*)]$$

如果画在 W-N 坐标空间中,纵轴代表 W,横轴代表 N,当 $N=0$ 时,W-N 线在纵轴的截距为 $W_{-1}(1-\lambda N^*)$。W-N 线的斜率为 $dW/dN = \lambda W_{-1} > 0$。一阶导大于0,说明这条线是单调上升的。当 $N = N^*$ 时,$W = W_{-1}$。W-N 线过特殊点 (W_{-1}, N^*)(见图7-4)。

1. 当 $N_1 > N^*$ 时

(1) 在本期内(以 t 期为例),如果实际就业量大于充分就业的就业量,由于外生变量 W_{-1}既定,W-N 线的位置既定,截距、斜率不变,曲线位置不变,所以最终变化将体现为沿着 W-N 线从 A 点向上变动到 B 点。在 B 点存在:$W = W_{-1}[1 + \lambda(N_1 - N^*)]$,当期的名义工资 W 大于上一期的名义工资 W_{-1}(见图7-5)。

(2) 本期结束之后,进入下一期($t+1$ 期)时,W-N 线发生移动。

$\because \quad W > W_{-1}$

$\therefore \quad t+1$ 期的 W-N 线为 W-N'线,其位置取决于 W,其方程式为:

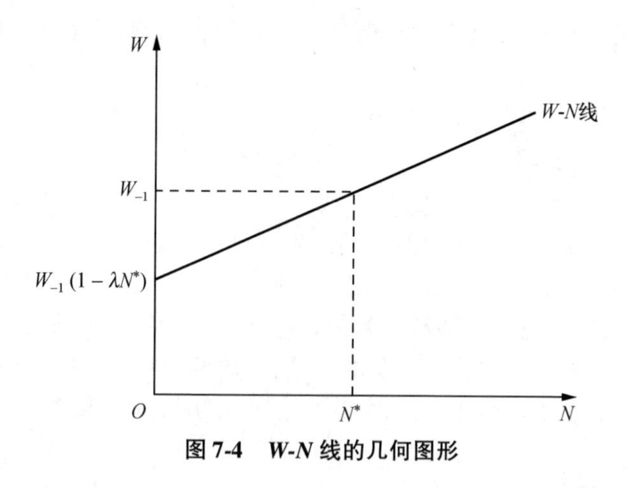

图 7-4　W-N 线的几何图形

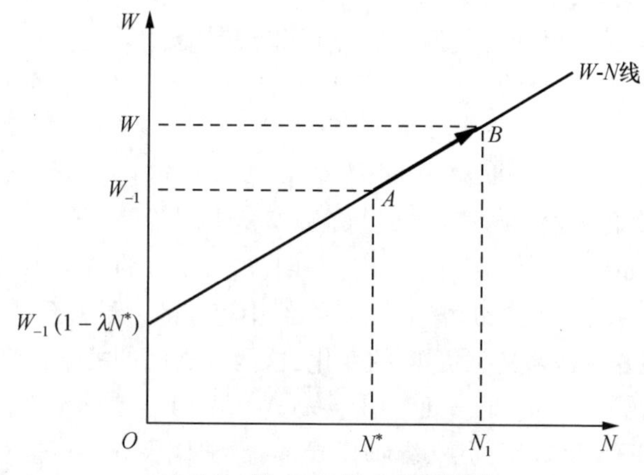

图 7-5　沿 W-N 线上移的情形

$$W_{t+1} = W[1+\lambda(N-N^*)]$$

由于决定斜率的外生变量 W 发生变化,曲线实际上发生了一个向上的移动。B 点移动到 C 点,从 W-N 线移至 W-N'线,W-N'线斜率等于 λW。因为 W 大于 $W-1$,所以 W-N'线比 W-N 线更加陡峭,但是有时候我们忽略斜率变化的影响,近似认为发生一个向上的平移(见图 7-6)。

2. 当 $N_2 < N^*$ 时

(1) 在本期内(以 t 期为例),由于外生变量 W_{-1} 既定,W-N 线的位置既定,截距、斜率不变,曲线位置不变,曲线方程为 $W = W_{-1}[1+\lambda(N_2-N^*)]$。因为实际的就业量 N_2 小于充分就业量 N^*,所以本期的名义工资跟上一期相比将会下调,本期的名义工资 W 小于上一期的名义工资 W_{-1}。

(2) 本期结束之后,进入下一期($t+1$ 期)时,W-N 线发生移动,新的方程式

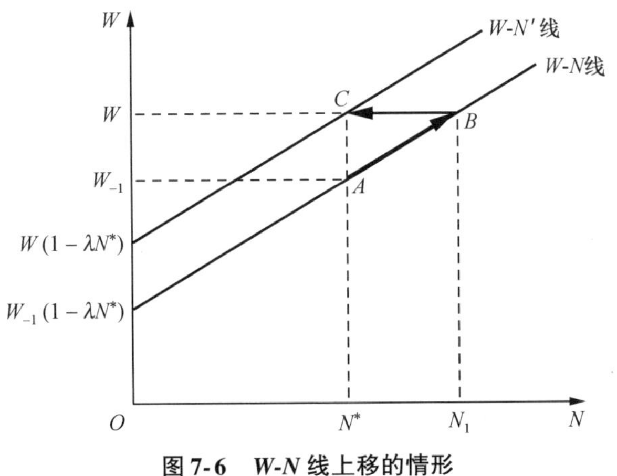

图 7-6　W-N 线上移的情形

为 $W_{t+1}=W[1+\lambda(N-N^*)]$。

由于决定斜率的外生变量 W 发生变化,曲线发生向下的平移。由于 W 小于 W_{-1},斜率变小,曲线变得更加平坦,但我们分析的时候忽略斜率的影响,只分析向上和向下这两种趋势。

只要存在 N 对 N^* 的偏离,W-N 线就不停地移动,直到 $N=N^*$ 为止。W-N 线的斜率 $\mathrm{d}W/\mathrm{d}N=\lambda W_{-1}>0$。由于 W-N 线的斜率取决于上期的名义工资水平,因此 W-N 线存在向上移动越来越陡峭,向下移动越来越平坦的现象(见图 7-7)。

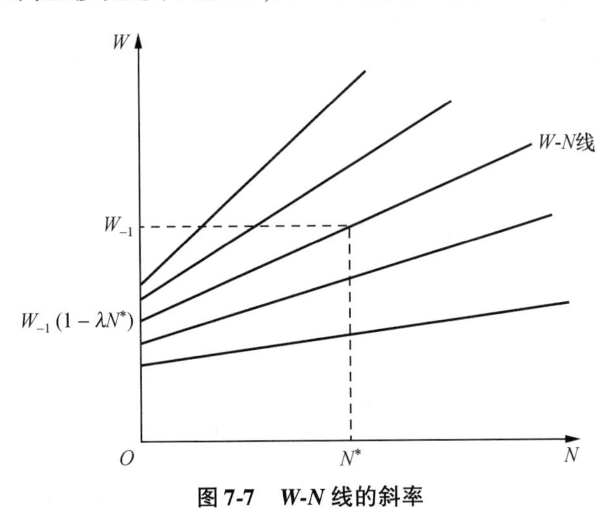

图 7-7　W-N 线的斜率

为了讨论问题的方便,我们假定斜率不变,因为斜率的变化对我们研究的问题没有实质性的影响。

（二）在长期内，W 具有灵活性

1. 从运动轨迹看

当实际就业量 N 大于充分就业量 N^* 时，如图 7-6 所示，由于名义工资 W 较快地对就业量 N 的变动作出反应，W-N 线直接从 A 点移动到 C 点，W-N 线立刻上移到 W-N' 线。反之，当实际就业量 N 小于充分就业量 N^* 时，W-N 线立刻下移。所以 $N=N^*$ 为短期 W-N 线移动的轨迹。

2. 从斜率看

$$dW/dN = \lambda W_{-1} > 0$$

短期不变的东西，从长期来看都是在变化的，时期越长，λ 越大，说明 W 对 N 的变动越敏感，其极限为 λ 等于正无穷，在这种情况下，W-N 线垂直于横轴。方程为 $N=N^*$。

结合我们分析的两点，长期的 W-N 线是在 $N=N^*$ 水平上的垂线，即体现为短期 W-N 线移动的轨迹，另外时期越长，变化越大，斜率变得越陡峭（见图 7-8）。

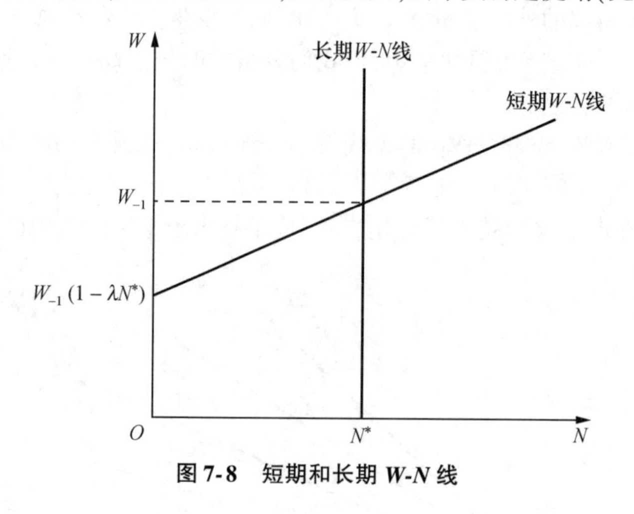

图 7-8　短期和长期 W-N 线

三、生产函数：$N \to Y$

生产函数讨论投入 N 和产出 Y 的关系。推导的思路是从平均产量是一个常数开始。具体来看，美国 1960—1980 年的实证分析表明：劳动生产率 a 基本稳定，可以视为一个常数。

劳动生产率是总产量除以劳动要素投入的数量，所以劳动生产率就是微观经济学讲的平均产量，用 AP 表示。边际产量用 MP 表示。

$$Y/N = \text{AP} = \text{劳动生产率} = a = \text{常数}$$

平均量是一个曲线上每一点和原点连线的斜率，斜率如果等于一个既定的常数,很显然是一条直线。而对于一条直线的严格的证明应该是边际产量(一条曲线上每一点切线的斜率)等于一个既定的常数。

如果平均产量是一个既定的常数,平均产量对劳动要素投入数量再求导,很显然为0,即平均产量对劳动要素的一阶导 $AP'=0$。

$$
\begin{aligned}
AP' &= (Y/N)' = (NY' - Y)/N^2 \\
&= (Y' - Y/N)/N = (MP - AP)/N = 0
\end{aligned}
$$

这个式子可以印证微观经济学的很多结论,平均产量单调性取决于边际产量到底大于还是小于平均产量。如果纵轴分别代表边际产量和平均产量,横轴代表劳动要素的投入数量 N,边际产量满足边际报酬递减规律,先单调上升达到极大值再单调下降,边际报酬有一个先上升后下降的图形。而平均产量体现为一个先比较平缓地上升,然后再比较平缓地下降的图形(见图7-9)。

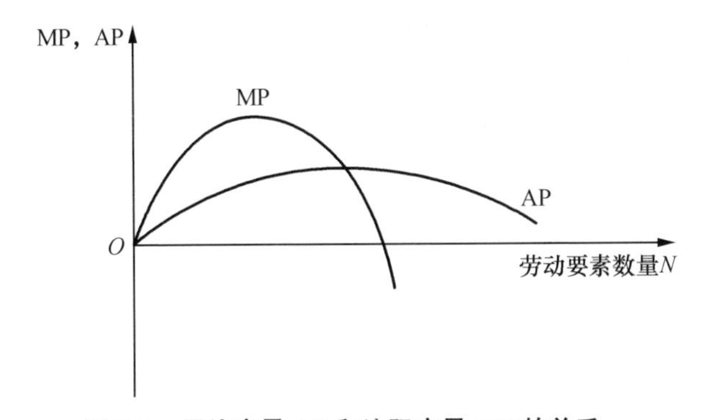

图7-9 平均产量AP和边际产量MP的关系

微观经济学中边际量的变动快于平均量,也就是在单调上升的时候把平均量往上拉,而在单调下降的时候又会下穿平均产量的最高点,这一点用式子 $AP'=(MP-AP)/N$,完全可以加以印证。当MP大于AP时,平均产量的一阶导应该大于0,所以只要边际产量大于平均产量,平均产量都在上升。在相交的这一点,边际产量等于平均产量,所以平均产量的一阶导等于0,平均产量达到极值。再往下,边际产量小于平均产量,所以最终平均产量的一阶导小于0,平均产量开始单调下降。

现在,由于平均产量是一个常数,所以一阶导 $(MP-AP)/N$ 等于0,进而推出边际产量应该等于平均产量,$MP=AP=a$。

边际产量决定了生产函数的斜率,$MP=(dY/dN)=a>0$,所以生产函数为单调上升的线性生产函数,写成:$Y=aN$。

四、产品的定价原则：$P \leftarrow W$

名义工资水平和价格的关系，是产品的定价原则，得到：

$$P=(1+z)W/a$$

在不完全竞争市场上，垄断厂商的定价 P 是产量的函数，即：

$$P = P[Y(N,\bar{K})]$$

产量水平的变化将会决定垄断厂商定价的变化，产量水平又是两种要素投入——劳动要素投入 N 和资本要素投入 K 的函数，短期内资本数量不变，保持一个既定的水平，我们用 $\bar{K}$ 加以表示。

以纵轴代表价格，横轴代表产量，所以垄断厂商面临的需求曲线是单调下降的需求曲线，称为平均收益线，也是单个厂商所面临的需求曲线（见图 7-10）。即便是垄断厂商，也不能随便定价，而要根据能够实现自己利润最大化的产量决定价格。如果能够实现厂商最大化利润的产量是 Y_1，那么对应的定价水平应该是 P_1；如果能够实现厂商最大化利润水平的产量是 Y_2，相应的定价就是 P_2。

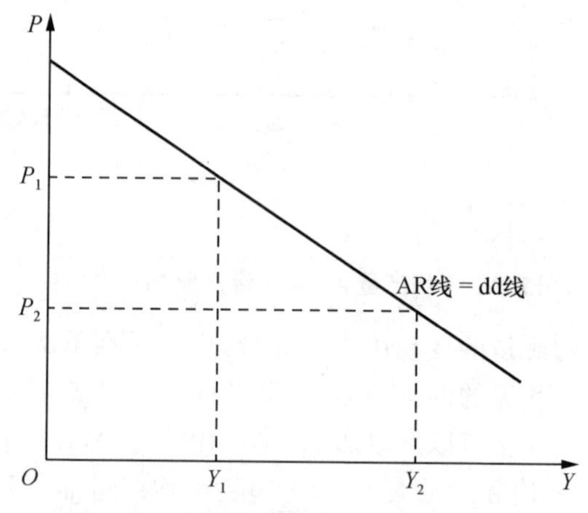

图 7-10　垄断情形下的厂商定价与产量

具体来看垄断厂商的收益函数，垄断厂商的收益函数为：

$$\mathrm{TR} = P \times Y = P[Y(N,\bar{K})] \times Y(N,\bar{K})$$

总收益等于价格乘以产量，价格水平是产量的函数，而产量又是两种要素投入的函数，主要是劳动要素投入的函数。总收益式子两边对劳动要素投入数量求导，得到边际收益。Y 是 N 的显函数，P 是 N 的隐函数。

$$\begin{aligned}\mathrm{MR} &= \mathrm{dTR}/\mathrm{d}N = Y(\mathrm{d}P/\mathrm{d}Y)(\mathrm{d}Y/\mathrm{d}N) + P\mathrm{d}Y/\mathrm{d}N \\ &= P(\mathrm{d}Y/\mathrm{d}N)[1 + (Y/P)(\mathrm{d}P/\mathrm{d}Y)]\end{aligned}$$

令垄断厂商产品需求的价格弹性为 e：

$$e = (\Delta Y/Y)/(\Delta P/P) = (\Delta Y/\Delta P)(P/Y) = \lim_{\Delta P \to 0}(\Delta Y/\Delta P)(P/Y)$$

$$= (\mathrm{d}Y/\mathrm{d}P)(P/Y) < 0$$

e 是需求的自价格弹性,如果没有取绝对值,它小于 0。价格和需求量两者之间必然是一个反方向变动的关系。

$$\mathrm{MR} = P(\mathrm{d}Y/\mathrm{d}N)(1 + 1/e)$$

如果 e 的取值范围从 0 到负无穷,那么 $\mathrm{MR} = P(\mathrm{d}Y/\mathrm{d}N)(1 + 1/e)$ 就包括完全竞争与垄断竞争两种情况。在完全竞争条件下,任何一个厂商都是市场均衡价格的接受者。单个厂商面临的平均收益线,既是需求曲线,也是边际收益线,取决于市场供求决定的均衡价格,所以对单个厂商就是一个既定不变的价格水平:$P = P_0$(见图 7-11)。

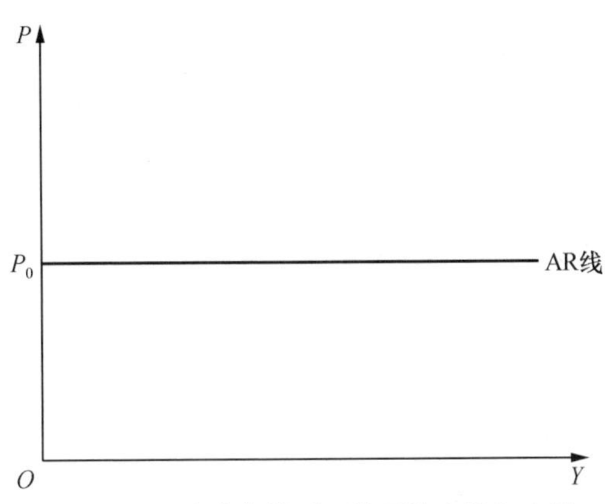

图 7-11　完全竞争情形下的厂商定价与产量

$$\mathrm{TR} = P_0 \times Y = P_0 \times Y(N, K)$$

$$\mathrm{MR} = \mathrm{dTR}/\mathrm{d}N = P_0 \times \mathrm{d}Y/\mathrm{d}N$$

当 e 趋向于负无穷时,垄断情况下的边际收益也等于 $P(\mathrm{d}Y/\mathrm{d}N)$。

$$\mathrm{MR} = P(\mathrm{d}Y/\mathrm{d}N)(1 + 1/e) = P(\mathrm{d}Y/\mathrm{d}N)$$

厂商雇用劳动力的总成本 TC 为:

$$\mathrm{TC} = W \times N$$

W 为劳动力市场上的名义工资水平,短期不变。

$$\mathrm{MC} = \mathrm{dTC}/\mathrm{d}N = W$$

现在分析,厂商实现利润最大化的一阶条件为:

$$\mathrm{MR} = \mathrm{MC}$$

$$\therefore \quad P\underbrace{(\mathrm{d}Y/\mathrm{d}N)(1}_{a} + 1/e) = W$$

$$Pa(1+1/e)=W$$

$$P=W/[a(1+1/e)]$$

这样的式子和我们初始的 $P=(1+z)W/a$ 已经非常接近了,进一步化简。e 是产品需求的自价格弹性,在微观经济学里对弹性的变化可以分成5种情况:$e=0$ 是完全无弹性,e 在0和 -1 之间是缺乏弹性,e 等于 -1 是单位弹性,小于 -1 是富有弹性,而趋向于负无穷是完全有弹性。

富有弹性的商品在微观经济学里等价于易变的需求,缺乏弹性等价于固定的、稳定的需求。易变的需求是劳动密集型产品的特点,因为这里投入要素就是劳动数量的变化,所以我们认为 e 是小于 -1 的,商品是富有弹性的。

$\because \quad e<-1$

$\therefore \quad 0<1+1/e<1, \quad 1/(1+1/e)>1$

将 $1/(1+1/e)$ 改写成 $1+z(z>0)$,这里 z 的名称叫做"成本加成的比例"(markup),厂商定价在成本的基础上加成。z 的另外一种叫法就是"毛利润率",定价方式是在成本基础上加上利润的一个比例。

$$P=(1+z)W/a$$

这个成本加成的定价原则是从垄断厂商实现利润最大化的一阶条件推导出来的。这是我们推导凯恩斯主义总供给曲线分三步走的第三步,也就是最后一步,下面我们把凯恩斯主义短期总供给曲线的形式写出来。

五、短期总供给曲线(SAS):*P-Y*

$$W=W_{-1}[1+\lambda(N-N^*)] \quad ①$$

$$Y=aN \quad ②$$

$$P=(1+z)W/a \quad ③$$

①是名义工资和就业量的关系。②是生产函数的性质——一个线性生产函数。③是厂商定价的原则——成本加成的定价原则。

③变形为 $Pa/(1+z)=W$ 代入①,得到:

$$P=P_{-1}[1+\lambda(N-N^*)]=P_{-1}[1+\lambda(Y-Y^*)/a]$$

令:$\lambda'=\lambda/a$

λ 为人均(平均到每个劳动力)的货币工资增长率对失业率变动的敏感程度,所以 λ 是人均的敏感程度。而经济中的最小单位不是人均的,经济生活中有 N 个人,技术进步使劳动生产率增加,相当于人更多了。在人均的基础上乘以劳动生产率 a,所以最终的有效劳动是 aN。把经济分成 aN 份,每一份才是一个最小单位,比人均的还要小。所以 λ' 为每单位有效劳动(平均到经济中的最小单位)的货币工资增长率对失业率变动的敏感程度。

$$P = P_{-1}[1 + \lambda'(Y - Y^*)]$$

由此价格水平 P 从一个无法解释的外生变量,变成了一个可以解释的内生变量。当期的价格水平 P 是当期产量水平 Y 的函数。自变量是 Y,因变量是当期价格水平 P 和前期价格水平 P_{-1}。因为涉及因变量的两个时期,所以对短期的总供给曲线 SAS 技术细节的讨论,分成两个时期——短期和长期,和对 W-N 线技术细节的讨论是完全一致的。

(一) 在短期内,P 具有粘性

短期价格水平 P 具有粘性(或者称为刚性),变动起来较慢,P 可以分期,$P_1, P_2, \cdots, P_{t-1}, P_t, P_{t+1}, \cdots$,在每一期内,上期的价格为已知。

在 t 期,P_{t-1} 是已知的,进而 $P = P_{-1}[1 + \lambda'(Y - Y^*)]$ 中存在的因果关系是:起因是产量 Y 的变化,结果是对当期价格水平 P 的影响。

在这个式子中前一期价格水平 P_{-1} 既定,λ' 也既定,斜率和截距都是既定的,自变量导致因变量的变化必然是沿着曲线动。当 $Y = 0$ 时,SAS 曲线在纵轴的截距为 $P_{-1}(1 - \lambda' Y^*)$,当 $Y = Y^*$ 时,$P = P_{-1}$,SAS 曲线过特殊点(P_{-1}, Y^*)。SAS 曲线的斜率为 $\mathrm{d}P/\mathrm{d}Y = \lambda' P_{-1} > 0$。在 P 和 Y 坐标空间中,短期总供给曲线是一条单调上升的直线(见图 7-12)。

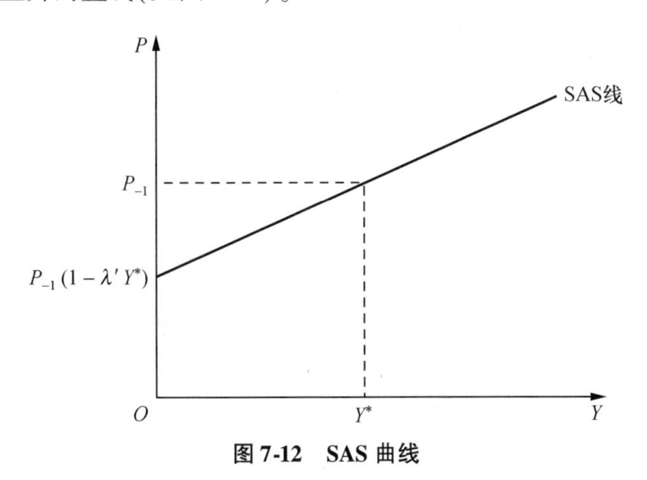

图 7-12 SAS 曲线

短期可能出现产量水平的波动,比如政府扩张总需求,采取需求管理的政策,那么产量可能高于充分就业的产量。但是外生变量不变,截距、斜率不变,所以短期的波动是沿着曲线移动。

1. 当 $Y_1 > Y^*$ 时

(1) 在本期内(以 t 期为例),由于 P_{-1} 既定,SAS 线的位置既定。沿 SAS 线从 A 点变化到 B 点,在 B 点存在:$P = P_{-1}[1 + \lambda'(Y_1 - Y^*)]$。$A$ 点对应的产量

水平是 Y^*,对应的价格水平是 P_{-1}。B 点对应的产量水平是 Y_1,对应的价格水平是 P。如果 Y_1 大于 Y^*,P 将会大于 P_{-1},沿着 SAS 曲线向上移动。

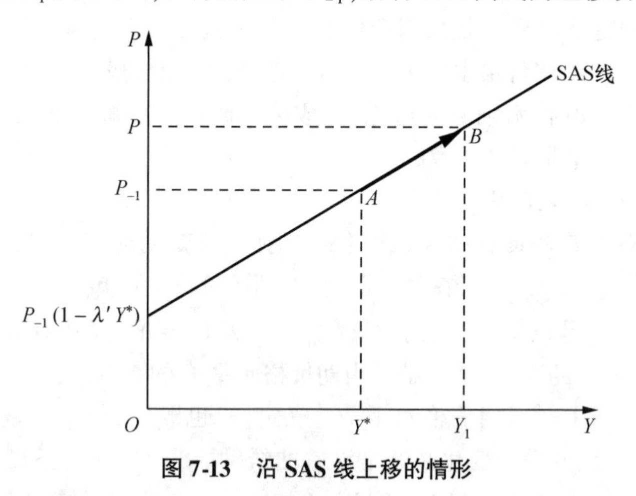

图 7-13 沿 SAS 线上移的情形

(2) 本期结束之后,进入下一期($t+1$ 期)时,短期总供给曲线 SAS 发生移动,$t+1$ 期的 SAS 线为 SAS′线,其位置取决于 P。外生变量发生变化,$P>P_{-1}$,曲线的位置发生变化,$P_{t+1}=P[1+\lambda'(Y-Y^*)]$。相当于 t 期的短期总供给曲线 SAS 线在 $Y=Y^*$ 水平上,发生向上的平移,从 B 上移至 C,从 SAS 上移至 SAS′线。

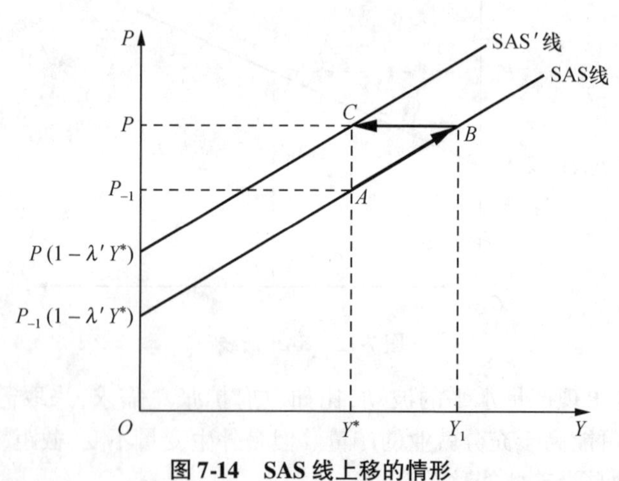

图 7-14 SAS 线上移的情形

2. 当 $Y_2<Y^*$ 时

(1) 在本期内(以 t 期为例),由于 P_{-1} 既定,SAS 线的位置既定,$P=P_{-1}[1+\lambda'(Y_2-Y^*)]$。如果产量 Y_2 小于充分就业的产量 Y^*,必然导致当期的价格

水平 P 小于上一期的价格水平 P_{-1}。

(2) 本期结束之后,进入下一期($t+1$ 期)时,短期总供给曲线 SAS 发生移动。由于 P 小于 P_{-1},$t+1$ 期的 SAS 线为 $P_{t+1}=P[1+\lambda'(Y-Y^*)]$,其位置取决于 P。SAS 线在 $Y=Y^*$ 水平上,发生向下的平移。

波动的根源就是实际产量 Y 对充分就业产量水平 Y^* 的偏离,导致短期总供给线 SAS 线不停地移动,直到 $Y=Y^*$ 为止。

SAS 线的斜率 $dP/dY=\lambda' P_{-1}>0$。由于 SAS 线的斜率取决于上期的价格水平,所以短期总供给曲线 SAS 也存在向上移动斜率越来越陡峭,向下移动斜率越来越平坦的现象(见图 7-15)。我们为了讨论问题的方便,假定斜率不变。

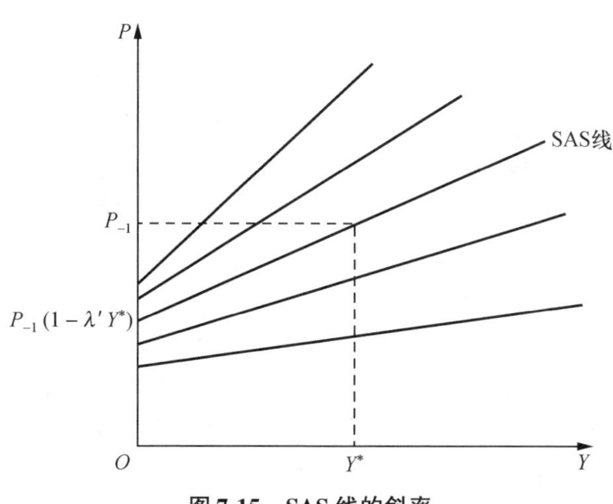

图 7-15　SAS 线的斜率

(二) 在长期内,P 具有灵活性

1. 从运动轨迹看

当 $Y>Y^*$ 时,如图 7-14 所示,由于 P 较快地对 Y 的变动作出反应,SAS 线直接从 A 点立刻变动到 C 点,SAS 线立刻上移到 SAS′线。反之,当 $Y<Y^*$ 时,SAS 线立刻下移。最终 $Y=Y^*$ 为短期总供给曲线 SAS 移动的轨迹。

2. 从斜率看

$$dP/dY=\lambda' P_{-1}>0$$

λ'越大,说明 P 对 Y 的变动越敏感,其极限为 λ'等于正无穷,在这种情况下,SAS 线垂直于横轴。方程为 $Y=Y^*$。

总结长期总供给曲线的特征,长期总供给曲线 LAS 是在 $Y=Y^*$ 水平上的直线(见图 7-16)。

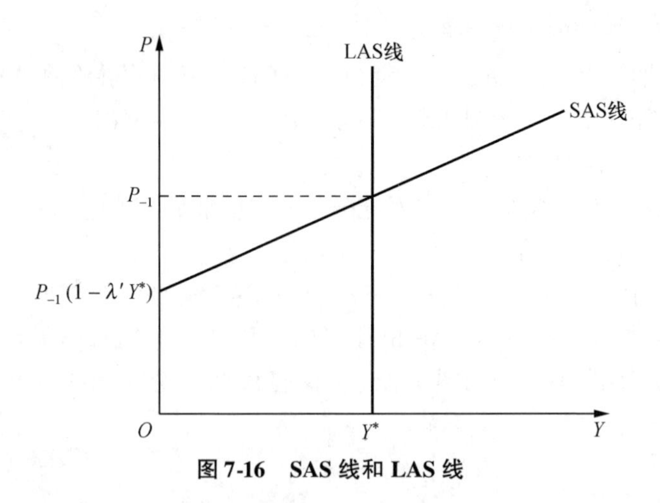

图 7-16 SAS 线和 LAS 线

凯恩斯总供给曲线立足于菲利普斯曲线的基础之上,它的推导过程是:首先得到一个 W-N 线,也就是名义工资增长率和就业量关系的线,在 W-N 线基础上往两头扩展,先把劳动要素投入 N 和产出 Y 之间挂上钩,这是根据生产函数的性质,再考虑名义工资 W 和产品定价 P 的关系,名义工资将会转移到产品的定价方程中去,这是厂商定价的准则。所以在 W-N 基础上,联系价格水平和总产量水平之间的关系就得到了一条总供给曲线。

总供给曲线分成短期和长期。短期内,外生变量不变,沿着曲线运动。长期内,外生变量变化,所以曲线发生移动。只要存在 Y 对 Y^* 的偏离,实际产量不等于充分就业的产量,短期总供给曲线就会不断地运动下去。从长期看,短期总供给曲线的移动轨迹是 $Y=Y^*$,所以长期总供给曲线是 $Y=Y^*$ 水平上的一条垂线。

第二节 新凯恩斯主义对工资、价格粘性的解释

上节介绍了短期的总供给曲线移动的技术特征,本节将介绍新凯恩斯主义从工资、价格粘性角度对这个问题的解释。

一、原凯恩斯主义的困境与新凯恩斯主义的复兴

1. 原凯恩斯主义的困境

(1) 理论上

原凯恩斯主义理论有一个通用前提假设——价格刚性,这个前提假设将带来什么后果呢?如图 7-17 所示,纵轴既代表价格 P 也代表成本 C,横轴代表厂

商的产量 Q。在微观经济学里，垄断竞争厂商根据能够实现自己利润最大化的产量来定价。

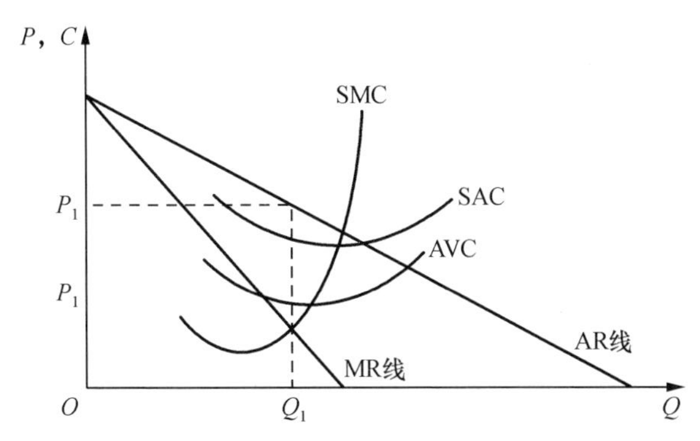

图 7-17 垄断竞争市场，能够实现厂商利润最大化的产量和价格的决定 1

首先画一条短期边际成本线 SMC，然后是短期总成本线 SAC 和短期平均可变成本线 AVC，这是关于成本系列的三条线。考虑垄断厂商所面临的需求曲线也就是平均收益线 MR 是单调下降的，边际收益线 MR 在平均收益线的左下方。边际收益线平分平均收益线上每一点到纵轴的距离。厂商是根据能够实现利润最大化的产量进行定价。

能够实现厂商利润最大化的产量应该满足的条件是：边际收益等于边际成本，所以在边际收益线和边际成本线相交的这一点，得到了一个能够实现厂商利润最大化的产量水平 Q_1。根据这个产量水平上升到平均收益线上去，对应产量水平 Q_1 的定价就是 P_1。垄断竞争厂商即使可以垄断这个市场，但是定价一定要根据自己实现利润最大化的产量水平进行，这是理性人追求自己的利润最大化的必然结果。

现在由于种种原因需求曲线发生变化，比如说需求下降，需求曲线发生一个向左的平移。左移的需求曲线（即平均收益线）从 AR 移至 AR′，导致边际收益线也从 MR 移至 MR′（见图 7-18）。

初始对应于 Q_1 的产量定价为 P_1，需求曲线移动导致 MR 曲线移动，进而实现厂商利润最大化的产量变动，厂商的定价也发生变动。移动后的边际收益线和边际成本线的交点，决定能够实现利润最大化的产量水平 Q_2，按照 Q_2 的产量水平上升到平均收益线上，定价将会是 P_2。价格从 P_1 降到 P_2 的调整是由于随着市场需求发生变化，厂商能够实现利润最大化的产量水平发生变化。按照微观经济学，厂商只要是理性人，追求自己的利润最大化，它的定价必定随着市场需求的下降而下降。

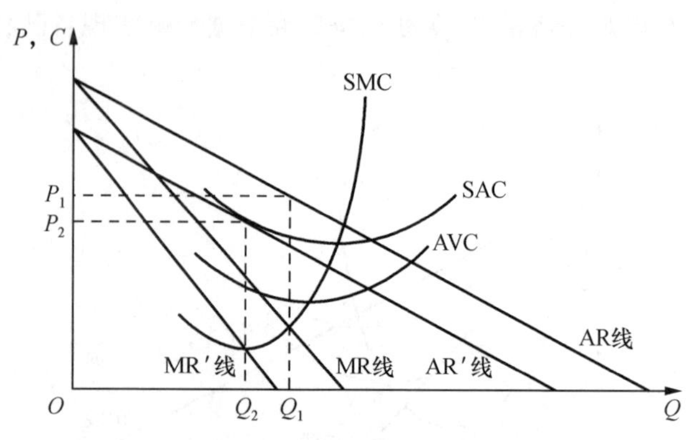

图 7-18 垄断竞争市场,能够实现厂商利润最大化的产量和价格的决定 2

而凯恩斯的价格刚性假定认为,即使在需求变动的情况下,厂商也不会改变价格 P_1。价格具有拒下刚性。如果遵循价格刚性的假设,说明厂商不是追求自己利润最大化的理性人。如果厂商追求自己的利润最大化,在这种情况下必然会降价。凯恩斯主义体系中价格刚性的前提假设和理性人、经济人、利益最大化的前提假设是矛盾的、抵触的。在这种情况下,两者之中哪个是最不容置疑、最基础的呢?最大化行为是从经济学角度,对人类天性的抽象和概括,天性即是公理,公理无须证明。最大化原则构成了西方经济学中最基础、最重要的前提假设,是微观经济学中各种经济主体(消费者、厂商)的目标函数。既然利益最大化原则是不容置疑、不容动摇的基础,下一个任务就是在这个基础上解释工资和价格粘性的存在。这也是新凯恩斯主义者面临的艰巨任务。

原凯恩斯主义陷入困境理论上的原因是:价格刚性的前提假设和经济分析的最基本的前提假设——理性人发生了矛盾和抵触。这是原凯恩斯主义理论上的缺陷,也是被新古典主义攻击的一个致命的突破口。

(2) 实践上

20 世纪 70 年代美国出现滞胀的经济现象,证明菲利普斯曲线失效。菲利普斯曲线说明通货膨胀和失业两者不可能同时出现,而滞胀说明两者可以并存。

理论上和实践上的困境,导致凯恩斯主义的衰落。70 年代,新古典经济学浪潮席卷了美国宏观经济学领域,凯恩斯经济学似乎被人们遗忘了。但是 80 年代伊始,一批优秀的、富有创造力的年轻经济学家从新古典主义的阴影中脱颖而出,这充分地显示了宣称"凯恩斯经济学死了"的言论只是一种夸张的说法。

1890　新古典:马歇尔*
1936　凯恩斯
1948　新古典综合(凯恩斯主义):萨缪尔森
1970's　新古典主义:弗里德曼、卢卡斯*
1980's　新凯恩斯主义

在以上近代西方经济学演进图里,我们发现,“ * ”代表经济自由主义的一方,未加“ * ”代表国家干预主义。就时间进程来讲,20 世纪 70 年代出现了新古典经济学全面的卷土重来,80 年代出现了新凯恩斯主义的复兴。关于新古典主义全面的卷土重来我们将在第八章介绍,我们先来介绍新凯恩斯主义的复兴。

2. 新凯恩斯主义的复兴

斯坦利·费舍尔(Stanley Fischer)、艾德蒙·费尔普斯(Edmund Phelps)和约翰·泰勒(John Taylor)等一大批中青年经济学家于 1980 年前后发表了一系列文章,其中心议题是工资、价格刚性与货币政策。据戴维·罗默(David Romer)回忆:80 年代,围绕着工资、价格刚性的论点,迈克尔·帕金(Michael Parkin)于 1982 年首次提出了新凯恩斯主义概念;罗伯特·戈登(Robert Gordon)于 1986 年在其教科书中首次增加了新凯恩斯经济学的内容。劳伦斯·鲍尔(Laurence Ball)、格里高利·曼昆(N. Gregory Mankiw)和戴维·罗默第一次在学术论文中使用新凯恩斯经济学。

新凯恩斯学派的主要成员有:哈佛大学的格里高利·曼昆和劳伦斯·萨默斯(Lawrenec H. Summers),麻省理工学院的奥利维尔·布兰查德(Oliver J. Blanchard)和朱利奥·罗泰伯格(Julio J. Rotemberg),哥伦比亚大学的艾德蒙·费尔普斯,伯克利加州大学的乔治·阿克洛夫(George A. Akerlof)和珍妮特·耶伦(Janet L. Yellen),斯坦福大学的约瑟夫·斯蒂格利茨(Joseph E. Stiglitz),威斯康星大学的马克·格特勒(Mark Gertler),以及普林斯顿大学的本·伯南克(Ben S. Bernanke)等。格里高利·曼昆和戴维·罗默所编的《新凯斯主义经济学》(*New Keynesian Economics*)两卷集是有代表性的新凯恩斯主义论文集。

新凯恩斯主义经济学的“新”有两方面含义:

(1) 表示与首要的对立派——新古典宏观经济学的“新”相对并列

新古典宏观经济学在 20 世纪 80 年代的成功,特别是研究方法的创新,即着眼于微观基础来推导宏观经济学的尝试,给了新凯恩斯主义者极大的启示。

新凯恩斯主义在为凯恩斯的宏观理论寻找新的微观基础的过程中,不可避免地受到新古典宏观经济学的影响,吸收了新古典主义的一些思想。新凯恩斯主义试图说明:价格粘性的存在,恰恰是经济人追求利益最大化的理性行为。

(2) 表示与新古典综合派相区别

新凯恩斯主义不拘泥于探究凯恩斯理论的本意，并且在某种程度上对新古典综合派持批判态度，认为萨缪尔森倡导的新古典综合是将传统的凯恩斯主义宏观经济学和新古典主义微观经济学的机械组合。

新凯恩斯主义的“新”是立足于理性人基础上来分析，为什么厂商会保持价格水平不变，进而说明保持价格水平不变恰恰是厂商追求自己利益最大化的体现。

二、新凯恩斯主义的理论框架

新凯恩斯主义的理论首先区分了名义粘性和实际粘性。

1. 区分了名义粘性与实际粘性

凯恩斯认为工资和价格能升不易降，所以存在价格刚性(rigidity)，而新凯恩斯主义认为工资和价格存在粘性(sticky)。刚性和粘性两者之间有一个微小的差别。刚性的含义是能升不易降，很难变动；而粘性的意思是可以变化，但是变化得非常缓慢。从这个意义上讲，新凯恩斯主义跟凯恩斯的说法相比已经有所让步，认为工资和价格还是可以变的，只不过变化得比较缓慢。

(1) 名义粘性

如果名义工资和价格不能按照总需求的变化而变化，就认为是存在名义粘性。这是关于名义粘性的定义。比如在经济生活中，政府采取扩张性的财政政策，总需求水平增加，社会对产品和劳动的需求是非常旺盛的。在这种情况下，产品价格以及劳动力的工资都没有随之而上涨，一个国家的一般(总体)价格水平不变，就认为存在名义粘性。

(2) 实际粘性

实际粘性是指一种工资对另一种工资保持相对不变，或者一种价格对另一种价格保持相对不变。在现实生活中有很多这种现象，比如以工资为例，现实生活中最常见到的一种情况就是外企高于合资，合资高于国企，一种工资对另一种工资保持不变，差距一直存在。再如，一种产品的价格对另一种产品的价格也保持相对不变，这种价格差一直存在。同样是数码相机，可是价格差别很远，这种现象在我们现实生活中很常见。微观经济学中，厂商决定自己产品的价格，如果总需求水平上升，产品之间的相对价格水平保持不变，这实际上就是存在着实际粘性。

2. 关于工资

解释名义工资粘性的理论有长期劳动合同论等，解释为什么总需求增加而名义工资还保持相对不变。解释实际工资粘性的理论有效率工资论、局内人—

局外人理论、隐性合同论等。这方面的理论非常多,后面我们会着重介绍20世纪80年代以来发展起来的在宏观经济学中备受青睐的理论——效率工资论。

3. 关于价格

解释名义价格粘性的理论有菜单成本论等。菜单成本论是说厂商为什么保持产品价格不变,这类似于我们到餐馆吃饭要看菜单,现在要改变价格标签,相当于餐馆要更换新的菜单,所以存在一个成本。厂商改变价格标签这样一个微小的成本将会导致一个巨大的经济周期的存在,这就是菜单成本论。

解释实际价格粘性的理论有顾客市场论等。另外,微观经济学中的斯威齐模型也可以解释实际价格粘性。该模型指出,在垄断竞争的市场,对于一个折弯的需求曲线,如果定价在两条不同斜率的需求曲线的交点上,这个价格往往容易维持很长时间不易发生变化,在交点以上或者交点以下,价格都能够变化。究其原因就在于:对于厂商的边际收益线有一个垂直下降的过程,对应的厂商的边际成本线也有一段垂直移动的距离,所以价格粘性对应厂商的边际成本粘性。

另外能够解释实际工资粘性的理论也可以部分地解释价格粘性,因为名义工资是厂商边际成本的一部分,不可避免地要被厂商转嫁到价格的计算中去,从这个意义上讲,厂商成本加成的定价原则,$P=(1+z)W/a$,说明厂商定价要考虑边际成本。由于名义工资是定价的上游,如果它保持不变,下游价格水平也会存在相应的粘性。

新凯恩主义解释工资粘性和价格粘性的理论非常多,这里只选择一些有代表性的、现在已经写入教科书的、备受青睐的理论介绍给大家。

三、对名义工资粘性的解释——长期合同论

新凯恩斯主义关于劳动力市场名义工资粘性最具影响力的研究是斯坦利·费舍尔和约翰·泰勒的长期合同论,又称错开合同论(staggered contracts)。

长期合同论从经济含义的角度较好地解释了短期总供给曲线SAS。如图7-6所示,在短期,如果增加实际的就业量,那么将沿着W-N线从A点到B点。可以看到,如果实际的就业量N_1大于充分就业的就业量N^*,也就是经济生活中存在过度就业,将会使当期的名义工资水平W高于W_{-1},体现为沿着W-N线从A点到B点。但是如果这种状态持续下去,在本期结束以后进入下一期$t+1$,将使下一期的W-N'线过W和N^*,所以发生一个向上的平移,从B点到C点。W-N线的变化决定了短期总供给曲线的性质。总供给曲线的移动也是这样,期内沿着线移动,t期结束以后整条线上移。

为什么会这样?上一节是从数学的角度,从移动的技术细节加以说明,而经济学含义则是长期合同论要讨论的内容。下面具体看长期合同论是怎么解

释的。

1. 假设

(1) 工资前定

本期的名义工资 W 是在上期决定的。实际上往往在年初签订一年的劳动合同,规定这一年的工资水平。在西方世界,汽车、钢铁、电机、建筑、航空、铁路等许多行业都是高度工会化的,服务、饮食、零售等行业则主要是非工会化的。在工资模式上,非工会化行业的工人常常仿效工会化的行业,劳资双方一般签订为期三年的劳动合同,这就形成了每三年谈判一次工资的周期。工资前定,上一期决定这一期的工资水平,三年前决定未来三年的工资水平。

对一个国家的所有工人来讲,本期名义工资 W 的构成分为两部分:一部分是基础工资 W_{-1}(前定工资水平),相对应的工作量是 N^*。比如现在规定每月的月薪是2 000元,每周工作5天,每天工作8小时。

另一部分是超时工资。如果实际工作量 $N>N^*$,超时工作就会有超时工资,超时工资为 $W_{-1}\lambda(N-N^*)$。首先看 λ,$\lambda=\varepsilon/LF$,λ 是人均的名义工资变动对失业率的敏感程度,W_{-1}/LF 是人均(平均到每个劳动力头上)基础工资。超时工作量是 $N-N^*$,二者乘积 $(W_{-1}/LF)(N-N^*)$ 是总超时工资。总超时工资未必全都能拿到手,还要乘以一个 ε,ε 是货币工资增长率对失业率变动的敏感程度。所以实际超时工资是 $(W_{-1}/LF)(N-N^*)\varepsilon=W_{-1}\lambda(N-N^*)$。

$$\begin{aligned}\text{本期名义工资 } W &= \text{基础工资 } W_{-1} + \text{超时工资 } W_{-1}\lambda(N-N^*)\\ &= W_{-1}[1+\lambda(N-N^*)]\end{aligned}$$

这就是本期名义工资水平的构成。表达式分解开来,工资的构成有两部分。由此我们对 W-N 线的经济学含义作了解释。

(2) 合同期交错

“staggered”含义就是错开的、交错的。合同的谈判和签订不是同步的,而是错开的。虽然三年签一次合同,但是不是所有的工人都是第一年签订,第三年到期。在三年的周期中,每年都有新的合同签订,每年也都有合同期满。

工资前定和合同期交错这两个规定将会带来什么影响呢?

2. 名义工资调整的过程

实际就业量 $N=$ 就业人数 $\times$ 劳动时间。如果就业人数不变,劳动时间上升,则实际就业量增加。无论增加就业人数,还是就业人数没变增加劳动时间,都体现为实际就业量的增加。

例如,开始的时候厂商与工人商定:每周工作5天,每天工作8小时,应该拿到的工资水平是图7-5中的 W_{-1},这里 W_{-1} 看成是厂商和工人签订为期1年的合同对应的年薪,所以相对于 N^* 是一年实际的就业量。

现在市场总需求上升,对产品的需求旺盛,厂商会要求工人每天工作 10 小时,$N_1 > N^*$。对于超时工作的2 小时,给予加班费 $W_{-1}\lambda(N_1 - N^*)$,这样一种行为方式在 W-N 线上体现为,在本期内沿着 W-N 线从 A 点移动到 B 点。B 点对应的实际就业量是 N_1,实际就业量超出充分就业量将使当期的名义工资水平大于上一期的基础工资。

这种状态持续下去,假定合同是一年一签,在合同期满后,由于持续加班加点工作,工人会要求增加基础工资,从 W_{-1} 上升到图 7-6 中的 W。例如,在法国,趁着经济形势良好的机会,强大的工会肯定会要求增加工资。在经济过热时期,每个人还是做与原先同样的工作,但是由于需求增加,在签订新一年的合同时,工人考虑到物价水平的上升,因此要求基础工资水平也跟着上涨。

实际上就是这样一种情形:如果所有的合同到期日都相同,假定一个国家的所有工人都是年初签订合同,年末到期,下一年年初又签订新的合同,则工资会一步到位地从 A 点提高到 C 点。对应于就业量 N^* 仍然没有变化,仍然是每周工作 5 天,每天工作 8 小时。基础工资上升到 W,相当于年末 W-N 线一步到位地移动到 W-N′线。

在这个过程中,由于合同期交错,所以从 A 到 C 不是一步到位,而是分阶段上升。例如,如果一个国家 50% 的工人 7 月份签合同,50% 的工人 1 月份签合同,则 W-N 线第一步先上升到 AC 的中点,只有一半人提了工资,在年末另一半人提了,才上升到 C 点(见图 7-19)。如果合同期完全错开,W-N 从 A 到 C 的上移过程更是一步一步、缓慢的上移,这就是合同期交错起到的作用。

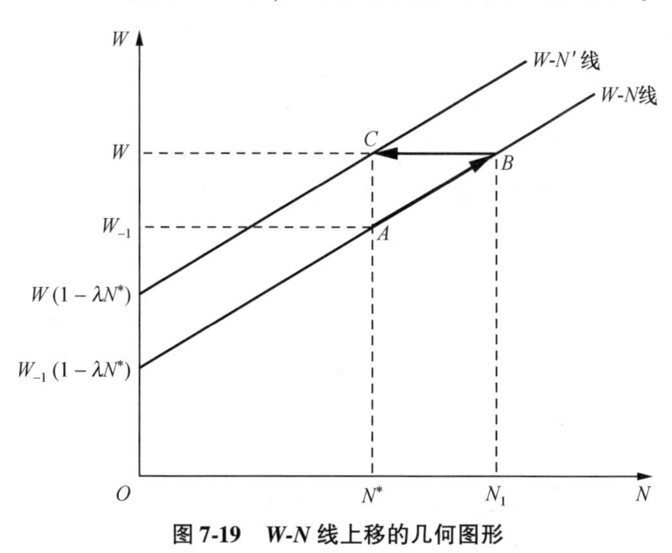

图 7-19　W-N 线上移的几何图形

由此一个长期合同论就完美地解释了为什么期内工资沿着 W-N 线走，如果工资前定，W-N 线就既定的。合同期满后，工人考虑需求旺盛，物价水平有上升的可能，会要求基础工资也要提到更高的位置，从而 W-N 线上移。在这个调整的过程中，由于合同期是交错的，因此 W-N 线是分阶段、分批地上移。长期合同论从经济含义的角度解释了 W-N 线为什么是这样一种移动方法。

3. 长期合同存在的原因

签订长期合同是工人与厂商的理性选择。若工资易变，厂商需经常与工会谈判。影响工资谈判的因素有预期的劳动生产增长率、通货膨胀率、失业率和其他可比行业工人的工资率等。劳资双方对这些因素都要进行调查研究，因而谈判是要花费成本的，罢工对劳资双方带来的损失会更大。

签订长期合同对厂商和工人都是有利的，可以降低谈判成本，减少罢工次数。所以，追求利益最大化的厂商和工人都愿意通过谈判签订为期几年的长期合同，预先规定厂商和工人的未来行为，排除了适应条件变化而迅速调整基础工资的可能性。

4. 名义工资粘性的政策效应

费舍尔和泰勒认为长期的、重叠的和时间错开的合同的存在造成了工资的名义粘性，使基础工资不能适应总需求的变化进行迅速的调整。将这一假设应用于宏观经济模型中，使货币政策的运用取得了重要意义。

如果基础工资不对经济波动发生反应，则货币政策对经济波动作出系统反应将是稳定经济的有力工具，即使厂商和工人的预期是理性预期。这表明政策对经济环境的反应，如货币供应量的变动，要快于经济主体对合同的调整。固定的基础工资使货币当局能够控制真实工资，并进而控制产出。

短期沿着线动，当期结束以后整条线上移，这样一种特征的 W-N 线和总供给曲线，对于政策的运用带来何种影响呢？我们在第三节需求冲击中将对货币政策影响产出的传导机制和效力，运用总需求和总供给模型作详尽的分析。政府实行扩张性的货币、财政政策将具有短期、中期和长期的影响。

5. 长期合同论的缺陷

由于工会的因素导致谈判成本的存在，为降低谈判成本，因此要签订长期合同——强调了工会（劳动力供给方的垄断因素）的作用。工会力量的强大（劳动力供给方垄断因素的强大）是长期合同存在的隐含前提，无法解释工会力量弱的国家同样存在长期合同的原因。

四、对实际工资粘性的解释——效率工资理论

新凯恩斯主义经济学家认为，经济周期总是伴随着非自愿失业。但是，构建

非自愿失业的周期模型必须解释劳动力市场不能出清的原因。对于非自愿失业,新、旧凯恩斯主义都定义为在低于现行工资率的条件下愿意工作而找不到工作的人。

效率工资要解释的是在现实生活中,就工资来讲,为什么像外资高于合资、合资高于国企这种工资差别一直存在的现象。在隐蔽的失业人口还是非常庞大的背景下,在一个国家失业情况比较严重的条件下,厂商为什么不会压低工资,多雇几个人,而是宁肯给少数人较高的工资?怎么解释高工资和高失业并存?工资差别的鸿沟为什么很难填平?

新凯恩斯主义经济学家约瑟夫·斯蒂格利茨于1979年提出了效率工资理论(efficiency wage theory)。效率工资理论是新凯恩斯主义经济学中颇受青睐的理论之一。这个理论已经广泛地写入宏观经济学教科书,在戴维·罗默的《高级宏观经济学》教科书中,对效率工资理论也有详尽的介绍。

1984年夏皮罗和斯蒂格利茨创立了被称为效率工资的劳动力市场模型,以期在信息经济学的基础上解释非自愿失业。该模型成为现代劳动及宏观经济学的重要组成部分。斯蒂格利茨由于对信息不完全市场进行分析所作出的重要贡献,而分享2001年诺贝尔经济学奖。

1. 假设

(1) 劳动不是同质的商品,劳动能力随努力程度的不同而有差异。

劳动不是同质性的商品,同样是100个人,在人浮于事的企业效率是非常低下的,而如果在机制良好的企业里,带来的劳动生产率可能就非常高。工人之间能力上存在着差别,而且对于同一个工人,其生产率也根据他工作努力程度的不同而有很大差别,能力和努力对厂商来讲都不是容易估价或监督的。这种情况下,厂商如何保证人尽其才、物尽其用呢?

(2) 工人的努力程度是以实际工资水平为基础的,即存在工资与工人效率之间的关系。

如果工人认为厂商支付的工资水平和他的能力和所付出的努力是不相符合的,就可能要么消极怠工,要么整天想着跳槽;如果认为支付给他的工资对得起他的劳动,就会选择努力工作。对于厂商来讲有可能进行完全监督,但是实行完全监督的成本是非常高的。

这种情况下,如果厂商要想人尽其才、物尽其用,就需要考虑效率因子e,e用以测定每个工人效率(劳动生产率)水平的高低。效率因子是相对工资水平w的函数,$e=e(w)$。因为人还是同样的人,但是工作效率取决于一种激励,所以效率是相对工资水平的函数。效率因子对相对工资水平的一阶导大于0,$e'(w)>0$,效率随相对工资的上升而上升。如果相对工资增加,效率必会增加。

如图 7-20 所示,纵坐标代表效率 e,横坐标代表相对工资 w,两者之间的关系是:初始相对工资水平有一个微小的上升,导致效率有一个巨大的上升。效率以递增的速率上升,但是上升到一定程度以后,随着相对工资水平的上升,效率的增加量在递减,符合边际效用递减的规律。中间存在一个拐点,也就是上升的速率逐步趋向一个最大值。虽然效率函数单调上升,但是凹向原点,这就是效率和相对工资水平之间的关系。

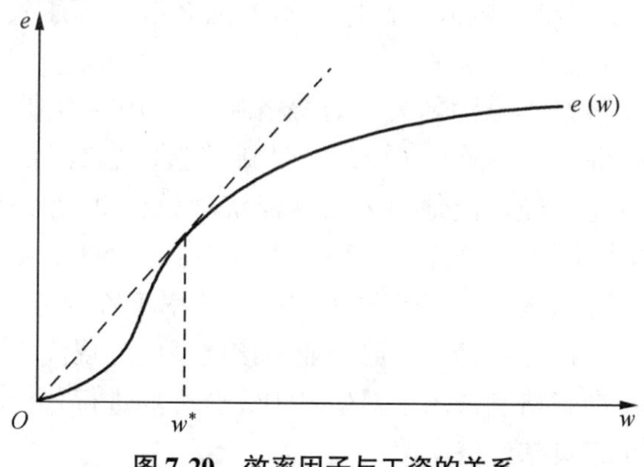

图 7-20　效率因子与工资的关系

效率因子 e 与相对工资 w 两者之间同方向变动,说明相对工资的增加必然会提升效率,关于这一点有各种各样的解释。高工资导致高效率的原因(这方面的概述和参考文献见耶伦,1984 年;卡茨,1986 年)包括以下方面:

第一,也是最简单的,更高的工资能增加工人的食物消费,并因此使工人的营养得到改善,劳动效率得到提高。很明显,这在发达经济中显得不重要,但这是支付更高工资的好处的一个具体例子。它经常是一个有用的参考点,从人最基本的生理基础的角度看,高工资改善了营养和身体素质,自然会有更高的效率。

第二,在厂商不能完全监督工人努力程度的情况下,更高的工资能增加工人的努力程度。在瓦尔拉斯的劳动力市场中,由于相同的工作立即可以找到,工人不在乎失去工作,因此,如果惩罚不努力工作的工人的唯一办法就是解雇,那么在这种劳动力市场中的工人没有任何激励去努力工作。但如果一家厂商支付的工资高出市场出清水平,那么该厂商的工作就是有价值的。高工资给人一个正向的激励,使人焕发出更高的劳动热情,即使想消极怠工、偷懒,但是一想到每月工资比其他人高那么多,也应该努力工作。因此,即使工人不努力工作时有可能不被抓住,这些工人仍会选择努力工作。

第三,支付更高的工资可以提高工人其他方面的能力,而这些方面的能力厂商观察不到。具体而言,如果高能力工人有更高的保留工资(reservation wages),则支付更高的工资会提高申请在该厂商工作的工人的平均素质,并因此提高该厂商雇用的工人的平均能力。

第四,高工资能培育出工人对厂商的忠诚,并因此使工人加倍努力地工作;相反,低工资可能造成愤怒和报复的念头,并因此导致偷懒或蓄意破坏。

阿克尔洛夫所作出的贡献在于阐述了这样一个市场现实,即卖方能向买方推销低质量商品等现象的存在是因为市场双方各自所掌握的信息不对称所造成的。阿克尔洛夫由于对信息不完全市场进行分析所作出的重要贡献,而分享了2001年诺贝尔经济学奖。

阿克尔洛夫和耶伦(1990)在这个方面所做的研究"The Fair Wage-Effort Hypothesis and Unemployment"(*Quarterly Journal of Economics* 105(May):255—283)提出的广泛证据表明,工人的努力程度受诸如愤怒、嫉妒和感激等因素影响。例如,他们介绍了一些研究,这些研究显示那些认为自己所得报酬过少的工人有时以更苛刻的方式工作,以期减少雇主的利润。

高工资的其他三个潜在好处是:减少人员更替(从而在厂商有招募和训练费用的情况下,减少厂商的招募和训练成本);减少工人组成工会的可能性;对于那些有能力追逐利润最大化之外的目标的经理来说,这样做能提高其价值。

尽管新凯恩斯主义经济学家的理论在工资影响生产率的机制方面各有不同,但都假设工人的生产能力是以实际工资水平为基础的,即存在工资率与工人效率之间的关系。厂商会理智地付给工人一个超过市场出清水平的实际工资,而不会雇用失业工人并降低工资率,因为他们害怕因降低工资而使在职工人降低生产率的损失会大于因降低工资而获得的收益。所以在这种情况下,厂商宁肯维持高工资而少雇工人,也不会降低工资而多雇几个人。

在相对工资和效率的模型中,能够实现厂商利润最大化的工资水平在哪里,还需要进一步研究。

2. 效率工资模型

厂商的生产函数 $Y=F[e(w)L]$,劳动要素的投入数量是 eL。e 乘以 L 叫做劳动增进,或者有效劳动,效率增加了劳动要素的生产率。效率因子为什么不能独立呢?原因在于效率不能独立于人而单独存在,效率增加的是工人劳动的边际产量。效率因子起到的作用就是,增强了工人的劳动生产率,增加了有效劳动的数量。

生产函数中满足:总产量对有效劳动投入数量的一阶导大于0,$F'(\cdot)>0$,总产量函数单调上升,总产量与有效劳动投入数量两者同方向变化。总产量对有效劳动投入数量的二阶导小于0,$F''(\cdot)<0$,说明总产量函数以递减的速率

单调上升。

$$总收益\ TR = P \times Y = P \times F[e(w)L]$$

$$总成本\ TC = wL$$

$$利润\ \pi(w,L) = TR - TC = P \times F[e(w)L] - wL$$

利润 π 是两个变量的函数,一个是劳动要素投入数量 L,一个是相对工资水平 w。实现利润最大化的一阶条件是:利润函数对两个变量的一阶偏导等于0。w 是 π 的隐函数,所以涉及隐函数求导。

利润最大化的一阶条件:

$$\partial\pi/\partial w = \frac{d(PF[e(w)L])}{dF[e(w)L]}\frac{dF[e(w)L]}{d[e(w)L]}\frac{d[e(w)L]}{de(w)}\frac{de(w)}{dw} - L = 0$$

$$PF'[e(w)L]Le'(w) - L = 0$$

$$PF'[e(w)L]e'(w) = 1 \quad ①$$

$$\partial\pi/\partial L = \frac{d(PF[e(w)L])}{dF[e(w)L]}\frac{dF[e(w)L]}{d[e(w)L]}\frac{d[e(w)L]}{dL} - w = 0$$

$$PF'[e(w)L]e(w) - w = 0$$

$$PF'[e(w)L]e(w) = w \quad ②$$

进而我们用①除以②,得到:

$$e'(w)/e(w) = 1/w$$

$$e'(w)w/e(w) = 1 \quad ③$$

现在考虑变形后的式③,它具有什么样的经济含义呢?

3. 模型解的经济含义

效率工资 w 独立于其他变量,完全由式③确定。式③左边 $e'(w)w/e(w)$ 是效率因子的工资弹性,按照弹性的定义:

$$效率因子的工资弹性 = 效率变动的百分比 / 工资变动的百分比$$

$$= \frac{\Delta e(w)/e(w)}{\Delta w/w}$$

$$= [\Delta e(w)/\Delta w]w/e(w) = e'(w)w/e(w)$$

这是模型解——效率因子的工资弹性等于1数学上的含义,具体来看其经济学含义:

如果 $\Delta e(w)/e(w) > \Delta w/w$,工资增加10%,效率增加15%,超过了10%。这种情况下,相对工资水平 w 将进一步上升以增加效率。

如果 $\Delta e(w)/e(w) < \Delta w/w$,工资增加10%,效率仅仅提升5%,效率增长的百分比小于工资增加的百分比,这种情况下,相对工资非但不会提升反而应该下降。

如果 $\Delta e(w)/e(w)=\Delta w/w$，工资增加 10%，效率提升 10%，刚好相等，这种情况下，相对工资 w 将保持不变，这个不变的相对工资就是均衡的相对工资水平 w^*。

如图 7-20 所示，在 e-w 坐标空间中，$e'(w)$ 体现为效率因子曲线上每一点切线的斜率。$e(w)/w$ 体现为效率因子曲线上每一点和原点的连线的斜率。在两者相等的点，得到一个均衡的 w^*。

这个模型说明，由于相对工资水平 w^* 只取决于效率因子 $e(w)$、效率因子的一阶导 $e'(w)$，独立于其他经济变量，而厂商愿意向工人支付高于均衡工资的工资，以保持效率，因此 w^* 必然高于市场出清状态下的相对工资水平。相对工资高时，工人的劳动生产率高，他们努力工作，很少消极怠工，安心于现有岗位，不想跳槽，厂商能留住在职的熟练工人，从而降低培训成本，如此等等。

在需求下降，存在失业时，厂商并不愿意按低于现行工资的工资雇用失业工人来代替在业工人。因为高工资带来高效率，有利于实现利润最大化。可见厂商是不受劳动力市场供给约束而推行其最大化利润决策的。厂商追求自己的利润最大化有一个均衡的效率工资水平，在这一水平下，它不会降低工资多雇几个人，因而这种厂商的劳动供需均衡不可避免地造成非自愿失业。效率工资理论解释了存在实际工资粘性和非自愿失业的原因。

4. 效率工资理论的扩展

新凯恩斯主义的效率工资理论假设稍加扩展，也能解释另外几种劳动力市场现象，包括：二元劳动市场、同质工人的工资差别，以及不同群体间歧视工资的存在。

二元劳动市场的存在前提是，在某些部门工资和劳动生产率的关系是很密切的，但在其他一些行业却并非如此。对主要产业部门来说，效率工资理论适用，这些部门工作职位较少，厂商自愿支付超过市场出清水平的工资。在从属产业部门，工资与生产率关系很微弱或不相关，可以看到完全属于新古典主义的完全竞争情况。劳动力市场是出清的，每个人都能得到工作，虽然是在较低的工资收入水平下。但即使从属部门存在这样的状况，也没有消除失业，这是因为主要、从属部门之间工资的差别促使失业产生，其中一部分求职者情愿等待主要产业部门的工作机会。

一些劳动密集型的从属产业部门，像家政服务、搬家公司等，工资和生产率关系比较微弱或者不相关，劳动力市场应该是出清的，每个人都能得到工作，虽然是在较低的工资收入水平下。但是城市的下岗工人往往情愿等待工资更高的主要产业部门的工作机会，也不愿去做那些工作。在这种情况下，也会存在非自愿失业，这是二元劳动市场导致的非自愿失业。

一些经济学家发现,不同市场的工资差别引起工人流动与工作寻找,这一过程中产生摩擦性失业。但他们发现,很难解释为什么不同市场会提供给同质的工人不同的工资。效率工资假说为此提供了一种解释。按照效率工资假说,尽管工人是同质的,但工资和效率的联系在不同的企业是不同的,因而不同的厂商有不同的效率工资。

效率工资理论还可以解释不同类型群体中的歧视工资。如果雇主存在着偏好,比如说,偏好雇用男工或女工,这种歧视工资就会出现。工作职位供不应求情况的存在,使厂商可以在"零成本"的条件下实行工资歧视以满足其偏好。

作为另外一种可能,雇主可能发现不同群体的努力与工资的函数关系各不相同,每一群体相对于其单位效率的劳动成本有自己的效率工资,如果这些劳动成本不同,厂商首先要雇用的是最低成本群体的工人。任何存在的失业被限制在单位效率成本较高的劳动力群体中。由于需求波动,这些群体将承受程度不同的辞退压力。

五、内部人—外部人理论

内部人—外部人理论(insider-outsider theory)强调的是在职工人的市场支配权。

内部人(insider)是指在职的有经验的雇员(包括管理人员),与在职工人同属一个利益集团,也包括一些暂时被解雇的人。

外部人(outsider)是指长期游离于企业之外的失业工人,或暂时在职的临时工。

内部人的工资高,外部人的工资低,但是在这种情况下仍然雇用内部人,不雇用外部人,外部人要变成内部人有一个转换成本。转换成本是指雇用、训练、谈判、诉讼、解雇的成本。内部人的实际工资 = 外部人的实际工资 + 转换成本。内部人的实际工资高于外部人,但是转换成本高限制了外部人成为内部人。

由于转换成本的存在,出现了内部人控制的现象。这个理论同样可以解释 20 世纪 80 年代欧洲的高失业和高工资并存的现象。

六、对新凯恩斯主义的简要评价

本节介绍了新凯恩斯主义对工资价格粘性问题的解释。新凯恩斯主义吸收了经济学发展的新成果,以变通的说法坚持和发展了非市场出清这一原凯恩斯模型的核心内容,说明国家干预经济政策的必要性和有效性。

(1) 新凯恩斯主义的理论尝试把传统的微观经济学和凯恩斯主义的宏观经济学结合起来,为宏观经济学提供微观基础,并据此对工资和价格粘性问题作出解释。

原凯恩斯主义宏观经济学武断地认为名义工资有刚性,缺少微观基础,从而受到新古典经济学的尖锐批判,在理论上难以自圆其说。这个假定和厂商是追求自己利益最大化的理性人的经济学最基本的假定是矛盾的。如果厂商追求自己的利益最大化,在需求下降的时候,因为实现利润最大化的产量水平下降,所以定价也必然会降低。新凯恩斯主义汲取了这一教训,抛弃了原凯恩斯主义在经济人行为和预期等问题上的旧观点,避开了新古典宏观经济学的批评。

在经济主体追求利益最大化和理性预期的假设下,新凯恩斯主义运用有微观经济基础的经济模型说明了工资和价格粘性以及宏观经济问题,立足于利益最大化原则这个基础说明为什么存在工资和价格粘性。长期劳动合同的存在是因为劳动者和厂商认为签订合同对双方都是有利的。效率工资理论是从厂商实现利润最大化的一阶条件得到的,相对工资水平保持独立,要满足效率因子的工资弹性等于1。

新凯恩斯学派的经济学家还在提高经济分析技术上下工夫,建立了许多复杂的数学模型,运用模型说明凯恩斯理论中非市场出清的假设是正确的。并且,新凯恩斯主义从数量经济学的角度指出,失业和通货膨胀有正相关性的经验研究,只是在美国战后15—20年的数据基础上作出的统计检验,仅仅说明短期经济现象,而不能说明长期经济态势。

美国20世纪70年代菲利普斯曲线是失效的,新凯恩斯主义经济学家认为这只是短期现象,进入80年代后,经济中再次出现了失业和通货膨胀之间的替代关系,两者的正相关性消除了。这种经验数据和现实有利于新凯恩斯主义者,他们认为坚持有原凯恩斯主义基本特征的经济模型能很好地说明现实,解释宏观经济问题,从而促使凯恩斯主义复苏。理论和现实的双重支持导致了新凯恩斯主义卷土重来。

(2)在解释工资、价格粘性的时候,强调市场的不完全性——不完全竞争。

不完全竞争假设意味着在现实世界中有磨擦、冲突以及制度的、非制度的客观因素制约价格机制自由传递信息的功能。

凯恩斯主义认为经济体系的变动和发展不是渐进的、和谐的,而是矛盾的、冲突的。价格对经济刺激的反应是不灵活、不易变动的。新凯恩斯主义的世界观就是认为现实的经济生活中,存在很多矛盾的、冲突的、摩擦的因素。

(3)较为温和的政策含义。

新凯恩斯主义者承认厂商追求私人利益同社会利益相冲突,承认资本主义制度下协调失灵,微观层次上的厂商利润最大化决策会造成宏观经济层次上严重的社会后果,认为市场缺乏充分的自我调节或自我矫正的力量(工资和价格粘性),市场不能连续出清,经济可能处在持续的非均衡状态或无效率的均衡状态。如果没有政府干预,经济恢复到有效率的均衡将是一个漫长、痛苦的过程,失业或通货膨胀会持续恶化。

新凯恩斯主义和原凯恩斯主义一样,认为稳定政策对经济有积极作用。新凯恩斯主义者论述了工资和价格粘性,承认市场协调失灵,认为市场上没有一只看不见的手可以使厂商行为符合社会利益,为政府干预提供了微观基础。

新凯恩斯主义者对原凯恩斯主义的政府干预经济的学说作了重新表述。它不像原凯恩斯主义那样宣传宏观经济政策或"微调"可以有效地防止和医治失业和通货膨胀,而是倾向于一种较为温和的说法,即没有紧缩政策,通货膨胀会更加严重;没有扩张政策,失业会更加严重。这种说法较易被人们所接受。

(4) 新凯恩斯主义对工资和价格粘性提出了形形色色的理论说明,但是,这些理论提出的解释工资和价格粘性的原因太多,以致使人们莫衷一是,无法了解何者是主要原因,更无从了解工资和价格粘性是否有统一的原因。

第三节　需求冲击:通货膨胀和失业问题

本节将把新凯恩斯主义的总需求和总供给分析联系在一起,运用凯恩斯主义的总需求—总供给框架,具体分析经济生活中遇到的通货膨胀问题,以及 20 世纪 70 年代西方国家遇到的供给冲击(石油危机)问题。

根据波动的来源可以将冲击划分为需求冲击和供给冲击。需求冲击表明波动的根源来自需求方,按照前面第五章的介绍,政府的需求管理政策包括财政政策和货币政策,所以需求冲击既包括货币冲击导致 LM 曲线移动的因素,也包括财政冲击导致 IS 曲线移动的因素。

一、初始均衡为稳定性均衡($Y^* = Y_f$)条件下,货币冲击的效应

我们对政府增发货币造成通货膨胀分两种情况进行讨论:如果初始经济已经达到了充分就业,现在均衡的国民收入刚好能实现充分就业的国民收入,初始均衡为稳定性均衡。在这种情况下,政府或者出于对经济形势的错误判断,或者过分雄心勃勃,认为现在的产量不够,就业水平还有待进一步提高,仍然想通过扩张货币来刺激经济,扩大产出。在这种情况下发动货币冲击带来的效果,具体分析将分成三个时期:

1. 短期效应

就波动根源来讲是货币供应量有了一个增加量,$\Delta M > 0$,由此将会带来什么后果呢?

(1) 在货币和产品市场上

在某一个时期政府突然增发货币，按照宏观经济学流程图，带来的后果就是，实际货币供应量 M/P 增加，在货币需求稳定、货币供给增加的情况下，会导致货币资产价格利率下跌。均衡的利率水平 R 下降会刺激投资 I，进而增加总需求乃至总产量。所以在发动货币冲击以后，一个国家的均衡国民收入 Y 将会上升，而且会大于充分就业的国民收入 Y^*。这就是短期波动在货币、产品市场带来的结果。

如图 7-21 所示，在 R-Y 坐标系中，初始 IS 和 LM 曲线决定的收入水平是 A，均衡的国民收入是 Y^*，这是在货币和产品市场。如果要考虑产品、货币以及劳动力市场三个市场同时均衡，那么初始总需求 AD_0 和总供给 AS_0 这两条曲线的交点决定的均衡是 E_0，对应的收入水平是 Y^*，这是初始的均衡状态。现在政府增发货币，货币供应量增加是一个既定的外生变量，外生变量的变化肯定导致曲线的移动，货币供应量决定 LM 曲线在横纵两轴的截距，所以货币供应量的增加将会使 LM 曲线发生一个向右的平移，从 LM_0 右移至 LM_1，均衡点将从 A 过渡到 B，B 点对应的产量水平是 Y'，Y'大于 Y^*。

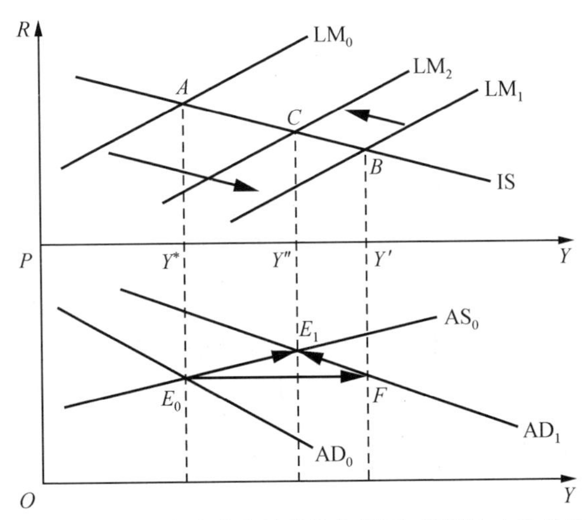

图 7-21　初始均衡为稳定性均衡条件下，货币冲击的效应 1

在 P-Y 坐标系中，货币供应量 M 是一个外生变量，外生变量变化导致曲线变化，因此总需求曲线 AD_0 右移至 AD_1，均衡点从 E_0 点到 F 点。总需求曲线 AD_1 的斜率也发生变化。F 点对应的产量水平是 Y'。这是货币供应量变化在货币、产品市场，以及货币、产品、劳动力三个市场带来的图形上的变化。

(2) 在劳动力市场上(在本期内)

收入从 Y^* 增加到 Y_1 作为一个极短期的结果,会带来什么影响呢?在劳动力市场,本期内由于产量水平增加,需求旺盛,厂商的订单增加,现有的工人要加班加点进行工作,导致就业量 N 增加。就业量的增加既可以体现为现有工人劳动时间的增加,也可以体现为现有工人劳动时间不变,雇佣工人数量的增加。加班加点工作会导致工人的名义工资水平发生变化,在前期名义工资水平 W_{-1} 的基础上,当期名义工资水平 W 上升。名义工资是产品定价的一部分,在前期价格水平 P_{-1} 不变的条件下,将会导致当期价格 P 的上升(见图 7-22)。

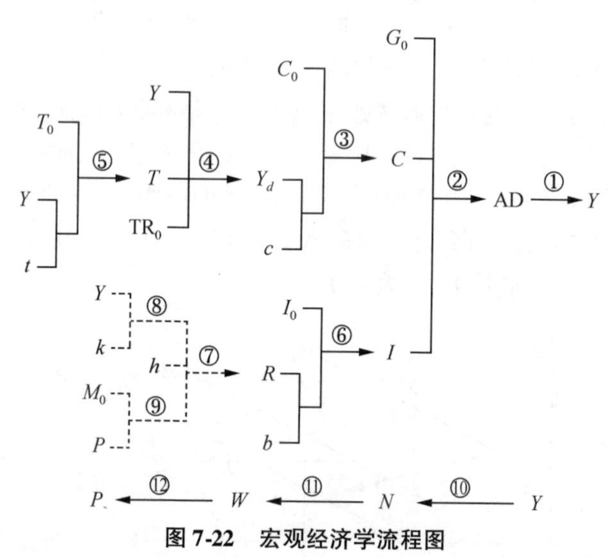

图 7-22 宏观经济学流程图

由此可见,在产品和货币市场导致 Y 上升的波动结果,在劳动力市场作为波动的根源($Y>Y^*$),通过传导,又带来当期产品价格 P 上升这样一种结果。

如图 7-21 所示,在 P-Y 坐标系中,产量 Y 的变化是内生变量,产量沿着总供给曲线 AS_0 从 E_0 上涨到 E_1 点。

(3) 回到货币和产品市场上

再回到货币和产品市场,价格水平上涨是劳动力市场波动的结果,这个结果在产品和货币市场上又变成一个波动的根源。价格上涨导致实际货币供应量 M/P 下降,进而导致货币资产价格利率 R 上升,投资 I 下降,从而总需求乃至总产量 Y 下降。这一过程体现了劳动力市场对产品和货币市场的反作用。

如图 7-21 所示,在 R-Y 坐标系中,P 为外生变量,外生变量变化显然将会导致曲线的移动,实际货币供应量的下降将会导致 LM 曲线在横纵两轴的截距都下降,LM_1 左移至 LM_2,C 是 LM_2 和 IS 曲线的交点。在 P-Y 坐标系中,P 为内生变量，就总需求曲线来讲，价格和总产量这两者之间的关系是两个内生变量的关系，内生变量的变化是沿着曲线移动，所以价格上涨导致总产量水平的下跌，体现为沿着 AD_1 从 F 点回复到 E_1 点，C 点和 E_1 点共同对应的产量水平是 Y''。

短期在 E_1 点实现了暂时的供求相等，这实际上是一个短期均衡。实现短期均衡的路径是不一样的，就总需求曲线来讲，变化的路径是从 E_0 到 F 然后到 E_1；就总供给曲线来讲，是从 E_0 到 E_1。货币冲击的短期效应，无论是总需求还是总供给，在 E_1 点达到了一个短期均衡。

E_1 对应的价格水平和初始相比有所上涨，E_1 对应的产量水平 Y''大于 Y^*。所以得到结论：在经济已经实现充分就业的情况下，如果政府增发货币来刺激经济，那么导致的短期影响是价格水平上涨，与此同时，总产量水平、就业水平也上升。短期效果看来还是一个不坏的情形。

2. 中期效应

从总供给分析看，只要 Y 和 Y^* 两者之间有差距，Y 偏离 Y^*，总供给曲线就将不断地移动。如果 Y 大于 Y^*，总供给曲线将会不断地上移，而如果 Y 小于 Y^*，总供给曲线将会不断地下移。

（1）在劳动力市场上（在本期结束之后）

Y''大于 Y^*，这是短期波动的结果。作为中期波动的根源，将会导致实际的就业量 N''大于充分就业的就业量 N^*，进而导致名义工资水平 W 上涨，W-N 线的位置发生向上的移动，从而价格水平 P 上涨，总供给曲线发生向上的移动，从 AS_0 左移至 AS_1。到 AS_1 水平后，在 $t+1$ 期内仍然沿着总供给曲线上移，而 $t+1$ 期结束以后进入 $t+2$ 期，总供给曲线又将发生一个左移（见图 7-23）。

只要存在 Y 大于 Y^*，总供给曲线就会不断地上移下去，经过无数期，总供给曲线从 AS_0 左移至 AS_n，最终从 E_1 点到 G 点。总供给曲线移动的过程如前所述，期内是沿着线动，当期结束以后是整条线发生移动。

（2）在货币和产品市场上

总供给曲线不断上移，带来的结果就是价格水平不断上涨，价格上涨作为一个波动根源在货币和产品市场发生影响。价格水平上涨将会导致实际货币供应量 M/P 下跌，进而导致货币资产价格利率 R 上涨，投资 I 下降，从而总需求乃至总产量水平 Y 下降。在这个过程中，总产量水平在不断下降，从 Y''下降到 Y^*。

如图 7-23 所示，中期是一个价格不断上涨的过程，这是总供给曲线带来的变化。随着总供给曲线不断地左移，在 R-Y 坐标系中，P 为外生变量，决定 LM 曲线在横纵两轴的截距，所以 LM 曲线发生一个向左的移动，从 LM_2 左移至 LM_3，并且不断地移动下去，直到把 LM 曲线推回到初始的 LM_0。就 LM 曲线来讲，初始货币供应量增加的一个大力使 LM_0 右移至 LM_1，然后不断的价格上升

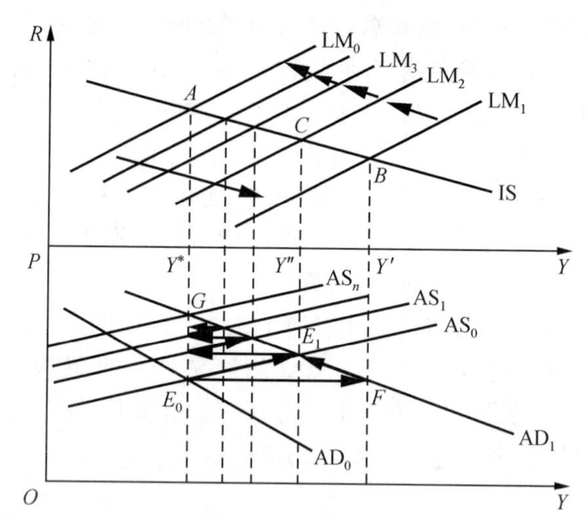

图 7-23 初始均衡为稳定性均衡条件下，货币冲击的效应 2

的无数小力又将其推回到初始的位置。在 P-Y 坐标空间中，由于价格是内生变量，因此沿着总需求曲线不断地从 E_1 上升直到 G。这样一个过程在两个图中有对应的关系。

中期效应从 E_1 过渡到 G，在这个过程中，价格水平不断上升，但是总产量水平在不断下降，通货膨胀出现了。

通货膨胀的种类按不同的标准可以进行如下方式的分类：

① 按照价格上升的速度区分

A. 温和的通货膨胀（$<10\%$）；

B. 奔腾的通货膨胀（10%—100%）；

C. 超级的通货膨胀（$>100\%$）。

② 按照对价格影响的差别区分

A. 平衡的通货膨胀；

B. 非平衡的通货膨胀。

③ 按照人们预期的程度区分

A. 未预期到的通货膨胀；

B. 预期到（惯性）的通货膨胀。

3. 长期效应

波动根源消失，实现长期的稳定性均衡，均衡点为 G，G 点对应 Y^*，与初始均衡点相比，产量 Y^* 不变，但是价格水平不断上升，这就是滞胀——经济增长停滞，伴随着通货膨胀。

考虑到的市场因素越多，政策效力越小。在产品、货币、劳动力三个市场同时均衡的分析中，相互制约的因素更多，从一正一负，变成一正三负。

一正——政府运用货币政策，增发货币。实际货币供应量 M/P 增加，会导致货币资产价格利率下跌，从而刺激投资，进而增加总需求乃至总产量。第一轮增加的收入，在体系内不断地传导下去，在其他情况不变的条件下，增加个人可支配收入，增加消费，进而增加总需求乃至总产量。

一负——第一轮增加的收入导致税收增加，在其他情况不变的条件下，减少个人可支配收入，导致消费下降，进而减少总需求乃至总产量。

二负——第一轮增加的收入导致交易动机的货币需求增加，进而增加货币需求，在货币供给不变的条件下，导致货币资产价格利率上升，从而减少投资支出，进而减少总需求乃至总产量。

三负——第一轮的产量水平增加，需求旺盛，厂商的订单增加，现有的工人要加班加点进行工作，导致就业量增加，工人名义工资水平上升，从而导致产品价格上升。价格上涨导致实际货币供应量 M/P 下降，货币资产价格利率上升，投资下降，进而总需求乃至总产量水平下降。

结论：在短期，货币政策有效，将会导致产量上升。就短期来讲货币是非中性的。而在长期，名义工资和价格吸纳了货币冲击的一切影响，产量不发生变化。

货币中性(neutrality of money)是指货币供应量的增加，对就业量、产量等实际量没有影响。货币供应量是一种名义量，只影响名义量，如名义工资、价格水平，而对于实际量，如一个国家的总产量或者就业量，没有产生实质的影响。货币中性的思想渊源久远，起源于古老的货币数量论，早先经济学家认为货币是罩在经济运行外表上的一层面纱，只起到润滑油的作用。机器做大，需要的润滑油变多。但是增加润滑油，只会增加经济运行的泡沫，导致名义量如价格水平上涨，而对实际量没有影响，不会使机器变大。

经济学家达成共识：在远离充分就业的产量水平 Y^* 的时候，需求管理的政策是有效的。在邻近 Y^* 的时候，过分雄心勃勃的政策对经济有害，可能引发一场需求拉动的通货膨胀，转化到成本推进的通货膨胀，在经济中体现为滞胀的出现。

二、初始均衡为非稳定性均衡($Y_1 < Y^*$)条件下，货币冲击的效应

如果初始均衡为非稳定性均衡，经济中确实存在着严重的失业，Y_1 小于 Y^*，这时有两种选择，我们依次进行分析。

1. 不干预，任其自发调整

波动根源是 Y_1 小于 Y^*，从传导机制看，这样一种波动根源对于总需求曲线没有影响，影响的是总供给曲线。劳动力市场在本期结束以后，Y_1 小于 Y^*，就

业量 N 小于充分就业量 N^*，导致名义工资水平 W 下降，W-N 线的位置将会发生向下的移动，进而导致价格水平下跌，总供给曲线发生向下移动，这是波动的结果。

如图 7-24 所示，初始总需求、总供给曲线交点决定的是 E 对应的产量水平 Y_1，Y_1 小于 Y^*。期内沿着总供给曲线移动，从 F 移动到 E，而当期结束以后总供给曲线将发生移动。由于 Y_1 小于 Y^*，总供给曲线将会不断下移，下一期总供给曲线将会过当期价格水平 P_1 和 Y^* 的组合点，AS_0 下移至 AS_1。在这个位置，期内仍然是沿着总供给曲线下移，而当期结束以后，总供给曲线发生下移。只要存在 Y 对 Y^* 的偏离，就会导致总供给曲线不断下移，最终从 AS_0 下移至 AS_n。

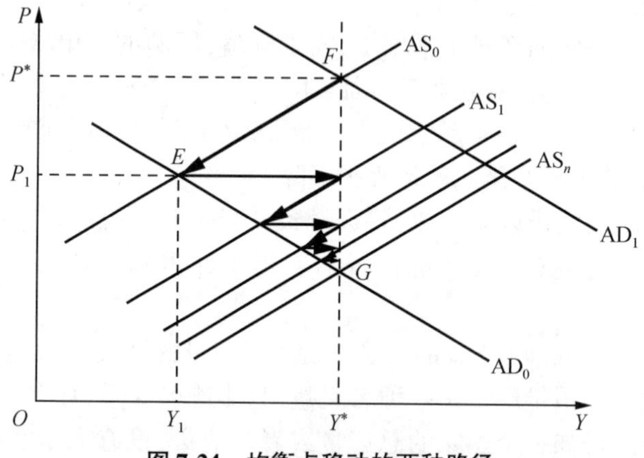

图 7-24　均衡点移动的两种路径

最终均衡点移动的轨迹就是从 E 到 G，这是一个漫长的通货紧缩伴随着经济复苏的过程，体现为名义工资不断下降。这个过程显然非常困难，工人不能坐视自己的名义工资水平下调，中间会不断地反抗、斗争，名义工资下降的过程阻力重重。

2. 政策干预

如果让经济自发地调整，从 E 到 G 是一个漫长的过程。如果政府选择增发货币，使总需求曲线从 AD_0 右移至 AD_1，均衡点就能快速地从 E 变动到 F。F 点对应充分就业的产量水平 Y^* 和价格水平 P^*，短期均衡点 E 对应存在严重失业的就业水平 Y_1 和价格水平 P_1。政府扩张性的货币政策带来的后果是通货膨胀水平从 P_1 增加到 P^*，而失业从 Y_1 下降到 Y^*。菲利普斯曲线揭示的通货膨胀和失业之间的反方向变动的替代关系，为政府宏观经济政策的运用提供了一个可以选择的范围：可以通过提高通货膨胀率来降低失业。

在两种情况——短期均衡点 E 和政府增发货币可以快速达到的均衡点 F

之间进行权衡。如果政府不干预,短期均衡点 E 存在大量的失业。如果干预,均衡点 F 存在通货膨胀。干预与否的原则是:这两种情况哪种更不能容忍?政策选择的原则是两害相权取其轻。政策应该避免最坏的情况出现。

新凯恩斯主义和原凯恩斯主义一样,认为稳定政策对经济有积极作用。新凯恩斯主义认为,由于价格和工资的粘性,经济从一个无效率均衡状态回复到一个有效率的均衡状态,是一个缓慢的过程。刺激总需求是必要的,不能等待工资和价格向下的压力带来的经济回升,因为这是一个长期的、痛苦的过程。

那么,该不该用通货膨胀来替代失业呢?有的观点认为,通货膨胀是全体居民福利水平的部分恶化,物价水平的上涨每个人分担一点就扛过去了;而失业是部分居民福利水平的全部恶化,少部分人突然没有了工作,处于生存的边缘。因此认为失业比通货膨胀更可怕。

关于政策选择的图形如图 7-25 所示,横轴代表时间,纵轴代表产量的波动。如果没有政策干预,一个国家的产量水平可能大起大落,政策干预只不过让波动变得平稳一些,起到一个稳定器的作用。政策选择往往是避免出现最坏的情形——经济过热或者严重失业,是一种次劣选择。

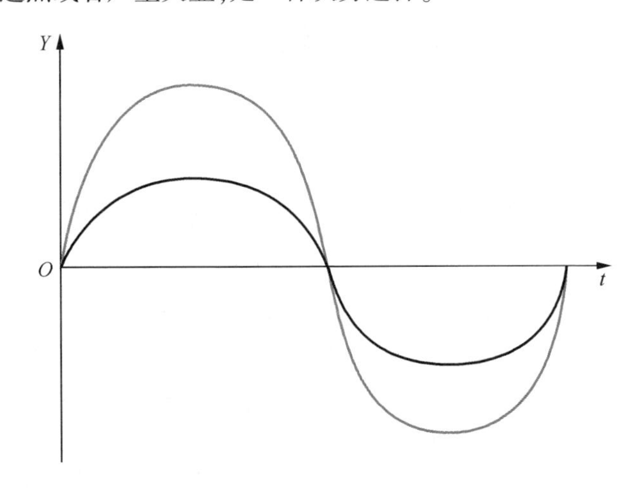

图 7-25 "次劣"选择的政策效果

三、初始均衡为稳定性均衡(Y^*)条件下,财政冲击的效应

1. 短期效应

波动根源:政府采取扩张性的财政政策,增加政府的购买支出,$\Delta G>0$。

(1) 在货币和产品市场上

政府购买支出增加,将会导致总需求乃至总产量水平增加。如果初始均衡是稳定性均衡,在这种情况下,总产量水平会大于 Y^* 。

如图 7-26 所示,在 R-Y 坐标系中,初始 IS_0 和 LM_0 曲线交点 A 对应的均衡产量水平是 Y^* 。政府购买性支出增加 ΔG, G 为外生变量,所以导致 IS 曲线发生一个向右的平移,从 IS_0 右移至 IS_1,均衡点从 A 到 B。这中间出现了一个利率上升的挤出效应。

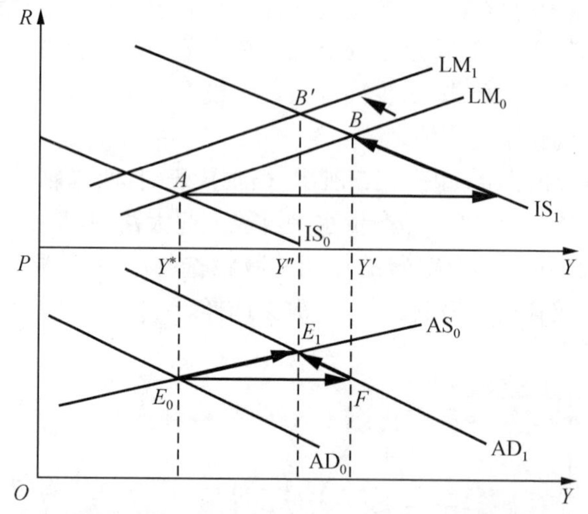

图 7-26　初始均衡为非稳定性均衡条件下,货币冲击的效应 1

在 P-Y 坐标系中,政府购买支出增加, G 为外生变量,导致总需求曲线发生向右的平移,从 AD_0 右移至 AD_1,右移的幅度等于政府购买支出增加乘以两个市场同时均衡条件下的财政政策乘数,均衡点从 E_0 到 F。由于产量增加,订货增加,因此厂商要加班加点地生产。这是初始波动带来的短期结果。

(2) 在劳动力市场上(在本期内)

由于需求上升,产量增加,订单增加,期内将会使工人的劳动时间增加,名义工资水平上涨,进而价格水平上涨。在 t 期内,体现为沿着线的移动。

如图 7-26 所示,在 P-Y 坐标系中, Y 为内生变量,均衡点沿着总供给曲线 AS_0 从 E_0 上升至 E_1。

(3) 回到货币和产品市场上

劳动力市场波动的结果进而对产品和货币市场又产生引致影响,价格上涨导致实际货币供应量下跌,货币资产价格利率上升,进而挤出投资,导致总需求乃至总产量水平下降。

如图 7-26 所示，在 R-Y 坐标系中，P 为外生变量，导致 LM 曲线发生一个向左的移动，从 LM_0 左移至 LM_1。均衡点在 B'，对应的产量水平是 Y''。在 P-Y 坐标系中，P 为内生变量，沿着总需求曲线 AD_1 从 F 过渡到 E_1，在 E_1 点实现了短期的供求相等。

最终，短期在 E_1 点实现了暂时的供求相等（短期均衡），但路径是不同的，总需求曲线是从 E_0 到 F 到 E_1，而总供给曲线是从 E_0 到 E_1。财政冲击的一个短期结果是价格水平上涨并且总产量水平增加，Y''大于 Y^*。财政冲击和货币冲击的短期效应，在传导机制和图形上是不一样的。

2. 中期效应

财政冲击和货币冲击唯一不一样的地方就是在短期部分，中期影响乃至长期影响则完全相同。波动根源就是总产量大于充分就业的产量，$Y'' > Y^*$。

（1）在劳动力市场上（在本期结束之后）

总产量大于充分就业的产量导致就业量增加，名义工资水平不断上涨，从而价格水平不断上升。如图 7-27 所示，在本期结束之后，进入下一期，AS_0 左移至 AS_1。只要存在 Y 对 Y^* 的偏离，AS 就会缓慢地移动下去，最终左移至 AS_n，均衡点从 E_1 左移到 G。

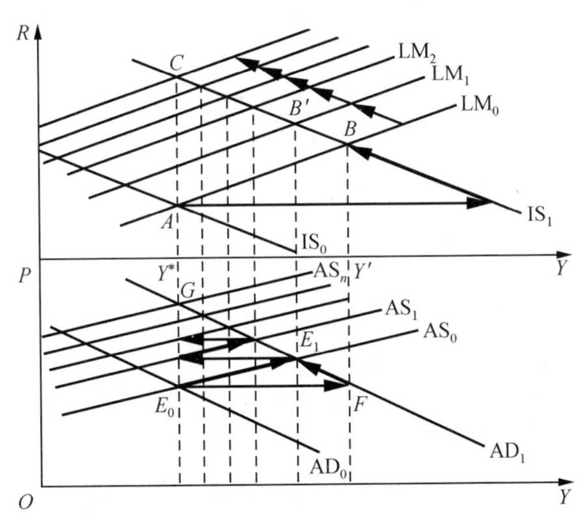

图 7-27　初始均衡为非稳定性均衡条件下，货币冲击的效应 2

（2）在货币和产品市场上

总供给曲线不断上移导致价格水平不断上涨。价格上涨在货币和产品市场上作为波动根源，导致实际货币供应量下降，货币资产价格利率上涨，投资下降，进而导致总需求乃至总产量水平的下降，Y'下降至 Y^*。

如图 7-27 所示，在 R-Y 坐标系中，P 为外生变量，导致 LM 曲线不断左移，从 LM_1 左移至 LM_2，并且不断地从 B 往 C 移动。在 P-Y 坐标系中，P 为内生变量，沿着总需求曲线 AD_1 从 E_1 一直到 G。总供给曲线的不断上移伴随着 LM 曲线的不断左移，两者之间有一个连带的关系。

中期效应从 E_1 到 G，在这个过程中，价格水平不断上升，但是总产量水平不断下降。

3. 长期效应

波动根源消失，实现长期的稳定性均衡，均衡点为 G。与初始均衡点相比，产量 Y^* 不变，但是价格水平上升，滞胀出现了。财政冲击也引发了一场需求拉动的通货膨胀，转化为成本推动的通货膨胀。

在图中区分挤出效应的两种类型：一个是利率上升带来的挤出效应，一个是价格上升带来的挤出效应。这就是财政冲击和货币冲击不一样的地方。

考虑到的市场因素越多，政策效率越小。在产品、货币、劳动力三个市场同时均衡的分析中，相互制约的因素更多，从一正一负，变成一正三负。

一正——政府运用财政政策，增加政府购买支出，兴办公共工程，对经济有立竿见影的效果，会立刻增加总需求乃至总产量。

一负——第一轮增加的收入导致税收增加，在其他情况不变的条件下，减少个人可支配收入，导致消费下降，进而减少总需求乃至总产量。

二负——第一轮增加的收入导致交易动机的货币需求增加，进而增加货币需求，在货币供给不变的条件下，导致货币资产价格利率上升，从而减少投资支出，进而减少总需求乃至总产量。

三负——第一轮的产量水平增加，需求旺盛，厂商的订单增加，现有的工人要加班加点进行工作，导致就业量增加，工人名义工资水平上升，从而导致产品价格上升。价格上涨导致实际货币供应量 M/P 下降，货币资产价格利率上升，投资下降，进而总需求乃至总产量水平下降。

结论：在短期，财政政策有效，在既定的价格水平下，总产量水平上升。在长期，名义工资和价格吸纳了财政冲击的一切影响，产量不发生变化。

这里得到的结论和货币冲击的结论是完全一样的，经济学家的共识是在远离 Y^* 的时候，需求管理的政策是有效的；在邻近 Y^* 的时候，过分雄心勃勃的政策对经济有害，引发了一场需求拉动的通货膨胀，转化为成本推进的通货膨胀，在经济生活中体现为滞胀的出现。

四、初始均衡为非稳定性均衡($Y_1 < Y^*$)条件下，财政冲击的效应

这种情况留给读者自己分析，和初始均衡为非稳定性均衡条件下货币冲击

的效果是一致的。

第四节　供给冲击

一、供给冲击的出现

20 世纪 70 年代以前,凯恩斯的需求管理政策在经济理论中一统天下,居于正统地位。经济生活中波动根源主要来自需求方,都是需求冲击。随着经济形势的发展,来自供给方的波动根源出现了,具体体现在西方国家出现的两次“石油危机”,一次是在 1973—1974 年,另外一次是在 1979—1980 年,油价按照现在的标准暴涨了 3 倍,这为美国经济带来了严重的影响,导致美国经济在 70 年代出现了滞胀——经济增长停滞伴随着通货膨胀。

根据波动根源划分,供给冲击是指原材料、燃料等投入品的价格变化,对经济中供给方带来的影响。问题是:原材料价格如何体现?如何把原材料的价格因素加入到 AS 曲线中去?在宏观经济学流程图中,实线代表产品市场,虚线代表货币市场,在哪个环节进入?这是我们要着重分析的问题,波动根源很显然要从劳动力市场进入。原材料价格实际上和劳动力的名义工资一样,是产品定价的一个组成部分,我们从第十二个环节入手。

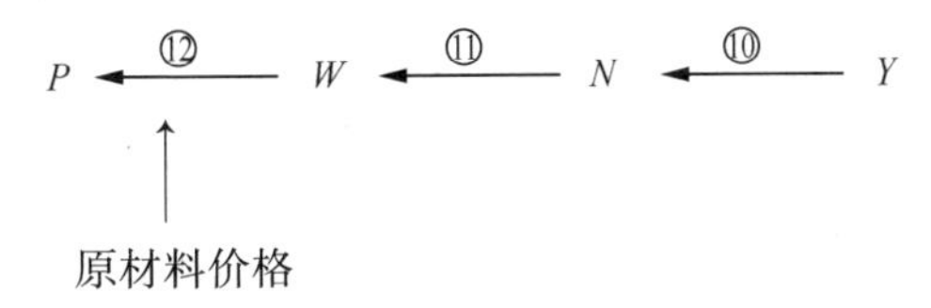

二、考虑原材料价格的供给分析

$$P = (1+z)W/a + \theta P_m$$

其中 P_m 是原材料的单位价格。θ 是每单位产出所消耗的原材料数量。θP_m 是每单位产出所消耗的原材料成本,这是原材料的绝对价格。考虑相对价格,即原材料占产品定价的比重,引入 $p_m = P_m/P$。代入上式,得到:

$$P = (1+z)W/a + \theta P_m = (1+z)W/a + \theta P p_m$$

$$P = (1+z)W/[a(1-\theta p_m)]$$

三、不利的供给冲击的效应

原材料价格从 p_m 上涨至 p_m',带来何种影响?

1. 短期效应(在本期内)

$$W = W_{-1}[1+\lambda(N-N^*)] \quad ①$$

$$Y = aN \quad ②$$

$$P = (1+z)W/[a(1-\theta p_m')] \quad ③$$

凯恩斯主义总供给曲线立足于上述三个方程式。①是 W-N 线，由菲利普斯曲线得到。②是生产函数，体现为一个线性的投入和产出的关系。③是厂商定价的原则——成本加成的定价原则。现在仍然立足于这三个式子：

③变形为 $Pa(1-\theta p_m')/(1+z)=W$，这是当期价格和当期名义工资的关系，前一期的价格 P_{-1} 和 W_{-1} 的关系从③递推，得到：

$$P_{-1}a(1-\theta p_m)/(1+z) = W_{-1} \quad ④$$

④中是 p_m 而不是 p_m'，在 $t-1$ 期原材料价格没有变化。把③和④代入①，得到：

$$Pa(1-\theta p_m')/(1+z) = P_{-1}a(1-\theta p_m)/(1+z)[1+\lambda(N-N^*)]$$

N 和 N^* 可以用 Y 和 Y^* 加以替代。令 $\lambda'=\lambda/a$，

$P=[(1-\theta p_m)/(1-\theta p_m')]P_{-1}[1+\lambda'(Y-Y^*)]$ 是发生供给冲击之后，本期内的 SAS 曲线，称为 AS_1，原先的总供给曲线 AS_0 为 $P=P_{-1}[1+\lambda'(Y-Y^*)]$。

AS_1 曲线的斜率为：

$$dP/dY = [(1-\theta p_m)/(1-\theta p_m')]\lambda' P_{-1} > \lambda' P_{-1}$$

当 $Y=0$ 时，AS_1 曲线在纵轴的截距为：

$$[(1-\theta p_m)/(1-\theta p_m')]P_{-1}(1-\lambda' Y^*) > P_{-1}(1-\lambda' Y^*)$$

在本期内，由于原材料价格从 p_m 上涨至 p_m'，总供给曲线发生向左上方的移动，从 AS_0 上移至 AS_1。

具体来看图形，如图 7-28 所示，在 P-Y 坐标空间中，初始的总需求和总供给曲线交点 E_0 决定的均衡产量水平是 Y^*。由于成本增加，从直觉分析，生产同样的 Y^* 需要的成本更高，因此总供给曲线 AS_0 应该上移。通过对截距和斜率的分析，证明斜率变得更大，截距也更大，AS_0 左移至 AS_1，进而均衡点从 E_0 左移至 E_1。E_1 对应的产量水平是 Y_1，对应的价格水平是 P_1，和初始的均衡点 E_0 相比，E_1 价格上涨，而产量水平下降。所以原材料价格上涨的供给冲击，在经济生活中带来了价格上涨和失业增加，结构性通货膨胀出现了。

2. 中期效应

本期结束之后，进入 $t+1$ 期，对 W-N 线作一个递推，在 t 期是 W 和 W_{-1} 的关系，而在 $t+1$ 期是 W_{t+1} 和 W 的关系，存在：

$$W_{t+1} = W[1+\lambda(N-N^*)] \quad ①'$$

$$Y = aN \quad ②'$$

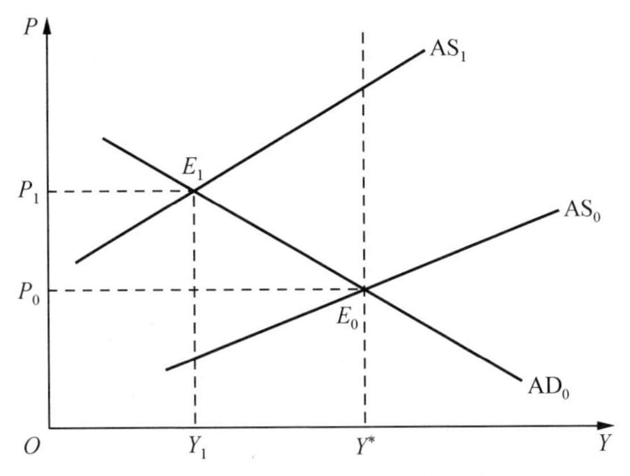

图 7-28　不利的供给冲击的效应 1

$$P_{t+1} = (1 + z)W_{t+1}/[a(1 - \theta p_m')] \qquad ③'$$

③′变形为:$P_{t+1}a(1-\theta p_m')/(1+z) = W_{t+1}$,$t+1$ 期原材料价格 p_m' 和 t 期是完全一样的,从 t 期之后,p_m' 不再发生变化,所以,

$$Pa(1 - \theta p_m')/(1 + z) = W \qquad ④'$$

把③′和④′代入①′,得到:

$$P_{t+1}a(1 - \theta p_m')/(1 + z) = Pa(1 - \theta p_m')/(1 + z)[1 + \lambda'(Y - Y^*)]$$

$P_{t+1} = P[1+\lambda'(Y-Y^*)]$是 $t+1$ 期的 SAS 曲线,称为 AS_2,总供给曲线的形式和 t 期以前是完全一样的,$t+1$ 期以后总供给曲线又恢复到原先的形式。

结论:供给冲击的扰动存在于本期(t 期),原材料价格从 p_m 上涨至 p_m',使 t 期的总供给曲线的方程变为 $P=[(1-\theta p_m)/(1-\theta p_m')]P_{-1}[1+\lambda'(Y-Y^*)]$,斜率更大,截距更大。而在本期结束以后,进入 $t+1$ 期,波动根源消失,对 AS 曲线产生一次性影响,这种波动称为暂时性扰动。暂时性扰动不是永久性的扰动,并不永久性地改变 AS 曲线的方程。从 $t+1$ 期以后,总供给曲线的方程都为 $P_{t+1}=P[1+\lambda'(Y-Y^*)]$。

现在的问题是 E_1 是否为稳定性均衡。这里波动根源是 $Y_1 < Y^*$,总供给曲线是由于供给冲击左移,导致价格上涨,实际产出水平下降。产量低于充分就业的产量,工人经常闲着,名义工资将会不断下跌,W-N 线的位置将不断下调。由于名义工资下调,厂商按照成本加成的原则,产品定价也将不断下调,因此总供给曲线的位置也将不断下移,这是波动根源带来的中期结果。

如图 7-29 所示,短期的供给冲击导致总供给曲线一次性从 AS_0 左移至 AS_1,价格水平从 P_0 上涨至 P_1,就业量从 Y^* 下跌到 Y_1。本期结束以后,过当期的价格水平 P_1 和 Y^* 有了下一条总供给曲线 AS_1。期内沿着 AS_1 移动,下一期总供

给曲线又下移至 AS_2。只要存在 Y 对 Y^* 的偏离，就会导致 AS 缓慢地向右下方移动下去。中期调整将从 AS_1 不断右移至 AS_n，最终的均衡和初始的均衡完全重合在一起。

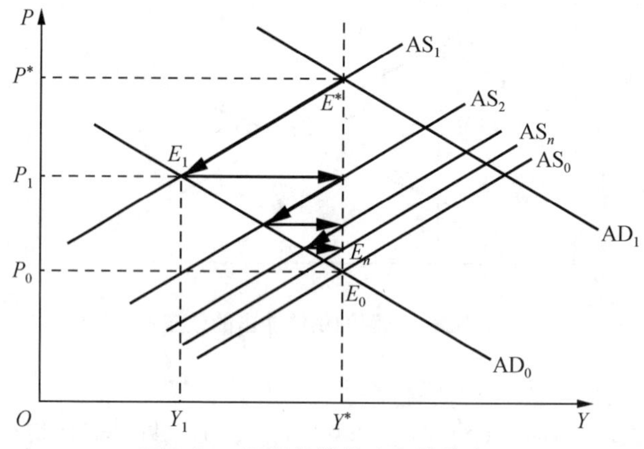

图 7-29　不利的供给冲击的效应 2

3. 长期效应

经济在 E_n 点(与 E_0 点重合)实现长期均衡，对应的总供给曲线为 AS_n。这就是不利的供给冲击的短期、中期以及长期分析的过程，我们从图形到传导机制作了一个详尽的介绍。

供给冲击的影响分析：

	短期影响	长期影响
均衡点的移动	$E_0 \to E_1$	$E_0 \to E_n$
名义工资	$W_{-1} = W_{-1}$	$W_{-1} > W_{n-1}$
	(只考虑基础工资部分)	
价格水平	$P_0 < P_1$	$P_0 = P_0$
实际工资	$\frac{W_{-1}}{P_0} > \frac{W_{-1}}{P_1}$	$\frac{W_{-1}}{P_0} > \frac{W_{n-1}}{P_0}$

总供给曲线 AS_0 由 $t-1$ 期的名义工资水平所决定。本期名义工资要考虑基础工资和超时工资，而基础工资是建立在前一期名义工资的水平之上。所以就名义工资来讲，E_0 和 E_1 虽然是两个均衡点，对应着两条总供给曲线，E_0 对应 AS_0，E_1 对应 AS_1，但是对应的名义工资水平是完全一样的。总供给曲线 AS_0 上移到 AS_1 的原因，是原材料价格的上涨而不是工人名义工资水平的增加，所以这两点名义工资水平一样。

E_0 和 E_n 相比，我们发现 E_n 是总供给曲线 AS_1 经过无数期向右下方的移动

以后才回到 AS_n 的，这个过程既是总供给曲线不断下移的过程，也是名义工资不断下跌的过程，所以长期总供给曲线 AS_n 所对应的名义工资水平比初始的总供给曲线 AS_0 低很多。

就价格水平来讲，E_0 点对应的价格水平是 P_0，而 E_1 点对应的价格水平是 P_1，P_1 明显大于 P_0。而 E_0 和 E_n 对应的价格水平都是 P_0，经济由 E_1 回复到 E_n 这个过程是名义工资不断下调的过程。因为名义工资下调了，所以实际工资也下调了。

结论：与初始均衡点 E_0 相比，供给冲击的全部影响转嫁到工人身上，体现为工人的名义工资水平的下降，进而导致实际工资水平下降。

短期总供给曲线的左移是由于原材料价格的上涨，从而导致产品定价的上升，经济生活中出现了结构性通货膨胀。产品定价上升挤出了需求，导致实际的产量小于充分就业的产量，在这个过程中 $W\text{-}N$ 线不断下移，带动总供给曲线不断下移，同时工人的名义工资不断下跌，最终回复到 E_0 这一点。最终供给冲击体现为工人名义工资水平的下跌，被工人名义工资水平的下跌所吸纳，供给冲击的后果就是工人的实际工资水平的下跌。那么对于结构性通货膨胀导致的短期衰退和长期的通货紧缩，要不要政策干预？

四、对不利的供给冲击是否采取适应性政策

需求管理政策包括两种：货币冲击（LM 曲线的移动）和财政冲击（IS 曲线的移动）。这两种方法都导致 AD 曲线从 AD_0 右移至 AD_1，均衡点从 E_1 变动到 E^*。是否干预的政策影响分析如下：

	干预的影响	不干预的影响
均衡点的移动	$E_1 \rightarrow E^*$	$E_0 \rightarrow E_1 \rightarrow E_n$
名义工资	$W_{-1} = W_{-1}$ （只考虑基础工资部分）	$W_{-1} > W_{n-1}$
价格水平	$P_1 < P^*$	$P_0 = P_0$
实际工资	$\frac{W_{-1}}{P_1} > \frac{W_{-1}}{P^*}$	$\frac{W_{-1}}{P_0} > \frac{W_{n-1}}{P_0}$

如果任经济自发地调整，经过无数轮将从 E_1 回复到 E_n，这是一个漫长的过程，其间伴随着名义工资的不断下跌，所以这个过程是矛盾的、斗争的、阻力重重的。

政府可以使 Y_1 一下子回复到 Y^*，只要发动一次需求冲击，通过采取扩张性财政和货币政策移动 IS 和 LM 曲线，使总需求曲线发生右移。如图 7-29 所示，从 AD_0 右移至 AD_1，均衡点将会从 E_1 快速地回复到 E^*，E^* 对应更高的价格 P^* 和充分就业产量 Y^*。比较 E^* 和 E_1 这两个点，E_1 对应严重的失业，E^* 对应较高

的价格水平。

干预使均衡点从 E_1 一下子移动到 E^*。不干预均衡点初始是 E_0，移动到 E_1，进而回复到 E_n。就名义工资来讲，干预下 E_1 和 E^* 都在同一条总供给曲线上，对应同一个名义工资水平；而不干预总供给曲线 AS_1 经过无数期向右下方的调整，名义工资水平将会大幅度降低。为什么不比较 W_t 而比较 W_{-1} 呢？因为 W_t 包括基础工资，还包括超时工资。超时工作的工资在这里先忽略不计，只考虑基础工资的部分。

就价格水平来讲，P_1 小于 P_n，E_0 和 E_n 对应的是同一价格；就实际工资来讲，在名义工资水平不变时，由于价格水平上涨，干预会导致实际工资水平的下跌。而不干预将会导致名义工资水平的下跌，伴随着 W-N 线和总供给曲线的不断下移。

无论是否干预经济都会回复到充分就业的产量，但是干预导致名义工资不变、实际工资下跌，而不干预导致名义工资下跌，当然最终实际工资也下跌。

凯恩斯认为，只有愚蠢之徒才会选择弹性工资政策（降低名义工资的政策），而不选择弹性货币政策（增发货币的政策）。在他看来，与其降低名义工资，不如降低实际工资。工人存在货币幻觉，只要名义工资不变，虽然价格水平上涨，但是实际工资下跌并不容易发现。如果名义工资降低了，工人立刻会敏锐地感受到，而且会为这样一个结果而不断抗争。事实上，雇主们改变名义工资协定的行动所遇到的抵抗，比起实际工资由于物价上涨而逐步地、自动地下降所遇到的抵抗要强烈得多。因此，凯恩斯认为，在现代资本主义制度下，以刚性名义工资政策为目标，要比弹性名义工资政策更为方便。刚性名义工资政策就是保持一个既定的名义工资水平不变，弹性名义工资政策就是名义工资水平可以发生忽上忽下的变化。

五、影响总供给曲线的其他因素

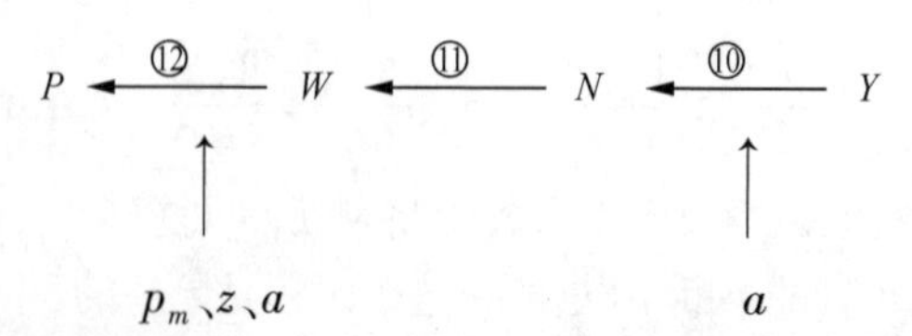

影响总供给曲线的因素不仅有原材料的价格，还有成本加成的比例 z，即日常生活中的毛利润率，还有劳动生产率 a。劳动生产率变化带来的影响更为复杂，不仅从第十二个环节进入，还从第十个环节进入。a 不仅影响成本加成的定价原则，还影响最终的生产函数。关于供给冲击实际上可以分析的因素还是非常多的。

六、有利的供给冲击的效应

在本期(t 期),劳动生产率从 a 上升至 a'带来的结果,请读者自己分析,分析内容包括传导机制,图形,短期、中期和长期效应,以及要不要政策干预等方面。

本章小结

1. 菲利普斯曲线描述名义工资增长率和实际失业率之间的关系。其数学表达式为:$(W-W_{-1})/W_{-1}=-\varepsilon(u-u^{*})$。

2. 根据菲利普斯曲线可以推导出凯恩斯主义的总供给曲线,需要用到以下几个方程:$W=W_{-1}[1+\lambda(N-N^{*})]$,$Y=aN$,$P=(1+z)W/a$。最终得到的短期总供给曲线为:$P=P_{-1}[1+\lambda'(Y-Y^{*})]$。长期总供给曲线为:$Y=Y^{*}$。

3. 原凯恩斯主义的主要缺陷是,其价格刚性的前提假设和最大化原则相矛盾。如果遵循价格刚性的假设,说明厂商不是追求自己利润最大化的理性人。

4. 新凯恩斯主义者首先区分了价格刚性和价格粘性、名义粘性和实际粘性之间的区别,随后试图在此基础上为凯恩斯主义的总供给曲线建立微观基础,说明价格粘性符合厂商的利益最大化原则。

5. 新凯恩斯主义关于劳动力市场名义工资粘性最具影响力的研究是斯坦利·费舍尔和约翰·泰勒的长期合同论,该理论认为由于劳动合同是长期的,工资由前一期决定,因此具有不易变动的特征,而且由于全国劳动合同的签订具有交错的特征,因此工资的变化是逐步实现的,所以名义工资具有粘性。

6. 夏皮罗和斯蒂格利茨创立了被称为效率工资的劳动力市场模型,以期在信息经济学的基础上解释非自愿失业。该理论假设劳动力是不同质的,随实际工资的上升其努力程度上升。因此追求利益最大化的厂商所需要满足的方程式为:$e'(w)w/e(w)=1$。厂商应该维持高工资以保证其工人工作的高效率。

7. 内部人—外部人理论是指,内部人的工资高,外部人的工资低,但是在这种情况下厂商仍然雇用内部人,不雇用外部人,外部人要变成内部人有一个转换成本。由于转换成本的存在,厂商不愿意雇用实际工资水平低的外部人,出现了内部人控制。

8. 需求冲击分为货币冲击和财政冲击两类。关于货币冲击,在短期,货币政策有效,将会导致产量上升,就短期来讲货币是非中性的。而在长期,名义工资和价格吸纳了货币冲击的一切影响,货币供应量的变动对产量不产生影响,因此就长期来说货币是中性的。关于财政冲击,在短期,财政政策有效,在既定的价格水平下,总产量水平上升。在长期,名义工资和价格吸纳了财政冲击的一切影响,政府购买支出的变动对产量不产生影响。

9. 经济学家的共识是在远离 Y^* 的时候,需求管理的政策是有效的。在邻近 Y^* 的时候,过分雄心勃勃的政策对经济有害,会引发一场需求拉动的通货膨胀,转化为成本推进的通货膨胀,在经济生活中体现为滞胀的出现。

10. 供给冲击是指原材料、燃料等投入品的价格变化,对经济中供给方带来的影响,具体波动根源来自经济生活中的供给方。不利的供给冲击导致短期的总供给曲线向左移动,造成结构性通货膨胀,随后总供给曲线多期向右移动,导致长期的经济衰退和通货紧缩。是否对不利的供给冲击进行需求管理取决于政府的考虑,两害相权取其轻。

关键概念

菲利普斯曲线　价格刚性　名义粘性　实际粘性　长期劳动合同论　效率工资论　内部人—外部人理论　需求冲击　货币中性　供给冲击

本章习题

1. 运用类似下图的形式,分析当总供给曲线向上倾斜、工资随时间缓慢变化时,货币存量减少对价格水平和产量的影响。

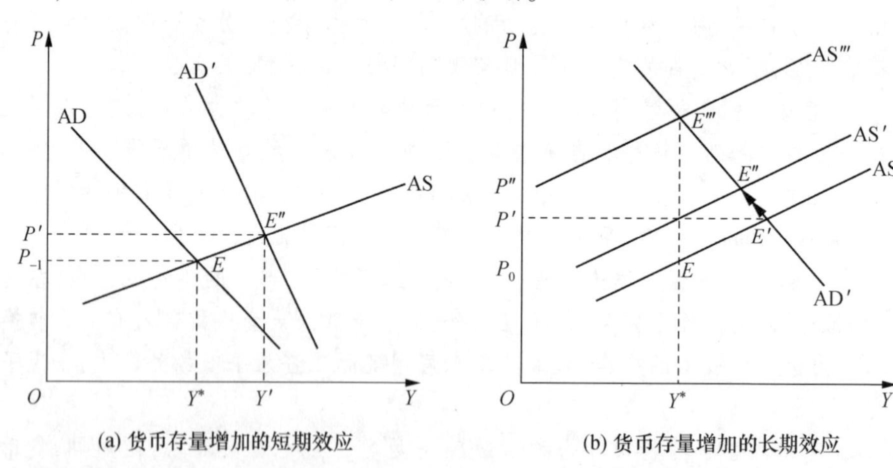

(a) 货币存量增加的短期效应　　(b) 货币存量增加的长期效应

2. 在习题 1 中,名义货币存量减少在短期和长期对实际余额有何影响?

3. 假设劳动生产率上升,即 a 增大了,它对价格、产量和实际工资会产生什么短期和长期影响?

4. 利用类似于习题 1 中的图形讨论对政府支出增加的短期和长期调整,假定当前经济的产量水平低于潜在水平。

5. 假定经济处于衰退阶段,货币和财政政策如何才能加速其复苏?若没有这些政策又会发生什么?

6. 政府降低收入税,这对产量、价格和利率会产生什么短期和长期效应?假定产量原先恰好处于潜在水平。

7. 利用凯恩斯主义的总供给和总需求框架说明原材料实际价格下降的效应。画图表示其短期和长期效应。假定产量原先恰好处于潜在水平。

8. 假设原材料价格上升伴随着潜在产量水平的下降,货币或财政政策均无变动,因此 AD 曲线不会移动。

(a) 这次扰动对价格和产量的长期效应如何?请与书中潜在产量不下降的情形作以比较。

(b) 假定 AS 曲线向上移动,最初导致产量下降且低于新的潜在水平,画图演示产量和价格达到新的长期均衡的调整过程。

9. 下表列举了 1973—1975 年第一次石油价格冲击时期美国的宏观经济数据,请用类似于下图的图形解释这些数据是否与总需求—总供给模型相吻合。

年份	1974	1975
汽油的实际价格,1973 = 100	122.6	138.8
GNP 减缩指数,1973 = 100	108.8	118.9
实际 GNP 增长率,每年的百分数	-0.6	-1.2
实际工资变化,每年的百分数	-2.8	0.8

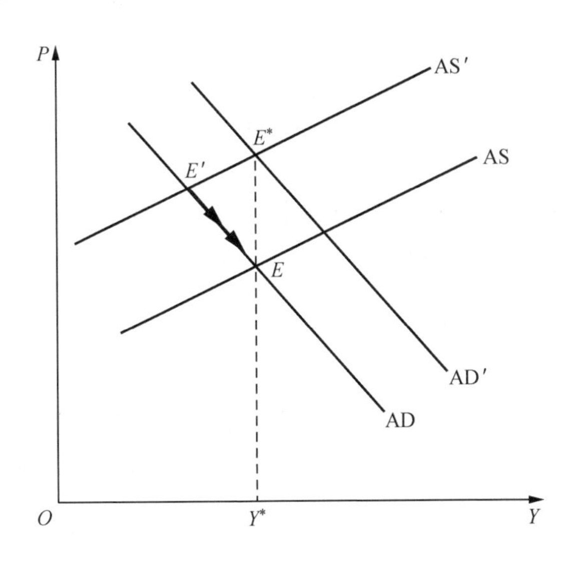

第八章

新古典主义的总供给曲线

本章概要

本章将向读者介绍新古典主义的总供给曲线。弗里德曼和费尔普斯首先发现了菲利普斯曲线在现实中的失效,进而通过引入预期对其进行修正,但其预期仅仅为适应性预期。卢卡斯进一步引入了理性预期,从而得到了卢卡斯的总供给曲线。和凯恩斯主义的观点不同,在新古典主义的总供给曲线下,经济主体可以根据信息调整对通货膨胀率的预期,使经济能够迅速回复均衡。在本章的最后一节,我们将通过一个简单的博弈论模型说明货币政策规则和相机抉择的不一致性问题,并且对新古典主义宏观经济学进行一个简单的评价。

学习目标

学完本章,你将能够了解:

1. 弗里德曼-费尔普斯修正和卢卡斯总供给曲线的方程及含义。
2. 适应性预期和理性预期的定义、区别及各自的特点,在简单的蛛网模型下适应性预期和理性预期对模型均衡解的影响。
3. 新古典主义模型中货币冲击的传导机制、政策效力。
4. 货币政策规则和相机抉择的不一致性问题。

凯恩斯主义代表国家干预,新古典主义代表经济自由主义。本章我们介绍跟凯恩斯主义完全对立的新古典主义的总供给曲线。

第一节　弗里德曼-费尔普斯修正和卢卡斯总供给曲线

新古典主义代表人物有 1976 年诺贝尔经济学奖得主弗里德曼,还有 1995 年诺贝尔经济学奖得主卢卡斯,本节的内容是经济自由主义的两个典型的代表人物对总供给曲线的意见。

一、菲利普斯曲线的失效

菲利普斯曲线是英国经济学家菲利普斯根据英国100年通货膨胀和失业之间的关系回归统计出的曲线(见图8-1)。然而仍用纵轴代表通货膨胀,用横轴代表失业率,那么在1961—1962年,美国的菲利普斯曲线的形状就变成了图8-2中所表示的情形。

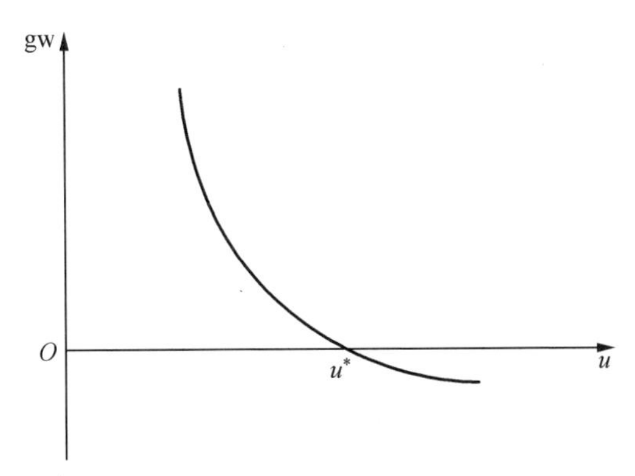

图8-1　菲利普斯曲线的图形

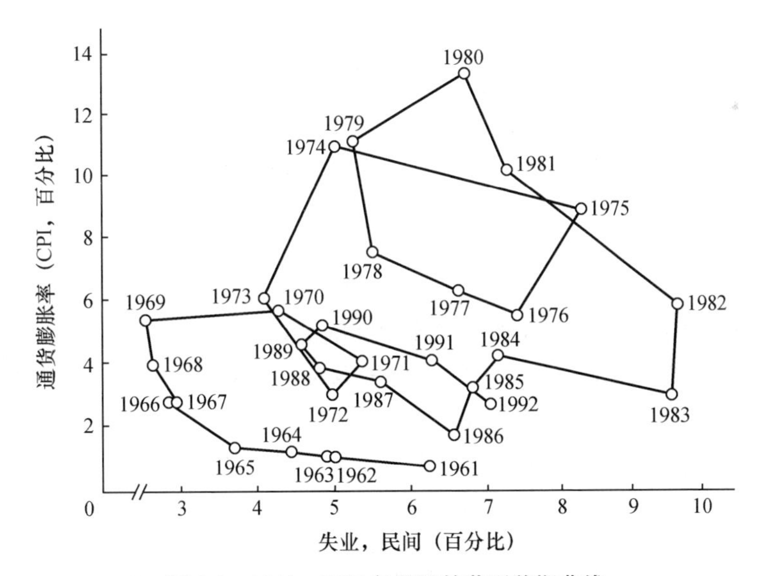

图8-2　1961—1992年美国的菲利普斯曲线

资料来源:DRI/McGraw-Hill Macroeconomics Database。

从图中可以看到,总供给曲线没有任何规律,有时是负相关,有时又像是正相关,通货膨胀和失业率的关系变成这种形式,怎么来描述它就是一个问题。关于这个问题不同经济学家仁者见仁,智者见智,其中,弗里德曼和费尔普斯就对总供给曲线进行了修正。

二、弗里德曼和费尔普斯修正

弗里德曼和费尔普斯修正(the Friedman-Phelps Amendments)认为菲利普斯曲线忽略了预期通货膨胀率的影响。对于通货膨胀的预期要加入到总供给曲线当中去。

美国现代经济学家埃德蒙·费尔普斯(Edmund Phelps)1933 年出生于美国伊利诺伊州的埃文斯顿,1959 年获耶鲁大学经济学博士学位,现任美国哥伦比亚大学经济系教授。他因在加深人们对于通货膨胀和失业预期关系的理解方面所作的贡献而获得 2006 年的诺贝尔经济学奖。他的研究对于经济学理论的发展和国家经济政策的制定起着决定性的影响。

1. 附加预期的工资菲利普斯曲线

工人更关心实际工资,而厂商更关心定价,如果实际定价过低,在通货膨胀率比较高的时候就得不偿失,所以弗里德曼认为工人和厂商两个方面都很关心预期通货膨胀率 π^e。其表达式是:

$$\pi^e = (P_t^e - P_{t-1})/P_{t-1}$$

其中 P_t^e 是在 $t-1$ 期对 t 期价格水平的预期。

原始的菲利普斯曲线是:

$$gw = -\varepsilon(u - u^*) = \lambda'(Y - Y^*)$$

现在考虑附加预期的菲利普斯曲线,弗里德曼和费尔普斯的方法非常简洁,直接将通货膨胀预期加入:

$$gw = \pi^e + \lambda'(Y - Y^*)$$

2. 价格增长率与名义工资增长率之间的关系

价格和名义工资两者满足:$P = (1+z)W/a$。这是我们前面介绍的成本加成的定价原则。如果我们把时期标明:

$$P_t = (1+z)W_t/a$$

对上式两边取自然对数,得到:

$$\ln P_t = \ln(1+z) + \ln W_t - \ln a$$

左边的价格随时间的变化而变化,而右边的名义工资也随时间的变化而变化,左右两边都是时间 t 的函数。要考虑两边随时间的变动率,对时间 t 求导,得到:

$$(1/P_t)(dP_t/dt) = (1/W_t)(dW_t/dt)$$

$$(dP_t/dt)/P_t = (dW_t/dt)/W_t$$

左边是价格水平的变动率$(dP_t/dt)/P_t$：在单位时间内，价格的变动率（增长率）。

右边是名义工资的变动率$(dW_t/dt)/W_t$：在单位时间内，名义工资的变动率（增长率）。

这个式子实际上表明了两个变量随时间的变动率是相等的。进而还可以写成其他的形式，如果时间连续可以写成上式形式，如果时间离散可以写成：

令通货膨胀率 $\pi = (P_t - P_{t-1})/P_{t-1} = (W_t - W_{t-1})/W_{t-1}$

$gw = \pi^e + \lambda'(Y - Y^*)$是附加预期的工资菲利普斯曲线，gw 既可以用名义工资的增长率来表示，也可以用通货膨胀率来表示。

$$\pi = \pi^e + \lambda'(Y - Y^*)$$

$$(P_t - P_{t-1})/P_{t-1} = (P_t^e - P_{t-1})/P_{t-1} + \lambda'(Y - Y^*)$$

$$P_t = P_t^e + P_{t-1}\lambda'(Y - Y^*)$$

上式描述了价格水平和实际产量、价格水平和预期的价格水平之间的关系，可以把 t 省略掉，得到：

$$P = P^e + P_{-1}\lambda'(Y - Y^*)$$

这就是附加预期的总供给曲线，或者称为动态总供给曲线。这是弗里德曼和费尔普斯修正过后的总供给曲线，与前面的供给曲线相比，动态的总供给曲线有什么样的特征呢？

三、附加预期的总供给曲线的特征

对附加预期的总供给曲线的讨论，分成短期和长期。

（一）在短期内，存在预期错误

在 $t-1$ 期对于 t 期价格水平的预期跟 t 期的实际价格不相符的情况下，存在着预期错误，即 $P \neq P^e$。

在每一期内，上期的价格为已知。在 t 期，P^e、P_{t-1}是已知的外生变量。在这种情况下，附加预期的总供给曲线就是一个关于 P 和 Y 的方程：

$$P = P^e + P_{-1}\lambda'(Y - Y^*)$$

其中自变量是价格水平 P，因变量是 Y，这里的因果关系和前面凯恩斯主义的总供给曲线是倒置的，体现了经济自由主义的经济哲学观，价格机制是一只看不见的手，每时每刻在调节供求，出清市场。市场中有一种灵活的、易变的、健全的、快速准确的信息传递机制，价格的变化快于产量的变化。

当 $Y=0$ 时，附加预期的总供给曲线在纵轴的截距为：$P = P^e - P_{-1}\lambda' Y^* > 0$。这里认为这个价格是大于 0 的。按照经济学的基本原理，供给曲线有一个大于

0 的价格下限,因为价格必须高于一定水平才会有人生产,在这个价格水平以下,有行无市,供给量为 0。附加预期的总供给曲线的斜率为:$dP/dY=\lambda' P_{-1}>0$。当 $Y=Y^*$ 时,$P=P^e$。附加预期的总供给曲线过特殊点(P^e, Y^*)。

如图 8-3 所示,纵轴代表价格,横轴代表产量,在 P-Y 坐标空间里,在产量为 0 的时候有一个大于 0 的价格下限,过这一点和(P^e, Y^*)得到一条单调上升的直线,这就是弗里德曼和费尔普斯修正的总供给曲线,这是一个短期的或者预期发生错误情况下的总供给曲线(SAS 曲线)。

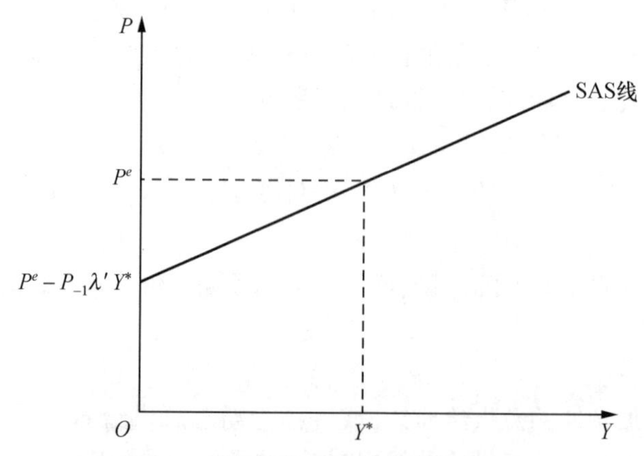

图 8-3　附加预期的总供给曲线的图形

在这条总供给曲线中,自变量是价格的变化,因变量是总产量的变化,所以传导机制是价格变化以后,首先通过经济主体对价格水平变化的预期然后对产量水平带来影响。

$$P \rightarrow P^e \rightarrow Y$$

1. 当 $P_1>P^e$ 时,沿附加预期的总供给曲线从 A 点上升到 B 点

如图 8-4 所示,如果实际的价格高于预期的价格,那么将会沿着附加预期的总供给曲线从 A 点上升到 B 点,B 点对应的产量 Y_1 高于 Y^*,B 点对应的实际价格高于预期价格。这是图形上的特点,或者说数学上的特点。

其经济含义是什么?为什么实际价格 P 高于预期价格 P^e,产量就会高于充分就业的产量水平 Y^*?当全国一般价格水平上涨时,单个厂商存在预期不足,产品实际的卖价高于厂商预期的价格,厂商误认为是对自己产品的需求增加,导致相对价格水平上涨。在这种情况下,厂商会扩大产量。全国的厂商都扩大产量,结果就是 $Y_1>Y^*$。把一般价格水平的上涨混同于相对价格水平的上涨,这种预期不足是经济中经常出现的现象。

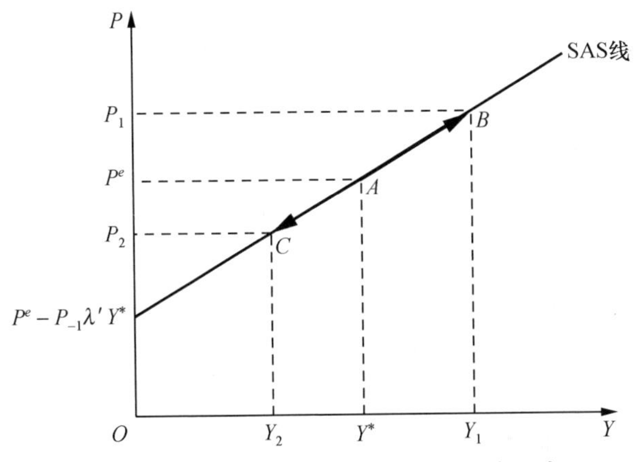

图 8-4　沿着附加预期的总供给曲线的移动

2. 当 $P_2<P^e$ 时,沿附加预期的总供给曲线从 A 点下降到 C 点

如图 8-4 所示,如果实际的价格低于预期的价格,那么将会沿着这条线从 A 点下降到 C 点,C 点对应的产量水平是 Y_2,对应的实际价格水平是 P_2,$Y_2<Y^*$,$P_2<P^e$。

如果实际价格低于预期价格 P^e,厂商实际的产量就会低于充分就业的产量。其经济学含义是:当全国价格水平上涨时,单个厂商存在预期过度,误以为产品的卖价将大幅度上涨。但是产品实际的卖价低于厂商预期的价格,厂商误认为是对自己产品的需求下降。在这种情况下,厂商会减少产量。全国的厂商都减少产量,结果就是 $Y<Y^*$。对一般价格水平上涨的预期过度,也是经济中存在的现象。

短期如果预期发生错误就是沿着线动:预期不足是沿着线上升,产量高于充分就业的产量;预期过度是沿着线下降,产量低于充分就业的产量。短期内预期和实际的价格水平总会有出入,在这种情况下总供给曲线的特点是沿着曲线移动的情形。

(二) 在长期内,P^e 可以较快地变动

人是吃一堑长一智的,这种错误不可能持续下去,所以短期预期发生错误,长期预期就会趋于正确。

1. 从运动的轨迹看

无论预期过度($P<P^e$)还是预期不足($P>P^e$),由于 P^e 较快地对 P 的变动作出反应,所以在长期内预期准确,且调整迅速。如果预期价格每时每刻都等于实际价格,则 $Y=Y^*$ 为附加预期的总供给曲线运动的轨迹。

2. 从斜率看

$$dP/dY = \lambda' P_{-1} > 0$$

λ'越大,说明 P 对 Y 的变动越敏感,其极限为 $\lambda' \to \infty$ 。在这种情况下,动态总供给曲线垂直于横轴。方程为 $Y = Y^*$ 。

3. 从方程看

如果每时每刻存在 $P = P^e$,则 $Y = Y^*$ 为长期总供给曲线的方程,用 LAS 表示。如图 8-5 所示,在 P-Y 坐标空间中,在新古典主义的短期总供给曲线 SAS 中,只要存在 $P \neq P^e$,即预期错误,SAS 线就呈现出单调上升的特征。如果 $P = P^e$,SAS 线就是过 $Y = Y^*$ 垂线的一个点。$Y = Y^*$ 是无数条 SAS 线运动的轨迹。

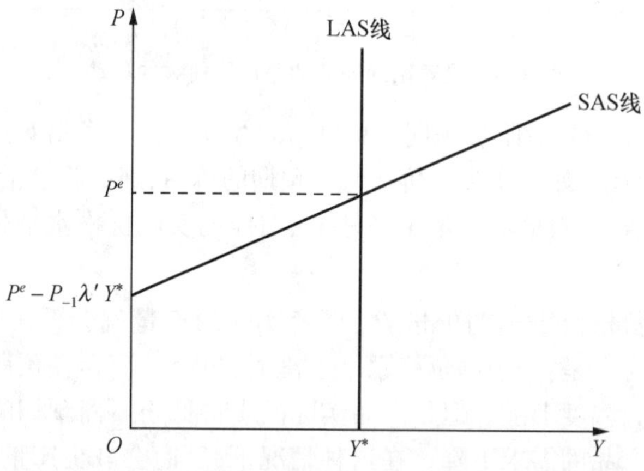

图 8-5　短期和长期附加预期的总供给曲线的几何图形

如图 8-6 所示,在凯恩斯主义的短期总供给曲线 SAS 中,只要存在 Y 对 Y^* 的偏离,SAS 线就不停地移动,直到 $Y = Y^*$ 为止。凯恩斯主义的短期总供给曲线的传导机制是 $Y \to P$,新古典主义的短期总供给曲线的传导机制是 $P \to Y$。

四、卢卡斯总供给曲线

滞胀的现实从经验上批判了占统治地位的凯恩斯主义,使各种反凯恩斯主义的学派(主要是新古典宏观经济学)得到了发展的机会。在新古典宏观经济学出现之前,货币主义和其他一些非主流学派就已经对凯恩斯主义的一些方面进行了理论批判。但是,真正动摇凯恩斯主义宏观经济学大厦根基的是新古典宏观经济学。新古典宏观经济学是在 20 世纪 70 年代初发展起来的一个重要学派,这一学派因使用理性预期概念而被称为"理性预期革命"或"理性预期学派"。

该学派早期代表人物是罗伯特 · 卢卡斯(Robert E. Lucas)、托马斯 · 萨金

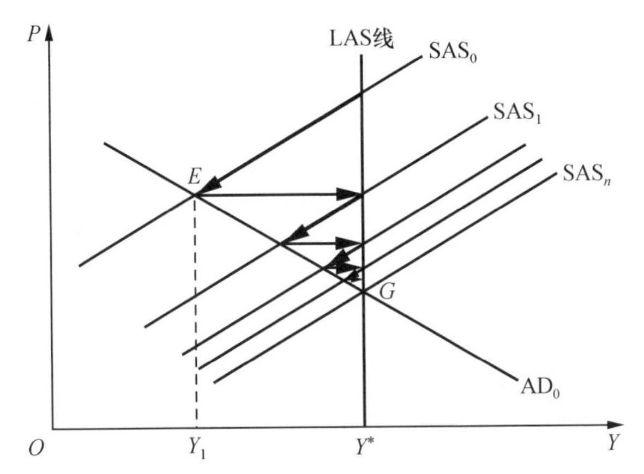

图 8-6　凯恩斯主义的短期总供给曲线运动的特征

特(Thomas J. Sargent)、尼尔·华莱士(Neil Wallace)等。但是,现在西方学者普遍认为,理性预期概念不能反映这种经济学的本质特征,只有用新古典宏观经济学(New Classical Macroeconomics)这一名称最为恰当。

"新古典宏观经济学"这一术语是萨金特首先使用的。他在 1979 年出版的《宏观经济理论》一书中首次用新古典宏观经济学作为其中一章的标题。80 年代以来,新古典宏观经济学有了新的发展。一批学者自称新古典宏观经济学第二代,对卢卡斯的货币经济周期理论提出了挑战,试图用实际因素解释经济波动根源,此外,他们还对政策的时间一致性问题进行了研究。

第二代的代表人物有罗伯特·巴罗(Robert J. Barro)、芬恩·基德兰德(Finn E. Kydland)、爱德华·普雷斯科特(Edward C. Prescott)、罗伯特·金(Robert G. King)与查尔斯·普洛塞(Charles I. Plosser)等。目前,这批学者以与众不同的周期理论和令人眼花缭乱的统计检验技术,活跃于西方宏观经济学界。

新古典宏观经济学早期的代表人物卢卡斯倡导和发展了理性预期与宏观经济学研究的运用理论,深化了人们对经济政策的理解,并对经济周期理论提出了独到的见解,由此获得 1995 年诺贝尔经济学奖。

新古典宏观经济学建立在以下三个假设之上:

(1) 理性预期。

(2) 市场持续地迅速出清。看不见的手能够有效率地调节供求,实现供求相等。

(3) 卢卡斯总供给曲线。

这是新古典宏观经济学的三个基本前提假设,也是三大理论基础。

卢卡斯总供给曲线:

$$Y = Y^* + \beta(P - P^e)$$

单纯从形式来看,卢卡斯总供给曲线没有什么出奇的地方。如果作一个变换,会发现和弗里德曼-费尔普斯修正后的总供给曲线也有相近之处。但是这条总供给曲线完全是从劳动力市场的均衡条件推导出来的。凯恩斯主义的总供给曲线是建立在经验事实的基础上,新古典主义的总供给曲线是完全从纯理论推导出来的,具有微观理论基础,详尽的推导过程这里就不再介绍。

卢卡斯总供给曲线的一个变形:

$$P = P^e + (1/\beta)(Y - Y^*)$$

弗里德曼-费尔普斯修正后的总供给曲线:

$$P = P^e + P_{-1}\lambda'(Y - Y^*)$$

两者在形式上非常相近,图形和传导机制也完全相同。但是这两条总供给曲线有本质上的不同,两条总供给曲线中 P^e 形成的方式不同。卢卡斯总供给曲线中的 P^e 的形式是理性预期,弗里德曼-费尔普斯修正中的 P^e 的形式是适应性预期。

第二节　预期形式的演变

一、预期的模型化及意义

1. 什么是预期

在经济学中,预期从本质上说就是对与目前决策有关的经济变量的未来值的预测。例如企业必须对它们产品的未来价格进行预测,从而决定目前的产量;农民也要对各种谷物的未来价格进行预测,以决定种植哪些农作物最为有利可图;工会的谈判代表在他们对工资的谈判中要预测未来的通货膨胀率;居民也要对未来的价格进行大致的预测,从而决定是购买房屋、汽车,还是购买洗衣机。他们尤其要预测货币的价格,即利息率。

因此,预期就是决策者对与他的决策有关的不确定的经济变量作出的预测或预言。预期从本质上说是主观心理的评价——是一个特定的个人判断。它们不能与持有这种预期的人或决策者分离而独立存在。尽管我们将在以后谈到某个给定市场上的预期价格,但实际上我们是指市场上的所有经济主体预期的某种总和。

尽管预期在经济学中的重要性早已为人们所认识,但第一个使预期在其经济分析中占据首要地位的经济学家是凯恩斯。预期在凯恩斯的早期著作中就占有一定地位,而在他的《通论》中则占据了中心地位。他对就业水平、货币需求、投资水平以及贸易周期的分析都主要决定于预期。

回忆一下前面讲到的凯恩斯三大心理定律的第二个——资本的边际效率递减，这实际上涉及资本所有者对未来收益率的一个预期。厂商在经济萧条的时期，预期投资收益率低，会减少投资，越不投资经济越萧条，总产出水平越低，投资收益率就越低，如此陷入了一个恶性循环。预期在凯恩斯的早期著作中就占有一定地位，例如，在讨论就业水平的决定时，凯恩斯写到："在决定每日的产量时，每个厂商之行为决定于它的短期预期——即预测在不同的可能的生产规模下，产品的成本与销售收入如何……"

事实上，经济学上的凯恩斯革命就是在经济分析中把不确定性和预期提高到了主导性地位。

2. 意义：引发了经济学中的一场革命——理性预期革命

尽管凯恩斯在其著作中把预期放在主导性的地位，但他并没有真正说明预期是如何形成的。而且，由于他的论述是假设性的和零散的，而不是分析性的和有经验依据的，因此他的预期范畴与一种可运用的概念还相去甚远。

宏观经济学方面的大量探索工作，尤其是近期的研究，可以看做是把凯恩斯以预期为基础的理论转化为一种具有可验证假设的、可运行的理论。

在经济学中，如果说某个概念是可操作性的，那它就应以一种可观测和可度量的定量形式来表达。在预期模型化的过程中，发生了从适应性预期到理性预期的形式上的转变。我们首先来看什么是适应性预期。

二、适应性预期

在经济学中，适应性预期形式运用得较为频繁，由卡根（Philip Cagan）提出。根据这种机制，各个主体是根据他们以前的预期的误差来修正每一时期的预期的，因此这种预期被称为"适应性预期"（adaptive expectation）。

1. 定义

在 $t-1$ 期所作的对 t 期价格水平的适应性预期定义为：

$$P_t^e = P_{t-1} + \lambda(P_{t-1}^e - P_{t-1})$$

$(P_{t-1}^e - P_{t-1})$ 是预期值与实际值的差距。λ 是调整系数，$0 \leqslant \lambda \leqslant 1$。$\lambda$ 决定了预期对过去的误差进行调整的幅度。

因此，在进行适应性预期的形式下，对本期的预期值 P_t^e 等于上一期的实际值 P_{t-1} 加上上一期预期的一定比例的误差值。

另一种定义是：

$$P_t^e = P_{t-1}^e + \eta(P_{t-1} - P_{t-1}^e) = (1-\eta)P_{t-1}^e + \eta P_{t-1}$$

与 $P_t^e = P_{t-1} + \lambda(P_{t-1}^e - P_{t-1}) = \lambda P_{t-1}^e + (1-\lambda)P_{t-1}$ 相比较，可以发现这两

种定义是一样的。预期是以往预期价格和实际价格的一个加权。

当 $\lambda=0$ 时，$P_t^e=P_{t-1}$，是适应性预期的特例。不考虑过去的预期，把全部的权重放在上一期的实际价格水平上。

农民看去年的价格，决定今年种什么，本质上就是适应性预期的特例。比如去年西瓜的价格卖得不错，所以农民今年就多种西瓜，去年玉米价格水平低，农民今年就可能不种玉米，永远把去年的价格当做今年将要发生的价格，在去年对今年价格的预期就等于去年的价格。

当 $\lambda=1$ 时，$P_t^e=P_{t-1}^e$，这种特例是经济主体不考虑上一期的实际价格水平的影响，从不改变自己的预期。

对于适应性预期的理解，我们可以举这样一个例子：

在 $t-1$ 期以前，价格水平一直为 P_0。在 t 期，价格水平上升至 P_1，并且一直保持下去。在 $t-1$ 期以前，$P_{t-1}^e=P_0$，对 t 期价格水平的预期为：

$$P_t^e=P_{t-1}+\lambda(P_{t-1}^e-P_{t-1})=P_0+\lambda(P_0-P_0)=P_0$$

在 t 期结束之后，进入 $t+1$ 期，对 $t+1$ 期价格水平的预期为：

$$P_{t+1}^e=P_t+\lambda(P_t^e-P_t)=P_1+\lambda(P_0-P_1)=\lambda P_0+(1-\lambda)P_1$$

$$P_0<\lambda P_0+(1-\lambda)P_1<P_1$$

$$(P_0=)P_t^e<P_{t+1}^e<P_1$$

随着时间的推移，$t+1$ 期的预期值 P_{t+1}^e 与 t 期的预期值 P_t^e 相比，已经在向实际值趋近。适应性预期就是逐步修正错误的方法，每期修正的大小取决于 λ 的大小。

2. 适应性预期的优点

(1) 适用条件

适应性预期的特点就是，缓慢地向真实值逼近，在稳定的经济环境——价格水平小幅度、平稳变化的环境中，适应性预期非常适用。例如，弗里德曼用其对20世纪五六十年代的通货膨胀的分析，与实际拟合得很好。

(2) 较好的可操作性、可计量性

上一期对于本期价格的预期等于上一期的价格和以前预期的加权，进而往前面递推，$t-1$ 期和 t 期满足这个式子，$t-2$ 期和 $t-1$ 期仍然满足这个式子，所以可以无限递推、无限迭代。

$$\begin{aligned}P_t^e&=P_{t-1}+\lambda(P_{t-1}^e-P_{t-1})=(1-\lambda)P_{t-1}+\lambda P_{t-1}^e\\&=(1-\lambda)P_{t-1}+\lambda[(1-\lambda)P_{t-2}+\lambda P_{t-2}^e]\\&=(1-\lambda)P_{t-1}+\lambda(1-\lambda)P_{t-2}+\lambda^2P_{t-2}^e\\&=(1-\lambda)P_{t-1}+\lambda(1-\lambda)P_{t-2}+\lambda^2[(1-\lambda)P_{t-3}+\lambda P_{t-3}^e]\end{aligned}$$

$$= (1-\lambda)P_{t-1} + \lambda(1-\lambda)P_{t-2} + \lambda^2(1-\lambda)P_{t-3} + \lambda^3 P_{e_{t-3}} + \cdots$$

$$= (1-\lambda)P_{t-1} + \lambda(1-\lambda)P_{t-2} + \lambda^2(1-\lambda)P_{t-3} + \cdots + \lambda^{t-1}(1-\lambda)P_{t-t}$$

$$P_t^e = \sum \lambda^{i-1}(1-\lambda)P_{t-i} = \sum W_i P_{t-i}, \quad i = 1,\cdots,n$$

其中，W_i 可以是任意权数，但是必须满足 $\sum W_i$ 收敛。W_i 是几何型递减的滞后分布，对距 t 期越近的价格给予的权数越大。

在引入理性预期的概念之前，适应性预期还是经济学中所使用的最为普遍的预期形式。这种形式之所以流行是由于其概念的简洁性，以及它在经验运用上的便利。P_{t-1}，…，P_{t-i}期的实际值容易得到，对于以前所有的价格水平作一个加权，最终将会得到下一期的价格水平，具有较好的可操作、可计量性。

3. 适应性预期的缺陷

（1）由于 $P_t^e = \sum W_i P_{t-i}$ 缓慢地收敛，因而 P_t^e 只能缓慢地逼近真实值，而不会相等。因此，在价格剧烈波动的时期（恶性通货膨胀时期），适应性预期是不适用的。

当被预测的变量处于稳定的状态时，适应性预期是有效的，但适应性预期在趋势预测方面没有什么用处。这就是五六十年代美国通货膨胀程度低且相对稳定、适应性预期十分流行的原因。当通货膨胀加速时，价格水平波动幅度大，适应性预期就显得愈益落后了。

（2）适应性预期只是汇集了被预期的变量的过去值。

考虑其他变量的过去值而不仅限于被预测的变量，能使决策者有可能进行更好的预测。立足于现在对未来进行预期的时候，不仅考虑以往的价格，还可能有其他的信息。对预测者来说，有可能获得与所测变量高度相关的同时期的信息。适应性预期公式不能使所有能够获得的信息得到最佳利用，存在着信息的浪费。

（3）计算公式 $P_t^e = \sum W_i P_{t-i}$ 独立于经济模型，是不依赖于模型而固定的计算公式。

适应性预期的公式是权数呈几何型递减的滞后分布。运用滞后分布的预期机制有无穷多种加权形式，而权数呈几何型递减只是其中的一种特殊形式。

这样一种计算公式独立于经济模型，没有随经济模型的变化而变化。在任何一个经济模型中，适应性预期只要这样代入就可以，没有内生于经济模型，因此不会随经济模型的变化而变化。

三、理性预期(Rational Expectation)

1. 原始含义

1961年,约翰·穆思(John Muth)在“理性预期与价格运动理论”一文中提出了“理性预期”假设,他说:“我认为,由于预期是对未来事件进行的有信息依据的预测,因而它们在本质上与相关的经济理论的预测是一样的……”

这一假设说明了两个问题:

(1) 信息是不足的,经济主体一般不会浪费信息;大多数经济分析所依据的根本前提都是各经济主体“用其所有,尽其所能的”。穆思论证道,信息应被视为只是另一种可以用来参与配置获得最大利益的资源。追求效用最大化的个人应该在进行预期时利用一切可获得的信息。

各经济主体积累了大量关于决定经济变量和其他经济主体(尤其是包括政府在内的)行为的关系的信息。这些信息能用于对经济变量的未来值进行预测。

(2) 预期形成的方式取决于所描述的经济体系的结构,与任何经济体系的特性相关的信息就是这种体系的结构。因此,穆思得出结论:理性的经济主体将运用他们有关经济体系结构的知识形成预期。

预期立足于所描述的经济体系的结果,那么什么是经济体系的结构呢?我们后面要举一个具体的例子,比如厂商在预测的时候往往知道需求曲线、供给曲线的形状、方程式,实现均衡的条件——供求相等,这就是关于经济体系结构的信息。

理性预期的改进在于以下两点:第一是不存在信息浪费,追求利益最大化的经济主体总会用其所有,尽其所能;第二是预期形成的方式内生于经济模型,取决于经济模型的结构。

2. 表达式

在穆思的原始定义中,理性预期要求主观和客观的概率分布一致,但是正如穆思所表明的那样,实际中人们关心的是这些分布的统计量,其中又主要是数学期望,因此西方学者通常给理性预期一个更为直截了当的定义:当对经济变量的主观预期等于基于同样信息条件的数学期望时,这种预期就是理性预期。

$$P_t^e = E[P_t/I_{t-1}]$$

其中,信息集合 I_{t-1} 指 $t-1$ 期可获得的所有信息,对经济变量的主观预期 $P_t^e=$ 基于同样条件下的数学期望 $E[P_t/I_{t-1}]$,这就是理性预期。个人的预期将分布在被预期变量的实际期望值的周围,因此个人预测的平均数将是真实变量的期望值。理性预期说白了就是:在上一期对本期价格的预期,等于上一期的实际价格水平的均值。

主观心理的预测等于本期实际价格水平的均值,等于一个数学期望,这样一种描述具有的误差还是比较大。通常考虑一个序列的时候,既要考虑均值又要考虑方差和协方差。当然,对于一个概率分布的完整描述来说,只考虑其期望值而忽略更高阶矩(如方差等)是有条件的。穆思在文章中就作了必要假定保证这一点,为的是容易得到模型的理性预期解。卢卡斯等人在 20 世纪 70 年代的后续研究表明,可以构造出人们的主观概率分布同支配系统的真实客观概率分布一致的模型,这才满足了理性预期最一般的表述。

可见,理性预期概念上的简单明了带来了模型求解上的困难,按照卢卡斯的说法,穆思在 20 世纪 60 年代提出的仅是构造模型的一种原则,而不是明确的、考虑完备的宏观经济理论。这两种预期方式放入经济模型中将会带来什么样的不同的结果呢?在此举一个例子。

四、两种预期方式在蛛网模型中的运用

回到微观经济学中大家非常熟悉的蛛网模型,把这两种预期方式放入蛛网模型中可以看到完全不同的结果。由此可以看出两种预期方式的巨大差异。

需求曲线:$Q_t^d = a - bP_t$ ①

供给曲线:$Q_t^s = -c + dP_t^e$ ②

均衡条件:$Q_t^d = Q_t^s$ ③

初始条件:P_0

蛛网模型的线性需求曲线中当期的需求量取决于当期的价格 P_t,这里 a 是需求曲线的截距,$-b$ 是需求曲线的斜率,在 P 和 Q 坐标空间中需求曲线单调下降。供给曲线中当期的供给量取决于上一期对于本期价格的预期,所以供给量取决于预期的价格,$-c$ 是供给曲线的截距,d 是供给曲线的斜率,这是一种线性单调上升的供给曲线。均衡条件中如果要使价格水平不再变化,当期的需求量等于当期的供给量。初始有一个 0 期的价格,用 P_0 加以替代。

1. 附加适应性预期(一种特例)的蛛网模型

$P_t^e = P_{t-1}$是适应性预期的一个特例,预期的价格如果用上一期的价格代入,发现供给量的调整取决于上一期的价格,所以供给量调整有一个滞后,两者之间差一期。

②变形为:$Q_t^s = -c + dP_t^e = -c + dP_{t-1}$,与①代入③,得到:

$$a - bP_t = -c + dP_{t-1} \quad ④$$

这个式子说明了 $t-1$ 期价格和 t 期价格的关系,也说明了 $t+1$ 期价格和 t

期价格的关系,这里上一期的价格和下一期的价格两者只差一期。对于一阶差分方程求解常用的方法就是无限递推,递推到初始已知的时期。

$$P_t = (a+c)/b - (d/b)^1 P_{t-1}$$
$$= (a+c)/b - (d/b)[(a+c)/b - (d/b)P_{t-2}]$$
$$= (a+c)/b + (-d/b)(a+c)/b + (d/b)^2 P_{t-2}$$
$$= (a+c)/b + (-d/b)(a+c)/b + (d/b)^2[(a+c)/b - (d/b)P_{t-3}]$$
$$= (a+c)/b + (-d/b)(a+c)/b + (d/b)^2(a+c)/b - (d/b)^3 P_{t-3}$$
$$= [1 + (-d/b) + (-d/b)^2 + (-d/b)^3 + \cdots](a+c)/b + (-d/b)^t P_{t-t}$$
$$= [(a+c)/b][1-(-d/b)^t]/[1-(-d/b)] + (-d/b)^t P_0$$
$$P_t = [1-(-d/b)^t](a+c)/(b+d) + (-d/b)^t P_0$$

(1) 特解

根据均衡的定义,均衡就是经济中对立着的、变动着的力量处于一种力量相当、相对静止、不再变动的境界,所以均衡的含义就意味着一种不再变动的境界,存在均衡意味着价格水平稳定不再变化,这是均衡的原始定义。

根据均衡的定义,如果存在均衡价格 P^*,则意味着 $P_t = P_{t-1} = \cdots = P^*$,代入④,得到:

$$a - bP^* = -c + dP^*$$
$$P^* = (a+c)/(b+d)$$

由此我们就把蛛网模型的特解,也就是按照均衡的定义得到的特殊的解求了出来。

(2) 通解

$$P_t = [1-(-d/b)^t](a+c)/(b+d) + (-d/b)^t P_0$$
$$= [1-(-d/b)^t]P^* + (-d/b)^t P_0 = P^* + (-d/b)^t(P_0 - P^*)$$

任何一个时期的价格 P_t 等于均衡价格 P^* 加上初始价格和均衡价格之间差距($P_0 - P^*$)的指数变化。P_t 围绕 P^* 波动。实际价格围绕着均衡价格水平进行波动。具体来看,有三种情况:第一种情况是级数越来越大,所以差距越来越大,初始价格和均衡价格之间的距离越来越大;第二种情况是差距随着时间的推移越来越小,任何一期的价格都向均衡价格进行收敛;第三种情况是 $-d/b$ 的绝对值为1,每一期价格都围绕均衡价格水平进行振荡,随着时间的推移既不发散也不收敛。我们依次进行分析。

2. 适应性预期条件下,蛛网模型的三种情况

(1) 当 $|-d/b| < 1$ 时,$\lim_{t\to\infty} P_t = P^*$。随着时间的推移,$P_t$ 最终趋向于均衡价

格 P^*。

由于 $-1 < -d/b < 0$，P_t 趋向于均衡价格 P^* 的过程是一个阻尼振荡。如图 8-7 所示，纵轴代表实际价格 P_t，横轴代表时间 t，那么均衡价格水平 P^* 是平行于横轴的、不随时间变化的固定常数。阻尼振荡是初始时期低，下一个时期高于均衡价格，然后又低于均衡价格。随着时间的推移一期高一期低，当 t 趋向于正无穷的时候，本期价格趋向于均衡价格。这就是物理学中的阻尼振荡。

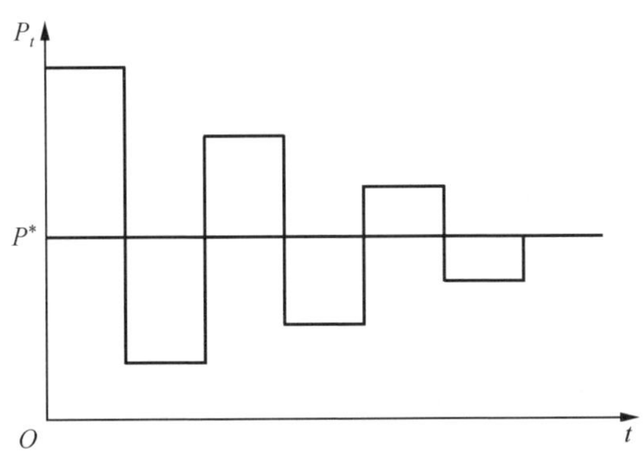

图 8-7　P_t 趋向于均衡价格 P^* 的阻尼振荡

经济含义：$|-d/b| < 1$，即：

$$|-1/b| / |1/d| < 1$$

$$|-1/b| < |1/d|$$

| 需求曲线数学上的斜率 | < | 供给曲线数学上的斜率 |

如图 8-8 所示，在价格和产量的坐标空间中，有一条单调下降的需求曲线，和一个单调上升的供给曲线，由于|需求曲线数学上的斜率| < |供给曲线数学上的斜率|，因此供给曲线比较陡峭，需求曲线比较平坦。初始均衡价格 P^* 在供求相等的交点上。假定初始某一个时期，发生的天灾人祸导致粮食突然减产，供给下降。如果按照需求方的意愿开价，明显供不应求，供给数量上升到需求曲线上去，需求方愿意的开价将会高于均衡价格。这是第一年，价格 P_1 高于均衡价格 P^*。

由于第一年价格高于均衡价格，带来的后果是供给取决于前一期的价格，供给对价格有一个滞后的调整，因此第二年农民认为生产有利可图。在这个价格水平上供给量明显上升，而需求量和第一年是一样的。很显然第二年出现了供过于求，过度供给就是供给量和需求量的差距。第二年供给方要把生产的数量全部卖掉的话，上升到需求曲线上去，发现需求方愿意的开价低于均衡价格。第一年供不应求价格暴涨，第二年供过于求价格暴跌。

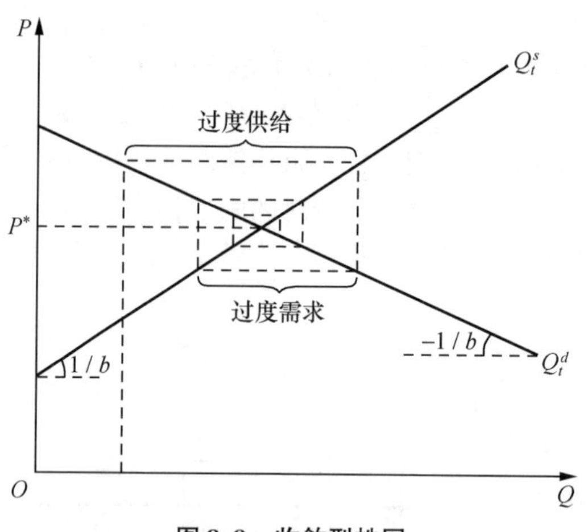

图 8-8　收敛型蛛网

第二年的价格上升到供给曲线上去,生产者愿意的供给量减少,又出现了过度需求。如果按照需求方愿意的开价,价格水平又回升到高于均衡价格。第四年又出现了供过于求,第五年又出现供不应求……这种收敛型蛛网的特点是:供不应求到供过于求,然后更小的供不应求到更小的供过于求,逐渐往均衡的价格收敛,越振荡越趋近于均衡状态。

读者在经济生活中可能也经历过,比如说一开始某种商品供不应求,卖得很火,导致大家一哄而上,都去生产这种产品。供给量突然增大,这种商品价格开始暴跌,大家都退出,因为生产它无利可图。退出以后价格又回升,所以收效型蛛网是振荡收敛,趋向于供求相等。

附加适应性预期形式的蛛网模型的缺陷是显而易见的。蛛网式的市场遵循着一种十分规则的模式,即供给过度之后,就是供给不足,供给不足之后,又是供给过度。适应性预期的模式根本不考虑经济主体会吃一堑而长一智。

(2) 当$|-d/b|>1$时,$\lim\limits_{t\to\infty}P_t=\infty$。随着时间的推移,$P_t$ 最终发散。由于$-1>-d/b$,P_t 发散的过程是一个爆炸性振荡。

如图 8-9 所示,纵轴代表价格,横轴代表时间,均衡价格是一个固定的常数。这种振荡初始可能只有一个微小的偏离,然后越振荡偏离越大,而且一期高于均衡价格,一期低于均衡价格,最终越振荡离均衡价格越远,所以是一种爆炸性振荡。

经济含义:$|-d/b|>1$,即:

$$|-1/b|\ /\ |1/d|>1$$

$$|-1/b|>|1/d|$$

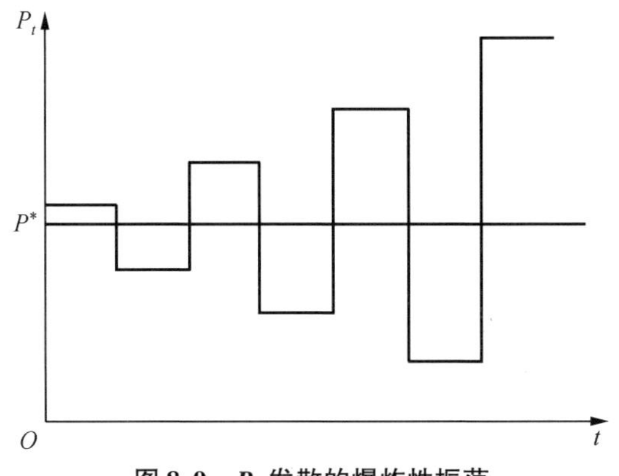

图 8-9　P_t 发散的爆炸性振荡

$$|需求曲线数学上的斜率| > |供给曲线数学上的斜率|$$

如图 8-10 所示,在价格和需求、供给量的坐标空间里,需求曲线陡峭,供给曲线平坦,供求相等决定的均衡价格在 P^*。初始某一年,有一个供给的微小下降,所以初始一个微小的供不应求将会导致供过于求。第一期的供不应求导致第二期的供过于求,这个过程和上面的一样。如果按照需求方意愿开价,价格高于均衡价格。第二年供给方按照第一年的价格进行生产,在这个价格水平上,供给量增长,第二年出现供过于求。第二年的供给数量如果全部卖掉的话,按照需求方愿意的出价,价格低于均衡价格。第三年出现供不应求,到了第四年又出现供过于求。

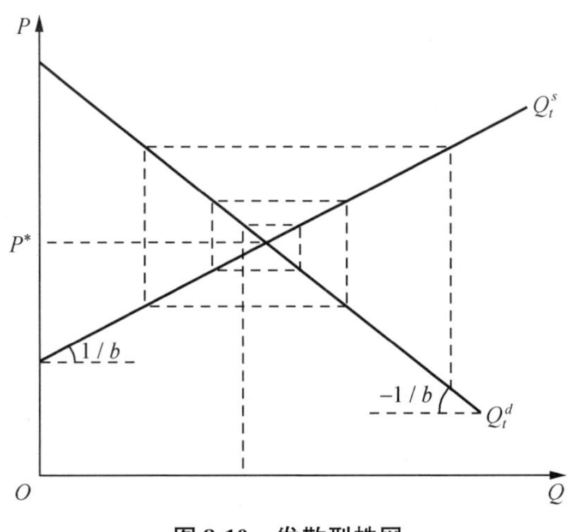

图 8-10　发散型蛛网

这个市场初始哪怕只有一个极小的供不应求,就会跳到一个供过于求,然后是更大的供不应求和更大的供过于求。供求缺口随着时间的推移越来越大，最终这个市场崩溃。这种情形下的发散型蛛网在现实经济生活中很难观测到。

(3) 当$|-d/b|=1$时，$\lim_{t\to\infty}P_t=P_0$，t为偶数；$\lim_{t\to\infty}P_t=2P^*-P_0$，$t$为奇数。

如图8-11所示，随着时间的推移，P_t既不趋近，也不发散，围绕P^*作等距离振荡。

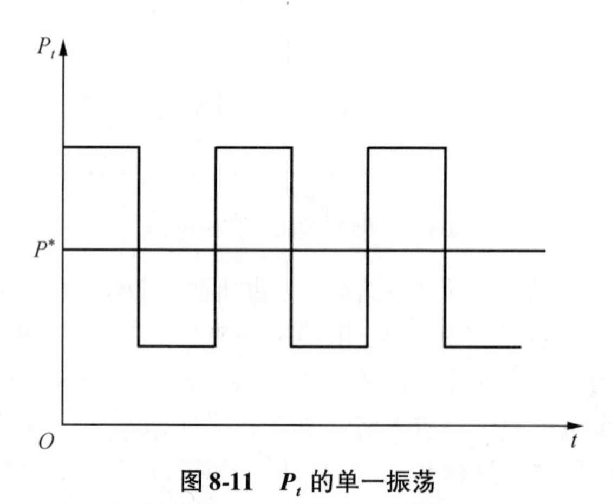

图8-11 P_t的单一振荡

经济含义：$|-d/b|=1$，即：

$$|-1/b|/|1/d|=1$$

$$|-1/b|=|1/d|$$

|需求曲线数学上的斜率|=|供给曲线数学上的斜率|

如图8-12所示，在价格和需求、供给量坐标空间中，需求曲线和供给曲线的斜率的绝对值是相等的，都是一样陡峭，初始价格是P^*。有一年供给下降，出现了供不应求，按照需求方的意愿开价，价格应该上涨高于均衡价格，导致第二年供给量大幅度增加，而需求量维持不变，出现了供过于求。这种情况下供给方如果把生产出来的数量全部卖掉的话，按照需求方意愿开价，价格低于均衡价格。第二年价格水平过低导致第三年供给量又大幅度下降，所以第三年又出现了供不应求，价格又上涨到第一年的幅度。

从供不应求到供过于求，然后再到相同的供不应求、相同的供过于求，永远在供不应求和供过于求之间进行振荡，这个市场永远无法出清。要么供不应求，要么供过于求，无论供过于求还是供不应求的幅度都是相等的。这样一个市场在现实生活中非常少见，这是一种封闭型蛛网。实际价格在均衡价格水平周围，进行既不趋近也不发散的振荡。

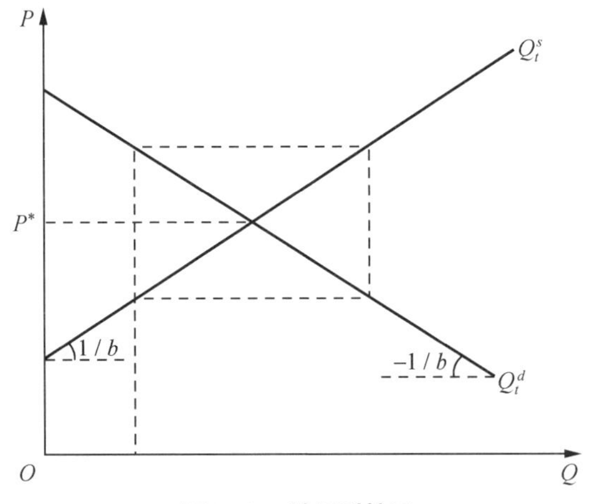

图 8-12　封闭型蛛网

3. 适应性预期的经济含义

(1) 向均衡价格 P^* 的收敛过程是缓慢的,经过多期的振荡调整。

(2) 是否能收敛到 P^* 取决于供求曲线的斜率,发散型蛛网和封闭型蛛网在现实生活中很罕见,明显不符合经济现实。

4. 附加理性预期的蛛网模型

$$\text{需求曲线}: Q_t^d = a - bP_t \quad ①$$

$$\text{供给曲线}: Q_t^s = -c + dP_t^e + u_t \quad ②'$$

$$\text{均衡条件}: Q_t^d = Q_t^s \quad ③$$

$$\text{初始条件}: P_0$$

$$\text{附加理性预期}: P_t^e = E[P_t/I_{t-1}]$$

需求曲线和初始是一样的。供给曲线本期的供给量取决于预期的价格,还受到一个随机扰动项 u_t 的影响,供给方的随机扰动很多,比如发生旱涝自然灾害、战争瘟疫等。预期 P_t^e 是一种理性预期,这个预期取 t 期价格水平的期望均值。

将①、②′代入③,得到:

$$a - bP_t = -c + dP_t^e + u_t \quad ④'$$

$$P_t = (a + c)/b - (d/b)P_t^e - u_t/b$$

对上式两边取期望:

$$E(P_t) = E[(a+c)/b - (d/b)P_t^e - u_t/b]$$

$$P_t^e = E(P_t) = E[(a+c)/b] - E[(d/b)P_t^e] - E(u_t/b)$$

$$= (a+c)/b - (d/b)E(P_t^e) - E(u_t)/b$$

$$=(a+c)/b-(d/b)P_t^e-E(u_t)/b$$

$$P_t^e+(d/b)P_t^e=(a+c)/b-E(u_t)/b$$

$$P_t^e=(a+c)/(b+d)-E(u_t)/(b+d)$$

根据均衡的定义,如果存在均衡价格 P^*,则意味着 $P_t=P_{t-1}=P_t^e=\cdots=P^*$ 代入④′得到:

$$a-bP^*=-c+dP^*+u_t$$

$$P^*=(a+c)/(b+d)-u_t/(b+d)$$

均衡价格表达式也有随机扰动项,如果要保持一个稳定不变的价格,这个随机扰动每个时期都要等于0。当 $u_t=u_{t-1}=\cdots=0$ 时,即没有各种外来的自然灾害等随机扰动的时候,这个价格才能保持在一个水平上稳定不变,实现均衡:

$$P^*=(a+c)/(b+d)$$

$$P_t^e=P^*-E(u_t)/(b+d)$$

5. 理性预期解的经济含义

(1) $\{u_t\}$ 是一个随机扰动序列,在序列不相关的条件下,存在 $E(u_t)=0$

u_t 随机地或正或负,其经济含义是:消费者或厂商不具有“完善的预见”,或者他们的预期不总是“正确的”。

$\{u_t\}$ 是序列不相关的,说明各个经济主体不会犯系统性错误,而是“吃一堑,长一智”,考虑他们过去的失误,并在必需时修改他们的预期行为,以便消除引起这次失误的规律。

(2) 在 $E(u_t)=0$ 的条件下,存在 $P_t^e=(a+c)/(b+d)$

主观的、心理的预测等于客观的理论预测值。

信息集合 I_{t-1} 的经济含义是:市场上的经济主体都了解①—③所描述的经济结构,a、b、c、d 都是关于市场结构的信息,他们运用这些信息形成自己的预期,依据当时的经济结构模型①—③得出 P_t 的表达式。

理性预期强调信息因素在经济活动中的重要性。消费者、厂商都注视着所有的市场信号,即假定各个经济主体通过考虑一切有关的、可得到的信息,包括他们对经济如何运行的理解,形成对将来的展望,即预期。

(3) $P_t^e=P^*$

理性预期并不决定于一个既定的几何递减公式,而是取决于供求曲线的性质。这就是说,预期形成机制直接取决于模型的结构,没有振荡,而是立刻收敛到均衡价格。正是从这个意义上来说,理性预期是内生性的,其存在性和唯一性依赖于整个模型。

无论需求曲线、供给曲线哪个陡峭、哪个平坦,三种情况都立刻收敛到均衡价格，没有振荡收敛，没有振荡发散，没有任何振荡。这里发现理性预期的能力非常强大，不管哪种市场结构，在任何情况下都能够正中供求相等的靶心——均衡价格。

而适应性预期则是独立于模型的，其决定过程在模型内无法得到说明，有其不依赖于模型的固定的计算公式。理性预期内生于模型，说明了理性经济人可以利用所有能够获得的信息做得更好，与理性经济人的假设相容。把理性预期放入模型得到的结果是，任何情况下主观心理预期的价格都等于均衡价格，没有任何振荡。

6. 对理性预期的质疑

反对者认为，理性预期意味着：走在大街上的任何一个人，都了解描述现实世界的模型结构，并且利用这种信息形成预期。这种预期与经济学家利用经济模型预测出的结果相吻合。这种情况是不是现实呢？

对于这种质疑，新古典主义经济学家的经典回答是："鸟没有学过复杂的空气动力学，却能够飞得很好。"经济人不依靠复杂的理论，依靠的是本能和直觉。本能指引经济人作出的判断，与经济学家根据经济理论作出的判断一样好。

从预期形成方式的角度，凯恩斯主义和新古典主义能够进行沟通：本质上的不同在于三条总供给曲线中 P^e 形成的方式不同。

卢卡斯总供给曲线：$Y=Y^*+\beta(P-P^e)$——P^e 的形式是理性预期。

弗里德曼-费尔普斯修正：$P=P^e+P_{-1}\lambda'(Y-Y^*)$——$P^e$ 的形式是适应性预期。

适应性预期的特例：当 $\lambda=0$ 时，$P_t^e=P_{t-1}$。这意味着不考虑过去预期的错误，把全部的权重放在上一期的实际价格水平上。基于这一点，重新审视凯恩斯的总供给曲线，把 $P_t^e=P_{t-1}$ 代入，得到：

$$\begin{aligned} P &= P_{t-1}+P_{-1}\lambda'(Y-Y^*) \\ &= P_{t-1}[1+\lambda'(Y-Y^*)] \end{aligned}$$

由此看出凯恩斯主义的总供给曲线是适应性预期的特例。

第三节　新古典主义的总供求分析

一、货币冲击的效果分析

如果政府采取扩张性的政策来刺激经济，将会带来什么样的结果呢？被预期到的需求管理的政策无效，（没被预期到的）随机的政策有害，导致产量的巨大波动。

1. 波动根源

如果政府采取扩张性的货币政策来刺激经济，货币供应量的增加量大于0，将会导致实际货币供给量增加($M/P\uparrow$)，导致总需求曲线发生一个向右的移动 $AD_0\uparrow AD_1$，所以初始政府增发货币、扩张需求，实际上和凯恩斯主义的总需求曲线分析是完全一样的。但是按照新古典主义的理论，价格的调整快于产量的调整，所以需求增加以后在供给不变的条件下，价格就会上涨，从 P_0 上涨到 P_1。

如图8-13所示，在价格和产量的坐标空间中，初始需求和供给交点决定的产量是 Y^*，价格水平是 P_0，政府增发货币采取扩张性的政策，货币供应量增加将会导致总需求曲线发生一个向右的平移，从 AD_0 右移至 AD_1，在这种情况下供不应求，价格水平立刻上涨，从 P_0 上升至 P_1。对于这种变化，存在着对它的预期问题，在动态总供给曲线中自变量是价格变化，厂商如何调整产量来应对这种价格的变化？

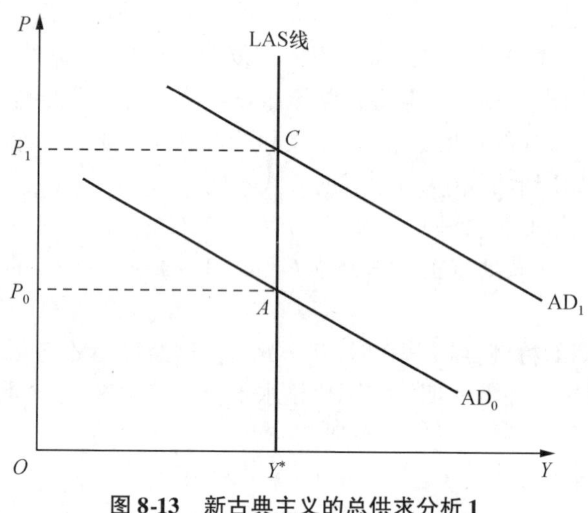

图8-13　新古典主义的总供求分析1

2. 传导机制

$$P\rightarrow P^e\rightarrow Y$$

价格 P 变化以后，对价格水平的预期 P^e 将发生变化，预期价格 P^e 变化决定产量 Y 变化，传导机制体现了新古典主义价格机制这只看不见的手调节市场、调节供求的观点。

3. 预期的效果

预期的效果是决定结果的很重要的因素。

(1) 如果预期到任何情况下实际价格和厂商预期价格是完全一样的，$P=P^e$，那么最终产量水平将保持不变，也就是厂商发现这种情况下，只不过是全国一般价格水平的上涨,要做的就是把自己的价格提高到一般价格水平上,维持产量水平不变,$Y = Y^*$ 。

(2) 如果预期错误,厂商预期价格和实际价格有一个差距,即 $P \neq P^e$,在这种情况下,存在一条单调上升的动态总供给曲线。如果预期不足,当 $P > P^e$ $(=P_0)$时,实际价格高于预期价格,厂商沿着动态总供给曲线从 A 点移动到 B 点。在 B 点存在实际产量大于充分就业的产量,$Y > Y^*$ 。在这种情况下,扩张性的货币政策对产量有了影响,货币是非中性的。只有在预期错误的时候,产量才会高于充分就业的产量,扩张性的政策才能对经济产生影响。

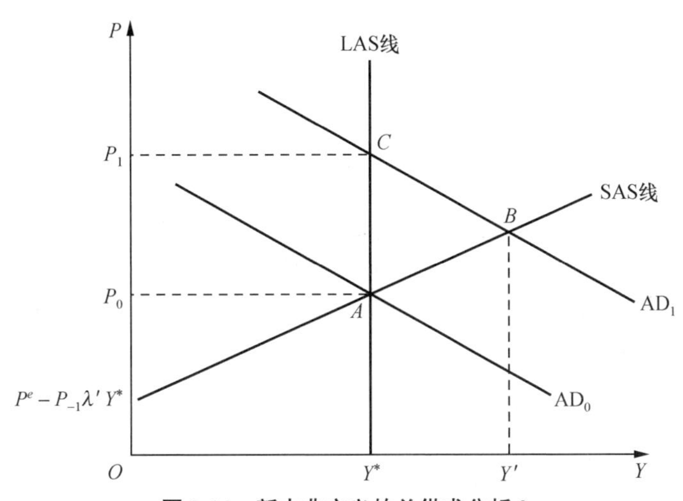

图 8-14　新古典主义的总供求分析 2

随着时间的推移,预期错误不会持续很长时间,最终预期将会趋向于实际价格,也就是预期将趋近于正确,$P = P^e$,产量恢复到充分就业的产量水平,$Y = Y^*$,所以经济最终回复到 C 点。

4. 预期的调整速度:$A \rightarrow B \rightarrow C$

如果是理性预期,表明上述预期错误被即刻发现,即经济主体通过对短期卢卡斯总供给曲线的斜率的调整,使均衡点 B 快速移动到 C。新古典宏观经济学和货币主义的分歧就在于:均衡点延着 $A \rightarrow B \rightarrow C$ 路径移动时间的长短。

理性预期的即时调整性,使得在短期货币也是中性的,扩张性的货币政策也不能影响产量,只会导致物价上涨。

货币主义的适应性预期调整缓慢,认为中间有一段不短的时滞,使货币在短期可以影响实际产量和就业量,所以货币在短期非中性,扩张性货币政策是有效果的。

经济学家的共识是:长期内货币是中性的。分歧在于:短期内货币是否中

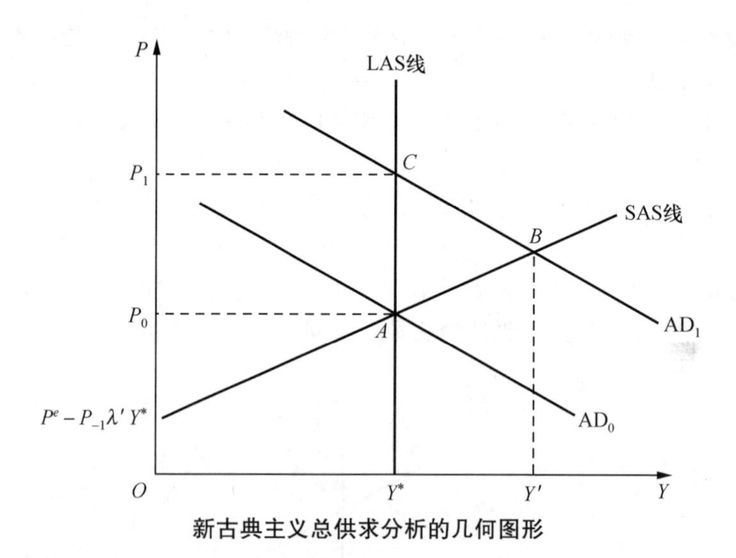

新古典主义总供求分析的几何图形

性？凯恩斯主义和货币主义认为短期货币非中性。新古典宏观经济学认为即便短期货币也是中性的，但因为经济人有理性预期，依靠本能和直觉能迅速地看穿这是货币当局增发货币带来的价格水平的上涨，最终每个厂商和消费者都不改变自己实际的总产量，所以短期扩张性的货币政策也是没有效果的。

二、货币政策规则和相机抉择

（一）有限回合博弈和政策的时间不一致性

博弈论近年来在经济学中被广泛运用，因为它不必依赖微分的最大化方法，能够更好地模拟人的行为，而且博弈论允许出现多个均衡状态，也因为博弈论对经济中各方交互作用的描述能力，使人们能够理解为什么行为主体的理性行为却往往导致低效率乃至最差的结果。"囚徒困境"即是一个典型的例子。

最早将博弈论应用到宏观经济学中的是第二代新古典宏观经济学者基德兰德(F. E. Kydland)和普雷斯科特(A. C. Prescott)，他们于1977年合作发表了"要规则，不要相机抉择：最优计划的不一致性"(*Journal of Political Economy* 85, pp. 473—493)一文。

基德兰德和普雷斯科特将货币当局与公众作为博弈的双方引入模型，最先证明了最优政策具有"时间不一致性，因此也是不可信任的"。所谓时间不一致，是指在制定政策的时刻看来是最优的政策，到了真正实施的时候就不再是最优的了。此时，除非有某种机制捆住政府的手脚，否则最优化的政府很可能改变最初的承诺，使公众上当受骗。

以货币政策为例，假设通货膨胀预期加强了菲利普斯曲线的效应，即通货膨胀与失业此消彼长，在这种情况下，货币当局希望通过发布货币政策目标使人们具有低通货膨胀预期，但是人们有理由对宣布的货币政策目标表示怀疑。这是因为一旦人们真的接受了货币政策目标（即采取合作的策略），并依此预期签订了工资合同与价格合同，政府则很可能会增加“突发货币”（即采取不合作的策略），企图以此刺激产出与就业水平的增长。

这样，实际通货膨胀率就会高于货币当局原先宣布的目标。这表明最优的政策规则具有时间不一致性。在公众取得信任并采取合作的行动之后，违背最初的承诺对政府具有极大的吸引力。然而只有当政府按既定的规则操作（即采取合作的行动），政策才会有可信度，效果才是最佳的，反之，则只能获得暂时的利益。由于事先认为货币政策不可信，采取不合作的行动，企业与个人会相应调整通货膨胀预期，其结果是通货膨胀高于货币政策具有可信度时的情形。

1. 博弈双方——政府和公众的策略选择

政府有两种策略选择：

(1) 合作，言出必践，公布了零通货膨胀政策，就恪守它，即 $\pi=0$。

(2) 不合作，相机抉择，在需要的时候通过增发货币，以增加产量和就业，即 $\pi>0$。假定 $\pi=0.05$：

		公众 不合作	公众 合作
政府	不合作	$\pi=0.05,\pi^e=0.05$	$\pi=0.05,\pi^e=0$
	合作	$\pi=0,\pi^e=0.05$	$\pi=0,\pi^e=0$

公众也有两种策略选择：

(1) 合作，相信政府，公布了零通货膨胀政策，就相信它，即 $\pi^e=0$。

(2) 不合作，上有政策，下有对策。认为政府不可信，即使公布了零通货膨胀政策，也会在需要的时候增发货币，即 $\pi^e>0$，假定 $\pi^e=0.05$。并且把这种预期加入到工资、价格的制定中去。

		公众 不合作	公众 合作
政府	不合作	$\pi=0.05,\pi^e=0.05$	$\pi=0.05,\pi^e=0$
	合作	$\pi=0,\pi^e=0.05$	$\pi=0,\pi^e=0$

附加预期的菲利普斯曲线为：

$$\pi=\pi^e+\varepsilon(u^*-u)$$

等价于：

$$\pi = \pi^e + \lambda'(Y - Y^*)$$

当 $\pi^e = 0$ 时,原菲利普斯曲线为:

$$\pi = 0 + \varepsilon(u^* - u)$$

当 $\pi^e = 0.05$ 时,菲利普斯曲线为:

$$\pi = 0.05 + \varepsilon(u^* - u)$$

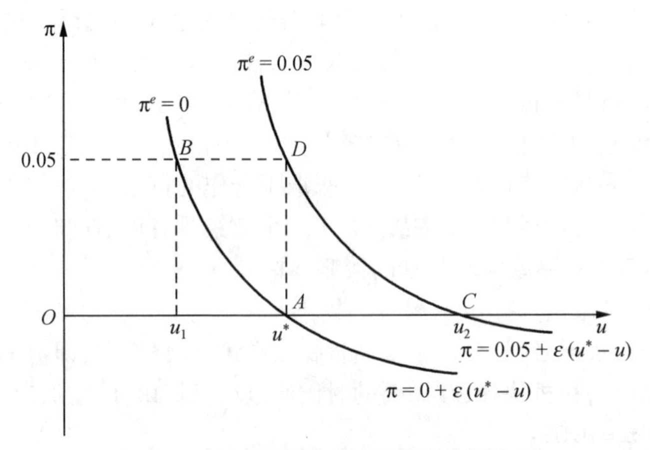

图 8-15　两种预期情况下的菲利普斯曲线

在基德兰德和普雷斯科特两阶段博弈论模型中,假设货币当局的通货膨胀率目标为0,即 $\pi = 0$,并通过新闻媒介发布了这项货币政策目标。

2. 当公众采取合作的策略时博弈双方的收益

(1) 如果工人认为货币当局的政策可信,就会选择名义工资增长率 $\pi^e = 0$,并且货币当局言出必践,$\pi = 0$,代入上述附加预期的菲利普斯曲线:$\pi = \pi^e = 0$,$u^* = u$。

图 8-15 中的 A 点表示自然失业率水平与零通胀率,它描述了博弈双方都选择合作的策略时的收益。套用"囚徒困境"的模式,为方便说明,使收益为正。博弈双方的合作,从整体来看是最优的,所以(合作,合作)的回报是(4,4)。

(2) 但货币当局具有所谓"第二动作优势"(即在确知对方采取的行动之后而采取行动),此时它可以违背其公开发布的承诺,把通胀率提高到 0.05,以诱使雇主把产出增长率提高到大于 Y^*(等价于小于 u^*)。当 $\pi = 0.05$,$\pi^e = 0$ 时,代入附加预期的菲利普斯曲线:$0.05 = 0 + \varepsilon(u^* - u)$,$u^* > u_1$(或者 $Y_1 > Y^*$)。

图 8-15 中的 B 点表示小于自然失业率水平与高通胀率,它描述了博弈双方,公众一方选择合作的策略,政府一方选择不合作的策略时的收益。政府如愿以偿地达到了提高产量、降低失业的目的,政府受益,所以(合作,不合作)是(0,5)。

3. 当公众采取不合作的策略时博弈双方的收益

(1) 当工人了解货币当局的承诺不具有约束力时，他们从理性出发将这种承诺打折扣，从而要求其第二期的名义工资增长率 $\pi^e = 0.05$，如果货币当局恪守诺言，则 $\pi = 0$，代入附加预期的菲利普斯曲线：$u^* < u_2$（或者 $Y_2 < Y^*$）。

图 8-15 中的 C 点表示大于自然失业率水平与零通胀率，它描述了博弈双方，公众一方选择不合作的策略，政府一方选择合作的策略时的收益。公众一方受益，因为他们预期的通货膨胀率高于实际的通货膨胀率，并且把他们的高通货膨胀预期加入到工资的合同中去，所以（不合作，合作）是（5，0）。

(2) 当工人知道货币当局的承诺不具有约束力时，他们从理性出发将这种承诺打折扣，从而要求其第二期的名义工资增长率 $\pi^e = 0.05$，如果货币当局不出公众所料地增发货币，则 $\pi = 0.05$，代入附加预期的菲利普斯曲线：$u^* = u$。

图 8-15 中的 D 点表示自然失业率水平与高通胀率。它描述了博弈双方都选择不合作的策略时的收益。公众承受高通货膨胀率，政府也没有达到增发货币、提高产量的初衷。按照"囚徒困境"，博弈双方的不合作，从整体来看是一种最坏的情形，所以（不合作，不合作）是（1，1）。

由此得到有限回合博弈的支付矩阵为：

政府 \ 公众	不合作	合作
不合作	当 $\pi = 0.05$, $\pi^e = 0.05$ 时，$u^* = u$（D 点） (1, 1)（圈出）	当 $\pi = 0.05$, $\pi^e = 0$ 时，$u^* > u_1$（B 点） 5, 0
合作	当 $\pi = 0$, $\pi^e = 0.05$，$u^* < u_2$（C 点） 0, 5	当 $\pi = 0$, $\pi^e = 0$ 时，$u^* = u$（A 点） 4, 4

纳什均衡为（不合作，不合作）。普雷斯科特和基德兰德认为，产生政策时间不一致问题的根源是经济当事人之间的利益冲突，包括政府和私人、私人和私人之间的冲突。

4. 基德兰德和普雷斯科特的博弈论模型的假设

(1) 理性预期假设附加完全信息假设

政府政策的对象是具有理性预期的人们。由于人们懂得时间不一致的道理（即政策规则并非一成不变），因而认为货币政策不可信，企业与个人会相应调整通货膨胀预期，相机抉择的政策仍然无效（只能导致通货膨胀）。因而普雷斯科特和基德兰德只不过是从时间不一致性（即政策规则变化）的角度，再次证明了萨金特和华莱士的政策无效性命题。

(2) 博弈的回合有限

假如博弈的回合有限,那么货币当局显然有违背承诺的利益驱动,而工人由于首先客观上成为货币政策的被动接受者,在这种情况下,货币当局遵守承诺反而成了次优的选择,违背承诺(即政策的时间不一致性)则是最优选择。如果博弈的期间是有限的,货币当局在最后一期就没有必要再为维护信誉而作出努力,因此几乎百分之百地可能要违背货币政策规则(例如关于零通货膨胀的承诺)。

运用倒推的方法,工人则会在倒数第二期预见到货币当局在最后一期注定要采取的高通胀政策,因而会在倒数第二期就采取防范措施,而货币当局也知道这一点,于是在倒数第二期提前采取高通胀政策,以此倒推。

该模型得出一个极端的结论,博弈双方的均衡点从整体来看必然是最差的均衡点(不合作,不合作)。货币当局没有维护信誉的可能,百分之百地要欺骗公众,而公众也不会相信货币当局的承诺。

政府和百姓双方的非合作博弈,必然导致高通货膨胀和菲利普斯曲线的上移。

(二) 无限回合博弈和货币政策规则

巴罗和戈登(David B. Gordon)于1983年发表了“货币政策模型中的规则、相机抉择和信誉”(*Journal of Monetary Economics* 12, pp. 101—121)一文,把基德兰德和普雷斯科特的有限回合博弈扩展为无限回合动态博弈模型。

该模型说明,博弈的任何一方偏离最佳策略,另一方都会予以报复,从而导致偏离一方在未来无限回合中蒙受损失,以此说明恪守货币政策规则是至关重要的。

1. 贴现的计算

在无限回合博弈中,巴罗和戈登把未来各阶段的收益折成现值,据以计算收益的贴现值(DPV)。

贴现因子 $\delta = 1/(1+r)$,其中 r 为时间偏好率,δ 取值在0与1之间。

现在,时间 t 为连续的,利息率 r 也按复利连续计算。$\pi_1, \pi_2, \pi_3 \cdots$ 为未来每年年末能够得到的收益。

利息每年按复利计算一次,如果第 t 年年末将增加到1,那么现在需要的数量(现值)是:$1/(1+r)^t$。利息每年按复利计算两次,则每六个月应计算年利息率的一半,如果到第 t 年年末将增加到1,那么现在需要的数量是:$1/(1+r/2)^{2t}$。利息每年按复利计算 n 次,如果到第 t 年年末将增加到1,那么现在需要的数量是:$1/(1+r/n)^{nt}$。

令 $n\to\infty$,可以得到连续复利计算,1 单位现值在第 t 年本利和的极限值:

$$\lim_{n\to\infty}(1+r/n)^{nt}=\lim_{n\to\infty}[1+1/(n/r)]^{(n/r)rt}=e^{rt}$$

现在(0 期)	未来(t 期)
1	e^{rt}
$1/e^{rt}=e^{-rt}$	1

贴现值计算提供了一种把未来流量转化为等点值的方法。

r 越大,$(1+r)$ 越大,$1/(1+r)$ 越小,$\delta=1/(1+r)$ 越小,表明越注重现在,给未来值的权重越小。当 $r\to\infty$ 时,$\delta\to0$,特别注重现在。当 $r\to0$ 时,$\delta\to1$,特别注重未来。

假设在 t 期里,如果博弈的回报在每一期为 π,

$$\text{贴现值(DPV)}=\pi+\pi/(1+r)+\pi/(1+r)^2+\cdots+\pi/(1+r)^t$$
$$=\pi+\delta\pi+\delta^2\pi+\cdots+\delta^t\pi$$

由无穷级数求和公式可知,当 $t\to\infty$ 时,$1+\delta+\delta^2\cdots+\delta^t=1/(1-\delta)$。当 t 为有穷级数时,$1+\delta+\delta^2+\cdots+\delta^t=(1-\delta^{t+1})/(1-\delta)$

一般的,当回报为 $\pi_1,\pi_2,\cdots,\pi_t$ 时,

$$\text{贴现值(DPV)}=\sum\delta^{t-1}\pi_t,\quad t=1,2,\cdots,n$$

说明这一定理的最好方法是仍以"囚徒困境"为例,为说明方便,回报均改为正值。

		甲	
		不合作	合作
乙	不合作	1,1	5,0
	合作	0,5	4,4

2. 是否偏离引发策略的收益计算

引发策略是指博弈的规则,倘若在第一轮选择不合作,那么在此后的各个回合中,假如结果是(不合作,不合作),就继续选择不合作。其含义是,任何一方偏离均衡都会导致另一方也偏离均衡,作为一种"报复"(tit-for-tat)。因此,如果一方选择了引发策略,另一方就不会偏离引发策略。由此可见,引发策略的结果必然是一种纳什均衡。

在上表所示的囚徒博弈中,如果是静态博弈,那么均衡结果显然仍是(不合作,不合作),但是在动态博弈中,如果有无限回合,结果可以完全不同。

假设甲在第一回合中采取的行动是合作,这时乙有两种选择:一种选择是按

照引发策略规则,在第一回合以及随后的无穷个回合中采取合作;另一种选择是在甲选择合作的第一回合,乙选择不合作,但这样做招致甲在随后(从第二回合开始)的各个回合也采取不合作,比较囚犯乙从两种选择中得到的回报:

A. 不偏离引发策略

$$DPV_a = 4 + 4\delta + 4\delta^2 + \cdots + 4\delta^t + \cdots = 4/(1-\delta)$$

B. 偏离引发策略

$$DPV_b = 5 + 1\delta + 1\delta^2 + \cdots = 5 + \delta/(1-\delta)$$

如果要使乙选择不偏离引发策略,那么 DPV_a 必须大于 DPV_b,即 $4/(1-\delta) > 5 + \delta/(1-\delta)$,得到:$\delta > 1/4$。

对未来的重视程度必须上升到一定高度。在无限回合博弈中,只有当 $\delta > 1/4$ 时,乙才不会偏离引发策略,也就是说,他不会为第一回合的高回报($5>4$)而招致在随后无穷个回合中只得到1的结果。

在连续若干回合采取引发策略之后,在第 t 个回合又偏离,其结果如下:

A. 不偏离引发策略

$$DPV_a = 4 + 4\delta + 4\delta^2 + \cdots + 4\delta^t + \cdots = 4/(1-\delta)$$

B. 偏离引发策略

$$\begin{aligned} DPV_b &= 4 + 4\delta + 4\delta^2 + \cdots + 4\delta^{t-2} + 5\delta^{t-1} + \delta^t + \delta^{t+1} + \cdots \\ &= 4(1-\delta^{t-1})/(1-\delta) + 5\delta^{t-1} + \delta^t/(1-\delta) \end{aligned}$$

如果要使乙选择不偏离引发策略,那么 DPV_a 必须大于 DPV_b,很显然,双方的主导策略应该始终是引发策略,即从始至终双方采取(合作,合作)策略。

$$DPV_a > DPV_b$$

$$4/(1-\delta) > 4(1-\delta^{t-1})/(1-\delta) + \delta^{t-1}5 + \delta^t/(1-\delta)$$

$$4 > 4(1-\delta^{t-1}) + \delta^{t-1}5(1-\delta) + \delta^t$$

$$4 > 4 - 4\delta^{t-1} + 5\delta^{t-1} - 5\delta^t + \delta^t$$

$$0 > \delta^{t-1} - 4\delta^t$$

$$4\delta^t - \delta^{t-1} > 0$$

$$\delta > 1/4$$

3. 不偏离引发策略的条件——货币当局的信誉

引发策略对货币当局信誉的意义至此已十分明显。如果货币当局连年选择低通货膨胀率之后,从短期的最优政策效果出发,制造通胀以刺激经济增长,那么在随后的无穷期间,它将为此付出惨重的代价。具体将表现在通胀平均水平会大大高出相反情形所导致的结果。

4. 巴罗与戈登模型的几个关键性假设

(1) 博弈的回合趋近于无穷

由于博弈回合的无限性,因此纳什均衡可以为(合作,合作)。如果是有限回合,即出现基德兰德和普雷斯科特模型的情况,通过倒推的方法,货币当局在最后一个回合抵挡不住偏离收益的诱惑,以此倒推,每一回合都会出现偏离的结果,货币当局必定要欺骗公众,没有维护信誉的可能性,纳什均衡必然是(不合作,不合作)。

无限回合的含义:只有在一个相当长的时期中,对长期利益的重视程度才会提高。

(2) 贴现因子要接近于1

贴现因子需要足够大,否则博弈回合虽为无穷,但是货币当局对眼前利益的重视大大超过对长远利益的重视,仍有可能采取短期行为,偏离引发策略。

(3) 假设公众具有理性预期附加完全信息假设,充分了解货币当局的损失函数以及对货币政策承诺的决心

之所以提出货币当局信誉问题,是因为在博弈中,货币当局有条件影响公众的预期,而一旦预期形成,货币当局又有条件利用这种预期实现其促进经济增长与就业的目标。假如公众具有完全信息,那么货币当局能够对公众信息施加的影响就很小了。

事实上,由于各国货币当局都具有不同程度的保密性,公众是不可能掌握完全信息的,这就是为什么连像美联储这样的货币当局还不断受到垄断信息的指控以及存在那么多专门以观察美联储为职业的经济学家的原因,公众具有完全信息的假设是不现实的。

(4) 引发策略不允许其中任何一方有丝毫的失误

一旦偏离引发策略,就会招致对方无情的永远报复,这一假说显然过于苛刻。在实际生活中,不排除货币当局由于对经济形势作出错误判断,或由于经济结构改变导致货币传导机制失误,而并非故意地偏离既定目标,这样就导致报复岂不过于极端?此外公众也不是一成不变的,只要货币当局采取及时恰当的补救措施,还是能够对已丧失的信誉有所挽回的。

无限回合的博弈模型得出的结论是:在引发策略占主导地位的情况下,货币当局无论在任何阶段偏离引发策略,例如偏离既定的反通货膨胀目标,都会触发公众的报复,即提高通货膨胀预期,从而使货币当局为反通货膨胀付出昂贵的代价,相机抉择的政策仍然无效。

这就是为什么德国联邦银行在战后四十多年来一贯坚持坚定不移的反通货膨胀政策的原因。德国的中央银行真正懂得费尽气力建立起来的信誉是珍贵

的,不能为一时权宜而葬送掉。

(三) 货币政策规则和相机抉择

运用博弈论研究货币经济学理论,似乎很自然地得出规则优于相机抉择的结果。(永远不变的)规则类政策在无限回合博弈中还可以达到最优的纳什均衡(合作,合作),而相机抉择(即根据经济形式变化的规则)只能导致最差的结果(不合作,不合作)。

所谓规则,在货币政策上指一系列制约货币当局政策目标与措施的原则。具体的规则可以是承兑规则,例如金本位制,中央银行在任何情况下保证货币可兑现为黄金;也可以是数量规则,例如中央银行承诺货币总量按现定比率增长,即货币存量规则。此外还有钉住利率规则、价格规则等。

按照丁伯根(J. Tinbergen)的著名说法,“有多少个政策目标就得有多少个政策规则”,即所谓确定对等。在这类规则的约束下,尽管货币当局仍有很大的回旋余地,但是规则所限定的目标与原则是必须遵循的,因此可以说,按规则操作的货币当局与货币政策是被动的。

相比之下,相机抉择的定义就简单得多了。在没有规则约束的情况下,由货币当局审时度势,根据当时经济运转的实际状况,随意作出其认为最优的货币政策选择,即所谓相机抉择。按相机抉择的原则操作,货币当局可以随时调整目标与政策措施,因此货币当局与政策是主动的、积极的。

三、对新古典宏观经济学的简评

1. 引导了为宏观经济学提供微观基础的潮流,保持了宏微观经济学逻辑上的一致性和相容性

新古典宏观经济学的创始人——卢卡斯承认,在20世纪60年代,西方学者一般认为宏观经济的主要问题已由凯恩斯理论得到了很好的解释,剩下的不过是些枝节问题。他的早期工作的出发点并不是向凯恩期主义提出挑战,而恰恰是试图完善凯恩斯主义正统理论,为有关工资—价格的计量经济学模型提供微观基础。但是他随后的研究成果却大大偏离了初衷,给凯恩斯理论以致命一击,被称为“洗劫凯恩斯神庙的造反派”的新古典宏观经济学“对凯恩斯主义这一清单上的每一个项目都提出了反对意见”。

新古典宏观经济学从理论到政策全面地批判凯恩斯主义,宣称凯恩斯主义是个矛盾的体系,应该彻底抛弃。例如,凯恩斯经济学中的当事人不以追求最大化为目标,这就同微观经济学中的理性人最大化原则相矛盾。再如,在凯恩斯主义经济学中,同一经济人在不同函数和方程中具有不同的行为,这就失去了一致性。凯恩斯模型的关键取决于名义工资刚性的假设,而这种假设是武断的。

新古典宏观经济学认为凯恩斯理论从总量意义上讨论 $Y=C+I+G+\mathrm{NX}$，是没有微观基础的，应该从每个人追求自己的利益最大化的角度来审视经济政策。国家 GDP 年年都在增加，但是这个过程中，个人的福利状况可能恶化，宏观向好微观向坏，所以经济自由主义者认为从总量意义上分析 Y 的增加没有意义，而是应该从微观经济主体利益最大化、福利改进的角度分析 Y 的增长。这是对凯恩斯主义理论最重要的一点批判，即凯恩斯主义理论中经济人不以追求利益最大化为目标。所以新凯恩斯主义的理论就是在利益最大化的基础上，分析工资和价格粘性存在的问题。对利益最大化这个基本原则的强调和重视，是新古典宏观经济学的贡献。

2. 理性预期假设——体现了人本主义色彩的回归

新古典宏观经济学还着重批判了凯恩斯主义关于预期的观点，凯恩斯虽然也反复讲到预期，但是他的预期只是适应性预期，并且是随机的，难以用理性加以解释，适应性预期是一种机械的反向预期。

适应性预期的缺点在于，只是汇集了被预期变量的过去值，忽略了与所测变量高度相关的同时期的各种信息，存在着信息的浪费。这种预期同微观经济学是矛盾的。按照微观经济学的假设，追求最大化的经济人是理性人，会是前向预期而不是后向预期；会以最经济的方式获得关于经济变量未来变动的所有信息来预测未来，而不是朴素地根据过去推测未来。

3. 破除了凯恩斯主义处方可以包治西方经济百病的神话

新古典宏观经济学派在抨击凯恩斯主义的过程中建立了自己的声望，它破除了凯恩斯主义处方可以包治西方经济百病的神话。凯恩斯主义认为政府政策相机抉择可以包治西方经济百病，新古典主义认为政策不应该相机抉择、变来变去，而应该恪守一个既定的规则。如果政策易变，将会引发政府和老百姓之间的非合作博弈，上有政策，下有对策。被老百姓预期到的政策无效，未被预期到的政策有害，导致产量的巨大波动。

新古典宏观经济学就其本质而言，是用现代数学工具“复活”新古典经济学的理论和政策主张。这从两方面可以体现：第一，全盘接受新古典经济学的前提假定，例如理性人假定、市场出清假定。其“新”的特色是理性预期假定。第二，始终如一的政策无效观。在政策分析中试图从不同角度、用不同方法证明政策的无效性。该派早期代表人物卢卡斯的货币经济周期理论和萨金特、华莱士的货币中性定理都试图证明货币政策的无效性，而第二代新古典宏观经济学者——巴罗通过对“李嘉图等价定理”的复活证明了财政政策也无效。“政府于事无补而且危害很大，因此政府不过多地卷入经济是最好不过的了。”

由于新古典经济学是受到凯恩斯革命的冲击而被冠以“微观经济学”的名

称,并且退出正统地位的,因此新古典宏观经济学的最终目标是宏观经济学的自然消亡,使新古典经济学全面恢复其正统地位,正如该派领袖卢卡斯指出的那样,新古典宏观经济学派的目标是要把加总问题与微观经济学重新结合在一起。他得出结论说:“如果这些发展继续下去,‘宏观经济’这一术语只会从用法中消失,从而修饰词‘微观的’将成为不必要的,我们将只是谈论——就像斯密、李嘉图、马歇尔和瓦尔拉斯所做的那样——经济理论。”①

本章小结

1. 弗里德曼-费尔普斯修正的总供给曲线方程为:$P=P^e+P_{-1}\lambda'(Y-Y^*)$,也称为附加预期的总供给曲线。

2. 卢卡斯总供给曲线方程为:$Y=Y^*+\beta(P-P^e)$。这条总供给曲线完全是从劳动力市场的均衡条件推导出来的,是完全从理论得到的总供给曲线。

3. 适应性预期是指,各个主体是根据他们以前的预期的误差来修正每一时期的预期的。其优点是缓慢地向真实值趋近,具有较好的可计量性和可操作性。其缺点是只能缓慢地逼近真实值,而不会相等,因此,在价格剧烈波动的时期(恶性通货膨胀时期),适应性预期是不适用的;适应性预期只是汇集了被预期的变量的过去值,对当前的信息存在浪费;计算公式 $P_t^e=\sum W_iP_{t-i}$ 独立于经济模型,是不依赖于模型而固定的计算公式。

4. 当对经济变量的主观预期等于基于同样信息条件的数学期望时,这种预期就是理性预期。理性预期是内生性的,其存在性和唯一性依赖于整个模型。

5. 理性预期的即时调整性,使得在短期货币也是中性的,扩张性货币政策也不能影响产量,只会导致物价上涨。货币主义的适应性预期调整缓慢,认为这中间有一段不短的时滞,使货币在短期可以影响实际产量和就业量,所以货币在短期非中性,扩张性货币政策是有效果的。因此,新古典主义的总供求分析表明,被预期到的需求管理政策无效,未被预期到的随机政策有害,导致产量的巨大波动。

6. 货币政策具有时间不一致性,因此是不可信任的。所谓时间不一致,是指在制定政策的时刻看来是最优的政策,到了真正实施的时候就不再是最优的了。此时,除非有某种机制捆住政府的手脚,否则最优化的政府很可能改变最初的承诺,使公众上当受骗。

7. 在一个简单的政府和公众的重复博弈模型中,(永远不变的)规则类政策

---

① 胡佛:《新古典主义宏观经济学》,中国经济出版社1991年版,第115页。

在无限回合博弈中还可以达到最优的纳什均衡(合作,合作),而相机抉择(即根据经济形式变化的规则)只能导致最差的结果(不合作,不合作)。

8. 新古典宏观经济学引导了为宏观经济学提供微观基础的潮流,保持了宏微观经济学逻辑上的一致性和相容性,其理性预期假设体现了人本主义色彩的回归,而且还破除了凯恩斯主义处方可以包治西方经济百病的神话。

关键概念

弗里德曼-费尔普斯修正　卢卡斯批判　适应性预期　理性预期　货币中性　货币政策的时间不一致性　规则　相机抉择

本章习题

1. (a) 解释为什么短期总供给曲线在理性预期均衡学派和新凯恩斯主义两种场合都是向上倾斜的。

(b) 解释为什么在这些模型中货币存量的预料之中的变化对产出没有影响。

2. 考虑在卢卡斯模型中有一次财政扩张,原先的产量处于潜在水平。分别分析如果该政策是预料中的或者预料外的两种情况下:

(a) 它对产量和价格有什么短期效应? 为什么产量会上升?

(b) 其长期效应如何?

3. 假定货币的预料之外的变化有两种情形:一种情形是政府持久性地增加了货币存量,另一种情形是政府在某一期增发了货币,然后(同样是出乎意料地)又持久性地使之降低。分别分析在每种情形中,产量在时期1、时期2和长期有何变化?

4. (a) 假定货币存量在现期增加了5%,而且这种增加是完全被预期到的。产量和价格水平将会有何变化?

(b) 与上面相反,假定公众预期货币存量有5%的上升,但事实上是上升了10%。这对产量和价格有何影响? 特别是,它们是上升5%、10%还是介于5%—10%之间的某个比例? 请解释你的回答。

5. (a) 你认为第8章总需求和总供给的动态模型与卢卡斯模型的核心差异是什么?

(b) 说明哪一种模型更为合理以及你为什么这样认为。

6. 在卡甘模型中,存在如下的货币需求方程:

$$m_t - p_t = -v(p_{t+1} - p_t)$$

其中,m_t 表示货币存量的对数,p_t 是 t 时刻的物价水平的对数,而 v 是决定货币需求对通货膨胀率敏感程度的参数。在理性预期的情况下,可以有如下结果:

$$m_t - p_t = -v(Ep_{t+1} - p_t)。$$

(a) 通过多期迭代,证明物价水平 p_t 有如下形式的表达式:

$$p_t = \sum \Phi_t E(m_{t+i})$$

其中 Φ_{t+i} 为第 $t+i$ 期货币存量的权重。

该结论说明,物价水平取决于现期货币供给和预期的未来货币供给。

(b) 假如当前出现高速的通货膨胀,那么要结束通货膨胀,应该采取什么样的政策?如何增加民众对政府的信任程度?

第四篇 长期经济增长理论

一、宏观经济学的研究对象

宏观经济学研究的是整个经济,因而涉及经济学中一些最重要的问题。

从横向比较来看:为什么在同一时期不同国家经济发展快慢不同?为什么有的国家穷,有的国家富?为什么经济会增长?从纵向比较来看:为什么同一个国家在不同时期经济发展快慢不同?经济繁荣和衰退的根源是什么?为什么会有失业,失业的程度由什么决定?通货膨胀的根源又是什么?政府政策如何影响产量、失业和通货膨胀?这些问题和其他相关问题就是宏观经济学的研究内容。

从宏观经济学的产生来看,由于新古典经济学不能对持续的宏观经济波动大萧条作出合理的解释,导致对它的信任危机,而宏观经济学成功于可以对持续的宏观经济波动作出合理的解释。所以,宏观经济学的研究对象就是宏观经济的波动和增长。

本书涉及宏观经济学的核心问题——增长和波动的主要理论。全部内容围绕上述两个问题展开。在每一章中,我们都介绍了所要研究的主要问题,也介绍了与之相应的一些相互对立的理论。

具体来说,第九章主要论述经济增长问题。我们将主要讨论:为什么有的国家远远富于其他国家?如何解释真实收入随时间的大幅度提高?

在世界各地,生活水平差异之大几乎令人难以理解。尽管难以进行精确的比较,目前可得到的最好的估计仍然表明,美国、德国、日本等国的平均真实收入比孟加拉国和扎伊尔等国高出20倍以上。各国的增长率也有着较大的差异。有些国家,如韩国、土耳其和以色列等,看起来正在向相对富裕的工业化经济转变。其他一些国家,包括南美洲和非洲撒哈拉沙漠以南的许多国家,甚至连得到正的人均真实收入增长率都有困难。最后,我们看到了生活水平在不同时间的巨大差异:今天的世界比起300年前,甚至50年前要富有得多。

生活水平的这些差异对人的福利有着重要的含义。真实收入在国家间的差异与营养、教育程度、婴儿死亡率、预期寿命,以及其他福利指数的差异密切相关。与宏观经济学在传统上着重考虑的短期波动的各种可能后果相比,长期增长的福利后果更为重要。

比如,在一次一般的衰退中,美国人均真实收入仅比其通常值低几个百分点。相反,生产率增长的放慢——这是实际情况,自从20世纪70年代以来,生产率的年平均增长率比以前低大约1个百分点——已经使美国的人均真实收入与不放慢时的情形相比降低了大约20%。还有例子甚至更为惊人。如果印度的人均真实收入继续以其战后的平均年增长率1.3%增长下去,就得花大约200

年才能达到美国目前的水平;如果印度达到3%的增长率,这一过程所需的时间不到100年(约90年);而如果印度达到了日本的平均增长率,即5.5%,所花的时间将会减少到只需50年;而如果印度达到我国的平均增长率,即8%,所花的时间将会减少到只需35年。

提高经济长期增长率是至关重要的,正如罗伯特·卢卡斯所说:“一旦一个人开始思考(经济增长问题),他就不会再考虑其他任何问题。”因此,第九章将讨论经济增长。我们将考察几个增长模型。尽管我们将详细考察这些模型的技术性细节,但我们的最终目的仅在于了解它们就世界经济增长和国家间的收入差别提出了什么样的见解、结论。

凯恩斯的短期分析有什么缺陷?总需求、总供给分析和经济增长分析有什么内在的逻辑联系?按照凯恩斯总需求—总供给的框架,经济学家应该达成的共识是:就长期来讲总供给曲线是一条垂线。如果采取需求管理政策,只移动总需求曲线,面对一条长期垂直的总供给曲线,财政政策和货币政策的运用就只能导致一个国家的物价水平和名义工资高涨,而对总产量和实际就业量不会带来影响。

关于需求管理政策的长期影响,早在凯恩斯理论刚提出的时候,很多新古典经济学的学者就提出了质疑:这个理论长期来讲会怎么样?当时凯恩斯回答说,从长期来看我们都死了。很显然这是一个非理性的回答,这意味着不要去管长期的事,短期内如何摆脱危机才是重要的。对于这样一个非理性回答,凯恩斯主义学派的经济学家认为:我们在长期内还没有死去的那些人,就有必要把凯恩斯理论长期化、动态化,不仅为了摆脱萧条而运用需求管理政策,而且就长期来讲,还要讨论一个国家怎么能够使Y、GDP、GNP长远地步入一个上升的轨迹。

关于这一点做法很简单,如果能够使一条垂直的总供给曲线右移,一个国家的产量将踏上一条稳步增长的道路。对于一个国家来讲,经济增长的源泉到底是什么?经济增长理论讨论的就是生产函数,如何调节投入——资本K、劳动L、技术A,最终对总产出Y带来影响。经济增长理论实际上是总供给分析的长期化、动态化。

二、宏观经济学的研究方法

各种模型和数学方法在本书中得到了广泛运用,那么为什么要在宏观经济研究中运用数学?

1. 有些事情用语言争论不清

比如,该不该发行国债?该发内债还是外债?用语言争论,易于出现谁的辩术高谁取胜的结果。经济学不是修辞学,如果用共同的分析模式、分析规范来讨论同一问题，就可以得到一个明确的结论。数学是表达思想的严谨的方式。

2. 数学是分析问题的强有力的工具

数学是强有力的工具，是达到更高层次的方法。本书主要的数学要求是对单变量微积分有透彻的理解，并初步掌握多变量微积分。我们主要运用的数学工具包括函数、对数、导数和偏导数、约束最大化，以及泰勒级数近似。还要求对概率论中的基本概念如随机变量、均值、方差、协方差和独立性等有所了解。一些更为高级的数学工具(如简单的差分方程、变分法和动态规划)偶然也有使用，且在运用时作出了解释。实际上，数学技巧对于深入研究宏观经济学至关重要。

但是，这些模型和技巧本身不是目的，它们只是作为探讨主要经济问题的工具而出现的。我们不热衷于数学推导，而侧重于以下两点：

第一，它的前提假设，即分析问题的出发点。

经济理论是建立在逻辑演绎基础之上的一种理论，其特征为从基本前提假设出发，通过数学演绎推理，得出结论。由于其理论的这种性质，使我们可以也应该对它的基本前提假设作更深入的研究，探讨经济学理论得以安身立命的基础是什么，它建立在怎样的基石之上，这对于我们了解经济理论的本质特征是大有裨益的。

由此引申出另一个话题：西方人崇尚演绎，东方人崇尚归纳。演绎是从1推到n，从某一前提假设出发，通过推理，得出某一结论。归纳是从众多现象中观察到某一规律，是从n中观察到1。

演绎法本质上是一种求异思维方式，归纳法本质上是一种求同思维方式。

西方人的求异思维也体现得非常明显，罗伯特·卢卡斯还说过这样一段话："当宏观经济学在一个问题上达成了一致(比如说在通货膨胀的货币原因问题上达成一致)，那么这个问题就退出了职业争论的舞台，我们将就别的问题进行辩论，职业经济学家主要是学者，并非政策管理者。我们的责任在于把研究推向新的、因而肯定很有争议的领域来创造新的知识。在特定的问题上可以达成一致，但在研究的全部领域里达成一致就等于停滞、麻木和死亡。"

单就研究方法而论，演绎法给人的感觉是非常严密、非常准确、非常精致的科学方法，以至于有人认为西方经济学是科学，是唯一的科学。但是如果仔细思索，就会发现就演绎法而论，存在这样的现象：结论逻辑地隐含在前提假设之中。

换句话说，数学推导是走过场，是一种精致的包装。前提假设决定结论。

前提假设是什么？是对这个世界的固有看法，对这个世界的固有看法——世界观决定结论，从什么样的世界观出发，就观察到、认识到什么样的世界。

第二，结论的经济含义。

我们的目的不是为运用数学而运用数学,为推导而推导,我们的目的很明确——这些理论、结论对现实有什么指导意义,对经济现实是能够作出全部的解释、部分的解释,还是完全不能解释,这就涉及这些理论是完全有用、部分有用,还是完全没用。

好模型的标准是"双符合":一符合数学的逻辑,二符合经济学的逻辑,可以解释经济学中的特征事实。

3. 具体的研究方法:静态均衡分析、比较静态均衡分析和动态均衡分析

静态均衡分析:在外生变量不变的条件下均衡点的决定。如果外生变量发生变化,均衡点相应地发生变化,涉及均衡的移动。

比较静态均衡分析:如果外生变量发生变化,内生变量相应发生何种变化。通过比较新旧两个均衡点,研究外生变量对内生变量的影响,不涉及从旧均衡到新均衡的实际变化过程。

动态均衡分析:在外生变量发生变化的条件下,引入时间因素,着重研究内生变量从旧均衡向新均衡调整的实际路径和可能的运动方向。

第九章 索洛经济增长模型

本章概要

本章将向读者介绍以索洛模型为代表的经济增长理论。我们将从索洛模型的前提假设、模型结构,均衡解的存在性、唯一性、稳定性及收敛速度各方面进行分析,并探讨当外生变量储蓄率 s 发生变化时,对平衡增长路径的影响,以及对消费的影响。在本章的末尾,我们将向读者介绍沿着索洛模型可能的几个扩展方向,以及各个扩张方向最具有代表性的经典模型。

学习目标

学完本章,你将能够了解:

1. 卡尔多关于经济增长的特征事实。
2. 索洛模型的前提假设、模型结构,均衡解的存在性、唯一性、稳定性及向平衡增长路径趋近的速度。
3. 哈罗德-多马模型的前提假设、模型结构及其均衡解。
4. 储蓄率 s 变化对平衡增长路径上单位有效劳动资本和产出的影响,具体的变化过程,以及单位有效劳动资本和产出的储蓄率弹性。
5. 储蓄率 s 变化对单位有效劳动消费的影响,使单位有效劳动消费最大化的黄金律的资本存量水平 k_{GR} 满足的条件。
6. 经济增长的源泉来自何方,索洛剩余的定义和公式。
7. 索洛模型的主要缺陷,以及为克服其缺陷可能的几个扩展方向。

第一节　长期经济增长的特征事实

判断一个学说的好坏,要看它解释特征事实的能力。特征事实(stylized facts)指在宏观经济学中存在的广泛的规律性,它是经济学家根据时间序列的统计数据而得出的,是检验真理的实践,是试金石。

卡尔多(Nicholas Kaldor)在1961年描述过关于经济增长的几个主要特征事实:

(1) 对于大多数主要工业化国家而言,在过去一个世纪中,劳动、资本、产量的增长率大体上都是常数,这一说法是一个合理的初步近似。

(2) 产量和资本的增长率大致相等(从而资本—产量比近似为常数),且大于劳动的增长率(从而每工人平均产量和每工人平均资本是上升的)。

(3) 在总产量的构成中,工资和利润的分配份额相当稳定。(从而收入的差别不会扩大,不会出现马克思所预言的:随着经济增长,阶级差别在扩大,资产阶级越来越富,无产阶级越来越穷,最终阶级矛盾激化,无产阶级起来推翻资产阶级的现象。)

本章着重讨论经济学家过去研究这些问题的传统模型,即索洛增长模型。索洛模型又称索洛-斯旺模型,它是由索洛(Robert M. Solow,1956)和斯旺(Trevor Swan,1956)提出的。索洛模型得到一个令人惊讶的结论:实物资本的积累既不能解释人均产量随时间的大幅度增长,也不能解释人均产量在不同地区的巨大差异。

具体而言,假定资本积累影响产量的渠道是传统渠道:资本对生产有直接的贡献,它由此得到的报酬是其边际产品,那么,索洛模型意味着,我们试图理解的真实收入的差异之大,远远不能以资本投入量的差异来解释。所以索洛模型实际上否定了实物资本对经济增长的贡献。

索洛增长模型的经济含义是否符合上述特征事实?特征事实成为检验经济增长模型的标准。

第二节　索洛模型的假定

一、关于生产函数的假定

1. 投入和产出的关系

索洛模型包含四个变量:产量(Y)和三种生产投入品——资本(K)、劳动(L)、“知识”或“劳动的有效性”(A)。在任一时间,经济中有一定量的资本、劳动和知识,而这些被结合起来生产产品。

宏观经济学将时期划分为短期、长期和超长期:

短期等价于微观经济学中的短期,至少有一种投入要素不变。在价格水平P和资本量K不变的条件下,讨论$Y=f(N,K)$中,Y与N的关系。

长期等价于微观经济学中的短期,至少有一种投入要素不变。在价格水平

P 可变、资本量 K 不变的条件下,讨论 $Y=f(N,K)$ 中,Y 与 P 的关系。

超长期等价于微观经济学中的长期,全部投入要素可变。在 P、N、K 都可变的条件下,讨论这些因素的共同变化对 Y 的影响。在经济增长部分,我们讨论的主要是最后这一种。

t 表示时间,生产函数的形式为:

$$Y(t)=F[K(t),A(t)L(t)]$$

该生产函数的两个特点值得注意:

(1) 时间并不直接进入生产函数,只是通过 K、L、和 A 进入。这就是说,仅在生产投入变化时,产量才随时间变化。

$$t\rightarrow A、K、L\rightarrow Y$$

三个要素是时间 t 的显函数,时间 t 通过三个要素投入数量的变化,进而影响总产量,所以总产量 Y 是时间 t 的隐函数。这就足以解释在经济增长理论中,K、L、A、Y 要对时间 t 求导的原因。各个变量对时间 t 的一阶导表示为每个变量上面加一个黑点。

(2) A 和 L 以相乘形式进入。

L 是在经济中劳动要素投入的实际数量,A 可以看成劳动生产率或者资本生产率。AL 被称为有效劳动。

如果知识进入的形式为 $Y=F(K,AL)$,则以此种形式引入的技术进步被称为劳动增进型或哈罗德中性的。

如果知识进入的形式为 $Y=F(AK,L)$,则此技术进步是资本增进型的。

如果知识进入的形式为 $Y=AF(K,L)$,则此技术进步为希克斯中性的。

A 在生产函数中,为什么不能作为独立的生产要素而存在?假设生产函数为:

$$Y(t)=F[K(t),L(t),A(t)]$$

前面提到过生产四要素:自然资源包括土地、森林、矿产;人力资源包括人的体力——劳动和人的智力——知识还有企业家才能;人造资源包括厂房、机器、设备,称为资本。这四要素实际上是广义的生产三要素的代表:土地是自然资源的典型代表,劳动是人力资源中人的体力的典型代表,企业家才能是人力资源中人的智力的典型代表,资本是人造资源的典型代表。知识 A 作为人力资源中人的智力的典型代表,不能与人的体力 L 相分离。A 在生产函数中的作用是:增加劳动要素的边际产量,或者增加资本要素的边际产量,或者同时增加资本和劳动要素的边际产量。

虽然现在是一个三元的生产函数,但是有效劳动 AL 和资本 K 可以转化为二元的生产函数。二元的生产函数通过密集化,还可以变形成一元的生产函数。

对 A 进入生产函数的这种设定方式，与该模型的其他假定一起，将意味着资本—产量比 K/Y 最终将稳定下来。实际上，就较长期限来看，资本—产量比并未表现出任何明显的向上或向下的趋势。另外，在建立模型时，若能使这一比例最终不变，将使分析更为简单。因此，假定 A 与 L 相乘是很方便的。

2. 规模报酬不变

关于生产函数的关键假定是，该生产函数对于其两个自变量——资本和有效劳动，是规模报酬不变的。这就是说，如果资本和有效劳动的数量加倍（例如，K 和 L 加倍而 A 不变），则产量加倍。

关于规模报酬的定义是：

如果 $F(cK, cAL) = c^r F(K, AL)$，则 $F(K, AL)$ 称为 r 次齐次生产函数。

如果 $r > 1$，$c^r > c$，则称为规模报酬递增（对于所有 $c \geqslant 1$）。两种要素投入增加 c 倍，但是产量增加大于 c 倍。

如果 $r < 1$，$c^r < c$，则称为规模报酬递减（对于所有 $c \geqslant 1$）。两种要素投入增大 c 倍，但是产量增加小于 c 倍。

如果 $r = 1$，$c^r = c$，则称为规模报酬不变，或者一次齐次生产函数。（只有规模报酬不变放松了对 c 的假设，c 可以小于 1，而规模报酬递增以及递减都要求 c 大于 1。）

更为一般地说，对两个自变量同乘以任意非负常数 c 将使产量同比例变动：

$$F(cK, cAL) = cF(K, AL), \quad 对于所有\ c \geqslant 0$$

3. 规模报酬不变的假定可被认为结合了两个假定

第一个假定是经济足够大，从而从专业化中可得的收益已经穷尽。在一个很小的经济中，进一步专业化很可能有益：资本和劳动数量加倍将使产量比加倍还多，即规模报酬递增。索洛模型假定经济足够大，从而在资本和劳动加倍时，对新投入品的使用方式实际上与对已有投入品的使用方式一样，因而产量加倍。

第二个假定是资本、劳动和知识以外的投入品是相对不重要的。

具体而言，该模型忽视了土地和其他自然资源——广义的生产三要素（自然资源、人力资源、人造资源）之一。如果自然资源是重要的，即存在自然资源的约束，那么资本和劳动加倍可能使产量少于加倍，即规模报酬递减。这也是马尔萨斯人口论、世界末日论、增长极限论的前提假定。

马尔萨斯的观点是，如果把自然资源的约束放到模型中来，经济增长到底能不能持续。这个因素的影响前面已经分析过了。马尔萨斯是机械地、呆板地看问题，他忽略了价格机制对供求有一个自发的平抑作用，所以忽略了市场机制的作用。当世界范围内出现石油危机或者水资源危机时，因为这种资源供不应求，价格就会上涨，从长远来看，上涨的价格会抑制需求，增加供给，最终使供求趋于相等。价格机制是人类为达到合作和解决冲突所发明的最重要的制度之一，经济学就是以自由价格机制为研究对象，故其理论又称为价格理论。价格机制能解决人类面临的一切问题。

实际上，自然资源的可得性对于增长似乎不是一个主要的约束。因此，假定生产函数仅对资本和劳动规模报酬不变看来就是一个合理的近似。

4. 密集形式的生产函数

两种要素投入加上规模报酬不变，生产函数最终可以从二元的形式密集成一元的形式。一元的生产函数对图形分析、方程求解，以及对均衡点的讨论都能够带来很大的便利。

在一次齐次生产函数中，令 $c=1/AL$，得到：

$$F(K/AL,1) = F(K,AL)/AL = Y/AL$$

其中，K/AL 为每单位有效劳动的平均资本量；Y/AL 为每单位有效劳动的平均产量。

令 $k=K/AL$，$y=Y/AL$，那么，

$$y = F(k,1) = f(k)$$

生产函数中只剩下一个每单位有效劳动的平均资本，所以产出唯一地依赖于每单位有效劳动的平均资本量，而把其他的像技术进步以及劳动力数量的影响都浓缩在 k 中。密集的含义就是把二元生产函数转化为一元生产函数，从三维立体空间转化到二维平面。

为了解这一一元生产函数背后的直观含义，考虑将经济分为 AL 个小经济，每个小经济中有 1 单位有效劳动和 K/AL 单位资本。由于生产函数具有规模报酬不变的性质，每一小经济的产量是大的、未分割经济产量的 $1/AL$。这样，每单位有效劳动的平均产量就仅仅取决于每单位有效劳动的平均资本数量，而不取决于经济的总规模。

如果我们想得到与每单位有效劳动的平均产量对应的总产量，只要将该平均产量乘以有效劳动量即可：

$$Y = ALf(k)$$

生产函数的一个具体例子是柯布-道格拉斯(Cobb-Douglas)生产函数：

$$F(K,AL) = K^{a}(AL)^{1-a}, \quad 0 < a < 1$$

这一生产函数易于应用，且似乎是对实际生产函数的一个较好的初步近似，因此它非常有用。

(1) 容易验证，柯布-道格拉斯生产函数是规模报酬不变的。

将两种投入品同乘以 c，得到：

$$F(cK,cAL) = (cK)^{a}(cAL)^{1-a} = cK^{a}(AL)^{1-a} = cF(K,AL)$$

(2) 对于柯布-道格拉斯生产函数而言,劳动增进型、资本增进型和希克斯中性的技术进步实质上是一样的。三种形式之间是可以相互转换的。

要使技术进步为希克斯中性的,只要定义 $B=A^{1-a}$,就有 $Y=BK^{a}L^{1-a}$。

要使技术进步为资本增进型的,只要定义 $B=A^{(1-a)/a}$,就有 $Y=(BK)^{a}L^{1-a}$。

(3) 要得到该生产函数的密集形式,将两种投入品同除以 AL,得到:

$$y = F(K,AL)/AL = K^{a}(AL)^{1-a}/AL = (K/AL)^{a} = k^{a}$$

$$y = k^{a} = f(k)$$

对于一个显性的生产函数,$f'(k)=ak^{a-1}>0$,说明 $f(k)$ 单调上升。$f''(k)=-a(1-a)k^{a-2}<0$,说明 $f(k)$ 凹向原点(见图 9-1)。

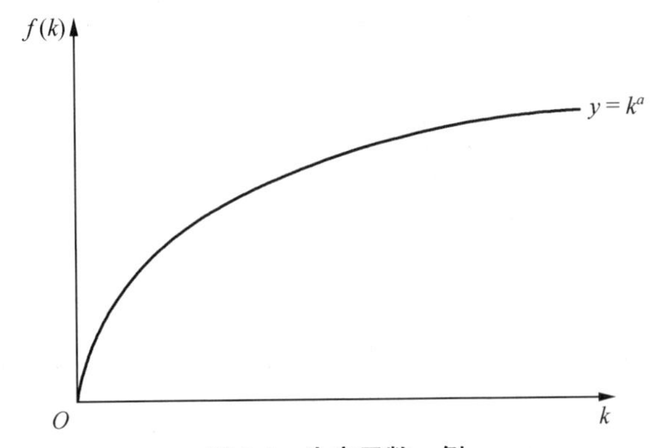

图 9-1　生产函数一例

通过柯布-道格拉斯生产函数这个例子,我们可以把生产函数作以总结。索洛模型中的生产函数的具体形式可以有无数种,既可以是柯布-道格拉斯生产函数,也可以是其他形式的生产函数,这些形式各异的生产函数都要满足什么共同的特点呢?假定密集形式的生产函数 $f(k)$ 满足:

① $f(0)=0$,说明 $f(k)$ 从原点出发;

② $f'(k)>0$,说明 $f(k)$ 单调上升;

③ $f''(k)<0$,说明 $f(k)$ 以递减的速率单调上升,即 $f(k)$ 凹向原点;

④ 稻田条件(1964):$\lim_{k\to 0}f'(k)=\infty$,当 k 趋于 0 时,$f'(k)$ 趋于无穷大,说明 $f(k)$ 在原点垂直。$\lim_{k\to\infty}f'(k)=0$,当 k 趋于无穷大时,$f'(k)$ 趋于 0,说明 $f(k)$ 在 k 趋于无穷大时水平。它们比论述该模型的核心观点所需要的条件要强一些,规定了 $f(k)$ 的起点,终点可由②、③描述。

稻田条件的经济含义是:当资本存量足够小时,资本的边际产量很大;而当资本存量变得很大时,资本的边际产量变得很小,即资本的边际产量递减规律。我们发现在经济分析中递减的规律很多——边际报酬递减、边际效用递减,稻田条件本质上说明了资本的边际产量也是递减的。

稻田条件的数学作用是:保证经济的路径不发散——对经济均衡的存在性、稳定性至关重要。

图 9-1 所示的即为一个满足$f'(\cdot)>0$、$f''(\cdot)<0$ 和稻田条件的生产函数。

二、关于各种投入品的假定

该模型的其余假定涉及劳动、知识和资本三个存量随时间如何变动。在该模型中,时间是连续的,也就是说,该模型中的各个变量均定义于某一时点上。

另一形式为离散时间,此时各个变量仅在特定日期(通常 $t=0,1,2,\cdots$)有定义。在选择连续时间还是离散时间时,常常依据方便性。离散的好处是我们很容易用统计数据加以检验,因为数据要么是月度的,要么是季度的,要么是年度的,基本上都是离散的。索洛模型在离散时间下的含义实质上与连续时间下的相同,但在连续时间下更易于分析。

资本、劳动和知识的初始水平被看做是既定的。在短期波动理论中外生变量都是一个固定的常数,表示为 C_0、I_0、G_0、TR_0、T_0,这是在静态模型中的外生变量。在动态模型中,如果一个变量的增长率是一个固定的常数,该变量往往也是一个外生变量,但该变量的绝对量随时间还在增长。GDP 的增长率每年 10% 是一个固定的常数,但是 GDP 的绝对量年年都在不断攀升。这里要注意,在长期经济增长理论中,外生变量不再是一个固定的常数,而是时间 t 的函数,随时间 t 按照一个指数增长。

1. 劳动(外生变量)以不变的速度增长

$$\dot{L}(t)/L(t)=n \quad 或者 \quad \dot{L}(t)=nL(t)$$

一个变量上加一点表示其对时间的导数,即$\dot{X}(t)$是 $\mathrm{d}X(t)/\mathrm{d}t$ 的简写。

只要增长率是一个常数,任何时点的数值 $L(t)$ 都可以求出来,它等于初始时点的数值 $L(0)$ 乘以一个随时间增长的指数 e^{nt}。为证实这一点,注意 $L(t)=L(0)\mathrm{e}^{nt}$,意味着$\dot{L}(t)=L(0)\mathrm{e}^{nt}n=n\,L(t)$,且 L 的初始值 $L(0)\mathrm{e}^{0}=L(0)$ 为既定的常数。

2. 知识(外生变量)以不变的速度增长

$$\dot{A}(t)/A(t)=g \quad 或者 \quad \dot{A}(t)=gA(t)$$

其中,n 和 g 为外生参数,上式意味着 A 与 L 一样,都是指数增长。为证实这一点,注意 $A(t)=A(0)\mathrm{e}^{gt}$,意味着$\dot{A}(t)=A(0)\mathrm{e}^{gt}g=gA(t)$,且 A 的初始值 $A(0)\mathrm{e}^{0}$

$= A(0)$为既定的常数。

3. 资本(内生变量)取决于产量水平

产量中用于投资的比例 s 是外生的和不变的。用于投资的1单位产品产生1单位新资本。另外,现存资本的折旧率为 δ。这样,

$$\dot{K}(t) = sY(t) - \delta K(t)$$

下面我们看一下投资与储蓄的关系。

从投资看:总投资 = 净投资 + 重置投资

净投资是一个流量,是指单位时间内的资本变化量,例如,一个国家一年内资本数量的变化量。重置投资是一个存量

$$净投资 = \dot{K}(t) = \mathrm{d}K(t)/\mathrm{d}t = (K_2 - K_1)/(t_2 - t_1)$$

重置投资 = 折旧 = $\delta K(t)$,表示过去存在的资本对现在这个时点带来什么样的影响。

从储蓄看:

短期储蓄函数:$S = -C_0 + sY, Y = Y_d$(无政府)

长期储蓄函数:$S = sY, Y = Y_d$(无政府)

储蓄转化为投资:$S = I \rightarrow sY = \dot{K}(t) + \delta K(t)$

这个条件等于把短期均衡条件包括在内。如果一个国家的储蓄转化为投资,那么这个国家的总产量就稳定下来,不再变化。所以长期经济增长理论是短期均衡分析的长期化和动态化。

尽管对 n、g、δ 没有单独给予约束,但三者之和被假定为正(保证持平投资曲线是单调上升的)。这就完成了对该模型的描述。为什么 $\dot{n} + g + \delta$ 要大于0?这是为了保证这个模型最终的均衡解是存在的。有的时候数学模型看起来很完美,但是结论逻辑地隐含在前提假设中。我们后面可以看到前面的种种规定对后面均衡的存在性、稳定性、唯一性都有影响。

三、简评

由于这是我们遇到的第一个模型,这种模型还有许多,因此对建模应有如下的一般性评论。

索洛模型被以多种方式简化过。这里仅给出几个例子:只有一种产品;没有政府;就业的波动被忽略;用一个只有三种投入品的总量生产函数描述生产过程;储蓄率、折旧率、人口增长率和技术进步率均不变。自然可以认为该模型的这些特征是其缺点:该模型忽视了这个世界的许多明显特征,对于增长而言,其

中某些特征肯定是重要的。但一个模型的目的不是接近现实,归根到底,我们已经拥有一个完全现实的模型——这个世界本身。但这一"模型"的问题是它太复杂,复杂得难以理解。一个模型的目的在于为理解这个世界的特定特征提供见解。为了达到这个目的,把不必要的因素简化是必需的。如果一个简化性假定使一个模型对所探讨的问题给出了不正确的答案,那么缺乏现实性可能是一个缺点(即使在这种情况下,这种简化也可能是一个有用的参照点,因为它在一种理想情境中明确展现了这个世界的这些特征的后果)。然而,如果这种简化并未使该模型对所探讨的问题给出不正确的答案,那么缺乏现实性就是一个优点:通过更为清楚地隔离所关注的效应,这种简化使问题更易于理解。

张五常说:世界是复杂的,用复杂的理论去解释世界的机会是零。而简单的理论要经过复杂的精炼。

第三节　索洛模型中均衡的决定

经济增长模型的动态学分析要回答以下两个问题:

第一,在外生变量既定的条件下,均衡点要如何决定?均衡是否存在?是否稳定?是否唯一?达到稳定性均衡状态,就称为踏上了经济的平衡增长路径。在平衡增长路径上,经济到底体现出什么特点?存在哪些经济现象?另外如果从非均衡趋向于均衡,收敛的速度到底有多快?相当于作静态均衡分析。本节着重讨论第一个问题。

第二,如果外生变量发生变化,那么均衡相应会发生何种移动?比较新旧两个均衡状态,具体讨论旧均衡向新均衡的实际运动过程,相当于作比较静态均衡分析和动态均衡分析。下一节着重讨论第二个问题。

一、k 的动态学——均衡的存在性

1. 均衡的定义

三种投入品中的两个,即劳动和知识的变动是外生的。这样,为描述该经济的行为特征,我们必须分析第三个投入品,也是唯一的内生变量——资本的行为。

根据均衡的定义,均衡是对立的、变动着的经济变量处于一种力量相当、相对静止、不再变动的境界。如果均衡存在,应该有:

$$\dot{k} = \mathrm{d}k/\mathrm{d}t = 0$$

(1) 求均衡解的方法之一——链式法

由于经济可能随时间增长,那么着重考虑每单位有效劳动的平均资本存量 k 而非未经调整的资本存量 K 就较为方便了。由于 $k=K/AL$,k 是 K、L 和 A 的一个函数,其中每一个又是 t 的函数,用链式法则可得:

∵ $t \to A、K、L \to k$

∴ $\partial k/\partial t=(\partial k/\partial K)(\mathrm{d}K/\mathrm{d}t)+(\partial k/\partial L)(\mathrm{d}L/\mathrm{d}t)+(\partial k/\partial A)(\mathrm{d}A/\mathrm{d}t)$——隐函数求导法

$\dot{k}=(\partial k/\partial K)\dot{K}+(\partial k/\partial L)\dot{L}+(\partial k/\partial A)\dot{A}$——链式法则

(2) 求均衡解的方法之二——定式法

∵ $k=K/AL$

∴ 两边取 ln,得到:$\ln k=\ln K-\ln L-\ln A$

两边对 t 求导,得到:

$(1/k)(\mathrm{d}k/\mathrm{d}t)=(1/K)(\mathrm{d}K/\mathrm{d}t)-(1/L)(\mathrm{d}L/\mathrm{d}t)-(1/A)(\mathrm{d}A/\mathrm{d}t)$

即:$\dot{k}/k=\dot{K}/K-\dot{L}/L-\dot{A}/A$

一个变量的增长率指的是其变动率 $\dot{X}/X$,易于证明:

两个变量之积的增长率等于其增长率之和——定式 1

$$(X_1\dot{X}_2)/(X_1X_2)=\dot{X}_1/X_1+\dot{X}_2/X_2$$

两个变量之比的增长率等于其增长率之差——定式 2

$$(X_1/\dot{X}_2)/(X_1/X_2)=\dot{X}_1/X_1-\dot{X}_2/X_2$$

根据已知条件:$\dot{K}=sY-\delta K$;$\dot{L}/L=n$;$\dot{A}/A=g$

$\dot{k}/k=\dot{K}/K-\dot{L}/L-\dot{A}/A=(sY-\delta K)/K-n-g=sY/K-\delta-n-g$

$$\begin{aligned}\dot{k}&=(sY/K-\delta-n-g)k=[s(Y/AL)/(K/AL)]k-(n+g+\delta)k\\&=(sy/k)k-(n+g+\delta)k=sf(k)-(n+g+\delta)k\end{aligned}$$

如果均衡存在,应该有:

$$\dot{k}=sf(k)-(n+g+\delta)k=0$$

这是索洛模型的关键方程。对其的求解有一定困难,$f(k)$没有一个显型,它代表的一类生产函数的具体形式是未知的。比如,$f(k)$到底是柯布-道格拉斯生产函数,还是 CES 生产函数,还是线性生产函数?假定 $f(k)$是柯布-道格拉斯生产函数:$f(k)=k^a$,$0<a<1$,也很难判断 $sk^a-(n+g+\delta)k=0$ 是否一定有解。

2. 均衡的存在性、唯一性

为了求解,现在我们把方程 $sk^{a}-(n+g+\delta)k=0$ 变形为:

$$sf(k) = (n+g+\delta)k$$

方程两边都是 k 的函数,分别从等式的两边看:

左边 $=sf(k)$,$f(k)$是 k 的函数,满足 $f'(k)>0$、$f''(k)<0$ 和稻田条件。s 为一个固定的常数,则 $sf(k)$也是 k 的函数,并且是一条满足 $sf'(k)>0$、$sf''(k)<0$ 和稻田条件的曲线(见图 9-2)。

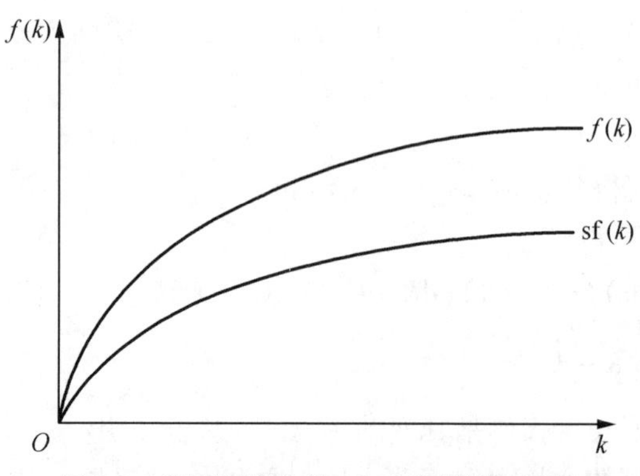

图 9-2 实际投资曲线 $sf(k)$ 变得更加平坦

右边 $=(n+g+\delta)k$,也是 k 的函数。根据前提假设:$n+g+\delta>0$,则$(n+g+\delta)k$ 是一条斜率为$(n+g+\delta)$的单调上升的直线(见图 9-3)。

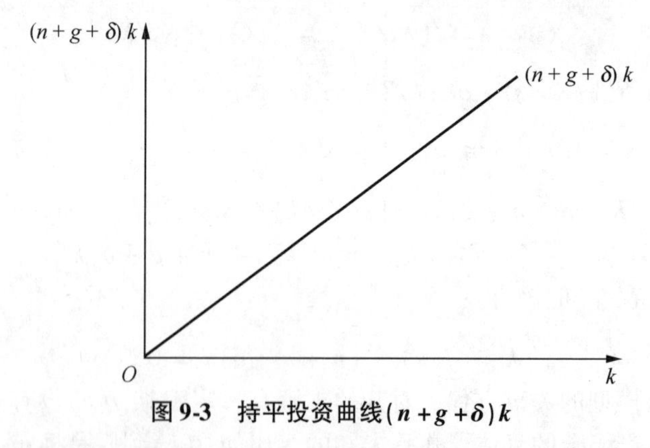

图 9-3 持平投资曲线 $(n+g+\delta)k$

这样,我们就把问题转化了,把一个方程是否一定有解的问题转化为两条线——一条曲线和一条直线是否相交的问题。

由于$f(0)=0$,因此,当 $k=0$ 时,在原点,曲线 $sf(k)$和直线$(n+g+\delta)k$ 一定有交点——视为特例。除原点以外,随着 k 的增长,即 $k>0$ 时,曲线 $sf(k)$和直线$(n+g+\delta)k$是否一定有交点？有无可能出现如图9-4所示的两种情况？

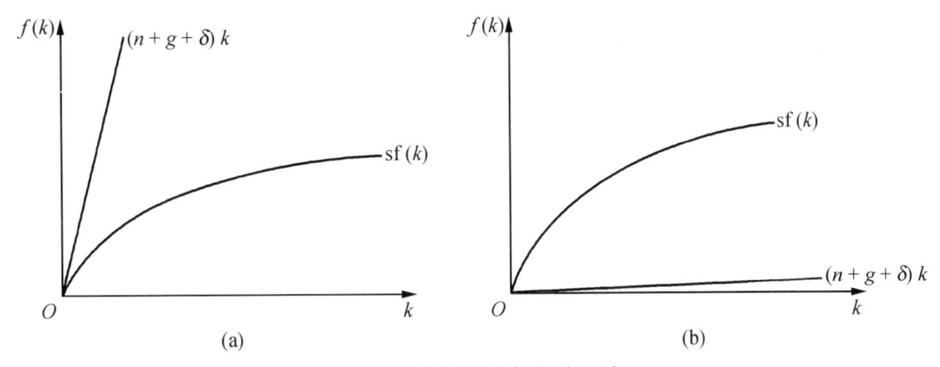

图9-4　均衡解不存在的可能

根据稻田条件：

(1) $\lim\limits_{k\to 0} sf'(k)=\infty$，当$k$趋于0时，$sf'(k)$趋于无穷大，得到$sf'(k)>(n+g+\delta)$。说明$sf(k)$在原点垂直，比直线$(n+g+\delta)k$陡峭。稻田条件保证开始的时候，曲线一定比直线陡峭，不会出现图9-4(a)的情况。

(2) $\lim\limits_{k\to\infty} sf'(k)=0$，当$k$趋于无穷大时，$sf'(k)$趋于0，即$sf'(k)<(n+g+\delta)$。说明$sf(k)$在$k$趋于无穷大时，比直线$(n+g+\delta)k$平坦。最后，在$k$趋于无穷大时，不会出现图9-4(b)的情况。

因为生产函数单调上升并且是凹的，说明一阶导大于0，二阶导小于0，最终曲线斜率一定趋向于水平，因为一阶导在递减。对终点规定的稻田条件实际上是不需要的，可以说过于严格地保证了均衡的存在性。

开始的时候，曲线$sf(k)$先比直线$(n+g+\delta)k$陡峭，然后随着k的上升，曲线$sf(k)$逐渐变得比直线$(n+g+\delta)k$平坦，说明这两条线必定存在一个交点。前面对$(n+g+\delta)$有一个大于0的假定，这就意味着这条线一定是单调上升的。有时候基本前提假设把结果都已经设定了，结论逻辑地隐含在前提假设中。

最后，$f''(k)<0$，意味着$sf(k)$不会从以递减的速率上升变成以递增的速率上升，不会从抛物线式上升变成火箭式上升。在$k>0$时，这两条线只相交一次。如图9-5所示，两条线可能会存在几个交点，如果曲线先凹后凸然后再凹，这两条线至少有三个交点，存在多重均衡的可能。曲线二阶导小于0表明，曲线不存在凹凸性的变化，两条线必定只交一次，不会有多重均衡存在的可能性。

因此，用k^*表示当两条线相交时的k值，得到：

$$sf(k^*)=(n+g+\delta)k^*$$

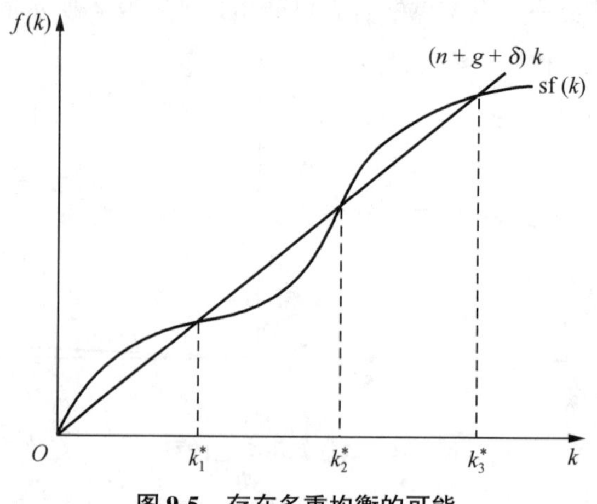

图 9-5　存在多重均衡的可能

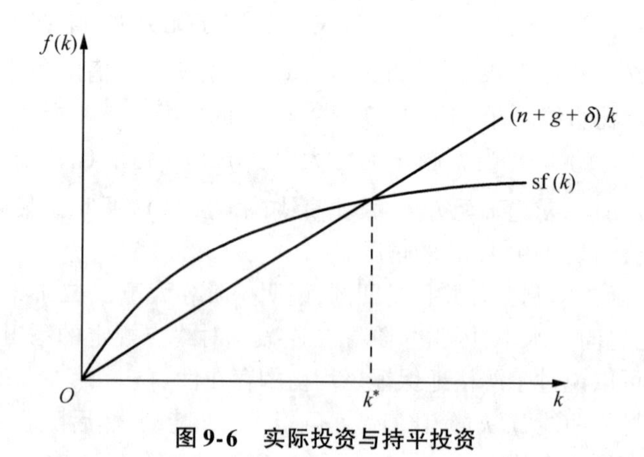

图 9-6　实际投资与持平投资

3. 均衡点的经济含义

$$\dot{k} = sf(k^*) - (n + g + \delta)k^* = 0$$

均衡点表明,每单位有效劳动的平均资本存量的变动率是两项之差。

第一项 $sf(k)$ 是每单位有效劳动的平均实际投资:每单位有效劳动的平均产量为 $f(k)$,该产量中用于投资的比例为 s。

第二项 $(n+g+\delta)k$ 是持平投资(break-even investment),即保证 k 稳定在现有的均衡水平 k^* 上所需要的投资。为防止 k 下降,必须进行一些投资,其原因有二:

第一,现有资本有折旧,这一部分资本必须予以补足以防止资本存量下降,这就是 δk 项。

第二,有效劳动的数量是增长的。这样,恰好足以使资本存量 K 不变的投资并不足以保持每单位有效劳动的平均资本存量 k 不变。相反,由于有效劳动的数量以 $n+g$ 增长,资本存量也必须以 $n+g$ 增长以保持 k 的稳定。这就是 $(n+g)k$ 项。

二、k 的动态学——均衡的稳定性

开始的时候,一个国家每单位有效劳动的平均资本量可能高,也可能低,但是随着时间的推移,最终是不是一定趋向均衡,这是一个很关键的问题。不管 k 从何处开始,它是否都在向 k^* 收敛?均衡 k^* 是否稳定,一旦偏离 k^* 是否有力量使之回复均衡?经济学中只对稳定性均衡感兴趣,稳定性均衡是指可重复发生的、有规律性的事情;非稳定性均衡意味着可遇不可求的事情。

由索洛模型的关键方程:

$$\dot{k} = sf(k) - (n+g+\delta)k = 0$$

可知 $\dot{k}$ 是 k 的函数,设 $\dot{k}=\phi(k)$,我们可以画出 $\dot{k}$ 随 k 变化的相图。

1. 一阶导 $\mathrm{d}\dot{k}/\mathrm{d}k$ 决定 $\dot{k}$ 的单调性

$$\mathrm{d}\dot{k}/\mathrm{d}k = sf'(k) - (n+g+\delta)$$

一阶导是大于0、等于0,还是小于0,关键取决于 k 所处的位置,如果 k 极小,$f'(k)$ 趋向于正无穷;如果 k 很大,$f'(k)$ 趋近于0,所以三种可能性并存:

如果 $\mathrm{d}\dot{k}/\mathrm{d}k=sf'(k)-(n+g+\delta)>0$,说明 $\dot{k}$ 随 k 上升而单调上升;

如果 $\mathrm{d}\dot{k}/\mathrm{d}k=sf'(k)-(n+g+\delta)=0$,说明 $\dot{k}$ 达到极值;

如果 $\mathrm{d}\dot{k}/\mathrm{d}k=sf'(k)-(n+g+\delta)<0$,说明 $\dot{k}$ 随 k 上升而单调下降。

2. 二阶导 $\mathrm{d}^2\dot{k}/\mathrm{d}k^2$ 决定 $\dot{k}$ 的凹凸性

$\mathrm{d}^2\dot{k}/\mathrm{d}k^2=sf''(k)<0$,说明 $\dot{k}$ 以递减的速率单调上升,即 $\dot{k}$ 随 k 上升而凹向原点。

图9-7以相图的形式对此作了总结。在相图中,$\dot{k}$ 被表示为 k 的一个函数,这个图实际上已经把均衡点是否稳定的问题回答了。

∵ 存在一个 k,使:$\dot{k}=\phi(k)=0$

∴ 定义使 $\dot{k}=\phi(k)=0$ 中的 k 为 k^* 可能存在三种情况:

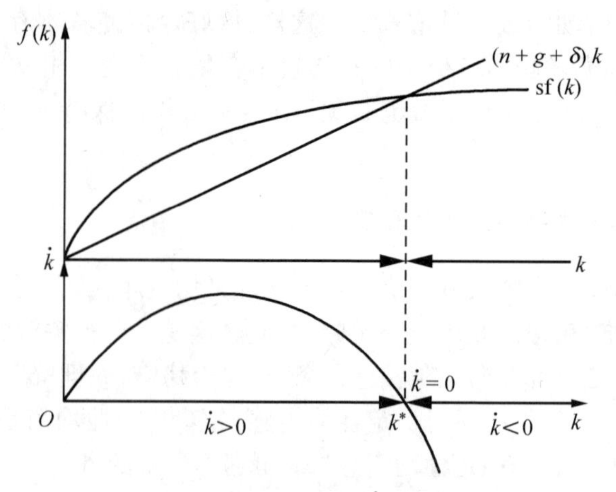

图 9-7　索洛模型中 $\dot{k}$ 的相图

(1) 如果 k 最初小于 k^*,$k_1<k^*$

从相图可见,在 k^* 以左的 k_1 存在 $\dot{k}>0$。

其数学含义为:k_1 不稳定,还要继续增长,向 k^* 趋近,并且:

$$\dot{k} = sf(k_1) - (n+g+\delta)k_1 > 0$$
$$sf(k_1) > (n+g+\delta)k_1$$

其经济含义为:如果每单位有效劳动的平均实际投资大于所需的持平投资,则 k 上升。

(2) 如果 k 最初大于 k^*,$k_2>k^*$

从相图可见,在 k^* 以右的 k_2,存在 $\dot{k}<0$。

其数学含义为:k_2 不稳定,还要继续下降,向 k^* 趋近,并且:

$$\dot{k} = sf(k) - (n+g+\delta)k < 0$$
$$sf(k) < (n+g+\delta)k$$

其经济含义为:如果每单位有效劳动的平均实际投资小于所需的持平投资,则 k 下降。

(3) 如果 k 最初恰好等于 k^*,$k=k^*$

从相图可见,在 k^* 处存在 $\dot{k}=0$。

其数学含义为:k^* 稳定、不变。

$$\dot{k} = sf(k^*) - (n+g+\delta)k^* = 0$$
$$sf(k^*) = (n+g+\delta)k^*$$

其经济含义为：如果每单位有效劳动的平均实际投资等于所需的持平投资，则 k 不变。

结论：不管 k 从何处开始，它都向 k^* 收敛。如果 k 最初为0，根据已知条件：$f(0)=0$，则满足：$\dot{k}=sf(0)-(n+g+\delta)0=0$。$k$ 就会停留在原地，我们忽略这种可能性。

3. k 上升或者下降的经济含义

(1) k 上升的经济含义

如果每单位有效劳动的平均实际投资大于所需的持平投资，$sf(k)>(n+g+\delta)k$，即 $\dot{k}=sf(k)-(n+g+\delta)k>0$ 为什么 k 会上升？

两边同除以 $k(k>0)$，得到：$\dot{k}/k=sf(k)/k-(n+g+\delta)>0$

即 $\dot{k}/k=\dot{K}/K-\dot{L}/L-\dot{A}/A>0$

即 $\dot{K}/K>\dot{L}/L+\dot{A}/A$

如果资本的增长率大于劳动和知识的增长率，资本对劳动来讲，变得更富裕，说明资本市场供给大于需求，导致资本价格（利率）下降，资本边际成本就下降。这时会发生替代，厂商用资本替代劳动。L 下降的同时 K 增加，导致 (K/L) 上升、(K/AL) 上升，即 k 上升。

(2) k 下降的经济含义

如果每单位有效劳动的平均实际投资小于所需的持平投资，$sf(k)<(n+g+\delta)k$，即 $\dot{k}=sf(k)-(n+g+\delta)k<0$ 为什么 k 会下降？

两边同除以 $k(k>0)$，得到：$\dot{k}/k=sf(k)/k-(n+g+\delta)<0$

即 $\dot{k}/k=\dot{K}/K-\dot{L}/L-\dot{A}/A<0$

即 $\dot{K}/K<\dot{L}/L+\dot{A}/A$

如果资本的增长率小于劳动和知识的增长率，劳动对资本来讲，变得更富裕，说明劳动力市场供给大于需求，导致劳动力价格（工资）下降，劳动力边际成本就下降。这时会发生替代，厂商用劳动替代资本。L 增加的同时 K 下降，导致 K/L 下降、K/AL 下降，即 k 下降。

如图9-8所示，纵轴代表资本，横轴代表劳动，有一条正常形状的等产量曲线。等产量曲线的曲度体现了两种要素之间可替代的程度。两种要素越可以完全替代，等产量曲线越接近于一条直线；两种要素之间替代率越低，总产量曲线越凸向原点，极限是一条直角凸的等产量曲线，说明两种要素之间完全不能替代。索洛模型得到的是一条正常形状的等产量曲线，说明两种要素之间可以相互替代。

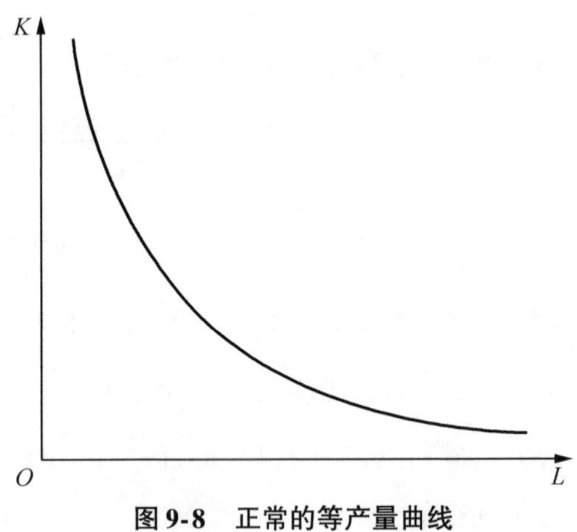

图 9-8　正常的等产量曲线

索洛模型的结论:只要市场机制是完善的,经济依靠自身的力量就可以实现稳定增长。

三、与非稳定性均衡:哈罗德-多马模型的比较

哈罗德-多马模型是由哈罗德(Roy F. Harrod, 1939)和多马(Evsey Domar, 1946)提出的,它认为经济增长达到的均衡是非稳定性均衡,经济均衡增长的道路是非常狭窄的,相当于走在刀尖上,稍有偏离,就很难回复到原来的均衡状态。

假定生产函数为里昂惕夫函数:$Y(t)=\min[c_K K(t), c_L e^{gt} L(t)]$,其中 c_K、c_L 和 g 均为正。与索洛模型一样,$\dot{L}(t)=nL(t)$,$\dot{K}(t)=sY(t)-\delta K(t)$, $\dot{A}(t)=gA(t)$,最后,假定 $c_K K(0)=c_L L(0)$。

$Y(t)=\min[c_K K(t), c_L e^{gt} L(t)]$ 也是一个劳动增进型的生产函数,表明等产量曲线为直角凸的形状(见图 9-9)。产量取决于两种要素投入中数量少的要素最多能达到的产量。两种要素投入——资本和劳动要有一个配合的比例,c_K 是资本要素投入比例,c_L 是劳动要素投入比例。两种要素配合的比例微观经济学中叫做生产的技术系数,都是外生的。e^{gt} 很显然是一个技术进步率,实际上相当于 A 的作用,和前面的劳动增进型的生产函数一样,技术进步的作用使劳动的边际产量递增。

等产量曲线取决于两种要素投入数量中少的那个所能达到的产量。大家听说过"箍桶原理",用竖着的木条来箍木桶,最终木桶的容量取决于最短的木条的长度,直角凸的生产函数相当于有一个短边约束。

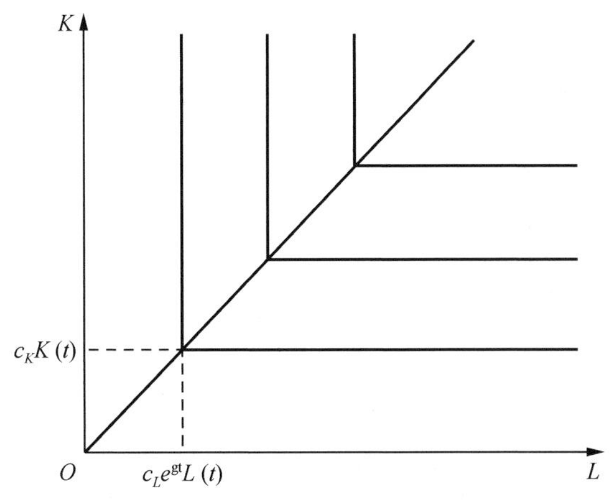

图 9-9　直角凸的等产量曲线

直角凸的等产量曲线的性质类似于微观经济学中举过的一个例子,一个镜框配两个镜片,然后达到一副眼镜的产量。如果只有一副镜框,镜片再多也没有用,还是一副眼镜的产量;只有两个镜片,镜框再多,也还是一副眼镜的产量。要使眼镜的数量增长,要按照一个既定的投入比例,按照对角线来扩展产量。

直角凸的生产函数,说明劳动和资本两种要素之间不能够完全替代,市场机制不完善。哈罗德–多马模型的隐含前提就是:要素 K 与 L 之间不能自由替代,市场机制不能自发调节。

1. k 的动态学——均衡的存在性

由于 $k=K/AL$,用链式法则可得:

$$\dot{k}/k = \dot{K}/K - (A\dot{L})/AL$$

如果均衡存在,应该有:$\dot{k}/k=\dot{K}/K-(A\dot{L})/AL=0$

即:$\dot{K}/K=(A\dot{L})/AL$

哈罗德–多马模型中,要素 K 的投入数量是 $c_K K(t)$,所以 K 的增长率应该是 $[c_K\dot{K}(t)]/[c_K K(t)]$,这是按照均衡的定义得来的。资本的增长率取决于实际投资,实际投资是产量水平的函数,这就是实际增长率,相当于索洛模型中的 $sf(k)$ 项。

$$\begin{aligned}\dot{K}(t)/K(t) &= [c_K\dot{K}(t)]/[c_K K(t)] \\ &= \dot{K}(t)/K(t) = [sY(t)-\delta K(t)]/K(t) \\ &= sY(t)/K(t) - \delta \text{—— 实际增长率}\end{aligned}$$

$$[A(t)\dot{L}(t)]/[A(t)L(t)] = [c_L e^{gt}\dot{L}(t)]/[c_L e^{gt}L(t)]$$

$$= c_L[e^{gt}gL(t) + e^{gt}\dot{L}(t)]/[c_L e^{gt}L(t)]$$

$$= [gL(t) + \dot{L}(t)]/L(t) = [gL(t) + nL(t)]/L(t)$$

$= n + g$—— 自然增长率

实际增长率就是资本的增长率,自然增长率就是有效劳动的增长率,要达到平衡增长路径,必须满足两个增长率相等。

$$\dot{K}(t)/K(t) = [A(t)\dot{L}(t)]/[A(t)L(t)]$$

$$sY(t)/K(t) - \delta = g + n$$

直角凸的等产量曲线意味着,两种要素不能自由替代,沿着固定的路径扩张产量是最优的,即两种要素投入的技术系数是固定的,$K(t)/L(t) = c_L e^{gt}/c_K$ 为一个固定的常数。对厂商来讲这是一个最优的生产扩展的道路,按照扩展线走,两种要素都不浪费。

2. 直角凸的等产量曲线的性质

(1) 最优路径增长

如果对于所有 t,有 $c_K K(t) = c_L e^{gt}L(t)$ 成立,则 $Y(t) = c_K K(t) = c_L e^{gt}L(t)$ 意味着按照最优路径增加产量。

实际增长率 $= sY(t)/K(t) - \delta = sc_K K(t)/K(t) - \delta$

$= sc_K - \delta$—— 有保证的增长率

$$sY(t)/K(t) - \delta = n + g = sc_K - \delta$$

$sY/K - \delta$ 是实际增长率,$n + g$ 是自然增长率,按照均衡条件,资本的增长率应该等于有效劳动的增长率。把 Y/K 用 c_K 代入后就变成了一个有保证的(或者称为令人满意的)增长率,这是特定生产函数要满足的优化路径。所以三个增长率相等就能达到均衡,经济就能达到一个稳定状态。

外生变量 c_K、g、s、δ 和 n 由不同因素决定,五个外生变量要想满足这个式子很不容易,说明经济增长的道路非常狭窄,所以称为“刃尖”上的增长。

偏离最优路径将会有两种情形:第一种情形是有效劳动的增长率大于资本的增长率。从直觉上讲,有效劳动的增长率大于资本的增长率,失业将随着时间的推移不断地增加,这是哈罗德-多马模型的第一个结论。第二种情形可能是有效劳动的增长率小于资本的增长率。随着时间的推移,资本越来越多,越来越富余,所以资本的利用率将会下降。

(2) 偏离最优路径增长的第一种情形

按照最优路径增长,需要的劳动力数量为 $L(t)^* = c_K K(t)/c_L e^{gt}$。

实际失业量 $= L(t) - c_K K(t)/c_L e^{gt}$

实际失业率 u = 实际失业量 $/L(t) = 1 - c_K K(t)/[c_L e^{gt} L(t)]$

$1 - u = c_K K(t)/[c_L e^{gt} L(t)]$

$(1 - \dot{u})/(1 - u) = [c_K \dot{K}(t)]/c_K K(t) - [c_L e^{gt} \dot{L}(t)]/[c_L e^{gt} L(t)]$

$\because\ [c_K \dot{K}(t)]/[c_K K(t)] < [c_L e^{gt} \dot{L}(t)]/[c_L e^{gt} L(t)]$，即：$(1 - \dot{u})/(1 - u) < 0$

又$\because\ 1 - u > 0$，即：$(1 - \dot{u}) < 0$

$\therefore\ \dot{u} = du/dt > 0$

说明 u 与 t 同方向变动，随着时间的推移，失业率会不断上升。

也可以直接用 u 对 t 求一阶导来求证，实际失业率随时间的变化为：

$$du/dt = d\{1 - c_K K(t)/[c_L e^{gt} L(t)]\}/dt$$

$$= -\{c_L e^{gt} L(t) c_K \dot{K}(t) - c_K K(t)[c_L e^{gt} \dot{L}(t)]\}/[c_L e^{gt} L(t)]^2$$

$$= -\{c_L e^{gt} L(t) c_K \dot{K}(t) - c_K K(t)[c_L e^{gt} g L(t) + c_L e^{gt} \dot{L}(t)]\}/[c_L e^{gt} L(t)]^2$$

$$= -\{c_L e^{gt} L(t)[c_K \dot{K}(t) - c_K K(t)[g + n]\}/[c_L e^{gt} L(t)]^2$$

$$= -[c_K \dot{K}(t) - c_K K(t)[g + n]\}/[c_L e^{gt} L(t)]$$

$$= -c_K[sY(t) - \delta K(t) - K(t)(g + n)]/[c_L e^{gt} L(t)]$$

$$= -c_K K(t)[sY(t)/K(t) - \delta - (g + n)]/[c_L e^{gt} L(t)]$$

$$= [sY(t)/K(t) - \delta - (g + n)]\underbrace{[-c_K K(t)]/[c_L e^{gt} L(t)]}_{u-1}$$

$$= (1 - u)[g + n - sY(t)/K(t) + \delta]$$

$\because\ [c_K \dot{K}(t)]/[c_K K(t)] < [c_L e^{gt} \dot{L}(t)]/[c_L e^{gt} L(t)]$，即：$sY(t)/K(t) - \delta < n + g$

$\therefore\ \dot{u} = du/dt > 0$

(3) 偏离最优路径增长的第二种情形

按照最优路径增长，需要的资本数量为 $K(t)^* = c_L e^{gt} L(t)/c_K$。

$$\text{资本利用率 } r = c_L e^{gt} L(t)/[c_K K(t)]$$

$$\dot{r}/r = [c_L e^{gt} \dot{L}(t)]/[c_L e^{gt} L(t)] - [c_K \dot{K}(t)]/c_K K(t)$$

$\because\ [c_K \dot{K}(t)]/[c_K K(t)] > [c_L e^{gt} \dot{L}(t)]/[c_L e^{gt} L(t)]$，即：$\dot{r}/r < 0$

又$\because\ r > 0$，即：$\dot{r} < 0$

$\therefore\ \mathrm{d}r/\mathrm{d}t<0$

说明 r 与 t 反方向变动,随着时间的推移,资本利用率会不断下降。

也可以直接用 r 对 t 求一阶导来求证:

$$\begin{aligned}\mathrm{d}r/\mathrm{d}t &= \{[c_L \mathrm{e}^{gt}\dot{L}(t)]c_K K(t) - c_L \mathrm{e}^{gt} L(t) c_K \dot{K}(t)\}/[c_K K(t)]^2 \\ &= \{[c_L \mathrm{e}^{gt} g L(t) + c_L \mathrm{e}^{gt}\dot{L}(t)]c_K K(t) - c_L \mathrm{e}^{gt} L(t) c_K \dot{K}(t)\}/[c_K K(t)]^2 \\ &= c_L \mathrm{e}^{gt} L(t)[(g+n)c_K K(t) - c_K \dot{K}(t)]/[c_K K(t)]^2 \\ &= \{[(g+n)c_K K(t) - c_K[sY(t) - \delta K(t)]\}c_L \mathrm{e}^{gt} L(t)/[c_K K(t)]^2 \\ &= \{[(g+n) - [sY(t)/K(t) - \delta]\}\underbrace{c_L \mathrm{e}^{gt} L(t)/[c_K K(t)]}_{r} \\ &= r[g+n-sY(t)/K(t)+\delta]\end{aligned}$$

$\because\ [c_K\dot{K}(t)]/[c_K K(t)]>[c_L \mathrm{e}^{gt}\dot{L}(t)]/[c_L \mathrm{e}^{gt} L(t)]$,即:$sY(t)/K(t)-\delta>n+g$

$\therefore\ \mathrm{d}r/\mathrm{d}t<0$

哈罗德-多马模型的结论:只要市场机制不完善(要素不能自由替代),经济依靠自身的力量就很难实现稳定增长。经济增长达到的均衡是非稳定性均衡。能够实现的均衡增长相当于在刀尖上行走,要么左偏,要么右偏,要么失业率随着时间在不断攀升,要么资本利用率随着时间在不断下降。

索洛模型与哈罗德-多马模型最关键的差别在于两种不同的生产函数到底能不能自由替代,市场机制到底是不是完善的、健全的。

四、平衡增长路径上存在的经济现象

达到稳定性均衡状态,就称为踏上了经济的平衡增长路径。在平衡增长路径上,经济到底体现出什么特点?在稳态均衡的路径上存在哪些经济现象?均衡的 k^* 不变,并不等于那些投入的要素 K、A、L 也是不变的,它们的增长率处于一个稳定的状态,而它们的绝对量每时每刻都在不断变化。索洛模型中,达到稳态均衡跟卡尔多描述的经济增长的三个特征事实之间有什么关系?这是我们要研究的问题。

1. 资本($\dot{K}/K$)的增长率大体上是常数,且大于劳动的增长率

$\because\ \dot{k}/k=\dot{K}/K-\dot{L}/L-\dot{A}/A=0$

$\therefore\ \dot{K}/K=\dot{L}/L+\dot{A}/A=n+g>n$

2. 资本—产量比(K/Y)近似为常数

对 A 进入生产函数的这种设定方式,与该模型的其他假定一起,意味着资本—产量比(K/Y)最终将稳定下来。实际上,就较长期限来看,资本—产量比并未表现出任何明显的向上或向下的趋势。另外,在建立模型时,若能使这一比例最终不变,将使分析非常简单。

$$K/Y = (K/AL)/(Y/AL) = k/y = k/f(k)$$

$\because\ sf(k^*) - (n+g+\delta)k^* = 0$

$\therefore\ K/Y = k^*/f(k^*) = s/(n+g+\delta) = 1/v$

如图 9-10 所示,对应于 k^* 点,在 $f(k^*)$ 上,连接一条从原点出发的射线,射线斜率 v 的倒数 $1/v$ 即资本—产量比。

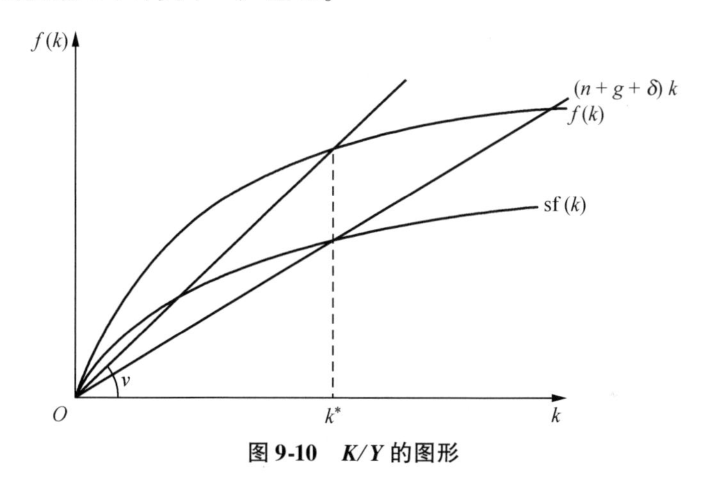

图 9-10 K/Y 的图形

3. 总产量的增长率($\dot{Y}/Y$)大体上是常数,且大于劳动的增长率

规模报酬不变的假定意味着产量 Y 也以这一比例增长。

$\because\ K/Y = s/(n+g+\delta)$,即:$\dot{K}/K - \dot{Y}/Y = 0$

$\therefore\ \dot{K}/K = \dot{Y}/Y = n+g > n$

4. 人均资本量(K/L)和人均产量(Y/L)以比例 g 增长

在该路径上,人均产量的增长率仅仅决定于技术进步率。

$\tilde{y}$ 代表人均产量。y 是每单位有效劳动的平均产量,是比人均产量水平更低的、更小的份额。人均的并不是经济中的最小单位,每单位有效劳动平均的才是经济中的最小单位。

设 $\tilde{y} = Y/L$,即:$\dot{\tilde{y}}/\tilde{y} = \dot{Y}/Y - \dot{L}/L = (n+g) - n = g$

设 $\tilde{k} = K/L$,即:$\dot{\tilde{k}}/\tilde{k} = \dot{K}/K - \dot{L}/L = (n+g) - n = g$

5. 在总产量的构成中,工资和利润的分配份额相当稳定

如果单纯从理论分析,经济增长并不会导致贫富差距悬殊。无论是劳动分配的份额(劳动的收入是工资),还是资本收入的份额(资本的收入是利息),都在总产量中保持一个稳定的比例。经济增长并不会带来一个国家收入分配的巨大差别。按照卡尔多的描述经济增长的结果就是:蛋糕越做越大,而分蛋糕的比例是既定的。

这一点怎么证明呢?首先看工资和利润的表达式到底是什么,工资和利润在市场上各自按照各自的边际产量来定价,我们分别用 Y 对 L 和 K 求一阶偏导:

$$Y = ALf(k), \quad k = K/AL$$

$\because$ $f(k)$是 L 的隐函数,用隐函数求导法,L 不变,$f(k)$对 L 求导:

$$\begin{aligned}\because\ \partial Y/\partial L &= Af(k) + ALf'(k)(K/A)(-1/L^2)\\ &= Af(k) - f'(k)(K/L) = A[f(k) - f'(k)(K/AL)]\\ &= A[f(k) - kf'(k)]\text{——劳动的边际产量}\end{aligned}$$

$\because$ $f(k)$是 K 的隐函数,用隐函数求导法,AL 不变,$f(k)$对 K 求导:

$$\begin{aligned}\therefore\ \partial Y/\partial K &= ALf'(k)(1/AL)\\ &= f'(k)\text{——资本的边际产量}\end{aligned}$$

每种要素按边际产量取得报酬,即:

工资 $w = \partial Y/\partial L = A[f(k) - kf'(k)]$, 利润 $r = \partial Y/\partial K = f'(k)$

分蛋糕的原则是:每种要素的边际产量乘以要素的投入数量,刚好把总产量瓜分殆尽,这是微观经济学中证明的欧拉定律。

$$\begin{aligned}wL + rK &= A[f(k) - kf'(k)]L + f'(k)K = ALf(k) - Kf'(k) + f'(k)K\\ &= ALf(k) = Y\end{aligned}$$

$\because$ $Y = Kf'(k) + AL[f(k) - kf'(k)]$

$\therefore$ 等式两边同除以 AL,得到:$Y/AL = (K/AL)f'(k) + f(k) - kf'(k)$

令 $y = Y/AL = f(k)$,得到:$y = f(k) = kf'(k) + [f(k) - kf'(k)]$

$\because$ 存在均衡 k^*

$\therefore$ 存在均衡的、不变的、固定的 $k^*f'(k^*)$和$[f(k^*) - k^*f'(k^*)]$

$k^*f'(k^*)$ = 资本的报酬,$f(k^*) - k^*f'(k^*)$ = 劳动的报酬

如图9-11所示,实际投资和持平投资线的交点得到一个均衡的 k^*,k^*上升到$f(k^*)$上去,过这一点有一条切线,切线的斜率就是$f'(k^*)$。切线越平坦,$f'(k^*)$越小,资本的报酬越少;切线越陡峭,$f'(k^*)$越大,资本的报酬就越多。

$wL + rK = Y$ 两边同时除以 Y,得到:$wL/Y + rK/Y = 1$

wL/Y 是劳动的报酬占总产量的份额,rK/Y 是资本的报酬占总产量的份额。

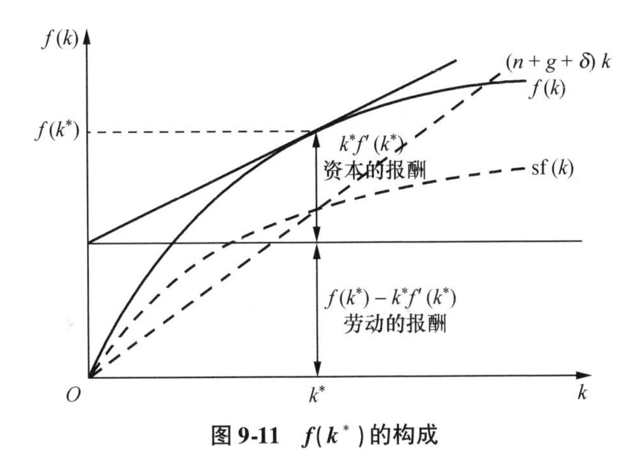

图 9-11 $f(k^*)$的构成

劳动的报酬所占的份额的增长率为：

$$(wL/\dot{Y})/(wL/Y) = \dot{w}/w + \dot{L}/L - \dot{Y}/Y = \dot{w}/w + n - (n+g)$$

$$w = A[f(k) - kf'(k)]$$

$$\dot{w}/w = \dot{A}/A + [f(k) - kf'(\dot{k})]/[f(k) - kf'(k)]$$

$$= \dot{A}/A + \{f'(k)\dot{k} - [f'(k)\dot{k} + kf''(k)\dot{k}]\}/[f(k) - kf'(k)]$$

$$= \dot{A}/A - kf''(k)\dot{k}/[f(k) - kf'(k)]$$

∵ 在平衡增长路径上，$\dot{k}=0$

∴ $\dot{w}/w = \dot{A}/A = g, [wL/\dot{Y}]/(wL/Y) = \dot{w}/w - g = 0$

劳动的报酬所占的份额的增长率为 0，意味着劳动的报酬所占的份额不随时间变动。

$$(wL/\dot{Y}) = 0$$

资本的报酬所占的份额的增长率为：

$$(rK/\dot{Y})/(rK/Y) = \dot{r}/r + \dot{K}/K - \dot{Y}/Y = \dot{r}/r + (n+g) - (n+g) = \dot{r}/r$$

∵ $r = f'(k)$

∴ $\dot{r}/r = f'(\dot{k})/f'(k) = f''(k)\dot{k}/f'(k)$

∵ 在平衡增长路径上，$\dot{k}=0$

∴ $\dot{r}/r = f''(k)\dot{k}/f'(k) = 0$，

资本的报酬所占的份额的增长率为 0，意味着资本的报酬所占的份额不随时间变动。

$$(rK/\dot{Y}) = 0$$

结论:总产量中分配给资本和劳动的份额各自不变。

这样,索洛模型意味着,不管出发点如何,经济向一平衡增长路径收敛。在平衡增长路径上,该模型中的每个变量的增长率都是常数。索洛模型的稳态——平衡增长路径上存在的现象,可以完美地印证卡尔多所描述的、工业化国家100年发展中的特征事实。

五、*k* 收敛的速度

一个经济如果必然踏上稳态的路径,将会实现平衡增长,但是趋向平衡增长的速度有多快呢?这个速度到底取决于哪些变量?实际中,我们不仅关心某种变化的最终结果,也关心这种效果出现的快慢。我们仍可利用对长期均衡的近似来探讨这一问题。经济可以开始于任何一个 k,而稳态是 k^*,收敛的速度从数学的角度来看,就是它们两者之间的差别随时间增长率的变化。

$$k\text{ 向 }k^*\text{ 收敛的速度} = [k(t) - \dot{k}^*]/[k(t) - k^*]$$

$$[k(t) - \dot{k}^*] = \mathrm{d}[k(t) - k^*]/\mathrm{d}t = \mathrm{d}k(t)/\mathrm{d}t - \mathrm{d}k^*/\mathrm{d}t = \dot{k}$$

1. k 收敛速度的泰勒级数近似

如果 k 趋向于 k^*,泰勒展开式可以描述在变化趋近的邻域内该变量的数值。为简单起见,我们着重考虑 k 的行为,而非 y 的行为。我们的目的是确定 k 以多快的速度趋近于 k^*。我们知道,$\dot{k}$ 决定于 k,所以我们可以写出 $\dot{k} = \phi(k)$。与 $k = k^*$ 时,$\dot{k} = 0$。正规地说,只有在围绕平衡增长路径的一个任意小的邻域内,我们才能依靠泰勒级数近似之。就泰勒级数近似是否为有限变化提供好的指导这一问题,尚无一个普遍适用的答案。对于一个具有传统生产函数的索洛模型来说,以及就多数值的不大变化而言(如我们考虑的这种情形),泰勒级数近似一般是相当可靠的。

$f(x)$ 在 $x = x_0$ 处的泰勒展开式为:

$$f(x) = f(x_0) + f'(x_0)(x - x_0) + f''(x_0)(x - x_0)^2/2 + \cdots + f^{(n)}(x_0)(x - x_0)^n/n! + \xi^{(n+1)}$$

因此,在 $k = k^*$ 处,对 $\dot{k}(k)$ 作一阶泰勒展开,可得:

$$\dot{k}(k) \approx \dot{k}(k^*) + [\partial \dot{k}(k)/\partial k \big|_{k=k^*}](k - k^*)$$

当 $k = k^*$ 时,$\dot{k}(k^*) = 0$

$$\dot{k} = [k(t) - \dot{k}^*] \approx [\partial \dot{k}(k)/\partial k \Big|_{k=k^*}](k - k^*)$$

也就是说，$\dot{k}$ 近似等于 k 与 k^* 之差与 $k = k^*$ 处对 k 的一阶导数值的乘积。

$\because$ $\dot{k} = \mathrm{d}k/\mathrm{d}t = sf(k) - (n + g + \delta)k$

$\therefore$ 当 $k = k^*$ 时，两边对 k 求导，得到：

$$\partial \dot{k}(k)/\partial k \Big|_{k=k^*} = sf'(k^*) - (n + g + \delta)$$

$\because$ 当 $k = k^*$ 时，$\dot{k} = sf(k^*) - (n + g + \delta)k^* = 0$，即：$s = (n + g + \delta)k^*/f(k^*)$

$\therefore$ $\partial \dot{k}(k)/\partial k \Big|_{k=k^*} = [(n + g + \delta)k^* f'(k^*)]/f(k^*) - (n + g + \delta)$

其中，$f'(k^*)$ 是资本的边际产量，$f'(k^*)k^*$ 是资本获得的收入，$f'(k^*)k^*/f(k^*)$ 是产出的资本弹性，即资本在单位产出中所占的份额。

令 $a_K(k^*) = f'(k^*)k^*/f(k^*)$，可得：

$$\partial \dot{k}(k)/\partial k \Big|_{k=k^*} = (n + g + \delta)[a_K(k^*) - 1]$$

因此得到：

$$\begin{aligned} \dot{k} = (k(t) - \dot{k}^*) &\approx (\partial \dot{k}(k)/\partial k \Big|_{k=k^*})(k - k^*) \\ &\approx -[1 - a_K(k^*)](n + g + \delta)(k - k^*) \end{aligned}$$

定义 $\lambda = [1 - a_K(k^*)](n + g + \delta)$，可得：

$$[k(t) - \dot{k}^*]/[k(t) - k^*] \approx -\lambda$$

趋向于一个固定的点的增长率只有为负，随着时间的推移才能离固定的点越来越近。如果是一个正的增长率，表明两者之间的差额随着时间的推移越来越远，这样根本就不可能达到 k^*。

$$\begin{aligned} k(t) - k^* &\approx [k(0) - k^*]\mathrm{e}^{-\lambda t} \\ &\approx [k(0) - k^*]\mathrm{e}^{-[1-aK(k^*)](n+g+\delta)t} \end{aligned}$$

上式表明，在平衡增长路径的邻近，每单位有效劳动的平均资本 $k(t)$ 向 k^* 收敛的速度，取决于其初始值 $k(0)$ 与 k^* 的距离，以及收敛的速度（指数增长的速度）。

由于是线性趋近，可以证明 y 趋近于 y^* 的速度与 k 趋近于 k^* 的速度相同。

$$y(t) - y^* \approx [y(0) - y^*]\mathrm{e}^{-[1-a(k^*)](n+g+\delta)t}$$

2. 经验检验

我们可就速度方程作以校准试验，看看经济实际上以多快的速度趋向其平衡增长路径。$(n + g + \delta)$ 一般为每年 6%（比如，若人口增长率为 1%—2%，每工人平均产量增长 1%—2%，折旧率为 3%—4%）。资本的收入份额大致为 1/3。

$\because \quad n+g+\delta=6\%, a_K(k^*)=1/3$

$\therefore \quad \lambda=[1-a_K(k^*)](n+g+\delta)=4\%$

因此，k 和 y 每年向 k^* 和 y^* 移动距离的 4%，那么，要走完到其平衡增长路径值的距离的一半约需多长时间？要走完平衡增长路径值的距离的一半，即 $e^{-\lambda t}=0.5$。

$$t=\ln 0.5/(-\lambda)\approx 0.69/0.04=17.33(\text{年})$$

要使具有某一不变的负增长率的变量（本例中为 $k-k^*$）降低一半，所需时间大约为 70 除以增长率的百分数。因此本例中的减半期（half-life）大约为 70/4≈18 年。

同理，具有某一正增长率的变量增长一倍所需时间大约也是 70 除以增长率的百分数。

若 $e^{\lambda t}=2$，则 $t=\ln 2/\lambda\approx 0.69/0.04=17.33$（年）

因此翻倍期也大约为 70/4≈18 年。经济增长的"70 规则"由此得出。

长期经济增长的"70 规则"：某个变量年增长率为 $X\%$，则该变量在 $70/X$ 年内翻一番。从这一规则看，如果甲国经济增长率为 1%，它的 GDP 翻一番需要 70 年，而乙国经济增长率为 3%，翻一番仅需 70/3 或 23 年。也就是说，即便甲乙两国人均收入起点水平大体相同，但 2% 的增长率差别在 100 年后会导致 3—4 倍的巨大收入差别。复利式增长可能会在较长时期导致极为惊人的结果。

如表 9-1 所示，比较日本和英国的情况。在期初的 1890 年，日本人均 GDP 只有 842 美元，相当于英国的 1/3，但是这 100 年中日本每年的经济增长率仅比英国高 1.64%，持续 100 年后导致一个惊人的结果，日本的人均 GDP 非但赶上而且超过了英国。这说明经济增长率一个微小的变化，如果能够持续 100 年也会带来一个惊人的结果。

表 9-1　长期经济增长国际比较

国别	时期	期初人均 GDP（美元）	期末人均 GDP（美元）	年均增长率（%）
日本	1890—1990	842	16 144	3.00
巴西	1900—1987	436	3 417	2.39
联邦德国	1870—1990	1 330	17 070	2.15
美国	1870—1990	1 223	14 288	2.07
中国	1900—1987	401	1 478	1.17

（续表）

国别	时期	期初人均 GDP（美元）	期末人均 GDP（美元）	年均增长率（%）
墨西哥	1900—1987	649	2 667	1.64
英国	1870—1990	2 693	13 589	1.36
阿根廷	1900—1987	1 284	3 302	1.09
印度尼西亚	1900—1987	499	1 200	1.01
巴基斯坦	1900—1987	413	885	0.88
印度	1900—1987	378	662	0.65
孟加拉国	1900—1987	349	375	0.08

我国改革开放以后人均收入年增长率大体为 9%，如果能够长期保持 5% 的年增长率，用"70 规则"计算，年均增长 5% 的变量将在大约 14 年内翻一番，在 100 年间翻七番以上。也就是说，变量的数值在 100 年后将是目前水平的 128 倍。给定目前我国 1 750 美元左右的人均 GDP 水平，如果能够保持 5% 的增长率，一个世纪后将达到 224 000 美元的水平。这一结果超出现今世界上最富有国家的水平。

一国在 100 年的长期内持续保持 5% 的人均收入高速增长，是极为困难的。然而，综合考虑我国发展阶段和现实条件，很多经济学家相信，如果各种政策得当，我国有可能在未来 30—40 年内保持较快增长水平。假定在未来 21 年间保持人均 GDP 年均 10% 的增长率，则可以在 2030 年达到目前水平 2 200 美元的 8 倍——17 600 美元，实现达到现在发达国家人均 GDP 水平一半的目标。

提高经济增长率是至关重要的。经济增长率的变化有水平效应和增长效应。水平效应是指改变经济的平衡增长路径，但并不影响处于平衡增长路径时人均产量的增长率。水平效应就是指维持现有的人均产量的增长率不变。增长效应是指不仅改变经济的平衡增长路径，并且影响处于平衡增长路径时人均产量的增长率。增长效应就是指提高现在人均产量的增长率。

第四节　索洛模型中均衡的移动：储蓄率变化的影响

经济增长模型的动态学分析要回答两个问题：一是均衡的决定，二是均衡的移动。上一节着重讨论第一个问题，本节着重讨论第二个问题。

从均衡的表达式 $sf(k^*)=(n+g+\delta)k^*$ 看，均衡点 k^* 的位置，取决于外生变量 g、n、δ、s。如果外生变量发生变化，则均衡点的位置也会发生变化。

在索洛模型中，就投入的要素而言，劳动、知识的增长率取决于外生变量 n

和 g,资本的增长率取决于 s、Y 和 δ。其中政策最有可能影响的外生变量是储蓄率。如果政府改变储蓄率,比如说,政府购买在消费品和投资品之间的分配、政府收入中税收和借款所占的比例,以及政府对储蓄和投资的课税都能够影响产量中用于投资的比例,那么,对经济增长速度将会带来什么样的影响呢?

我们考虑一个处于平衡增长路径上的索洛模型,假定 s 有一个永久性的增加。除了表明该模型中储蓄的作用以外,这一变化还表明,当经济不在平衡增长路径上时,该模型的特性。

我们的分析思路是:

1. 比较静态均衡分析(定性分析)

我们分析变量 k、y、c 对储蓄率 s 的一阶导,看这些因素和储蓄率是同方向变化还是反方向变化。k 变化不仅有直接影响,还有间接影响,k 变化进一步导致 y、c 发生变化。

2. 动态均衡分析

各个变量都是时间 t 的函数,这些变量对时间 t 求导,看它们随时间突变还是渐变,具体涉及旧均衡向新均衡的实际过渡过程。由于均衡是一种不再变动的境界,因此对各个变量的讨论分成三个时期:

(1) 在 t_0 之前,旧的均衡打破之前;

(2) 在 t_1 之后,新的均衡建立之后;

(3) 在 t_0 和 t_1 之间,涉及从旧均衡到新均衡的实际过渡过程。

一、对 k 的影响:$s \to k$

1. s 的变化(突变)

如果政府在某一时点 t_0 突然提升一个国家的储蓄率,旧的储蓄率用 $s_{旧}$ 来表示,新的储蓄率用 $s_{新}$ 来表示,$s_{旧} < s_{新}$。在 t_0 之前,$s_{旧}$ 为一条较低水平的直线。在 t_0 之后,$s_{新}$ 为一条较高水平的直线(见图 9-12)。

我们之所以取 t_1 时点,是因为虽然储蓄率在 t_0 之后处于相同状态,但是其他变量的变化可能需要一个从旧均衡向新均衡的过渡,所以 t_1 的意义并不是针对 s,而是针对 k、y、c。t_1 以后新的均衡已经建立了,而 t_0 到 t_1 之间恰恰是旧均衡向新均衡的过渡。

具体来看,储蓄率变化首先提高实际投资,所以实际投资线变得更加陡峭,这是储蓄率变化的直接影响。实际投资线 $sf(k)$ 和持平投资线 $(n+g+\delta)k$ 交于更高的 k^*,很显然均衡的稳态将会发生变化。储蓄率的上升将会导致每单位有效劳动的平均资本量 k^* 上升,所以 $k^*_{新}$ 在 $k^*_{旧}$ 的右边,如图 9-13 所示。

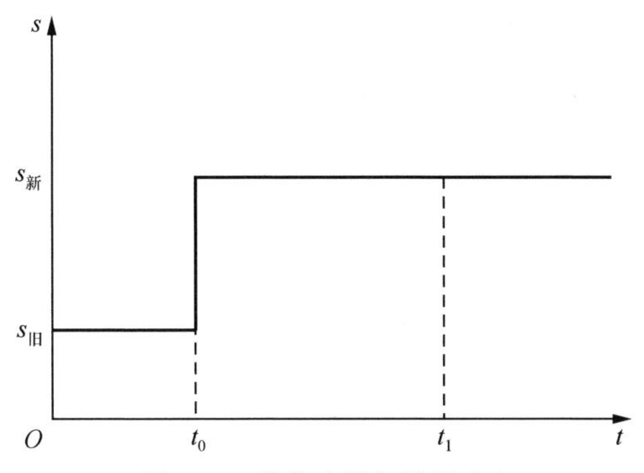

图 9-12　储蓄率增加的影响 1

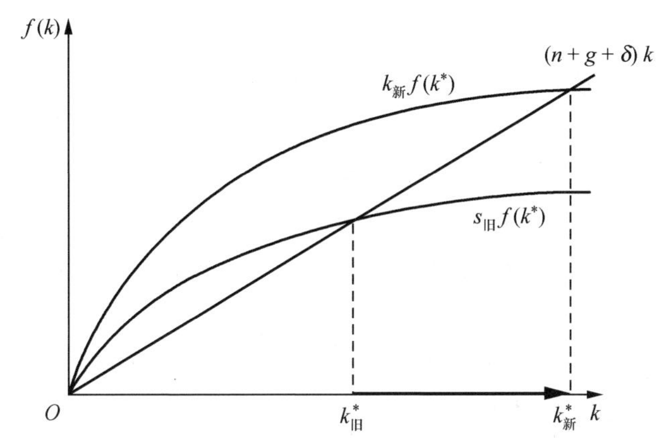

图 9-13　储蓄率提高对投资的影响

（1）s 与 k^* 同方向变化。

（2）k^* 的变化是一个渐进的过程。从 $k^*_{旧}$ 到 $k^*_{新}$，存在 $\dot{k}>0$，说明 k 要继续上升。

证明上述结论需要定性分析。

2. k^* 随 s 变化的定性分析

$\because$ k^* 是由 $\dot{k}=0$ 定义的

$\therefore$ k^* 满足：$sf(k^*)=(n+g+\delta)k^*$

方程两边对 s 求导，得到：

$$f(k^*)+s[f'(k^*)(\partial k^*/\partial s)]=(n+g+\delta)(\partial k^*/\partial s)$$

$$\frac{\partial k^*}{\partial s}=\frac{f(k^*)}{(n+g+\delta)-sf'(k^*)}$$

$(n+g+\delta)$是持平投资线的斜率,而$sf'(k^*)$是实际投资线在k^*处的斜率。如图9-14所示,在$k=k^*$处,由于持平投资线$(n+g+\delta)k$比实际投资线$sf(k)$陡峭,可知$(n+g+\delta)>sf'(k^*)$,即等式右边分母大于0,因而$\partial k^*/\partial s>0$,说明$s$与$k^*$同方向变动。

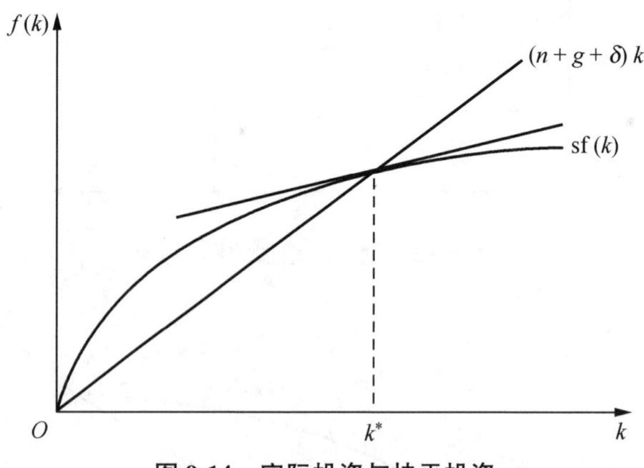

图 9-14　实际投资与持平投资

结论:s的一次性上升(突变)将会导致一个经济的稳态均衡发生变化,使k^*从$k^*_{旧}$上升至$k^*_{新}$。k是时间t的函数。对k变化的讨论分成三个时期:在t_0之前,k为$k^*_{旧}$水平上的一条直线。在t_1之后,k为$k^*_{新}$水平上的一条直线。在t_0和t_1之间,k从$k^*_{旧}$上升至$k^*_{新}$是突变还是渐变,涉及从旧均衡到新均衡的过渡。

3. k随时间t渐变的路径

(1) k对t的一阶导(决定k的单调性)

s的增加使实际投资线向上移动,因此k^*上升。但是,k并未立刻跳至k^*的新值。开始时,$k=k^*$。

在$k_{旧}$上,存在$\dot{k}=s_{旧}f(k^*_{旧})-(n+g+\delta)k^*_{旧}=0$,如果方程中代入一个新的储蓄率$s_{新}$,$s_{旧}<s_{新}$,得到:$\dot{k}=s_{新}f(k^*_{旧})-(n+g+\delta)k^*_{旧}>0$,说明$k$与$t$同方向变化。

经济含义:在这一水平上,实际投资超过持平投资——用于投资的资源多于维持k不变所需的水平——因此$\dot{k}$是正的,k随着时间的推移将会不断上升,这个变化不是突变而是一种渐变。储蓄率跳升导致实际投资线变得更加陡峭,实际投资上升到$s_{新}f(k^*_{旧})$这一点,很显然大于旧的持平投资$(n+g+\delta)k^*_{旧}$。随着时间的推移,实际投资在上升,但是持平投资上升得更快,两者之间差距越来越小,直至k达到新值,在这一值上它将保持不变。在$k^*_{新}$上,存在$\dot{k}=s_{新}f(k^*_{新})$

$-(n+g+\delta)k^*_{新}=0$。

(2) k 对 t 的二阶导(决定 k 的凹凸性)

$$\mathrm{d}\dot{k}/\mathrm{d}t = sf'(k)\dot{k} - (n+g+\delta)\dot{k} = [sf'(k) - (n+g+\delta)]\dot{k}$$

$\because$ $(n+g+\delta) > sf'(k)$,并且 $\dot{k} > 0$

$\therefore$ $\mathrm{d}\dot{k}/\mathrm{d}t < 0$,意味着随着 t 的推移,k 以递减的速率单调上升,k 凹向原点(见图 9-15)。

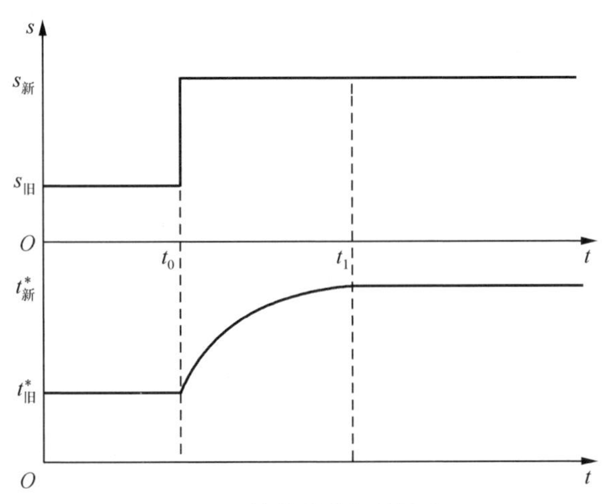

图 9-15 储蓄率增加的影响 2

结论:储蓄率的一次性突然跳升导致每单位有效劳动的平均资本量发生了一个渐变,从一个低水平过渡到一个高水平,达到高水平就保持不变。

二、对产量 y 的影响

储蓄率变化的直接影响将会导致 y 发生变化,对这个直接影响要进行定性分析,即因变量对自变量求一阶导。另外,因变量 y 有可能是 k 的函数,k 又是时间 t 的函数,所以我们还要讨论 y 随时间的变化,同样分成三个时期,这是我们分析每个变量所要遵循的思路。

1. s 对 y 长期影响的定性分析

$$\partial y^*/\partial s = f'(k^*)(\partial k^*/\partial s)$$

其中 y^* 为处于平衡增长路径上的每单位有效劳动的平均产量水平。

$$\because \quad \frac{\partial k^*}{\partial s} = \frac{f(k^*)}{(n+g+\delta) - sf'(k^*)}$$

$$\therefore \quad \frac{\partial y^*}{\partial s} = f'(k^*)\frac{f(k^*)}{(n+g+\delta) - sf'(k^*)}$$

因为$(n+g+\delta)>sf'(k^*)$,$f'(k^*)>0$,所以$\partial y^*/\partial s>0$,说明$s$与$y^*$同方向变动。

结论:s的一次性上升导致y^*上升。

2. s对y长期影响的定量分析

定性分析是求一阶导,即研究两者之间同向还是反向变化的问题,而定量分析就是研究储蓄率每增加一个百分点,一个国家均衡产量的增加是大于、小于还是等于一个百分点的问题,是对变化幅度的具体衡量。y^*对储蓄率s的一阶导两边同乘以s/y^*,得到一个弹性的表达式,即产量的储蓄率弹性。

$$\frac{\partial y^*}{\partial s}\cdot\frac{s}{y^*}=\lim_{\Delta s\to 0}\frac{\Delta y^*/y^*}{\Delta s/s}=\lim_{\Delta s\to 0}\frac{\Delta y^*}{\Delta s}\cdot\frac{s}{y^*}$$

$$=\frac{\text{单位产出变动的百分比}}{\text{储蓄率变动的百分比}}$$

$$\frac{\partial y^*}{\partial s}\cdot\frac{s}{y^*}=\frac{s}{y^*}\cdot\frac{f'(k^*)f(k^*)}{(n+g+\delta)-sf'(k^*)}$$

$$=\frac{sf'(k^*)}{(n+g+\delta)-sf'(k^*)}$$

$$=\frac{f'(k^*)}{(n+g+\delta)/s-f'(k^*)}$$

$\because\ sf(k^*)=(n+g+\delta)k^*$

$\therefore$ 将$(n+g+\delta)/s=f(k^*)/k^*$代入上式,得到:

$$\frac{\partial y^*}{\partial s}\cdot\frac{s}{y^*}=\frac{f'(k^*)}{f(k^*)/k^*-f'(k^*)}=\frac{f'(k^*)k^*/f(k^*)}{1-f'(k^*)k^*/f(k^*)}$$

其中,$f'(k^*)$为资本的边际产量;$f'(k^*)k^*$为资本获得的收入;$f'(k^*)k^*/f(k^*)$为$k=k^*$处的单位产出的资本弹性,即资本在单位产出中所占的份额。

令$a_K(k^*)=f'(k^*)k^*/f(k^*)$

$$\frac{\partial y^*}{\partial s}\cdot\frac{s}{y^*}=\frac{a_K(k^*)}{1-a_K(k^*)}$$

在大多数国家,$a_K(k^*)=1/3$。可知在长期,产出的储蓄率弹性为:

$$(\partial y^*/\partial s)(s/y^*)=(1/3)/(1-1/3)=1/2$$

储蓄率增加10%,与储蓄率不变时相比,将使每个工人平均产量在长期内提高大约5%。即使储蓄率增加50%,也仅使y^*增加大约22%。这样,储蓄率的显著变化对于平衡增长路径上的产量水平只有较小影响。单位产出的资本弹性$a_K(k^*)$较小的含义是:

(1) $a_K(k^*)$ 较小的图形含义

$f'(k^*)$是从正无穷趋向于0,$f(k^*)$较小,意味着资本的边际产量在递减,进而意味着$f(k^*)$越变越平坦,实际投资曲线$sf(k)$变得更加平坦。

(2) $a_K(k^*)$ 较小的经济含义

资本的边际产量$f'(k^*)$较小,意味着资本的收入$f'(k^*)k^*$较小,意味着资本占单位产出的份额$f'(k^*)k^*/f(k^*)$较小。

较小的$a_K(k^*)$值意味着k^*的变化对y^*的影响较小。例如,$(n+g+\delta)$一般为每年6%(比如,若人口增长率为1%—2%,每个工人平均产量增长1%—2%,折旧率为3%—4%),若资本的收入份额大致为1/3,那么

$$\lambda=[1-a_K(k^*)](n+g+\delta)=4\%$$

因此,y每年向y^*移动剩余距离的4%,要走完到其平衡增长路径值的距离的一半约需18年时间。

在我们的例子中,如果储蓄率增加10%,那么1年后产量高于其以前路径$0.04\times5\%=0.2\%$,18年后高出$0.5\times5\%=2.5\%$,且此比例逐渐趋近于5%。这样,不仅储蓄率变化较大时的总体影响较小,而且其作用的出现也不是很快。

3. 人均产量$\tilde{y}$随s的变化

每个工人平均产量Y/L的变动是我们特别感兴趣的东西,$\tilde{y}=Y/L=Af(k)$。

储蓄率s变化将会影响k,然后k变化又会影响$\tilde{y}$,所以$\tilde{y}$是k的显函数,是s的隐函数。

$$\dot{\tilde{y}}/\tilde{y}=\dot{A}/A+\dot{f}(k)/f(k)=g+\dot{f}(k)/f(k)=g+f'(k)\dot{k}/f(k)$$

(1) 在t_0之前的$k^*_{旧}$上存在$\dot{k}=dk/dt=0$,意味着$\dot{\tilde{y}}/\tilde{y}=\dot{A}/A=g$,说明$\dot{\tilde{y}}/\tilde{y}$为一条固定在水平$g$上的、不随$t$的变动而变动的平行于横轴的直线。

(2) 在t_1之后的$k^*_{新}$上存在$\dot{k}=dk/dt=0$,意味着$\dot{\tilde{y}}/\tilde{y}=\dot{A}/A=g$,说明$\dot{\tilde{y}}/\tilde{y}$为一条固定在水平$g$上的、不随$t$的变动而变动的平行于横轴的直线。

经济含义:如果k达到均衡的k值,就只有A的增长对Y/L的增长有贡献,则Y/L的增长率就是A的增长率g。

(3) 在t_0和t_1之间,在旧均衡向新均衡过渡的过程中,由于$\dot{k}>0$,因此人均产量增长率$\dot{\tilde{y}}/\tilde{y}$的变化有两个来源:一个是技术进步率$g$,另一个是资本$k$。在旧均衡向新均衡过渡的过程中,两个要素对人均产量的增加都有贡献,所以在t_0和t_1之间人均产量的增长率一定是大于g的。

但是具体变化的路径到底如何,需要用人均产量的增长率对时间t进行

求导。

$$
\begin{aligned}
\mathrm{d}(\dot{\tilde{y}}/\tilde{y})/\mathrm{d}t &= \frac{f(k)\mathrm{d}[f'(k)\dot{k}]/\mathrm{d}t - f'(k)\dot{k}\mathrm{d}f(k)/\mathrm{d}t}{f(k)^2} \\
&= \frac{f(k)[f''(k)\dot{k}\dot{k} + f'(k)\mathrm{d}\dot{k}/\mathrm{d}t] - f'(k)\dot{k}f'(k)\dot{k}}{f(k)^2} \\
&= \frac{f(k)[f''(k)(\dot{k})^2 + f'(k)\mathrm{d}\dot{k}/\mathrm{d}t] - [f'(k)\dot{k}]^2}{f(k)^2}
\end{aligned}
$$

$\because$ 在 t_0 和 t_1 之间，$\mathrm{d}\dot{k}/\mathrm{d}t<0$，且$f''(k)<0$

$\therefore$ $\mathrm{d}(\dot{\tilde{y}}/\tilde{y})/\mathrm{d}t<0$

人均产量增长率对时间 t 的一阶导小于 0，随着时间的推移，人均产量的增长率在不断下降。在 t_0 和 t_1 之间，人均产量的增长率一定要大于 g，而且又要不断地单调下降。综合所有分析推测：可能在 t_0 时点人均产量增长率有一个突然的跳升，然后随着时间的推移逐渐下降，最后回到其初始水平（见图 9-16）。

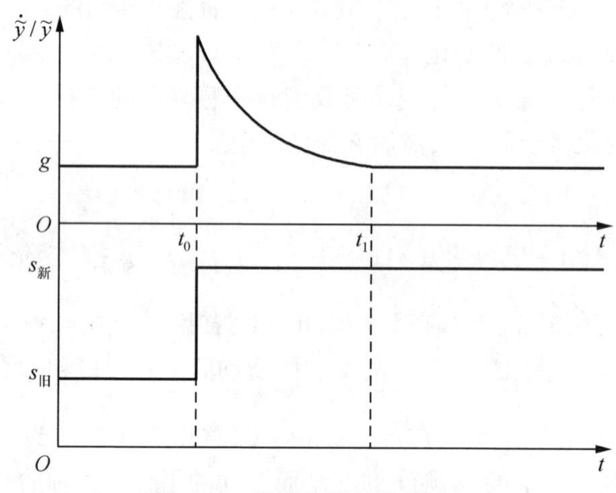

图 9-16　储蓄率增加的影响 3

储蓄率变化带来的影响，实际上是非常有限的，旧的均衡打破以前，乃至新的均衡实现以后，人均产量增长率都没有发生变化。唯一造成的效果就是：在旧均衡向新均衡过渡的过程中，导致人均产量的增长率高于以往的路径。

结论：储蓄率的一个永久性增加导致了人均产量增长率的暂时性增加。因为 k 在一定时期内上升，最终将上升到一个较高水平，增加的储蓄被全部用于维持 k 的较高水平，而对人均产量增长率的增加不会产生持久性的影响。

4. $\ln Y/L$ 的变化

人均产量的对数具有统计学上的意义，因为当一个变量以某一不变速率增长时，该变量的对数作为时间的函数在图形上反映为一条直线，$\tilde{y}=Y/L$。

根据定义，一个变量的增长率 = 该变量的对数对时间 t 的一阶导数：$d\ln(X)/dt=(1/X)(dX/dt)=\dot{X}/X$，因此

$$d\ln\tilde{y}/dt = d\ln\tilde{y}/dt = \dot{\tilde{y}}/\tilde{y} = g + f'(k)\,\dot{k}/f(k)$$

∵ 一阶导数 $\dot{\tilde{y}}/\tilde{y}$ 始终大于0

∴ $\ln\tilde{y}$ 始终随 t 的上升而单调上升，上升速率的变化分成三个阶段：

(1) 在 t_0 之前，$\dot{\tilde{y}}/\tilde{y}=g$，说明 $\ln\tilde{y}$ 是一条斜率为固定水平 g 的单调上升的直线。

(2) 在 t_1 之后，$\dot{\tilde{y}}/\tilde{y}=g$，说明 $\ln\tilde{y}$ 是一条斜率为固定水平 g 的单调上升的直线。

t_1 之后的 $\ln\tilde{y}$ 与 t_0 之前的 $\ln\tilde{y}$ 是否是同一条直线，取决于 t_0 和 t_1 之间 $\ln\tilde{y}$ 上升的形式是线性、斜率递增还是斜率递减。

$$d\ln^2\tilde{y}/dt^2 = d\ln^2\tilde{y}/dt^2 = d(\dot{\tilde{y}}/\tilde{y})/dt$$

(3) 在 t_0 和 t_1 之间，$\dot{\tilde{y}}/\tilde{y}$ 单调下降，$d(\dot{\tilde{y}}/\tilde{y})/dt<0$，即 $d\ln^2(Y/L)/dt^2<0$，说明 $\ln\tilde{y}$ 是一条以递减的斜率上升的曲线（$\ln\tilde{y}$ 凹向原点）。

如图9-17所示，上下两图有一一对应的关系。在 t_0 之前和 t_1 之后，$\ln\tilde{y}$ 的上升都以一个固定的斜率，对应人均产量增长率是一个既定的常数 g，所以水平效应是保持人均产量增长率不变。而在 t_0 和 t_1 之间，$\ln\tilde{y}$ 的斜率发生改变，对应人均产量增长率是一条大于 g 的单调下降的曲线。人均产量增长率发生变化就是增长效应。

水平效应是指改变经济的平衡增长路径，但并不影响处于平衡增长路径时人均产量的增长率。增长效应是指不仅改变经济的平衡增长路径，并且影响处于平衡增长路径时人均产量的增长率。经济增长到底能不能加速，能不能从一个较低的增长率提升到一个较高的增长率，就取决于增长效应。

结论：储蓄率的变化有水平效应，但没有增长效应，它改变经济的平衡增长路径，因而改变任一时点上人均产量水平，但并不影响处于平衡增长路径时人均产量的增长率。在索洛模型中只有技术进步率的变化有增长效应，所有其他变化都只有水平效应。

三、对 c 的影响

分析储蓄率变化对消费的影响，可以从一个微观的视角讨论一个国家经济

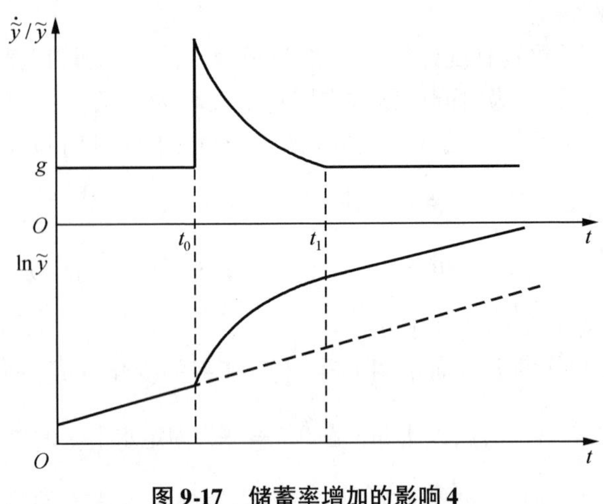

图 9-17　储蓄率增加的影响 4

增长对消费者福利到底带来何种程度的影响。经济增长会不会带来这样的结果:一个国家人均产量的增长率在不断上升,但是个人福利水平却恶化了,每单位有效劳动的平均消费比原先更低?这是我们要做的第三个方面的分析——从个人福利最大化角度来看待经济增长。

1. c 函数

储蓄率变化对消费有一个直接的影响,另外由于储蓄率变化会导致 k 发生变化,进而又会对消费带来间接的影响。k 是时间 t 的函数,c 也是时间 t 的函数,我们可以分析,随时间 t 变化的路径。我们仍然因循前面的思路,先求消费对储蓄率的一阶导,然后再分析消费随时间的变化,分为旧的均衡打破以前、新的均衡实现以后以及旧均衡向新均衡过渡这三个阶段讨论。

在 $Y = Y_d$ 的条件下,$Y = C + S$ 两边同除以 AL,得到:

$$Y/AL = C/AL + S/AL$$

$$y = c + (sY)/AL, \quad y = c + sy$$

$$c = (1 - s)y = (1 - s)f(k) = f(k) - sf(k)$$

每单位有效劳动的平均消费的图形含义:对于任何一个 k,$f(k)$ 与 $sf(k)$ 之间的垂直距离 c 即为每单位有效劳动的平均消费(见图 9-18)。如果达到 k^*,存在稳态的 $f(k^*) - sf(k^*)$。消费的最大化讨论的是这段垂直距离在哪里将会达到最大。

消费是储蓄率的函数,储蓄率的变化会导致消费的突变。如果储蓄率在 t_0 时点从旧的 $s_{旧}$ 上升到新的 $s_{新}$,那么将会导致 $1 - s_{旧} > 1 - s_{新}$。一个国家通过强迫储蓄把更多的资源用于资本的积累,必然导致这个时点的人均消费有一个突

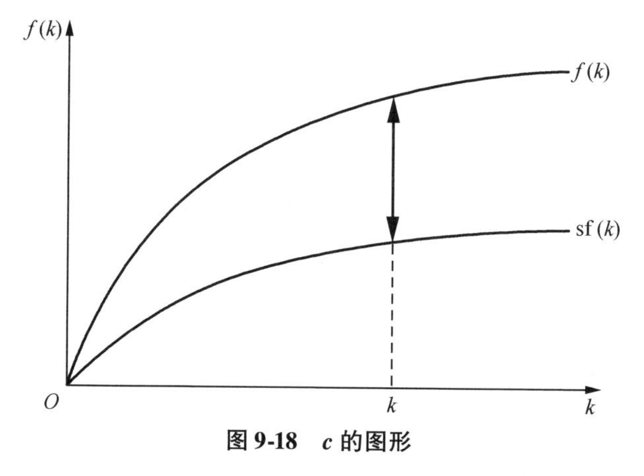

图 9-18　c 的图形

降。初始消费是 $f(k^*_{旧})-s_{旧}f(k^*_{旧})$，由于储蓄率的上升导致实际投资线 $s_{新}f(k^*_{旧})$ 变得更加陡峭，在初始的 $k^*_{旧}$ 上，人均消费将有 $f(k^*_{旧})-s_{新}f(k^*_{旧})$ 的突降（见图 9-19）。

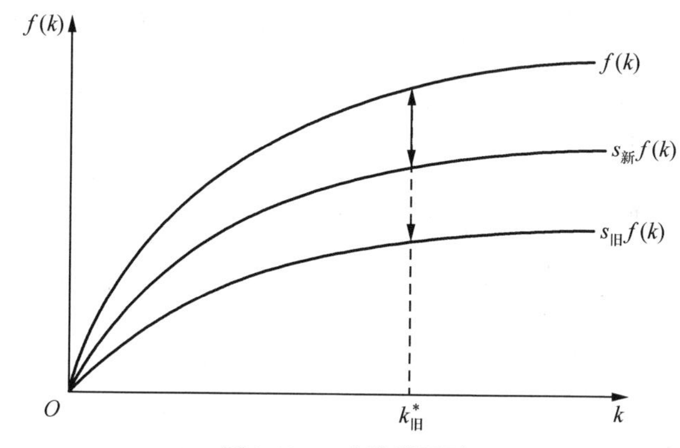

图 9-19　c 突降的图形

另外，消费是 k 的函数，k 是时间 t 的函数，每单位有效劳动的人均消费是时间 t 的隐函数。c 对时间 t 求导，c 变化的讨论分三个时期：在 t_0 之前，c 为一条较高水平的直线。在 t_0 之后，c 为一条突降的曲线。然后，随着 k 的上升，在 s 的更高值不变的情况下，这个突然下降的消费随着时间的推移该如何变化？这关系着一个国家为了加速经济增长而强迫储蓄，提升每单位有效劳动的平均资本量，将会导致个人福利长期来讲发生何种程度的变化。具体来看，可以求一个最优的消费规模，得到可以使消费达到最大化的一个资本存量水平 k^*。

2. 可以使 c 达到最大化的黄金律的资本存量水平 k^*

∵ 当 $\dot{k}=\mathrm{d}k/\mathrm{d}t=0$ 时,存在一个 k^* 满足:$sf(k^*)=(n+g+\delta)k^*$

∴ 令 c^* 表示处于平衡增长路径上的每单位有效劳动的平均消费。c^* 等于每单位有效劳动的平均产量 $f(k^*)$ 减去每单位有效劳动的平均投资 $sf(k^*)$。在平衡增长路径上,实际投资 $sf(k^*)$ 又等于持平投资 $(n+g+\delta)k^*$,因此

$$c^*=f(k^*)-sf(k^*)=f(k^*)-(n+g+\delta)k^*$$

实现 c^* 最大化的一阶条件是:$\mathrm{d}c^*/\mathrm{d}k^*=f'(k^*)-(n+g+\delta)=0$

即:$f'(k^*)=n+g+\delta$

其中,$f'(k^*)$ 为资本的边际产量 $f(k^*)$ 上对应于 k^* 这一点切线的斜率;$(n+g+\delta)$ 为直线 $(n+g+\delta)k^*$ 的斜率。

在 $k=k^*$ 上,如果满足 $f'(k^*)=n+g+\delta$,则这个使 c^* 达到最大化的 k^*,称为黄金律(golden-rule)的资本存量水平 k_{GR}。

具体来看,$f'(k^*)$ 是 $f(k^*)$ 线上对应于 k^* 这一点切线的斜率,$(n+g+\delta)$ 是持平投资线的斜率。当总投资线的斜率等于持平投资线的斜率时,两者之间的垂直距离就表示最大的人均消费 c^*,这是它的图形含义(见图 9-20)。

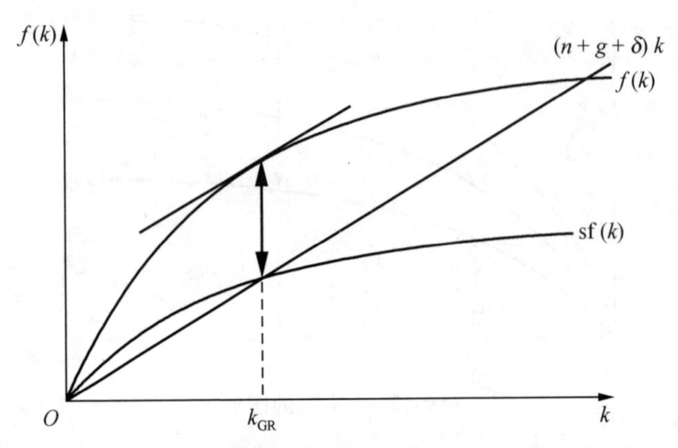

图 9-20 使 c 达到最大化的黄金律的资本存量水平 k^*

3. s 变动对 c^* 的影响(定性分析)

消费最终是否会超过 s 上升前的水平并非是一目了然的。在平衡增长路径上,c^* 是 k^* 的函数。

$$c^*=f(k^*)-(n+g+\delta)k^*$$

而 k^* 是 s 的函数,k^* 的位置取决于 s 和该模型中的其他参数 n、g 和 δ,因此 c^* 是 s 的隐函数。我们运用隐函数求导法,可写出:

$$\frac{\partial c^*}{\partial s}=\frac{\mathrm{d}f(k^*)}{\mathrm{d}k^*}\cdot\frac{\partial k^*}{\partial s}-(n+g+\delta)\frac{\partial k^*}{\partial s}$$

$$=\{f'[k^*(s,n,g,\delta)]-(n+g+\delta)\}\times[\partial k^*(s,n,g,\delta)/\partial s]$$

$$\partial c^*/\partial s=[f'(k^*)-(n+g+\delta)](\partial k^*/\partial s)$$

我们知道 $\partial k^*/\partial s>0$，因此，$s$ 的增加是否在长期提高消费，取决于资本的边际产量 $f'(k^*)$ 是大于还是小于 $(n+g+\delta)$，即 $\partial c^*/\partial s$ 和 $\partial c^*/\partial k^*$ 的符号取决于 $[f'(k^*)-(n+g+\delta)]$ 的符号。

(1) 当 $f'(k^*)-(n+g+\delta)>0$ 时，$\partial c^*/\partial s>0$，$s$ 上升导致 c^* 上升。$\partial c^*/\partial k^*>0$，$k^*$ 上升导致 c^* 上升。如图 9-21 所示，$f(k)$ 上满足这个条件的点在最高点以左。

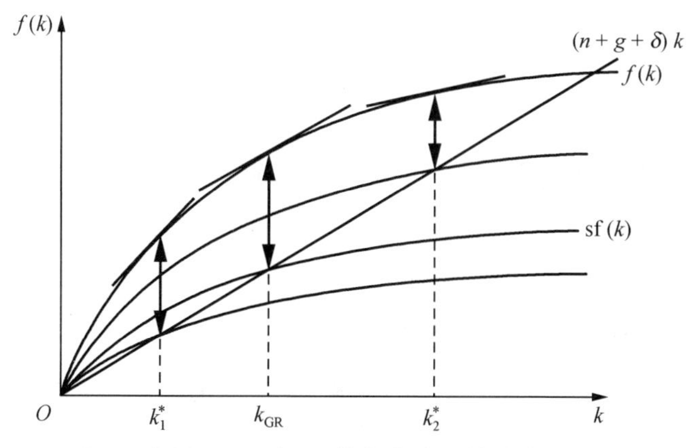

图 9-21　s 和 k^* 的变动对 c^* 的影响

经济含义：在储蓄率提高后，一个国家的资本量也上升。一个国家要使这种上升后的资本量得以维持，在资本的边际产量高于持平投资所需要的量的情况下，多出来的这部分资本量可以用来增加消费，消费就会上升。人均消费将会比原先更大，消费者的福利水平随着储蓄率的提升将会增加。

(2) 当 $f'(k^*)-(n+g+\delta)=0$ 时，$\partial c^*/\partial s=0$，$s$ 上升导致 c^* 达到最大值。$\partial c^*/\partial k^*=0$，$k^*$ 上升导致 c^* 达到最大值。如图 9-21 所示，$f(k)$ 上满足这个条件的点对应的 k^* 值就是所谓的黄金律的资本存量水平 k_{GR}。

经济含义：在储蓄率提高后，一个国家的资本量也上升。一个国家要使这种上升后的资本量得以维持，在资本的边际产量等于持平投资所需要的量的情况下，达到消费者福利水平最大化的消费水平会不变。

(3) 当 $f'(k^*)-(n+g+\delta)<0$ 时，$\partial c^*/\partial s<0$，$s$ 上升导致 c^* 下降。$\partial c^*/\partial k^*<0$，$k^*$ 上升导致 c^* 下降。如图 9-21 所示，$f(k)$ 上满足这个条件的点在最高

点以右。

经济含义：在储蓄率提高后，一个国家的资本量也上升。一个国家要使这种上升后的资本量得以维持，在资本的边际产量低于持平投资所需要的量的情况下，从增加的资本上获得的增加的产量，不足以将资本存量维持在其较高水平上。此时，不足的这部分资本量可以用消费来弥补，消费就会下降。人均消费将会比原先更小，消费者的福利水平随着储蓄率的提升而下降。

4. c^* 随 t 的变化

$$c^* = (1-s)\,y^* = (1-s)\,f(k^*)$$

$$\mathrm{d}c^*/\mathrm{d}t = (1-s)\,f'(k)\dot{k}$$

很显然 c^* 随时间 t 的变化取决于 $\dot{k}$：

(1) 在 t_0 之前的 $k^*_{旧}$ 上存在 $\dot{k}=\mathrm{d}k/\mathrm{d}t=0$，$\mathrm{d}c^*/\mathrm{d}t=(1-s)f'(k)\dot{k}=0$，说明 c^* 为一条固定水平的、不随 t 变动的直线。

(2) 在 t_1 之后的 $k^*_{新}$ 上存在 $\dot{k}=\mathrm{d}k/\mathrm{d}t=0$，$\mathrm{d}c^*/\mathrm{d}t=(1-s)f'(k)\dot{k}=0$，说明 c^* 为一条固定水平的、不随 t 变动的直线。

(3) 在 t_0 和 t_1 之间，由于 $\dot{k}>0$，因此 $\mathrm{d}c^*/\mathrm{d}t=(1-s)f'(k)\dot{k}>0$，说明随着时间增加，$c^*$ 单调上升，即 c^* 与 t 同方向变动。

$$\begin{aligned}\mathrm{d}^2c^*/\mathrm{d}t^2 &= (1-s)\dot{k}f''(k)\dot{k} + (1-s)\,f'(k)\,\mathrm{d}\dot{k}/\mathrm{d}t\\ &= (1-s)(\dot{k})^2 f''(k) + (1-s)\,f'(k)\,\mathrm{d}\dot{k}/\mathrm{d}t\end{aligned}$$

$\because$ $f''(k)<0$，且 $\mathrm{d}\dot{k}/\mathrm{d}t<0$

$\therefore$ $\mathrm{d}^2c^*/\mathrm{d}t^2<0$

说明随着时间的推移，c^* 以递减的速率单调上升，c^* 凹向原点。

把对消费的讨论总结一下，在 t_0 时点，随着储蓄率的一个跳升，人均消费将会有一个突降，因为多储蓄就要少消费。然后随着时间的推移，这个突降的消费在不断地上升，消费最终是否会超过 s 上升前的水平取决于 $[f'(k^*)-(n+g+\delta)]$ 的符号，存在三种可能性：第一种可能性，消费虽然上升但是最终回不到原先的水平，在 t_1 以后，达到一个更低的均衡状态；第二种可能性，初始实现了消费的最大化，随着时间的推移，又回到初始的最大化水平；第三种可能性，消费在 t_1 以后达到一个比原先的水平更高的均衡状态(见图 9-22)。

提高储蓄率对于一个国家消费者的福利到底带来何种影响，答案也有三种可能：消费者的福利既有可能比原先低，也有可能比原先高，还有可能和原先保持一样(如果初始已经达到一个极大值)。在索洛模型中，储蓄是外生的，平衡

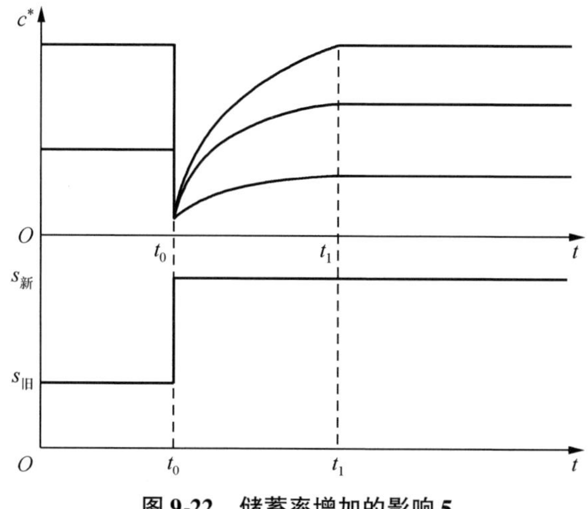

图 9-22　储蓄率增加的影响 5

增长路径中的资本存量等于黄金律水平的理由，并不多于平衡增长路径中的资本存量等于任意其他可能值的理由。k^* 的集合是大的，k_{GR} 只是其中一个子集。k^* 中只有一点满足 k_{GR} 的要求，$f'(k^*)=(n+g+\delta)$。由于消费 c 是每单位有效劳动的平均资本量 k 的函数，而 k^* 并不必然等于 k_{GR}。在索洛模型中，储蓄率的上升对消费的影响，进而对消费者福利的影响是不确定的，经济增长并不必然导致消费者福利状况的改进。

第五节　索洛模型与增长理论的中心问题：经济增长的源泉

经济增长模型要回答的一个中心问题是：经济增长的源泉来自何方？资本、劳动，还是技术进步？索洛剩余把经济增长的来源归结为两大类，奠定了经济增长因素分析的一个基本框架。

一、增长因素分析的基本框架——索洛剩余

在索洛模型中，每工人平均产量的长期增长仅仅取决于技术进步。但短期增长则可能取决于技术进步，或取决于资本积累。因此，索洛模型表明，确定短期增长的来源是一个经验问题。

上一节已经详尽地讲解了图 9-23，在旧的均衡打破以前，以及新的均衡实现以后，人均产量的增长率都等于技术进步率 g；旧均衡向新均衡过渡的过程中，人均产量的增长率高于技术进步率，说明在这个过程中经济增长的来源既包括

技术进步,也包括资本的贡献。

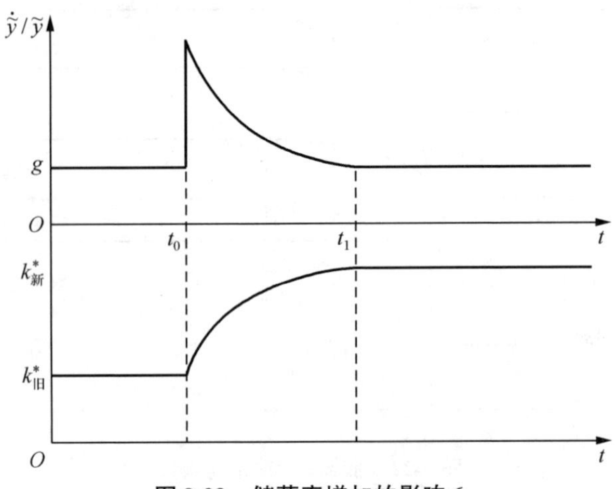

图 9-23　储蓄率增加的影响 6

由阿布拉莫维茨(1956)和索洛(1957)首开先河的增长因素分析,为解决这一问题提供了一条途径。

为了解增长因素分析,再次考虑生产函数 $Y(t)=F[K(t),A(t)L(t)]$。

采用链式法。由于 Y 是 K、L 和 A 的函数,其中每一个又是 t 的函数,那么存在:

$$\dot{Y}=(\partial Y/\partial K)\dot{K}+(\partial Y/\partial L)\dot{L}+(\partial Y/\partial A)\dot{A}$$

两边同除以 Y,得到:

$$\begin{aligned}\dot{Y}/Y=&(\partial Y/\partial K)(K/Y)(\dot{K}/K)+(\partial Y/\partial L)(L/Y)(\dot{L}/L)+\\&(\partial Y/\partial A)(A/Y)(\dot{A}/A)\\=&a_K(t)(\dot{K}/K)+a_L(t)(\dot{L}/L)+R(t)\end{aligned}$$

其中,$a_K(t)=(\partial Y/\partial K)(K/Y)$ 为单位产出的资本弹性; $a_L(t)=(\partial Y/\partial L)(L/Y)$ 为单位产出的劳动弹性; $R(t)=(\partial Y/\partial A)(A/Y)(\dot{A}/A)$。

根据欧拉定理(分配耗尽定理),$Y=(\partial Y/\partial K)K+(\partial Y/\partial L)L$, 两边同除以 Y,得到:$1=(\partial Y/\partial K)(K/Y)+(\partial Y/\partial L)(L/Y)$,即:$1=a_K(t)+a_L(t)$。因此,

$$a_L(t)=1-a_K(t)$$

$$\begin{aligned}\dot{Y}/Y&=a_K(t)(\dot{K}/K)+a_L(t)(\dot{L}/L)+R(t)\\&=a_K(t)(\dot{K}/K)+[1-aK(t)](\dot{L}/L)+R(t)\end{aligned}$$

$$\dot{Y}/Y-\dot{L}/L=a_K(t)(\dot{K}/K-\dot{L}/L)+R(t)$$

令 $\tilde{y}=Y/L, \tilde{k}=K/L$

$$\dot{\tilde{y}}/\tilde{y} = a_K(t)(\dot{\tilde{k}}/\tilde{k}) + R(t)$$

由此,把每工人平均产量的增长分解为人均资本增长率的贡献和一个余项,即索洛剩余。一个国家长期人均产量的增长率取决于两个来源——一个是人均资本量的增长率,另一个并非显而易见的,既可能包括技术进步,也可能包括制度变迁的残差项,或者称为剩余项。

再往下,我们的研究主要针对这两个方面,我们将依次考察一个国家长期经济增长的来源到底是不是资本,如果不是,那么又来自何方,是技术进步还是制度变迁?经济学家索洛为经济增长源泉的分析奠定了一个框架。

(1) 若 k 不变,则 $\tilde{y}$ 以速率 g 增长。

在 t_0 之前,$\dot{k}=\mathrm{d}k/\mathrm{d}t=0$,得到:$\dot{Y}/Y=(n+g)$。因此,

$$\dot{\tilde{y}}/\tilde{y} = \dot{Y}/Y - \dot{L}/L = (n+g) - n = g$$

(2) 如果 k 达到新的 k^* 值,又只有 A 的增长对 Y/L 的增长有贡献,$\tilde{y}$ 的增长率仍是 g。

在 t_1 之后,$\dot{k}=\mathrm{d}k/\mathrm{d}t=0$,得到:$\dot{Y}/Y=(n+g)$。因此,

$$\dot{\tilde{y}}/\tilde{y} = \dot{Y}/Y - \dot{L}/L = (n+g) - n = g$$

(3) 若 k 递增,则 $\tilde{y}$ 同时由于 A 和 k 的增长而增长,$\tilde{y}$ 的增长率超过 g。

在 t_0 和 t_1 之间,$\dot{k}=\mathrm{d}k/\mathrm{d}t>0$,说明 $\dot{\tilde{y}}/\tilde{y}=a_K(t)(\dot{\tilde{k}}/\tilde{k})+R(t)>g$。

在旧的均衡打破以前,新的均衡实现以后,长期如果处于稳态,资本对于经济增长是没有贡献的。所以资本贡献只存在于短期从旧均衡向新均衡过渡的过程。进一步看,如果代入具体的显性函数,认为经济增长的源泉就是资本,将会带来什么问题。下面具体举一个柯布-道格拉斯生产函数的例子。

二、资本积累对经济增长的贡献

假定资本积累影响产量的渠道是传统渠道:资本对生产有直接的贡献,由此得到的报酬是其边际产品。分析是否可以通过高投入导致高产出。

1. 以资本的差异为基础解释收入的较大差别时的两个问题

(1) 所需要的资本差别实在太大。

考虑每工人平均产量相差 10 倍的情形。例如,美国现在的每工人平均产量是 100 年前的 10 倍,也是现在的印度的 10 倍。假定生产函数为柯布-道格拉斯函数,且其密集形式为:

$$y = f(k) = k^a$$

$$a_K(k) = f'(k)k/f(k) = ak^{a-1}k/k^a = a$$

其中,a_K 为单位产出的资本存量弹性,或者资本在收入中的份额;

k_1 为美国现在的每工人平均资本,y_1 为美国现在的平均产量;

k_2 为美国 100 年前的人均资本,y_2 为美国 100 年前的人均产量(可用于纵向比较);

k_3 为印度现在的人均资本,y_3 为印度现在的人均产量(可用于横向比较)。

$\because\ y_1 = k_1^a, y_2 = k_2^a, y_3 = k_3^a, y_1/y_2 = 10 = (k_1/k_2)^a$

$\therefore\ k_1/k_2 = 10^{1/a} = 10^{1/aK}$

这样,若以资本差异为基础解释每工人平均产量的 10 倍的差别,则要求每工人平均资本间存在 $10^{1/aK}$ 倍的差别。如果 $a_K = 1/3$,这个倍数就是 1 000。即使 $a_K = 1/2$,所需倍数也为 100;而 $a_K = 1/2$ 远远高于资本收入份额数据所反映的情况。

没有证据表明资本存量有如此大的差别。本章第一节提到的关于增长的特征事实之一是,资本—产量比随时间大体保持不变。因此,美国的每工人平均资本存量大约也是 100 年前的 10 倍,而非 100 倍或 1 000 倍。

$\because\ K/Y = (K/L)/(Y/L) = k/y$

$k_1/y_1 = k_2/y_2 =$ 常数——纵向比较

$k_1/k_2 = y_1/y_2 =$ 常数

$\therefore\ y_1/y_2 = 10 \rightarrow k_1/k_2 = 10$

同样,尽管资本—产量比在国家间有所不同,但差别并不太大。美国的资本—产量比大约为印度的 2—3 倍,因此,美国的每工人平均资本大约仅为印度的 20—30 倍。总之,每工人平均资本的差别远远不足以解释每工人平均产量的差别。

$\because\ K/Y = (K/L)/(Y/L) = k/y$

$(k_1/y_1)/(k_3/y_3) =$ 2—3 倍——横向比较

$(k_1/k_3)/(y_1/y_3) =$ 2—3 倍

$\therefore\ y_1/y_3 = 10 \rightarrow k_1/k_3 =$ 20—30

因此,很难说经济增长来源于资本,因为所要求的资本数量差别是巨大的,实际上远远达不到。既然资本数量达不到要求,是不是资本质量有差别呢?也就是说,产量的差别能否归结为资本报酬率的巨大差别?

(2) 如果不考虑劳动有效性的差别,而将产量差别仅仅归因于资本差别,那就意味着资本报酬率(资本的边际产量)应有巨大的差别(卢卡斯,1990a)。

如果市场是竞争性的,资本的报酬率就等于其边际产量$f'(k)$减去折旧率

δ。假定生产函数为柯布-道格拉斯函数，

$$f'(k) = \underbrace{ak^{a-1}}_{y=k^a \rightarrow k=y^{1/a}} = ay^{(a-1)/a}$$

若 $y_1/y_3=10$，则 $f'(k_1)/f'(k_3)=(y_1/y_3)^{(a-1)/a}=10^{(a-1)/a}$。

若 $a=1/3$，则 $(a-1)/a=-2$，$10^{(a-1)/a}=10^{-2}=1/100$。

$$f'(k_1)/f'(k_3) = 10^{(a-1)/a} = 1/100, \quad 100f'(k_1) = f'(k_3)$$

如果 $a=1/3$，那么，要由每工人平均资本的差别导致每工人平均产量 10 倍的差别，就意味着资本的边际产量应有 100 倍的差别。而且，由于资本报酬率为 $f'(k)-\delta$，这种差别甚至应该更大。

同样，也没有证据表明资本报酬率有如此大的差别。比如，关于金融资产报酬率的直接测量表明，资本报酬率在不同时间和不同国家间差别并不太大。更有说服力的是，通过考察资本持有者希望在哪里投资，我们就可以较好地了解资本报酬率的跨国差别。

$100f'(k_1)=f'(k_3)$，意味着穷国的资本报酬率是富国的 10 倍或 100 倍，那么人们往穷国投资的激励就应十分强。索洛模型意味着，在每工人平均资本更高的国家，资本报酬率也更低。很显然资本的数量越多，它的边际报酬越低，这样就有了资本从富国向穷国流动的激励。资本报酬率的这种差别应该压倒资本市场的不完美性、政府税收政策、对被没收的担心等因素，从而我们应观察到从富国向穷国的巨额资本流动，但我们却没有看到这种流动。因此，每工人平均实物资本存量的差别不能解释我们所观察到的每工人平均产量的差别，至少当资本对产量的贡献大致由其私人收益反应时是如此。

具体而言，索洛模型的中心结论是：如果资本取得的市场收益大致体现了其对产量的贡献，那么实物资本积累的变动既不能很好地解释世界经济增长（纵向差别——如美国 100 年前后的差别），也不能很好地解释国家间的收入差别（横向差别——如现在美国和印度的差别）。

就决定每工人平均资本的储蓄率、人口增长率等因素，我们也可得到同样结论。例如，y^* 对 s 的弹性为 $a_K/(1-a_K)$。这样，如果以储蓄率为依据解释每工人平均产量 10 倍的差别，所需 s 的差别：若 $a_K=1/3$，则为 100；若 $a_K=1/2$，则为 10。实际储蓄率的差别远小于此。

2. 可能的扩展方向

资本对经济的增长是不是就不重要了呢？会不会有一些因素没有考虑在内？进一步考虑如下可能性：

(1) 实物资本有正的外部性

如果实物资本有正的外部性,那么,实物资本的私人收益 a_K 就不能精确地反映资本在生产中的重要性。在这种情况下,我们所做的这些计算可能是错误的,资本差别对于收入差别可能有重要意义。“干中学”模型解释了实物资本正的外部性问题。

(2) 资本内涵的扩展——人力资本

如果资本不仅包括实物资本,如厂房、机器、设备等,还包括人力资本,实物资本的私人收益就不能精确地反映资本在生产中的重要性。

上述几种可能性是罗默的《高级宏观经济学》第二章涉及的主题。

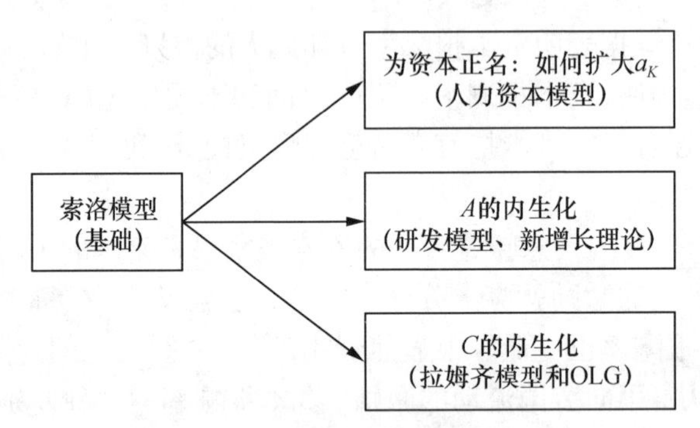

图 9-24 索洛模型可能的扩展方向

三、为资本正名——人力资本模型

索洛模型以知识积累为基础的理论难以解释收入的国家间差别,因此可以讨论新增长理论的另一条思路:强调人力资本积累的模型。同样是资本,但是有投在人身上的,也有投在厂房、机器、设备上的。投资在固定资本建设上的称为实物资本,而投资在人身上的就是人力资本。

这类观点与索洛模型相左,认为资本是增长的关键。具体而言,我们考虑的模型中对资本采取了更为宽泛的观点,最重要的是对资本的范围予以扩展,使其包括人力资本。这些模型表明,实物资本的收入份额可能没有很好地表明资本的总的重要性。其结果是,我们将看到,仅仅是资本积累就有可能对真实收入有很大影响。

实物和人力资本积累与增长的模型有:Mankiw, Romer and Weil (1992), “A Contribution to the Empirics of Economic Growth,” *Q. J. E.* 107 (May): 407—437。其他的人力资本与增长模型,参见 Lucas, Robert, E. Jr. (1988),“On the Mechanics of Economic Development,”*Journal of Monetary Economics*, Vol. 22:

3—42; Azariadis, Costas and Drazen, Allan (1990), "Threshold Externalities in Economic Development," *Q. J. E.* 105 (May): 501—526; Becker, G. S., K. Murphy and R. Tamura (1990), "Human Capital, Fertility, and Economic Growth," *Journal of Political Economy* 98: S12—S37; Rebelo, Sergio (1991), "Long-Run Policy Analysis and Long-Run Growth," *Journal of Political Economy*, Vol. 99, No. 3: 500—521; Kremer, Michael and Thomson, Jim (1994), "Young Workers, Old Workers, and Convergence," NBER Working Paper No. 4827 (Augusst)。

从前面分析可以看出资本在收入中的份额,或者单位产出的资本弹性 a_K 的重要性。它从1/3增加到1/2,仅仅是1/6——一个较小的增加,需要的起因的差别就从1 000倍降到100倍。如果再增加一点,需要的起因的差别可能就更小。如果 $a\to 1$,图形中 $sf(k^*)$ 越接近于线性,说明 s 的变化对 y^* 的影响越大。而事实上,实证分析的结果是 $a=1/3$,如何扩展 a?

资本包括实物资本 K 和人力资本 H,可以从 L 的份额中剥离出一部分,作为人力资本,扩充进资本的份额,进而扩充 a。工人的有些收入反映的是其后天获得的技能而非与生俱来的能力,因此,认识到人力资本的存在意味着必须提高我们对资本的收入份额的估计值。另外,人力资本的积累大致类似于实物资本的积累。两大类资本中,对每一类资本的积累投入更多的资源都将提高未来可以生产的产品数量。

总的来说,证据表明,这样的模型对跨国数据提供了一个良好的初步近似:保持了资本报酬递减的假定,但采取的资本的定义比传统的实物资本要宽,从而意味着全部资本的收入份额更接近于1(在后面的人力资本模型中是 $a+\beta=0.35+0.4=0.75$)而非1/3。

下面的分析将表明,把人力资本加入我们的模型将会提高投入到资本积累中的资源的变化对产量的影响,这正如提高索洛模型中实物资本的收入份额将会提高储蓄率变化对产量的影响一样。正是这一点使在模型中加入人力资本后,我们就能解释收入在国家间的巨大差别。如果起因有2倍的差别(第二个国家的储蓄率是第一个国家的2倍),会导致结果有16倍的差别(第二个国家的每工人平均产量是第一个国家的16倍)。这样,储蓄率和人口增长率之间并不太大的差别所导致的收入的巨大差别,与我们试图理解的那种巨大差别大致吻合。

比如,杨(Alwyn Young (1994), "The Tyranny of Numbers: Confronting the Statistical Reality of the East Asian Growth Experience," NBER Working Paper No. 4680 (March))应用详尽的增长因素分析论证道,过去30多年来,亚洲"四小龙"异常迅速的增长几乎全部是由于投资增加、劳动力参与率提高和劳动力素质的

改善(用教育程度衡量),而不是由于技术进步或影响索洛剩余的其他因素。

四、劳动的有效性对经济增长的贡献

Y、L 和 K 的增长率易于测量,而且我们知道,如果资本获得其边际产量,a_K 就可用资本的收入份额数据来计算。索洛剩余表达为:

$$R(t) = \dot{\tilde{y}}/\tilde{y} - a_K(t)(\dot{\tilde{k}}/\tilde{k})$$

索洛剩余有时被解释为对技术进步的贡献的测度。然而,正如推导过程中可以看出的那样,它反映了所有的其他增长源泉——除资本积累通过其私人收益所作贡献之外的所有其他增长源泉(例如技术进步或者制度变迁)。

在索洛模型中,每工人平均产量差异的另一可能来源是劳动的有效性。将生活水平的差异归因于劳动的有效性的差异,并不需要资本或其报酬率的巨大差别。比如,沿着一平衡增长路径,资本以与产量相同的速率增长,且资本的边际产量$f'(k)$不变。

然而,我们已经看到,只有劳动的有效性的增长才能导致每工人平均产量的永久性增长,而且在合理情形下,每工人平均资本的变动对每工人平均产量的影响不大。其结果是,只有劳动的有效性的差异才有希望解释财富在不同时间、不同地区的巨大差异。

然而,索洛模型对劳动的有效性的处理是很不完善的,最明显的是:

$$\dot{\tilde{y}}/\tilde{y} = g + f'(k)\dot{k}/f(k) = \dot{A}/A + f'(k)\dot{k}/f(k)$$

劳动的有效性的增长$\dot{A}/A$ 是外生的:索洛模型把劳动的有效性这一变量的行为看做是既定的,但劳动的有效性恰恰是索洛模型认定的增长的驱动力。从长期来看,在旧的均衡打破以前和新的均衡实现以后,经济增长的源泉都取决于劳动的有效性(通常以技术进步代表)g。技术进步率 g 为什么一定是大于 0 呢?既然长期增长率取决于技术进步率,技术就一定是进步而不是退步,因为我们初始假定技术进步率就是大于 0 的。因此,夸张地说,索洛模型是通过假定增长来解释增长的。

更根本的是,该模型并未说明劳动的有效性$\dot{A}/A$ 是什么,它只是劳动和资本以外的、影响产量的其他因素的一个总称。为便于进一步分析,我们必须弄清楚劳动的有效性指的是什么,以及是什么导致了它的变动。

一个自然的可能是,劳动的有效性对应于抽象的知识。为理解世界范围的增长,就有必要理解是哪些因素决定了知识存量随时间而变动。为理解真实收入在国家间的差别,我们必须解释为什么有些国家的厂商能比其他国家的厂商获得更多的知识，以及为什么更好的知识未能迅速传播开来。

还有其他可能的解释：劳动力的教育和技能，产权的严格程度，基础设施的质量，一种文化对企业经营活动和工作的态度，等等，还有可能反映了多种因素的共同作用。

不管人们认为 A 代表什么，都须说明如下问题：它如何影响产量，它随时间怎样变动，以及它在世界各地为何有差别。也就是说，要把 A 模型化，从外生变量变为可观测、可计量、可说明、可操作的内生变量。

增长因素分析已被广泛应用于研究生产率增长的放慢——自20世纪70年代初开始的美国和其他工业化国家每工时平均产量增长率的下降。①

依据这些研究得出的一些备选解释包括：工人技能增长更为缓慢，20世纪70年代油价上涨造成的混乱，发明活动增长率的放慢以及政府管制的影响。

$\dot{\tilde{y}}/\tilde{y}=a_K(t)(\dot{\tilde{k}}/\tilde{k})+R(t)$ 这一基本框架可以多种方式予以扩展（例如，参见丹尼森，1967）。最常见的扩展方式是考虑不同类型的资本 $\tilde{k}$ 和劳动 $R(t)$，并就投入品质量的变化作出调整。更复杂的调整也是可能的。比如，如果有不完全竞争存在的证据，我们可以试图调整收入份额数据 $a_K(t)$，以更好地估计产出对于不同投入品的弹性。

五、超越索洛模型——新增长理论

到目前为止，我们所看到的模型并没有对经济增长的中心问题提供令人满意的回答。这些模型的主要结论是否定性的：如果资本的收入反映了资本对产量的贡献，且如果总收入中资本所占份额也不大，那么资本积累既不能解释长期增长的大部分，也不能解释国家间收入差别的大部分。

而且，在这些模型中，决定收入的因素有两个：一个是资本，另一个是一个神秘的变量，即"劳动的有效性"A，而 A 的严格含义并未被具体说明，且其行为也被看做是外生的。

一类观点认为增长的原动力是知识积累。这一观点和索洛模型以及第三章的模型都认为资本积累不是增长的关键。但这一观点与这些模型的区别在于：它将劳动的有效性明确解释为知识，且正规地为其随时间的变动建立了模型。当知识积累被明确建立模型时，经济的动态学是怎样的，以及是什么因素决定了

① 参见 Denison, Edward F. (1985), *Trends in American Economic Growth, 1929—1982*, Washington, D. C.: The Brookings Institution; Baily and Gordon (1988), "The Productivity Slowdown, Measurement Issues, and the Explosion of Computer Power," *BPEA*, No. 2:347—420; Griliches, Zvi (1988), "Productivity Puzzles and R&D: Another Nonexplanation," *J. E. P.* 2 (Fall): 9—21; Jorgenson, Dale (1988), "Productivity and Postwar U. S. Economic Growth," *J. E. P.* 2 (Fall): 23—41。

资源向知识生产的配置。

在研发模型的一般情形中,将知识的增长率内生化,为其随时间变动建立了模型,将经济长期增长的源泉归结于知识生产函数中两种投入要素——知识和资本的规模报酬问题。由此,同索洛模型相比,解释能力大大增强。

在知识生产函数中,如果两种投入要素——知识和资本的规模报酬递减,经济长期增长的源泉就取决于人口的增长。如果两种投入要素——知识和资本的规模报酬递增,其本身就是经济长期不断增长的源泉,且增长速度会越来越快。储蓄率的提高、研发比例的提高、人口增长率的提升,任何一种情况都会加速经济增长。如果两种投入要素——知识和资本的规模报酬不变,在人口增长的情况下,知识和资本的规模报酬不变是经济长期增长的源泉,且增长速度越来越快;在人口不增长的情况下,储蓄率的上升是经济长期增长的源泉。

索洛模型的第二个变化,讨论了知识的生产过程。把技术进步或者劳动的有效性内生化,为知识的生产建立了一个随时间变化的、类似柯布-道格拉斯生产函数的知识生产函数。把知识内生化以后,研发模型的解释能力和索洛模型相比有了空前的增强。

六、对索洛模型的背离——无限期界和世代交叠模型

第三个变化是对于索洛模型的背离,从一个家庭的一生效用最大化的角度来审视经济增长。对索洛模型的背离有两大类:一类是无限期界,一类是世代交叠。为什么从家庭的角度来考虑问题呢?

索洛模型有一个很重要的结论,伴随着储蓄率的提升,经济将从旧稳态向新稳态变化。旧的均衡被打破,将会导致初始的人均消费有一个突降,然后随着时间的推移不断回升,我们在上一节证明了这一点,但是有可能上升到比初始低的水平,最终经济达到一个新的稳态,福利水平下降。人均消费也有可能恢复到比原先更高或者与原先持平的水平,福利水平相应上升或不变。这三种情况都有可能发生。

消费最终是否会超过 s 上升前的水平并非一目了然的,取决于$[f'(k^*)-(n+g+\delta)]$的符号,从而在索洛模型中,储蓄率的上升对消费的影响,进而对消费者福利的影响是不确定的,可能存在三种情况。经济增长并不必然导致消费者福利状况的改进。

无限期界的拉姆齐模型和世代交叠的戴蒙德模型与索洛模型相似,但在这两个模型中,经济总量的动态学决定于微观层次上的决策。这两个模型仍把劳动和知识的增长率看做是外生的,但资本存量的变动是从竞争性市场中家庭最

大化和厂商最大化之间的相互作用中推导出来的,其结果是储蓄率不再是外生的,也无须为一常数。无限期界和世代交叠模型与索洛模型的对比如表 9-2 所示。

表 9-2　无限期界和世代交叠模型对索洛模型的背离

索洛模型	无限期界和 OLG
从总量生产函数 $Y=F(K,AL)$ 出发 $\dot{k}$ 是时间的函数 $S\to I$	从个人理性出发 宏观分析有微观基础
c 是 k 的函数	c 由理性行为决定
s 外生	s 内生

索洛模型是从总产量函数出发,讨论 Y 的增长率和人均产量 y 的增长率。但是总量增加不代表家庭的福利水平在上升,因为微观福利状况可能变坏。对索洛模型的背离是从家庭的角度出发,消费是家庭追求利益最大化的理性行为,所以宏观分析有微观基础。

在索洛模型中,人均消费是 k 的函数,而在无限区界和 OLG 模型中,人均消费是家庭利益最大化的理性行为,家庭选择最优的消费增长率以实现一生效用最大化。

在索洛模型中储蓄率外生,而在另两个模型中储蓄率内生。内生的储蓄率使趋向均衡的速度变快。在索洛模型中,每年 4% 的增长率把初始和平衡增长路径之间的距离缩小一半需要 18 年。在无限期界和 OLG 模型中,趋向于均衡的速度要显著增快,因为储蓄率每时每刻都在发生变化,不是一个既定的外生变量。由于条件复杂,趋向均衡的道路存在很多可能,从特定的道路才能趋近,否则就会发散出去。

从微观经济主体出发考虑问题,有三个好处:

第一,对于研究增长问题最为重要的是,它表明,索洛模型中关于增长理论的核心问题的结论并不依赖于储蓄率不变的假定。

第二,它使我们得以考虑福利问题。如果一个模型就总量变量之间的关系作出了直接设定,那就不能用它来判断一些结果是否比另一些结果更好;如果在模型中没有个人,我们就不能说不同结果对个人更好还是更糟。有限期界模型和无限期界模型建立在个人行为的基础上,因此可被用于讨论福利问题。

第三,有限期界模型和无限期界模型可被用于研究除经济增长以外的许多经济学问题,因此,它们是有价值的工具。

就家庭来讲,家庭在经济生活中存续的方式有两种:一种是无限期界——拉姆齐模型。拉姆齐模型考虑一个家庭可以长生不老,永远存续下去,就时间来讲,家庭有一个长远的视角,把一个家庭一生利益最大化作为目标,把未来发生的都贴到现在这个时点来考虑问题。有限期界模型称为世代交叠模型(overlapping-generations model, OLG),认为家庭存在代际交替。一代人在第一个时期是年轻人,在第二个时期变为老年人,到第二个时期期末退出模型。所以一代人存续两个时期,第一个时期创造价值,第二个时期用创造的价值进行消费,存在一种代际交替。

就模型的特点看,一个是连续的,一个是离散的。有限期界涉及差分方程求通解、特解的问题。无限期界和 OLG 模型在经济增长理论的讨论中有广泛的应用。

总结一下,索洛模型可能的拓展方向有三个:

第一个方向:资本对经济增长到底有没有作用,作用有多大?索洛模型的结论是:实物资本不能解释一个国家纵向以及横向的增长。这一结论可以避免误入歧途:我们不能靠高投入导致高产出,寄希望于一种粗放型的、不断铺摊子上项目来促进经济增长的发展模式。对这个问题重新审视、为资本正名的是人力资本模型。投在人身上的资本就是人力资本,如果把人力资本也算进来,说明资本占收入份额远不止1/3,有可能扩大到1/2 甚至3/4。如果能够扩展到3/4,初始起因——人力资本 2 倍的差别,比如说美国的高中入学率是印度的两倍,那么就能解释人均产出 10 倍、15 倍的差别。一个微小的起因就可以解释差别巨大的结果,这是对索洛模型的第一个扩展方向。

第二个方向:把知识内生化。索洛模型把重要的、代表经济长期增长源泉的知识增长率作为一个外生变量。对这种做法的纠正是把知识内生化,为其随时间的变动建立了模型。模型的解释能力空前提高,此时至少有三种可能,取决于资本和知识的规模报酬。知识的内生化是对索洛模型的一个超越。这是第二个扩展方向。

第三个方向:把消费内生化,考虑问题从一个家庭利益最大化的角度出发。

经济增长理论的三条主线,立足于对经济增长源泉的分析,要么是索洛模型的思路,要么对它进行了超越,要么对它进行了完全的背离。经济增长理论以索洛模型作为一个起点,哪怕完全不一样的模型也要通过和它的比较进行说明。经济增长理论三大重要的主线,都奠定在索洛模型的基础上。

第六节 总 结

宏观经济学理论都是来自西方的,用西方的理论来检验西方的现实,理论和实践更相符合。我们用前面已经学到过的波动理论,来解释一下美国关于宏观经济波动的八个特征事实,看解释能力到底如何。这八个特征事实是两位美国经济学家阿贝尔和伯南克(Abel & Bernanke)在1992年总结出来的。

1. 在经济的各部门之间产量的变动是相关的

经济体系内部牵一发而动全局,变量之间相互联系、相互影响。例如,初始政府购买支出增加,进而总需求乃至总产量增加,第一轮收入的增加通过宏观经济流程图中第四个环节进入影响个人可支配收入,进而增加消费。另外还有一条路径是通过影响货币市场,导致交易动机的货币需求增加,进而增加货币需求。在货币供给不变的情况下,对货币资产价格利率产生影响,利率上升,投资下降。起因是政府购买支出的增加,结果有可能使消费增加、投资下降。由此可见经济体系内部各个变量之间是相互影响、相互依赖的。

2. 工业生产、消费和投资是顺周期的,可以同时变动,其中政府购买也是顺周期的

顺周期就是与GNP同方向变动:当GNP上升时,这些指标也上升;当GNP下降时,这些指标也下降。顺周期包括超前、同步和滞后三种情况。逆周期就是与GNP反方向变动:当GNP上升时,这些指标下降;当GNP下降时,这些指标上升。

政府购买支出也好,消费也好,投资也好,这三个因素中无论哪个增加,都将通过第二个环节导致总需求的增加,进而通过第一个环节导致总产量的增加。所以在宏观经济学流程图里,这三个因素是顺周期的,并且是超前的。运用宏观经济学流程图可以很容易地解释第二个特征事实。

3. 在经济周期的过程中,耐用消费品有强烈的顺周期性,而投资的变动性远远大于消费,投资比消费有更大的易变性

同样是顺周期,但是消费的顺周期性体现得更加强烈,而投资在一个经济周期的过程中有时候上升,有时候下降,它和消费相比有更大的易变性(见图9-25)。

如何解释投资的易变性更大呢?只能从同样是顺周期,但是存在超前、同步和滞后的差别来解释。

首先看消费,如果初始消费增加,总需求乃至总产量都会增加。增加的总产量卖掉以后,将会转化为对总产量作出贡献的各个经济主体的可支配收入,可支

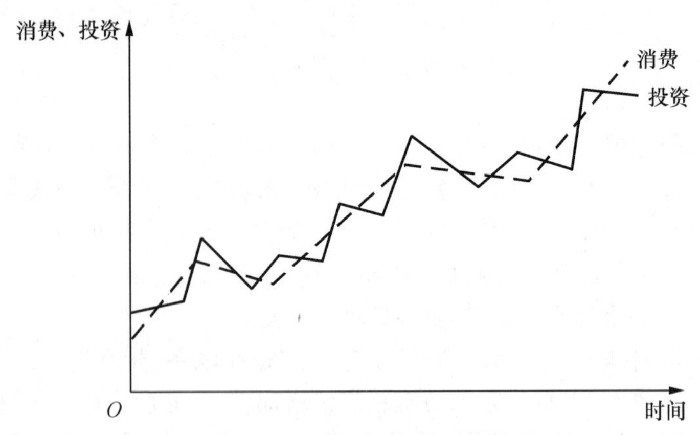

图 9-25　消费和投资周期性波动曲线

配收入的增加将会导致下一轮消费的增加。从这个角度看,消费的超前变化将会导致强烈的顺周期,消费的滞后变化使和总产量之间拟合得更为紧密,无论是超前还是滞后,消费都体现出顺周期性。

其次看投资,初始自发投资增加会增加总需求乃至总产量,超前的投资变化体现为顺周期性。但是总产量增加以后,一部分进入货币市场,将会增大交易动机的货币需求,在货币供给不变的前提下,将会导致货币资产的价格利率上涨,投资下降。可见,投资的滞后变化又体现出逆周期性。

同样在一个经济周期中,产出在不断增加,消费始终增加,但是投资有时候增加,有时候下降,这就解释了为什么投资比消费有更大的易变性。

4. 就业是顺周期的,失业是逆周期的

在经济周期中,总产量上升的后果是需求旺盛,工厂订单增加,厂商会多雇工人,或者让现有的工人加班加点工作,因为总的劳动时间在增加,所以总的就业量增加。总产量增加导致就业量增加,与此同时失业量下降,所以就业是顺周期的,失业是逆周期的。

5. 实际工资和平均劳动生产率是顺周期的,尽管实际工资只是轻微的顺周期

$$实际工资 = W/P$$

$$平均劳动生产率\ a = Y/N$$

如果经济中需求旺盛,订单增加,厂商就要增加就业量,要么现有工人加班加点工作,要么多雇用工人。加班加点工作除了有基础工资以外,还会有超时工资,所以名义工资水平将会上升。名义工资水平上升以后,厂商的生产成本增加,要把增加的成本转移到定价中去,所以定价也会增加。实际工资等于名义工

资比上价格。如果名义工资上涨的幅度高于价格上涨的幅度,那么将会体现为随着产量的增加实际工资也有一个轻微的上涨。

但是,这个上涨的顺周期性体现得不是很明确,一个前提就是名义工资的增长率要快于物价水平的增长率。轻微的顺周期说明,经济增长的好处,注定较小地体现在工人实际工资水平的增长上,劳动要素的所有者从经济增长中得到的好处是轻微的。

平均劳动生产率等于总产量比上就业量,同样,只有 Y 的增长率大于 N,才能体现为 a 随着 Y 的增加而轻微地上升。

6. 货币供给和股票价格是顺周期的,而且是超前的

在宏观经济学流程图里,货币供给在左下角,如果政府增发货币,名义货币供应量增加以后,通过第九个环节来增加实际货币供应量,在实际货币需求不变的条件下,货币供给的增加将会导致货币资产价格利率的下跌,利率下跌通过第六个环节刺激投资,投资的增加通过第二个环节导致总需求,乃至通过第一个环节导致总产量水平的增加。起因是货币供应量的增加,结果是总产量的增加,所以很容易解释货币供给是顺周期的,而且是超前的,货币供应量增加一段时间以后,总产量才会增加。

按照第四章第二节的分析,股票价格和实际利率水平之间是一种反方向变动的关系,在货币供给增加导致实际利率水平下降的同时,股票价格水平应该上涨。在这种情况下,货币供给增加的同时实际利率水平下降,而股票价格上涨,在经过一段时期以后,才会看到总需求乃至总产量的增加。所以说股票价格具有晴雨表的作用。

7. 通货膨胀率和名义利率是顺周期的,而且是滞后的

一个国家如果需求旺盛,订单增加,厂商就要增加实际就业量,实际就业量的增加将会导致名义工资水平上涨,进而导致物价上涨。起因是总产出的增加,结果是价格水平的上涨。价格水平的上涨在现实经济中体现为通货膨胀,所以通货膨胀是顺周期的,而且是滞后的。一个国家的总产量在增加一段时间以后,才体现为物价水平的上升。

名义利率是顺周期性和滞后性要联系第八点进行分析。

8. 实际利率是非周期性的

$$\text{实际利率} = \text{名义利率} - \text{通货膨胀率}$$

$$\text{名义利率} = \text{实际利率} + \text{通货膨胀率}$$

利率是货币的价格,实际利率衡量了货币资产的实际价值。非周期性体现为不随经济周期的变化而变化。前面在分析财政政策挤出效应的时候,如图9-26(a)所示,政府购买支出增加,与此同时伴随着 GDP 的增加。在这个过程

中，利率水平是不断上升的，从 E 上升到 F。这个上升的过程体现为无数的小幅攀升，伴随收入的增加，实际利率在不断上涨，实际利率在这里是顺周期的。

在分析货币政策影响的时候，如图 9-26(b) 所示，增发货币会导致均衡的国民收入增加。在这个过程中，初始实际利率水平有一个巨大的下降，随后有一个小幅的攀升，因为收入的增加导致交易动机的货币需求上升，在货币供给不变的情况下，导致货币资产价格利率不断上升。上升的幅度和下降的幅度相比，最终实际利率水平还是下降，但是下降的幅度已经不是从 E 到 E'，而仅仅是从 E 到 F。

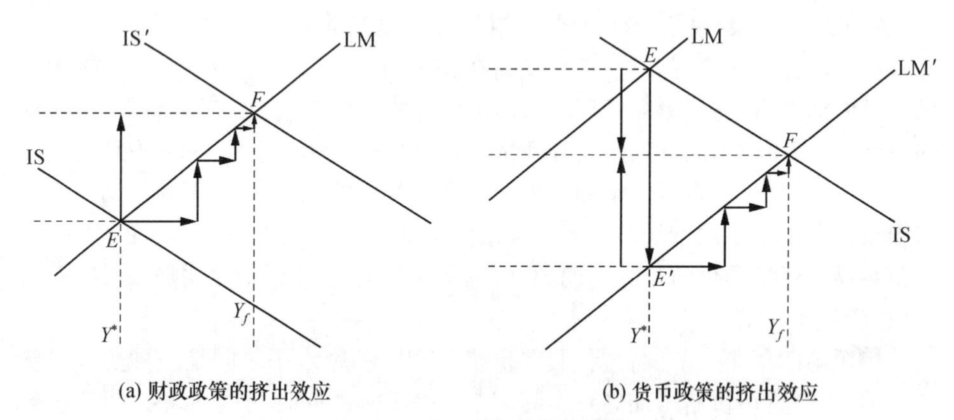

图 9-26　实际利率的非周期性

如果运用财政政策，产量增加的同时实际利率是上升的，表现出顺周期性；而如果运用货币政策，产量增加的同时实际利率水平在下降，表现出逆周期性。所以实际利率水平既不是顺周期，也不是逆周期，而是非周期性。

如果实际利率水平没有周期性变化，可以视为一个常数。名义利率等于实际利率加上通货膨胀率，如果实际利率是一个忽高忽低的常数，加上一个顺周期而且是滞后的通货膨胀率，将会部分地导致名义利率也是顺周期而且是滞后的。

通过对宏观经济波动的八个经济特征事实的检验，我们发现，完整的凯恩斯总供求理论框架对现实经济生活的解释能力还是比较强的。

本章小结

1. 特征事实是指在宏观经济学中存在的广泛的规律性，它是经济学家根据时间序列的统计数据而得出的，是检验真理的实践，是试金石。卡尔多描述了关于经济增长的几个主要特征事实。

2. 索洛模型假设其生产函数为规模报酬不变，因此可以化简为密集形式，然后根据其资本变化方程 $\dot{K}(t)=sY(t)-\delta K(t)$，最终得到索洛模型的关键方程 $\dot{k}=sf(k)-(n+g+\delta)k=0$。

3. 根据密集形式的生产函数所满足的条件，可以得到索洛模型解的存在性、唯一性、稳定性，通过泰勒一阶线性近似，可以得到索洛模型中向平衡增长路径的趋近速度是$[1-a_K(k^*)](n+g+\delta)$。而且可以验证，索洛模型在平衡增长路径上满足卡尔多的特征事实。

4. 哈罗德–多马模型假设其生产函数为里昂惕夫型的，从而得到了其存在平衡增长路径的苛刻条件：$sY(t)/K(t)-\delta=g+n=sc_K-\delta$。因此说明平衡增长是难以实现的，经济增长达到的均衡是非稳定性均衡。一旦偏离，要么失业率随时间推移在不断攀升，要么资本利用率随时间推移在不断下降。

5. 水平效应是指改变经济的平衡增长路径，但并不影响处于平衡增长路径时人均产量的增长率。增长效应是指不仅改变经济的平衡增长路径，并且影响处于平衡增长路径时人均产量的增长率。储蓄率的变化有水平效应，但没有增长效应，它改变经济的平衡增长路径，因而改变任一时点上人均产量水平，但并不影响处于平衡增长路径时人均产量的增长率。在索洛模型中只有技术进步率的变化有增长效应，所有其他变化都只有水平效应。

6. 储蓄率的增加是否在长期提高消费，取决于资本的边际产量$f'(k^*)$是大于还是小于$n+g+\delta$。在索洛模型中，储蓄是外生的，平衡增长路径中的资本存量等于黄金律水平的理由，并不多于平衡增长路径中的资本存量等于任意其他可能值的理由。k^*的集合是大的，k_{GR}只是其中一个子集。k^*中只有一点满足k_{GR}的要求，$f'(k^*)=(n+g+\delta)$。

7. 索洛模型确定了每工人平均产量发生变动的两个可能来源——每工人平均资本K/L的变动和劳动的有效性A的变动。索洛模型的中心结论是：如果资本取得的市场收益大致体现了其对产量的贡献，那么实物资本积累的变动既不能很好地解释世界经济增长，也不能很好地解释国家间的收入差别。

8. 对索洛模型的扩展来自三个方向：一是为资本正名，例如人力资本模型通过增加人力资本对人均产出的贡献从而对索洛模型进一步延伸；二是把技术进步内生化，研发模型是对索洛模型的超越，进一步把知识内生化；三是对于索洛模型的背离，从一个家庭的一生效用最大化这个角度来审视经济增长，其最具代表性的模型包括有限期界的拉姆齐模型和世代交叠的戴蒙德模型。

关键概念

特征事实　密集形式　稻田条件　里昂惕夫生产函数　水平效应　增长效应　单位有效劳动产出的储蓄率弹性　黄金律　人力资本　有限期界　世代交叠

本章习题

1. 假设美国是处于平衡增长路径上的索洛经济,为了简单,假定无技术进步。根据人口学家统计,21 世纪美国的人口增长将接近于 0,而 20 世纪则大约为 1%,和 20 世纪相比,21 世纪的人口增长率下降会导致何种结果:

(a) 处于平衡增长路径上的每工人平均资本、每工人平均产量和每工人平均消费将发生什么变化?画出经济向其新平衡增长路径移动的过程中这些变量的路径。

(b) 说明人口增长率下降对产量路径(总产量,而非每工人平均产量)的影响。

2. 若一经济中有技术进步但无人口增长,且处于平衡增长路径上。现在假定由于战争导致劳动力数量减少,而且假定战争没有影响资本存量。

(a) 在上升之时,每单位有效劳动的平均产量是上升、下降,还是不变?为什么?

(b) 当新工人出现,在每单位有效劳动的平均产量的初始变动(如果有)之后,每单位有效劳动的平均产量是否会进一步变化?如果会,是上升还是下降?为什么?

(c) 一旦经济重新回到一平衡增长路径,每单位有效劳动的平均产量是高于、低于还是等于新工人出现前的水平?为什么?

3. 从马尔萨斯开始,就有人认为:某些生产要素(其中土地等自然资源最受重视)的供给是有限的,最终必然将使经济增长停滞下来。请在索洛模型的框架下探讨这一观点。设生产函数为 $Y=K^{\alpha}(AL)^{\beta}R^{1-\alpha-\beta}$,其中 R 为土地数量。假定 $\alpha>0,\beta>0$,且 $\alpha+\beta<1$,生产要素按照 $\dot{K}(t)=sY(t)-\delta K(t)$,$\dot{A}(t)=gA(t)$,$\dot{L}(t)=nL(t)$ 和 $\dot{R}(t)=0$ 变动。

(a) 该经济是否有唯一且稳定的平衡增长路径?也就是说,该经济是否收敛于这样一种情形:Y、K、L、A 和 R 均以不变(但不必相同)的速率增长?如果是，其增长率各为多少？如果不是，为什么？

(b) 根据你的答案，以土地为代表的自然资源存量不变，这一事实是否意味着持续增长是不可能的？请解释。

4. 假定生产函数为柯布–道格拉斯函数。

(a) 将 k^*、y^* 和 c^* 表示为模型的参数 s、n、δ、g 和 a 的函数。

(b) k 的黄金律值是多少？

(c) 为得到黄金律资本存量，所需的储蓄率是多少？

5. 假设某国处于平衡增长路径上，资本在 GDP 的份额为 30%，产出增长为每年 3%，折旧率为 4%，资本产出比为 2.5。假设生产函数为柯布–道格拉斯函数，请问：

(a) 在初始稳定状态下，储蓄率为多少？

(b) 在初始稳定状态下，资本的边际产量为多少？

(c) 假设政府提高储蓄率，使经济达到了黄金律水平的资本存量。黄金律下资本的边际产量为多少？比较黄金律和初始稳定状态的边际产量。

(d) 在黄金律下，资本—产出比是多少？

(e) 要达到黄金律的状态，储蓄率应该是多少？

6. 假定尽管存在政治障碍，美国还是永久性地将其预算赤字从 GDP 的 3% 降至 0。假定开始时 $s=0.15$，且投资的上升量正好等于赤字的下降量。假定资本的收入份额为 1/3。

(a) 与赤字不下降的情形相比，产量最终将上升大约多少？

(b) 与赤字不下降的情形相比，消费将上升多少？

(c) 赤字下降对消费的最初影响是什么？若要消费回到赤字不下降时的水平，约需多长时间？

7. 假定资本和劳动被付以其边际产品。另外，假定所有资本收入被储蓄，所有劳动收入被消费。这样，$\dot{K}(t)=[\partial F(K,AL)/\partial K]K-\delta K(t)$。

(a) 证明：这一经济收敛于一平衡增长路径。

(b) 处于该平衡增长路径上的 k 是大于、小于还是等于 k 的黄金律水平？如何直观地理解这一结果？

后　　记

我从1996年开始教授宏观经济学这门课程,2003年2月的春季学期,我开始制作电子版的讲义。从2003年至今,每年30多次课程(每次两节)的PDF版讲义、课后习题、习题课讲义、课外阅读资料都在每次课后的晚上,上传到北京大学经济学院网站"讲义下载"部分。7年来,上传了将近350个文件。在网络时代,这些讲义通过不同的渠道流传出去,被众多论坛、考研网站收集、下载,其间也发生过被人擅自复制、出售的不愉快事件。现在,希望借由这本讲义的正式出版,为真正有需要的老师、同学们提供一个更满意、更完善的版本。

在讲义编写成书的过程中,我总结了十几年来教学的体会和心得。本书是北京大学经济学院学科建设的成果之一,吸收了国内外知名大学在宏观经济学学科建设方面的宝贵经验,参考了许多已有教材的长处,建立了自己独特的宏观经济分析体系,试图全面而系统地反映当代宏观经济学的基本内容和分析方法。本书内容与世界一流大学的教学内容接轨,具有系统性、条理性的特点,2009年被评为北京市高等教育精品教材立项项目。

在以电子版讲义为依托出书的过程中,焦健同学根据我的讲课录音整理成文,增加了许多文字说明的内容;王智强同学为本书添加了本章概要、学习目标、本章小结、关键术语等专栏;北京大学出版社经管事业部的郝小楠女士对书稿逐字逐句地修改,认真细致,既专业又敬业,为本书的出版付出了辛勤的汗水;十几年来无数学生对讲义错误的地方提出了质疑,帮助我对内容进行了完善。这本书凝聚了大家共同的心血,在此一并致谢!

由于专业水平有限、经验不足和时间仓促等条件的限制,本书肯定存在很多缺点和不足之处,在此我诚恳地欢迎所有读者批评指正并先行致谢!

张延

2010年2月

教辅申请说明

北京大学出版社本着“教材优先、学术为本”的出版宗旨，竭诚为广大高等院校师生服务。为更有针对性地提供服务，请您按照以下步骤通过**微信**提交教辅申请，我们会在 1~2 个工作日内将配套教辅资料发送到您的邮箱。

◎扫描下方二维码，或直接微信搜索公众号“北京大学经管书苑”，进行关注；

◎点击菜单栏“在线申请”—“教辅申请”，出现如右下界面：

◎将表格上的信息填写准确、完整后，点击提交；

◎信息核对无误后，教辅资源会及时发送给您；如果填写有问题，工作人员会同您联系。

温馨提示：如果您不使用微信，则可以通过以下联系方式（任选其一），将您的姓名、院校、邮箱及教材使用信息反馈给我们，工作人员会同您进一步联系。

教辅申请表

1. 您的姓名：*

2. 学校名称*

3. 院系名称*

••• •••

感谢您的关注，我们会在核对信息后在1~2个工作日内将教辅资源发送给您。

提交

联系方式：

北京大学出版社经济与管理图书事业部

通信地址：北京市海淀区成府路 205 号，100871

电子邮箱：em@pup.cn

电　　话：010-62767312 /62757146

微　　信：北京大学经管书苑（pupembook）

网　　址：www.pup.cn